热烈庆祝
省辖鹰潭市成立30周年

鹰潭年鉴

（2013·总第十二卷）

鹰 潭 市 人 民 政 府 主 办

《鹰潭年鉴》编辑委员会 编

方志出版社
Publishing House of Local Records

《鹰潭年鉴》编辑委员会

《鹰潭年鉴》编辑人员

《鹰潭年鉴》撰稿单位主审名单

（大体按类、分目顺序排列）

市委办	胡高堂	武警支队	耿德根	鹰潭火车站	张 明
市人大办	江 鸿	公安消防支队	刘顺科	财政局	李建明
市政府办	项志成	人防办	洪芬平	国税局	吴晨阳
市政协办	杨亮太	公安局	舒平贵	地税局	童建根
市纪委办	万荣辉	检察院	施兆荣	人行市中心支行	张伟刚
鹰潭军分区	傅梓堆	法院	黄军洪	工行市分行	邓 洪
组织部	段建龙	司法局	李水全	建行市分行	姜保卫
宣传部	张敏胜	经贸委	高 华	农行市分行	李存谊
文明办	任江华	供电公司	刘显江	农发行市分行	周 胜
统战部	李 霞	鹰潭高新技术产业园区管委会	刘晓华	中行市分行	阮国莉
政法委	熊万胜	招商引资服务中心(招商局)	程明华	鹰潭农商银行	朱建国
政研室	彭元龙	农业局	陈 强	银监分局	余东义
农工部(农办)	谭永忠	林业局	桂希民	人保财险市分公司	藩英明
机关工委	陈婀娜	水利局	吴小林	人保寿险市中心支公司	李 曦
接待办	晏路春	商务局	柯 嘉	中国人寿市分公司	俞样志
保密机要局	洪光平	粮食局	李和胜	太平洋财险市中心支公司	郭丽萍
信访局	易园平	供销社	吴官富	太平洋人寿市中心支公司	朱 明
老干部局	陈小丽	盐业公司	余群生	平安财保中心支公司	张 琛
台办	邵治国	烟草专卖局	邬平波	气象局	俞发民
党校	王 辉	石油分公司	王 涛	环保局	樊全华
党史办(方志办)	况建军	龙虎山景区管委会	薛亮华	科技局	谭小雅
档案局	程 华	天师府管委会	张金涛	教育局	林江文
法制办	徐军华	建设局	寿莉蓉	鹰潭日报社	王有金
外事侨务办	谢 雯	城管局	吴 强	文广新局	黄顺茂
物流委	黄东风	规划局	李 怡	广播电视台	汪白杨
发展研究中心	胡志开	国有资产经营(集团)有限公司	白剑魁	道文化研究中心	夏维纪
行政服务中心	翁淑芬	信江新区管委会	朱来清	卫生局	孙 钢
民族宗教局	林传富	发改委	李 文	体育局	欧阳澜
人保局	曹建彬	国资委	徐瑞云	人口与计生委	吴小莲
编办	左真香	安监局	揭润年	民政局	周永江
统计局	徐略英	工商局	陈安平	贵溪市	甘 霖
旅游局	刘文致	国土资源局	彭 伟	余江县	周谷昌
民革市委	王 军	质监局	张 远	月湖区	邵菁靓
民盟市委	周赣忠	药监局	汪茂林	四冶建设公司	安云龙
民建市委	林小芳	审计局	叶国琼	江西六国化工	郑风华
民进市委	祝光进	国家统计局鹰潭调查队	应建敏	中电(江西贵溪)发电有限公司	李学军
农工党市委	聂玲娜	房管局	俞 奇	十五冶二公司	陈国华
九三学社市委	葛 菁	住房公积金管理中心	张秀萍	邓家埠水稻原种场	姚美平
总工会	张赣北	信息中心	章小武	有色地勘一队	王国龙
团市委	方 璐	邮政局	杨欠根	二二三地质队	俞宽坤
妇联	藏玉华	电信分公司	艾云飞	二六一地质大队	吕 勇
工商联	李爱珺	移动分公司	周丽洁	二六五地质大队	曹寿孙
文联	徐双文	联通分公司	黄益斌	九一二地质大队	曾水龙
社联	管玉青	无线电管理局	吴利民	界牌枢纽管理处	邹小保
科协	程美华	交通局	齐群策	一八四医院	朱 劲
残联	李荣生	公路局	李福德	中铁十一局集团桥梁有限公司	刘 刚
侨联	朱黎明	航务分局	周进同	江西天施康中药股份有限公司	严建良

编辑说明

一、《鹰潭年鉴》是中共鹰潭市委领导、市人民政府主办的按年度连续出版的地方综合性图书。它以年度为单位全面记载鹰潭市政治、经济、文化和社会发展的概貌，是地方政府公报性资料文献。《鹰潭年鉴》坚持以中国特色社会主义理论体系为指导，认真贯彻科学发展观的要求，与时俱进，真实、客观地反映鹰潭市改革开放和现代化建设的新思路、新举措、新成就、新经验和新发展，以期发挥“存史、资政、教化、兴利”的作用。

二、年鉴由《鹰潭年鉴》编辑委员会组织编辑，市委党史办（市政府方志办）具体承办。稿件由市直各单位、各县（市、区）、中央和省属驻鹰潭各单位提供。各撰稿单位主审人列名单于正文之前，撰稿人署名于条目之后的“（ ）”内。

三、年鉴主要收录的是2012年鹰潭市各条战线和各个方面的情况，部分条目因内容需要涉及2012年度前后的情况。年鉴设栏目、分目和条目，条目为年鉴内容的基本记述单位，其标题用黑体字加“【 】”标示。

四、年鉴基本内容分为综合情况、动态信息和辅助资料三大部分。综合情况设特载、大事记、专记、市情概览4个栏目。动态信息设中国共产党鹰潭市委员会、鹰潭市人民代表大会常务委员会、鹰潭市人民政府、中国人民政治协商会议鹰潭市委员会、中国共产党鹰潭市纪律检查委员会、民主党派、人民团体、军事、法治、工业、工业园区、农业·林业·水利、商贸与经济合作、龙虎山景区建设与旅游、正一道教与嗣汉天师府、城乡建设、非公有制经济、经济管理与监督、信息化建设、交通、财政·税务、金融、气象·环境保护、科技、教育、文化艺术、新闻出版、医疗卫生、体育、居民生活、民政、劳动就业与社会保障、县（市、区）、驻鹰潭单位、人物35个栏目。辅助资料包括主要统计资料和附录2个栏目。

五、年鉴中的数据如有不一致处，一律以“统计公报”“统计工作”和同年的《鹰潭统计年鉴》的数据为准。为方便查阅，农业计量单位仍使用市制亩（1公顷=15亩）。

六、年鉴内容层次设置是为方便分类编辑和读者系统查阅，不反映严格的科学分类体系，机关、企事业单位等排序和层次并不表示其地位和规格。所载新任市领导指2012年新就任的市委、市人大、市政府、市政协和市法院、市检察院副地级以上领导人。县（市、区）主要领导人、市直及条管和驻鹰潭等单位领导人名录列于相关分（条）目末尾，方便查阅。所有人物（含名录）均由人物所在单位提供。

七、《鹰潭年鉴》的编纂得到全市上下和社会各界的大力支持，在此谨表谢忱。因经验不足和条件所限，难免存在疏漏和失误，恳请广大读者见谅并提出宝贵意见，以便在今后的工作中加以克服和改进。

鹰潭市旅游示意图

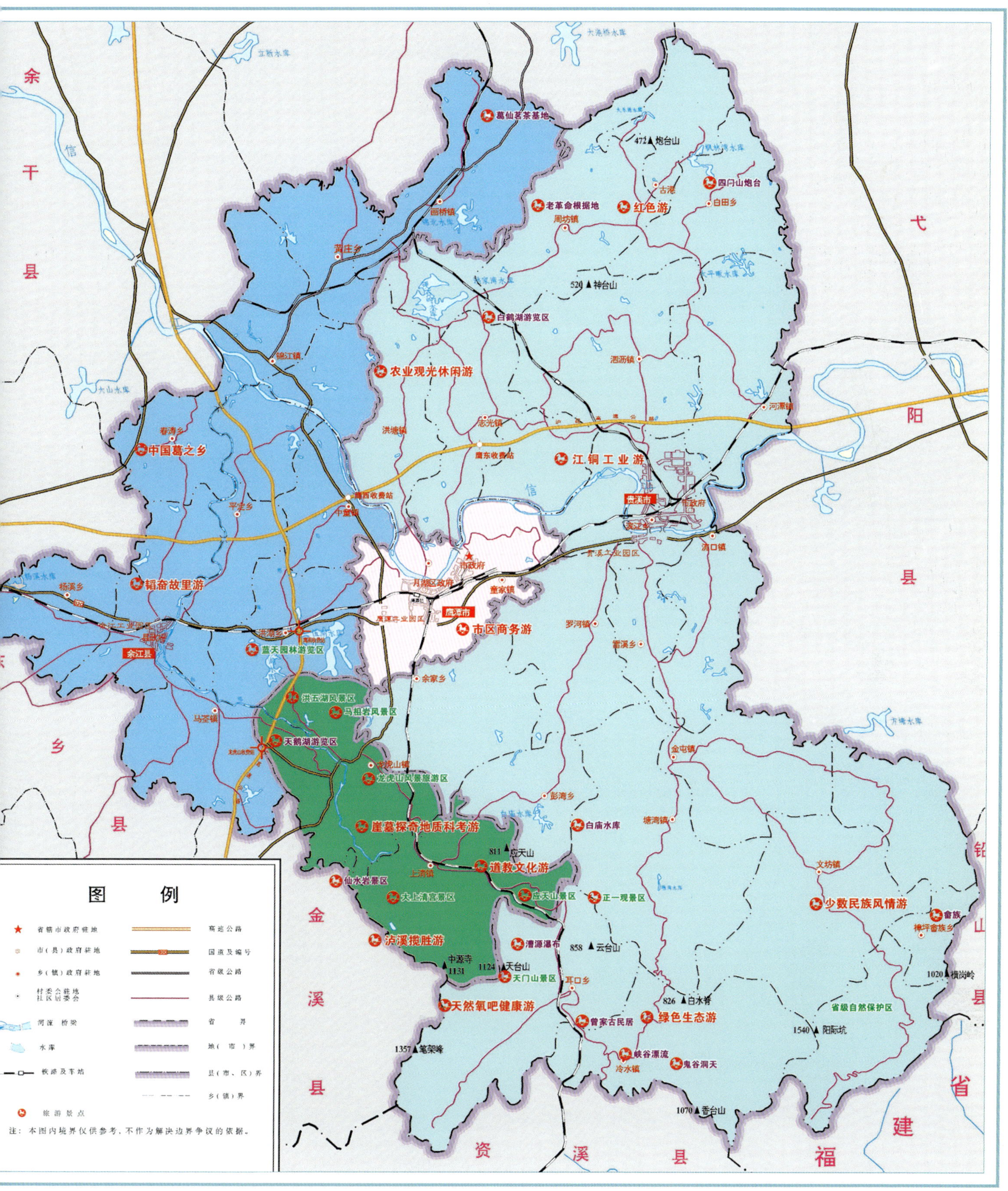

编制：鹰潭市旅游局

6月26日，省委书记苏荣（前右一）在省市领导陪同下，在贵溪冶炼厂周边苗木花卉基地考察

许志平 摄

7月8日，省长鹿心社（前中）在省市领导陪同下，在贵溪市滨江生态小区调研

许志平 摄

5月3日，中共鹰潭市委七届三次全体会议召开，图为会议现场

许志平 摄

2月15日，鹰潭市第八届人民代表大会第二次会议召开，图为会议现场

许志平 摄

2月14日，中国人民政治协商会议鹰潭市第八届委员会第二次会议召开，图为会议现场

刘 红 摄

6月29日上午，鹰潭市"1+6"产业重大项目集中开工仪式在鹰潭高新区龙岗片区举行，图为开工仪式现场

张国旗　摄

4月9日上午，由鹰潭银监分局组织的鹰潭银行业小微企业金融服务户外宣传展活动在时代广场举办

许志平　摄

江西东来农业开发公司以公司+农户形式发展木耳、香菇等食用菌种植，图为5月2日贵溪市周坊镇农民在采摘黑木耳

许志平 摄

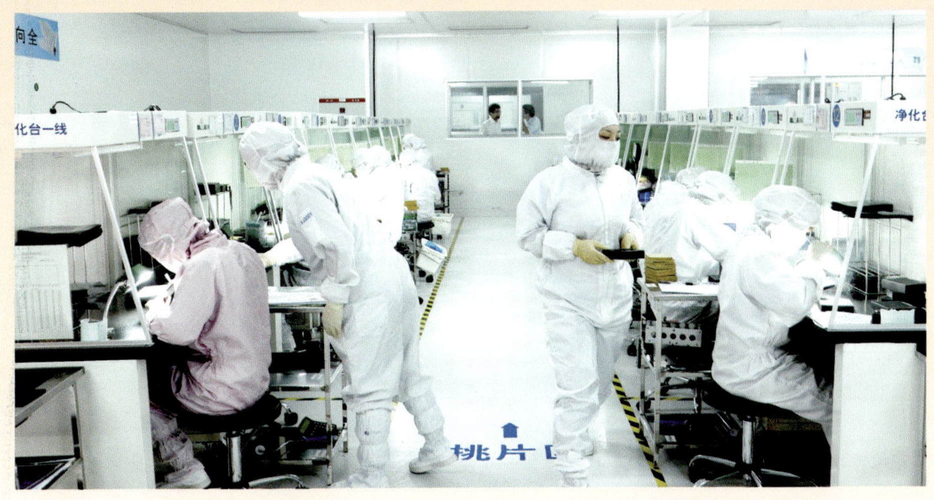

江西水晶光电有限公司于2011年7月落户鹰潭高新技术产业园区，该公司是一家国家级高新技术企业，图为工作人员正在生产

刘 红 摄

余江县精心打造雕刻创业基地，雕刻示范街首批58家经营户陆续开张，图为6月7日余江县雕刻示范街童胜富工作室雕刻大师正在制作工艺品

许志平 摄

市总工会大院整体改造工程全面展开，图为8月13日工程建设者正在市总工会原址平整场地

许志平 摄

市区四海路延伸段南站路交叉处新建地道桥正在抓紧施工，图为10月测绘人员正在做最后的测绘

刘 红 摄

春节后，市公建集团继续推进林荫东路综合改造工程，图为施工人员正在吊装空调架

林卫东 摄

12月8日，市重点工程鹰潭迎宾馆部分建筑主体封顶，景观绿化、人工湖施工正在进行中

许志平 摄

10月，滨江公园景观雕塑工程顺利完工，为公园新添一景

林卫东 摄

11月，“太极韵”灯光雕塑在滨江公园中心广场建成

许志平 摄

3月28日，市国有资产经营有限公司建设者开始对信江新区滨江路摊铺沥青

许志平 摄

重建“北极阁”一事引起市民高度关注，图为市民驻足观看重建“北极阁”征求意见通告

陈新华 摄

早春时节，龙虎山景区万亩油茶花悄然绽放，吸引游客驻足观赏

刘 红 摄

10月6日晚，“2012中国旅游小姐全球大赛”鹰潭赛区总决赛举行颁奖仪式，图为总决赛前三名获得者

刘 红 摄

12月4日上午，第三届环鄱阳湖国际自行车大赛鹰潭龙虎山站比赛开幕，图为比赛现场

许志平 摄

1月5日，《壬辰年》特种邮票首发式在龙虎山隆重举行，图为首发式现场

刘 红 摄

龙虎山景区上清镇天师路1.5千米路面正在抓紧整修，图为11月12日施工人员正在施工

刘 红 摄

龙虎山景区将鸬鹚捕鱼表演迁至仙水岩景区，图为4月10日众游客和摄影爱好者纷纷对参加表演的村民进行拍摄创作

许志平 摄

9月20日，游客在风景秀丽的贵溪市白鹤湖风景名胜区游览

许志平 摄

大型现代畲歌戏《七彩畲乡》精彩亮相第四届全国少数民族文艺会演，图为7月《七彩畲乡》在北京梅兰芳大剧院演出时的精彩瞬间

周信 摄

9月29日晚，“永远跟党走·祝福鹰潭”全市歌咏比赛暨颁奖晚会举行，图为晚会现场

许志平 摄

7月5日上午，全市教育系统“小手拉大手共创文明城”文明劝导活动启动仪式在时代广场举行，图为学生代表在“做文明人、行文明事、创文明城”横幅前签名

张国旗 摄

4月17日上午，“鹰潭在线”新闻网开通仪式在市电信公司举行，图为市委书记陈兴超(中)等市领导点击观看“鹰潭在线”新闻网

刘志琨 摄

4月8日上午，市政协委员、贵溪一中教师颜友华手捧鲜花登上列车赴上海市捐献骨髓

钟海华 摄

12月10日，余江县邓埠镇退休老党员吴贻林带着宣讲提纲到马岗村委会为村民宣讲党的十八大精神

周 信 摄

2月27日，市安仁实业有限公司董事长吴小平为双目失明并突发心肌梗塞的黄结茂及其养女送去资助款

许志平 摄

9月21日，首届中国（鹰潭）中华赏石展暨黄蜡石文化博览会在市体育中心开幕，图为众市民在博览会现场观赏选购奇石

许志平 摄

5月11日，江西省第四届全民健身运动会（鹰潭赛区）启动仪式在市时代广场隆重举行，图为来自市区的文艺爱好者表演精彩舞蹈

许志平 摄

建筑面积2万多平方米的市人民医院门诊医技大楼投入使用，图为5月9日市民在新建成的市人民医院门诊医技大楼一楼大厅取药

许志平 摄

9月3日上午，鹰潭一中举行新校园落成仪式，图为新落成的鹰潭一中校园

许志平 摄

1月8日是月湖区童家镇里屋村第八届村委会正式选举日，图为唱票现场

周剑平 摄

3月28日，市公交公司开通19路公交车，改善了市应用工程学校师生交通条件，方便周边村民出行

陈 剑 摄

月湖区在基层党建标准化项目建设中强化基层组织办公场所建设，图为月湖区童家镇童家村委会办公楼

许志平 摄

信江大市场（廉租房）工程是信江新区重点工程之一。5月22日，廉租房外墙已装饰一新，大市场工程正进行基坑开挖

许志平 摄

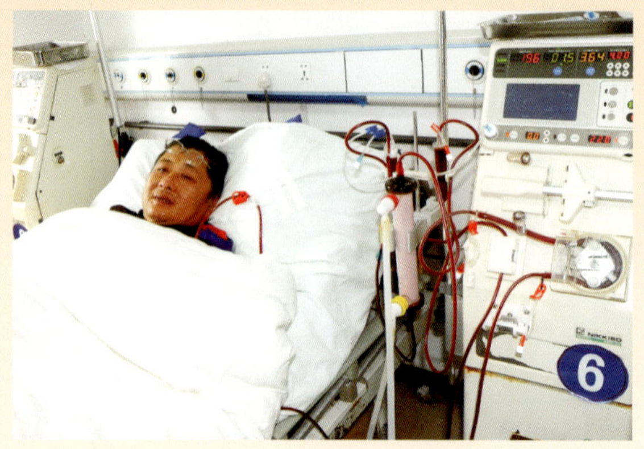

鹰潭市从2011年12月中旬开始对城乡尿毒症困难患者实施免费血透治疗，图为一市民正在市人民医院进行免费的血透治疗

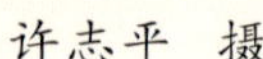

许志平 摄

5月15日，鹰潭四中100名品学兼优的家庭困难学生获得由月湖区农村信用社捐献的12万元助学金

许志平 摄

2月，鹰潭公园休闲广场提升改造工程完工，图为市民在“上善若水”文化墙前广场游玩

许志平 摄

龙虎山风景名胜区通过“农家乐”等方式为景区农民铺就致富路，图为景区村民开办的“农家乐”饭馆

胡 南 摄

7月下旬，贵溪市滨江镇庞源村村民在加工生产童装，村民在家门口实现创业就业

许志平 摄

鹰潭市加快贵溪冶炼厂周边秀美乡村建设步伐，投资3.4亿元建成花园式别墅生态小区，图为新建成的贵溪市滨江生态小区

许志平 摄

贵溪市天禄镇

天禄镇地处贵溪市西南部，南接龙虎山风景名胜区，西连余江县，北靠鹰潭市区，是龙虎山景区的北大门。2012年1月18日撤乡建镇，由原余家乡更名为天禄镇，区域总面积116平方千米，辖天禄、滴水、余家、球源、罗湾、庄源、流桥、孟青、坝上、坂上10个村委会，107个村小组，人口约2.6万人。集镇地处天禄村，规划面积2.57平方千米，拟打造成鹰潭市旅游集散中心；现正按规划引领，稳步推进“龙虎山国际大酒店”“云锦生态城”等建设项目，一个乡风文明、风景秀丽、具有浓郁道教文化特色的旅游集散小镇已初具雏形。

天禄镇有资源足、生态良、形象优三个特点：资源足。境内资源丰富，拥有坐落在余家村王家、球源村曾家山上的舒家湾清代古城堡、狮子岩等众多旅游资源和滑石（据测算全镇滑石储量约上亿立方米）、高岭土、铀矿、花岗石、矿泉水等矿产资源。生态良。天禄镇离国家级风景区龙虎山仅5千米，境内山峦属龙虎山余脉，高耸的山峰、陡峭的崖壁和广为覆盖的植被，加之镇内空气非常清新，构成壮美的生态景观，是天然的氧吧。形象优。2010年以来，天禄镇先后获得鹰潭市争先创优先进乡镇、鹰潭市新农村建设先进乡镇等一系列荣誉称号。

天禄镇浓墨重彩绘制发展蓝图，积极推动旅游集散小镇建设：一是前瞻可行定规划。制定天禄旅游集散小镇控制性详细规划，遵循滚动开发、资金平衡的原则，以现有城镇建成区向周边拓展。二是产业升级惠民生。在靠近206国道的滴水、余家、天禄村重点发展水面特种种植、生态旅游农产品种植、蔬菜种植、花卉和城市绿化苗木种植，在孟青、坝上、坂上、流桥、庄源、球源、罗湾等村发展药材、果业、笋竹两用林、油茶、板栗等经济作物，逐步形成了一村一品、一村一特的农业产业化格局。大力发展第三产业，以生态旅游农业、农产品深加工为重点，促进产业升级。现在天禄镇的杨莓、草莓、苗木、茶油在鹰潭市远近闻名，为农民年创收近810万元。

新起点、新征程，天禄人民将以更加开放的思想、更加昂扬的斗志、更加包容的胸怀、更加坚定的决心，把天禄镇打造成“富裕天禄、秀美天禄、宜居天禄、和谐天禄”。

天禄镇党委书记江焕青

天禄镇党委副书记、镇长彭先荣

建设中的新集镇

天禄镇行政中心

2012年1月18日，天禄撤乡设镇，图为市、镇领导参加天禄镇揭牌庆典仪式

贵溪市双圳采育林场

场长江忠（前左一）陪同贵溪市领导到林场调研

国家林业局、省林业厅到林场调研国有林场改革工作

危旧房改造

天然林大径材培育基地

贵溪市双圳林场是贵溪市四大采育林场之一，创建于20世纪60年代，位于贵溪市南部山区，武夷山脉西麓，与福建省光泽县接壤，场部距贵溪市市区56千米。海拔1540.9米的阳际峰自然保护区位于境内，是信江一级支流罗塘河与泸溪河的主要发源地。林场经营面积10.7万亩，有林地面积9.8万亩，森林覆盖率为91.5%，其中天然林面积4.3万亩，人工林面积2.2万亩，毛竹林面积3.3万亩，活立木蓄积量为49.2万立方米，毛竹立竹株数为503万支。在9.8万亩有林地面积中已规划生态公益林8.4万亩，占有林地面积的86%。境内有战备公路38千米，林区公路47千米。

林场是一个直属贵溪市政府管理的正科级单位，下辖9个股级单位，即：黄沙分场、西排分场、上山分场、上山毛竹股份制林场、西排毛竹股份制林场、东坑毛竹示范林场、综合加工厂、水电站、职工医院，其中综合加工厂、水电站、东坑毛竹示范林场、上山毛竹股份制林场、西排毛竹股份制林场、职工医院实行租赁承包或股份合作民营机制，其余3个分场由总场统一管理，实行报帐制。全场现有干部职工414人，其中退休人员223人，在编人员191人。

近年来，林场在各级林业主管部门及贵溪市委、市政府的大力扶持和正确领导下，本着“以林为本，生态优先，分类经营，可持续发展”的方针，充分利用资源优势，内聚力量，外拓空间，抢抓机遇，坚持改革创新，全力推动各项工作，在森林资源保护和培育、毛竹林开发、森林旅游、招商引资及民生工程等方面均取得了显著成绩，实现了“资源增长、企业增效、职工增收”的发展目标。

下一步，林场将以邓小平理论、“三个代表”重要思想和科学发展观为指导，继续坚持“以林为本，生态优先，分类经营，可持续发展”的方针，以国有林场改革为契机，建立高效的现代企业运行机制，加强内部管理，注重资源的培育与保护，发挥毛竹产业特色优势，培植森林旅游、森林种植、加工及花卉苗木等新的经济增长点，着力改善职工住房、道路交通、文化体育设施等民生工程，以资源增长、职工增收、企业增效和逐步实现小康示范林场为目标，努力实现林场经济和各项社会事业和谐发展。

江西省实施《地方志工作条例》办法

第一条 为了规范本省地方志编纂工作，科学、合理地开发利用地方志，发挥地方志在促进经济社会发展中的作用，根据国务院《地方志工作条例》，结合本省实际，制定本办法。

第二条 本办法适用于本省行政区域内地方志的组织编纂、管理、开发利用等活动。

第三条 本办法所称地方志，包括地方志书、地方综合年鉴。地方志书，是指全面系统地记述本行政区域自然、政治、经济、文化和社会的历史与现状的资料性文献。地方综合年鉴，是指系统记述本行政区域自然、政治、经济、文化和社会等方面情况的年度资料性文献。地方志分为：省编纂的地方志，设区市编纂的地方志，县（市、区）编纂的地方志。其中省编纂的地方志书由各分志组成。

第四条 县级以上人民政府应当加强对本行政区域地方志工作的领导，将地方志工作纳入国民经济和社会发展规划。地方志工作所需经费列入本级财政预算。

第五条 县级以上人民政府负责地方志工作的机构（以下简称地方志工作机构）在本级人民政府和地方志编纂委员会的领导下，主管本行政区域的地方志工作，履行下列职责：

(一) 组织、指导、督促和检查地方志工作；

(二) 拟定地方志工作规划和编纂方案；

(三) 组织编纂地方志书、地方综合年鉴；

(四) 搜集、保存地方志文献和资料，组织整理旧志；

(五) 推动地方志理论研究与宣传工作，培训地方志编纂人员；

(六) 组织开发利用地方志资源。

第六条 编纂地方志应当做到存真求实，确保质量，全面、客观地记述本行政区域自然、政治、经济、文化和社会的历史与现状。

第七条 县级以上行政区域的地方志工作规划（以下简称规划）和编纂方案（以下简称方案），由本级地方志工作机构拟定、本级地方志编纂委员会审定，经本级人民政府批准后实施，并报上一级地方志工作机构备案。

第八条 以县级以上行政区域名称冠名的地方志书、地方综合年鉴，分别由本级地方志工作机构按照规划和方案组织编纂，其他组织和个人不得编纂。地方志书每20年左右编修一次；地方综合年鉴按年度编纂。

第九条 编纂地方志应当吸收有关方面的专家、学者参加。地方志编纂人员实行专兼职相结合，专职编纂人员应当具备相应的专业知识。地方志编纂人员应当恪尽职守、客观公正，据事直书、忠于史实。任何单位和个人不得要求编纂人员在地方志中作虚假记述。

第十条 地方志工作机构应当建立征集制度，及时征集和保存文字、图表、照片、音像、电子文本、实物等各种地方志资料。地方志工作机构可以采用查阅、摘抄、复制等形式，向机关、社会团体、企业事业单位、其他组织以及个人征集有关地方志资料，有关单位和个人应当提供支持。但涉及国家秘密、商业秘密和个人隐私以及不符合档案开放条件的除外。

第十一条 根据规划和方案规定承担地方志编纂任务的有关机关、社会团体、企业事业单位以及其他社会组织（以下简称承编单位），应当确定编纂机构或者人员，并在本级地方志工作机构指导下，按照方案规定的时间和质量要求完成编纂任务。承编单位的编纂任务完成后，由规划和方案确定的总纂单位负责总纂，形成初审稿。

第十二条 对以县级以上行政区域名称冠名、列入规划的地方志书实行初审、复审、验收制度。未经审查验收，地方志书不得公开出版。

第十三条 地方志书的初审会由总纂单位主持。初审会应当组织有关保密、档案、历史、法律、经济、军事等方面的专家参加，重点审查地方志书初审稿的内容是否符合宪法和保密、档案等法律、法规的规定，是否全面、客观地反映本行政区域自然、政治、经济、文化和社会的历史与现状。总纂单位应当根据初审意见对地方志书初审稿进行修改，形成复审稿后提请复审。

第十四条 省编纂的地方志书各分志的复审会由省地方志工作机构主持，设区市、县（市、区）编纂的地方志书的复审会由上一级地方志工作机构主持。复审会应当组织地方志等方面的有关专业人员参加，对地方志书复审稿进行审查。总纂单位应当根据复审意见对地方志书复审稿进行修改，形成验收稿后提请验收。

第十五条 地方志书的验收会由本级地方志编纂委员会主持，地方志等方面的有关专业人员参加，对地方志书验收稿进行验收。地方志书经验收合格后，方可以公开出版。

第十六条 以县级以上行政区域名称冠名的地方综合年鉴，由负责组织编纂的地方志工作机构报本级地方志编纂委员会审定，并经本级人民政府批准，方可以公开出版。

第十七条 地方志出版后，负责组织编纂的地方志工作机构应当在3个月内报送上级地方志工作机构备案，并向上级方志馆或者地情资料库报送地方志藏本。在地方志编纂过程中收集到的文字资料、图表、照片、音像资料、实物等以及形成的地方志文稿，由本级地方志工作机构指定专职人员集中统一管理，妥善保存，不得损毁；修志工作完成后，应当依法移交本级国家档案馆或者方志馆保存、管理，个人不得据为己有或者出租、出让、转借。

第十八条 地方志工作机构应当积极开拓社会用志途径，可以通过建设方志馆、地情资料库、网站等方式，加强地方志工作的信息化建设，为经济社会的全面发展服务。

第十九条 公民、法人和其他组织可以通过查阅、摘抄等方式利用方志馆或者地情资料库收藏、展示的地方志文献和资料。方志馆、地情资料库应当将服务范围、开放时间等服务事项进行公示。鼓励单位和个人向方志馆、地情资料库捐赠或者有偿提供地方志文献和资料。

第二十条 违反本办法，国务院《地方志工作条例》已有法律责任规定的，从其规定。

第二十一条 违反本办法规定，有关单位或者个人要求地方志编纂人员在地方志中作虚假记述的，由上一级地方志工作机构提请本级人民政府予以通报批评，追究相关责任人的责任。违反本办法规定，地方志编纂人员在地方志中作虚假记述的，由地方志工作机构依法给予处分。

第二十二条 违反本办法规定，承编单位拒绝承担编纂任务，或者不按照规定的时间和质量要求完成编纂任务的，由地方志工作机构督促其限期改正；逾期不改正的，由地方志工作机构提请本级人民政府责令其采取相应措施予以纠正，并可予以通报批评，追究相关责任人的责任。

第二十三条 需要编纂部门志、行业志、乡（镇）志且已具备编纂条件的，其编纂工作参照本办法的相关规定执行。

第二十四条 本办法自2008年3月1日起施行。

目 录

卷首

特载

大事记

专记

市情概览

中国共产党鹰潭市委员会

鹰潭市人民代表大会常务委员会

鹰潭市人民政府

中国人民政治协商会议鹰潭市委员会

中国共产党鹰潭市纪律检查委员会

民主党派

人民团体

军事

法治

工业

工业园区

农业·林业·水利

商贸与经济合作

龙虎山景区建设与旅游

正一道教与嗣汉天师府

城乡建设

非公有制经济

经济管理与监督

信息化建设

交通

财政·税务

金融

气象 · 环境保护

科技

教育

文化艺术

新闻出版

医疗卫生

体育

居民生活

民政

劳动就业与社会保障

县(市、区)

驻鹰潭单位

人物

主要统计资料

附录

单位风采掠影

特载

编辑、校对：况建军

在市委七届三次全体会议上的讲话

市委书记　陈兴超

（2012年5月3日）

各位委员，同志们：

今天的会议，传达学习了省委十三届三次全会和省委经济形势分析会议精神，调度了全市重点项目建设情况，部署了全市文化体制改革、文化休闲娱乐等服务业和县域经济发展工作。刚才，志生同志在分析总结今年以来经济形势的基础上，对全市经济社会发展和有关工作进行了安排部署，提出了明确要求，我完全赞同，请大家认真抓好落实。下面，我再讲三点意见。

一、正确认识形势，进一步坚定发展信心

今年以来，面对国内外极其复杂的经济环境，我国经济发展的基本面总体向好，我省经济保持了平稳较快发展的基本趋势。与全国、全省一样，我市经济平稳增长，产业提速增效，项目加速推进，开放步伐加快，社会和谐稳定，保持了稳中求进的发展态势。但我们也要清醒地看到，我市经济面临的形势还十分严峻，经济运行还存在一些突出问题，比如，受去年一次性税收和国家税收政策调整影响，今年财政增收形势十分严峻；再生资源回收政策变化，铜拆解园物流成本偏高，以废旧铜为原料的铜产业发展面临很大的困难和压力，等等。

保持经济发展的良好势头，有效解决以上问题最关键、最重要的还是靠发展。加快发展归根到底靠项目，项目是发展的引擎和载体。今年以来，我们突出主攻项目这个主抓手，全力推进重大项目建设，成效是明显的。刚才，家林同志对全市30个重点项目建设进展情况进行了通报。从通报的情况看，进展顺利的项目18个，如市行政中心建设、城市景观工程、月湖区社区标准化建设、信江路网工程、贵冶周边村庄新农村建设、硫磷化工产业、余江眼镜雕刻微型元件产业等。进展相对迟缓的项目10个，尤其是产业项目进展普遍缓慢，如铜产业、物流业、大健康产业、汽摩配产业、创意制造产业等。推进快的项目是领导重视、牵头部门和责任部门通力协作的结果；推进速度不尽理想的项目，主要是因为运行机制不畅、工作合力不强、调度研究不够、净地交付困难等诸多原因所致。这些问题需要我们在今后工作中认真加以解决。

保持稳中求进的发展态势，有效应对政策调整给财政增收带来的巨大压力，要求我们在主攻项目的同时，加快产业结构调整步伐，尤其是大力发展那些拉动消费、扩大税源的产业。文化休闲娱乐等服务业就是这样一个前景广阔的朝阳产业，能够有效拉动消费、增加就业、扩大税源和提升城市品位。因此，大力发展文化休闲娱乐等服务业势在必行。目前，我市文化休闲娱乐业发展规模总量偏小，区域布局失衡，经营层次不高，管理水平粗放。据统计，去年城区文化休闲娱乐业纳税仅217万元，只占生活性服务业的0.52%。可以说，我市文化休闲娱乐业的发展已严重滞后于工业化和城市化的进程，远远不能满足群众和客商丰富的精神需求，离宜居鹰潭的要求还有很大差距。这是一条短腿，需要大力伸长。为此，我们必须把发展文化休闲娱乐业摆上重要日程，创新发展思路，完善产业政策，强化发展举措，扎实推进文化休闲娱乐等服务业快速健康发展。同时，我们必须看到，加快文化体制改革既是中央和省委的部署要求，更是加快我市文化产业发展的现实需要，必须加强领导、精心组织,把这样一项政策性很强的工作做好、做到位。

全市各地各部门要认清形势,把思想和行动统一到中央、省委对当前形势的科学分析和正确判断上来,坚定发展信心,全力推进重点项目建设,大力发展文化休闲娱乐等服务业,加快推进文化体制改革,全力支持县域经济做大做强,进一步保持和拓展我市经济稳中求进、稳中快进的发展态势。

二、坚持稳中求进总基调,全力推进重点工作

稳中求进是中央确定的今年工作总基调。对我市来说,牢牢把握稳中求进的工作总基调,就是按照“主攻项目、决战‘三区’,凸现特色、实现跨越”的总体要求,围绕建设“四个鹰潭”宏伟目标,在确保社会和谐稳定的前提下,千方百计加快发展,实现更好更快的发展。当前,我们尤其要做好以下三项重点工作。

一是坚定不移推进重大项目建设。保持经济平稳较快发展离开项目无从谈起。为此,我们必须全力推进今年市委、市政府明确的30项重点产业、重大城建、重要民生项目。推进这些重点项目,我们已经形成了工作机制,建立了比较好的工作模式,任务非常明确,责任也十分明晰,最关键的还是要强化“没有任何借口”的执行文化,抓好各项工作的落实。从刚才通报的全市重点项目建设情况来看,绝大多数项目在抓落实方面责任部门和单位是开动了脑筋的、是付出了努力的、是得力的,希望继续保持和发扬。但也有一些部门和同志在困难和挑战面前,信心不足、思路不活、办法不多、力度不大,过多强调项目推进不力的客观原因。在此,市委、市政府重申在项目推进过程中必须提升执行力,着力破解拆迁安置、建设资金、施工环境等方面难题。政府分管领导和市级联系领导要加强组织调度,相关责任部门要强化沟通协调,市督查领导小组要实行更加密集的督促检查,对不作为、慢作为、乱作为导致出现问题的人和事,要毫不客气地实行问责,对情节恶劣造成严重后果的,要用铁腕硬手严肃处理,绝不姑息。

需要强调的是,推进重点项目建设必须抓住关键环节。要加强规划管理。我们有些单位、有的领导不重视规划,不执行规划,这是很不严肃的事情,必须提出批评。比如,鹰西专业市场集群规划用地性质被擅自改变,这是绝不允许的。各级各有关部门要切实强化规划意识,提高规划水平,严格规划管理,使规划经得起历史的检验。要加快建设进度。决战城区的主战场在信江新区,市委、市政府目标很明确,要用两年的时间,即争取到2014年6月,建成信江核心区。信江新区和有关部门要切实按照这一目标要求,进一步解放思想,不惜让利,超常规加快拆迁安置和项目建设进度,确保目标如期实现。要全力改变目前产业项目相对滞后的状况,切实做好项目的包装策划、立项批复、开工建设、投产达标等工作。尤其是要集中精力加大产业招商引资力度。前不久,围绕“1+6”产业,市委、市政府在杭州举办了一次高规格的产业推介会,达成了一批合作意向,有关部门和责任人员要积极跟进,加强沟通,促成项目尽快落户并开工建设。要切实加强安全生产。前不久,景鹰高速鹰南收费站改建项目工地发生了一起安全生产事故,造成了不良影响。各级各有关部门要深刻吸取事故教训,举一反三,以对党和人民负责的精神,切实加强项目安全质量管理和安全生产工作。

二是大力发展文化休闲娱乐产业。文化休闲娱乐等服务业是一项关联度高、协同性强、带动力大的新兴产业。市委、市政府已确定将发展文化休闲娱乐等服务业列为第30个重点项目,由荣先同志牵头负责,晓群同志作为市联系领导,并将出台《关于加快我市文化休闲娱乐等服务业发展的意见》,请大家按照意见要求认真抓好落实。在这里,我着重强调在推进中需要认真把握的三个问题:

一要坚持高起点编制发展规划。围绕实现文化休闲娱乐等服务业相对集中、布局相对合理这一目标,制定文化休闲娱乐等服务业规划,注重与我市经济社会发展、地域特色、旅游交通和城市建设等相衔接,推动文化休闲娱乐业与旅游、物流、建筑等产业融合发展,构建点、线、面相互支撑,大、中、小规模效应相互促进,传统与现代制作手段、表现方式相互整合的文化休闲娱乐业发展新格局。要维护规划的严肃性,规划确定以后,必须严格按照规划要求组织实施,确保文化休闲娱乐业健康持续发展。

二要坚持打造特色品牌。围绕打响“吃在鹰潭、玩在鹰潭、乐在鹰潭”品牌,我们要不断挖掘鬼谷子文化、道教文化、古越文化、崖墓文化、角山文化、铜文化深厚的内涵,为休闲娱乐活动注入持久的魅力;要积极鼓励和引导文化休闲娱乐企业自主创新,找卖点、做亮点、出精品、树形象;要着力建设文化一条街、娱乐一条街、餐饮一条街,解决城区文化休闲娱乐产业数量少、规模小、档次低、条件差、不集中、很分散的问题,努力打造一批有鹰潭地域特色、具有一定影响力和知名度的文化休闲娱乐品牌。

三要坚持做优发展环境。应该说,前一阶段开展集中整治影响发展环境干部作风突出问题专项活动,我们动真格,严肃查处了几起严重影响发展环境的违纪案件,工作是有成效的。下一步,围绕进一步优化发展环境,我们要做的工作还很多。要继续坚持“企业的需要,就是我们的服务”和“围墙内的事企业做,围墙外的事政府做”的理念,吃透用足国家的产业政策,不断完善扶持文化休闲娱乐等服务业发展的措施,强化政策支持和配套服务,舍得放水养鱼,善于花小钱调动企业的积极性和创造性。要降低准入门槛,充分调动社会资源,积极兴办文化休闲娱乐等服务业。市直有关部门要进一步解放思想、敢于担当,全力支持文化休闲娱乐等服务业的发展,只要是企业发展需要、法律法规又没有明令禁止的,都可以大胆闯、大胆试,努力营造思想解放、社会包容、环境宽松的发展氛围。

三是积极稳妥推进文化体制改革工作。省委要求全省各地5月底前全面完成改革任务,时间紧、任务重、要求高。我们要充分认识中央和省委关于推进文化体制改革工作的重要性和必要性,确保思想认识到位,教育和引导广大干部职工支持并积极投入到改革中来,做到在改革过程中,人心不散、秩序不乱、工作不断;要严格工作纪律,在这次改革中涉及的有关单位,不得进人或突击提拔干部,不得借机滥发钱物,更不能转移资金和财产,确保国有资产不流失;全市各级党委和政府要切实加强对文化体制改革工作的领导,牢牢把握文化体制改革发展的主动权,及时研究解决改革过程当中的实际问题,检查督促目标任务和政策措施的贯彻落实,确保全面完成文化体制改革各项工作目标。

在这里,还要特别强调的是,在推进当前各项重点工作、促进经济社会加快发展的同时,我们要以对历史负责的态度,认真处理好当前发展和长远发展的关系。市七次党代会提出把鹰潭打造成富裕、秀美、宜居、和谐鄱阳湖生态经济区璀璨明珠的目标。围绕这个目标,由4名市委常委牵头负责,分别制定了实施意见,我们一定要加强工作衔接,细化工作措施,紧紧抓住我市被确定为全国改革发展试点市的契机,整体推进富裕鹰潭、秀美鹰潭、宜居鹰潭、和谐鹰潭建设,尤其是要将具体的目标任务有效转化为实实在在的项目,通过项目建设,使"四个鹰潭"的目标早日实现。与此同时,各县(市、区)要主动跟进、有机衔接。市委、市政府将下发《关于进一步加快县域经济发展的若干意见》,这个意见充分体现了"四个鹰潭"建设的目标。各县(市、区)要结合各自实际,在切实抓好经济建设的同时,注重统筹推进生态建设、社会建设等各项工作。

三、加强组织领导,为重点工作提供坚强保障

推进重点项目建设,深化文化体制改革和加快文化休闲娱乐等服务业发展,关键在领导。全市各地各部门各单位要加强领导、形成合力,确保工作取得实实在在的成效。

一要加强组织领导。市委市政府高度重视重点项目建设、文化体制改革和发展文化休闲娱乐业工作,分别成立了由市级领导担纲的工作领导小组,并下设了办公室。各工作领导小组要切实担负起责任,加强组织领导,强化工作调度,密切沟通协调,及时解决工作中存在的实际问题,确保重点项目建设、深化文化体制改革和文化休闲娱乐业发展顺利推进。

二要明确责任分工。推进项目建设要继续完善市级领导挂点项目工作机制,按照"一个产业、一套措施、一个联系领导、一支队伍、一抓到底"工作模式,强化责任意识,细化量化工作指标,明确时间节点,确保工作落到实处。文化体制改革工作和加快文化休闲娱乐业发展要按照市委市政府制定的《实施意见》,尽快形成细化责任分工的时间表、任务书、路线图,形成一级抓一级、层层抓落实的工作机制。

三要强化督促检查。市督查领导小组要进一步创新督查方法,加大督查力度,加强阶段性的工作督促和检查,搞好跟踪问效,提升督查实效。要不断拓宽督查领域,加强对文化体制改革和文化休闲娱乐业发展工作的督促检查。同时,进一步严格督查问责,对没有按照时间节点要求完成任务的有关责任人,实行责任追究,确保工作有序有效开展。

各位委员,同志们,做好今年的各项工作,实现年初确定的发展目标,任务艰巨,责任重大。让我们更加紧密地团结在以胡锦涛同志为总书记的党中央周围,高举中国特色社会主义伟大旗帜,以邓小平理论和"三个代表"重要思想为指导,深入贯彻落实科学发展观,牢牢把握稳中求进的工作总基调,统一思想、坚定信心,奋力拼搏、扎实工作,为建设富裕秀美宜居和谐鹰潭做出新的更大贡献,以经济社会发展的优异成绩迎接党的十八大胜利召开!

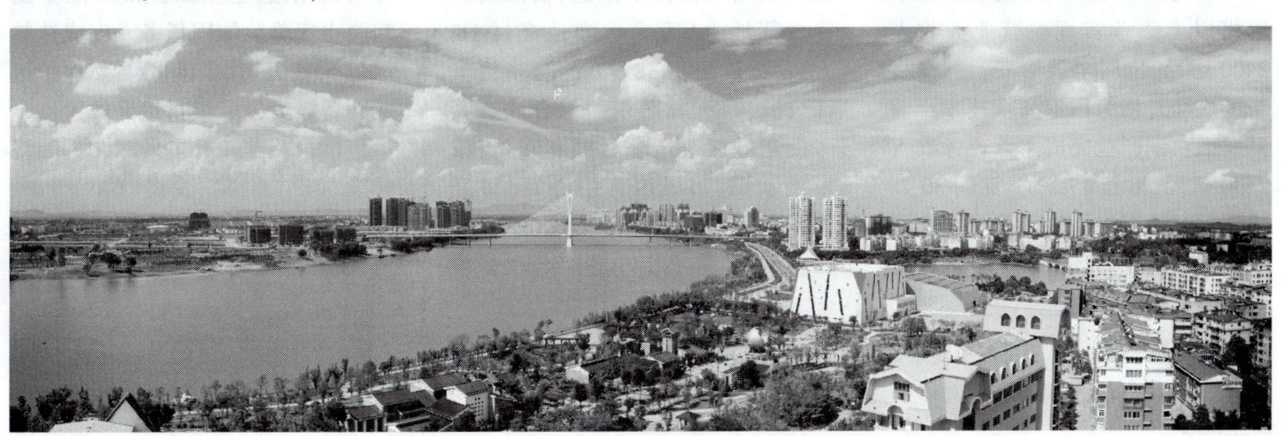

一江两岸风光

(许志平 摄)

政府工作报告

——2013年1月4日在鹰潭市第八届人民代表大会第三次会议上

市长 钟志生

各位代表:

现在，我代表市人民政府向大会作政府工作报告,请予审议,并请市政协委员和列席会议的同志提出意见。

一、2012年工作回顾

过去的一年,在省委、省政府和市委的正确领导下，全市上下按照“主攻项目,决战‘三区’,凸现特色,实现跨越”的总体要求,攻坚克难,扎实工作，实现了经济社会持续健康较快发展。预计完成生产总值482亿元,增长11.7%;财政总收入78.7亿元,增长10.8%;地方财政收入58.3亿元,增长50%;规模以上工业增加值280亿元,增长15%;全社会固定资产投资410亿元，增长22%；社会消费品零售总额115亿元,增长14.6%;城镇居民人均可支配收入1.98万元,增长13.5%;农民人均纯收入8600元,增长13%。

(一)重点产业快速发展。全市规模以上工业实现主营业务收入2400亿元,位居全省第三。鹰潭高新区成功升格为国家高新技术产业开发区。铜产业完成主营业务收入2130亿元,增长17.2%。江铜30万吨铜拆解项目一期竣工投产。鹰潭(贵溪)铜产业循环经济基地被评为全国循环经济工作先进单位。65个战略性新兴产业项目进展顺利,完成投资100亿元以上，我市荣获全省推进战略性新兴产业先进市称号。龙虎山成功创建国家AAAAA级旅游景区，接待游客506.3万人次，增长36%；旅游直接收入2.13亿元,增长33%。全市接待国内外游客1100万人次,增长30%;旅游总收入76亿元,增长30%。物流产业实现营业收入130.5亿元，增长83.6%；上缴税收5亿元，增长62.2%。制定了文化休闲娱乐等服务业发展规划，举办了首届中国（鹰潭）中华赏石展暨黄蜡石文化博览会。鹰潭农商银行挂牌开业。

(二)城市建设步伐加快。实施重大城建项目104个，总投资248亿元。信江新区路网已经成型,鹰潭一中新校区投入使用，高铁北站、市行政服务中心、滨江景观工程等重点项目稳步推进,信江新区完成征地1.4万亩，净地交付1.2万亩,拆迁面积38.6万平方米。滨江公园二期、林荫东路综合改造等一批老城区改造项目顺利竣工,城市展示馆(市民服务中心)即将开馆,惠及3万人的百佳城、山背小区、立新巷等小街小巷综合改造项目全面完成,海关国检大楼、梅园迎宾馆、林荫西路贯通、四海路延伸、市人民医院片区整体改造等项目全面实施,北极阁重建项目顺利开工。“三城同创”①有序推进。月湖新城开工项目12个，贵溪城区提升改造成效显著,余江县城东拓稳步推进,龙虎山上清古镇一期改造基本完成,“一江两岸、四区合一”②城市发展格局初步形成。

(三)“三农”工作成效明显。粮食总产达67.8万吨，实现“九连增”。鹰南贡米被评为国家级农业产业化龙头企业，全市农业产业化龙头企业达125家,实现销售收入52亿元,增长20%。242个自然村点的新农村建设和贵冶周边11个自然村环境整治任务全面完成,“三区三线”民居改造提升③工作有序实施,“秀美乡村”创建活动不断深入。实施水利项目127个，完成中潢圩堤等五河治理应急除险和40座小型病险水库除险加固任务。完成造林绿化5.86万亩。阳际峰自然保护区成功晋级为国家级自然保护区。

(四)改革开放不断深化。围绕建设“四个鹰潭”、发展“1+6”产业、促进县域经济竞相发展、做强金融业、完善国资监管体系等,制定出台

①“三城同创”:创建江西省文明城市、国家园林城市和省级生态园林城市。

②“一江两岸、四区合一”:鹰潭市城区沿信江两岸建设,将月湖核心区与贵溪市、余江县、龙虎山景区合为一体,构建大鹰潭格局。

③“三区三线”民居改造提升:对龙虎山景区、工业园区、郊区“三区”范围内的高速公路、城际快速通道、高速挂线“三线”两侧500米以内可视房屋,实施坡屋顶改造、房屋外墙粉刷、环境综合整治和绿化美化。

了一系列改革举措。开通了海铁联运国际运输通道和鹰潭至宁波“五定班列”①。中国四冶与中国节能环保集团成功合作,步入发展快车道。百炼集团、绿地控股集团、浙商联盟等一批知名企业落户我市。全年实际利用外资1.68亿美元,增长15.9%;引进省外5000万元以上项目资金170亿元,增长18.5%;外贸出口7.1亿美元,增长16.5%。我市荣获全国外贸百强城市、国家外贸转型升级示范基地称号。

(五)改善民生取得实效。全面完成了省政府下达的89项民生指标,教育、社保、医疗、住房等民生支出达35.6亿元。全市新增城镇就业2.7万人,新增转移农村劳动力2.1万人,城镇就业率达96.5%。实现了城乡居民社会养老保险全覆盖,“新农合”参合人数79.4万人,参合率达96.3%。我市被国务院授予全国新型农村和城镇居民社会养老保险工作先进单位。发放城乡低保资金1.2亿元,城乡最低生活保障标准分别提高到350元和170元。为老年人、婴幼儿、慢性病人等重点人群提供免费健康体检33.7万人次。开工建设各类保障性住房6418套,民欣家园1640套廉租房交付使用,中心城区保障性住房覆盖率达23%,提前完成“十二五”规划目标。

(六)社会事业协调发展。编制了鹰潭市城区教育设施布局专项规划,全面启动了高教园区建设,校安工程竣工面积9.1万平方米,拆除D级危房11.2万平方米。市人民医院门诊医技楼、市中医院综合楼投入使用,国家基本药物制度实现行政村全覆盖。扎实推进了科技创新“六个一”工程,列入国家和省科技计划项目40项。文化体制改革基本完成。《七彩畲乡》荣获第四届全国少数民族文艺会演剧目金奖,创造了江西少数民族文化的新辉煌。我市连续17年荣获全国全民健身活动优秀组织奖。食品药品市场秩序日趋规范。44个社区标准化建设和社区服务管理网格化工作试点进展顺利。社会管理综合治理形势平稳。

统计、审计、监察、人事编制、法制、司法行政、人口计生、公路交通、安全生产、行政服务、方志档案、广播电视、新闻出版、民族宗教、外事侨务、涉台事务、气象服务、防灾减灾、质量监督、民兵预备役、国防动员、拥军优属、人民防空、妇女儿童、老龄、残疾人等工作取得了新的成绩。一年来,全市荣获省级以上荣誉73项。

各位代表,成绩和进步来之不易。这些成绩的取得,是省委、省政府和市委正确领导的结果,是市人大依法监督、市政协民主监督的结果,是全市人民锐意进取、顽强拼搏的结果。在此,我代表市人民政府,向全市广大干部群众,向各位人大代表、政协委员、各民主党派、工商联、无党派人士和社会团体,向驻鹰单位、人民解放军、武警官兵、公安民警和离退休老同志,向所有关心、支持、参与鹰潭经济社会发展的各界人士,表示衷心的感谢并致以崇高的敬意!

回顾一年的工作,我们深深体会到:

必须始终坚持发展目标不动摇。建设富裕、秀美、宜居、和谐鹰潭,是市委市政府贯彻省委省政府发展战略、深化市情认识作出的科学决策,是打造鄱阳湖生态经济区璀璨明珠的内在要求,是深入落实党的十八大精神、全面建成小康社会的有效举措。一年来,我们坚持在建设“四个鹰潭”中统一思想,在统一思想中加快“四个鹰潭”建设,实现了全市经济社会平稳较快发展。

必须始终坚持总体要求不动摇。“主攻项目,决战‘三区’,凸现特色,实现跨越”的总体要求,是鹰潭实现跨越发展的手段、载体、方向的有机统一。一年来,我们坚持把“主攻项目”作为主抓手,深入实施项目带动战略,围绕优势产业抓项目,依托独特资源抓项目,发挥区位优势抓项目,紧扣特色产品抓项目;把“决战‘三区’”作为主战场,全力将园区、城区、景区打造成经济社会发展的重要增长极;把“凸现特色”作为主方向,扎实做好铜产业、旅游业、物流业“三篇文章”,促进了经济社会持续健康发展。

必须始终坚持解放思想不动摇。实践发展永无止境,解放思想永无止境。一年来,我们坚持用开放的办法破解发展难题,用改革的举措理顺体制机制,不断推进思想观念创新、体制机制创新、管理方式创新,发展动能加速释放,发展活力不断增强。

必须始终坚持改善民生不动摇。民生连着民心,民心凝聚民力。一年来,我们坚持把保障改善民生作为政府的最大责任,在实际工作中,既考虑政府为群众做什么、更注重群众需要我们做什么,既关心群众现实利益、更关注群众切身感受,既重视个体民生问题、更重视群体民生问题,不断满足人民群众过上更好生活新期待,让改革发展成果更多更好地惠及广大人民群众。

必须始终坚持真抓实干不动摇。政府工作,贵在落实,重在实干。一年来,我们坚持“没有任何借口”的工作理念,把“少说多做看结果”作为检验工作的重要标准,注重统筹、服务、督查,突出抓重点、攻难点、出亮点,强化理解力、执行力、操作力,以求真务实的作风推动各项工作的全面落实。

在肯定成绩的同时,我们也清醒认识到,我市经济社会发展还存在不少困难和压力。一是受宏观调控政策影响,经济下行压力加大,产业发

①“五定班列“:是指在主要城市、港口、口岸间铁路干线上组织开行的“定点(装车地点)、定线(固定运行线)、定车次、定时(固定到发时间)、定价(运输价格)”的快速货物列车。

展面临困难。二是财政增速趋缓,财源培植难度加大。三是中心城区人口规模偏小,功能配套不够完善,城市承载力、辐射力、带动力不强。四是部分重点项目进度不快,征地拆迁相对滞后。五是教育特别是学前教育等民生工作与群众的需求和期盼存在差距,社会事业发展和社会管理创新的任务仍然艰巨。对此,我们将采取有力措施,切实加以解决。

二、2013年主要工作

2013年是贯彻落实党的十八大精神的开局之年,是为全面建成小康社会奠定坚实基础的重要一年,是建市30周年的喜庆之年。做好今年的工作,对我市在全省区域发展格局中更有作为、更有位置、更有形象,具有十分重要的意义。

2013年政府工作的总体要求是:高举中国特色社会主义伟大旗帜,以邓小平理论、"三个代表"重要思想和科学发展观为指导,全面贯彻落实党的十八大精神,按照"主攻项目,决战'三区',凸现特色,实现跨越"的总体要求,更加注重产业培育,更加注重城市品质,更加注重改革开放,更加注重改善民生,更加注重城乡统筹,更加注重生态文明,开拓创新,扎实工作,加快建设富裕、秀美、宜居、和谐鹰潭,以优异成绩迎接建市30周年。

2013年全市经济社会发展的主要预期目标是:生产总值560亿元,增长11%。财政总收入90.5亿元,增长15%,其中,地方财政收入63.6亿元,增长9.2%。全社会固定资产投资500亿元,增长21%。社会消费品零售总额134亿元,增长16%。城镇居民人均可支配收入2.22万元,增长12%。农民人均纯收入9600元,增长12%。居民消费价格总水平涨幅控制在3.5%以内。人口自然增长率控制在7.6‰以内。万元生产总值能耗下降3.4%,化学需氧量、二氧化硫、氨氮、氮氧化物排放量控制在省下达目标以内。

围绕上述目标,重点抓好以下七个方面的工作:

(一)突出项目建设,力促跨越发展。

深入实施项目带动战略,以30个重点产业项目、重大城建项目、重要民生项目为抓手,转变发展方式,优化经济结构,以大项目促进大投入、以大投入实现大发展。

1.全力以赴推进项目。全年安排重大建设项目277个,总投资720亿元,当年计划完成投资300亿元。加快推进重大项目建设,着力实施好胜华集团电线电缆、上诠集团光纤、海尚科技纳米锌等10大重点产业项目,着力实施好信江新区中央商务区、老城区道路管网改造、城市绿化景观等10大重大城建项目,着力实施好保障性安居工程、社区标准化和便民中心、污水处理厂等10大重要民生项目,完成投资200亿元。全力服务中央、省属和过境项目建设,积极配合杭长客运专线鹰潭段、江西成品油管道二期工程鹰潭段、沪昆高速龙虎山服务区等14个重大项目建设,完成投资100亿元。

2.全力以赴争取项目。研究政策,用足政策,紧盯国家投资取向,做好项目争取工作。完善全市、部门(系统)项目库,精心包装推介一批有发展潜力、能带动全局的项目。创新"三争"机制,整合各方资源,加强沟通对接,全力争取国家级铜产业基地、绿色水工产业基地、循环经济和资源综合利用、产业振兴和中小企业改造等44个重大项目,力争项目早审批、资金早到位、政策早实施。

3.全力以赴服务项目。强化机制保障,全面落实"一个项目、一名领导、一支队伍、一套措施、一抓到底"的工作机制,着力提高项目落地率、开工率、竣工投产率。强化要素保障,着力解决项目融资、用工、用地等要素制约。强化环境保障,本着"政策跟着项目走、服务贴着企业做"的原则,大力推进网上审批和公共资源网上交易,努力为企业落户、项目建设、产业发展提供优质高效的服务。

(二)做强工业经济,壮大综合实力。

围绕"决战工业5000亿,实现鹰潭新跨越"的目标,坚持做大总量与调整结构并举、提高质量与优化效益并重,深入实施"1+6"产业项目竞赛年活动,确保规模以上工业增加值达320亿元,主营业务收入达2700亿元。

1.增强产业竞争力。强攻主导产业。深化与江铜集团一体化合作,全面落实支持服务江铜发展若干政策措施,充分发挥海铁联运和"五定班列"的优势,推进铜拆解加工区二期工程建设,加快江铜30万吨铜拆解项目建设,形成政策洼地效应,实现铜拆解量10万吨。大力引进电线电缆、水暖卫浴等铜精深加工企业,争取年内动工建设铜期货交割仓库,加快培育铜现货交易市场,建立铜科技研发平台,投入使用国家铜及铜产品质量监督检验中心,大力发展铜文化创意产业,努力打造世界级铜基新材料产业基地,确保全年实现铜产业主营业务收入2400亿元。做大特色产业。加快三川水工产业园二期建设,完成12万平方米厂房建设和水表车间搬迁,着力引进一批水工企业,打造全国最大的水工产业基地。加快节能照明产业园建设,大力发展节能照明电器及其配套产业,全力打造"中国灯谷"。加快汽摩配产业园、硫磷化工产业园等省级产业基地建设,推动万宝至马达二期、百炼新型氟材料等项目投产见效。加快鹰潭国际眼镜城建设,实现从单一的眼镜销售向眼镜生产基地转型,作响"眼镜之乡"品牌。加快雕刻创业园、雕刻一条街建设,大力发展雕刻产业。培育新兴产业。加快大健康产业园建设,依托康恩贝、天施康药业、华宝集团等龙头企业,建设集生物医药、食品工业、中药生态农业为一体的大健康产业集群,全力打造百亿大健康产业基地。加快金泰新能源、同人电子等新能源新材料项目建设,全力打造区域性新能源新材料示范基地。

2.夯实园区承载力。围绕打造“千亿园区、工业新城”,编制工业新城总体规划、产业布局规划和功能区规划,加快白露科技园、龙岗产业园建设,积极搭建招商共享平台、高新企业孵化平台、小微企业创业平台、科技金融服务平台,建设大学科技园、总部商贸大楼,完善生活和服务设施配套,确保鹰潭高新区实现主营业务收入420亿元。围绕扩园升级,完善基础设施,促进产业集聚,确保贵溪、余江工业园区完成主营业务收入580亿元。

3.提升企业创新力。着力增强创新驱动发展新动力,积极搭建科技创新平台,加强产品创新、品牌创新、产业组织创新、商业模式创新。深入实施科技创新“136”工程①,鼓励支持企业建设技术研发机构,开展产学研合作,引导创新要素向企业集聚,加快科研成果转化,壮大龙头企业,做优主导产品,掌握核心技术,力争申请专利320件以上,申报高新技术企业4家以上,实现高新技术产业产值260亿元,增长20%。

(三)加快城市建设,做靓“一江两岸”。

坚持以“三城同创”为载体,以规划设计为龙头,以信江新区建设为中心,以完善老城功能配套为重点,加快构建“一江两岸、四区合一”的大框架城市格局,以崭新的城市形象迎接建市30周年。

1.精心做好规划设计。完成信江新区北区控规编制及南区控规修编、鹰东组团和老城西区控规修编、南站北区控规编制,进一步优化中心城区各区块功能定位。扎实做好信江新区中央商务区、鹰西湿地公园、信江污水处理厂等重点项目设计,抓好中心城区主干道店招、广告等专项设计,提升中心城区主要通道、重要节点、重点建筑的设计水平,打造精品亮点,彰显城市魅力。

2.加快建设信江新区。高标准完成龙虎山大道、信江大道、滨江大道、余信贵快速通道等主干道油化、亮化、绿化、美化工程,构建循环畅通的信江新区路网体系。建成市民广场、滨江景观工程,加快推进市行政服务中心、高铁站前广场、信江步行街、中央生态公园、沿江公园、虎岭调蓄池公园、刘家调蓄池公园等重点项目建设,以鹰潭大厦、果喜大厦、鹰潭农商银行、上饶银行等项目为重点,全面推进信江新区中央商务区建设,启动余信贵大桥、信江污水处理厂建设。加快实施一批房地产项目,做旺信江新区人气。加大依法征地拆迁力度,满足项目用地需求。

3.完善老城功能配套。全面启动仪表厂、二二三队、中铁二十四局片区棚户区改造,加快鹰西片区、铁路片区、防腐厂片区棚户区和桃李村、梅园詹家、白马李家等“城中村”改造步伐。完成赵家弄、莲花路、沙塘石等7个片区小街小巷综合改造,贯通林荫西路、四海路、天洁东路,实施城西片区排水管网改造和生活垃圾焚烧发电项目。建成梅园迎宾馆、天裕豪生酒店、北极阁重建项目,完成鹰西、白马菜场建设。加快建设鹰西湿地公园、枫山植物园、白鹭公园,改造提升东湖公园、月湖岩公园、月牙湖公园,兴建一批街头小绿地、小广场、停车场,确保成功创建国家园林城市。加快“数字城管”建设,有序推进城市管理体制机制改革,不断提高城市网格化、精细化管理水平。加大月湖新城建设力度,加快贵溪东城区城市综合体、余江新城区开发建设,进一步拉大城市框架,完善城市功能。

(四)大力发展现代服务业,繁荣城市经济。

繁荣壮大以旅游和物流为主导、以文化休闲娱乐为重点的现代服务业,打响“玩在鹰潭、乐在鹰潭”品牌,确保服务业增加值占生产总值比重达28%。

1.决战景区,做大旅游产业。拉开大框架,谋划大项目,拓展大市场,把龙虎山打造成集自然观光、道教体验、养生度假、休闲娱乐为一体的旅游目的地。深入实施龙虎山片区旅游发展概念性规划,积极推动龙虎山旅游风情小镇、上清道源古镇、天禄旅游集散中心等功能区建设,构建“一廊三区、四核多

鹰潭国家高新技术产业开发区白露科技园

(鹰潭国家高新技术产业开发区供稿)

①科技创新“136”工程:围绕建设创新型城市总体目标,重点实施战略性新兴产业、现代农业、民生和社会管理领域3大科技创新计划,大力推进创新型企业培育、平台建设、人才培养、项目实施、基础建设、成果知识产权化6大科技创新行动。

片”①发展格局。重点推进景区路网、水网、电网建设,加快上清至饶桥旅游公路、水寨宋庄、天元度假区、圣井山综合开发等重点项目建设,改造升级龙虎山竹筏码头,提升景区承载功能。进一步完善龙虎山旅游文化发展集团有限公司体制机制,推进龙虎山旅游向品质化经营、精细化管理转型。力争全市接待国内外游客突破1400万人次,旅游总收入突破100亿元;其中,龙虎山景区接待游客690万人次,旅游直接收入2.66亿元。

2.依托区位,做强物流产业。围绕建设鄱阳湖生态经济区物流中心城市和全国区域性物流节点城市,加快建设现代物流园、鹰西商贸物流园,全力推进机电五金商贸城、手拉手国际汽车城、建材家居城、粮食市场、农副产品市场、食盐物流储备配送中心等项目建设。加快建设货运配载中心、转运中心和物流信息平台,引导货运企业转型升级。力争物流产业实现营业收入180亿元、税收6.5亿元。

3.彰显特色,做旺文化休闲娱乐等服务业。深入挖掘道文化等传统文化内核,抓好龙虎山文化艺术创意园、大道龙虎山建设,加快文化创意产业园、滨江休闲风情带、特色文化商业街、城市特色旅游区等项目建设步伐,积极打造以鹰潭黄玉为主导的华东地区玉石交易集散中心,努力把鹰潭建设成为区域性文化休闲娱乐目的地。争取银行、证券、保险等金融机构来鹰设立分支机构,支持发展村镇银行、小额贷款公司和融资性担保公司,加强民间金融的监管。全力支持鹰潭农商银行做大做强,力争年内累计信贷投放超40亿元、税收超5000万元。善待和支持小微企业发展,健全支持实体经济发展的多层次融资体系。做好企业上市工作。

(五)统筹城乡发展,做好“三农”工作。

加快城乡统筹是解决“三农”问题、缩小城乡差距的根本途径。以全省统筹城乡综合配套改革试点为抓手,坚持以城带乡、以工促农,加大强农惠农富农政策力度,增强农村发展活力,促进城乡共同繁荣。

1.以创建白鹤湖国家级现代农业综合示范区为龙头,大力发展现代农业。按照“一年打基础、三年出形象、五年大发展”的要求,扎实推进规划面积145平方公里的白鹤湖国家级现代农业综合示范区建设,全力打造“一带一核五区”。②积极整合资源,加快雷溪万亩现代农业科技示范区建设。深入实施粮食高产创建工程,建设高标准农田4万亩,确保粮食总产稳定在66万吨以上。创新农业生产经营体制机制,着力发展多种形式的新型农民合作组织和多元服务主体,培育一批年产值超5亿元的农业产业化龙头企业,力争市级以上农业产业化龙头企业销售收入突破60亿元。加强绿色生产,从源头上确保农产品质量安全。

2.以打造“秀美乡村”为重点,大力完善农村基础设施。深入推进“秀美乡村”创建活动,完成200个以上自然村点的新农村建设任务,打造一批精品示范区。全面完成“三区三线”民居改造提升工作。深入实施信江新区港口段、余江城区等城市防洪工程,完成龙虎山景区防洪等一批中小河流治理以及70座小(二)型水库除险加固工程,兴建一批千吨万人集中供水项目,解决5.7万农村人口饮水安全问题。做好花桥大型水库项目前期工作。改造建设农村公路260千米。

3.以“森林城乡、绿色鹰潭”创建活动为载体,大力优化生态环境。把生态文明建设放在突出地位,深入实施“森林城乡、绿色鹰潭”建设,完成造林绿化5.3万亩,确保森林覆盖率57.6%以上、城市建成区绿化覆盖率42%以上。加快实施贵冶周边第二批10个自然村环境整治工作。深入推进农村清洁工程,逐步推广户分类、村收集、乡集中、县运输、市处理的农村垃圾无害化处理模式。加大农业面源污染治理力度,发展农业循环经济。

(六)深化改革开放,激发发展活力。

改革为发展提供动力,开放为跨越注入活力。坚定不移实施大开放主战略,在扩大开放中赢得发展机遇;积极稳妥推进重点领域和关键环节改革,在深化改革中拓宽发展空间。

1.招大引强,扩大开放。牢固树立“让大利、招大商、大发展”的理念,推动招商引资朝着优化结构、拓展深度、提高效益方向转变,确保全市实际利用外资1.85亿美元,引进省外5000万元以上项目资金195亿元。突出产业招商,重点围绕“1+6”产业和旅游、物流、农业产业化等,大力引进龙头型、潜力型、绩优型、补链型企业,不断提高引进项目的投资总量、科技含量、纳税数量和就业容量。注重靠大联强,深化与中国节能环保集团等央企的战略合作,为发展注入强劲动力。夯实开放平台,建成海关国检大楼,开通鹰潭电子口岸,争取年内开关开检,形成关、检、贸一体化大通关格局。扩大外贸出口,确保全年实现外贸出口7.38亿美元。

2.创新机制,深化改革。继续深化医药卫生体制改革,加快县级公

①“一廊三区、四核多片”:一廊即芦溪河风景水廊;三区即龙虎山风景名胜区、洪五湖—天禄文化旅游产业区、耳口—冷水生态山水休闲区;四核即龙虎山文化风情小镇、上清道源文化小镇、天禄旅游集散小镇和耳口生态风景小镇;多片即仙水岩—正一观、大上清宫、应天山、天门山—圣井山、马祖岩、云台山、龙潭溪、鬼谷子洞、十里花溪、阳际峰10大游览片区和香炉峰、上清玉宇养生、耳口菖蒲休闲、云台山4大旅游度假片区。

②“一带一核五区”:一带指白鹤湖大道花卉苗木景观带;一核指滨湖生态休闲风情园;五区指有机稻生产区、特色果业栽培区、生态水产养殖区、农产品加工物流区、生态农业观光休闲区。

立医院综合改革试点步伐，鼓励社会资本办医。完善国库集中支付制度，全面推行公务卡改革，规范部门预算编制，推进政府采购改革。注重税负率、征收率、可用率、能耗产出率，强化财税征管。实施园区再造工程，加快构建土地管理新格局。深入推进水利综合改革试点工作。稳步推进国有企业厂办大集体和国有林场改革。

（七）保障改善民生，促进社会和谐。

保障民生是政府最大的责任，改善民生是政府最大的政绩。始终把人民群众摆在心中最高位置，提高居民收入，加强社会建设，创新社会管理，使发展成果更多、更公平惠及全体人民，努力开创和谐社会人人共享的生动局面。

1.深入实施民生工程。全面完成省政府下达的各项民生指标。实施就业优先战略和更加积极的就业政策，确保新增城镇就业2万人，新增转移农村劳动力1.3万人。完善养老保险“三张网”，推动养老保险由制度全覆盖向人群全覆盖迈进。完善最低生活保障与物价上涨挂钩联动机制，提高最低生活保障标准和补助水平。扩大大病救治范围，将新农合筹资标准提高到340元，参合率保持在95%以上。开工建设公共租赁住房4008套，完成城市棚户区改造908套、垦区林区危旧房改造2635套，加快构建“三房合一、租售并举”①的保障性住房体系。

2.协调发展社会事业。加大教育资源整合力度，努力办好人民满意教育。

在全面提升义务教育均衡发展水平的基础上，重点抓好学前教育和职业、高等教育。以壮士断臂的决心办好学前教育，落实学前教育3年行动计划，加大公办幼儿园建设力度，县（市、区）建若干个示范幼儿园，每个乡镇至少建1所标准化幼儿园，充分发挥公办幼儿园的示范作用；加大民办幼儿园扶持力度，对新建、改建、扩建民办幼儿园给予用地优惠，提供3年贴息补助，对达标创优幼儿园实行财政奖励，对更换标准校车给予财政补助。通过3年努力，整体提升学前教育办学水平，让孩子舒心、家长放心、社会满意。完成市人民医院信江院区、市精神病医院主体工程建设。加强以全科医生为重点的基层医疗卫生队伍建设，加大儿童先天性心脏病、白血病、尿毒症血透等21种重大疾病的免费治疗和救助力度。推进省级食品药品安全示范区建设，提升食品药品安全保障水平。深入开展全民健身活动，办好市第七届运动会和首届体育文化节。做好人口计生工作，稳定低生育水平。发行《龙虎山》特种邮票。加强国防后备力量建设，深入开展“双拥”共建活动，巩固发展军政军民团结。充分发挥统计、审计、物价、质监、气象、防灾减灾、民族宗教、外事侨务、涉台事务、广播电视、新闻出版、档案方志、妇女儿童、老龄、残疾人等工作在构建和谐社会中的促进作用。

3.加强创新社会管理。以44个社区标准化建设为载体，全面推进社区服务管理信息化、网格化建设，夯实社会管理服务基层基础。健全市、县、乡、村（社区）四级矛盾纠纷排查化解网络，完善人民调解、行政调解、司法调解“三调联动”机制，切实解决影响社会和谐稳定的基础性、源头性、根本性问题。推进视频监控系统联网建设及运用，完善社会公共安全体系。强化安全生产，突出抓好重点领域、重点行业、重要场所的安全监管，确保生产安全、交通安全、消防安全、校园安全，坚决遏制重特大事故的发生，切实增强公众安全感。健全重大决策社会稳定风险评估机制和应急管理机制，提高突发公共事件防范处置能力。

各位代表，事业的发展、人民的期盼，要求我们进一步加强政府自身建设。我们要按照“干部清正、政府清廉、政治清明”的要求，改进作风，为民做事。认真执行改进工作作风、密切联系群众“八项规定”，坚持问政于民、问需于民、问计于民，多到困难和矛盾集中、群众意见多的地方去，多干群众期盼、百姓急需、人民受益的事，使政府工作更好地体现民意、顺应民心。强化执行，务实成事。坚持立说立行，做到执行上“没有任何借口”、操作上“少说多做看结果”；坚持勇于担当，做到矛盾面前不回避，困难面前不退缩，责任面前不推诿；坚持一抓到底，明确目标进度，突出过程监管，严格督查问责，力促政府工作快节奏、高效率。依法行政，公正办事。坚持按原则办事、按制度办事、按程序办事，把依法行政贯穿到政府决策、执行和监督的全过程，严格依照法定权限和程序行使权力、履行职责。深入推进政务公开和政府信息公开，不断提高政府工作的透明度和公众参与度。自觉接受人大、政协、人民群众和新闻媒体的监督，认真办理人大代表建议和政协委员提案。廉洁从政，干净干事。自觉遵守廉政准则，严格落实“一岗双责”，常怀感恩之心，常怀敬畏之心，常怀律己之心，切实做到反腐倡廉常抓不懈、拒腐防变警钟长鸣，努力打造一支政治坚定、风清气正、人民满意的公务员队伍，以勤政廉政的作为取信于民。

各位代表，事业凝聚人心，行动铸就辉煌！让我们紧密团结在以习近平同志为总书记的党中央周围，在省委、省政府和市委的正确领导下，凝心聚力，锐意进取，勇于开拓，攻坚克难，为建设富裕、秀美、宜居、和谐鹰潭而不懈奋斗！

---

①“三房合一、租售并举”：从2012年开始，全面推行廉租房、公租房、经济适用房“三房合一”，廉租房、公租房实行统筹建设，并轨运行。廉租房、经济适用房和限价商品房对象统一纳入公租房保障范围。按照“先租后售、租售并举、自愿购买、有限产权、规范管理”的原则，已承租公租房一定期限的城市中低收入家庭，可自愿申请购买其承租的公共住房有限产权。

大事记

编辑、校对：王新勤

1月

1日　省委书记苏荣致电市委书记陈兴超，向全市人民致以新年问候和美好祝福，对节日期间坚守岗位的工作者致以亲切问候。

4日　钟志生、谢一平、王家林、宋迪维、郭清等市领导和相关部门主要负责人在鹰潭分会场出席全省发展提升年活动总结暨集中整治影响发展环境的干部作风突出问题活动电视电话会议。

5日　市长钟志生检查指导城市建设重大项目。钟志生强调，要抓质量、抢进度、保安全，以崭新面貌迎接新春佳节的到来。市委常委、副市长宋迪维随同检查。

△　国家工商总局党组成员、副局长付双建一行到鹰潭走访慰问基层工商干部职工。省政府办公厅副主任陈石俊，省工商局党组书记王可忠，省工商局副巡视员、办公室主任袁建军陪同走访慰问。市领导陈兴超、宋迪维陪同。

7日　省水利厅厅长孙晓山到鹰潭市调研重点水利工程建设工作，并召开座谈会，就下一阶段工作提出要求。市长钟志生出席座谈会。市委常委、统战部部长戴春英陪同调研。

9日　副省长洪礼和率省工信委、商务厅、国防科工办、国资委、海关、检验检疫局主要领导，深入江铜集团和市属部分企业调研。洪礼和强调，要进一步强化提速加快发展的意识，坚持“四个并重”，全面开创江铜事业发展的新局面。市领导陈兴超、钟志生、熊茂平、李贻煌、徐云陪同调研。

△　市委召开专题议军会，传达学习全国民兵工作会议和南京军区、省军区党委扩大会议精神，听取市军分区2011年工作情况汇报，研究解决部队民兵预备役建设有关问题。会议由市委书记、鹰潭军分区党委第一书记陈兴超主持，市委副书记、市长、市武委会主任钟志生出席会议并讲话，市领导熊茂平、王家林，军分区领导黄恩华、王超等出席会议。

△　市委书记陈兴超就加快推进项目建设，提升城市形象，深入信江新区调研。陈兴超强调，要统筹兼顾科学组织全力推进信江新区建设。市领导熊茂平、王家林陪同调研。

10日　为2012年首个市领导信访接待日。市委书记陈兴超到市信访局视频会议室，与市委办、市信访局、市财政局、市国资委、市医保办主要负责人一道，接待信访群众，现场解决群众反映的实际问题。陈兴超强调，要真心实意、心贴心地为群众排忧解难。

△　市长钟志生到月湖区交通办事处和余江县锦江镇走访慰问，代表市委、市政府向特困职工、农村困难群众和老党员送去党和政府的温暖和关怀。钟志生强调，各级各部门要不忘困难群众冷暖，提高生活幸福指数。市领导潘赞海、戴春英、杨晓群参加走访。

11日　全市政法工作暨加强和创新社会管理工作会议召开，传达贯彻落实全国、全省政法工作暨加强和创新社会管理工作会议精神，总结2011年全市政法工作，部署2012年政法工作及今后一个时期加强和创新社会管理工作任务。市委书记陈兴超作重要讲话，并向各县(市、区)、龙虎山景区、鹰潭高新技术产业园区、信江新区下发2012年综治目标管理责任书。陈兴超强调，要为党的十八大胜利召开营造和谐稳定的社会环境。市委常委、政法委书记、市委秘书长杨金红作工作部署。市领导杨晓群、周水凤、陈仁生、罗庆华，鹰潭军分区政治部主任戴克华，省国家安全厅副巡视员、市国家安全局局长李恩平出席会议。副市长、市公安局局长张荣先主持会议。

12日　市委副书记熊茂平走访慰问驻鹰部队，向部队官兵致以新年祝福，共叙军民鱼水深情。鹰潭军分区司令员王超，市领导杨晓群、辜清、杨建保参加走访。

13日　市委书记陈兴超带着党和政府的关怀和温暖，走访慰问困难群众。陈兴超在走访慰问时要求，要让困难群众共享改革发展成果。市领导杜德春、王家林、杨建保、管华鞍，及相关部门负责人参加走访慰问。

△　受市委书记陈兴超、市长钟志生的委托，市委副书记熊茂平

对鹰潭市离休老干部进行了走访慰问，向老干部送上党和政府的亲切问候和诚挚祝福。市人大常委会副主任应祥随同走访慰问。

15日 全市发展提升年活动总结暨集中整治影响发展环境的干部作风突出问题活动动员大会召开。会议总结2011年全市发展提升年活动，表彰先进，动员部署2012年全市集中整治影响发展环境的干部作风突出问题活动。市委书记陈兴超作动员讲话。陈兴超强调，要以一流的作风创建一流的发展环境。市长钟志生主持会议。市委副书记熊茂平宣读《鹰潭市集中整治影响发展环境的干部作风突出问题活动实施方案》，市委常委、市纪委书记谢一平宣读《关于表彰2011年全市发展提升年活动先进单位的通报》，市委常委、常务副市长王家林通报2011年全市发展提升年活动情况。

△ 市委、市政府在华侨饭店会议中心举行全市企业家迎新春联谊会。市委书记陈兴超致辞。市长钟志生通报2011年全市经济社会发展情况，市委副书记熊茂平主持联谊会。市领导杜德春、潘赞海、王家林等出席联谊会。

16日 鹰潭市2012年老干部迎新春茶话会在华侨饭店会议中心隆重举行。市委书记陈兴超出席茶话会并作重要讲话，市长钟志生通报2011年全市经济和社会发展情况，市委副书记熊茂平主持茶话会。

△ 省农业厅厅长甘良森，副厅长张忠平、唐安来受省委、省政府的委托，深入余江县走访慰问敬老院老人、城乡生活困难群众、部队退伍复员军人和经营困难企业，送上党和政府的关怀温暖。市领导钟志生、戴春英、黄占共，市政府副巡视员、余江县委书记刘诚陪同走访。

17日 2012年鹰潭市产业招商座谈会召开。市委副书记熊茂平出席会议并讲话，市领导潘赞海、戴春英、周世敏等出席会议，副市长徐云主持座谈会。

18日 全市开放型经济工作会议召开，认真总结2011年开放型经济工作，表彰先进，全面部署2012年工作。市委书记陈兴超出席会议并讲话。陈兴超强调，要突出重点创新举措，推进开放型经济又好又快发展。市长钟志生主持会议并讲话。市委副书记熊茂平宣读《市委、市政府关于表彰2011年全市开放型经济工作先进单位和先进个人的决定》《2011年招商引资项目奖励的决定》；市委常委、组织部部长郭清宣布市直专业招商小分队人员名单；副市长徐云作工作报告。市领导杜德春、潘赞海、王家林等出席会议。

19日 鹰潭市举行2012年新春茶话会。各条战线代表、社会各界人士200余人参加茶话会。市委书记陈兴超出席茶话会并致辞，市长钟志生主持茶话会。熊茂平、杜德春、潘赞海、谢一平、王家林、宋迪维、郭清、戴春英、黄恩华、周世敏、杨金红等市四套班子领导出席茶话会。

△ 市长钟志生率市政府办、发改委、商务局、工商局、质监局、城管局、食品药品监督管理局、交警支队等相关部门负责人，对鹰潭市春节商品供给和节日氛围营造工作进行检查指导。钟志生强调，要以安全优美喜庆和谐环境迎接新春佳节。市领导王家林、宋迪维、徐云随同检查。

22日 市委书记陈兴超、市长钟志生走访慰问坚守岗位的干部职工并致以亲切问候和新年祝福。市领导熊茂平、杜德春、潘赞海等随同走访慰问。

29日 陈兴超、钟志生、熊茂平、杜德春、潘赞海等市四套班子领导，市中级人民法院、市人民检察院主要领导，以及市委、市政府大院和市林业局、市公路局机关干部，来到鹰南连接线参加春节植树团拜活动。

△ 市委副书记熊茂平到龙虎山景区和鹰潭高新区指导工作并分别召开座谈会。熊茂平强调，要创新理念、找准定位、鼓足干劲，全面做好2012年各项工作。副市长徐云等参加高新区座谈会。

31日 市党政领导到省军区机关走访慰问。省军区司令员郑水成、政委陶正明与市委书记陈兴超、市长钟志生等领导亲切座谈。省军区和省军区机关领导戴勇、倪海峰、李宇、张玉生、苏明宗、丁海洋，市领导熊茂平、杜德春、潘赞海，鹰潭军分区领导王超、黄恩华等参加座谈。

△ 中国人民政治协商会议江西省第十届委员会第五次会议在南昌开幕，2月3日闭幕。熊茂平、潘赞海、戴春英、周水凤、王火茂、管华鞍等在鹰的省政协委员出席大会。

2月

1日 江西省十一届人大五次会议在南昌开幕，2月5日闭幕。陈兴超、钟志生、杜德春、邵奇生、刘育虹、辜清、张鲁年、刘诚等鹰潭代表团成员参加大会。

2日 省委常委、省委组织部部长莫建成到出席省十一届人大五次会议的鹰潭代表团，与代表们一起审议代省长鹿心社作的政府工作报告。莫建成指出，要形成多元发展多极支撑的发展格局。市委书记陈兴超主持审议会，钟志生、杜德春、邵奇生、刘育虹、辜清、张鲁年、刘诚等鹰潭代表团成员参加审议。

△ 市委书记陈兴超、市长钟志生到新华社江西分社、人民日报社江西分社、江西日报社、江西电视台、江西人民广播电台等中央驻赣及省属新闻媒体走访慰问。市委常委、宣传部部长周世敏陪同走访。

7日 市委书记陈兴超率相关部门负责人，到贵溪市开展专题调研。陈兴超强调，要优化江铜周边环境，服务江铜提速发展。市领导辜清、李力、官金福、黄占共随同调研。

9日 浙江浙商联盟市场投资有限公司董事长徐志祥率考察组到鹰潭市考察，并与鹰潭市签订共同开发建设鹰潭国际商贸物流园合作框架协议。市领导陈兴超、钟志生、熊茂平等出席签约仪式。

△ 全市科技奖励暨科技工作会议召开,表彰获得2011年度全市科学技术奖的科技工作者和单位,及科技创新优秀企业和优秀科技特派员,全面总结2011年科技工作,研究部署2012年科技工作。市领导陈兴超、钟志生、刘育虹、吴泉水出席会议并为受表彰者颁奖,副市长辜清主持会议。

△ 龙虎山景区三级干部大会召开。市委副书记熊茂平出席会议并讲话。熊茂平指出,要"决战景区、做大做强旅游产业"。副市长徐鹏程、市政协副主席张金涛出席会议。

10日 市委书记陈兴超在华侨饭店会见美国布朗鞋业公司环球采购部总裁Charles Gilman等高级管理人员。市委副书记熊茂平,鹰潭美运鞋业有限公司副总裁廖浩锦等会见时在座。

△ 全省口岸办主任座谈会在鹰潭市召开。市长钟志生、副市长辜清会见与会嘉宾。

△ 全市组织工作会议召开,会议总结了2011年组织工作,部署2012年工作任务。市委副书记熊茂平出席会议并讲话,市委常委、市委组织部部长郭清作工作报告,市人大常委会副主任、市委组织部常务副部长应祥主持会议。

11日 鹰潭市城市建设重点项目调度会召开。市长钟志生出席会议并讲话。钟志生强调,要统筹安排,真抓实干,努力实现城市面貌大变样。市领导宋迪维、杨金红、杨晓群等出席会议。

13日 中国共产党鹰潭市第七届纪律检查委员会第二次全体会议召开。市委书记陈兴超出席会议并讲话。陈兴超强调,全面落实保持党的纯洁性各项要求,确保反腐倡廉工作任务落到实处。市领导钟志生、熊茂平、杜德春、潘赞海、王家林出席会议。市委常委、市纪委书记谢一平主持会议,并代表市纪律检查委员会常务委员会作了题为《突出工作重点,忠实履行职责,努力取得党风廉政建设和反腐败工作新成效》的工作报告。

14日 中国人民政治协商会议鹰潭市第八届委员会第二次会议在73861部队文化活动中心举行。开幕大会有三项议程:通过市政协八届二次会议议程;听取政协鹰潭市第八届委员会常务委员会工作报告;听取政协鹰潭市第八届委员会常务委员会关于市政协八届一次会议以来提案工作情况的报告。市政协主席潘赞海作政协鹰潭市第八届委员会常务委员会工作报告,副主席刘国富作提案工作报告,副主席杨建保主持开幕大会。16日,政协鹰潭市第八届委员会第二次会议完成各项议程闭幕。市政协主席潘赞海主持闭幕大会并讲话。闭幕大会通过政协鹰潭市第八届委员会第二次会议决议;通过政协鹰潭市第八届委员会提案委员会关于市政协八届二次会议提案审查情况的报告。

14日至17日 以国家土地督察南京局副专员李恩才为组长的调研组就构建土地管理新机制试点后续工作,到鹰潭市开展专题调研。省国土资源厅副巡视员侯克常随同调研,市委书记陈兴超、市长钟志生看望调研组一行。市委常委、副市长宋迪维陪同调解。

15日 鹰潭市第八届人民代表大会第二次会议在华侨饭店会议中心开幕。大会执行主席、市人大常委会主任杜德春主持会议。市长钟志生代表市人民政府向大会作政府工作报告。17日,市八届人大二次会议完成各项议程,在华侨饭店会议中心闭幕。大会由主席团常务主席杜德春主持。大会以举手表决的方式通过了关于政府工作报告的决议、关于鹰潭市2011年国民经济和社会发展计划执行情况与2012年国民经济和社会发展计划的决议、关于鹰潭市2011年市级预算执行情况和2012年市级预算的决议、关于鹰潭市人大常委会工作报告的决议、关于鹰潭市中级人民法院工作报告的决议、关于鹰潭市人民检察院工作报告的决议。市委书记陈兴超在会上讲话。

16日至17日 全国政协副主席、中央统战部部长杜青林在鹰潭市考察调研时强调,各级统战部门要深入践行"同心"思想促进经济社会科学发展。中央统战部副秘书长、研究室主任唐显凯等随同调研。省政协主席张裔炯,省委常委、省委统战部部长蔡晓明,省委统战部常务副部长黄小华等陪同。市领导陈兴超、钟志生、熊茂平、潘赞海、戴春英等陪同。

△ 由省非公有制经济组织创先争优活动第三督导组组长、省委统战部原副部长黎细保带领的督导组到鹰潭市检查非公有制经济组织创先争优活动开展情况。市领导陈兴超、熊茂平、戴春英会见了督导组一行。

22日 鹰潭市召开市直单位县级领导班子述职考评大会,对市直单位县级领导班子及主要领导2011年度履职尽责情况进行公开述职考评。陈兴超、钟志生、熊茂平、杜德春、潘赞海、谢一平、王家林、郭清、戴春英、黄恩华、周世敏等市四套班子领导,市中级人民法院、市人民检察院主要领导,鹰潭军分区有关领导出席大会。市委常委、市委组织部部长郭清主持大会。

23日 市政府与市总工会第十次联席座谈会举行。市长钟志生出席会议并讲话,市委常委、常务副市长王家林出席座谈会,副市长徐云主持座谈会,市人大常委会副巡视员、市总工会主席管华鞍通报了市总工会2011年工作情况、2012年工作安排以及第九次联席座谈会精神贯彻落实情况。

24日 全市农村工作暨创建秀美乡村活动动员大会召开。市委书记陈兴超出席会议并讲话。市长钟志生主持会议。市领导杜德春、戴春英、李力等出席会议。

27日 全市专业市场建设专题汇报会在华侨饭店召开。市领导陈兴超、钟志生、熊茂平、杜德春、宋迪维、刘国富,市政府副巡视员、余江县委书记刘诚出席汇报会。副市长徐云主持汇报会。

△ 鹰潭市加强和创新社会管理工作调度会召开，对前一段加强和创新社会管理工作进行回顾和总结，进一步找准对策、强化举措，确保市委、市政府的部署和要求落到实处。市委副书记熊茂平出席会议并讲话，市委常委、政法委书记杨金红主持会议，市领导杨晓群、周水凤出席会议，市直各牵头部门和各县(市、区)汇报了前一段工作情况。

28日 龙岗花园公共租赁住房项目举行开工仪式。市委书记陈兴超宣布项目开工，市长钟志生讲话，市人大常委会主任杜德春、市政协副主席官金福出席开工仪式。省住建厅副厅长高浪出席开工仪式并讲话。开工仪式由市委常委、副市长宋迪维主持。

△ 全市工业工作会议召开。会议的主要任务是：贯彻落实省第十三次党代会、省工业和信息化工作会以及市第七次党代会、市委七届二次全会精神，总结2011年工业工作，部署2012年的工作任务，动员全市上下“决战工业5000亿”，夺取跨越发展新胜利。市委书记陈兴超、市长钟志生致信祝贺，市委副书记熊茂平出席会议并讲话，市领导卢越明、黄占共出席会议。会议由副市长徐云主持。

29日 全市城乡建设工作会议召开。市委书记陈兴超出席会议并讲话。陈兴超强调，要理顺发展思路，提升建设实效。市长钟志生出席会议并讲话。市委常委、常务副市长王家林主持会议，市委常委、副市长宋迪维作城乡建设工作报告，市领导尹宁、杨建保出席会议。

△ 全市安全生产工作会议召开，传达全省安全生产工作会议精神，总结2011年安全生产工作，表彰先进，部署2012年工作，颁发2012年度安全生产目标管理责任状。市长钟志生出席会议并讲话。市领导卢越明、吴泉水出席会议。副市长、市安委会主任李力主持会议。

3月

2日 全市信访工作会议召开。市委书记陈兴超出席会议并讲话，并向县(市、区)下达2012年度信访工作目标责任书，交办重要信访积案化解任务。陈兴超强调，要创新工作方法，抓住关键环节，把握主攻方向。市委常委、常务副市长王家林宣读表彰决定，市委常委、政法委书记杨金红主持会议，副市长张荣先作工作报告，市领导杨晓群、周水凤、刘诚等出席会议。

5日 学雷锋纪念日。2011年度“感动鹰潭·十佳新人新事”表彰大会在华侨饭店会议中心隆重召开。市委书记陈兴超出席会议并讲话，陈兴超强调，要推动学雷锋活动在全社会广泛深入持久地开展。市委常委、宣传部部长周世敏主持会议，市委常委、政法委书记杨金红宣读表彰决定，市人大副巡视员、市总工会主席管华鞍等出席会议。胡生贵、张自远、童鹰等10人被评为2011年度“感动鹰潭·十佳新人新事”。

6日 鹰潭市在华侨饭店举行“三八”妇女节茶话会，来自社会各界的妇女朋友参加并庆祝“三八”国际劳动妇女节。市委常委、统战部部长戴春英出席茶话会并致辞，市领导周水凤、吴细美、汪当时、桂江萍等出席茶话会。

8日 全市统战工作会议召开。市委书记陈兴超出席会议并讲话，陈兴超指出，全市统一战线各部门要突出工作重点，自觉服务大局。市委常委、市委统战部部长戴春英作工作报告，市人大常委会副主任应祥出席会议。

△ 以省总工会纪检组长蒋云国为组长的省集中整治影响发展环境的干部作风突出问题活动督导组到鹰潭，就鹰潭市集中整治影响发展环境的干部作风突出问题活动开展情况进行督导。市委书记陈兴超会见督导组一行，市委常委、纪委书记谢一平汇报鹰潭市活动开展情况，副市长张荣先陪同督导。

9日 市长钟志生到市防汛抗旱指挥部检查指导防汛工作。钟志生强调，要立足早防汛、防大汛，确保安全度汛。副市长李力随同检查指导。

10日 省委常委、省军区政委陶正明到余江县人武部，代表省军区党委看望慰问王坚同志家属，并送去省军区官兵职工的捐款。市长钟志生，市委常委、鹰潭军分区政委黄恩华，鹰潭军分区司令员王超、政治部主任戴克华、后勤部部长王国军陪同。

△ 市长钟志生率林业、水利、环保、卫生、农工等部门负责人，就改善贵冶周边村庄环境进行专题调研。钟志生强调，要切实加大工作力度，扎实推进贵冶周边村庄新农村建设，有效改善村民生产、生活环境，让群众满意、企业满意。副市长李力、市政协副主席官金福陪同。

12日至13日 浙江省副省长陈加元率浙江考察组到鹰潭市参观考察、传经送宝，共商加强全面合作，共同推动旅游产业又好又快发展大计。市委书记陈兴超，市委常委、常务副市长王家林，副市长徐鹏程陪同。

16日 全省领导干部会议在南昌召开。市委书记陈兴超在鹰潭分会场出席会议并讲话，陈兴超强调，要紧密结合实际，贯彻落实会议精神，解放思想，扎实做好当前各项工作。杜德春、谢一平、王家林、宋迪维、郭清、戴春英、黄恩华、杨金红等市四套班子领导在鹰潭分会场出席会议。

△ 市委书记陈兴超到中国科学院红壤生态实验站进行专题调研。陈兴超强调，要加快科研成果推广，打造生态农业亮点。市领导黄占共、刘诚等陪同调研。

17日 市委副书记熊茂平在有关部门人员的陪同下，先后来到龙虎山景区和鹰潭国际商贸物流园，检查指导项目建设情况。熊茂平在检查中指出，要科学安排，精心调度，确保项目建设稳步推进。

20日 2012年全国和全省整治违法排污企业，保障群众健康环保专项行动电视电话会议召开。市长钟志生,市委常委、副市长宋迪维在鹰潭分会场出席会议。

21日 全市人力资源和社会保障工作会议召开。市委书记陈兴超作批示，市长钟志生出席会议并讲话,市委常委、常务副市长王家林主持会议，市人大常委会副主任杨晓群宣读批示，市政协副主席周水凤宣读表彰决定。

△ 市城区基础教育资源整合工作汇报会召开。市委书记陈兴超出席汇报会并讲话,陈兴超要求,全市上下要科学规划稳步推进城区教育资源整合。市领导钟志生、杜德春、王家林、周世敏、辜清、杨建保出席汇报会听取工作汇报。

22日 市委书记陈兴超率市直有关部门负责人来到贵溪市调研，了解贵溪市2012年以来经济社会发展情况和贵冶周边村庄新农村建设进度。陈兴超强调,要宜快则快、能快则快、又好又快发展,科学指导贵冶周边村庄新农村建设。市政协副主席官金福、黄占共陪同调研。

△ 市长钟志生主持召开市政府常务会议,讨论通过《鹰潭市人民政府关于加快发展金融业的实施意见》《鹰潭市中心城区近期建设规划(2011~2015)》《鹰潭市人民政府办公室关于开展教育体制改革试点工作的通知》《鹰潭市超标助力车临时通行管理办法》。

△ 市长钟志生到信江新区检查指导项目建设。钟志生指出,要加大力度,加快进度,按时保质推进项目建设,确保信江新区重点项目建设早见成效,早出形象。市委常委、常务副市长王家林,副市长辜清陪同。

26日 全国人大内务司法委员会副主任委员、全国人大常委会委员张学忠，全国人大内务司法委员会副主任委员陈建国率全国人大内司委调研组到鹰潭市调研《中华人民共和国老年人权益保障法》的执行和修改工作。省人大常委会副主任陈安众、省人大内务司法委员会主任委员胡波,市委书记陈兴超、市长钟志生、市人大常委会主任杜德春等陪同调研。

△ 国务院和省政府第五次廉政工作电视电话会议召开。市长钟志生,市委常委、常务副市长王家林及市直相关部门负责人在鹰潭分会场出席会议。

27日 九三学社中央副主席、农业部副部长张桃林一行深入鹰潭市,就贯彻落实2012年中央1号文件精神，加快农业科技创新与推广进行考察调研。张桃林指出,要更加注重成果转化和应用推广，服务地方经济社会发展。省政协副主席李华栋,市领导陈兴超、钟志生、潘赞海、戴春英、黄占共等陪同。

△ 副省长谢茹到鹰潭市考察调研环保工作。谢茹强调,要扎实做好环保工作，切实提高群众环保意识。省政府副秘书长叶磊、省环保厅副厅长罗来发等随同调研。市领导陈兴超、钟志生、宋迪维、李力陪同。

28日 全市宣传文化工作会议召开。会议的主要任务是:传达贯彻全省宣传部长会议精神，回顾总结2011年工作，全面部署2012年全市宣传思想文化工作。市委书记陈兴超对会议的召开作出重要批示，市委常委、宣传部部长周世敏出席会议并讲话。

△ 由12位院士组成的中航工业集团院士考察团到鹰潭市参观考察。市领导陈兴超、钟志生、杨建保陪同。

△ 市委书记陈兴超、市长钟志生在鹰潭宾馆会见美的日用家电集团总裁黄健一行。副市长徐云,美的日用家电集团副总裁向宝明参加会见。

30日 全省综治办主任会议在鹰潭召开。鹰潭市首次被授予“江西省平安市”光荣称号。同时,鹰潭市还荣获“2011年度全省社会治安综合治理目标管理先进市”。

31日 全市防汛暨春季农业生产工作会议召开。市委书记陈兴超对全市防汛工作作出重要批示。市长钟志生出席会议并讲话，市防指指挥长、副市长李力主持会议,市政协副主席、市农业局局长黄占共出席会议。

△ 市长钟志生深入月湖区童家镇、余江县中童镇和现代物流园调研物流业发展。钟志生强调,要科学规划,理顺体制,狠抓项目,全力做好物流业这篇“大文章”。副市长徐云,市政府副巡视员、余江县委书记刘诚以及月湖区政府、市商务局、市物流办相关负责人陪同调研。

4月

6日 市委副书记熊茂平在有关部门领导的陪同下，来到龙虎山景区检查指导项目建设情况。熊茂平在检查中指出,要高起点规划,精细化建设,突出精品意识,注重项目品质。

7日 市委副书记熊茂平来到余江县、月湖区部分乡镇和社区,调研基层党建标准化项目建设。熊茂平强调,要切实按照“党建工作项目化,项目推进标准化”的基本思路，紧紧围绕全市中心工作和发展大局，进一步强化责任意识、服务意识，以实际行动更好地服务经济社会发展,服务广大人民群众,提升党组织的形象和威信。

8日 市长钟志生主持召开市政府常务会议,讨论通过《鹰潭市政府网站管理办法》《江西省鹰潭市城市防洪规划报告（2011年修编)》《鹰潭市妇女儿童发展规划（2011~2020)》；研究部署实施市区出租车燃油附加与成品油价格联动机制。

8日至9日 甘肃省金昌市市委书记张令平、市长张应华率考察团到鹰潭市参观考察。市委书记陈兴超、市长钟志生会见考察团一行，市委常委、江铜集团总经理李贻煌，副市长徐云,市政府副巡视员、余江县委书记刘诚分别陪同。

9日 市委召开常委会，学习《人民日报》刊发的《集中精力把两会精神贯彻好》《牢牢把握稳中求进的总基调》《满怀信心迎接党的十八大》三篇评论员文章，以及省委办公厅《关于深入学习人民日报评论员文章的通知》精神。市委书记陈兴超主持并讲话。会议指出，全市各地各部门、各级党组织要紧密结合鹰潭实际，进一步抓好中央决策部署的贯彻落实，以经济社会发展和党的建设的优异成绩迎接党的十八大胜利召开。

11日 市政府召开十大产业发展座谈会。市长钟志生出席会议并讲话，钟志生强调，要加大力度，在破解难题中推进工作。副市长徐云主持会议。

12日 市委书记陈兴超到市防汛抗旱指挥部，传达贯彻省防汛办《关于贯彻落实省领导指示精神 切实做好强降雨防御工作的通知》精神，了解汛情、听取汇报，看望市防汛办工作人员，研究部署下一步防汛工作。陈兴超强调，要坚持科学防汛，切实做好各项准备工作。副市长、市防汛抗旱指挥部指挥长李力等陪同。

△ 省人民检察院检察长曾页九、省检察委员会专职委员蔡田一行来到鹰潭市调研。曾页九强调，各级检察机关要围绕中心，服务大局，全力维护社会稳定。市领导陈兴超、钟志生、杨金红、罗庆华等陪同调研或出席座谈会。

△ 全市公安机关表彰大会召开，对在近年公安工作中涌现出的先进集体、先进个人进行表彰。市长钟志生出席会议并讲话。市领导杨金红、杨晓群、张荣先、周水凤出席会议。

12日至13日 浙江手拉手投资管理有限公司副董事长李星星一行到鹰潭考察投资环境，并与鹰潭市有关部门负责人进行了座谈交流。市委书记陈兴超会见考察团一行并出席座谈会，市长钟志生一同会见；副市长徐云主持座谈会并陪同考察；市政府副巡视员、余江县委书记刘诚等参加会见或出席座谈会。

13日 贵冶周边村庄新农村建设工作推进会召开。市长钟志生出席会议并讲话。钟志生强调，要齐心协力，真抓实干，按时间节点推进。副市长李力主持会议。市领导卢越明、官金福、吴泉水等出席会议。

△ 全市十大产业重点项目建设调度会召开。市长钟志生出席会议并讲话。钟志生指出，要明确责任，形成齐抓共管工作格局。市领导潘赞海、周世敏、杨晓群、尹宁、卢越明等出席会议并分别就联系的产业项目提出目标要求。副市长徐云主持会议。

14日 济广高速鹰潭南收费站在建工程发生坍塌事故，8名现场施工人员被压，2人经抢救脱离危险，6人经全力抢救无效先后死亡。事故发生后，省委省政府、市委市政府高度重视，要求全力抢救受伤人员，妥善处理善后事宜，并在全市范围内开展安全生产大检查。

△ 全市财税工作调度会召开。市长钟志生出席会议并讲话。市委常委、常务副市长王家林主持会议。

17日 “鹰潭在线”新闻网开通仪式在市电信公司举行。市委书记陈兴超出席开通仪式并讲话。市委常委、宣传部部长周世敏主持开通仪式。市领导刘育虹、辜清、吴细美等出席开通仪式。

△ 省委教育工委书记、省教育厅厅长虞国庆，省教育厅副巡视员刘润保一行到鹰潭市考察调研教育工作。市领导陈兴超、钟志生、宋迪维、周世敏、辜清一同调研。

18日至19日 国家人力资源和社会保障部党组副书记、副部长杨志明来到余江县调研雕刻产业发展情况。杨志明要求，要加快产业集聚打造知名品牌助推经济发展。省政府副秘书长林彬杨，省人力资源和社会保障厅副厅长刘滇鸣，市领导陈兴超、钟志生、王家林、刘诚等陪同调研。

19日 纪念鹰潭市关工委成立20周年暨全市关心下一代工作表彰大会在鹰潭宾馆举行。省关工委第一副主任刘运来出席会议并讲话，市委书记陈兴超、市长钟志生作重要批示。市领导郭清、应祥、辜清、吴细美，市关工委主任罗喜仔出席大会。

19日至20日 市委书记陈兴超在副市长徐云，市政府副巡视员、余江县委书记刘诚陪同下，赴浙江省杭州市、诸暨市、绍兴市等地，走访客商，考察企业，推介鹰潭，以增进友情、加深了解、推进合作、共谋发展。

△ 国家质检总局党组副书记、副局长杨刚到鹰潭市检查指导工作。市长钟志生，江西出入境检验检疫局党组书记、副局长孙工毅，省质监局副局长陈国柱，副市长张荣先陪同检查指导。

20日 公安部消防局局长陈伟明率部局政策研究处处长葛明礼、防火监督处副处长李彦军一行，到鹰潭调研检查指导消防工作。省公安厅副厅长曹根水，省消防总队政委王林波、副总队长宋学泉等陪同调研。市长钟志生，市政协副主席张金涛会见陈伟明一行，并就加强消防工作和部队建设交换了意见。副市长、市公安局长张荣先陪同调研。

△ 江西财经大学党委书记、博导、教授廖进球率领的江西财大“十二五”规划实施情况跟踪调查调研组到鹰潭调研。市长钟志生会见调研组一行，副市长辜清等参加会见。

21日 江西鹰潭“1+6”产业（杭州）招商引资推介会举行。市委书记陈兴超出席并致辞。副市长徐云主持并作市情及“1+6”产业招商推介，市政府副巡视员、余江县委书记刘诚出席。推介会上，鹰潭市共签约重点、重大项目16个，签约金额总计220多亿元。

23日 省委常委、宣传部部长姚亚平到鹰潭就文化体制改革和文化产业发展进行调研。姚亚平强调，要明确目标，深化改革，进一步加快文化产业发展。省委宣传部副部长罗勇兵等随同调研。市委书记陈兴超，市长钟志生陪同调研；市委常委、宣传部部长周世敏主持座谈会并汇报鹰潭市文化体制改革和文化产业发展情况,市领导辜清、刘诚等陪同调研。

△ 全市深入开展基层组织建设年暨基层党建标准化项目建设现场会召开。市委书记陈兴超出席会议并讲话,陈兴超强调,要提高基层组织建设科学化水平,为建设"四个鹰潭"提供保障。钟志生、杜德春、潘赞海、谢一平、宋迪维、戴春英、黄恩华、杨金红等市领导出席会议。市委常委、组织部部长郭清主持会议。

25日 市委书记陈兴超到贵溪市农村调研。陈兴超强调,要夯实组织基础,推进民生工程,实现和谐发展。市领导谢一平、戴春英、李力、官金福、黄占共等陪同调研。

25日至27日 市长钟志生就将贵溪市核定为中央苏区县、鹰潭铜拆解加工区进口固体废物原料经宁波转关和鹰潭高新技术产业园区创建国家级高新技术产业园区等事宜,分别拜访中央党史研究室、海关总署和国家发改委,汇报对接工作。市委副书记熊茂平参加相关活动。

27日 国家旅游局在北京举行国家AAAAA级旅游景区颁牌仪式,龙虎山被授予"国家AAAAA级旅游景区"称号。市长钟志生出席颁牌仪式并讲话。

△ 市委中心组举行集体学习会,邀请省委宣传部副巡视员邱尚仁博士到会作题为《媒体环境与掌控策略》的辅导报告。市委书记陈兴超出席会议并讲话,陈兴超强调,要认识新闻舆论作用,加强舆论阵地建设。杜德春、潘赞海、谢一平、宋迪维、戴春英、杨金红等市四套班子领导,市中级人民法院院长、市人民检察院检察长,市四套班子秘书长参加学习。市委常委、宣传部部长周世敏主持学习会。

28日 《七彩畲乡》在江西艺术中心举行汇报演出。省领导姚亚平、蔡晓明、朱秉发、胡幼桃、郑小燕,市领导陈兴超、钟志生、杜德春、潘赞海、王家林、戴春英、周世敏、辜清、徐鹏程等以及专家学者、观众近千人观看了演出。

△ 省委常委、宣传部部长姚亚平在江西艺术中心会见《七彩畲乡》剧组主创人员及观看演出的国内专家学者。市领导陈兴超、钟志生、周世敏、辜清、徐鹏程等会见时在座。

△ 全市庆"五一"劳动模范座谈会召开,表彰全国、全省"五一"劳动奖章,工人先锋号以及鹰潭市"五一"劳动奖状、奖章和工人先锋号获得者。市委副书记熊茂平到会祝贺并为受表彰先进集体和个人颁奖。熊茂平指出,要弘扬劳模精神,建设"四个鹰潭"。副市长徐云出席,市人大常委会副巡视员、市总工会主席管华鞍主持。

29日 市委书记陈兴超到月湖区胜西社区、化工厂社区、四青街道办事处、梅园社区、沿江社区调研,亲切看望坚守岗位的干部职工,向他们致以节日的问候。陈兴超强调,社区工作要以群众需要为出发点落脚点。市委副书记熊茂平随同调研。

5月

3日 中共鹰潭市委七届三次全体会议召开。这次市委全会的主要任务是:传达贯彻省委十三届三次全会和省委经济形势分析会议精神,分析总结当前经济形势,研究部署全市文化体制改革、文化休闲娱乐等服务业发展工作,调度全市重点项目建设情况。市委书记陈兴超主持会议并讲话。市委副书记、市长钟志生就做好当前的经济工作提出要求,杜德春、潘赞海、谢一平、王家林、宋迪维、郭清、戴春英、黄恩华、周世敏、杨金红在主席台就座。市四套班子其他领导,市委各部门、市直各单位主要负责人列席会议。

△ 市长钟志生主持召开市政府常务会议,讨论通过《鹰潭市政府非税收入管理暂行办法》《鹰潭市开展应用房地产估价技术评估存量房交易申报计税价格工作实施方案》;学习贯彻第三次全省妇女儿童工作会议精神。

4日 鹰潭市纪念中国共产主义青年团成立90周年大会在华侨会议中心举行,500多名来自社会各界的青年代表和老团干代表欢聚一堂,回顾历史,展望未来,共同庆祝"五四"青年节。市委书记陈兴超出席大会并作重要讲话。钟志生、杜德春、潘赞海、谢一平、宋迪维、郭清、周世敏、杨金红等领导出席会议,并为受表彰的先进青年典型颁奖。市委常委、市委统战部部长戴春英主持会议。市政协副主席杨建保代表老团干向大会致辞,2011年度"全国优秀共青团干部"方璐代表受表彰的青年发言。

△ 市委书记陈兴超先后来到信江黄蜡石及雕刻精品作品展现场以及市博物馆、市图书馆、市群艺馆,就鹰潭市文化产业进行调研。陈兴超强调,要充分挖掘文化内涵,大力发展文化产业。市委常委、市委宣传部部长周世敏,市委秘书长胡高堂随同调研。

5日 副省长朱虹到鹰潭市,就城市建设、保障性住房、房地产市场、旅游产业发展等工作进行考察调研。朱虹强调,要确保质量,彰显特色,抓住机遇,乘势而为。市领导陈兴超、钟志生、宋迪维、徐鹏程陪同考察。

5日至6日 省林业厅厅长阎钢军到鹰潭市调研。阎钢军指出,发挥林业部门的优势,全力支持鹰潭林业工作,为建设绿色生态鹰潭提供资金、技术、项目支撑。市领导陈兴超、钟志生、戴春英、李力、官金福陪同。

6日 龙虎山国家AAAAA级旅游景区揭牌仪式在龙虎山风景名胜区游客中心广场隆重举行。副省长朱虹、市委书记陈兴超揭牌,省旅游局局长王晓峰、市长钟志生致辞,市领导杜德春、潘赞海出席揭牌仪式,副市长徐鹏程主持仪式。

7日 市委书记陈兴超在供电、电信、地税、交通等有关部门负责人陪同下，来到月湖区童家镇苏山村调研，对新农村建设进行现场指导。陈兴超指出，要大力培育发展产业项目促进经济发展农民增收。

8日 全市金融系统负责人座谈会召开。市委书记陈兴超主持座谈会并讲话。市长钟志生，市委常委、常务副市长王家林出席会议；市银行业金融机构、市证券业协会、市保险业协会负责人参加座谈会。

9日 市长钟志生主持召开市政府常务会议，决定设立鹰潭市市长质量奖，讨论通过《鹰潭市市长质量奖管理办法》。

10日 省委副秘书长、农工部部长刘永思到鹰潭市调研。刘永思强调，要强化规划加强管理扎实推进新农村建设。市领导陈兴超、钟志生、宋迪维、李力陪同。

10日至11日 由浙江省杭州黄河轮胎集团有限公司董事长、诸暨商会会长王利军带队的浙江省杭州市诸暨商会代表团一行20余人，到鹰潭市考察经济发展状况及相关投资环境，并与有关部门进行座谈。市领导陈兴超、钟志生、熊茂平先后会见考察团一行，副市长徐云出席座谈会。

11日 省人大常委会副主任陈达恒到鹰潭市考察调研城市建设。陈达恒指出，要加快城市建设步伐，提升群众幸福指数。市领导陈兴超、钟志生、杜德春等陪同。

△ 鹰潭国际商贸物流园概念性规划汇报会在华侨饭店会议中心召开。市委书记陈兴超出席会议并讲话，市领导钟志生、熊茂平、杜德春、潘赞海、王家林、宋迪维、刘诚出席会议。中国市场研究院常务副院长、浙江省企业联合会常务副会长、浙江浙商联盟市场投资有限公司董事长徐志祥，浙江省杭州黄河轮胎集团有限公司董事长、诸暨商会会长王利军等出席会议。副市长徐云主持汇报会。

16日 财政部副部长张少春到鹰潭市龙虎山景区调研中央财政资金支持景区发展情况。张少春在调研时指出，要充分发挥财政职能作用，推动龙虎山景区生态环境可持续发展。财政部经建司司长李敬辉、教科文司副司长吴国生随同调研。省委常委、常务副省长凌成兴、副省长胡幼桃，市领导钟志生、王家林等陪同。

17日 副省长姚木根率省地矿局、省林业厅、省农业厅、省国土资源厅等省直部门领导，就加强生态环境保护，做大做强江西省矿业经济，深入鹰潭市考察调研。姚木根强调，要促进经济生态融合，加快绿色崛起。市领导钟志生、李力、黄占共陪同。

△ 省政协副主席郑小燕、肖光明率领省政协调研组到鹰潭市，就贯彻落实《中共中央关于加强人民政协工作的意见》《中共中央办公厅转发中共政协全国委员会党组关于〈中共中央关于加强人民政协工作的意见〉贯彻落实情况的报告的通知》《中共江西省委关于推进人民政协政治协商制度建设的意见》“三个文件”情况进行调研，并召开鹰潭市贯彻落实“三个文件”情况汇报会，及住鹰省政协委员、县(市、区)政协工作座谈会。市长钟志生、市政协主席潘赞海出席情况汇报会，并分别就市委、市政府关于“三个文件”贯彻落实情况和市政协按照“三个文件”要求履职情况作工作汇报。市委常委、统战部长戴春英主持汇报会。市领导杨建保、周水凤、刘国富、官金福、吴细美、王火茂、管华鞍出席汇报会或陪同视察。

18日 全市人口和计划生育工作会议召开。市委书记陈兴超对全市人口和计划生育工作作出批示。市长钟志生出席会议并讲话，向各县(市、区)、龙虎山风景名胜区、鹰潭高新技术产业园区、信江新区下发2012年人口和计划生育工作任务书。市委常委、统战部长戴春英主持会议。市领导徐晓年、官金福等出席会议。副市长李力作工作报告。

20日 市政府召开全市重大城建项目调度会，通报项目实施进展情况，协调解决存在的问题，明确下一步工作目标和要求。市长钟志生出席会议并讲话，钟志生强调，各相关部门和项目部要加强调度，推进进度，使工程项目尽快出形象，发挥重大项目的积极带动作用。市领导王家林、宋迪维等出席会议。

23日 市长钟志生到鹰潭高新技术产业园区调研。钟志生强调，要加大招商力度，增强服务理念，推动经济发展。副市长辜清、徐云等陪同调研。

26日 市长钟志生就防汛工作和大力发展现代农业、建设现代农业综合示范区，到贵溪市鸿塘镇、志光镇和塔桥园艺场实地考察调研，并召开座谈会，听取汇报，部署工作。钟志生指出，要坚持早防汛防大汛确保平安度汛，抓亮点抓特色加快现代农业发展。副市长李力随同调研。

27日 欢迎龙虎山世界地质公园评估专家组一行到来的欢迎晚会在华侨饭店举行。联合国教科文组织专家玛缇娜·帕斯珂娃博士、路易斯·阿尔卡拉博士，国土资源部地环司副司长陈小宁，省国土资源厅副厅长项尝培出席欢迎晚会。市长钟志生、副市长徐鹏程等出席晚会。

△ 以上海合作交流办副主任杨明珠为团长的各省(市、自治区)驻沪办事处主任考察团到鹰潭市参观考察。市长钟志生会见考察团一行，市人大常委会主任杜德春参加会见。副市长李力陪同考察。

28日 市长钟志生在贵溪市河潭镇龙石庙山村检查指导新农村建设。钟志生强调，要打造精品亮点，提升整体水平。副市长李力随同检查指导。

31日 由财政部、国家税务总局、工业和信息化部、商务部等四部局组成的联合调研组到鹰潭市，就支持鹰潭铜产业发展进行专题调研。财政部税政司副司长李杰云、商务部流通业发展司副司长王旭斌参加调研。市领导陈兴超、钟志生、王家林、郭清等陪同调研。

△ 市委书记陈兴超来到信江新区进行专题调研。陈兴超强调,要齐心协力,超常规推进信江新区开发建设。市委常委、副市长宋迪维等随同调研。

6月

5日 省委、省政府在滨江宾馆举行《七彩畲乡》晋京参演欢送仪式。省委常委、省委统战部部长蔡晓明出席欢送仪式并讲话,副省长胡幼桃,市领导钟志生、戴春英、周世敏、辜清等出席欢送仪式。

△ 市长钟志生主持召开市政府常务会议,学习《江西省安全生产监督管理职责暂行规定》;讨论通过《2012年全市深化医药卫生体制改革目标任务》《鹰潭市市直行政事业单位国有资产监督管理暂行办法》《鹰潭市市直企业国有资产监督管理暂行办法》《关于大力推进林下经济发展的实施意见》。

6日 深圳市江西鹰潭商会在大中华喜来登酒店隆重举行成立大会。市领导钟志生、潘赞海、戴春英、黄占共、刘诚,以及在深鹰潭籍企业家、知名人士200多人出席成立大会,深圳市副市长张文、鹰潭市副市长徐云出席成立大会并致辞。

7日 鹰潭市共有6011名考生参加高考。市委书记陈兴超看望考生及考务人员。江西省高考鹰潭考区巡视组组长、江西中医学院纪委书记侯中平,市领导刘育虹、辜清、张荣先、吴细美等一同看望。

8日 2012江西(香港)招商引资活动周隆重开幕。市领导钟志生、潘赞海、徐云、黄占共、刘诚,及鹰潭市代表团成员出席开幕式。鹰潭市签约项目7个,签约金额1.8亿美元。活动周期间,市长钟志生会见澳大利亚马蒂耐尔公司总裁彼特、TDK香港有限公司行政总裁柿野友治、中国水业集团主席王德银,拜访华润(集团)有限公司助理总经理石善博等,就在鹰投资项目进行广泛深入交流,推动项目早日落户鹰潭。市领导潘赞海、徐云、刘诚参加会见。

△ 2012江西鹰潭“1+6”产业(香港)推介会在会展中心盛大举行,共签约项目13个,投资总额9.6亿美元。市长钟志生出席并致辞。市政协主席潘赞海,市政府副巡视员、余江县委书记刘诚出席推介会,副市长徐云作推介。

8日至9日 全国二十三城市(区)人大常委会第二轮第二十次联席会议在市华侨饭店会议中心举行。省人大常委会副主任胡振鹏出席会议并讲话,市委书记陈兴超致欢迎辞;市人大常委会主任杜德春主持开幕式;市领导王家林、杨晓群、尹宁、卢越明、刘育虹、徐晓年、应祥、杨建保、张鲁年、管华鞍等出席会议。

△ 全国政协教科文卫体委员会副主任、凤凰卫视董事局主席兼行政总裁刘长乐到鹰潭市参观考察。全国人大常委会委员、中国道教协会副会长张继禹,市领导陈兴超、杨金红、李力等陪同。

9日 国家民委专职委员李文亮到梅兰芳大剧院,看望慰问《七彩畲乡》演职人员。国家民委财务司巡视员董文良,省委统战部副部长、省民宗局局长谢秀琦,市委书记陈兴超,市委常委、市委宣传部部长周世敏等一同看望慰问。

12日 第四届全国少数民族文艺会演开幕式在北京国家体育馆举行。党和国家领导人胡锦涛、温家宝、贾庆林、李长春出席观看开幕式文艺晚会。《七彩畲乡》参加开幕式大型文艺晚会《盛世中华》。江西省代表团团长、副省长胡幼桃,副团长、省委统战部副部长、省民宗局局长谢秀琦,副团长、市委书记陈兴超和《七彩畲乡》男女主演芦旭军、刘若熙及相关人员一道应邀参加接见,并与党和国家领导人合影留念。

15日 市委书记陈兴超到贵溪市考察调研新农村建设和土壤修复进展情况。陈兴超强调,要实现生态效益、经济效益和社会效益的有机结合和共赢发展。副市长李力、市政协副主席官金福随同调研。

△ 鹰潭市防汛抢险救援突击队成立大会在东湖张拉膜广场举行。市委书记陈兴超宣布突击队成立并为突击队授旗,市长钟志生讲话,市委常委、市委统战部部长戴春英主持大会,鹰潭军分区司令员王超、副市长李力出席大会。

17日 市委书记陈兴超到余江县检查指导防汛和端午节划龙舟活动的安全管理工作。陈兴超强调,要切实落实各项安全措施,确保平安度汛,祥和稳定庆端午。市委秘书长胡高堂随同检查指导。

19日 市委书记陈兴超就推动城市建设重点项目进行专题调研。陈兴超强调,要落实超常举措,保安全质量,加快工程进度。市领导杜德春、潘赞海、宋迪维、郭清、管华鞍等陪同调研。

△ 市委中心组举行集体学习会,邀请江西省著名道文化学者、市道文化研究中心主任夏维纪到场授课。市委书记陈兴超出席会议并讲话,钟志生、杜德春、潘赞海、谢一平、王家林、郭清、戴春英、杨金红等市四套班子领导,市中级人民法院主要领导以及市四套班子秘书长等出席会议。市委常委、宣传部部长周世敏主持学习会。

22日至23日 市委书记陈兴超、市长钟志生分别到市防汛抗旱指挥部,看望节日坚守岗位的干部职工,检查指导防汛工作。市委常委、统战部部长戴春英,副市长李力,市委秘书长胡高堂等分别陪同。

23日 市委书记陈兴超到余江县检查指导端午节期间群众性文体活动筹备工作,走访慰问干部群众并致以节日的问候。陈兴超强调,各地各部门要始终坚持安全第一,营造平安欢乐祥和氛围。市政府副巡视员、余江县委书记刘诚,市委秘书长胡高堂陪同检查指导。

24日 江西省紧急召开全省防汛视频会商会,分析雨情水情灾情,安排部署各项防汛工作。省长鹿心社出席会议并讲话。副省长姚木根主持会议。市委书记陈兴超在鹰潭分会场出席会议,并主持召开会议,对鹰潭市下一步防汛工作提出要求。副市长李力、市委秘书长胡高堂出席会议。

△ 以省水利厅总工程师张文捷为组长的省防汛督查组深入余江县石港圩堤杨家段、梁上燕水库、中潢圩堤，实地了解鹰潭市防汛备汛情况。市长钟志生，市政府副巡视员、余江县委书记刘诚陪同。

25日 全市创建省文明城市、国家园林城市和省级生态园林城市动员大会在华侨饭店会议中心隆重召开。市委书记陈兴超作重要批示,市长钟志生出席会议下达责任状并讲话。市委常委、常务副市长王家林主持会议，市委常委、副市长宋迪维,市委常委、市委宣传部部长周世敏分别宣读《鹰潭市创建国家园林城市及省级生态园林城市实施方案》《市委、市政府关于做好争创江西省创建文明城市工作先进城市有关工作的通知》，市领导杨金红、徐晓年、辜清出席会议。

26日 省委书记苏荣到鹰潭市就加强重金属污染治理、改善和优化群众生产生活环境进行专题调研。苏荣强调,要以对党和人民高度负责的精神下大力气解决改革发展中的突出矛盾和问题。省委常委、省委副书记、省纪委书记尚勇,省委常委、省委秘书长赵智勇等随同调研。市领导陈兴超、钟志生、谢一平、宋迪维、李力、官金福等陪同调研。

28日 中共鹰潭市委七届四次全体会议召开，传达省委书记苏荣6月26日在鹰潭市调研时的重要讲话精神，号召全市各级党组织和广大党员、干部和群众认真贯彻落实讲话精神,进一步解放思想,真抓实干，推进鹰潭市新型工业化和城镇化建设以及其他各项工作。市委书记陈兴超主持会议并部署当前工作。钟志生、杜德春、潘赞海、谢一平、王家林、宋迪维、郭清、戴春英、黄恩华、周世敏、杨金红等市委委员、候补委员出席会议。

△ 市委书记陈兴超来到月湖区童家镇，走访慰问在社会主义建设中做出贡献的老党员和生活困难党员,并代表市委、市政府送去党的关怀,送上节日的问候和美好祝福。

29日 全市“1+6”产业重大项目集中开工仪式在鹰潭高新区龙岗片区举行。市委书记陈兴超出席仪式并下令开工,市长钟志生致辞,市领导潘赞海、谢一平、王家林、周世敏、杨晓群、徐晓年、杨建保、刘诚等出席开工仪式。仪式由副市长徐云主持。

△ 全市工业流动现场会召开。会议的主要任务是,贯彻全省战略性新兴产业现场推进会精神,全力推进重大产业项目建设，进一步加快鹰潭市工业化进程，以工业的大发展引领全市经济的大跨越。市委书记陈兴超出席会议并讲话。市长钟志生主持会议。市领导杜德春、潘赞海、谢一平、王家林、戴春英、周世敏、杨晓群、徐晓年、徐云、杨建保、刘诚等出席会议。

30日 市长钟志生到贵溪市，走访慰问部分老党员和生活困难党员,送上慰问金,送去党的关怀和节日祝福。市政府秘书长吴炳生随同走访。

7月

1日 市长钟志生率市发改委、市工信委、市城建局等部门负责人，到三川集团公司专题调研水工产业发展。钟志生强调,要强力推进水工产业健康快速发展。市领导徐晓年、徐云等随同调研。

3日 南昌大学党委书记胡永新率南昌大学“同心·博士服务团”到鹰潭市,考察经济社会建设情况，并召开座谈会，为鹰潭市全面可持续发展建言献策。市委书记陈兴超会见博士服务团一行。市领导戴春英、卢越明、辜清参加相关活动。

△ 省市共建食品药品安全示范区启动仪式在华侨饭店举行。市长钟志生，省食品药品监督管理局党组书记、局长关晏民分别致辞并共同按启动球。市领导刘育虹、辜清、吴细美等出席启动仪式。市政府秘书长吴炳生主持启动仪式。

4日 省委常委、常务副省长凌成兴在鹰潭市就贵冶周边环境治理进行专题调研,凌成兴强调,要领导重视,科学指导,市场运作,群众支持。市领导陈兴超、钟志生、戴春英、李力等陪同调研。

4日至5日 以省政协副主席郑小燕为组长的省政协专题民主监督调研组一行到鹰潭市，就贯彻落实省委、省政府《关于加强和创新社会管理做好新形势下群众工作的意见》情况进行调研。市委书记陈兴超,市长钟志生,市政协主席潘赞海陪同;市委常委、常务副市长王家林就鹰潭市贯彻落实省委、省政府《关于加强和创新社会管理做好新形势下群众工作的意见》情况进行汇报;市领导杨金红、张荣先、周水凤、管华鞍、刘诚等分别陪同或出席座谈会。

6日 市长钟志生到部分重点项目施工现场，走访慰问一线建设者。市委常委、副市长宋迪维,市政府秘书长吴炳生随同走访慰问。

△ 第四届全国少数民族文艺会演闭幕式暨颁奖晚会在北京隆重举行。由鹰潭市全新创排、代表江西省参演的大型现代畲歌戏《七彩畲乡》喜获剧目金奖并囊括最佳编剧、最佳导演、最佳音乐、最佳舞美、最佳演员、最佳新人等戏剧类所设全部单项最高奖。市委常委、宣传部部长周世敏受市委书记陈兴超委托,代表鹰潭市上台接受党和国家领导人的颁奖。

8日 省长鹿心社到鹰潭市,就加强重金属污染治理、改善和优化群众生产生活环境进行考察调研。鹿心社指出，要大力发展绿色生态经济,切实保护环境改善民生。省委常委、常务副省长凌成兴随同调研。市领导陈兴超、钟志生、王家林、张荣先等陪同。

△ 全省农村重点污染区域专项治理工作推进会在鹰潭市举行。省委副书记、省纪委书记尚勇主持会议并讲话,省委常委、常务副省长凌成兴讲话,副省长谢茹等省领导及相关省直部门领导、各设区市领导、18个专项治理工作县(市、区)领导出席会议。市委书记陈兴超出席会议并介绍鹰潭市在推进农村重点污染区域专项治理工作中的典型经验。钟志生、谢一平、王家林、宋迪维、戴春英、李力、官金福等市领导出席会议。

9日 鹰潭市南部片区概念性规划汇报会召开。市委书记陈兴超出席会议并讲话,陈兴超强调,各相关部门、相关县(市、区)一定要把思想统一到规划上来,加强调度,狠抓落实。市领导钟志生、熊茂平、杜德春、潘赞海、谢一平、宋迪维、徐鹏程等出席会议并对规划提出意见和建议。

△ 市委副书记熊茂平在贵溪市金屯镇、塘湾镇调研基层党建工作。熊茂平指出,要把为民服务作为党建工作落脚点。

13日 市委书记陈兴超、市长钟志生来到鹰潭市艺术团,看望大型现代畲歌戏《七彩畲乡》剧组主创及部分演职人员,向《七彩畲乡》荣获全国金奖表示热烈祝贺。市领导戴春英、周世敏、辜清等陪同。

△ 台湾均旺能源科技集团控股有限公司董事长吴光照一行到鹰潭市考察。市委书记陈兴超会见吴光照一行。市长钟志生、市委副书记熊茂平分别与考察团座谈。市领导李贻煌、徐云等分别陪同考察或参加座谈会。

14日 香港铜锣湾集团组团到鹰潭市考察。市委书记陈兴超会见香港铜锣湾集团董事长陈智,香港铜锣湾集团顾问、深圳润丰千里集团董事长彭顺生一行,希望双方继续精诚合作,加强沟通,全力推动项目落地,实现共赢发展。

17日 鹰潭市金融消费者权益保护中心正式成立,鹰潭市成为全省第三个金融消费者权益保护工作试点市。市长钟志生、人行南昌中心支行行长高小琼出席启动仪式并为中心揭牌。市委常委、副市长宋迪维,人行南昌中心支行副行长郭云喜分别致辞,市政府秘书长吴炳生主持仪式。

△ 全国就业创业工作表彰大会在北京人民大会堂召开。贵溪市塘湾镇荣获"全国就业先进工作单位"称号,成为全国唯一获此殊荣的乡镇。

18日至19日 广东产区水暖卫浴产业考察团到鹰潭市考察。市委书记陈兴超出席晚宴,市长钟志生讲话,市委副书记熊茂平致辞,市领导徐晓年、徐云等分别参加宴会、陪同考察或出席座谈会。

19日 江西证监局局长胡伏云率相关处室负责人到鹰潭市调研企业上市工作,并召开座谈会,听取鹰潭市推进上市工作情况汇报和重点培育上市企业情况介绍。市委书记陈兴超、市长钟志生分别陪同。市委常委、常务副市长王家林出席座谈会,并汇报鹰潭市推进企业上市工作。

20日 全市领导干部会议召开。市委书记陈兴超、市长钟志生出席会议并讲话。市委副书记熊茂平主持会议。杜德春、潘赞海、谢一平、王家林、宋迪维、郭清、戴春英、周世敏、杨金红等市四套班子领导,市中级人民法院、市人民检察院主要领导出席会议。

△ 市委老干部局在市老干部活动中心召开座谈会,纪念干部离退休制度建立30周年。市委副书记熊茂平出席会议并讲话。

22日至23日 市委书记陈兴超在横店集团控股公司总裁助理、横店影视娱乐公司董事长、总经理徐天福的陪同下,考察调研文化旅游业。陈兴超强调,要挖掘整合文化资源打造文化旅游产业。龙虎山景区、市文广新局主要负责人陪同考察。

23日至24日 省综治办副主任吴建春率省委督查组一行到鹰潭市就省委常委议警会和有关文件精神贯彻落实情况开展专项督查。督查组听取鹰潭市相关情况汇报,并实地察看鹰潭市武警支队、贵溪市武警中队现代化建设进展和贵溪市看守所建设情况。市委副书记熊茂平出席汇报会并讲话。市领导杨金红、应祥、张荣先陪同。

24日至25日 台湾上诠光纤通信股份有限公司组团到鹰潭市考察,进一步商讨投资事宜。市长钟志生会见公司董事长林松福一行,副市长徐云参加会见。25日,鹰潭高新区与上诠光纤通信股份有限公司光纤高速数据传输无源器件生产项目正式签约。市委副书记熊茂平出席签约仪式,副市长徐云讲话,上诠光纤通信股份有限公司董事长林松福致辞。

25日 市行政中心项目在信江新区举行开工建设典礼。市委书记陈兴超下达开工令。市长钟志生致辞,市领导熊茂平、杜德春、潘赞海、宋迪维等以及市四套班子秘书长出席开工典礼。市委常委、常务副市长王家林主持开工典礼。

26日 市委书记陈兴超来到市博物馆,参观"存古出新"全市书法篆刻作品展。陈兴超强调,要充分发挥人才优势,打造特色文化产业。市领导郭清、周世敏、张荣先等随同观看。

26日至27日 省委常委、省综治委副主任周萌就加强和创新社会管理工作来到鹰潭市考察调研,并召开座谈会,听取鹰潭市2012年以来经济社会发展和各县(市、区)政法综治维稳工作汇报。周萌强调,要提高社会管理工作水平,迎接党的十八大胜利召开。市领导陈兴超、钟志生、熊茂平、周世敏、杨金红、张荣先等陪同,市中级人民法院、市人民检察院主要领导出席座谈会。

27日 市委书记陈兴超率市总工会、市国资公司、市城建局等相关部门负责人,到各建设工地看望慰问一线干部职工。

30日 鹰潭市隆重举行纪念建

军85周年军地联谊会，党政军领导欢聚一堂，同庆佳节，共叙军政军民鱼水深情。市委书记陈兴超、鹰潭军分区司令员王超分别致辞，市委常委、常务副市长王家林主持。市领导宋迪维、戴春英、黄恩华、杨金红、杨晓群、应祥、杨建保等出席联谊会。

31日 市委书记陈兴超到贵溪市，调研工业经济和外向型经济发展情况。陈兴超强调，要营造良好发展环境，大力推进项目建设。市领导熊茂平、王家林等陪同调研。

8月

3日 上饶市委书记董仚生、市长潘东军率上饶市党政代表团一行到鹰潭市交流考察。陈兴超、熊茂平、王家林、宋迪维、戴春英、黄恩华、周世敏、杨金红等市四套班子领导，市中级人民法院主要领导及市四套班子秘书长陪同。

△ 全市开放型经济暨“1+6”产业工作调度会召开。市委副书记熊茂平出席会议并讲话。熊茂平指出，要加大招商力度，加强项目调度，加快进资进度。副市长李力主持会议。

6日至7日 市委书记陈兴超、市长钟志生率有关部门负责人走访南昌海关和江西出入境检验检疫局，分别与南昌海关关长王炜、江西出入境检验检疫局局长吕志平等座谈，加强沟通，寻求更大帮助、支持，推动地方政府与中直部门合作，力促鹰潭市开放型经济实现“井喷”式发展。市委副书记熊茂平、副市长徐云参加相关活动。

7日 市委书记陈兴超、市长钟志生率市四套班子领导，及各县(市、区)委书记、纪委书记共50余人，到省会南昌市，集体参观新建成的江西省反腐倡廉教育馆，接受党风廉政教育。熊茂平、潘赞海、谢一平、宋迪维、郭清、戴春英、黄恩华、杨金红等市四套班子领导，市中级人民法院、市人民检察院主要领导，市委秘书长参加。

△ 省人大常委会副主任胡振鹏率部分省人大常委会组成人员和省人大代表来到鹰潭，就鹰潭市粮食安全和粮油质检体系建设情况进行视察。市人大常委会副主任徐晓年陪同视察，副市长李力汇报相关情况并陪同视察。

△ 市政府与国家开发银行江西分行开发性金融合作座谈会暨签约仪式在华侨饭店举行。市委书记陈兴超出席座谈会，市长钟志生、国家开发银行江西分行行长朱力群分别致辞。市委常委、常务副市长王家林主持会议，国家开发银行江西分行常务副行长张国良、副市长徐鹏程参加座谈会。

8日至9日 省政协主席黄跃金到鹰潭市考察调研。黄跃金强调，要把握政协工作规律，不断提高科学化水平。市领导陈兴超、钟志生、熊茂平、潘赞海、李贻煌、宋迪维、戴春英等陪同调研或参加座谈。

9日 省发改委主任许爱民率调研组来到鹰潭市，就抓项目稳投资工作进行专题调研和座谈。市长钟志生陪同调研并主持座谈会，市委常委、常务副市长王家林，副市长徐云陪同调研或参加座谈会。

10日 市委中心组举行学习会，专题学习胡锦涛总书记7月23日在省部级主要领导干部专题研讨班开班仪式上的重要讲话精神，部署贯彻落实意见。市委书记陈兴超主持会议并讲话，钟志生、熊茂平、潘赞海、谢一平、王家林、宋迪维、郭清、戴春英、黄恩华、周世敏、杨金红等市四套班子领导，市中级人民法院院长、市人民检察院检察长以及市四套班子秘书长等出席会议。

14日 市长钟志生率财政、教育、城建、规划、交通、供水、供电、公路、消防等部门负责人实地察看市一中新校区建设和市四中改扩建工程，并召开调度会。钟志生强调，要切实强化措施，确保如期保质完工。市委常委、常务副市长王家林，副市长辜清等随同。

15日 《中共鹰潭地方史》(第二卷)征编工作动员大会召开，市委副书记熊茂平出席会议并讲话。市委秘书长胡高堂主持会议。

17日 第四届全国少数民族文艺会演江西代表团总结表彰大会在南昌市京西宾馆举行。省委书记苏荣，省长鹿心社，省委常委、常务副省长凌成兴分别作出重要批示，省委常委、统战部部长蔡晓明发来贺信，副省长胡幼桃出席表彰大会并讲话。市委副书记熊茂平，副市长徐鹏程出席总结表彰大会。

△ 大型现代畲歌戏《七彩畲乡》参加第四届全国少数民族文艺会演总结表彰大会在华侨饭店会议中心举行。市委书记陈兴超出席会议并作重要讲话；市领导熊茂平、戴春英、尹宁、辜清、徐鹏程、吴泉水等出席会议；市委常委、宣传部部长周世敏主持会议。

20日至25日 2012“赣鄱文化台湾行”在宝岛台湾取得圆满成功。市长钟志生率鹰潭市代表团赴台开展一系列对台文化经贸交流活动。副市长徐云，市政协副主席、中国道教协会副会长、江西道教协会会长、龙虎山天师府主持张金涛参加相关活动。

24日 市委副书记熊茂平深入余江县调研，了解基层信访工作情况、余江县循环经济产业园发展情况以及余江雕刻产业发展情况。熊茂平在调研时强调，要做深做细信访工作，大力发展特色产业。市委常委、政法委书记杨金红，市政府副巡视员、余江县委书记刘诚陪同调研。

27日至29日 全国政协提案委员会副主任王国卿率中央信访工作督导组到鹰潭市督导检查信访工作。市领导陈兴超、钟志生、熊茂平、杨金红、张荣先、李力、刘诚等陪同。

28日 鹰潭市工商业联合会(总商会)第六次会员代表大会召开。市委书记陈兴超出席开幕式并作重要讲话。市领导钟志生、熊茂平、杜德春、潘赞海、戴春英、刘育虹、徐晓年、周水凤、黄占共等四套班子领导出席开幕式。市政协副主席、市工商联五届执委会主席吴泉水主持开幕式。

△ 南昌海关党组书记、关长王炜率相关处室负责人到鹰潭市,就海关工作和服务开放型经济发展进行考察调研。王炜指出,海关要创新服务模式,提升服务质量,促进地方经济发展。市委书记陈兴超会见王炜一行。市领导钟志生、熊茂平、徐云等陪同。

29日 全市"决战景区"旅游发展动员大会召开。市委书记陈兴超、市长钟志生出席大会并共同为龙虎山旅游文化发展(集团)有限公司揭牌,市委副书记熊茂平作动员讲话,市领导杜德春、潘赞海、应祥出席动员大会。副市长徐鹏程主持大会并宣读市政府《关于表彰龙虎山创建国家5A级景区先进单位和个人的决定》。市委秘书长胡高堂,市人大常委会秘书长江鸿,市政协秘书长杨亮太,各县市区、鹰潭高新技术产业园区、信江新区、市直和驻鹰有关单位主要负责人参加动员大会。

30日 市社会管理综合治理委员会第一次全体会议召开。市委副书记、市综治委主任熊茂平出席会议并讲话。熊茂平强调,要坚定信心,开拓进取,扎实工作,推动鹰潭市社会管理综合治理工作,创造良好社会环境,迎接党的十八大胜利召开。市委常委、常务副市长、市综治委副主任王家林出席会议并讲话;市委常委、政法委书记、市综治委副主任杨金红主持会议,副市长、市公安局局长、市综治委副主任张荣先传达中央信访工作督导组对鹰潭市信访工作的督导反馈意见,市政协副主席、市综治委副主任周水凤出席会议。

9月

3日 鹰潭一中举行新校园落成仪式,市委书记陈兴超、市长钟志生为鹰潭一中新校园揭牌,市领导杜德春、潘赞海、黄恩华、周世敏、辜清等出席落成仪式并参观新校园。

5日至6日 省质监局局长王詠一行到鹰潭市调研。市领导陈兴超、钟志生、徐鹏程等分别陪同调研。

6日 市长钟志生率相关部门负责人,对城市重点建设项目进行检查指导。钟志生强调,要打造城市新亮点,展示城市新形象。市委常委、副市长宋迪维,市人大常委会副巡视员管华鞍等陪同检查。

△ 由市委组织部、市委老干部局主办的"喜迎十八大、永远跟党走"全市老干部专场文艺晚会在73861部队大礼堂举行。市委书记陈兴超,市长钟志生到场观看演出并看望部分演出人员;杜德春、潘赞海、郭清、戴春英、黄恩华、周世敏、杨金红等市四套班子领导到场观看演出。

9日 市长钟志生带领相关部门负责人,到鹰潭高新区调研,听取高新区工作情况汇报,检查指导基础设施、工业项目建设工作。钟志生强调,要科学规划,招大引强,强化服务。

10日 市委书记陈兴超到学校和教师家中,看望教师和教育工作者,代表市委、市政府向全市广大教师和教育工作者致以节日的问候。副市长辜清陪同走访慰问。

△ 市长钟志生到市第二幼儿园、鹰潭职业技术学院及部分教师家中,代表市委、市政府看望慰问教职员工,并向全市广大教师和教育工作者致以节日的问候。市人大常委会副主任刘育虹陪同走访。

10日至12日 省综治办副主任吴建春率领的省委督查组来到鹰潭市,就基层组织建设年活动开展情况进行专项督查。市领导陈兴超、钟志生、谢一平、郭清、戴春英、杨金红、应祥、张荣先等陪同或参加座谈。

11日 市长钟志生与江西省银监局党委书记、局长马忠富等座谈,合力推动鹰潭金融业创新发展。市委常委、常务副市长王家林参加座谈。

13日至14日 全省企业文化建设经验交流会暨省职工思研会第26次理论研讨会在鹰潭市举办。省委常委、省委宣传部部长姚亚平发来贺信。市委常委、市委宣传部部长周世敏出席会议。全省各设区市委宣传部有关负责人,省直有关行业、部分中央驻赣企业、大中型企业及非公企业代表,省职工思研会团体会员单位代表共110余人参加会议。

17日 全市领导干部会议召开,会议传达全省推进工业化城镇化发展流动现场会精神。受市委书记陈兴超委托,市长钟志生主持会议并讲话。

18日 江西师大鹰潭校区举行2012级新生开学典礼。2012年,江西师大鹰潭校区首设本科班,首次设立的本科班分英语(教育)、汉语言文学(教育)两个专业。

18日至29日 市委书记陈兴超率团先后访问捷克国家商会、芬兰赫尔辛基市、俄罗斯克拉斯诺戈尔斯克市,学习考察欧洲城市建设管理、生态环境保护、中小企业发展、文化教育等方面的有益经验,访问取得成功。

19日 占地面积约295亩、建筑总面积约1.8万平方米、总投资约1.61亿元的省重点工程沪昆高速龙虎山中心服务区正式开工建设。省交通运输厅厅长马志武下达开工令,市长钟志生出席,副市长李力代表市政府致辞。

21日 首届中国(鹰潭)中华赏石展暨黄蜡石文化博览会在鹰潭市体育中心开幕。市委常委、市委宣传部部长周世敏致辞并宣布开幕,副市长辜清出席开幕式。

23日 2012赣台(南昌)经贸合作研讨会在南昌前湖迎宾馆隆重开幕。市长钟志生、副市长徐云及鹰潭市代表团成员出席开幕式。鹰潭市签约项目4个,签约金额1.1亿美元。

24日 全国人大环资委副主任委员张文台等率领由人民日报、新华社、光明日报、经济日报、中央电视台、中央国际广播电台等19家媒体记者组成的"中华环保世纪行"采访组来到鹰潭市，就矿产资源开发利用与保护情况开展宣传采访活动。市委常委、副市长宋迪维介绍鹰潭市情及鹰潭市矿产资源开发利用与保护情况，市人大常委会副主任杨晓群主持情况汇报会。

26日 首届华侨华人赣鄱投资创业洽谈会在南昌前湖迎宾馆隆重开幕。市长钟志生,副市长徐云及鹰潭代表团成员出席开幕式。开幕式上还举行签约仪式，鹰潭市有3个项目签约,总投资额67亿元,

27日 全市创先争优活动总结大会召开。受市委书记陈兴超委托，市委副书记、市长钟志生出席会议并讲话。钟志生强调,要充分运用创先争优活动的成功经验，不断推动创先争优常态化长效化，保持和发展党的先进性和纯洁性。市领导杜德春、潘赞海、谢一平、王家林、戴春英、周世敏等出席大会,市委常委、市委组织部部长郭清主持大会。

△ 全省社会管理综合治理暨信访工作电视电话会议召开。钟志生、杜德春、潘赞海、郭清、周世敏、杨晓群、张荣先、周水凤等市领导在鹰潭分会场出席会议。

△ 市长钟志生到市体育中心参观首届中国(鹰潭)中华赏石展暨黄蜡石文化博览会。钟志生强调,要借助本次博览会的影响力，做大做强“鹰潭黄玉”品牌,打造独具特色文化产业。市委常委、宣传部长周世敏陪同参观。

28日 市委宣传部、市直机关工委、市文广新局联合主办的“永远跟党走·祝福鹰潭”全市歌咏比赛暨颁奖晚会在73861部队文化活动中心举行。钟志生、杜德春、潘赞海、谢一平、宋迪维、周世敏等市四套班子领导出席晚会并为获奖代表队颁奖。

△ 鹰潭市在驻鹰潭市某部靶场举行“金盾2012”反恐处突综合演习。市长钟志生宣布演习开始,市委常委、政法委书记杨金红观看演习并讲话,市领导杨晓群、张荣先、周水凤等观看演习。

△ 市长钟志生在信江新区检查指导工作。钟志生强调,要加快进度,突出重点,扎实有序推进各项工作。市领导王家林、宋迪维陪同。

△ 市长钟志生来到市信访接待中心,与来访群众面对面交流,倾听来访群众意见、建议和要求,为群众排忧解难。钟志生强调要认真倾听群众诉求,真情解决群众困难。

29日 市长钟志生深入城区，检查指导节日市场供应和节日氛围营造工作。市委常委、常务副市长王家林,市委常委、副市长宋迪维,市政协副主席黄占共，市政府秘书长吴炳生一同参加检查。

△ 月湖区经济大厦举行开工奠基仪式举行。市长钟志生出席开工仪式并下达开工令。市委常委、副市长宋迪维出席开工奠基仪式。

10月

5日 市长钟志生在龙虎山景区考察调研。钟志生指出,要全力推进重大项目,做好旅游市场营销;抓好配套设施建设，做大做强旅游产业。副市长徐云随同调研。

7日 市委书记陈兴超来到市体育中心,参观首届中国(鹰潭)中华赏石展暨黄蜡石文化博览会,并看望到鹰潭市参加博览会的广大石商和节日期间坚守岗位的干部职工。陈兴超强调,充分发挥平台优势,推动文化产业又好又快发展。市委常委、市委宣传部部长周世敏随同参观。

7日至18日 市长钟志生率团先后访问了墨西哥蒙克洛瓦市、阿根廷布宜诺斯艾利斯市、巴西里约州圣高撒度市,访问取得成功。加强鹰潭市对外交流与合作，进一步推进国际友好城市建设，学习借鉴国际先进经验。

9日 市委书记陈兴超出席创建省级文明城市工作现场推进会并讲话。陈兴超要求,要扎实有效推进文明城创建工作，确保创建工作让人民群众满意。市领导宋迪维、周世敏、张荣先、李力,市委秘书长胡高堂和有关部门负责人参加推进会。

10日 市委书记陈兴超来到市信访局视频接访室,参加领导干部信访接待日活动。陈兴超强调要解决群众合理诉求,维护社会和谐稳定。

12日 鹰潭市第二次民族团结进步表彰大会召开。市委书记陈兴超出席会议并作重要讲话。市领导杜德春、潘赞海、谢一平、戴春英、黄恩华、杨金红等出席会议。市委常委、副市长宋迪维主持会议。

14日 市委书记陈兴超在月湖区调研小街小巷综合改造工作。陈兴超强调，要把这项民生工程做好做实,让广大市民得到更多实惠。市委常委、副市长宋迪维陪同调研。

15日 市委书记陈兴超在贵溪市调研。陈兴超强调,要充分发挥特色优势,努力实现跨越发展。市委常委、常务副市长王家林，副市长徐云，市委秘书长胡高堂及相关部门负责人陪同。

△ 市委书记陈兴超在余江县调研。陈兴超强调,要积极整合资源,注重招大引强,确保2012年各项工作任务目标完成。市委常委、常务副市长王家林,副市长徐云,市政府副巡视员、余江县委书记刘诚,市委秘书长胡高堂及相关部门负责人陪同调研。

16日 全国政协副主席郑万通在省政协主席黄跃金陪同下，到鹰潭市龙虎山景区等地调研。市委书记陈兴超，市政协主席潘赞海陪同调研。

△ 市委书记陈兴超到信江新区调研。陈兴超强调,要超常规推进开发建设，实现两年内建成信江核心区的目标。市委常委、常务副市长王家林,市委常委、副市长宋迪维,市委秘书长胡高堂陪同调研。

17日 市委书记陈兴超在龙虎山景区调研。陈兴超强调,要以前所未有的思想解放、前所未有的宽广胸怀和前所未有的艰苦奋斗精神，全力推动龙虎山片区旅游综合开发大建设。市委常委、常务副市长王家林,市委常委、副市长宋迪维,市委

秘书长胡高堂等陪同调研。

△ 市委书记陈兴超在高新技术产业开发区调研。陈兴超强调,要立足新起点,实现新跨越。市委常委、常务副市长王家林,市委常委、副市长宋迪维,市委秘书长胡高堂等陪同调研。

18日 江西出入境检验检疫局党组书记、副局长孙工毅,副巡视员张国清与法综处、化矿处、机关服务中心负责人到鹰潭市调研,就鹰潭铜拆解加工区进口固体废料经宁波转检有关事宜听取鹰潭市意见和建议。市委书记陈兴超会见孙工毅一行,并介绍鹰潭市争取开通宁波至鹰潭海铁联运转检线路有关情况。副市长辜清等陪同调研。

19日 鹰潭市召开“三区三线”民居改造提升工作动员会,研究部署具体工作任务。市委书记陈兴超、市长钟志生分别作出重要批示。副市长李力出席会议并作动员讲话。

22日 “红色记忆——鹰潭革命史迹展”开展暨面向公众免费开放仪式在市博物馆举行。市委书记陈兴超出席仪式并作重要讲话,宣布展览开幕。市委常委、宣传部长周世敏主持仪式。市领导刘育虹、辜清、吴细美等为展览开幕剪彩并参观展览。

23日 鹰潭市第二次归侨侨眷代表大会在华侨饭店三楼多功能厅召开。市委书记陈兴超出席开幕式并讲话。市领导钟志生、卢越明、徐云、杨建保、张金涛等出席大会开幕式。市委常委、市委统战部部长戴春英主持开幕式并在闭幕式上讲话。

11月

1日 鹰潭市冬季征兵体检的第一天。市长钟志生到余江县征兵体检站,看望参加体检的医务工作人员和参检青年。钟志生强调,要严格把关,把最优秀青年选送到部队。市委常委、鹰潭军分区政委黄恩华,鹰潭军分区司令员王超,市政府副巡视员刘诚等一同检查。

4日 市委书记陈兴超来到鹰潭高新技术产业开发区,对东源企业·红背带进行调研。陈兴超强调,要打造特色文化品牌,推动文化产业发展。市委常委、宣传部部长周世敏陪同调研。

5日 鹰潭市市委大院举行欢送仪式,欢送陈兴超、曹晓桃赴北京市参加中国共产党第十八次全国代表大会。钟志生、杜德春、潘赞海、谢一平、王家林、宋迪维、郭清、戴春英、黄恩华、周世敏、杨金红等市四套班子领导以及市中级人民法院、市人民检察院主要负责人,市委、市政府各部门主要负责人,市委、市政府大院机关全体工作人员参加欢送仪式。

△ 市长钟志生会见中国邮政集团总公司总经理李国华,就鹰潭市申请发行《龙虎山》特种邮票一套及小型张一枚进行会谈。鹰潭市申请发行《龙虎山》特种邮票一事,得到中国邮政集团总公司领导的大力支持,同意将《龙虎山》特种邮票列入2013年的发行计划。副市长徐云、裴勇,市人大副巡视员管华鞍等会见时在座。

6日 鹰潭市人民政府与中国节能环保集团公司在北京签订战略合作协议。市长钟志生,中国节能环保集团公司董事长王小康、总经理王彤宙出席签约仪式,并就双方合作事宜举行会谈。副市长徐云、中国节能环保集团公司副总经理郑起宇,分别代表双方在协议上签字。

8日 中国共产党第十八次全国代表大会在北京开幕。钟志生、杜德春、潘赞海、谢一平、王家林、宋迪维、郭清、戴春英、周世敏、杨金红等市四套班子领导,市中级人民法院院长、市人民检察院检察长以及市委、市政府机关干部职工集中收听收看党的十八大开幕会盛况,聆听胡锦涛总书记向大会所作的报告。

12日 全市“三区三线”民居改造提升暨万亩景观油菜生产工作流动现场会召开。市长钟志生主持会议并讲话。市委常委、市委统战部部长戴春英,副市长李力讲话,市政协副主席、市农业局局长黄占共,市政府秘书长吴炳生出席会议。

13日 市长钟志生率相关部门负责人对城市建设重点项目进行检查指导。钟志生强调要加快项目施工进度,提升城市整体形象。市委常委、副市长宋迪维,市政府秘书长吴炳生等陪同检查。

△ 全市加快推进服务业发展工作会议召开。会议的主要任务是认真贯彻落实全省加快推进服务业发展工作会议精神,全面安排部署当前及今后一个时期鹰潭市服务业发展工作。市长钟志生出席会议并讲话。市委常委、常务副市长王家林主持会议。副市长张荣先出席会议。

△ 市委书记陈兴超来到鹰潭市驻北京信访工作组看望全体工作人员,陈兴超强调,要克服困难,再接再厉,全力以赴扎实做好信访维稳各项工作。市委副书记熊茂平、党的十八大代表贵溪宝山金属有限公司员工曹晓桃一同看望。

14日 市长钟志生深入龙虎山景区就全市旅游产业发展进行专题调研。钟志生强调,要以学习贯彻十八大精神为动力,进一步做大做强全市旅游产业。市政府秘书长吴炳生陪同调研。

19日 市委召开七届五次全体(扩大)会议。会议的主要任务是,传达学习党的十八大和省委全体(扩大)会议精神,在全市上下迅速掀起学习贯彻落实党的十八大精神的热潮,把全市广大干部群众的思想和行动统一到党的十八大精神上来。全会号召,要紧密团结在以习近平为总书记的党中央周围,高举中国特色社会主义伟大旗帜,万众一心,开拓奋进,为加快建设富裕秀美宜居和谐鄱阳湖生态经济区璀璨明珠、全面建成小康社会而不懈奋斗!市委书记陈兴超出席会议并就学习好、宣传好、贯彻好党的十八大精神各项工作提出要求。市委副书记、市长钟志生传达党的十八大会议精神。市委副书记熊茂平主持会议。杜德春、潘赞海、谢一平、王家林、宋迪维、郭清、戴春英、黄恩华、周世敏、杨金红等市领导出席会议。

20日 市旅游产业发展委员会工作会议召开。市委书记陈兴超出席会议并讲话；市长钟志生主持会议;市领导熊茂平、杜德春、潘赞海、王家林、宋迪维等出席会议。

22日 省委常委、常务副省长凌成兴率省直有关部门负责人到鹰潭市,考察调研贵溪发电厂"上大压小"工程、黄金埠电厂送出500千伏输变电鹰潭开关站工程等重点项目。市委书记陈兴超,市委常委、副市长宋迪维等陪同考察。

25日 鹰潭农村商业银行开业庆典晚会在鹰潭市体育馆举行。市领导陈兴超、钟志生、杜德春、谢一平、王家林、宋迪维、戴春英、黄恩华、周世敏等到场观看。

26日 鹰潭市首家地方性股份制商业银行——鹰潭农村商业银行股份有限公司(以下简称鹰潭农商银行)正式开业。市领导陈兴超、钟志生、杜德春、谢一平、宋迪维、黄恩华、徐鹏程、吴细美、陈仁生等出席开业仪式。市委常委、常务副市长王家林主持开业仪式。

△ 省农村信用联社党委书记、理事长肖四如,党委副书记、主任孔发龙,江西省银监局副局长章莳安,省农村信用联社副主任刘伟、傅康生和省政府金融办领导考察鹰潭市城市建设。市长钟志生,市委常委、常务副市长王家林,副市长徐鹏程,市政府秘书长吴炳生陪同考察。

27日 鹰潭市海外联谊会四届一次理事会在鹰潭宾馆举行。市长钟志生当选为名誉会长。市委常委、统战部部长戴春英出席会议并讲话。市人大常委会副主任卢越明,副市长裴勇,市政协副主席张金涛、吴泉水出席会议。

28日 中央宣讲团党的十八大精神报告会在南昌举行,中央宣讲团成员、国家科技部党组书记、副部长王志刚为江西省广大党员干部群众作宣讲报告。省委书记苏荣主持报告会。陈兴超、钟志生、杜德春、潘赞海、谢一平、宋迪维、郭清、周世敏等市四套班子领导,市中级人民法院院长,市人民检察院检察长,市副厅级以上离退休干部,市四套班子秘书长在鹰潭分会场出席报告会。

△ 市委中心组举行集体学习会,专题学习党的十八大精神。市委书记陈兴超主持学习会并讲话。陈兴超强调,要把思想和行动统一到十八大精神上来,努力开创鹰潭市经济社会发展新局面。钟志生、杜德春、潘赞海、谢一平、王家林、宋迪维、郭清、戴春英、黄恩华、周世敏等市四套班子领导出席会议。

29日 北极阁建设项目开工典礼在鹰潭公园举行。市委书记陈兴超下达北极阁重建开工令。市长钟志生致辞。市领导杜德春、潘赞海、王家林、戴春英、周世敏、张金涛等出席开工典礼。市委常委、副市长宋迪维主持开工典礼。

12月

4日 第三届环鄱阳湖国际自行车大赛鹰潭龙虎山站比赛开幕。省人大常委会副主任胡振鹏宣布鹰潭龙虎山站比赛开幕,市委书记陈兴超为比赛发令,市长钟志生致欢迎词,省政府副秘书长晏驹腾致开幕词,市政协副主席杨建保等出席开幕式。副市长辜清主持开幕式。

△ 副省长姚木根到鹰潭市考察农业产业化工作。姚木根强调,要加快步伐,走特色之路。陈兴超、钟志生、李力、黄占共等市领导陪同考察。

△ 中共鹰潭市委、市人大常委会、市政府、市政协的中共党员领导在华侨饭店会见鹰潭市各民主党派、工商联、知联会、侨联、海联会新一届领导班子成员,热烈祝贺鹰潭市各民主党派、工商联、知联会、侨联、海联会全市代表大会胜利闭幕。中共鹰潭市委书记陈兴超讲话,钟志生、杜德春、潘赞海、王家林、郭清、杨金红等市领导参加会见。会见活动由市委常委、市委统战部部长戴春英主持。

6日 闽浙赣皖福州经济协作区第十四次市长联席会议在鹰潭市隆重举行。市委书记陈兴超会见与会领导和嘉宾,市长钟志生出席联席会议并致辞,副市长徐云作《闽浙赣皖福州经济协作区第十四次市长联席会议工作报告》,市政府秘书长吴炳生主持联席会议。福州、莆田、宁德、南平、三明、温州、南昌、九江、抚州、上饶、景德镇、安庆、黄山等地的领导及有关部门负责人参加会议。

△ 市委书记陈兴超在市委党校调研。陈兴超强调,要努力培养造就高素质干部队伍,为推进"四个鹰潭"建设提供坚强保证。市委常委、常务副市长王家林,市委常委、组织部部长郭清,市委秘书长胡高堂等陪同调研。

△ 市委书记陈兴超到市委党校,为全市第四期县级干部理论进修班和乡镇(街、办)主要负责人培训班学员作题为《自觉把十八大精神转化为推动"四个鹰潭"建设的强大动力》的专题辅导。陈兴超强调,要自觉把中共十八大精神转化为推动"四个鹰潭"建设的强大动力。

7日 江西省政协副主席、民进江西省委会主委汤建人率领民进省委会机关部分专职人员,在市委常委、统战部部长戴春英的陪同下,到鹰潭市特殊需要儿童康复中心调研。汤建人强调,要让更多残障儿童和正常儿童一样平等接受教育。

△ 龙虎山文化艺术创意园开工奠基典礼举行。市长钟志生出席典礼并宣布开工。市人大常委会副主任尹宁、副市长徐鹏程、市政协副主席杨建保出席开工典礼。

12日 省委第二巡视组组长陈松远、副组长涂志柏一行到鹰潭市,对鹰潭市学习宣传贯彻党的十八大精神情况进行专项巡视。市委书记陈兴超汇报鹰潭市学习贯彻中共十八大精神的情况。市长钟志生主持会议。杜德春、潘赞海、谢一平、宋迪维、郭清、黄恩华、周世敏、杨金红等市四套班子领导，以及市中级人民法院院长、市人民检察院检察长等出席汇报会。

△ 鹰潭市在商务部举办的国家外贸转型升级专业型示范基地答辩会上顺利过关。鹰潭市以眼镜产业聚集地申报国家外贸转型升级专业型示范基地工作取得成功，荣获“国家外贸转型升级专业型示范基地”称号。

13日 省委宣讲团党的十八大精神报告会在华侨饭店隆重举行。省委宣讲团成员、省社科院院长汪玉奇来到鹰潭市宣讲党的十八大精神。市委书记陈兴超主持报告会。杜德春、潘赞海、谢一平、郭清、戴春英、周世敏、杨金红等市四套班子领导出席报告会。

14日 全市重大产业发展调度会召开。市委书记陈兴超主持调度会并讲话。陈兴超强调，要理顺体制机制，强化招商引资，着力提升执行力、操作力，加速推进重大产业发展。市领导杜德春、潘赞海、戴春英、周世敏、杨晓群、徐晓年、张荣先、徐云、杨建保等出席会议。市委秘书长胡高堂，市政府秘书长吴炳生参加调度会。

17日 新疆克孜勒苏柯尔克孜自治州(以下简称新疆克州)州委副书记、州长帕尔哈提·吐尔地率领的新疆克州党政代表团一行到鹰潭市考察。市领导钟志生、谢一平、徐鹏程等陪同考察。

24日 贵溪市滨江镇洪塘村合盘石童家村小组发生一起面包车校车侧翻坠入水塘交通事故。事发时车上共载有17人，其中15名幼儿园学生、1名教师、1名司机，事故当场死亡3人，12人送往医院抢救，8名儿童因抢救无效死亡。此次事故共死亡11人。省委、省政府高度重视，省委书记苏荣、省委副书记尚勇分别作出重要批示，省委常委、常务副省长凌成兴受省长鹿心社的委托，连夜赶赴贵溪，看望正在医院治疗的受伤儿童，慰问在事故中遇难的儿童亲属，指导事故善后处理工作。市委书记陈兴超、市长钟志生等市领导陪同看望慰问。鹰潭市、贵溪市两级党委政府主要领导第一时间赶到现场，迅速组织公安、消防、交警、医护等救援人员以最快速度组织施救。

△ 市委召开常委(扩大)会议，通报贵溪市滨江镇“12·24”交通事故情况，传达省委书记苏荣、省委副书记尚勇重要批示，传达省委常委、常务副省长凌成兴讲话精神，对鹰潭市安全工作进行紧急部署。市委书记陈兴超主持会议并讲话。杜德春、潘赞海、谢一平、郭清、戴春英、周世敏、杨金红等市领导出席会议。

25日 中国科协书记处书记、党组成员王春法，全国政协常委、原中国科协党组副书记齐让，在省科协党组书记龚绍林，省科协副主席梁纯平的陪同下，到鹰潭市考察调研。市委书记陈兴超会见王春法、齐让一行，市委常委、统战部部长戴春英，市政协副主席杨建保等参加会见或陪同调研。

△ 市长钟志生深入月湖区、余江县检查校园安全工作。钟志生强调，要采取断然措施，消除校园安全隐患，确保学生的健康成长。副市长辜清，市政府副巡视员、余江县委书记刘诚陪同。钟志生检查指导校园安全工作后，专题召开市长办公会议，研究制订《鹰潭市人民政府关于进一步加强学前教育管理的意见》。

26日 济广高速公路余江县境内余江服务区一辆车牌为“豫P6F510”的挂式货车发生火灾，并引燃车厢内白酒、橄榄油、洗发水等物品及包装箱。在余江县公安消防大队官兵扑救火灾时突然发生爆燃，导致6名消防官兵不同程度被灼伤。省委、省政府高度重视，省长鹿心社、副省长洪礼和分别作重要批示，省委常委、省委政法委书记、省公安厅厅长舒晓琴前往医院看望慰问伤员。市领导陈兴超、钟志生、张荣先等也以不同方式指挥协调救治，或前往医院看望慰问伤员及其家属。

27日 共青团鹰潭市第八次代表大会在华侨饭店会议开幕。市委书记陈兴超出席开幕大会并讲话。钟志生、杜德春、潘赞海、谢一平、王家林、宋迪维、郭清、杨金红、杨晓群等市领导出席开幕大会。团省委副书记孙鑫到会祝贺，市政协副主席、市科协主席杨建保代表人民团体致贺词。

28日 市委书记陈兴超、市长钟志生在副市长、市公安局长张荣先等领导的陪同下，看望慰问“12·26”济广高速余江服务区货车火灾扑救中被灼伤的6名消防官兵，并号召全市人民向消防官兵学习。

△ 第六届海峡两岸(鹰潭)道教文化论坛在龙虎山游客服务中心道学堂开幕。市领导杜德春、潘赞海、张金涛出席开幕式。副市长徐云致辞。副市长裴勇主持开幕式。

30日 龙虎山景区重点项目集中开工仪式举行。市委书记陈兴超宣布项目正式开工，市长钟志生致辞。市领导熊茂平、杜德春、潘赞海等出席开工仪式。副市长徐鹏程主持开工仪式。

专记

编辑、校对:况建军

鹰潭高新技术产业园升级为国家高新技术产业开发区

鹰潭高新技术产业开发区前身是成立于2001年6月的鹰潭市工业园区。2006年3月通过全国开发区设立审核,经省政府批准为省级工业园区。2011年5月更名为江西鹰潭高新区技术产业园区。2012年8月,经国务院批准,鹰潭高新技术产业园区升级为国家高新技术产业开发区。辖区面积60平方千米,规划区面积30平方千米,总人口近5万人。

鹰潭高新区自成立以来,坚持以科学发展观为指导,以建设“绿色世界铜都”为目标,以技术创新为动力,经济总量快速增长,综合实力显著增强,现已成为江西对外开放、技术创新、结构调整的重点工业园区之一。高新区现有企业400家,其中工业企业130家,规模以上企业61家,初步形成铜基新材料、绿色水工、大健康、汽摩配、新能源及节能照明、创意制造等六大产业。

数字最能体现变化。2003年,主营业务收入不到1亿元,财政收入200多万元,综合指标在全省94个工业园区中排89位;2006年,主营业务收入26亿元,财政收入4600万元,综合指标在全省94个工业园区中排32位;2012年,实现主营业务收入350亿元,财政收入12.18亿元,综合指标列全省94个工业园区前10强。

荣誉最能见证辉煌。2007年,获江西省产业经济“十百千亿工程”突出贡献奖;2007年起,连续5年被评为全省先进工业园区;2008年,被列为江西省重点工业园区;2011年,获批为首批省级生态工业园区;2012年获批国家循环化改造示范试点园区。

从无到有,红石岭变身工业园

2001年6月,在市委、市政府实施“工业富市”战略的大背景下,高新区应运而生。

高新区的选址位于鹰潭城西3千米处,该区域基本上一片红石岭,基础设施投入所需资金巨大。高新区成立之后,坚持高起点、大手笔、高效率推进基础设施建设,不断提升吸引力和承载力。本级财政投入不足,就靠借助外力激活内力,先后争取到省工行2亿元、省开行1.5亿元、省农发行4.5亿元基础设施建设贷款。2002年7月,高新区水、电、路、排水、排污、通讯、有线网络及场地平整等“七通一平”基础设施建设同步展开,不到一年时间,四纵四横道路网络初步形成。在此之后,“一年形成路网、两年基本装满、三年初见成效”的工作目标逐个实现。12年来,鹰潭高新区累计投入资金30亿元,基本完成水、电、路、排水、排污、通信、有线网络及场地平整等“七通一平”基础设施建设,已形成总长28千米、八纵六横、环绕全区的道路网络。

快速推进基础设施建设的同时,高新区不断完善配套功能。瑞和国际、创景白露湾、盛世华庭等商业配套小区先后建成;天洁西路、工业五路等商业带初步建立;18路、6路公交车先后开通;农业银行、农村信用社、移动公司等服务业纷纷入驻……

艰难起步之后,昔日的红石岭迅速发生了大变样,一座繁忙的工业园在赣东北悄然崛起。

从小到大,小园区实现大发展

2003年,高新区企业不到10家。这个刚刚成立的小园区,如何才能实现大发展?

招大项目,聚大产业,这是高新区得以快速发展的先决条件。在市领导高位推动下,在市直部门合力攻关下,在开发区小分队的不懈努力下,高新区紧紧抓住国际及国内沿海产业梯度转移的机遇,招商活动高潮迭起,招商工作硕果累累。

全球业内龙头企业台湾光宝集团、台湾连展科技,美国最大的鞋业公司布朗鞋业,世界500强企业之一中粮集团,亚洲最大的香精香料生产企业华宝公司,中国企业500强之一宁波金田集团,国内铜板带加工前三强宁波兴业集团,中国制造业500强中国宏磊集团,全国最大的袜子及袜子材料生产企业中国梦娜控股集团，国内行业龙头企业金帝鞋业等，数十个国内外知名企业和上市公司在这里落户生根。美国、日本、德国、俄罗斯、哈萨克斯坦、新加坡6个国家和中国台湾、香港地区的客商在这里投资兴业。

现如今，鹰潭高新区共有企业400余家,其中工业企业130家,规模以上企业61家,初步形成以兴业电子、宏磊铜业为骨干的铜基新材料,以三川水表为龙头的绿色水工,以华宝香精香料、天施康药业、诚志生物为核心的大健康,以骏腾汽车、鼎辉汽车为重点的汽摩配，以水晶光电、同人电子为主导的新能源及节能照明,以梦娜袜业、美运鞋业、东源企业为重点的创意制造等6大支柱产业。

通过强有力的招商引资，企业如百川入海，鹰潭高新区也成功实现了小园区有大发展。

从大到强,高新区迎来新机遇

2011年,鹰潭市吹响工业经济“决战5000亿，实现新跨越”的号角,按照市委、市政府确定的以铜产业为龙头,以水工、节能照明电器、机械装备制造等地方优势产业为重点,以新能源新材料、大健康、创意制造等新兴产业为发展方向的“1+6”产业体系,鹰潭高新区结合自身实际,提出了把传统做强、把特色做优、把优势做大的产业发展思路,努力打造世界级铜基新材料产业基地、全球最大的水工产业基地、区域性大健康产业基地及机械装备制造业转移首选地。

围绕做大特色产业，注重引进铜精深加工及终端产品生产项目，加快推动铜企业科技创新，铜产业链条不断延长，铜产品附加值不断提高。现高性能、高精度、高附加值的铜精深加工产品所占比重提高至90%以上,产品涵盖电子电器、电力电气、汽车船舶、建筑装饰等多个行业。围绕做强优势产业,依托三川集团的行业优势,打造“中国水工业之都”，总投资15亿元的三川水工产业园正抓紧建设。大力扶持华宝香精香料、诚志生物等企业发展,大健康产业发展势头强劲。规划用地200公顷建设汽摩配产业基地,计划引进100家汽摩配企业，实现年生产总值100亿元以上，引进企业30余家。

在新一届市委、市政府正确领导下，鹰潭高新区再次把握住了时代跳动的脉搏，迎来了再创辉煌的新机遇。

12年砥砺前行,12年风雨兼程,12年成就辉煌。12年里,鹰潭高新区从无到有，从小到大，从大到强。12年,鹰潭高新区从默默无闻的“后来者”,成为全省工业园区的“主力军”,最后正式加入“国家队”,鹰潭高新区成功实现了由“市工业园区”到省级重点工业园区，再到“国家高新区”的完美蜕变。

展望未来，升级后的鹰潭高新区将按照市委、市政府“主攻项目,决战‘三区’,凸现特色,实现跨越”的总体要求,以及“千亿园区、工业新城”的目标定位,以科学发展观为指导,以转变发展方式为主线,大力发展实体经济，大力实施创新驱动发展战略,大力推进产城互动融合,努力把高新区建设成为高端产业聚集、科技创新活跃、配套功能完善、体制机制高效、生态环境优美的现代化工业新城。

(张国旗)

龙虎山成功问鼎国家AAAAA级旅游景区

风含情,水含笑,龙虎山中春意俏。成功问鼎国家AAAAA级旅游景区的喜讯传来，龙虎山人击楫踏歌,欢欣鼓舞。回眸AAAAA景区创建之路，从2006年启动创建工作,到2009年再次出发，到2011年遗憾折戟……一波三折的艰难历程之后,2012年4月27日,国家AAAAA级旅游景区终于添上了龙虎山的名字，成为全国此次仅有的两家获此殊荣的景区之一。

百舸争流千帆竞，勇立潮头踏浪行。当回头看看曾经走过的创建之路,有太多值得总结的东西。相比于“国家AAAAA级旅游景区”的“金字招牌”，其中的经验才是更大的财富。

强有力的组织领导是保证

省委、省政府,市委、市政府高度重视龙虎山AAAAA创建工作,这为龙虎山成功问鼎国家AAAAA级旅游景区提供了强有力的组织领导保证。2011年6月,因管理和服务上存在的不足，龙虎山遗憾地在国家旅游局的第一次暗访中失利,省领导及时对龙虎山创建AAAAA工作进行了指导。副省长朱虹对此作出批示并提出具体意见，省旅游局有关领导和专家多次来到景区检查和指导,对完善各项经营、管理和服务工作提出宝贵意见。市委、市政府始终把旅游业摆在全市中心工作的大格局中谋划、推进,把龙虎山作为“主攻项目,决战‘三区’,凸现特色,实现跨越”的主战场之一,把旅游业作为经济发展的重要增长极,并出台《关于调整江西龙虎山旅游文化发展集团有限公司管理体制的意见》,调整优化景区管理体制和机制,强力推进龙虎山旅游经济发展。新年伊始,市委、市政府更是把龙虎山AAAAA创建工作作为一项全市的重点工作来抓，市委书记陈兴超多次深入景区调研，要求景区抓好软硬件建设，不断提升精细化管理水平,努力实现景区跨越式发展。市政府专门成立支持龙虎山创建AAAAA工作领导小组,市长钟志生亲自担任组长，多次召开联席会议进行调度，同时积极向上级部门汇报工作，加强沟通，寻求上级部门的指导和支持。

2012年，龙虎山AAAAA创建工作进入冲刺阶段。景区召开整改工作动员大会，制定并下发了《龙虎山景区创建AAAAA级景区整改工作方案》，要求所有创建责任单位对照AAAAA标准逐条整改到位，打一场创建攻坚战。景区管委会将各项工作任务分解到各个职能部门，全面开展自查自纠，落实创建工作责任追究机制，对执行不力的人员一律给予行政问责。作为创建工作主要责任人，各单位一把手全部立下“军令状”。一声令下，景区全体党员干部迅速行动起来，投入到创建AAAAA的决战中。从仙水岩到新游线，从游客中心到上清古镇，无论节假日还是正常工作日，每天都有景区领导班子成员进行巡查，处处可见充满干劲的旅游服务人员。

不断完善的基础设施是前提

漫步景区，规范的中英文标识牌，整洁美观的旅游公厕，宽阔的景观大道，便捷的无障碍通道，各项完善的基础设施无不体现出龙虎山对游客无微不至的关怀，而这正是成功创建AAAAA景区的前提。

为破解旅游产品单一的问题，龙虎山景区先后投资上亿元，完成龙虎山新游线建设，开通了特色观光“小火车”，积极推进泸溪河夜游项目。此外，景区全长3180米的旅游栈道也已正式对游人开放，把浴仙池、醉猴梦仙、蜡烛峰等新景点展示在世人面前，实现了“水陆空”立体式观景，满足游客的多元化需求。

鹰潭市和龙虎山景区还先后投资上亿元，完成了龙虎山大道和206国道龙虎山段拓宽工程，让双向六车道的景观大道从鹰潭市区直通景区。

龙虎山加大招商引资力度，先后引进了龙虎山迎宾馆、雷迪森庄园和丹霞国际养生谷、大道乾坤景区等旅游产业大项目，使景区综合接待能力大大提升。

为让游客在享受世界级景观的同时，感受到一流的服务，龙虎山景区先后完成了天门山、无蚊村、古越民俗村旅游步道的全面改造，并全部达到生态标准，让游客体会到步步皆景的感觉；投资500万元改善泸溪河生态环境，完成“两线一岸”（新游线、国道线、泸溪河沿岸）绿化工程，把龙虎山打造成一个名副其实的生态绿色景区。此外，景区还建成了包括自然遗产展示中心、道博馆、地博馆在内的国内一流的游客中心，完善了集电子门票、电子商务、电子监控等多功能为一体的数字化管理系统；景区内所有旅游公厕都按照三星级标准进行改造，高标准高要求设计制作了两百多块中、英、日、韩语对照的标识标牌，成为一道靓丽的风景线。

一流的管理服务是关键

此前，管理和服务一直是龙虎山AAAAA创建工作的“软肋”。2012年，景区下大力气，对旅游管理和服务进行整改提高，明确提出“谁出问题，谁挨板子”，树立“一切为了游客、一切服务游客”的理念，大力推行规范化、微笑化、标准化的服务体系，制定一整套岗位服务标准，实行每月一考核，同时面向社会招聘一大批高素质、高学历的导游，大大提高了导游整体素质。景区还先后开办了筏工培训班、导游培训班、管理人员培训班，组织1000余名旅游从业人员开展全员岗位技能提升培训，系统学习相关业务知识，有效提高全体员工的服务意识和服务技能。在人员管理中，景区强化绩效考核，加大处罚力度，对查实的游客投诉和违纪行为毫不手软。3个月的集中整改时间内，处罚50余人次，肃清了队伍，整顿了服务环境。

在强化内部管理的同时，景区加大旅游秩序整顿工作力度，于2012年组建了由旅游、工商、公安、卫生防疫等部门参加的联合整治工作组，对所有购物、餐饮场所进行全面整顿。为第一时间掌握游客的意见，龙虎山还在所有景点公布投诉受理电话，在仙女岩竹筏停靠点等游客集中区域设立现场投诉点，确保AAAAA级各项标准在龙虎山景区得以长期有效执行。经过下大力气整治，建立旅游管理长效机制，如今景区欺客、宰客、骗客的现象没有了，随意摆放的广告牌和摊点摊位不见了，“黑导游”“黑车”也绝迹了，旅游环境更加整洁，旅游秩序明显优化。2012年3月，国家旅游局再次到龙虎山进行暗访。这次，龙虎山以完善的基础设施、优良的管理服务获得了暗访组的认可。

问鼎国家AAAAA级旅游景区，对龙虎山来说，既是一次巨大的成功，也是一次全新的开始。景区将牢牢把握“决战景区、做大做强旅游产业”这一主线，更加重视游客需求，进一步完善旅游接待设施、提升服务管理水平、优化旅游环境、保护生态资源，真正把龙虎山打造成世界旅游目的地、中国一流风景区、华东区域后花园、鹰潭发展增长极。

（钟海华）

阳际峰成为鹰潭市首个国家级自然保护区

2012年1月，国务院办公厅印发《关于发布河北青崖寨等28处新建国家级自然保护区名单的通知》（国办发〔2012〕7号），鹰潭市所辖贵溪市阳际峰自然保护区晋升为国家级自然保护区，成为鹰潭市首个国家级自然保护区。

阳际峰国家级自然保护区位于贵溪市最南端、武夷山脉的中段西北坡，总面积1.09万公顷，森林覆盖率高达99.7%，保存有6000多公顷原生性较强的常绿阔叶林，拥有武夷山区域最具特色的30多种两栖类动物资源，占江西省两栖类动物种数的68.2%，是武夷山地区唯一以两栖类为主要保护对象的自然保护区。保护区内已查明高等植物有1847种。野生植物中，国家珍稀濒危保护植物14种（如柏乐树、香果树等），国家重点保护植物15种（如南方红豆杉等）；陆生脊椎动物中，有国家Ⅰ级重点保护野生动物4种(如豹等)，有国家Ⅱ级重点保护野生动物34种(如猕猴等)，是华东地区两栖动物资源宝库。

阳际峰国家级自然保护区主要保护对象的典型性、稀有性、濒危性、代表性较强，在保护生物多样性和生物资源、维持生态系统良性循环等方面具有重要作用。

（林卫东）

《七彩畲乡》荣获第四届全国少数民族文艺会演金奖

历时一个月的盛大民族文艺节庆——第四届全国少数民族文艺会演在56个民族共同喜庆豪迈的歌声中落下了帷幕。曲终人散，余音绕梁，其深远的影响将载入史册，享誉全球。回眸这次空前盛大的民族艺术活动，一种民族自豪感油然而生，联想到鹰潭市创排代表江西参赛的畲族山歌戏《七彩畲乡》(以下简称“畲剧”) 的参赛过程，不禁浮想联翩，感慨万端。

一次盛况空前的民族艺术盛会

全国少数民族文艺会演是中国所有文化艺术活动中规格最高、规模最大、影响最广的一项。说它规格最高，因为这项活动是唯一载入了国家法典，写进了《中华人民共和国民族区域自治法》，规定5年一届的法定活动，另外，也唯有这项活动中央政治局常委等党和国家领导人坚持每届集体出席。说其规模最大，以这次会演为例，全国56个民族36个代表团42台剧目6700多名文艺工作者汇集首都北京同台献艺，进行民族文化的大展示、大交流、大竞赛。这种规模是任何其他文化艺术活动无法比拟的。说其影响最广，是因为这项活动中央和各级领导关注，各大媒体关注，专家群众关注，而且兄弟国家和海外侨胞也关注。世界上并不乏和中国一样由多民族组成的国家，而唯独只有共产党领导的社会主义中国能举行这样团结和谐的民族盛会。所以有机会参与这次活动是莫大的幸福，而夺得这次活动的金牌则是莫大的荣耀，其含金量决不能跟其他金牌等量齐观，而盖有国家民委、文化部、广电总局和北京市人民政府4个国徽大印的获奖证书也非其他证书可相提并论。

一场强手如林的高峰决赛

这次参加会演的42台剧目，都是经过层层遴选出来的精品佳作，各代表团实力雄厚，阵营强大，设施先进，大部分是省级艺术院团，可以说是群英荟萃，强手如林。以天津代表团耗资800余万元打造的交响乐京剧《郑和下西洋》为例，由红遍大江南北的当代著名表演艺术家孟广禄领衔主演，7位国家一级演员一同登台，编剧、导演、音乐、舞美全是当代顶级大家，看到这一串主创人员的名字，就令人望而生畏。北京市是全国文化的中心，人才济济，财力雄厚，资源丰富，北京市政府又是本次活动主办单位之一，北京代表团以老舍先生名著改编的《正红旗下》剧目参赛，更叫人不敢望其项背。还有如云南、广西、内蒙古、西藏、新疆、宁夏等少数民族大省(区)，有着丰富的人才资源和打造民族艺术的经验，也是鹰潭市无法比拟的。面临如此强劲的对手，要在大赛中争金夺冠，谈何容易？这对鹰潭市无疑是一场严峻的挑战。群雄逐鹿，在各方面条件都处于弱势的鹰潭，是在劣势中拼搏取胜，还是甘心败下阵来？江西人民、鹰潭人民、省、市各级领导都在拭目以待。鹰潭市剧组则沉着应对，以心中有人、目中无人的态度紧张有序地装台、走台、彩排。6月9日、10日两晚，畲剧在北京梅兰芳大剧院闪亮登场，居然一票难求，有几位评委竟提前向鹰潭市剧组人员要票，说有广西、内蒙古、浙江、河北等地的朋友专程赶来看鹰潭市的畲剧。表明鹰潭市的戏已先声夺人，备受各界关注了，这无疑更增强了鹰潭市剧组的自信。由于有一个良好的心态和振奋的精神，两场演出居然获得巨大成功，精湛的表演，绚丽的舞台，独特的风貌，把赣鄱大地的神奇秀美、鹰潭独特的地域风情演绎得如诗如画，让人如醉如痴。赢得了专家、领导和现场观众的一致好评。各大媒体记者也兴致盎然，连夜采访，以最快的速度浓墨重彩地进行报道，一时间，好评如潮。然而，这只是过程，并非结果，鹰潭市的剧目能获什么档次的奖尚是未知数，还要等时间老人做出结论。

一声震撼赣鄱大地的惊雷

7月6日晚，第四届少数民族文艺会演闭幕式暨颁奖仪式在北京京西宾馆礼堂隆重举行。贾庆林、回良玉、刘云山等党和国家领导人出席。受市委书记陈兴超委托，市委常委、宣传部部长周世敏跟省委统战部副部长、省民宗局局长谢秀琦一道赴京领奖。当主持人宣读了获奖名单，《七彩畲乡》荣获剧目金奖，并囊括最佳编剧、最佳导演、最佳音乐、最佳舞美、最佳演员、最佳新人等戏剧类所设全部单项最高奖后，周世敏代表鹰潭和江西代表团大步上台，接受党和国家领导人的颁奖，当周世敏从中央政治局委员、中宣部部长刘云山手中接过金灿灿的奖牌时，自豪地告诉中宣部部长刘云山："我来自江西鹰潭"。中宣部部长刘云山则深情地表示祝贺！这特大喜讯第一时间飞向鹰潭，犹如一声震撼大地的惊雷，热切盼等着评奖结果的畲剧演职员们欢呼雀跃，奔走相告，有人热泪盈眶，有人振臂高喊："我们成功了！"

这声惊雷的炸响其实一个月前已经在催发。就在本届会演开幕前夕，中央电视台11频道于5月31日晚8时7分的黄金时段，隆重播出《七彩畲乡》全剧，并破例在片头片尾两次打出创排单位，而且在1小时45分钟的播出中，"江西鹰潭市艺术团"几个醒目字样一直挂在荧屏右上角，让全国观众记住鹰潭，领略鹰潭的秀美山水、民俗风情和文化魅力。这是鹰潭市有史以来第一次走进央视的大型剧目，也是本届会演中央视推出的第一台参赛剧目。接着又于5月23日、6月5日两次重播，频频造势，大大扩大了畲剧的影响力和竞争力。

5月9日首场演出后，次日上午，央视1频道、4频道、13频道共同播出的《朝闻天下》栏目就以3分钟的时长，介绍《七彩畲乡》的演出盛况和观众的热情反映，这也是鹰潭市的第一次，其影响力同样不可小视。

6月12日，文艺会演开幕式在国家体育馆隆重举行，胡锦涛、温家宝、贾庆林、李长春等党和国家领导人亲切会见各代表团代表。江西省代表团团长、副省长胡幼桃，副团长、省民宗局局长谢秀琦，副团长、中共鹰潭市委书记陈兴超和《七彩畲乡》剧组代表受到胡锦涛等中央领导亲切接见并合影留念，这更是鹰潭史上前所未有的殊荣！

7月6日，终于惊雷响起，喜报飞传，各方的祝贺似雪片般飞来。祝贺鹰潭实现了一次历史性大超越！祝贺为江西打了一个漂亮的翻身仗。

一次小市有大作为的成功实践

毋庸讳言，鹰潭无论地域、人口和生产总量在江西全省都是小弟弟，一些系统、行业在全省尚处于滞后地位，文化系统艺术表演尤其如此，人才、队伍、条件、设施都无法与兄弟地市相抗衡，多届江西省艺术节、戏剧节鹰潭都被边缘化了。在这样情况下，鹰潭要自编自演一台大戏，还要走出江西，走向全国，这简直有点像编神话。因为编演一部大型舞台剧是一项系统工程，需要编、导、演、音、美，灯、服、道、化、效各部门的通力配合，缺一不可，而且它是木桶效应，这些艺术门类中出现一块"短板"，其整体艺术水平则全面滑落。所以在《七彩畲乡》创排之初，就有不少好心人劝鹰潭量力止步。但鹰潭人明知山有虎，偏向虎山行。虽然困难重重，却没有被困难吓倒，而是披荆斩棘一步一个脚印往前走，终于出人意料地在全省全国的大赛中，一路摘金夺冠，硕果累累。2011年年底当得知要代表江西参加第四届全国少数民族文艺会演时，既兴奋又担心，深知这次大赛的分量非寻常可比，如果说2010年举行的全国少数民族戏剧会演好比体育运动的世界杯和锦标赛的话，这次文艺会演就是奥运会。规模、层次、对手、难度较前都大不一样了。然而市委、市政府的决心很大，尤其是主要领导，高位推动，一系列组织措施迅速出台，省相关领导、部门也召集会议进行部署，给剧组定下了"创精品，争大奖，广流传"的目标。市主创团队迅速集结研讨，统一认识。按常理，畲剧已获全国少数民族戏剧节金奖，这次只要在原基础上做些加工完善即可，但剧组却不满足于此，一致提出要以市委关于"凸现特色，实现跨越"的精神，重新创排，具体目标确定8个字：推向极致，攀登顶峰！尤其是要在凸现特色上做文章。于是鹰潭市团队再次深入生活，赴浙江省景宁市学习采风，文本重新构思修改，以体现新农村建设的新风貌，新一代大学生村官的新精神，新时期各民族团结和谐的新气象，鄱阳湖生态经济区科学发展的新成就构成全剧的核心价值。舞美以突出畲乡风貌的要求全部推倒重来，300余件服装也按畲族特色重新设计制作，舞蹈、音乐唱腔也大都汲取畲族元素重新精心设计编排制作，导演的风格处理、舞台调度，演员对人物的塑造、把握都大大提升。重新创排的畲剧已经面貌焕然一新，真正为中国剧坛新创了一个特色鲜明的剧种，因而受到业内外广泛的关注和赞赏。过去鹰潭常自嘲自己的戏是小米加步枪的现象已成为历史，由于省、市两级加大投入，舞台上自动遥控的竹林，电动穿行的竹筏，72米长天幕画卷的随时流动，这些当代的舞台高科技都合理地呈现了出来，就使这畲剧既是本土的，又是时尚的，既是民族的，又是现代的。无论在思想性、艺术性和观赏性方面都有了一个飞跃，为夺取最高金奖奠定了坚实基础。然而究其根本，却是来自于鹰潭人和畲剧全体台前幕后同仁高度的文化自觉和文化自信。一个小小的地级市敢于在首都与全国各大城市一流团队去抗衡，敢于跟天津这类戏剧强市、跟北京首善之区去比拼，谁有这胆量？鹰潭！鹰潭人不仅以大无畏的精神去比拼，而且比赢了，最终天津与金奖无缘，北京在金奖中排名第六，而江西鹰潭排名第三！鹰潭人知其不可为而为之，有条件要上，没有条件创造条件也要上，硬是把不可能变为现实，这不正是市委提出"凸现特色，实现跨越""小市有大作为"的生动写照吗？！

祝贺畲剧！祝福鹰潭！小市仅指其物质形态，而其精神形态却是博大无垠。有坚强的市委、市政府领导班子，有无所畏惧创新奋进的鹰潭人民，鹰潭的特色一定会进一步凸现，鹰潭的前景一定会更加辉煌！

（姜朝皋）

东源企业·红背带喜获“国家文化产业示范基地”殊荣

2012年9月24日，文化部2012年国家级文化产业示范园区基地命名授牌大会在北京隆重举行。东源企业·红背带董事长李东阳捧回了“国家文化产业示范基地”匾牌。以成功打造“红背带”品牌而闻名的东源企业，经过数年努力从众多申报单位中脱颖而出，成为中国第一家生态旅游文化创意类国家级示范基地。

东源企业以“为中国景区做最好的木结构”为经营宗旨，以“全面提高老百姓幸福指数”为核心价值，是一家为客户提供生态型自驾车木屋营地、生态型视听影院、生态型木屋度假村、根雕、奇石、植物文化及景区木结构建设的企业，是一家集设计、生产、建造于一体，集资源节约型、环境友好型、自主创新型于一身的创意型企业。

该企业坚持打好“生态牌”，先后在中南海、北戴河、黄山、井冈山、三清山、龙虎山等多个著名景区景点建造了一批优质木结构景观工程，获得社会各界一致好评，为中国的景区建设探索了一条新路，推动了中国低碳旅游经济的发展。坚持打好“文化牌”，不断丰富企业文化内涵，发掘的《红背带的故事》、创作的《红背带之歌》等，集中体现了“红背带人”坚定不移地发展文化产业的信念，激励了全体员工共同为之而奋斗；以“三贴近、四围绕、五转变”（“三贴近”即工作方法上做到贴近员工和业主，贴近生产和管理，贴近市场和客户；“四围绕”即工作内容上围绕企业科学发展，围绕企业文化创新，围绕企业文明和谐，围绕企业品牌创优；“五转变”即工作方式上将活动形式变“集中型”为“融合型”，将活动载体变“单一型”为“多样型”，将活动安排变“乏味型”为“趣味型”，将活动对象变“笼统型”为“针对型”，将活动平台变“内向型”为“开放型”）为特色并富有创新的企业党建文化，赢得上级领导的高度赞扬。坚持打好“创意牌”，创立了国内首家“生态旅游文化创意产业园”，研发了全国首个自驾车木屋营地和生态型视听影院连锁，并创建了石木文化博物馆，深化了植物景观、根雕文化的艺术创作及市场开发，真正让抽象的文化落了地、惠了民。近年来，东源企业先后被评为“亚洲名优品牌”、国内行业“知名品牌”“江西省著名商标”“江西省文化产业示范基地”“江西省工业旅游示范基地”。

东源企业·红背带喜获“国家文化产业示范基地”殊荣，是鹰潭市大力推动文化创意产业发展的成功缩影，在江西省促进文化大发展大繁荣和推进鄱阳湖生态经济区建设历史进程中写下了浓墨重彩的一笔。

（任江华　钟海华）

鹰潭实现城乡养老保险制度全覆盖

“没想到现在一个月能领上55元的养老金，这可是祖祖辈辈从来没有过的大好事啊！”月湖区四青街道办事处杏树园村委会建设一队村民吴有莲，看着写着自己名字的养老保险存折，笑容满面。

对于百姓来说，多一份生活保障就多一份安全感，社会就会更加和谐，而让百姓身安心暖一直是市人力资源和社会保障局领导班子的努力方向和最根本的目标。近年来，在市委、市政府的高度重视和高位推动下，该局坚持把城乡居民养老保险工作紧紧抓在手上，不断创新思路，扎实工作，城乡居民养老保险工作取得显著成效。在10月12日召开的全国新型农村和城镇居民社会养老保险工作总结表彰大会上，鹰潭市新型农村和城镇居民社会养老保险工作受到国务院表彰，市人力资源和社会保障局荣获“全国新型农村和城镇居民社会养老保险工作先进单位”称号。鹰潭市成为全省唯一获此殊荣的设区市。

试点先行 经验引路

2009年9月，鹰潭市月湖区作为全国第一批新型农村社会养老保险试点县（市、区），率先启动了新型农村社会养老保险试点工作。为确保试点工作起好步、开好局，鹰潭市在无经验可以借鉴的情况下，大胆探索，努力创新，狠抓落实，有效推动了城乡居民社会养老保险试点工作的开展，也为即将启动的县市积累了宝贵经验。

作为首先试点的月湖区，在开展试点工作中，立足实际，积极创新，在全省提前建立了养老金待遇与缴费额和缴费年限挂钩的激励机制，鼓励居民早参保、多缴费。在落实省里缴费补贴30元的基础上，每增加一个缴费档次多补贴5元，还对缴费年限超过15年的参保人在规定基础养老金的基础上，每超过一年，每月相应增加基础养老金，极大地调动了广大群众的参保热情。

在试点成功的基础上，2011年7月，经国务院新型农村和城镇居民社会养老保险试点工作领导小组批准，鹰潭市被列为全省为数不多的新型农村和城镇居民社会养老保险全覆盖试点设区市，使鹰潭市提前一年实现了新型农村和城镇居民社会养老保险制度全覆盖。2011年10月，鹰潭市所辖县(市、区)正式启动了新型农村和城镇居民社会养老保险试点工作。

强化领导 精心部署

鹰潭市把全面实施城乡居民社会养老保险制度作为重要的惠民工程来抓，并作为政府目标任务考核的一项重要内容，层层签订目标责任状，把任务分解到县(市、区)、乡镇、村和街道、社区，加大推进实施力度。各级政府及乡镇(街道)及时成立了相应的领导机构和工作机构，制订实施方案，落实工作责任，层层召开动员会，精心组织部署。在人员不足、经费紧缺的情况下，克服种种困难，积极做好调查摸底、信息登记和核对、保费收缴等工作。鹰潭市还实行乡镇干部包村、村干部包组、村民组长包户的“三包”制度，规定工作完成时限，统一发放、登记、填写表格；各业务部门互相配合，协调一致，形成合力。与此同时，通过实行定期调度和通报制度等一系列举措，从整体上实现了“六有四抓”：即有机构，有专人，有动员，有领导，有方案，有安排，形成了主要领导亲自抓，分管领导具体抓，经办干部专门抓，协办人员入户抓，一级抓一级，级级有责任，层层抓落实的运行机制，保证了新型农村和城镇居民社会养老保险工作的有序推进。

广泛宣传 营造氛围

鹰潭市按照把“宣传工作做深、做细、做实”的要求，各县(市、区)通过广播、电视、报刊、网络等各种媒体，把政策标准讲清，把工作流程讲明。组织干部采取“5+2”“白+黑”的工作方式，挨家挨户上门给农民讲解新农保政策。在宣传中为了能让群众听得懂、记得牢，月湖区还精心编排了小品《新农保》，用诙谐的语言、生动的表情，让老百姓在欣赏小品的同时了解政策、认同政策，使其积极主动参保。通过统一组织，各县(市、区)在城区主要街道开展了集中宣传新型农村和城镇居民社会养老保险政策活动，通过悬挂宣传标语、播放宣传片、知识问答等形式多样的宣传方式，收到了良好的效果。新型农村和城镇居民试点工作全面启动后，各县(市、区)都举行了新型农村和城镇居民社会养老保险金首发仪式，从而把宣传工作推向了一个新的高潮，使这一惠民政策真正做到了家喻户晓、人人皆知，促进了广大群众积极参保。

优化程序 服务到位

针对新型农村和城镇居民参保人员点多、面散、分布广和农村社保工作基础薄弱、很多工作需要上门的特点，鹰潭市高度重视基层平台和经办能力建设。全市各乡镇(街办)都配备了专门的电脑、打印机等基础设备，并配备专门人员，实现了工作平台和服务的全覆盖。为规范业务经办行为，提高管理服务质量，出台了试点工作业务经办规程，编制了业务经办使用手册，对经办流程、基层平台服务标准作出了明确规范。积极推行经办窗口一站式服务、上门全程代理代办服务等措施，得到了群众的一致好评。同时，还进一步加强对经办人员的培训，提升经办能力。据统计，试点工作以来，全市共举办培训班40余次，培训人员达2500人次，建立了基本适应此项工作的经办管理服务能力，保障了工作的顺利进行。

突出创新 打造特色

鹰潭市各县(市、区)根据国家的指导意见和省里的实施办法，结合本地实际，制订了相应的试点实施方案。在保证基本政策落实到位的基础上积极完善配套政策，着力打造本地特色。一是建立帮困扶贫机制，扩大了政府代缴困难群体范围。县(市、区)财政对适龄参保的城乡重度残疾人、低保户、五保户代缴全部最低标准的养老保险费；对适龄参保的重点优抚对象、落实了节育措施的一女户、二女户给予一定的缴费补贴。二是建立基金监督机制。新型农村和城镇居民养老保险基金是参保居民未来的“养命钱”。鹰潭市建立健全了基金安全运行的长效机制，建立了死亡人员申报制度，及时终止死亡人员的待遇。通过建立待遇发放稽核制度，与公安、殡仪等部门比对数据信息，有效防止了基金的冒领，杜绝了基金的流失。截至2012年10月，全市新农保参保人数为45.91万人，参保率95.6%，征缴养老保险费7377.9万元，全市共发放养老金7071.5万元，发放率100%；城镇居民社会养老保险参保人数为1.39万人，参保率96.6%，征缴养老保险费373.8万元，全市共发放养老金506万元，发放率100%。

如今，城乡居民社会养老保险制度为老年人带来了生活上的无忧，一位在鹰潭市生活多年的老人感叹：“党和政府为我们的晚年生活再次增添了美丽画卷”。

(夏东华)

鹰潭市“1+6”产业转型升级迸发活力

江西铜业公司2012年阴极铜产量达120万吨，跃居世界铜行业前列；“流动矿山”鹰潭(贵溪)铜产业循环经济基地跻身全国循环经济工作先进单位行列；喜获江西省推进战略性新兴产业先进市殊荣……2012年，鹰潭市规模以上工业实现主营业务收入2400亿元、总量居全省第三；实现工业增加值280亿元、增速居全省第一；经济效益综合指数44%，排名全省第一。通过转方式、调结构，传统与新兴产业提质增效、齐头并进，迸发出全新活力。

鹰潭市紧紧抓住鄱阳湖生态经济区建设和被列入国家新型工业化产业示范基地的重大机遇，提出到2016年，决战工业5000亿元，实现鹰潭新跨越的奋斗目标，着力构建以铜产业为龙头，以绿色水工、节能照明电器、机械装备制造等地方优势产业为依托，以新能源新材料、大健康、创意制造等新兴产业为发展方向的“1+6”产业体系，打造世界级铜精深加工基地、全国首个国家级综合性水工产业基地、国内一流的节能照明电器产业基地、区域性机械装备制造业转移首选地、区域性新能源新材料示范基地、国内知名大健康产业基地、国内独具特色的创意制造产业基地，全面促进产业集聚，做大做强工业经济。

为此，鹰潭市坚持走扩总量与调结构并举、提质量与增效益并重的发展路子，强化机制、要素、环境等保障。全面落实“一个项目、一名领导、一支队伍、一套措施、一抓到底”的工作新机制，推行“一对一”帮扶、“一站式”服务和网上审批、公共资源网上交易，为企业落户、项目建设和产业发展提供优质服务。2012年项目落地率、开工率和竣工投产率不断攀升，总投资达238亿元的65个项目集中开工。着力解决发展平台、融资、科研、用工、用地等制约，成功促成鹰潭高新区晋级国家级高新区，鹰潭(贵溪)铜产业循环经济基地被评为全国循环经济工作先进单位，贵溪工业园被批准为首批重点省级工业园；建成国家铜冶炼及加工工程技术研究中心、铜产业共性技术研发服务平台、江西三川水表股份有限公司博士后科研工作站等国家级科技平台6个，高新技术企业数量居全省前列；水工产业园、汽摩配产业园、国际眼镜城、大健康产业园、雕刻创业园等专业园快速推进。

实打实的政策引导和心贴心的对接服务，促进了鹰潭市工业产业集群发展，提升了工业核心竞争力。全市规模以上铜企业发展到78家，专利技术拥有量达450多件居全国第一。节能照明电器、眼镜、雕刻、微型元件、汽摩配、创意制造等产业2012年主营业务收入和利税都实现两位数增长。

(任江华　徐卫华　严细火)

鹰潭市推进贵溪冶炼厂周边环境整治

4月中旬的贵溪市河潭镇长塘周家村小组，只见村内房屋整齐划一，水泥路面干净整洁，房前屋后绿树成荫，村外通道两旁苗木葱翠……整个村庄被绿色所簇拥着，宛如一块晶莹的生态翡翠。

长塘周家村的变化只是鹰潭市推进贵溪冶炼厂周边村庄新农村建设，打造“秀美乡村”的一个缩影。2012年，鹰潭市把推进新农村建设与优化江铜周边环境相结合，启动了贵溪冶炼厂周边区域环境治理工程，对贵冶周边26个自然村实行通村道路硬化、城市供水到村、土壤修复治理、企业周边绿化“四个全覆盖”。随着一个个新农村建设点的铺开、一处处花卉苗木基地的建设、一条条通道绿化的基本完成，一条环绕着贵溪冶炼厂的“翡翠项链”初步成型，一个连片秀美乡村的样板也即将展现在世人面前。

领导重视，高位推动，各项前期工作进展顺利

推进贵溪冶炼厂周边村庄新农村建设是鹰潭市以超常规的措施支持和服务江铜发展的重要举措，市委、市政府对此高度重视。市委书记陈兴超指出，“围墙内的事企业做好，围墙外的事政府管好”，要求政府部门要做好服务江铜工作。陈兴超在深入贵溪市调研时强调，“推进贵冶周边村庄新农村建设是改善群众生产生活环境和企业发展环境的重大民生工程，各级各部门要高度重视，按时按质完成，打造典范”。市长钟志生在贵溪市调研时强调，“要切实加大工作力度，扎实推进贵冶周边村庄新农村建设，有效改善村民生产、生活环境，让群众满意、企业满意”。同时，钟志生等5名市级领导还亲自挂点一期10个新农村建设点中的5个示范点。

为强力推进工作，贵溪市制定了《关于开展江铜周边环境治理工作的实施方案》，明确工作目标。同时，成立以市委书记为组长、市长为常务副组长的优化驻市重点企业发展环境领导小组和以市长为组长的贵冶周边新农村建设指挥部，从20多个部门抽调40多人实行集中办公。为加快建设力度，该市确定了10名县级领导20个单位对一期10个新农村建设点，实行资金、项目帮扶。

截至4月，率先启动的10个新农村示范点已拆除空闲房76栋共计8000余平方米，清除乱搭乱建1.2万平方米，硬化公路15千米，栽种行道树1000多棵、花圃2000多平方米。

突出重点，发展产业，大力改善村民生活环境

抓好贵冶周边村庄新农村建设，改善村民生活环境，是事关企业科学发展、群众安居乐业的重大民生工程。为此，鹰潭市要求贵溪冶炼厂周边环境整治工作一定要以“一切以群众满意为满意，一切以企业满意为满意”为宗旨，打造地企和谐共建的样板、产业转型发展的样板、连片秀美乡村的样板、城乡统筹一体的样板、绿色生态富裕的样板“五个样板”。

为此，贵溪市积极开展民情家访活动，成立13个工作组，下派96名干部深入贵冶周边群众家中，共收集群众意见和要求875条，解决群众实际困难534件，为群众办好事实事637起。同时，以环境改善、秀美乡村为重点，编制新农村建设整体规划，修建水泥路、接通自来水、新建文化休闲场所，重点突出村庄绿化，彻底改变贵冶周边村庄生态环境，赢得群众对环境治理工作的支持。“就在前几天，我们村里31户全部用上了洁净的自来水。”在铜都村委会江家村，一些村民聚在一起谈笑风生，当问起村里通自来水的事情，个个都异口同声感谢党和政府。

针对贵冶周边土壤特征，贵溪市还在优化企业发展环境与发展富民产业间找准切入点，选准美化环境能力强、致富发展周期短的花卉苗木作为加快周边村庄经济发展的主导产业，完成了2万亩省级苗木花卉基地发展规划。选定一家企业为产业开发主打单位，由企业按“一大四小”标准从村民手中租赁土地，种上落羽杉、香樟、广玉兰等苗木花卉。为确保产业发展取得实效，该市一并启动了总投资4500.5万元的土壤修复示范项目，对贵冶周边2075亩土地进行专业修复治理。已完成滨江、河潭2个镇10个自然村5000亩土地租赁协议签订，修复整治土壤1000多亩，种植苗木花卉3000多亩。同时，全面启动沿线绿化工作，化工大道、冶金大道贵冶段、贵冶东侧快速通道等绿化改造已基本完成。

（彭建兵　周剑平）

鹰潭市基层党建标准化项目建设纪实

党建，在鹰潭已探索出一条走出“务虚”困惑，讲求“务实”真功的好路子。

到乡镇办事不用担心找不到地方，所有乡镇的办公大楼国徽高悬、国旗招展，修葺一新，路口的交通指示牌会带你前往；到了乡镇政府不用担心找不到办事的人，每位干部的分工、照片、电话、在岗与否在公示栏可以一览无余。

更多的鹰潭人发现乡村集镇规划合理，主干道绿化、美化、亮化，产业集聚，人气渐旺，舒适安定的生活直追城区。

乡村干部走村入户，写民情日记；街道社区干部爬楼上门，察百家难事。鹰潭基层党建标准化项目建设，带给百姓的是看得见、摸得着的变化。

鹰潭从2011年11月启动的基层党建标准化项目建设，通过推行乡村、街道社区办公场所建设标准化、便民服务中心建设标准化、日常工作运行机制标准化、集镇建设标准化，让抽象的党建与打造服务型政府，与推进新型工业化和新型城镇化、与提升基层党员干部依法行政和公共服务能力有机结合。

一个基层党组织就是一个战斗堡垒，一名党员就是一盏灯。筑牢堡垒，让党的方针政策得以贯彻执行；点亮灯盏，让党员的先锋模范作用照亮赶超式发展的征程。

办公场所焕然一新：巩固执政阵地建设，强化公仆服务意识

过去鹰潭有40个村的党支部连开会、活动的地方都没有，有时在村小，有时在村支书的家里，正常的组织生活因而被戏称为“地下党”活动。

乡镇办公场所虽齐全，但不少因为干部洗澡没有热水，看电视没有信号，上网没有宽带，“走读”成风，人才难留。新农村建设全面铺开，有的农民到乡镇政府办事，看到剥落的墙面、破旧的桌椅、泥泞的地面，不禁感慨：“堂堂政府还不如我家里整洁利落”。

党的基层组织是党的组织基础，是党的全部工作和战斗力的基石。基层党组织的办公活动场所，是政权形象的体现，更是基层组织向心力的体现。以办公场所的标准化为开端，鹰潭市拉开推进基层党建标准化项目建设的大幕。

乡镇机关推行统一悬挂国徽、统一升挂国旗、统一办公室标识和办公桌椅等6个统一，并要求规范制度上墙公示，完善乡镇机关食堂和干部宿舍以及运动场、阅览中心等相关设施。

便民服务中心建设的标准化同时推进，要求服务项目应进尽进，将乡镇事业站所具有的审批权以及与群众生产生活密切相关的服务项目，纳入便民服务中心统一办理。实行开放式窗口办公，建立健全公示制、首问责任制、限时办结制等6项制度。

余江的乡镇办公场所外观为统一的白色镶红边，庄重而不失热情；贵溪市则统一为白色和蓝灰色的外观，简洁中凸显了乡镇政权的公正、透明。

余江县锦江镇的政府大院内，楼房有型，园林有景，一打听，是专门请省城乡规划设计院专家设计的。穿过院落进入5层楼的办公楼，只见墙上挂着两张表：一张是全镇每位干部的标准照，下有姓名、职责；还有一张是所有干部的去向。

大楼旁边的附属建筑，一楼便是开放式办公的便民服务中心，迎面的大型电子屏幕正在滚动着“有

事请找我,我为你服务”的服务承诺和最新的涉农政策等,五六十米长的柜台式服务窗口前,挂着计划生育、民政救济、劳动就业、林业水利、合作医疗等10块小牌子,每个牌子代表着一个窗口,有专人办公,群众要办什么事在这里就可以“一站式”办结。

令人印象深刻的就是一条如玉带般环绕大院一周的游步道,镇党委书记彭文荣介绍说,这里因为距围墙近,原来杂草丛生,垃圾成堆,现在成为调解离婚案件的室外办公室。在室内狭小的空间,正在闹离婚的夫妻常常是话不投机,一点就着。把其中的一方当事人带到室外,边散步边做调解,穿行在竹林与花草间,人的心情也会平和下来,干部开导起来常常事半功倍。

走进庄严大气的机关大院,不仅工作人员有种神圣感和使命感,老百姓前来办事心里也更加踏实。一位带孩子来此办事的妇女说:“乡镇政府办公条件好多了,院子变得漂亮了,还增加了运动的地方,我们来办事感觉舒服不说,有时候晚上没事来政府散散步、打打球,惬意得很哩!”

办公场所和便民服务中心的标准化建设,坚持因地制宜、量力而行,破烂不堪的危房拆旧建新,设施不全的旧房“穿衣戴帽”,环境卫生较差的楼院净化美化。全市所有的乡镇、街道已初步完成标准化建设,所有村、社区正在积极推进标准化建设。

集镇享受城市生活:特色产业吸纳就业,科学规划集聚人口

车近贵溪市塘湾镇,感觉像进入城市或风景名胜区,两边的农舍清一色的粉墙黛瓦,靠近公路边的农家院落齐刷刷地用红绿相间的矮栅栏围起,栅栏里种的不是菜,而是精心设计的绿化景观。

站在2.5千米的集镇主干道入口,只见路两边的楼房外观整齐优美。顺着路标指示拐向镇政府,几百米长的府前路被命名为“创业一条街”。这里56户居民新建的房屋被镇里统一租赁下来,再无偿提供给回乡创业人员作为厂房。

镇党委书记乐建红介绍,镇里将办公场所标准化与集镇建设标准化结合在一起统筹规划,政府大院不仅整饬一新,新建了塑胶篮球场、室内羽毛球场、户外健身等体育设施,还对集镇主干道和入口进行绿化、美化、亮化,改善了群众的生活环境。

对于生活在集镇的百姓来说,基层党建标准化带来的最大实惠有两个方面:一是把政府大院后面一条2.5千米长的臭水沟进行了全面整治,昔日臭气熏天、蚊蝇孳生的河道通过疏浚、拓宽、护坡,成为集防洪、排污、灌溉、绿化、美化为一体的风景线。早上村民在河边健身,晚上来此散步。

二是“创业一条街”的从无到有。街上的民房都是2011年年底政府大院改造时开始建的,政府考虑到全镇每年有1万人在外务工,近年陆续有人回乡创业,分散在各村,无法形成产业集聚效应。为此,镇里出资将府前路打造成“创业一条街”。

胜利制衣厂是街上规模最大的企业,由务工回乡的姜小文创办,吸纳了50多人就业。“原来在村里开厂,一年要1万多元厂房租金,2012年搬到创业街上,租金免了,面积还比原来扩大了一倍,我就新添了几台电动缝纫机。”姜小文介绍。

62岁的杨年富是厂里年纪最大的职工,因腿有残疾,干农活不便,没想到在这里一个月收入有3000元左右。“80后”的黄军夫妻是公认的技术能手,5月份厂里的外贸订单多,小两口月收入1.2万元。在家门口做事能照顾读书的孩子和年迈的父母,还能有不错的收入,所以就留在镇里了。

干部为群众办实事、办好事,群众对政府的工作也是倾全力支持。河道改造牵涉到8户居民的猪牛栏、厕所等附属建筑物拆除,这些居民知道政府是搞公益事业,二话不说,自行拆除,令镇里的干部大为感慨,一位干部动情地说:“我又找到了干群鱼水情深的感觉。”

集镇是吸纳农民就地转移的最好平台,让农民真正实现洗脚上岸,不仅要让他们安居,还要有门路让他们乐业。鹰潭在新型工业化、新型城镇化双轮驱动中,注重打造集镇这个重要平台,要求集镇和乡村完善总体规划和土地利用规划,健全基础设施,开展文明镇村创建,并与新农村建设有效对接。

余江县中童镇高标准规划集镇建设,从浙江请来专家做集镇总规和控规,并集中财力做大做强眼镜产业,占地400亩的中童眼镜城开辟了600个店面;眼镜工业园从最初的10多家企业已发展到60多家企业,2011年眼镜产业上缴2000万元税收。

微型元件产业是锦江镇的优势产业,锦江镇将集镇建设标准化与产业发展有机结合,针对微小企业散落在集镇各地,存在较多安全隐患的状况,该镇在工业园区辟出19亩地,分配给微小企业退城入园,推进产业的集聚与壮大。

服务群众周到贴心:绩效考核鞭策干部,创新模式方便百姓

鹰潭市化工厂宿舍区是20世纪80年代建的老居民区,因为化粪池暴露在外,汽车一过,水泥盖板三天两头被压断,小区常年臭气飘荡,一遇大雨,粪水横流。居民反映多次,因为化工厂已改制,企业无力改造,街道、社区财力有限,只能修修补补勉强维持。

在此次基层党建标准化项目建设中,宿舍区所在的月湖区交通街办化工厂社区,开展民情大走访活动,把该小区的化粪池改造列入政府亟待解决的一号建议提交到上级,引起了月湖区委区政府的高度重视,结合鹰潭市小街小巷改造工程,街道、社区多方筹资,组织施工,彻底解决了困扰化工厂职工多年的老大难问题。社区居民徐漱英说:“现在我们居住的环境鸟语花香。化粪池入地了,路面硬化了,小区还种了花草树木,添了健身器材,我们的心情也好起来。”

同样的干部,同样的事情,为什么过去有些办不成的事如今办成了,办得群众更满意了?鹰潭市委书记陈兴超说,调动党员干部的积极性,机制是关键,制度是保障。

针对乡镇、街道干部管理难,村组、社区干部工作积极性不高,农村年轻党员发展力度不够等问题,鹰潭市大力实施基层党组织日常运行机制建设标准化,做到监督有尺度,考核有标准,不少地方还创新工作方法,加快管理型政府向服务型政府的转型。

月湖区按照每300户划分一个网格区,配备1名社区干部,实行一岗多责、一员多能的“AB岗工作制度”,A岗为分管的工作,B岗为包干网格的工作。为方便上班族办事,社区干部实行错时制,早上7时30分上班,晚上8时下班,中午不休息。

如今,AB岗工作制、错时工作制等正在一些乡镇推广。在鹰潭市务工的陈凤英回贵溪市塘湾镇办医保报销,向厂里请了一天假,没想十几分钟就办好了,还可以赶回厂里上班,她高兴地说:“现在政府办事公开透明,效率高、态度好,非常满意!”

鹰潭市在基层党组织中,不断完善每周工作例会、开门大接访、工作排名排位、“民情家访”、谈心谈话等党建制度;开展丰富多彩的党性教育、先锋创绩、公开承诺等党建活动,强化党员队伍建设。

抓党风带政风,以政风带民风,党员干部的思想风貌直接关系到一个地方的经济社会发展。贵溪市罗河镇是个郊区乡镇,贵溪市工业园10平方千米的土地,有7平方千米在该镇辖区,涉及征地拆迁资金分配等问题较多,一度是鹰潭有名的上访集中地。原来镇村干部干好干坏一个样,普遍没有积极性。在基层党建标准化项目建设中,该镇突出干部绩效考核制度的完善,镇村干部分日常工作、中心工作、应急工作三块进行打分,2011年全镇79名干部的绩效工资,最高的比最低的多3000元,村干部也相差千元。

干好了有奖励,排名后三位的,不仅扣分还要在大会上公开说明原因。良好的机制极大地调动了镇村干部的工作主动性、创新性。镇里规定矛盾纠纷要一周排查一次,力求把一些问题化解在萌芽状态。村里的干部积极作为,力求“小矛盾不出村”,2011年上交到镇里的矛盾纠纷仅138起,解决了136起(还有2起因为条件不成熟,可能要上法院)。以前该镇每年有几起赴京上访事件,2011年开始已为零。

为期半年多的鹰潭基层党建标准化项目建设,由乡镇、街道推及村、社区,取得了基层党组织形象建设有新提升,为民服务有新举措,制度建设有新拓展,加快发展有新突破的初步成效,而鹰潭市的广大党员干部所焕发出的无限创造力和如火的工作热情,正在书写更多“为民、便民、惠民、富民”的党建新篇章。

(鄢　玫)

记以身殉职的余江县人武部职工王坚

2012年1月12日,余江县人武部会计兼驾驶员王坚在担负门卫值班任务时,因突发脑溢血,医治无效,不幸于次日以身殉职,年仅47岁。

在人武部工作的25年中,尽管没有惊天动地的壮举,但他始终牢记共产党员的职责,在平凡的岗位上干出了不平凡的业绩,先后获江西省军区“创先争优先进个人”、鹰潭军分区“优秀共产党员”“红旗车驾驶员”等荣誉称号。他把生命的最后一个音符留在了岗位上,他用生命的光芒穿越了平凡。王坚的突然离世在社会上引起了强烈反响,《解放军报》内参、《国防教育》《中国民兵》以及省、市创先争优活动简报分别报道了他的事迹,江西省军区政委陶正明称之为“身边的雷锋”。

时间匆匆,但关于他的那些的记忆却依然清晰。在妻子邵翠玉记忆中,结婚20多年来,王坚似乎没有休息的时候,每天总是忙忙碌碌,即使是双休日也一样。每当她问起丈夫怎么总是如此繁忙时,王坚总是笑着说,忙点好,工作忙点我才安心,才证明了我的价值。

作为驾驶员,他25年来从未出过一起交通事故;作为报账员,他6年来从未出现一次账目差错;作为接待人员,他从未利用职务之便请人吃过一顿饭。工作虽然平凡,但于他而言,却神圣得足以让他用尽一生去为之付出。

王坚对工作不仅认真负责,而且义无反顾。2003年中秋节的前一天,妻子因病动手术,王坚陪在医院里。下午2点,部里紧急通知干部职工到马荃镇救火。一边是躺在病床上的妻子,一边是紧急的救援任务,怎么办?他没有多想,立即赶往火灾区,直到大火被扑灭,才拖着疲惫的身躯回到医院照看妻子。2009年,余江县人武部组织重要目标对抗演练,当时后勤科长不在,他主动挑起后勤保障重担,善始善终做好参训官兵的饮食和卫勤保障工作。由于天气炎热,加上连续5天的超负荷工作,他最终晕倒在工作岗位上。2010年,余江县遭遇特大洪涝灾害。王坚家也被淹了,妻子邵翠玉困在家中,连口水都喝不上,要不是邻居给了两碗稀饭,真不知道该如何挺过来。妻子无助地打电话给他,但王坚却咬着牙、狠下心,连续4天3夜奋战在抗洪抢险第一线。2010年7月,王坚年迈的母亲不慎摔跤,造成左手臂骨折。当他在医院照顾母亲时,突然接到单位任务,于是匆匆回到工作岗位。因没有时间照顾母亲,他只能通过电话了解母亲的病情。躺在病床上的母亲在电话中反而安慰王坚:“孩子,你没时间就不要老惦记我了,要以工作为重!”母亲的理解和支持让他深受感动。

对所有需要帮助的人,他站出来,尽己所能,然后默默走开。平日里,王坚非常节俭、“小气”,但支持社会公益活动却慷慨大方。这几年,不论是响应国家和军队号召为灾区捐款捐物,还是支持地方经济建设,帮助余江县灾民重建家园,他少则300元,多则1000元以上。2010年,余江遭遇特大洪水灾后重建中,王坚一次就捐出了一个月的工资。战友李某的妻子生病了,急需用钱,他毫不犹豫地拿出自家仅有的存款给战友救急;2008年马荃镇一妇女得了白血病,王坚主动捐助500元。几十年来,王坚先后捐出了几万元钱,这对于一个月收入不足2000元的普通职工来说,可不是一笔小数目。不留名的好事王坚做了很多很多。1983年2月的一天,王坚正在余江县画桥火车站候车室帮工作人员打扫卫生,突然,在候车室的一角他发现了一个用花手帕扎成的小包裹,打开一看,里面有240多元钱和一张车票,这在月工资仅有几十元钱的当时可谓一笔不小的巨款。“失主丢了这么多钱一定非常着急。”为了找到失主,王坚一直待在候车室里,晚饭也没吃。等到晚上9点多钟的时候,一位中年妇女匆匆赶来,神情焦急,原来她就是失主。王坚把钱交还失主,失主非要留下他的姓名以便感谢,但王坚却不肯透露,并悄悄离开了。1986年夏天,一次王坚与战友外出,遇到一小孩被汽车碰伤,胳膊骨头错位,王坚抱起小孩送到部队医院救治,孩子家长后来专程到部队感谢。在部队期间,王坚多次被评为“学雷锋积极分子”“五好战士”。

作为人武部的一名职工,从前途而言,干到头也只是一个普通职工;从经济利益而言,更是可以用清贫来形容了,但王坚却从不考虑这些。有些单位看王坚工作出色,有意调他过去,王坚都婉言谢绝了;2003年,在厦门开公司的战友多次想高薪聘请他帮忙打理生意,王坚也选择了留下。面对诱惑,因为热爱,他无需选择。

最平凡的伟大,最简单的崇高,最真挚的情感,最朴素的表达。无论何时,敬业、奉献、关爱、担当……那些所有藏在人们内心深处的美好情感都不会消失。王坚终其一生践行社会主义核心价值观,诠释人生价值,谱写时代赞歌。他的离去,带给我们的除了惋惜和沉痛、留恋和不舍,更有心灵的震撼和精神的涤荡。

(陈叔米　钟海华)

第三届鄱阳湖国际自行车大赛鹰潭龙虎山站比赛正在进行中

(龙虎山风景名胜区供稿)

市情概览

编辑、校对：况建军

历史沿革

鹰潭早在公元前16世纪至前11世纪的商代中晚期已成为中国陶瓷生产的一个重要基地(月湖区童家镇角山窑址群的发掘曾在中国考古界引起巨大反响)；市境西周以前属《尚书·禹贡》中的扬州之域，春秋为百越之地，战国先属越后属楚，秦时属九江郡。西汉至唐代一直由余汗县(今余干县)管辖(中间曾一度划入晋兴县管辖)，唐代称鹰潭坊。唐永泰元年(765年)置贵溪县，鹰潭划为贵溪县辖地。明万历初在鹰潭设巡检司，清乾隆三十年(1765年)在鹰潭设司，同治三年(1864年)改设鹰潭镇，直至1956年。1957年1月升格为上饶地区直辖县级镇，1958年4月又降格为贵溪辖县级镇；1960年7月再次升格为上饶地区县级镇，1979年3月经国务院批准升格为上饶地区所辖的县级鹰潭市。1983年7月经国务院批准升格为省辖市，原县级鹰潭市区域改为市辖月湖区，同时辖贵溪县(1996年撤县设市)、余江县。

自然地理

鹰潭市位于江西省东北部，信江中下游。地处北纬27°35′~28°41′、东经116°41′~117°30′，面向珠江、长江、闽南3个“三角洲”，是内地连接东南沿海的重要通道之一。辖区东接弋阳县、铅山县，西连东乡县，南临金溪县、资溪县，北靠万年县、余干县，东南一隅与福建省光泽县毗邻。境域南北长约81千米，东西宽约38千米。距省会南昌市143千米(铁路里程)。全市总面积3556.7平方千米，占江西省总面积的2.15%。市委、市政府坐落在市区梅园新区。

辖区属南岭准地槽边缘的信江凹陷带，地势南北高，中间低。南边的崇山峻岭与武夷山脉相连，最高点为贵溪樟坪乡的浪港山阳际坑峰，海拔1541米；北端系怀玉山脉绵延之丘陵。中部为信江中游丘陵盆地，是良好的农业区，盛产稻谷，素有“赣东粮仓”之称。最低点为信江河谷，海拔16米。地表以酸性红壤为主，地震烈度小于6度，地基土承受力每平方米为20吨至50吨。

辖区属亚热带湿润季风温和气候，雨量充沛，光线充足，无霜期长，四季分明，平均气温18°C，极端最低气温-9.3°C，极端最高气温41.0°C，相对湿度为76%，常年主导风向为东风、东北风。年均降雨量为1750毫米，最大日降雨量为214.4毫米。无霜期长达262天。

人口

2012年，全市人口出生率13.37‰，人口死亡率6.15‰，人口自然增长率7.22‰，年末常住总人口113.8万人(其中，女性54.1万人，城镇人口约58.3万人)，人口密度每平方千米320人。年末农村有劳动力43.81万人，比2011年减少3.24%；城镇在岗职工总数9.67万人，比2011年减少1.03%。家庭户30.1万户。

2012年国民经济和社会发展状况

【概述】2012年，在市委、市政府的坚强领导下，全市上下牢牢把握“稳中求进”的总基调，紧紧围绕建设富裕、秀美、宜居、和谐鹰潭的目标，认真贯彻落实“主攻项目，决战‘三区’，凸现特色，实现跨越”的总体要求，积极应对和克服国际经济低迷、国内需求不足等不利影响，锐意进取，扎实工作，经济社会实现持续健康发展，绝大多数指标完成或超额完成年度计划。全年实现生产总值482.71亿元，完成年计划的100%，同比(下同)增长12.4%，其中，一产增长4.5%，二产增长13.9%，三产增长11.7%。全社会固定资产投资410亿元，完成年计划的100%，增长22%。财政总收入79.34亿元，完成预算调整后的101%，增长11.6%。地方财政收入58.8亿元，完成年计划的132.1%，增长51.5%。城镇居民人均可支配收入1.99万元，完成年计划的101%，增长13.5%，农民人均纯收入 8802 元,完成年计划的 102.3%,增长 15.5%。

【经济总量与产业结构实现“双提升”】全市三次产业结构比由 2011 年的8.9∶64.7∶26.4,调整为8.6∶63.4∶28。一是工业经济量质并举。184 家规模以上工业企业实现主营业务收入 2400 亿元,增长 21%,增加值 280 亿元,增长 15%。全市工业用电 27.7 亿千瓦小时,增长 5.3%。铜产业实现新突破,完成主营业务收入 2130 亿元,增长 17.2%。水工、节能照明等战略性新兴产业加快发展,65 个“1+6”产业项目集中开工,累计完成投资超 100 亿元。工业发展平台“提档升级”,鹰潭高新区成功升格为国家高新技术产业开发区,贵溪工业园被认定为省重点工业园区。节能照明、汽摩配等省级产业基地建设顺利推进。二是现代服务业再创佳绩。龙虎山景区成功创建国家 AAAAA 级旅游景区,上清古镇改造、天裕豪生大酒店等项目顺利推进,旅游经济跃上大平台、大产业、大发展的新起点,全年接待游客 1100 万人次,增长 30%,旅游总收入 75.6 亿元,增长 26%。龙虎山景区旅游直接收入 2.13 亿元,增长 33%。《关于加快现代物流业发展的若干意见》等政策相继出台,现代物流产业园列入全省服务业改革综合试点,物流业实现营业收入 130.5 亿元,增长 83.6%,上缴税收 5 亿元,增长 62%。制定了文化休闲娱乐等服务业发展规划,成功举办首届中国(鹰潭)赏石展,文化产业实现主营业务收入 43 亿元。金融机构对地方经济发展支持力度不断加大,全市信贷投放首次突破 300 亿元,鹰潭农商银行挂牌开业。三是农业现代化进程加快。粮食总产再创新高,达 67.8 万吨,实现“九连增”。产业化经营势头强劲,龙头企业实现销售收入 52 亿元,增长 20%。科技兴农明显提升,农业机械总动力达 87.1 万千瓦,增长 8%。实施水利建设项目 127 个,完成中潢圩堤等五河治理应急除险和 40 座小型病险水库除险加固任务。

【内需与外需实现“双扩大”】一是固定资产投资较快增长。全市在建项目 502 个,新开工亿元以上项目 60 个,实现固定资产投资 345 亿元,增长 25%。年初确定的 60 个重点工程 52 项开工建设,完成投资 50 亿元,20 个项目列入省重点工程,创历史新高。沪昆铁路杭长客运专线进展顺利,贵电“上大压小”第二台机组建成投运,西气东输二线、省天然气管网一期、二期基本完工,省成品油管道二期加快推进;海关和国检大楼基本完工,眼镜产业园标准化厂房主体工程基本完成,市中级法院审判综合大楼竣工,三川水工产业园一期已完成,三花股份铜阀、水晶光电公司光电薄膜项目试生产,万宝至微型马达二期正进行设备安装。二是消费市场日趋繁荣。食品、金银珠宝、石油及制品类等消费热点持续升温,城乡消费协调增长,实现社会消费品零售总额 115 亿元,增长 14.6%。三是出口贸易态势平稳。开通鹰潭至宁波“五定班列”,打通了海铁联运国际运输通道。实现外贸出口 7.1 亿美元,增长 16.5%,连续 3 年获得全国外贸百强城市。

【城乡统筹建设实现“双跨越”】一是新区建设如火如荼。总长 24.3 千米的信江新区“三纵三横”路网基本成型。信江大市场(廉租房)进入主体施工阶段,高铁北站、市行政中心、市民广场、滨江景观工程等项目进展顺利。二是老城区改造稳步推进。惠及 3 万人的百佳城、山背小区、立新巷等小街小巷综合改造全面完成。市天然气管道工程建成投运。滨江公园二期、林荫东路综合改造全面完工,城市规划展示馆即将开馆,月湖新城、市迎宾馆、林荫西路贯通等项目有序推进,北极阁重建项目开工建设。三是新农村建设有声有色。以创建“秀美乡村”活动为抓手,完成了 242 个村点的新农村建设任务。贵冶周边 11 个自然村环境整治任务全面完成,全省农村重点污染区域专项治理工作推进会在鹰潭市召开,“鹰潭模式”在全省推广。

【改革与开放实现“双深化”】一是各项改革有序推进。文化体制改革顺利完成,形成“一报两台一网”新格局。医药卫生体制改革继续深入,城镇居民医保筹资水平继续提高,完成省下达任务。困难改制企业职工全部纳入城镇医疗保险,医保覆盖面继续扩大。国家基本药物制度实现行政村全覆盖。利用国外优惠贷款工作成效显著,佳佳福高新技术示范基地等 3 个项目获得批准。鹰潭高新区管理体制、物流产业管理体制、国资监管体系等改革基本完成。二是招商引资成效明显。举办了杭州、香港“1+6”产业推介会等重大招商活动,香港四洲、绿地控股、百炼集团等知名企业落户鹰潭。全年实际利用外资 1.68 亿美元,增长 15.9%。实际引进省外 5000 万元以上项目资金 170 亿元,增长 18.5%。

【生态与环保实现“双优化”】一是节能减排顺利推进。六国化工锅炉脱硫、贵冶尾气脱硫等项目顺利投运。市污水处理厂配套管网逐步完善,贵溪市城西污水处理厂进展顺利。全年万元 GDP 能耗下降 3.4%,化学需氧量排放量下降 0.9%。二是循环经济发展深入推进。鹰潭高新区循环化改造项目列入国家工业园区循环化改造示范试点。鹰潭(贵溪)铜产业循环经济基地被评为全国循环经济工作先进单位。贵溪市等 6 家单位列入江西省第二批循环经济试点单位,余江县循环经济产业基地列为省级循环经济产业基地。鹰潭市节能工作在省政府组织的考核中名列第二。三是生态环保全面加强。完成造林 3906.67

公顷，占省下达任务的113.4%。高标准完成滨江公园、鹰西大道、信江风光带等绿化景观工程，城乡绿化大幅提升。阳际峰成功晋级为国家级自然保护区。贵溪市志光、金屯镇获省级生态乡镇命名。在环保部组织的城市环境整治定量考核中，鹰潭市名列全省设区市第二名。

【民生工程与社会事业实现“双加速”】一是民生工程取得实效。全市教育、社会保障、医疗卫生、住房保障等民生支出达35.6亿元，全面完成了省政府下达的89项民生指标。就业工作扎实推进，全市新增城镇就业2.7万人，城镇就业率达96.5%；社会保障全面加强，实现城乡居民养老保险全覆盖，被国务院授予全国新型农村和城镇居民社会养老保险工作先进市；发放城乡低保资金1.2亿元，城乡低保人均月补差标准分别达350元和170元。保障房建设步伐加快，开工建设各类保障房6418套，民欣家园1640套廉租房交付使用，中心城区保障性住房覆盖率达23%，提前完成“十二五”期间目标任务；加强价格监管，建立物价管理、执法和救助机制，取消20余项涉企收费，物价涨幅持续回落，全年居民消费价格指数涨幅2.5%，较2011年回落2.6个百分点。二是社会事业协调发展。科技创新蓬勃开展，鹰潭市被评为全省实施科技创新“六个一”工程单项先进设区市。教育事业加快推进，鹰潭一中新校区投入使用，全市校安工程规划任务全面完成；卫生服务能力进一步提高，市人民医院门诊医技楼、市中医院综合楼相继投运，市人民医院信江新院开工建设；文化惠民工程扎实推进，74个农家书屋、435个广播电视村村通建设任务全面完成。《七彩畲乡》获第四届全国少数民族文艺会演剧目金奖。社区建设不断加强，44个社区标准化建设和社区服务管理网格化工作试点进展顺利。

（刘辉斌）

2012年精神文明创建工作

【概述】2012年，鹰潭市精神文明建设工作在市委、市政府的正确领导下，围绕中心、服务大局，坚持以建设社会主义核心价值体系为根本，以促进人的全面发展为目标，扎实推进精神文明建设工作，文明城市创建活动实现新突破，公民思想道德建设开创新局面，未成年人思想道德建设取得新成效，为建设富裕、秀美、宜居、和谐新鹰潭提供了强大的智力支撑、精神动力和思想保证，营造了良好的社会环境。

【文明城市创建】2012年，鹰潭市迅速启动创建江西省第四届文明城市工作，成立高规格工作机构，制订具体实施方案，落实创建工作责任。认真完成创建测评材料收集整理，主动邀请国家统计局江西调查队、省文明办领导进行模拟测评，查缺补漏，确保创建材料不失分。抽调精干力量，组成7个督查组，开展拉网式督促检查。针对检查中发现的突出问题，集中开展了火车站周边环境集中整治、违法违规小广告清理打击、整治和规范客运市场秩序、餐饮市场集中整治四大“战役”，市容市貌得到明显改观。精心制作创城宣传片，投放创城公益广告和宣传资料，共布置创文明城市公益广告面积达6000余平方米，向市民印发《鹰潭文明手册》、宣传折页、宣传扇等宣传资料10万余份，依托基层组织开展上门入户宣传活动，做到“举目可见、人人皆知”，有效提高了创建工作的知晓率和社会关注度，为创建工作营造浓厚的社会氛围。整体创城工作成效显著，经过公示，鹰潭市成功跻身“江西创建文明城市工作先进城市”行列。

【公民思想道德建设】2012年，鹰潭市紧紧围绕建设社会主义核心价值体系，加大工作创新力度，扎实推进公民思想道德建设。一是广泛开展“我推荐、我评议身边好人”活动。坚持以先进典型引领公民道德建设，利用基层单位的宣传栏，设立社区、企业、农村、校园“好人榜”，突出群众评、评群众、群众学、学群众，使评选活动成为群众自我教育、自我提高的有效载体，树立了一批全国知名度高、市民支持度高的道德建设标杆。2012年，鹰潭市陈新华等3人荣登“中国好人榜”，鹰潭市月湖区灿灿语训部老师曹有红入选全省“学雷锋做先锋”青年宣讲报告团在全省巡回宣讲。为强化典型示范作用，市属新闻媒体常年开设“道德建设”专栏，在全社会营造学习典型、关爱典型、崇尚典型和争当典型的浓厚氛围，并积极向中央和省级主流媒体推荐宣传，中央电视台、人民网、新华网、凤凰网、中国网、江西日报、江西电视台等媒体先后对曹有红等先进典型的感人事迹进行了报道。二是深入开展学雷锋活动。下发《关于深入开展学雷锋活动的实施意见》，全市省级以上文明单位全部成立了学雷锋志愿服务队，推动学雷锋活动的常态化。市属主要新闻媒体推出“弘扬雷锋精神，凝聚榜样力量”等专栏，刊播一批有关雷锋事迹和雷锋精神的歌曲、影视剧和文学作品。在市区主干道悬挂学雷锋宣传横幅、制作灯箱公益广告牌，在公交车、出租车张贴宣传画，在各单位电子显示屏滚动播放学雷锋宣传标语等，通过形式多样的宣传手段，在全市营造出学习雷锋精神、倡导文明新风的良好社会氛围。开展“感动鹰潭·十佳新人新事”评选，结合“3·5”学雷锋日活动召开表彰大会，市委书记陈兴超出席大会并发表重要讲话。三是组织开展“我们的节日”主题活动。清明、“六一”、中秋、端午、国庆等节日期间分别组织全市青少年开展

"网上祭英烈""学习雷锋、做美德少年"网上签名寄语、"我们的节日·中秋"主题实践、"向国旗敬礼、做有道德的人"网上签名寄语等活动,通过主题班会、文艺晚会、歌咏比赛、理论研讨、体育活动等进一步营造浓厚祥和的节日氛围,培养青少年爱国主义情怀。此外,还推荐上清镇和鹰潭市一小作为中央文明办"我们的节日"主题活动联系点候选联系点。

【群众性精神文明创建】 进一步强化文明单位、文明村镇等群众性精神文明创建活动,全面提升鹰潭市文明创建水平。一是组织开展江西省第四届文明村镇和第十三届文明单位推荐评选活动。经过严格考核、筛选和复查,贵溪市流口镇、志光镇、余江县潢溪镇、月湖区梅园街道办事处等4个乡镇(办事处)被评为"江西省第四届文明村镇";中共鹰潭市委机关等59家单位被授予"江西省文明单位"称号。二是对鹰潭市2009—2011年度文明单位、文明村镇(社区)进行表彰,中共鹰潭市委办公室等117个文明单位、贵溪市滨江镇政府等16个文明村镇,贵溪市花园街道办白果社区等10个文明社区受到表彰。三是组织鹰潭市优质服务窗口、优质服务明星评选活动,评出市行政服务中心等10个优质服务窗口和吕仁发等8位优质服务明星。四是积极开展文明单位协会的学习交流活动,举办鹰潭市精神文明创建工作经验交流会和文明单位扑克牌联谊赛、羽毛球比赛等文体活动,展示文明单位积极进取、顽强拼搏的精神风貌。

【主题读书教育活动】 为认真学习"十二五"规划纲要,帮助广大青少年深刻了解基本国情,市文明办、市教育局、团市委及市新华书店在1月17日在贵溪启动全市"建设幸福中国"读书教育活动。全市各学校按照活动安排组织学生通读推荐读本,并举办演讲、讲故事、征文及主题班会等多种形式的读书活动。7月,选派5名选手参加全省"建设幸福中国"演讲比赛及讲故事比赛,获得二等奖2个,三等奖3个。8至10月,组织全市学生参加全省"建设幸福中国"征文比赛及知识竞赛,获得一等奖1个、三等奖1个、优秀奖4个。

【未成年人思想道德建设】 按照中央和省相关文件精神,扎实推进未成年人思想道德建设工作,取得显著成效。一是开展优秀童谣征集活动。为配合全国第三届优秀童谣征集活动,与市文联联合开展童谣征集活动,童谣内容以弘扬雷锋精神、体现爱党爱国爱家乡情感为主,活动共征集童谣近100首。二是加强对乡村少年宫的建设和管理。贵溪市雷溪中心学校和余江县马荃中心小学作为"中央专项彩票公益金支持乡村学校少年宫项目"试点学校,经过积极争取,于2012年1月获得"中央专项彩票公益金"20万元用于项目建设和器材购置,3月两所少年宫建成并在课余时间和节假日免费为农村学生开放。在活动项目上乡村少年宫突出地方特色,既有舞蹈、绘画、书法、乐器、体育等常规项目,也有剪纸、气象、国学经典诵读等特色项目,吸引众多学生的参与。10月,市文明办、市财政局、市教育局联合对贵溪市雷溪中心学校和余江县马荃中心小学少年宫进行考核,两所少年宫运行良好。在实地考察的基础上,鹰潭市又申报了贵溪余家乡中心学校作为2012年乡村少年宫建设学校并成功入选。三是加大文化市场净化工作力度。文化行政执法部门不断强化对社会文化市场的监督检查力度,尤其是加大对网吧的巡查力度,坚决禁止未成年人在网吧上网,在所有网吧都安装了网吧监管平台,净化网络环境。元旦、春节及两会期间加大对文化市场的检查密度,4月26日开展了打击盗版、非法出版物活动,对收缴的非法出版物进行销毁。7月,市文明办牵头召开了由市政府新闻办、市文广新局、市公安局、市工商局、市电信公司、市移动公司、市联通公司等单位分管领导参加的协调会,下发《关于开展2012年全市净化社会文化环境整治行动的通知》,对文化市场整治工作进行专门布置。7至10月,对网吧、动漫电游城、书刊音像店、广播电视器材销售店、电视台及学校周边环境进行4次大规模的专项检查,对发现的问题及时进行处理,有效净化了社会文化环境,营造了健康向上的良好社会文化环境氛围。

【志愿者服务】 扎实推进志愿服务活动。一是组织全市省级以上文明单位相继成立学雷锋志愿服务队,各乡镇(街道)建立学雷锋志愿服务管理中心,各村(社区)建立学雷锋志愿服务管理站,为志愿服务工作常态化奠定基础。二是组织全市青年志愿者和大中学生开展"关爱自然,义务植树"活动,市青联及部分单位团组织开展了捐建"青年志愿林"活动。三是根据中央文明办《关于弘扬雷锋精神大力开展志愿服务活动的通知》精神,围绕关爱空巢老人、留守儿童、农民工、残疾人等社会弱势群体,组织全市各级志愿服务组织积极行动,走入社区、福利院、学校开展志愿服务活动。四是与团市委、市教育局、市老干局及市关工委在全市青少年中广泛开展"学雷锋、心向党、讲品德、见行动"主题教育活动,包括在中小学开展以"六个一"(即通过读一本书、讲一个故事了解雷锋事迹,通过开一次班会、写一篇心得感受雷锋精神,通过做一件好事、参加一次志愿服务实践雷锋精神)为主要内容的学雷锋实践活动;在大中专学生中开展学雷锋社会实践活动,组织学雷锋实践服务团(队)到农村基层、城市社区开展以参与公共服务、助人为乐、关爱农民工子女等社会实践服务活动;组织市直中小学校学生在各主要公交站点、交通路口和中心广场开展文明交通志愿服务活动,对不讲文明、不守交通规则的行为进行劝导,引导人们自觉遵守交通秩序,共同营造文明、畅通的交通环境,取得良好社会反响。

(万 禹)

中国共产党鹰潭市委员会

编辑、校对:陈志敏

综述

2012年以来,在省委、省政府的正确领导下,鹰潭市始终高举中国特色社会主义伟大旗帜,以邓小平理论、"三个代表"重要思想、科学发展观为指导,深入学习贯彻党的十八大精神,牢牢把握主题主线和稳中求进的工作总基调,紧紧围绕建设富裕、秀美、宜居、和谐鄱阳湖生态经济区璀璨明珠的奋斗目标,按照"主攻项目、决战'三区',凸现特色、实现跨越"的总体要求,团结带领全市广大干部群众开拓创新、真抓实干,在新的起点上奋力开创"科学发展、绿色崛起"新局面,经济建设、政治建设、文化建设、社会建设、生态文明建设和党的建设全面推进,取得新的明显成效,为鹰潭全面建成小康社会打下了坚实基础。

一、深入学习宣传贯彻党的十八大精神,全面落实科学发展观,在增进共识中形成共举

党的十八大是在中国进入全面建成小康社会决定性阶段召开的一次十分重要的大会。大会审议通过了胡锦涛总书记代表第十七届中央委员会所作的报告和《中国共产党章程(修正案)》,确立了科学发展观的历史地位,选举产生了以习近平为总书记的新一届中央领导集体,为党和国家事业进一步发展指明了方向。中共十八大胜利闭幕后,市委坚持把学习宣传贯彻好党的十八大精神,作为当前和今后一个时期首要的政治任务,作为一项带有根本性的长期任务,按照中央和省委的统一部署,立即召开市委常委会、市委七届五次全体(扩大)会议和市委理论学习中心组会议进行学习贯彻,并下发了《关于认真学习贯彻党的十八大精神的通知》,对全市学习宣传贯彻党的十八大精神进行动员部署。组织了市委宣讲团宣讲十八大精神,邀请了省知名专家、学者作专题辅导讲座,举办了县处级领导干部和乡镇党委书记(乡镇长)培训班,市委主要领导带头作辅导报告并与学员交流互动,市委常委做到带头学习、带头宣讲、带头贯彻。各级、各地精心组织,周密安排,采取灵活多样的形式学习贯彻,推动中共十八大精神进企业、进农村、进机关、进校园、进社区,迅速掀起了学习中共十八大、宣传中共十八大、贯彻中共十八大的热潮。全市广大党员干部大力强化理论武装,坚定不移把思想和行动统一到中共十八大精神上来,坚定正确的政治方向,以更加奋发有为的精神状态,投入到推动鹰潭跨越发展的生动实践。

鹰潭市始终与中央、省委保持高度一致,认真贯彻落实中央和省委、省政府重大决策部署,致力在深化市情认识中完善思路,紧紧围绕市第七次党代会提出的奋斗目标,制定了推进富裕鹰潭、秀美鹰潭、宜居鹰潭、和谐鹰潭建设的实施意见,为实现鹰潭跨越发展制定了清晰的路线图。具体实施中,市委坚持以主攻项目为实现跨越的主抓手,以园区、城区、景区"三区"为实现跨越的主战场,以凸现特色为实现跨越的主方向,以加强党的建设为实现跨越的组织保证,全面整合资源,充分激发各方积极因素,确保了"四个鹰潭"建设站位高、落点实,推进快、发展好。2012年,预计全市实现生产总值482亿元,同比增长11.7%。财政总收入78.7亿元,增长10.8%,其中地方财政收入58.3亿元,增长50%。规模以上工业增加值280亿元,增长15%。全社会固定资产投资410亿元,增长22%。社会消费品零售总额115亿元,增长14.6%。城镇居民人均可支配收入1.99万元,增长13.5%;农民人均纯收入8600元,增长13%。

二、加快转变经济发展方式,着力培育独具鹰潭特色的发展优势,开创了跨越发展的新局面

1.主攻项目,发展动能明显增强。一年来,始终把项目建设作为经济工作的主抓手,全力实施重大项目带动战略,形成了大投入、大建设、大发展的浓厚氛围。强化研判抓"上争"项目,牢牢把握国家政策和产业发展导向,加大项目包装、跟踪对接力度,贵电"上大压小"第二台机组、高新区循环化改造等一大批项目进入国家和省计划盘子,贵溪市纳入《赣闽粤原中央苏区振兴规划》江西省规划范围。扩大开放抓“外引”,突出产业招商、以商招商和重点区域招商,充分发挥100支招商小分队的作用,引进了百炼集团、浙商联盟等一批重大产业项目,全年实际利用外资1.68亿美元、增长15.9%,省外5000万元以上项目实际进资170亿元、增长18.5%。激活民资抓“内聚”,进一步放宽民间资本投资领域,积极培育多元投资市场,市生产力促进中心和余江县微型元件公共技术服务中心被认定为省级中小企业公共服务示范平台,民营经济发展活力不断迸发。一年内,坚持以市级领导担纲实施的30个重点项目建设为龙头,强力带动了一批又好又大项目建设。全市在建项目485个,其中新开工亿元以上项目59个,是2011年的2.2倍;65个战略性新兴产业项目进展顺利,鹰潭市荣获全省推进战略性新兴产业先进市称号。

2.决战“三区”,发展格局日益优化。主攻园区,围绕“决战工业5000亿”目标,全力打造“千亿园区、工业新城”,完善产业规划、战略布局和功能配套,大力发展以铜产业为龙头的“1+6”产业,工业经济稳中有升,鹰潭高新区获批国家高新技术产业开发区,开通了海铁联运国际运输通道和鹰潭至宁波“五定班列”。全市规模以上工业企业实现主营业务收入2400亿元,增长21%;外贸出口总额7.1亿美元,增长16.5%,荣获全国外贸百强城市、国家外贸转型升级示范基地称号。主攻城区,坚持“城城一体、产城一体、城景一体”,以“三城同创”为抓手,加速打造“一江两岸”,信江新区“三纵三横”路网基本成型,鹰潭一中新校区投入使用,高铁北站、市行政中心、月湖新城等重点项目和一批城市景观工程稳步推进,惠及3万人的老城区小街小巷综合改造全面完成,一座现代山水新城正加速崛起。鹰潭市推进新型城镇化和城市建设工作在全省设区市中的排名前移5位。主攻景区,实施“大旅游”发展战略,高起点编制了龙虎山片区旅游概念性规划及专项控规,上清古镇改造、雷迪森庄园等一批重点项目顺利实施,水寨宋庄、恒源泰五星级酒店等9个重点项目集中开工,初步形成了“一廊三区、四核多片”的旅游发展格局。决战“三区”,从发展战略和时空布局上实现了跨越发展的“重点突破”,全市以城际快速通道和320、206国道为轴线,区域间组团化、功能化、规模化发展的大格局日趋鲜明,强力推动了城乡一体化。农业和农村经济稳健发展,全市粮食总产67.8万吨,实现了“九连增”;市级以上农业产业化龙头企业发展到125家,实现销售收入52亿元,万亩粮油高产创建示范片达17个,白鹤湖国家现代农业示范区建设正式启动;242个新农村建设点全面完成,“三区三线”民居改造提升工程深入推进,“秀美乡村”建设取得明显成效。

3.凸现特色,发展优势充分彰显。坚持扬优成势、以特取胜,突出做好铜产业、旅游业和物流业三篇文章,经济社会发展彰显新优势,一批工作走在全省、全国前列。围绕打造“绿色世界铜都”,出台了超常规服务江铜发展的十条政策措施,进一步深化地企一体化合作,加速铜产业链向精深化、高端化延伸,全市铜加工企业117家,铜产业实现主营业务收入2130亿元、增长17.2%,江铜成功跃居世界铜行业第二大企业,并有望成为江西省首家世界500强企业;鹰潭(贵溪)铜产业循环经济基地被评为全国循环经济工作先进单位。围绕打造“千万游客、山水道都”,全力做旺旅游人气,龙虎山景区接待游客506.3万人次、增长36%,旅游直接收入2.13亿元、增长33%,龙虎山成功升格为国家“AAAAA”级旅游景区。围绕打造“货运枢纽、现代物流”,加快发展物流产业,全市货运企业实现营业收入130.5亿元、增长83.6%,上缴税收5亿元、增长62.2%,现代物流园成功列入省级服务业综合改革试点单位。围绕打造“玩在鹰潭、乐在鹰潭”,大力发展文化休闲娱乐产业,《七彩畲乡》晋京演出荣获第四届全国少数民族文艺会演剧目金奖,创造了江西少数民族文化的新辉煌;举办了首届中国(鹰潭)中华赏石展暨黄蜡石文化博览会展览,打响了黄蜡石文化产业品牌。围绕打造“绿色生态鹰潭”,按照“政府主导、企业主体、市场运作、科技支撑、利益均衡”的模式,全面完成了贵冶周边21个自然村环境整治,探索出了一条行之有效的大型国企环境污染综合治理的新路子;深入实施造林绿化“一大四小”工程,加大节能减排力度,生态环境品质不断改善。阳际峰自然保护区晋级国家级自然保护区。

4.实现跨越,发展活力竞相迸发。实现跨越发展,是一个动态的过程。鹰潭市始终坚持以解放思想为先导,以改革创新为动力,以敢于担当为责任,在广大党员干部中大力倡导“没有任何借口”的执行文化,“少说、多做、看结果”,不断提升理解力、执行力、操作力、约束力和文化力,充分激发了发展活力。一年内,全市大力推动体制创新,调整完善了建口工作机制,市建委办、市政工程管理处并入市城乡建设局,市公建集团和市投融资公司整合成立为市国资公司。创新了龙虎山旅游经营管理体制,景区集团公司党组织关系上划市委、资产上划市国资委管理,集团公司正式挂牌运作,构建了“产权清晰、责权明确、运转高效”的景区公司化运行机制。深化了文化体制改革,鹰潭市艺术团、贵溪市艺术团、鹰潭广播电视报社转企改制,广播电台、电视台合并组建了市、县广播电视台,文化、广电、新闻出版实现“三局合一”“局台分开”。加强资本运作,成立了市金融办,完成了农村信用社改制任务,鹰潭农商银行挂牌开业;中国第四冶金建设有限责任公司与中国节能环保集团公司成功合作。

三、始终把群众利益放在首位，全力保民生促和谐，最大限度增进人民群众福祉

1.民生福祉持续改善。牢固树立"宁愿少盖一栋楼、少买一辆车、少增一点GDP，也要把与群众生产生活息息相关的事情办好"的理念，大力推进民生工作，全面完成了省政府下达的89项民生指标。全市新增城镇就业2.7万人，新增转移农村劳动力2.1万人，城镇就业率达96.5%，发放小额担保贷款3.2亿元。实现了城镇职工、居民基本医疗保险和新型农村合作医疗制度"三个全覆盖"，"新农合"参合人数79.4万人，参合率达96.3%，鹰潭市被国务院授予全国新型农村和城镇居民社会养老保险工作先进单位。加大重点人群免费医疗服务力度，共提供免费健康体检33.7万人次。提高城乡低保水平，发放城乡低保资金1.2亿元，城乡最低生活保障标准分别提高到350元和170元。保障性安居工程快速推进，开工建设各类保障性住房6418套，开工率达100%、居全省前列，民欣家园交付使用，中心城区覆盖面达23%，提前完成了"十二五"期间目标任务。

2.社会事业协调发展。坚持教育优先发展战略，编制完成了鹰潭市城区教育设施布局专项规划，以江西师大鹰潭分院、鹰潭职业技术学院为基础设置鹰潭学院、创建高教园区工作顺利推进，校安工程竣工9.1万平方米，改扩建农村中小学校舍3.6万平方米，各级各类教育全面发展。全省高考文科"状元"花落鹰潭市，14人被北大、清华录取。稳步发展卫生事业，市人民医院门诊医技楼、市中医院综合楼投入使用，国家基本药物制度实现行政村全覆盖，卫生信息化建设走在全省前列。大力实施科技创新"六个一"工程，列入国家和省科技计划项目40项，鹰潭市被评为全国实施科技创新"六个一"工程单项先进设区市。大力发展文化事业，精心编制了文化休闲娱乐等服务业发展规划，开办了"红色记忆——鹰潭革命史迹展"，建立了铜都报亭等一批新的文化阵地，农村文化"三项活动"和文化惠民工程扎实推进。加快发展体育事业，全民健身运动蓬勃发展，竞技体育不断进步，本市连续17年荣获全国全民健身活动优秀组织奖。加强人口与计划生育工作，稳定了人口低生育水平，人口素质进一步提高。

3.全市社会和谐稳定。以列入全省社会管理创新综合试点城市为契机，制定了《鹰潭市社会管理创新综合试点工作实施方案》，在各乡镇(街办)实施了综治"六化"建设，在44个社区开展了社区标准化建设试点和社区服务管理网格化工作试点，进一步调动了基层组织、基层群众参与社会管理服务的积极性和创造性，构建了党委领导、政府负责、社会协同、公众参与的社会管理格局，社区服务管理信息化、网格化模式在全省推广。始终把为中共十八大营造和谐稳定的社会环境作为最大的政治任务，作为各级党政领导最大的政治责任，全面落实信访维稳各项措施，深入开展矛盾纠纷排查调处，全力解决各种利益诉求，严厉打击各类违法犯罪活动，确保了全市社会和谐稳定。一年来，全市共排查各类矛盾纠纷6237起，调处5962起，调处成功率达95.6%；信访形势呈现"三下降一保持一好转"态势，县(市、区)赴省进京访实现"三无"，居全省前列。

四、加强精神文明建设，大力发展民主政治，全面激发各方积极因素和创造活力

1. 宣传思想工作迈上新台阶。围绕迎接党的十八大胜利召开，精心组织开展了系列宣传活动，营造了"科学发展、绿色崛起"的浓厚氛围。坚持以建设社会主义核心价值体系为根本，大力开展社会公德、职业道德、家庭美德宣传教育，扎实推进未成年人思想道德建设，公民道德素养进一步提高，3人荣登2012年度"中国好人榜"。扎实开展省级文明城市创建活动，全面拓展了"联建共创"活动成果，市民素质和城市文明程度不断提升，本市列入江西省第四届文明城市创建工作先进城市表彰名单。深入开展创评文明村镇、生态文明示范村活动，农村精神文明建设蓬勃开展。牢牢掌握意识形态工作领导权和主导权，充分发挥了鹰潭在线新闻网站的宣传作用，形成正确的网络舆情导向。

2. 政治文明建设迈出新步伐。加强和改进对人大、政协工作的领导，坚持市人大常委会主任、市政协主席列席常委会制度，支持人大、政协围绕中心、紧贴大局履行职能，充分发挥人大、政协在推进科学决策和重大项目建设中的积极作用。加强同民主党派、工商联、无党派人士的联系沟通，积极做好民族宗教工作，民建、民进、农工党、九三学社、无党派知识分子联谊会和工商联顺利换届，进一步巩固壮大了新形势下的爱国统一战线。高度重视群团工作，团市委、残联、侨联等群众团体成功换届，社会各界参与融入发展的积极性、主动性进一步增强。稳步推进法治鹰潭建设，扎实抓好普法教育，维护社会公平正义。大力发展基层民主，进一步推进党务、政务公开，切实保障人民群众依法行使民主权利。大力加强党管武装工作，推进民兵预备役建设，驻鹰部队、武警官兵和民兵预备役人员在参与和保障"四个鹰潭"建设中发挥了重要作用。

五、坚持党要管党、从严治党，以改革创新精神加强党的建设，鹰潭跨越发展的组织保障更加夯实

1.常委会领导核心作用不断增强。认真执行《关于加强市委常委会自身建设的决定》，坚持集体领导与个人分工负责相结合，充分发挥了市委总揽全局、协调各方的领导核心作用。认真贯彻执行民主集中制，严格执行常委会议事规则，带头落实“三重一大”事项集体决策制度,形成了思想同心、目标同向、工作同步的工作合力。创新完善县级班子和干部考核评价机制,形成良好的工作导向,确保了政令畅通、令行禁止,全市上下营造了创新促发展、执行看落实的良好氛围。

2.干部队伍建设深入推进。加强干部教育培训,认真组织开展学习贯彻党的十八大、省十三次党代会和市七次党代会精神教育培训,举办各类专题辅导班培训1.59万人次。深化干部人事制度改革,加大竞争性选拔干部力度,采取市委全委扩大会议摸底推荐的方式,完成了6个单位“一把手”人选的初始提名;探索了市委常委会差额票决办法,差额票决了团市委书记人选;全市竞争性选拔副县级干部35名,占提拔副县级干部总数的70%;31个市直单位竞争性选拔科级干部67名,科级干部交流调配25名。强化重点岗位干部管理,严格执行干部监督四项制度,对县(市、区)委和市直单位党委(党组)任用干部实行“一报告三评议”,并建立“特别监督档案”。认真贯彻落实公务员管理各项法规和制度。加大人才引进和培养力度,2人入选“赣鄱英才555工程”领军人才培养计划,农村科技特派员队伍建设工作荣获“全国科技特派员工作先进集体”称号。

3.基层组织建设成效明显。扎实开展“基层组织建设年”活动,按照“党建工作项目化,项目推进标准化”的思路,大力实施便民服务中心、办公场所、集镇建设、日常运行机制标准化项目建设,探索出一条在新形势下加强基层组织建设的有效途径。全市所有乡镇(街道、社区)便民服务中心全部实行大厅开放式办公;筹资3000多万元,新(改)建村级组织活动场所63个,解决了66个社区办公用房问题;60个市直、驻鹰潭单位开展了党建标准化项目建设,实现了形象建设上有新提升、为民服务上有新举措、制度建设上有新拓展、加快发展上有新成效的目标。本市机关党建标准化建设被评为全省机关基层党建工作“十佳项目”之首。全面落实党建工作责任制,建立了各级党组织书记履行基层党建工作责任述职测评制度。统筹推进“五覆盖”工程,全市社区网络、村民小组、外出务工人员集中地党组织基本实现全覆盖,符合条件的非公企业100%建立了党组织,整顿后进基层党组织292个。推进创先争优常态化、制度化,5个基层党组织和3名党员受到省委表彰,其中贵溪市塘湾镇党委被评为全国创先争优先进基层党组织,曹晓桃被评为全国优秀共产党员并当选十八大代表。

4.党风廉政建设取得实效。全面落实党风廉政建设责任制,将反腐倡廉教育列入市委党校、市行政学院干部教育培训规划,认真学习贯彻“八项规定”等有关制度规定,严格执行重大事项报告、领导干部诫勉谈话和廉政谈话制度,营造了为民务实清廉的良好风气。深入开展集中整治影响发展环境的干部作风突出问题活动,严肃整治干部作风上的“庸懒散、假浮蛮、私奢贪”,完善风险岗位廉能管理制度5220项,发现和纠正各类问题13个,查处严重影响发展环境案件3起。严格执行“四项告知制度”,强化执法监察,查处挂靠及借用资质投标项目49个,工程建设项目挂靠行为专项整治工作得到中央纪委肯定并在全国推广经验。加强基层党风廉政建设,在全省率先实行基层党风廉政建设项目标准化管理,开创了基层党风廉政建设工作“干事有平台、推动有抓手、监管有依据、考核有标准”的新格局;创新农村集体“三资”监管模式,鹰潭市成为全省首个将“三资”监管延伸到村小组的设区市。加大违纪违法案件查处力度,全市纪检监察部门共立案116件,给予党纪政纪处分132人,挽回经济损失1.2亿元,保持了党员队伍的先进性和纯洁性。

一年内,市鹰按照科学发展观的要求,从鹰潭基本市情出发,以创新的思维和务实的举措抓发展、促改革、保稳定,全市各项工作取得较好的成绩和变化。这是省委、省政府正确领导的结果,是市四套班子共同努力的结果,是全市干部群众团结奋斗的结果。但同时也清醒地认识到:经济总量偏小、结构不优、内生动力不足仍然是制约本市跨越发展的主要矛盾;由于社会利益结构深刻变化,一些深层次的利益矛盾不断涌现、相互交织,社会不和谐因素依然存在;党组织的领导核心和战斗堡垒作用有待进一步加强,等等。对这些问题,市鹰将高度重视,认真研究,乘着深入学习贯彻党的十八大精神的东风,在今后工作中切实加以解决,全力打造富裕、秀美、宜居、和谐鄱阳湖生态经济区璀璨明珠,为鹰潭全面建成小康社会打下更加坚实的基础,不辜负省委的期望和全市人民的重托。

重要会议

【全市集中整治影响发展环境的干部作风突出问题活动会议】1月15日,全市发展提升年活动总结暨开展集中整治影响发展环境的干部作风突出问题活动会议召开。市委书记陈兴超出席会议并讲话,市委副书记熊茂平宣读了《关于加强干部作风建设,进一步优化发展环境的实施意见》,市委常委、纪委书记谢一平宣读了《关于表彰2011年全市发展提升年活动先进单位的通报》,市政府副市长王家林通报了2011年全市发展提升年活动情况。市委书记陈兴超在会上指出:(1)充分认识开展集中整治活动的重要性和紧迫性;(2)采取有力措施确保集中整治活动取得实实在在的成效;(3)切实加强集中整治活动的组织领导。

【全市开放型经济工作会议】1月

18 日，全市开放型经济工作会议召开。这次会议的主要任务是，总结2011年开放型经济工作，表彰先进，全面部署2012年工作。市委书记陈兴超出席会议并讲话，市委副书记熊茂平宣读《市委、市政府关于表彰2011年全市开放型经济工作先进单位和先进个人的决定》以及《2011年招商引资项目奖励的决定》，市委常委、组织部长郭清宣布市直专业招商小分队人员名单，副市长徐云作工作报告，市长钟志生主持会议。市委书记陈兴超强调：要按照“主攻项目、决战‘三区’，凸现特色、实现跨越”的总体要求，始终坚持大开放主战略，大力提升开放型经济工作水平，以大开放带动大项目，以大项目带动大产业，以大产业带动大发展，以重大项目加速产业集聚、促进产业升级，加快构建现代产业体系，不断增强本市综合实力和竞争力，全力推进本市经济社会又好又快发展。

【全市创建省文明城市、国家园林城市及省级生态园林城市动员大会】6月25日，全市创建省文明城市、国家园林城市和省级生态园林城市动员大会召开。市委书记陈兴超作重要批示，市长钟志生下达责任状并讲话。市委常委、常务副市长王家林主持会议，市委常委、副市长宋迪维，市委常委、宣传部长周世敏分别宣读《鹰潭市创建国家园林城市及省级生态园林城市实施方案》《市委、市政府关于做好争创江西省创建文明城市工作先进城市有关工作的通知》，市委常委、政法委书记杨金红，市人大常委会副主任徐晓年，副市长辜清出席会议。市委书记陈兴超在批示中指出：市委对全市广大干部群众在创建文明城市和园林城市工作中取得的成效是满意的，全市上下要进一步巩固和拓展创建工作成果，加强组织领导，狠抓工作落实，不折不扣地把创建工作的各项任务落到实处，为把鹰潭建设成为鄱阳湖生态经济区璀璨明珠做出新的更大贡献！

【全市领导干部会议】7月20日，全市领导干部会议召开，会议的主要任务是：全面总结上半年工作，对下半年工作进行安排部署，确保完成全年各项目标任务。市委书记陈兴超传达全国、全省维护社会稳定工作电视电话会议精神，并就如何做好下半年工作作重要讲话。市长钟志生总结2012年上半年全市经济社会发展情况，部署下半年工作。市委副书记熊茂平主持会议。杜德春、潘赞海、谢一平、王家林、宋迪维、郭清、戴春英、周世敏、杨金红等市四套班子领导，市中级人民法院、市人民检察院主要负责人出席会议。市委书记陈兴超在讲话时指出：(1) 要认真分析和把握形势，进一步增强跨越发展的责任感和紧迫感；(2)要狠抓落实，全力推进各项重点工作实现跨越；(3)要全面加强党的建设，进一步强化发展的组织保障.

【市委常委会议】2012年，中共鹰潭市委召开了11次常委会议，以下列出其中6次。

1月9日下午，市委书记陈兴超主持召开了七届市委第7次常委会议。(1)传达学习省委苏荣书记在省委常委会上关于全省新闻宣传工作的讲话要点；(2)研究《鹰潭市统筹城乡综合配套改革试点工作方案》；(3)研究《关于开展创建“秀美乡村”活动的实施意见》；(4)研究《关于进一步加强和改进城市社区居民委员会建设工作的意见》；(5)研究《鹰潭市突发公共事件媒体宣传应急预案》；(6) 听取全国全省加强和创新社会管理工作电视电话会议以及全省政法工作会议精神及贯彻意见汇报；(7)研究关于召开全市开放型经济工作会议相关事宜；(8)研究关于召开全市发展提升年活动总结暨集中整治影响发展环境的干部作风突出问题活动动员大会事宜；(9) 研究关于2012年领导干部报告个人有关事项工作事宜；(10)研究了其他工作。

4月9日上午，市委书记陈兴超主持召开了七届市委第10次常委会议。(1)传达学习《省委办公厅关于深入学习人民日报评论员文章的通知》精神；(2)学习胡锦涛总书记、温家宝总理有关国土工作重要讲话精神，听取进一步加强全市国土工作情况汇报；(3) 听取省委十三届三次全体会议精神及贯彻意见汇报；(4) 听取全省宣传部长会议、全省文化体制改革推进和动员会议精神及贯彻意见汇报；(5) 听取全省党史研究室主任会议精神及贯彻意见汇报；(6) 研究关于承办全国23城市人大常委会第19次联席会议相关事宜；(7) 听取2012年市直机关党风廉政建设和反腐败工作任务分工意见汇报；(8)研究鹰潭市党政机关公务用车配备使用管理办法；(9) 听取关于市工商联换届工作的实施意见；(10) 听取关于建设普通本科院校鹰潭学院工作情况汇报；(11)研究了关于加快现代物流业发展的若干意见；(12)听取全市重点项目建设情况汇报；(13)研究关于2011年市直县级领导班子和领导干部考核情况；(14)研究干部人事问题。

5月14日上午，市委书记陈兴超主持召开了七届市委第12次常委会议。(1)传达学习省委苏荣书记在主持省委中心组第1次集体学习时的讲话精神；(2) 听取全省文化体制改革和发展工作会议精神及贯彻意见的汇报；(3) 研究关于推进鹰潭市文化体制改革加快文化发展工作总体方案；(4) 研究“富裕鹰潭”“秀美鹰潭”“宜居鹰潭”“和谐鹰潭”建设实施意见；(5) 研究关于加快鹰潭市文化休闲娱乐等服务业发展的实施意见；(6) 研究关于进一步加快县域经济发展的若干意见；(7) 研究关于成立市中小城市发展改革试点工作领导小组相关事宜；(8) 研究深化鹰潭市市级财政国库集中支付改革实施方案；(9) 研究关于追授王坚为优秀共产党员相关事宜；(10)研究干部人事问题。

8月10日下午，市委书记陈兴

超主持召开了七届市委第13次常委会议。(1)学习传达胡锦涛总书记在省部级主要领导干部专题研讨班开班式上的重要讲话精神;(2)听取全国科技创新第一次全体会议和《中共中央、国务院关于深化科技体制改革加快国家创新体系建设的意见》文件精神,全省扶贫开发推进会、全省社会主义新农村建设工作会议、全省农村重点污染区域专项治理工作推进会精神及贯彻意见的汇报;(3)听取全国公共资源交易市场建设工作推进会主要精神及贯彻意见的汇报;(4)听取全国、全省维护社会稳定工作电视电话会议和《江西省社会管理综合治理体系建设规划纲要(2012—2015年)》文件精神汇报,研究了市社会治安综合治理委员会更名事宜;(5)听取全省文化体制改革工作总结大会、迎接党的十八大重点报道选题策划会和全省宣传部长座谈会主要精神及贯彻意见的汇报;(6)听取全国党委秘书长、全省党委秘书长办公室主任会议主要精神及贯彻意见的汇报;(7)研究关于进一步加强全市老年教育工作的意见;(8)研究了关于加强新时期科协工作的实施意见;(9)听取关于济广(景鹰)高速鹰潭南收费站改建工程"4·14"较大坍塌事故调查情况汇报及有关责任单位和责任人员的处理意见的汇报;(10)研究干部人事问题;(11)研究市工商联(总商会)、市侨联换届领导班子人选事宜。

11月1日下午,市委书记陈兴超主持召开了七届市委第15次常委会议。(1)听取全省基层组织建设年解决突出问题现场会精神及贯彻意见;(2)研究鹰潭市关于进一步加强社区矫正工作的意见;(3)研究建设白鹤湖现代农业综合示范区的有关事宜;(4)研究鹰潭市关于进一步加强人民政协提案办理工作的实施意见;(5)研究鹰潭市关于进一步加强和改进新形势下工商联工作的实施意见;(6)听取全市重点项目建设进展情况的汇报;(7)研究干部违纪处理问题;(8)研究鹰潭市部分民主党派市委会换届事宜;(9)研究干部人事问题。

12月21日上午,市委书记陈兴超主持召开了七届市委第17次常委会议。(1)传达学习苏荣在全省党员领导干部会议上的讲话精神;(2)研究关于中共鹰潭高新技术产业园区工作委员会等两个机构更名事宜;(3)研究关于构建"鹰潭发布厅"政务微博集群平台事宜;(4)听取关于鹰潭城市精神、市歌、市徽征集活动情况汇报;(5)研究关于召开市八届人大三次会议有关事宜;(6)研究关于召开市政协八届三次会议有关事宜;(7)研究关于补选市八届人大市直代表和八届市政协委员、常委事宜。

重大决策

【开展社会管理创新综合试点工作】为切实贯彻落实《中共中央国务院关于加强和创新社会管理的意见》(中发〔2011〕11号)、《中共江西省委江西省人民政府关于加强和创新社会管理做好新形势下群众工作的意见》(赣发〔2011〕13号)和《江西省社会管理创新综合试点指导意见》(赣综治委〔2010〕31号)精神,切实抓好社会管理创新综合试点工作,结合鹰潭市实际,制定如下实施方案。

一、指导思想

以邓小平理论和"三个代表"重要思想为指导,深入贯彻落实科学发展观,紧紧围绕维护重要战略机遇期社会稳定的总目标,牢牢把握最大限度地激发社会创造活力、最大限度地增加和谐因素、最大限度地减少不和谐因素的总要求,用一至两年时间,在全省率先建立与社会主义市场经济体制相适应的社会管理体系,形成"党委领导、政府负责、社会协同、公众参与"的社会管理格局,为把鹰潭建设成为富裕、秀美、宜居、和谐的鄱阳湖生态经济区璀璨明珠营造和谐稳定的社会环境。

二、主要任务

(一)强化政府社会管理和公共服务职能

1.切实加强和改善民生。重点推进教育、就业、住房、社会保障、医疗卫生、困难群体救助、收入分配调节、生态建设和环境保护等方面工作,加快形成惠及全民的公共服务体系。按要求全面完成省政府下达的民生指标任务。

2.推进民生服务"五小"工程。在全市各级党政机关广泛开展以高度重视小诉求、妥善调处小纠纷、切实整改小隐患、认真解决小问题、努力办理小事情为内容的"五小"民生服务行动。广泛开展机关服务基层、干部服务群众和联建共创活动。

3.建立群众诉求表达平台。整合"民声通道"、市(县、局)长专线、书记市长信箱、政风行风热线、各类维权热线等资源,建立统一的群众诉求表达渠道。

4.加强社会服务管理工作者队伍建设。在乡镇(街办)、村(社区)建立志愿服务者管理中心、管理站,组建职业化、专业化、公益性社会工作者队伍。

(二)创新加强公共服务与社会管理的手段与模式

1.建设数字乡镇、数字社区。依托数字鹰潭大平台人口信息库和空间地理信息系统,实行对各类人群的管理和服务。

2.完善视频监控"天网"工程。按要求整合单位内部视频监控资源;建设出入市中心区的交通智能卡口系统;开发建设各种应用系统,最大限度发挥"天网"工程效能。加快整合与视频监控相关的应急管理信息化工程。

3. 实行社区服务管理网格化。科学划分社区管理单元网格,落实网格管理组织人员,规范网格管理服务工作,将辖区人、地、物、情、事、组织全部纳入网格进行管理。

4.建立领导干部联系点和定期下基层调研制度。落实县(市、区)党政领导挂点行政村和重点骨干企业,乡镇领导挂点自然村和企业,乡镇干部挂点农户和困难职工,党政领导挂点督促治安混乱地区重点整治工作的制度与措施。

5. 建立健全政法干警常态化“大走访”机制。组织动员广大政法干警走访城乡居民和群众,密切警民关系,及时化解不稳定因素。

(三)构建社会矛盾预防、化解和处置机制

1.严格落实社会稳定风险评估机制。将社会稳定风险评估作为重大决策、重大项目、重大事项出台、实施的前置程序和必备条件,认真评估其实施的合法性、合理性、可行性、安全性,密切跟踪决策运行情况,及时调控稳定风险,化解社会矛盾。

2.建立健全案件评查长效机制。着力提高政法机关办案质量,促进公正廉洁执法,从源头预防和减少涉法涉诉上访问题。

3.深入推进“法治鹰潭”建设。积极开展“六五”普法宣传教育和社会主义法治理念教育;在村(居)委会建立健全司法协理员队伍;在自然村(社区)培养“法律明白人”;依法推进行业规范、村规民约、社区公约等社会规范建设;加强法律援助、法律服务和司法救助工作。

4.积极开展社会心态评估疏导。培训建立心理辅导员队伍,建立心理卫生服务体系;重点在社区及学校、医院、敬老院、企业和弱势人员集中领域等设立心理危机干预机构,;探索建立社会心态监测网络,掌握社会心态变动趋势和规律。

5.大力推进社会诚信体系建设。在全市范围内组织开展社会诚信建设舆论宣传、公民诚信教育和信用知识普及活动,打造“诚信鹰潭”城市形象。

6.实现调解组织全覆盖。认真贯彻《中华人民共和国人民调解法》,在乡镇(街办)、村(社区)和单位、行业、社团、仲裁等机构建立矛盾纠纷人民调解组织,开展矛盾纠纷调处工作。

7.大力推开行政调解。在负有矛盾纠纷化解职能的所有行政职能部门建立调解组织,规范行政调解工作,化解行政矛盾纠纷。

8.加强司法调解工作。贯彻和谐办案理念,完善“公调对接”“诉调对接”“检调对接”工作机制,做到案结事了,有效预防和减少社会对抗。

9.建立健全大排调体系。根据省综治委〔2011〕12号文件精神,制定矛盾纠纷大排查大调解工作意见;完善“三调联动”工作机制,提高矛盾纠纷调处实效;加强矛盾纠纷排查调处,完善市、县、乡、村矛盾纠纷定期排查调处工作机制;建立健全县(市、区)、市直单位矛盾纠纷排查调处联席会议制度;规范矛盾纠纷和其他涉稳情报信息报送制度,完善情报信息收集、报送、研判及预警机制。

10. 加强交通事故纠纷预防调处工作。建立健全交通事故预防、纠纷速调速裁和被害人救助、民事赔偿第三方担保等制度。

11. 加强医患纠纷预防调处工作。完善医患纠纷预防调处机制,建立独立第三方的调处组织,制定遏制“医闹”措施,构建和谐医患关系。

12. 加强信访工作。建立完善市、县(市、区)联合接访中心;健全“大信访”工作体系;规范领导干部接访、约访、下访、回访制度;设立疑难信访问题救助专项资金,完善使用管理办法;健全信访问题办理督查机制;建立遏制缠访、闹访和非正常上访的工作机制。

13.完善领导包案制度。对重大疑难矛盾纠纷和信访案件坚持由领导包案处理。

14. 完善突发事件应急处置机制。加强应急管理,完善自然灾害、事故灾难、公共卫生事件、社会安全事件的应急处置机制;健全群体性事件隐患排查、研判、预警和处置机制。

(四)加强各类群体的服务与管理

1. 创新流动人口服务管理模式。出台《鹰潭市流动人口服务管理办法》,建立和完善县(市、区)、乡镇(街办)、村(社区)流动人口服务管理工作机构,配备协管人员。

2.创新留守儿童、留守妇女、空巢老人关爱帮扶模式。建设留守儿童、留守妇女、空巢老人帮扶服务基础设施,规范帮扶服务工作。

3.创新重点青少年群体教育帮扶模式。建设、完善流浪青少年与乞讨人员社会救助中心和未成年人教育保护中心(特殊学校),完善社会救助和教育保护工作。

4.创新刑释解教人员安置帮教模式。健全完善必接必送和有效安置帮教工作机制;市、县(市、区)建立刑释解教人员过渡性安置基地。

5.创新监外服刑人员社区矫正模式。推广并完善贵溪市入矫人员的做法,组织动员社会各方面力量参与社区矫正工作。

6.创新肇事肇祸精神病人收治管控模式。启动建设肇事肇祸精神病人集中收治管控中心(安康医院),完善收治管控机制。

7.创新吸毒人员戒毒和易感染艾滋病人治疗康复模式。加强强制隔离戒毒和艾滋病人治疗康复场所建设,制定和完善管理机制。

8.加快残疾人康复、托养服务体系建设。启动建设市残疾人综合服务中心,重点为运动功能障碍的残疾人提供功能测评、康复治疗和辅助器具装配及使用训练;为聋哑儿童进行听力语言康复训练和语言矫治;为盲人进行定向行走和生活技能训练;为长期由家庭照料的智力、精神、老年性痴呆和其他重度残疾人提供寄宿、托管、生活技能训练、劳动功能康复、特殊就业培训和辅助就业等服务。

9.加强“法轮功”等邪教组织和非法宗教的防范控制。建立“法轮功”等邪教组织和非法宗教组织数据库,强化打、防、控、管、转(化)各项措施。

(五)加强公共安全体系建设

1.健全打、防、控、管工作机制，切实提升公众安全感。严厉打打击严重刑事犯罪；加强危爆物品、特种行业治安管理和治安高危人员管控；加强校园安全保卫工作，推行“一校一警”制度，加强校车管理；加强铁路护路联防工作，开展社区安防系统建设。

2.加强食品药品安全监管。创建食品药品安全监管示范区；实施2011—2015年五年科普宣传行动计划。

3.严密安全生产管理。推行安全等级管理，实行分类监管制度；健全、完善安全生产责任制；建立定期安全大检查制度。

4.加强消防安全管理。建立健全事故预防、隐患整改、事故处理工作机制。

(六)强化社会管理基层基础

1. 全面推进基层党建标准化项目建设，建立健全便民服务机制。在市、县(市、区)建立、完善行政服务中心，在乡镇(街办)建立、完善便民服务中心，在建制村建立便民代办点；规范“中心”、代办点服务功能。

2.深入推进村(居)民事务理事会建设。本着“未组建的抓组建、已组建的抓规范、已规范的抓提高”原则，完善和规范村(居)民事务理事会功能，明确一名理事负责维稳、信访和治保工作，发挥其在管理基层事务中的应有作用。

3.加强基层政法、综治组织建设。配齐配强乡镇(街道办事处)维稳信息督查员，参加同级党政班子相关会议；加强政法部门基层“两所一庭”建设，按副科级规格建立健全乡镇(街办)司法所、配备司法所长。

4. 强化基层和谐平安创建工程。规范乡镇(街办)和谐平安联创中心、矛盾纠纷排查调处中心工作，深入推进平安县(市、区)、乡镇(街办)、社区(村)、单位、企业、校园、医院、市场、边界、家庭等创建活动，维护基层和谐稳定。

5.积极构建和谐劳动关系。加强基层劳动保障服务平台建设；健全劳动争议协调化解机制；建立职工服务中心，强化中心服务功能。

(七)推进社会组织、非公经济组织和新兴媒体管理服务

1.加强社会组织管理服务。从登记、审批、扶持、监管、退出等方面形成制度规范；培育“枢纽型”社会组织。

2. 加强非公经济组织管理服务。建立健全党、团、工会等组织，落实内部安全稳定法人责任制，规范经济组织的社会责任。

3.加强新兴媒体引导管理。加强网络信息巡查处置、网络舆情控制应对和打击网络违法犯罪协同配合机制，加强对社会热点问题的舆论引导，推动互联网行业自律。

三、几点要求

1.加强组织领导。组建市社会管理综合治理委员会，调整职责，充实人员；成立市社会管理创新综合试点工作领导小组，由钟志生任组长，熊茂平任常务副组长，市四套班子相关领导任副组长，市委市政府相关部门主要负责为成员，下设办公室，负责全市社会管理创新综合试点工作的组织、指挥、协调、调度。各县(市、区)、各相关部门也要成立相应领导机构和办事机构，负责落实社会管理创新试点的各项工作。

2.注重务实创新。加强和创新社会管理，是一项社会系统工程，是全社会的共同任务，各地各部门各单位既要各司其职，又要协调配合，共同抓好落实，形成推动社会管理创新工作的强大合力。

3.强化督查考核。市社会管理创新综合试点工作领导小组要加强对综合试点工作的分类指导，定期不定期对试点工作情况进行督导与调度。各牵头单位要制定相关工作的考核细则并加强考核。市综治委将结合年度综治工作考评，加大对社会管理创新试点工作的考核力度，并将考核结果作为各级党政班子及党政干部政绩考核和综治工作评先的重要依据。

4.加强宣传引导。宣传舆论部门要加强对社会管理创新综合试点工作的宣传引导，在全社会营造浓厚工作氛围，并及时发现、宣传、推广工作中的好经验、好做法，推动试点工作顺利开展。

【富裕鹰潭建设实施意见】

一、总体目标

1.经济实力明显增强。确保到2016年，全市生产总值达760亿元，年均增长12%以上；人均地区生产总值突破1万美元；财政总收入148亿元，年均增长18%以上；全社会固定资产投资830亿元，年均增长20%以上。

2.产业结构进一步优化。三次产业结构调整为6:54:40；高效生态农业、资源节约型和环境友好型工业以及现代服务业在三次产业中逐渐居于主导地位；科技的支撑作用明显增强。

3.居民生活水平继续提高。城镇居民人均可支配收入30500元，年均增长12%以上；农民人均纯收入12300元，年均增长12%以上；社会消费品零售总额220亿元，年均增长16%以上；城镇恩格尔系数下降到35%左右。

二、工作重点

1.培育“1+6”工业体系。重点发展以铜产业为龙头，以水工、节能照明电器、机械装备制造等地方优势产业为依托，以新能源新材料、大健康、创意制造等新兴产业为发展方向的“1+6”产业

2.提升旅游产业发展水平。对旅游产业进行全方位的战略性规划，积极引进有实力的企业集团进行旅游产品开发。推进城景互动，不断完善中心城区旅游功能和承载功能。

3.增强物流产业综合实力。深入实施物流产业发展规划，加强与国内龙头物流企业的合作，推动物流产业与实体经济的互动。着力培育为地方经济、地方企业服务的物流企业，满足实体经济发展需求。

4.大力发展现代特色农业。全面落实各项惠农政策，形成区域化

布局、标准化生产、产业化经营、社会化服务的发展格局。支持县(市、区)结合本地实际,开发特色农产品,打造特色化、规模化现代特色农业。

5.积极扶持企业成长。抓龙头,积极支持以江铜为代表的中央省属企业的发展,做大做强铜产业;抓培育,加大对骨干企业的扶持力度,延伸产业链;抓创业,支持地方传统特色企业的发展,不断激发内在活力。

6.着力提高城乡居民收入。以创业带动就业,多渠道开发就业岗位,促进充分就业;完善收入分配制度,提高农民经营性收入、工资性收入、转移性收入和财产性收入。

7.继续深化投融资体制改革。建立和完善以政府财政投入为引导、企业投入为主体、金融投入为支撑、社会投入为补充的多元化投入机制,引导不同经济成分和各类投资主体参与城乡一体化建设。

【秀美鹰潭建设实施意见】

一、总体目标

到2016年,城市达到国家“生态园林城市”目标要求,农村60%以上的村庄达到“秀美乡村”目标要求,总体实现“天蓝、地绿、水清、人与自然和谐共处”的建设目标。具体目标是:

1.天蓝。大气质量切实改善。到2016年,全年空气质量优良天数达到310天以上。

2.地绿。国土绿化水平全面提升。到2016年,全市森林覆盖率达58%以上。其中,城市规划区绿化覆盖率35%以上,山区绿化覆盖率70%以上,丘陵地区绿化覆盖率40%以上,平原地区绿化覆盖率15%以上,冬季农业覆盖率达到90%,基本不留空闲田。

3.水清。水体污染得到根本治理。到2016年,集中式饮用水源地水质达标率达100%,城市水功能区水质达标率100%,城镇生活污水集中处理率达85%以上。

4.人与自然和谐。绿色环保事业快速发展。生态建设步伐进一步加快,植树造林、水土保持、生态保护各项工作有序推进;资源综合利用水平进一步提高,循环经济、绿色经济发展步伐加快。

二、工作重点

(一)落实节能减排任务,加强大气污染防治,实现空气清新

1.大力推行“循环、减降、再利用”等绿色技术,全面落实“十二五”期间工业节能目标任务。

2.实施非电企业脱硫工程,推进火电企业机组脱硫脱硝技术改造,推进铜业、建材、化工三大行业燃煤脱硫。

3.全面开展机动车排气检测,核发机动车环保标志,做好机动车氮氧化物减排工作;加强烟尘污染控制,强化城市交通运输和工程施工中的防尘、抑尘管理和餐饮油烟污染的管理,防止烟尘超标排放。

(二)加强水源地保护,推进水环境整治,实现水体清洁

1.加强水源地保护。

2.加强饮用水源建设。

3.加大河道整治力度。

(三)推进造林绿化“一大四小”工程,加强森林资源培育和保护,实现生态优良

1.加大森林资源保护管理力度,实现森林面积和森林蓄积“双增长”。

2.抓好生态保护工作。

(四)加大“森林城市”创建力度,推进城市绿化、美化、亮化工程,实现城市靓丽

1.实施城市绿化、美化、亮化工程,挖掘文化底蕴,彰显城市特色,提升城市品质。

2.大力实施城市通道和城市出入口绿化提升工程,提升城市品位和形象。

(五)实施基层党建标准化项目建设,开展“秀美乡村”创建活动,实现乡村秀美

1.切实推进乡镇基层党建标准化项目建设,促进基层党建工作上新水平。

2.合力推进农村集镇周边、主干道路边村庄“秀美乡村”创建活动和农村“卫生清洁”工程。

3.切实抓好贵冶周边村庄新农村建设。

(六)发展绿色循环经济,提升生态发展水平,实现人与自然和谐共处

1.加快循环经济基地和“城市矿产”示范基地建设,积极创建生态工业园区。

2.大力发展无公害农产品、绿色食品、有机食品生产,大力发展“林下经济”。

3.实施大景区、大旅游项目,积极推动实力景区、知名景区、秀美景区“三个景区”建设。

4.着力打造生态旅游精品。

5.全面普及测土配方施肥,大力推行有机肥种植,积极推广绿色植保技术及高效低毒低残留农药。

【宜居鹰潭建设实施意见】

一、总体目标

通过开展“宜居鹰潭”建设工作,努力使鹰潭在城市化水平、基础设施建设、生态环境改善、城市管理水平等方面实现跨越式发展,城市综合承载能力和竞争能力明显增强,市民生活满意度和方便度显著提高,对鹰潭的认同感、自豪感进一步增强,力争到2016年,将鹰潭建设成为城乡布局合理,基础设施完善,功能配套健全,环境优美舒适,公共服务优化的宜居城市。创建国家园林城市和省级生态园林城市,力争获得“中国人居环境奖”。

二、工作重点

(一)科学规划城市建设

1.统筹城乡规划布局。

2.完善城乡规划体系。

3.严格实施城乡规划。

(二)改善居民住房条件

1.完善住房供给体系。

2.加强住房物业监管。

3.规范建筑与房地产市场行为。

(三)提升城市综合环境质量

1.深入实施“碧水工程”。

2.深入实施“蓝天工程”。

3.深入实施“洁净工程”。

4.深入实施“绿色工程”。

(四)完善公共服务设施

1.加快城市交通体系建设。

2.完善公建配套设施。

3.建设教育卫生文化娱乐设施。

(五)提升城市管理水平

1.积极开展创建活动。

2.加强城市管理。

3.创建宜居社区。

【和谐鹰潭建设实施意见】

一、总体目标

1.保持“两个领先”。即社会管理综合治理工作不断加强,在全省处于领先位置;公众安全感稳步提升,在全省处于领先位置。

2.实现“三个最大限度”。即最大限度激发社会创造活力;最大限度增加和谐因素;最大限度减少不和谐因素。

3.做到“四个增强”。即干部群众的法制观念明显增强;化解处置各类稳定问题的能力明显增强;保障社会公平正义的能力明显增强;政法维稳保障能力明显增强。

4.保障“五个安全”。即切实保障政治安全;切实保障社会安全;切实保障治安安全;切实保障公共安全;切实保障经济安全。

5.确保“六个不发生”。即不发生有重大影响的敌对势力渗透破坏活动;不发生有重大影响的暴力恐怖活动;不发生有重大影响的群体性事件;不发生有重大影响的群死群伤治安灾害事故和安全生产事故;不发生有重大影响的涉黑涉恶等恶性刑事案件;不发生赴省进京访个人极端事件。

二、工作重点

(一)扎实推进普法教育和依法治理工作,提高依法服务管理社会的水平

1.深化法制宣传教育。

2.开展法治县(市、区)、法治机关创建活动。

3.深入开展法治乡镇、民主法治示范村(社区)创建活动。

4.深入开展社会组织、非公经济组织等单位学法用法示范创建活动。

5.积极推进法治文化建设。

6.深入推进公正廉洁执法。

(二)完善矛盾纠纷预防化解机制,切实维护社会安全稳定

1.建立党委政府定期研究维稳工作制度。

2.建立健全民生保障机制。

3.实行重大决策社会稳定风险评估制度。

4.完善社会矛盾“大排调”体系建设。

5.完善社会矛盾多元化排查调处机制。

6.强化突出矛盾纠纷化解处置工作。

7.健全维稳信息报送、会商、研判制度。

8.切实提高群体性突发事件处置能力。

(三)坚持以群众工作统揽信访工作,增强化解处理信访问题的能力

1.进一步畅通信访渠道。

2.坚持领导接访工作制度。

3.严格落实领导包案责任制。

4.依法规范信访工作行为和群众上访行为。

5.扎实开展创信访“三无”活动。

(四)严密构筑立体化防控体系,切实增强人民群众安全感

1.加强新形势下的对敌斗争。

2.保持对严重刑事犯罪的高压态势。

3. 深入开展治安重点地区、治安突出问题排查整治。

4.完善治安防控“六张网”。

5.深入开展和谐平安建设活动。

6.加强查办和预防职务犯罪工作。

7.实施“市民素质提升工程”。

(五)加强特殊群体的服务与管理,解决影响社会和谐稳定的突出问题

1.建设数字乡镇、数字社区。

2.加强流动人口管理。

3.加强刑释解教人员安置帮教和社区矫正工作。

4.加强治安高危人员教育管控。

5.强化对重点青少年的教育帮扶和流浪乞讨人员救助工作。

6.创新留守儿童、留守妇女、空巢老人和残疾人等弱势群体的帮扶管理模式。

7.强化“两新”组织管理。

8.加强虚拟社会管理。

9.推进村(社区)服务管理精细化。

10. 实施法律服务和法律援助工作。

(六)大力夯实基层基础,不断提高和谐鹰潭建设保障水平

1.加强社会管理综合治理机构建设。

2.加强基层综治组织建设。

3.加强政法维稳队伍建设。

4.加强政法、信访部门基础设施建设。

5.加大经费保障力度。

市委办公室工作

【概述】2012年,在市委正确领导和各级各部门大力支持下,市委办公室紧贴市委决策部署和鹰潭发展大局,按照“在全市机关作表率、在全省同行争一流”目标,兢兢业业履职,积极主动作为,高效完成各项任务。公文处理、信息、督查工作在全省继续保持领先地位,党建、综治、秀美乡村和社区建设等多项工作被评为市先进单位。

【创新工作理念,自觉把优质高效服务作为立身之本和履职之基】一是由注重日常事务服务向服务发展大局转变。自觉从繁忙的日常事务和文山会海中走出来,把主要精力和时间集中在服务建设富裕秀美宜居和谐鄱阳湖生态经济区璀璨明珠的战略目标上,放在落实“主攻项目、决战三‘区’,凸现特色、实现跨越”的总体要求中,紧贴全市发展大局出谋划策,紧跟市委

决策部署督查落实。二是由被动应付向主动服务转变。积极克服从属、被动的工作特性,紧紧围绕市委中心工作和主要领导要求,充分发挥主观能动性,努力超前思考运筹,积极分析发展趋势,紧贴领导求主动,围绕大局谋主动,尊重规律赢主动。三是由务虚服务向务实服务转变。紧跟市委部署和主要领导的工作节奏,注重从改革会议、精减文件入手,可以市委办下发的文件不以市委名义下发,可发可不发的文件一律不发,可开可不开的会议一律不开,力改务虚多、务实少的工作方式,服务的重心更加贴近发展大局,更加符合工作实际。一年内,以市委、市委办名义下发文件数和召开会议数同比分别精减了43%和52%。

【突出工作重点,以“更上一层楼”的要求全力提升服务质量和成效】 一是精心起草文稿参谋助手作用更加充分发挥。紧紧围绕市委中心工作想大事、谋全局、献良策。文稿服务中坚持把上级精神、领导意图、工作实际有机结合起来,文稿思想性、针对性、务实性明显增强。一年内,先后起草领导讲话、情况汇报、工作报告等综合文稿近300万字,文稿质量得到市委领导高度认可,并在国家及省级以上重要刊物发表反映鹰潭市经济社会发展成果的文章43篇,进一步提升了鹰潭的影响力和美誉度。同时深入基层调研当好“智囊团”。紧紧围绕关乎鹰潭经济社会发展的战略问题、市委部署落实中的突出问题、干部群众反映强烈的问题,组织干部扑下身子、沉到基层,摸实情、讲真话,形成有分量、有见地、有价值的调研报告100多篇。多数调研成果进入市委决策视野,多篇调研文章被省委办公厅选用。二是增强综合协调能力中枢运转作用更具成效。市委办公室处于承上启下、联络左右、协调各方的中枢位置。综合协调是保证市委正常运转的必要前提。在日常运转方面,市委办加大与几套班子办公室、县(市、区)党委办公室,统筹协调力度,完善市委办公室与各部门的协调协商机制,先后出台了《四套班子秘书长、办公室主任联席会议制度》、《市委办公室工作标准及程序》等相关制度。在公文处理方面,按照“不让上级精神停留片刻,不让基层汇报耽误一秒”要求,全力确保了市委日常工作的高效运转。文件传阅做到了规范、高效、安全,公文制发把好了政治关、政策关、文风关。一年内,共传送文件6000多份,制发文件400余份,均做到了规范高效,被省委办公厅誉为“鹰潭经验”。在信息服务方面,坚持拓宽视野,把捕捉信息的视觉对上放在掌握党和国家的大政方针及产业政策上,对外延伸到搜集发达地区的先进经验上,对下涵盖到经济发展、社会稳定、民生改善等方方面面,并注重信息的深度开发和提炼加工,为市委决策提供全方位、多领域、广角度的信息服务。一年内,共编发《信息汇要》85期、《快报》72期,其中20余件得到领导批示;上报反映鹰潭特色信息800余篇,被省厅采用信息110余条,在全省名列前茅。在会议服务方面,做到了早介入、早谋划、早准备,全年筹办的70多个会议无一差错。在服务领导活动方面,坚持特事特办、急事急办、快事快办,做到主动不越位、到位不错位、精准不缺位,全年协调各类领导活动60多项,均做到了严谨周密。在后勤保障方面,做到既勤俭节约、又细致周到,全年接待来客800余人次,均做到了来宾满意。在服务群众方面,坚持热情周到、细致得体,全年接待来人来访600余人次,民声通道个案15件100%办结,做到了群众来信来访件件有回音。三是坚持严督善查促进落实方面作用更加突显。市委办清醒地认识到:“开会+不落实=0”;“一流的决策+一流的落实=一流的结果”。为此,本办坚持把中央、省委决策和市委部署的贯彻落实作为督查重点,采取明察与暗访结合、面上督查与点上跟踪结合等方式严督严查,全面促进了中央和省委决策及市委部署的落实。尤其是在全市30项重点工程建设督查工作中,敢于坚持原则,勇于指出不足,开展专项督查120多次,提出督查建议400余条,编印《重要工作督查》22期,有效促进了重点工程顺利推进,得到市委领导充分肯定。其中,对市一中迁入新校区运行情况的督查,作为典型案例在全省推广。同时,认真办理人大代表意见建议和政协委员提案,积极督促有关部门狠抓落实,做到了件件有着落,事事求满意。四是积极落实市委部署引领作用更加突出。始终秉持在全市部门做表率理念,自觉把带头落实市委部署作为讲政治顾大局的内在要求,坚持做到上级有号召、本办积极响应,市委有部署、本办积极行动。一年内,在人员十分紧张的情况下,积极主动参与市委各项中心工作,完成了挂点帮扶童家镇苏山村秀美乡村建设和交通街办胜西社区党建标准化建设工作;为企业招工60名,超额完成任务;将三争工作作为办公室重要工作,为部门牵线搭桥20多项。计划生育工作、综合治理工作全市优秀。

【注重自身建设,以严之又严的要求坚实“三服务”工作的组织保障】 一是不懈地加强班子队伍建设。坚持加强党性修养,在政治上忠诚坚定。坚持并发扬民主集中制,健全议事规则以及工作通报、协商、调度和分工负责机制,保持风正气顺、心齐劲足的良好氛围。注重培育创新理念,增进事业心、责任感。二是不懈地加强学习教育。一方面,坚持理论学习制度,注重以党的理论创新成果武装干部头脑,以上级指示精神引导干部行动,以业务基础知识提升干部工作水平。特别是党的十八大召开后,按照市委统一部署,迅速掀起了学习贯彻热潮,切实以中共十八大精神统一干部思想和行动。另一方面,在全办开展公文写作、机关事务岗位大练兵活动,努力使每个干部都成为提笔能写、开口能讲、问策能对、遇事能办的行家里手。三是不懈地强化制度保证。先后制定完善《目标管理绩效考核办法》《关于进一步加强内部管理提高机关整体效能的若干规定》等制度,使全办每个科室的职能更加清晰、每个岗位的职责更加规范,干部履职目标更加明确。同时,首次制定《公开选拔工作人员办法》和《科级干部竞争上岗办法》,并从基层选拔了6名工作人员跟班学习、竞争性选拔了6名科级干部,以制度规定规范了选人用人方式,提高了选人用人公信力。四是不懈地加强作风养成。认真贯彻市委部署,积极开展作风整治行动,严格查找作风建设中存在的"假浮蛮、私奢贪"问题,深刻剖析原因,制定整改措施,督促整改落实,并制定《内部监督管理办法》,形成促进作风建设的长效机制。同时,结合干部作风建设,先后组织开展"办公室精神"学习教育、"没有任何借口"理念教育、"六个不让"工作要求等实践活动,引导全办干部职工以"忠诚为要、卓越为先、创新为源、拼搏为荣、奉献为上、自律为基"的办公室精神为指导,积极做到在自己的工作中不找任何借口,以更加过硬的作风履职尽责。

回顾一年内的工作,虽然取得了一些成绩,但市委办清醒地认识到:与市委的要求和群众的期盼相比,本办还有许多不足,还有许多需要努力的地方。主要是:在思想观念上,还存在眼界思路不够宽、战略思维不够强的问题;在服务能力上,还存在事务性服务较多、决策性服务偏少的问题;在队伍建设上,还存在干部知识面不够丰富、综合实践能力不强的问题,等等。

(齐亦琛)

【中共鹰潭市委书记、副书记、常委和秘书长、副秘书长名录】

书　记:陈兴超

副书记:钟志生　熊茂平

常　委:谢一平　李贻煌　王家林　宋迪维　郭　清　戴春英(女)　黄恩华　周世敏　杨金红

秘书长:杨金红(~2012.2)　胡高堂(2012.2~)

副秘书长:陈　强　熊红英(女, ~2012.4)　周佐明　(2012.5~)　程华(~2012.5)　杨　芳(女)　彭元龙　徐略英(2012.5~)

【市委办公室副县级以上干部名录】

主　任:胡高堂

副主任:徐略英(~2012.5)　席志新　徐　楷　(~2012.11)　上官新亨(2012.5~)

调研员:李白云(女)

副调研员:陈饶祥

接待工作

【概述】2012年,在市委、市政府的正确领导下,市接待办领导班子紧紧围绕全市中心工作,切实履行运转协调和服务保障两大职能,充分发挥参谋助手和桥梁纽带作用,不断强化服务意识、规范工作程序、创新工作思路,努力提升服务层次和水平,在县(市、区)及市有关部门的支持配合下,完成了各项工作任务,取得了新的成绩。

【恪职尽责,全力以赴,公务接待服务圆满高效】全年共完成接待任务923批次,总计1.31万人次,其中,国家领导人2批次、省(部)级领导256批次,为本市扩大对外交流和经济社会平稳较快发展发挥了积极作用。一是完成了职责赋予的传统型重要接待任务。2012年,全国政协副主席、中央统战部部长杜青林,全国政协副主席郑万通先后到鹰潭市考察。这是本办2012年承接的两批重大警卫接待任务,为全力做好后勤服务保障,本办积极协同有关部门对考察线路进行前期踩点,反复斟酌,科学制定接待方案,周密布置,认真落实,确保了各环节的无缝对接,为首长的鹰潭之行提供了优质规范的接待服务,受到首长和省、市领导的一致称赞。二是成功接待了上级督导、考评、考察工作组。如中央信访工作督导组、国家资源综合利用增值税政策调研组、中组部调研组、省纪委督查组等,为中央、国务院和省委、省政府制定出台政策、了解有关情况、督促检查工作提供了周到的服务保障,为本市赢得了上级有关部门的关注与支持。三是积极做好对内对外的合作交流工作。在上饶市党政代表团、中央党校第46期西藏学员班、南非共产党干部考察团、新疆克州党政代表团等重要团组的接待过程中,本办详细了解来访团组的目的、想法和需求,制定恰当的接待方案。同时,通过一路热情讲解和一系列个性化的接待用品,全面展示鹰潭市经济社会发展成果和文化特质,为鹰潭市加强宣传和外界的交流合作搭建起了桥梁和纽带。四是承担了在鹰潭市举办的大型会议及重大活动的联络协调和服务保障工作。随着接待工作职能的不断完善和工作领域的不断延伸,接待部门已经成为党委、政府举办大型会议及重大活动的骨干力量,2012年,全国太湖论坛、全省人大选举任免联络工作座谈会、闽浙赣皖福州经济协作区第十四次市长联席会议、第六届海峡两岸道教文化论坛等先后在本市举行。会议期间,本办立足单位职责、主动协调相关部门,积极统筹接待力量,为会议的成功举行做出了应用贡献。

【完善机制,严格管理,接待工作水平明显提升】一是抓制度建设,规范化管理取得明显成效。年初,本办专门组织人员编写了《接待工作实用手册》。对公务接待工作的基本理论、接待礼仪及相关知识点进行了明确,为公务接待工作提供了一套完整可行的理论依据,不仅实现了本市公务接待工作理论指导零的突破,也为圆满完成公务接待任务奠定了坚实的理论基础。同时,对成立以来形成的规章制度进行了梳理,制定完善了公文处理、通信保密、机关日常管理、会议制度等10多项内部管理制度,使接待工作的运转更加科学、规范,机关工作效率更高。二是抓接待基地建设,接待工作条件明显改善。先后三次召开基地座谈会,专题研究接待规程、食品安全、菜肴开发等。针对中央近期通过的八项规定,迅速召开了接待基地会议,研究贯彻落实措施。主要接待基地已按照八项新规进行公务接待。此外,道源山庄、鹰潭迎宾馆等重要接待基地建设进展顺利,2013年将相继投入使用,将有效改善全市接待服务条件。三是抓接待队伍建设,工作人员综合素质明显提升。结合自身实际,通过在岗学习、集中培训、以会代训、观摩交流、新老传帮带、公开考录等多种形式提高队伍素质,培养了一支政治坚定、作风优良、业务精湛、甘于奉献的接待队伍。此外,鹰潭市对外联络交流中心于2012年正式成立,随着接待工作队伍的壮大、人员素质的提高,本市公务接待服务能力、服务质量、工作水平都得到了进一步提升。四是抓服务"特色"建设,接待服务不断优化。在深入推行"六个一"接待模式的基础上,增加了体现地方特色的个性化服务,让领导来宾倍感温馨。年初,聘请专业设计人员,对接待工作过程中使用的一系列接待用品进行了重新设计,突出鹰潭独有的文化内涵,为宣传鹰潭文化起到了潜移默化的效果。

【内强素质 外树形象 机关党建不断加强】一是加强思想政治建设。认真组织学习党的十八大会议精神、《机关事务管理条例》、中央"八项规定"、省市重要会议精神以及党的各项方针政策,努力建成了一支想干事、能干事、干好事的接待队伍。二是加强干部队伍建设。严格按照《党政领导干部选拔任用工作条例》的有关要求选拔任用干部,保证了正确的用人方向。2012年,采取竞争上岗的方式选拔任用了一名副科级领导干部。三是加强班子建设和干部廉政建设。认真贯彻落实民主集中制度,定期召开班子会议,研究工作,交流思想。同时,以加强风险岗位廉能管理进一步规范和监督权利运行工作为契机,建立健全了各项规章制度,使接待工作的各项内容和环节置于制度的监督下,确保了接待工作运行阳光高效。本办围绕全市中心工作,为"秀美乡村"及挂点村落实帮扶资金8.5万元,并统筹抓好了作风整治、综治、节能、党建、普法、计生、档案管理等各项工作。

(彭三华)

【市委市政府接待办副县级以上干部名录】

市委副秘书长、主任:杨 芳(女)

副主任:侯建国 晏路春(2012.5~)

副调研员:晏路春(~2012.5) 姜华菁(女)

保密机要工作

【概述】 2012年,在市委的正确领导和省委机要局、省保密局的指导下,我市保密机要系统紧紧围绕全市工作中心,一心一意谋事业,全力以赴保安全,为建设富裕、秀美、宜居、和谐新鹰潭,为保障党政机关秘密信息安全,为确保密码安全和通信畅通,求真务实,认真履责,聚集力量,团结协作,狠抓落实,全面完成了各项工作任务,全年未发生任何失泄密事件,得到了上级的好评。本局获2012年度江西省党政密码工作先进单位,蒋英勘获2012年度江西省保密工作优秀工作者。

【保密工作】 1.积极开展保密宣传教育。一是对全市保密干部组织业务培训和警示教育,培训教育达200余人。发放《保密知识简明读本》,领导干部和涉密人员人手1本。二是开展保密宣传教育展览活动,先后在市委、市政府机关、鹰潭军分区机关展出挂图近百幅。三是利用移动平台宣传保密法规,精心挑选制作短信内容,共传发短信2000余条。四是利用政务网开展宣传活动,在鹰潭政务网"悬挂"警示标语,提示"涉密信息不上网,上网信息不涉密"。五是积极拓宽保密刊物征订,主动为党政军机关和驻鹰单位征订杂志,扩大了保密工作的影响力。六是制定和宣传鹰潭"十二五"期间保密事业发展规划。

2.认真开展保密督促检查。一是抓好高考保密检查。会同公安、高招部门对全市高考试卷保密室进行了保密安全检查,并严格组织验收,确保高考保密无事故。二是组织开展全市网络清理检查。对文件制发管理、计算机网络使用、信息发布审查、社会网站监管等情况进行了自查和抽查,对发现的问题,要求限期整改。三是对机关互联网接入情况开展了调查,对严禁购买使用安奈特公司网络设备情况开展了自查,还对科研涉密项目保密管理进行了检查,尤其是加强了对十八大筹备和召开期间保密工作监督检查。从健全保密机构、制定保密措施、落实保密责任、管好涉密人员、加强网络监督、强化保密监管提出了明确要求,强化了保密措施,增强了防范能力。

3.强化保密管理服务工作。一是加强了对全市涉密计算机的监管。涉密计算机违规外联监管平台,及时发现和成功阻断了2个单位3人7次违规外联行为,有效避免了泄密事件发生。认真谋划保密监管平台升级改造和筹措资金,积极做好配备"三合一"前期准备工作。二是加强了涉密人员离岗脱密保密管理,严格要求涉密人员离岗签订保密协议。三是开展了保密工作基本情况摸底工作,为本市的保密科学管理打了基础。四是积极为基层和涉密单位做好咨询和服务工作。为单位涉密网建设提供政策法规指导,为驻鹰部队提供保密服务,开展军地保密协作。五是为部门依法查处涉嫌泄密案件提供政策法规指导与咨询服务。

【班子队伍建设】1.认真抓好党建工作。一是抓好党员政治学习和思想教育工作。紧密结合机要工作特殊性要求，组织学习党的路线方针政策,尤其是学习党的十八大精神,增强党员党性观念和大局意识。二是加强支部组织建设，及时进行换届选举工作,配齐配强了党支部班子。三是完善了“三会一课”制度、党内通报制度、重大决策征求意见和党务公开制度。四是认真组织忠诚教育活动,开展了“迎接十八大,光影诉衷情”和“学习十八大、服务十八大、贯彻十八大”摄影及征文活动,进一步增强了密码干部对党忠诚意识。

2.强化党风廉政建设。一是加强学习增强廉政意识。认真学习纪委惩治和预防腐败体系文件精神、党内监督条例和廉洁从政若干准则,增强班子领导廉洁从政自觉意识。二是健全完善各项管理制度,强化源头预防腐败机制。2012年以来,制定完善了《设备及耗材采购管理规定》《“三重一大”监督管理实施办法》《接待管理制度》、《公务车辆管理制度》和《大额资金审批制度》等13项制度。三是开展了风险岗位廉能管理工作。编制了职权运行流程图、查找风险岗位、确定了风险岗位人员、制定了岗位工作职责,规范了管理行为。四是落实党风廉政建设责任制。对廉政建设任务进行分解,落实主要领导亲自抓,班子成员分工抓,形成了层层抓落实的工作机制。

3、加强干部作风建设。一是抓规章制度建设。针对保密机要工作特殊性要求,健全完善了《首接负责制》和《电报办理跟踪记录》等6项制度，进一步规范了工作流程。二是强化办报服务水平。严格报务流程,规范电报登记,跟踪电报办理,及时清理归档,文明礼貌用语,改善工作态度,提升服务水平。三是严格落实保密责任。组织签订“密码安全保密责任书”和“保密承诺书”,做到人人有保密责任、个个有保密义务、大家有保密承诺,全年未发生任何失泄密事件。四是积极参加整治影响发展环境为主题的干部作风整治活动。结合深入开展创先争优、干部作风集中整治、深化机关效能活动，强化了学习，查摆了干部作风上存在的不足,并进行了严格整改提高,使党员干部作风进一步提升,工作效能服务水平进一步提高。

(蒋英勤)

【市委保密机要局副县级以上干部名录】

市委副秘书长、局长：程华(~2012.5)

局长:吴蔚权(2012.5~)

副局长:洪光平

专职密码督查员:黄国宏

政策研究工作

【概述】2012年，市委政研室紧扣市委、市政府决策部署,以服务大局、当好参谋为重点,履职尽责,主动作为，全力参与市委重要文稿起草,深入开展调查研究,精心办好《鹰潭通讯》《决策参考》两个刊物，积极做好全市中心工作。较好地完成了市委和省委政研室下达的各项工作任务。

【全力以赴做好文稿起草工作】起草市委综合文稿是政研室的重要职责，是以文辅政的重要内容,也是检验服务水平高低的试金石。为此,本室潜心于文稿起草,按照“想领导之未想、谋领导之将谋”的要求,认真领会市委领导工作思路和决策意图,立足全局思谋,深入调研分析,努力以文辅政,发挥参谋作用。一年内,先后参与起草了市委领导《在全市农村工作暨创建“秀美乡村”活动动员大会上的讲话》《在全市开放型经济会议上的讲话》《在开展干部作风突出问题集中整治活动会议上的讲话》《在全市政法工作会议暨加强和创新社会管理动员大会上的讲话》《在全市基层党建标准化项目建设推进会的讲话》《在全市基层党建标准化项目建设现场会上的讲话》等重要讲话稿30余篇；各类综合材料和文件20余篇。对每一个材料，视任务为荣誉，把写好当责任,做到无文稿时深学深思深议,掌握政策,吃透精神,积极跟进,主动思谋,打好提前量;有文稿时集中精兵强将,集中时间精力,坚守“加班熬夜是家常饭，写好通过是硬道理”,高质高效起草,参与撰写的人大会议闭幕式上的讲话、市委七届二次全会上的讲话等一系列重要文稿,得到了市委领导肯定。

【围绕重大决策部署深入开展调查研究】调查研究是政研室的“主业”,是政研室的“看家本领”。本室围绕市委重大决策部署,精心选择事关全市经济社会发展的重大课题开展调查研究,拿出了《夯实党的农村基层组织重要抓手》《鹰潭市建立健全维护和保障群众利益决策机制情况汇报》《鹰潭市保障性安居工程建设与管理经验材料》《看我市水利工作何以走在全省前列——关于我市水利事业跨越发展的调研》《关于我市生猪产业发展的调研报告》等一批高质量的调研报告。开展调查研究,本室注重时效性,突出“谋在其时”,及时调查,快速反应,在领导谋事之前先行深入研究，在领导最需要时送到案头；注重针对性，突出“谋当其用”,紧贴党委中心工作,真正静下心来、沉下身去调研,使调查研究工作做到点子上；注重实效性,突出“谋尽其效”,着力促使调研成果转化成决策预案为科学决策服务、转化成重要文件为推动发展服务、转化成综合文章为推介工作服务。

【创新理念办好《鹰潭通讯》】全室牢固树立“功夫在刊外，有为才有位”的办刊理念，将办刊的具体工作与政研室的总体工作有机结合，将政研室工作成效的提升作为刊物发展的动力和源泉。始终坚持“紧扣中心、服务大局、突出主题、创新特色”的要求，把准舆论方向，突出办刊主旨，不断拓宽稿源，严格选用文章，精心编排目录，充分发挥了《鹰潭通讯》推介鹰潭、宣传政策、传播信息、统一思想、鼓舞斗志的重要作用。同时，进一步扩大了党刊的交流和发送范围，与中央、省和地市级140多家党刊建立了刊物交流关系，使党刊成为展示鹰潭良好形象的城市名片。《鹰潭通讯》全年共出刊6期，刊发各类文稿200余篇，逾50万字。《鹰潭通讯》荣获“全国十佳城市党刊”“全国城市优秀党刊”称号，办刊经验材料获得论文评选一等奖。

【积极参与和支持全市中心工作】中心工作有要求，全室就坚决跟进落实。根据市委要求，本室配合市委组织部抓好全市基层党建标准化项目建设工作，认真履行市委赋予本室指导、调研、规范、督导、暗访职能。经常性地跟进督导、暗访促动，参与年度考评，并将工作情况通过编发简报予以反映，2012年编发简报20期；全力做好相关文稿任务，先后撰写了全市基层党建标准化项目建设推进会、现场会领导讲话等文稿10余篇；加强宣传报道营造氛围，本室先后在学习时报、江西日报等新闻媒体上发表多篇文稿，精心制作了《鹰潭通讯》专刊，对工作推进起到强劲促进作用。市委陈书记批示指出：“基层党建标准化项目建设工作启动以来，相关部门和人员工作努力，动员方方面面的力量，统一思想，扎实工作，成效显著，涌现出一批好的典型。”在人员少、任务重的情况，积极支持干部参加招商引资和创先争优等中心工作，按要求完成了新农村建设、村建帮扶、治安巡逻、节假日值班等各项工作，社会治安综合治理和计划生育工作经考核验收达标。

【着力强化政研队伍建设】政研室围绕“带出一批笔杆子，写出一批好文章”的目标，通过在全室开展“岗位大练兵”等方式，突出“特别好学习”“特别能吃苦” 的要求，通过不断磨练，政研干部综合素质普遍提高。本着“高标准、严要求”但不求全责备的原则，经常和干部讨论问题，交心谈心，“扬善于公庭，规过于私室”，及时发现和帮助本室干部改正缺点，用共同的目标凝聚和带领干部一道工作，营造了和谐向上的工作环境。通过竞争上岗等公开选拔的方式，提拔正科级干部一名、副科级干部两名。坚持敬业奉献，班子领导以身作则，在工作中带头加班加点。利用政治学习、党员学习等各种机会，强化党员和干部的廉政教育，筑牢干部思想道德防线。班子领导以身作则，在较大资金使用投放和个人待遇上，既做到阳光操作、精打细算，又勤俭节约、率先垂范。强化对领导干部监督，认真落实党风廉政建设责任，组织开展对党内监督条例执行情况的专项检查和对干部进行警示教育，积极营造风清气顺劲足的良好氛围。在个人待遇上率先勤俭节约，努力将有限的资金用出单位的好风气、领导的好品行、干部的好心情。

（桂闰华）

【市委政研室副县级以上干部名录】

市委副秘书长、政研室主任：彭元龙
副　主　任：祝春明　张卫平
副调研员：彭新华
调　研　员：周天柱

组织工作

【概　述】2012年，全市各级组织部门和广大组工干部在市委的正确领导下，以迎接党的十八大为主线，以加强领导班子思想政治建设、深化干部人事制度改革、加强基层组织建设、落实人才规划为重点，深化组织部门自身建设，坚持改革创新、求真务实，提高组织工作科学化水平，较好地完成了各项工作任务。以提高执政能力为核心，切实加强领导班子建设。坚持民主公开竞争择优，干部人事制度改革扎实有效推进。按照“干什么学什么、缺什么补什么”的原则抓好教育培训，领导班子和干部队伍整体素质进一步提高。积极落实人才发展规划，人才队伍建设得到进一步加强。注重办实事解难题，扎实推进基层组织建设年活动，开展的基层党建标准化项目建设成为鹰潭市党建工作的特色品牌。中央、省属媒体纷纷在头版或专版介绍鹰潭市开展基层党建标准化项目建设的情况，在全省基层组织建设年解决突出问题推进会上，本市作了经验介绍，并得到省委组织部的肯定。以“一迎双争”为主题，认真打造模范部门和过硬队伍，组织工作科学化水平得到不断提高。

【学习宣传贯彻中共十八大精神】广泛开展学习贯彻党的十八大精神、省十三次党代会精神活动，实现了学习贯彻十八大精神各级党组织全覆盖、广大党员全覆盖、基层群众全覆盖。按照中央、省委抓好党性教育的要求，经常教育引导党员、干部牢固树立正确的世界观、权力观、事业观，坚定政治立场，明辨大是大非，促使各级领导班子和领导干部自觉做到思想统一、目标同向、行动坚决。认真落实中央政治局改进作风“八项规定”，大力开展集中整治影响发展环境的干部作风突出问题活动，着力强化干部“没有任何借口”的执行意识，做到“少说、多做，看结果”，促使干部工作作风有了明显改进。深入开展“民情家访”，以实际行动密切党群干群关系，以优良的党风带政风促民风。

【领导班子和干部队伍建设】进一步规范干部选拔初始提名权,扩大提名环节的民主。对工作部门的主要负责人采取市委全委扩大会议进行定向推荐;对其他部门的干部,主要听取分管领导、单位党组(党委)、中心工作和重点项目建设负责人意见的基础上,综合推荐意见提名;提拔人选考察对象的产生,全部进行会议投票民主推荐。普遍实行“两轮推荐”,探索实行“差额票决”,加大竞争性选拔干部力度。对拟提拔为副县级干部人选,原则上均采取第一轮召开单位全体干部会议差额推荐,第二轮在听取入闱人选竞职演讲的基础上署名推荐的模式,全年竞争性选拔副县级干部35名,占提拔副县级干部总数的70%。通过市委全委会差额推荐、差额考察、差额酝酿、常委会差额票决的方式,选拔了团市委书记。继续改革完善年度考核与述职考评相结合的考核方式,在年度考核中增加了考核预告、实绩公示、民主评议和干部选拔任用工作“一报告三评议”;在述职考评中,进一步简化程序,提高了考核工作的科学性和效率。改进和完善干部任前公示制度,进一步扩大干部工作透明度。对拟提拔人选,通过电视、报纸等新闻媒体向社会公示,公示时间从7天改为7个工作日,对反映的问题认真核实,核查属实的取消任用。加强市直单位科级干部选拔任用的管理与指导,全年共办理51个单位、236名科级干部任用的职数审核和备案工作,指导31个单位做好了67个科级职数的竞争性选拔;认真贯彻落实公务员管理各项法规和制度,全面完成公务员考录、登记、统计、考核、培训等各项目标任务。

【干部教育培训】立足于换届后领导班子和干部队伍建设的实际,大规模进行干部教育培训,自主举办两期县级干部理论进修班、一期青年干部培训班、一期乡镇主要领导培训班,指导有关部门及县(市、区)举办了面向党外干部、农村基层党员干部、专业技术人才及非公企业代表人物的专题培训班,培训各类干部达1.59万人次。在市委党校集中举办6期科学发展主题培训班,对市直机关2000余名科级及科以下干部组织集中轮训。

【人才工作】加强人才工作的宏观指导和统筹协调,进一步健全完善市直党政部门“一把手”抓人才工作的年度目标考核制;对全市六大类人才现状进行摸底,建立人才信息库,把人才工作重点任务逐项分解落实到相关责任单位,抓好督促落实,推动规划实施。突出领军人才的吸引培养,在第三批“赣鄱英才555工程”中,申报创新创业领军人才12名、文化领军人才5名、高技能领军人才3名以及2家战略性新兴产业人才团队。实施“学科带头人培养计划”“拔尖人才培养计划”,组建市级以上工程技术研究中心14家,引进培养了一批科技创新领军人才。大力开展“科学人才观大家谈”征文活动,印发《专家学者解读科学人才观汇编》。从全市各行业各领域遴选推出8人参加第三届“江西省突出贡献人才”评选,并将创新创业典型事迹在“一报两台两网”集中宣传,在全社会营造了重才爱才、聚才用才的良好氛围。

【干部监督工作】严格执行干部监督四项制度,对县(市、区)委和市直单位党委(党组)任用干部进行“一报告三评议”,实现对所有有干部任免权的单位“全覆盖”。建立“特别监督档案”,对2008年4月以来本市涉及涉嫌买官卖官问题相关信息进行了收集排查,重点对纪检的处分决定书、法院的判决书及检察院起诉书的中信息进行了分析筛选、整理汇总。加强对重点岗位干部的日常监督管理。扎实做好“12380”举报受理查核工作。全年共完成领导干部个人重大事项报告26人次并建立档案;全年共对39名领导干部实行了离任经济责任审计;完成纪检、综治、计生三方面征求意见各140人次。

【基层党组织和党员队伍建设】推动创先争优活动向纵深发展。建立健全了公开承诺制度、领导点评、群众评议等制度,在全市推广了党员承诺践诺、窗口单位和服务行业基层党组织和党员“三亮三比三评”、基层党组织晋位升级、基层党组织和广大党员学习先进争当先进、加强行业系统基层党建等五个创先争优长效机制,开展了创先争优专项表彰。扎实开展基层组织建设年。认真抓好省委、市委关于加强基层组织建设的“1+1+7”文件的贯彻落实,确保了基层党组织工作经费、党员活动经费、场所建设经费和基层干部基本待遇“四到位”。继续推进党建工作项目化发展,通过建立“2+3+X”项目推进机制,丰富和完善了以创新探索型项目为基础、以典型示范型项目为重点、以制度推广型项目为引领的“金字塔”式项目库。狠抓后进基层党组织整改提高,整顿后进基层党组织292个,后进支部转化率为95.11%。围绕村级组织活动场所建设、农村党员干部队伍建设、村级集体经济发展等,建立以“两表四册”为主要内容的市县乡村四级农村基层组织基础信息库。开展基层党建标准化建设。按照市委提出的“党建工作项目化,项目推进标准化”基本思路,在全市农村、街道(社区)全面推进以“办公场所建设标准化、便民服务体系建设标准化、日常运行机制建设标准化、集镇建设标准化和社会管理、公共服务建设标准化”为核心内容的基层党建标准化项目建设。全年新建、改造63个村级场所,采取“三个一批”的办法解决了66个社区办公场所问题,通过一系列扎实有效的措施,全面解决了农村、社区基层党组织办公无场所、活动无阵地、服务无平台等

"大、小、旧"问题；在乡镇、街道打造"大厅式、一站式"便民服务中心，有效破解了基层群众办事难、行政管理效能提升难的问题；建立健全基层党组织运行机制和党员干部激励制度，落实村干部基本养老保险、医疗保险等社会保障措施，进一步调动了基层党员干部的工作热情。进一步加强组织覆盖。按照中央"抓覆盖、建组织"的要求，统筹推进"五覆盖"工程。全市社区网络、村民小组、外出务工人员集中地党组织基本实现全覆盖，符合组建条件的非公企业100%建立了党组织，其中规模以下非公企业43.66%单独建立了党组织，社会组织72.31%单独建立了党组织，分别比年初提高了35.86和66.16个百分点。新组建了非公经济组织党工委和社会组织党工委，新建党组织316个。加强对村(居)民事务理事会的动态管理，进一步完善理事会建设推进工作机制。加强党组织对理事会的领导，注重在理事会成员中发展党员，在理事会建立党小组。进一步优化党员发展和教育管理服务工作。实施党员队伍建设"五发展"工程，以"双高"人员、非公有制经济组织和社会组织从业人员、农村致富带头人、外出务工人员、企业一线工人等"五个领域"为重点，着力从源头上抓好党员发展工作，切实将各个领域的优秀分子吸收到党内，进一步优化党员队伍结构。落实党员教育培训规划，完成对全市427名村(社区)党组织书记的轮训，并以基层党组织换届为契机选好配强"带头人"，将党组织书记"双高双强"的比例提高到85.3%。实施党员"先锋创绩"制度，为广大党员立足岗位创佳绩、争先锋搭建平台。加大大学生"村官"工作力度，2012年共选聘62名大学生村官，加强对大学生"村官"的教育管理。党员电教与远程教育工作继续推进，全市391个终端站点的管理与使用得到进一步加强。

【组织部门自身建设】 认真贯彻中组、省组以"一迎双争"为主题深化组织系统"讲党性、重品行、作表率"活动的部署要求，结合实际开展了一系列主题实践活动，不断加强组织部门自身建设。深入开展"走基层、进支部、强素质"活动。全市151名组工干部组成26个调研组，走进92个调研点，以促党建强支部、听民意解民忧、提升素质转作风为主要内容，解决了一批基层党建工作中的实际问题，办好了一批基层欢迎的好事实事，取得了"基层组织增活力、组工干部受锻炼、组织工作上水平"的阶段性成效。开展组工干部业务培训和知识竞赛。围绕组织工作、经济工作、传统文化等主题，全年举办5期组工论坛，对全市组织人事干部进行培训。开展"组工杯"业务知识竞赛，以赛促学、学用结合，全市组织系统初步形成了比学赶超抓学习的浓厚氛围。扎实做好组织系统先进集体和先进个人评选表彰工作。在全市评选表彰了5个先进集体、10名先进个人和10名"十佳组工干部"，在此基础上择优遴选并向省委组织部推荐了4个受表彰对象。强化组工信息调研宣传工作。充分利用内外阵地加强组织工作宣传，重大活动及时跟踪报道，重点工作密切关注，重要舆情快速回应，精心制作讲重作宣传片《固本强基展风采》。加强组工宣传调研工作，被评为全省组织系统新闻宣传工作综合先进单位、全省信息工作二等奖。

(吴晓莉)

【市委组织部副县级以上干部名录】

市委常委、组织部部长：郭　清

市人大常委会副主任、市委组织部常务副部长：应　祥

副部长(正县级)：施兆煌

副部长、市人力资源和社会保障局局长：吴南平

副部长、正县级组织员：蔡　江(女)

副部长、市委老干部局局长：陈小丽(女)

副部长：段建龙

宣传工作

【概述】 2012年，在市委的正确领导下，全市宣传思想文化战线深入贯彻落实科学发展观，按照"高举旗帜、围绕大局、服务人民、改革创新"的总要求，紧扣市委市政府中心工作和重大决策部署，唱响主旋律，打好主动仗，各项工作取得新突破，为推进"四个鹰潭"建设提供了强大的精神动力、思想保证和舆论环境。

【围绕学习宣传贯彻中共十八大精神，着力拓展理论武装的深度和广度】 认真做好了市委中心组学习服务工作，围绕胡锦涛"7·23"重要讲话、道家思想和道教文化、提高领导干部应对媒体的能力、党的十八大精神等内容，全年共组织了14次专题学习会。不断加强对县级党委(党组)中心组理论学习的督促指导，切实推进理论学习制度化、规范化建设。中心组学习成为全市各级党组织总揽全局、谋划思路、破解难题、推动发展的有力抓手。认真做好省委宣讲团在本市宣讲的组织协调服务工作。举办全市学习贯彻十八大精神理论骨干培训班，组织市、县、乡三级宣讲团，深入机关、学校、企业、农村、社区等基层单位开展宣讲，迅速掀起了学习宣传贯彻党的十八大精神的热潮。《经济日报》《人民日报》分别在重要版面发表通讯，宣传报道鹰潭市的先进经验和新成效。围绕破解影响和制约鹰潭科学发展、跨越发展的突出问题，推出了一批有价值、有影响的研究成果。其中《不断深化理论武装，永葆党员思想纯洁》在《光明日报》理论版头条发表；"鹰潭建设全国一流的道教文化产业基地"获省社会科学规划办公室省级重点课题立项。承办全省讲师团系统第十九次中国特色社会主义理论体系研讨会，全市3篇论文分获一、二、三等奖。

【围绕增强鹰潭对内凝聚力对外影响力，合力构建“大宣传”工作格局】围绕创先争优、基层党建标准化项目建设、“1+6”产业发展、“三城”同创、重大项目建设、龙虎山景区创“5A”等市委、市政府中心工作和重大决策部署，精心组织重大主题新闻宣传，推出了一批系列报道、深度报道和专版专刊，在全市上下营造了“主攻项目、决战‘三区’，凸现特色、实现跨越”浓厚氛围。进一步完善新闻应对机制，认真做好了有关突发公共事件的舆论引导，如贵溪“12·24”幼儿园校车重大交通事故的舆论处置等，充分发挥了新闻宣传解疑释惑、推动工作、维护稳定的积极作用。着力构建大外宣工作新格局，努力提升鹰潭对外形象。截至12月，市外媒体刊播正面宣传鹰潭新闻稿件1960余篇，省级以上主流媒体1180余篇，在中央、省属主流媒体上重稿要稿取得历史性突破：上《人民日报》稿件30多篇，其中头版稿件和其他版面头条稿件6篇，创历史最好水平；上《光明日报》稿件8篇，其中版面头条1篇；上《经济日报》头版头条2篇、其他版面头条1篇，实现了鹰潭建市以来“单篇头版头条”零的突破，并创造了“一年发表2个头版头条”的新纪录；上中央电视台《新闻联播》和中央人民广播电台《新闻与报摘》稿件各5条，均实现了头条零的突破；上《江西日报》头版头条数11篇，位居全省前列；上江西人民广播电台《全省新闻联播》头条24篇、上江西卫视《江西新闻联播》头条38篇，较往年均有大幅增长；人民日报社、新华社《国内动态清样》分别刊发反映本市工作的正面内参。这些重稿、要稿突出宣传了鹰潭市特色亮点工作，充分展示了“四个鹰潭”建设的巨大成就，进一步提升了鹰潭的美誉度和影响力。

【围绕迎接全媒体时代的挑战，努力加强新兴媒体的运用和管理】全力打造的新闻门户网站“鹰潭在线”，于2012年4月正式上线。经过半年多的摸索和实践，“鹰潭在线”的传播力、影响力不断扩大，已成为名副其实的鹰潭“第四媒体”，初步形成了全市“一报两台一网”的主流新闻媒体新格局。8月，“鹰潭在线”被“百度新闻”正式收录，成为全市唯一“百度新闻”源提供媒体，为对外宣传鹰潭、提高鹰潭知名度和影响力提供了更加便捷的网络传播途径。网站已经开通30个一级频道和120多个子栏目，每日更新发布新闻100多条，自采稿件的数量在全省设区市新闻网站中名列前茅；日均访问IP约5000人，流量超过5万次，超越一些地市建站十多年的新闻网，进入全省设区市新闻网站中游行列。加强网上舆情监测研判，及时掌握网上舆情动态，全年共上报各类网络舆情近200余条，为领导决策提供了第一手资料。在鹰潭市民“保钓”游行中，第一时间获取网民游行的准确时间和集合地点，并向市委、市政府及相关部门领导报告，为应对大规模集会游行赢得了时间。

【围绕促进城乡文明和谐，强力推进思想道德建设和精神文明创建】启动创建江西省第四届文明城市工作，高规格成立工作机构，制定实施方案，落实工作责任。认真完成创建测评材料收集整理，主动邀请省国调队、省文明办领导进行模拟测评，查漏补缺，确保了创建材料不失分。组织7个督查组进行拉网式督促检查，开展了火车站周边环境集中整治、违法违规小广告清理打击、整治和规范客运市场秩序、餐饮市场集中整治四大“战役”，市容市貌得到明显改观。精心制作创城宣传片，投放创城公益广告，发放创城宣传资料，依托基层组织开展上门入户宣传活动，有效提高了创建工作的知晓率和社会关注度。整体创城工作成效显著，成功入选江西省第四届文明城市创建工作先进城市。召开了全市“感动鹰潭·十佳新人新事”表彰大会，着力推动学雷锋活动的常态化。广泛开展“我推荐、我评议身边好人”活动，选树了一批先进典型，陈志群等3人荣登2012年度“中国好人榜”。

【围绕满足群众精神文化需求，全力实施文化强市战略】代市委起草下发了《关于深文化体制改革推动社会主义文化大发展大繁荣的实施意见》，进一步明确了本市文化改革发展的目标任务。《七彩畲乡》代表江西参加第四届全国少数民族文艺会演，荣获剧目金奖并囊括全部单项奖。这是江西首次问鼎全国少数民族文艺会演最高奖项，创造了江西省少数民族文化繁荣发展的最大辉煌，省委书记苏荣、省长鹿心社分别对此作出重要批示，予以表扬，省委统战部召开表彰会，进行表彰。在第四届中国书法兰亭奖评选活动中，鹰潭市书法家丁忠兵的作品入闱佳作奖。全面完成文化体制改革阶段性任务，进一步激发文化活力，得到省委常委、宣传部部长姚亚平的充分肯定，《人民日报》《当代江西》分别刊发了介绍本市经验做法的文章。切实加强基层文化阵地建设，高标准建成了一批党报阅报栏和铜都报亭，“三馆”免费开放工作顺利推进。认真做好了鹰潭城市精神、市歌、市徽征集评选工作。成功组织举办首届石博会，吸引了全国各地500多家客商，成交金额3000多万元，打响了鹰潭黄蜡石文化产业品牌。东源·红背带生态旅游文化创意公司被评为全国文化产业示范基地，这也是全国第一家生态旅游休闲类文化产业示范基地。市文化创意产业园建设项目列入《江西省“十二五”文化改革发展规划纲要》。

【紧紧围绕提高素质增强本领，大力加强干部队伍建设】按照“建一流队伍、树一流形象、创一流业绩”的工作思路，扎实推进宣传干部队伍建设。认真贯彻《党政领导干部选拔任用工作条例》，制定实施了

《宣教口科级干部提拔、竞争性选拔、平职交流程序》,进一步提高了干部管理的规范化程度。结合巩固“改进作风、提升形象”学习教育活动成果,以思想教育、完善制度、集中整顿、严肃纪律为抓手,扎实开展干部作风集中整治活动,形成了风正、气顺、心齐的良好氛围。通过举办培训班、参加党校学习、外出考察、挂职锻炼等形式,有效提高干部队伍的思想政治素质和创新能力。认真履行职责、强化督促检查,全力做好市委、市政府布置的各项中心工作。

(吴有生)

【市委宣传部副县级以上干部名录】

市委常委、宣传部部长:周世敏

副部长、鹰潭日报社社长:王有金

副部长:李　云(~2012.5)

刘建平　宋继红　许凤成

讲师团团长:张敏胜

外宣办主任:洪瑜君

统战工作

【概述】 2012年,鹰潭市的统战工作在市委的正确领导下,紧紧围绕市委、市政府工作大局,抓重点、攻难点,着力打造特色品牌,较好地完成了各项工作任务。市委统战部在2012年度全省统战工作重点目标管理考核中再次被评为综合先进单位、统战宣传信息工作先进单位。

【以“同心”实践为抓手,全力打造“同心”服务品牌】 开展“同心·重温历史、同心同行”教育活动,5月21日至27日,组织各民主党派市委会主委、工商联主席、无党派代表人士赴重庆、成都等地开展谈心活动,增进了共识。开展“同心促发展,服务鹰潭经济建设”活动,充分发挥统战联系广泛优势,引进项目8个,合同资金6.5亿元。开展“同心回报社会感恩行动”活动,组织相关活动23次,162名民营企业家捐资260余万元,用于扶贫助学、建设秀美乡村、走访“三老”人员。

【多党合作事业扎实推进】 一是巩固统一战线共同思想政治基础。及时召开了全市统战系统和统一战线广大成员学习宣传贯彻中共十八大精神动员大会,引导统一战线广大成员深刻领会中共十八大的重大意义和精神实质,切实把全市统一战线成员的思想和行动统一到中共十八大精神上来,把智慧和力量凝聚到中共十八大提出的目标任务上来。二是着力营造良好的统战工作氛围。《中共中央关于加强新形势下党外代表人士队伍建设的意见》(中发〔2012〕4号)下发后,市委统战部主动向市委提出贯彻建议意见,市委常委会和市委中心组专题学习了中发〔2012〕4号文件,市委书记陈兴超在本部呈报的情况汇报中专门作出批示:“各级党委(党组)要高度重视党外干部的培养,组织部和统战部要协同做好党外干部工作,要有计划、有重点地进行培养,尤其是年轻党外干部的培养。”市长钟志生对统战工作也曾多次作出批示。2012年共选送12名党外干部参加中央、省社会主义学院和市青干班学习,举办全市党外科级干部政治理论培训班,培训学员40名。由于市委的高度重视,2012年新提拔党外正县级干部4名,副县级干部8名,重用和交流副县级干部4名。三是积极协助民主党派搞好换届工作。2012年是全市民主党派换届之年,做到“两个在先、三个到位”,即谋划考察在先、协商沟通在先,工作程序到位、执行政策到位、思想政治工作到位。顺利实现了民建、民进、农工党、九三学社、无党派知识分子联谊会成员的新老交替,确保了和谐换届,得到省委统战部充分肯定和民主党派省委会的高度评价。发挥民主党派、无党派人士参政议政、民主监督作用,召开党外人士座谈会9次,支持民主党派、工商联和无党派人士围绕推动全市重大项目建设、重点产业发展、重要民生工程等积极建言献策,收到调研报告26篇,意见和建议230余条。帮助民主党派加强自身建设,协助各民主党派制定完善了《各民主党派市委会主委、副主委、秘书长工作职责》和《各民主党派市委会机关科级干部管理暂行办法》。引导各民主党派、无党派人士开展践行社会主义核心价值体系等系列活动,涌现出曹有红、陈秋云等一批先进人物和先进事迹。

【民族宗教工作】 充分发挥宗教工作联席会议机制作用,促进社会和谐稳定。本部牵头协调,以新农村建设为载体,以群众自治组织为抓手,以整合社会资源为依托,以创业富民安民为基础,继续在信江新区江北办事处瑶上周家村开展天主教教育转化试点工作,探索出一条受天主教地下势力影响的信教群众教育转化工作的新途径。经验做法分别在新华社《国内动态》第1899期和中央统战部《情况交流》第144期刊用。

【宣传信息工作】 发挥统战宣传舆论作用,不断扩大统一战线影响力,利用鹰潭统一战线网站、《统战快讯》等平台,及时宣传报道统一战线重要活动,交流工作经验,取得良好效果。据统计,全年在中央统战部《情况交流》《人民政协报》《中国统一战线》《江西日报》等省级以上报刊共发表宣传稿件21篇,其他报刊发表宣传稿件106篇(条)。被省委统战部评为全省统战宣传信息工作先进单位。

【统战部门自身建设】 以开展“整治作风年”活动为契机,切实加强机关自身建设。一是用党的十八大精神武装头脑,指导实践,推动工作。认真学习领会党的十八大精神,尤其是对党的十八大报告中统一战线的重要论述,进行了专题讨论。

认真贯彻落实中央关于改进工作作风、密切联系群众"八项规定"的要求和市委的实施意见,加强统战部门特别是领导班子作风建设,做到坚持原则,敢为人先,带头崇尚学习,带头深入调研,带头广交、深交党外朋友,带头照顾同盟者利益,努力营造宽松和谐的统战工作氛围。结合鹰潭市统战工作实际,围绕服务"四个鹰潭"建设,重点谋划好2013年全市统战工作。二是进一步建立健全机关各项管理制度。制定完善了统战宣传工作制度和奖励制度、科室目标考核制度、财务管理制度、招商引资奖励制度等,进一步调动了干部工作积极性,以制度为保障促进机关作风进一步转变。三是进一步健全和完善党风廉政建设责任制。通过学习《鹰潭市建立健全教育、监督并重的征治和预防腐败体系实施意见》和十条禁令等一批反腐倡廉文件,建立健全党风廉政建设责任制等一系列制度,切实把统战部门建设成为学习型、服务型、创新型机关。

【统战十大要闻】

2月17日,中央统战部部长杜青林到鹰潭市调研。

3月8日,全市统战工作会议召开,市委常委、统战部部长戴春英主持会议并作统战工作报告,市委书记陈兴超出席会议并作重要讲话。

4月20日,鹰潭市党外科级干部培训班在市社会主义学院开班,市委常委、统战部部长戴春英出席开班仪式并作重要讲话。

5月21至27日,市委常委、统战部部长戴春英带队,率领全市各民主党派主委赴重庆等革命教育基地进行"同心"谈心活动,进一步深化政治共识。

8月28日,鹰潭市五届工商联(总商会)召开换届大会,大会选举产生鹰潭市六届工商联(总商会)主席、副主席、秘书长、常委。

8月29日上午,由鹰潭市委统战部、鹰潭市工商联、鹰潭市教育局、共青团鹰潭市委、鹰潭日报社、鹰潭市光彩事业促进会联合举办的"同心·光彩行动"暨"永进助学金"捐赠发放仪式在月湖地税局会议室举行。105名莘莘学子领到了助学金。

9月16日至17日,鹰潭市归国华侨联合会召开第二届归侨侨眷代表大会,大会选举产生鹰潭市归国华侨联合会第二届主席、副主席、秘书长和常委。

11月2日,香港龙山基金赣港心连心交流团到鹰潭市捐资助学。

11月21日,鹰潭市无党派知识分子联谊会顺利换届。

11月22日至25日期间,鹰潭市部分民主党派召开换届大会,会议选举产生民建鹰潭市第五届委员会、民进鹰潭市第三届委员会、农工党鹰潭市第五届委员会和九三学社鹰潭市第四届委员会。

(汪　宇)

【市委统战部副县级以上干部名录】

市委常委、统战部部长:戴春英(女)

副部长兼工商联党组书记:李爱珺(女)

副部长、调研员:张洪堂

副部长:祝发太

副调研员:李　霞(女)

副调研员、工商联党组成员:郭卫辉

农村工作

【概述】全市各级党委、政府和农口部门紧扣科学发展主题,紧紧围绕"大兴水利强基础、狠抓生产保供给、力促增收惠民生、着眼统筹添活力"的工作要求,扎实工作,奋发进取,完成各项目标任务。全市实现农林牧渔业总产值65.31亿元,按可比价计算,增长4.5%。粮食产量再创新高,达67.8万吨,增长3.6%;农民人均纯收入实现8802元,增长15%。农村社会保持稳定,农村社会治安、计划生育、基层组织建设和精神文明建设取得较为明显的成效。

【新农村建设】2012年,全市242个新农村建设点(139个自然村)100%成立了村民理事会,80%以上建立了便民服务中心;共清垃圾2.56万吨,清淤泥3.87万吨,清路障2100处;改水9675户,完成任务的98%;改厕9448户,完成任务的97%;硬化通村及村内道路341公里,完成任务的98.5%;拆除"空心房"146.1万平方米,完成任务的97.4%。进村、村内道路两旁、农户庭院栽种树木10.8万株。与此同时,开展了农村清洁工程工作,实施了垃圾分类、处理,实现了垃圾处理减量化、无害化、资源化,做到了农村家园清洁、田园清洁、水源清洁。全市新农村建设,尤其是贵冶周边环境综合治理工作得到了省委、省政府的高度评价。6月26日,省委书记苏荣考察贵冶周边环境综合治理工作时指出,贵冶周边新农村建设有"三个想不到":想不到建设速度如此之快,想不到建设成效如此之好,想不到农村百姓如此满意。7月7日,全市主要领导在全省新农村建设工作会议上安排了典型发言。7月8日,全省农村重点污染区域专项治理工作推进会在鹰潭市召开,副省长凌成兴向全省推广了鹰潭市村庄污染整治、土地修复、农村安全饮水等"三种新模式",鹰潭市在会上作了典型经验介绍。与此同时,省委、省政府给予贵冶周边新农村建设430万元的奖励。

【农业综合开发】认真做好2011年度农业综合开发土地治理项目工程扫尾工作。2011年全市实施国家农业综合开发贵溪雷溪、樟坪、余江黄庄土地治理项目3个,总投资2340万元,同比增长19.4%,其中:争取中央财政资金1560万元、省财政配套资金561.6万元,同比增长11%。实施中低改0.78万亩,建设高标准农田1万亩。积极争取2012年度农业综合开发产业化项目。争取国家农业综合开发产业化贵溪市天华山2000亩标准化茶叶、余江县生猪合作社5万头能繁母猪人工授精等7个农业产业化项目，争取中央、省财政资金323万元。

【一村一名大学生工程】全市“一村一名大学生工程”录取学员125名，超额完成省里下达121名的任务。

【农村信息化工程】成立了鹰潭市农村信息化联席会议办公室，完成了12个信息化乡镇和120个行政村信息服务站的申报工作。

（谭永忠）

【市委农工部副县级以上干部名录】

部长、党组书记、主任：邵方龙（2012.8～）

党组副书记、副部长、调研员：邵方龙（～2012.8）

副部长、党组成员、副主任：邹雪生

党组成员、副调研员：吴初堂

党组成员、农开办主任：周建兵

党组成员、副调研员：谭永忠（2012.5～）

副调研员：雷逢约

政法综治工作

【概述】2012年，全市政法综治维稳战线在市委、市政府的正确领导和上级业务部门的精心指导下，以十八大安保维稳工作为主线，以全省社会管理创新综合试点为契机，以贯彻落实《江西省社会管理综合治理体系建设规划纲要（2012-2015年）》为重点，全面加强政法综治维稳工作，保持了全市社会大局和谐稳定。全市没有发生危害国家安全和社会稳定的政治事件、暴力恐怖事件、境外利用宗教进行的渗透破坏活动、有影响的群体性事件、恶性刑事案件、群死群伤治安灾害事故、个人极端事件、重大涉稳舆论炒作事件、涉法涉诉赴省进京非正常上访，连续13年完成邪教“法轮功”“五个不发生”任务。

【服务经济社会发展】紧紧围绕建设富裕秀美宜居和谐的鄱阳湖生态经济区璀璨明珠的奋斗目标，按照市委市政府“主攻项目、决战‘三区’，凸现特色、实现跨越”的总体要求，充分发挥政法部门职能作用，为全市经济社会发展营造了良好的法治环境。一是全力保障重点项目建设。政法部门普遍建立了重大项目服务联系点，开展了挂点帮扶创建平安单位活动，制定了一系列优化服务举措。审判、检察机关建立了涉项目建设案件优先审理执行和案件备案制度；公安部门推出了警企QQ联系制度，延伸服务窗口，全力为重点企业、重点项目保驾护航；司法行政机关发挥普法、调解、公正、法援等优势，帮助重点项目、重点企业排忧解难。对企业周边治安环境、重点工程施工环境进行专项整治，查处影响企业发展和重点工程建设的违法犯罪案件××起，抓获犯罪嫌疑人××名，依法处理因征地拆迁、工程施工以及资源开发利用等引发的矛盾纠纷××多起，提出司法建议、检察建议、工作建议208条。二是努力营造公平竞争环境。以金融诈骗、合同诈骗、偷税漏税、生产销售假冒伪劣产品、非法集资、传销等为重点，依法查处各种破坏市场经济秩序的犯罪案件。全市法院共受理民商事××件，审结××件，涉案标的额××亿元；公安机关受理各类经济犯罪立案××起，破案××起，挽回经济损失××万元。三是着力保障全市公共安全。加强易燃易爆、剧毒等危险品管理，加强重点单位、要害部位的安全防范工作，组织排查、整改重大安全隐患××多处，有效预防了事故案件的发生。组织开展了消防安全、交通安全隐患大排查、大整治，全市连续27年无重特大火灾，连续3年无特大交通事故。针对学校及周边存在的治安问题，推行了“一校一警”制度，选派退休公安民警进驻校园，指导、协助安全保卫工作，统一为全市幼儿园配备国标校车。针对危害铁路运输安全的突出问题，深入开展严厉打击拆卸、偷盗、收购铁路器材的违法犯罪行为，调处涉铁矛盾纠纷××多起，确保了铁路运输安全畅通。中央护路办向全国推广了我市铁路护路经验。

【维护社会政治稳定】一是自觉把维护国家安全和政治稳定放在首位。全市政法部门严密防范和严厉打击敌对势力的各种渗透破坏活动，及时侦破了一批危害国家安全的案件。二是坚持将综治维稳工作与经济社会发展同谋划、同部署、同考核、同落实。先后出台相关文件10多个，召开部署调度会议10多次。围绕贯彻落实《规划纲要》，结合鹰潭实际，制定了未来五年《和谐鹰潭建设实施意见》；建立健全了诉求办理、督办落实、考核奖惩等八项运行机制；出台了社会管理创新综合试点实施方案，提出了7大方面44项试点任务，建立了由13名市级领导牵头负责、28个市直单位牵头落实的工作机制；制定了12条维稳信访问责措施，确保了党的十八大期间全市安全稳定。三是将稳定风险评估作为重大项目实施、重大事项决策、重大活动举办的前置条件和必经程序。一年来，共对××个重点项目进行了稳定风险评估。在市、县、乡和重点部门组建了200多人的综治维稳信息督查员队伍，并建立健全建设、管理、考核、奖惩制度，同时整合了宣传、公安、国安、网监等信息资源，有效预防和化解了可能发生的重大不稳定问题××件，及时导控应对30多条涉稳网络舆情。四是在坚持县、乡每周一排查、一报告，市级每半月一研判、一调度的基础上，集中开展了为期3个月的不稳定因素排查化解攻坚战活动。全市共排查矛盾纠纷××起，成功调处××起，调处成功率为95.6%。五是对××起突出矛盾纠纷，以市委办公室、市政府办公室文件交办，对××个重大疑难问题由市委书记、市长向县(市、区)委书记、县(市、区)长交办，逐个落实领导包案，实行“四定一包”责任制限期化解，并实行每周一督办、半月一调度，逾期未化解的实行通报和问责。中央和省委政法委交办督办的××件涉法涉诉信访案件化解率达100%，××名扬言报复社会的高危人员始终处在稳控之中，超额完成邪教“法轮功”人员教育转化目标任务，涉外防邪宣传工作受到省委610办表彰奖励。

【推进社会管理创新】大力推进社会管理创新工作，多项工作经验得到省综治委(办)领导充分肯定。

1.坚持服务为先，更新管理理念，注重在优化服务中强化管理。一是构建便捷高效服务平台。结合基层党建标准化项目建设，将44个乡镇(街办)的便民服务中心、和谐平安联创中心、矛盾纠纷排查调处中心整合为社会管理服务中心，为群众提供“一站式”“零距离”服务。这一做法被中组部、省委组织部称赞为“鹰潭模式”。二是改进联系基层服务方式。落实了市、县、乡领导干部调研联系点，实行市综治委领导和成员单位分别挂点一个县（市、区)和一个乡镇(街办)制度。三是畅通信访诉求反映渠道。坚持乡镇(街办)党政领导有访必接、随访随接，县(市、区)领导每天轮流到当地接访中心接访，市级领导定期公示接访，市、县直部门领导在岗接访。解决重大信访问题××件，停访息诉××件，实现了党的十八大期间赴京非访“零”登记、“零”通报。四是坚持开展干警常态“大走访”。全市政法干警共走访群众1万多户，征集群众意见建议1000多条，解决群众诉求3000多个。

2.坚持基层在先，推进综治组织机构、工作场所、工作机制标准化建设。一是推进综治组织机构标准化。按照“组织设置齐全、人员配备到位”的要求，在按规定建立健全综治组织机构的基础上，配齐了全市所有44个乡镇(街道办事处)综治办副科级专职副主任，在415个村委会各落实一名村委委员任专职综治主任，并统一设置综治室、警务室、司法室，配备司法协理员、刑释解教帮教员、志愿服务员。同时，在3525个自然村(居)组建了村(居)民事务理事会、综治理事(协)会，会员达1.6万人，承担信息员、调解员、治安员、宣传员四员角色，筑牢了综治维稳第一道防线，全市95%以上的矛盾纠纷在基层和初始阶段得到成功化解。二是推进综治办公场所标准化。在全市44个乡镇(街办)建立了功能设置齐全、服务项目丰富、管理使用规范、工作开展有序的综治工作场所。三是推进综治工作机制标准化。在市、县、乡、村建立完善矛盾纠纷排查、梳理、分流、交办、化解、督办、回访，治安重点地区和突出治安问题排查整治及治安形势分析、重大事项报告、检查督办、通报讲评等制度，建立了由乡镇包片领导、派出所包片民警、包村干部、村支部书记、村综治联络员、理事会成员“六位一体”的矛盾纠纷排查化解体系，乡镇(街办)社会管理服务中心实行“五联五统一”工作机制。

3.创新管理模式，推进人口管理信息化、社区管理网格化、特殊人群管理常态化。一是推进人口管理信息化。将人口基础信息库与空间地理系统结合起来，开发了真三维模式管理服务系统，对常住人口、暂住人口、特殊人群做到了情况明、底数清、信息灵，实现了“以房查人、以房管人”目标。省委常委周萌同志实地考察后给予充分肯定，并表示将在全省推广。二是推进社区管理网格化。对全市44个社区根据人口、地缘等实际情况，划分为若干网格，在每个网格配备管理员、信息员、调解员、巡防员、警员、督导员和党员干部服务队、社区义工队、志愿服务者等“六员三队”，将综治维稳工作统一纳入网格管理，做实做细了基层服务管理工作。三是推进特殊人群管理常态化。对刑释解教人员，落实了就业帮扶、困难帮助、思想帮教等“三帮一”措施，全市刑释解教人员安置帮教率达100 %，重新犯罪率低于全省平均水平；对社区矫正人员，成立监管中心，全市入矫对象无一脱管、漏管，重新犯罪率为零；对敏感人群落实“积分预警、分类管控”措施，动态管控率达100%；对肇事肇祸精神病人，制定了加强收治管控的意见，做到了应(治)控尽(治)控，未发生危害社会的案(事)件；对重点青少年和流浪乞讨人员，开展了“青果援”关爱服刑人员未成年子女、希望工程等活动，结对帮扶了××户××名刑释解教人员未成年子女，建设了青少年保护中心和救助服务中心，共救助服务流浪乞讨人员2700人；对留守妇女，通过创办来料加工和帮扶服务站(点)，实现了留守妇女在家门口就业，已帮扶就业5000多人，贵溪市塘湾镇留守妇女创业基地被评为全国示范创业基地；对留守儿童，通过建立爱心乐园、远程视频系统等，组织学校、家庭、社会力量，有效实施了教育帮扶，贵溪市周坊镇中心学校留守儿童之家被评为“全国基层示范儿童之家”；对空巢老人，通过集中供养、志愿者结对帮扶等方式，加强管理服务工作；对残疾人，建立了综合服务中心，为他们提供功能测评训练、治疗康复、寄宿托管等服务。

4.立足管用实用，创新管理机制，注重解决影响社会和谐稳定的突出问题。一是创新和谐劳动关系构建机制。在劳动密集、劳资矛盾突的鹰潭高新区成立了新市民服务中心，满足外来员工多元化服务需求，并设立企业欠薪应急保障金，用于化解欠薪矛盾纠纷。通过完善劳动关系协调、工资增长协商、劳动争议仲裁等机制，基本实现了员工体面生活、尊严劳动和维权帮扶，使外来员工融入企业、融入城市。二是创新“两新”组织服务管理机制。建立了"两新"组织基础信息库和监管信息平台,完善了分类管理制度,在"两新"组织普遍建立党、团、工会、综治等组织,选派了100名党建指导员,推动党群共建活动,建立健全了社会组织的登记、审批、扶持、监管、退出等制度。三是创新新兴网络媒体监管机制。健全了网络信息巡查、网络舆论引导、舆情监测研判和打击网络违法犯罪协同配合机制,提高了网络监测、预警、侦查、控制、处置和引导能力。四是创新交通事故、医患纠纷化解处置机制。制定了医患纠纷预防与处理办法和道路交通事故预防实施意见,成立了医患纠纷独立第三方调处中心,建立了由60多名人民调解员、法律专家、医学专家组成的调解专家库,完善了医患纠纷信息报送、快速反应、联动处置机制;建立健全了交通事故预防、纠纷速调和被害人救助、民事赔偿第三方担保等制度,有效减少了"逢死必闹"现象的发生。

【深化和谐平安建设】 始终坚持严打、严治、严管、严防不放松,盗窃类警情同比下降13%,"两抢"类警情同比下降15%。一是保持"严打"声威。深入开展打击"两抢一盗"等多发性侵财犯罪、网络违法犯罪、命案破案会战、追逃攻坚会战等专项行动。二是坚持重点治乱。以城乡结合部、城中村、农贸市场、人员聚集场所、骨干企业周边、宗族势力抬头等区域为重点,坚持深入开展治安重点地区、治安突出问题排查,对排查的13个治安重点地区(部位),按照"一个地区(部位)、一名责任领导、一个工作小组、一套整治方案、每月一调度"的要求,实行挂牌整治,治安面貌明显改观。三是加强治安防控。加强街面防控、社区防控、内部防控、区域防控、科技防控、虚拟社会防控等治安防控"六张网"建设,实现了对重点区域、重点部位、重点事件、重点人员的"无缝隙管控"。整合了"天网"工程、治安智能卡口、公安大情报、道路交通监控、消防应急指挥、政府应急指挥等与视频相关的信息资源,开发了相关应用系统,实现了治安管控处置的统一指挥、资源共享和全方位、立体化,提升了各系统使用效能和服务管理信息化水平。四是深化平安创建。深入开展平安县(市、区)、乡镇(街办)、社区(村)、单位、企业、校园、医院、线段、军地、家庭等平安创建活动,消除了大批安全稳定隐患,一大批基层单位实现无犯罪、无案件、无事故、无邪教、无吸毒、无上访、无矛盾上交。

【加强政法队伍建设】 一是加强思想政治建设。精心组织开展了"忠诚、为民、公正、廉洁"政法干警核心价值观教育实践活动,通过组织专题学习、开展大讨论、接受革命传统教育、开展"大走访"活动、学习贯彻党的十八大精神、召开学习汇报会等形式,加强了政法干警的理想信念教育、职业道德教育和廉洁执法教育。二是加强能力作风建设。按照"干什么、训什么,缺什么、补什么"的要求,推动政法部门着力抓好办案规范化建设和新修订的刑诉法、民诉法等学习培训。开展治理"庸、懒、散"作风和警车治理等专项活动,较好解决了干警队伍中存在的突出问题。三是加强执法监督管理。针对看守所监管中存在的超期羁押、违规留所服刑等问题,组织联合执法检查,提出16条整改措施和意见,推动了看守所规范监管。通过下发督办单、交办函、转办函、实地督办等方式,加强执法办案检查监督。认真实施案件评查,明确了案件评查的目标任务和方式方法,组织评查案件××件,纠正瑕疵案件××件,取得较好法律效果和社会效果。积极探索建设政法干警执法档案信息系统,提高了执法监督管理的信息化水平。

(叶海龙)

【市委政法委副县级以上干部名录】

市委常委、政法委书记、市社会治安综合治理委员会主任:杨金红(~2012.8)

市委常委、政法委书记、市社会管理综合治理委员会副主任:杨金红(2012.8~)

政法委副书记:张荣先

政法委副书记、综治办主任、610办主任:汪永华(~2012.4)

政法委常务副书记、综治办主任、610办主任:汪永华(2012.4~)

政法委副书记:盛才明

维稳办主任:盛才明(2012.8~)

政法委副书记:费宜生

610办副主任:艾美华(女)

综治办副主任:熊万胜(2012.8~)

政法委副调研员:熊万胜(~2012.8) 舒云东 杨红文

政法委调研员:盛金喜 郑月兴

综治办副调研员:胡旭辉

信访工作

【概述】 2012年,在市委、市政府的正确领导,市人大、市政协的有力监督,各级各部门的大力支持和共同努力下,全市信访系统紧紧围绕为党的十八大胜利召开营造和谐稳定的社会环境这一目标,认真贯彻执行中央和省市有关信访工作的决策部署,采取一系列措施落实信访工作任务,促进了"和谐鹰潭"建设,打赢了确保十八大期间实现赴京上访"双零"这场硬仗,全市信访形势呈现"三下降一保持一好转"的良好趋势,即全年赴京访48人次,同比下降55.3%;去省访801人次,同比下降43.1%;到市访5028人次,同比下降20.1%(其中集体访273批4141人次),保持赴京重复非正常访"零登记",排位名列全省前列,信访秩序进一步好转。鹰潭市荣获2012年度全省信访工作综合先进设区市荣誉称号,贵溪市、余江县、月湖区被省委、省政府评为2012年度"三无"(无进京重复非正常上访、无进京集体上访、无来省非正常集体上访)县(市、区)。

【高位推动,扎实开展领导干部接访】 2012年初市委市政府相继出台了《关于进一步加强维稳信访工作的意见》《关于进一步建立和完善信访工作运行机制的实施意见》等规范性文件,从决策和制度层面推动领导干部接访。市委书记陈兴超、市政府市长钟志生带头亲自接访,示范带动了全市各级各部门党政领导班子参与领导接访,全市形成了“市领导每季轮流接访、县党政主要领导干部每月定期接访、县党政班子成员每周接访、乡镇班子成员随时接访”的工作常态。一年来,市级领导定期接访135批983人次,解决信访突出问题118件;县级领导定期接访490批2647人次,解决信访突出问题371件。

【创新机制,推进群众利益诉求解决】 一是实行初访问题交办通报制度。正确把握“抓早、抓小、抓苗头”的处理初访工作原则,从2012年3月开始,对到市初访问题,全部以两办名义进行交办,涉访县(市、区)和市直相关单位必须按照“五个一”要求落实责任,做好化解工作,并在规定期限内上报办理结果。市联席办每月中旬对上月调处初访情况进行汇总,并以两办名义进行情况通报。全年61件、656人次的到市初访问题全部办结,切实提高了初访的一次办结率和就地稳定率。二是实行到市重要访情联合接访。结合市区域面积及交通条件等有利因素,建立“半小时联合接访”机制,在发生到市委市政府群体上访、异常上访时,规定分管市领导、涉访县(市、区)和市直有关单位领导必须半小时内赶到市接访中心,实行联合接访调处。先后联合接访130批1396人次,及时妥善解决了一批群体性信访问题,有效防范了赴京去省上访。三是实行重点信访问题每周调度。在坚持经常性排查和集中性排查的基础上,自6月初至9月中旬,市联席办对可能赴京上访问题以及扬言制造事端信访问题进行了每周一调度,对重点人员以及重点群体涉及的56个信访问题,逐一登记造册,逐一落实领导包案和化解措施,实行跟踪了解督办,强化了县、乡、村、组四级干部化解矛盾责任和稳控责任的落实,做到了“早发现、早化解、早控制”。

【攻坚克难,集中精力化解信访积案】 一是坚持跟进接访化解一批。结合开展“信访积案化解攻坚年”活动,对所有赴京去省上访人员劝返回本地后,一律安排班子成员跟进接访,帮助上访人员切实解决合理诉求,全力打消信访人再次上访念头。全年跟进接访82批151人次,有力促进了全年赴京访、去省访大幅下降。二是坚持领导包案化解一批。自8月至11月份,在全市集中开展“信访突出问题及不稳定因素排查化解攻坚战”活动。对仍未停访息诉的赴京去省信访积案全部以市党政主要领导名义交办各地各部门主要领导统领包案,其中“三跨三分离”信访问题一并落实市级领导包案。各包案领导按照“一个问题、一套班子、一个方案”的工作要求,对所包案件,坚持“诉求合理的解决到位、诉求无理的思想教育到位、生活困难的帮扶到位、行为违法的依法处理到位”工作原则,推动了“案结事了”。全年市、县党政领导共包案化解信访突出问题188件,其中162件已停访息诉,实现了中联办、省联席办挂牌督办的108件信访积案办结率达100%,成功化解了桂某某、李某某、姜某某等一大批历时多年的信访积案。三是坚持信访救助解决一批。充分发挥中央信访救助资金“杠杆作用”,推动“骨头案”、“钉子案”的彻底解决。争取中央和省级专项资金317万元,市本级财政配套资金200万元,撬动责任单位及县级财政配套497万元,化解了特殊疑难信访个案160个。本市“包案化解一批、信访救助一批、教育疏导一批、依法处置一批”的积案化解工作方法受到了中央信访工作督导组的充分肯定。

【坚守底线,做好中共十八大期间信访工作】 围绕为党的十八胜利召开营造和谐稳定的社会环境这一重大政治任务,全市各级各部门始终强化“顾大局、尽本职、守底线”的意识,全力以赴严守工作底线,成功实现了中共十八大期间“不发生大规模集体赴京上访、不发生个人极端恶性事件、不发生重大群体性事件”的工作目标,受到了市委、市政府主要领导的高度评价。一是各级领导高度重视,一线指挥调度。为认真贯彻落实“7·17”全国维稳工作和“9·28”全省综治暨信访工作电视电话会议精神,全市各级各部门按照市委、市政府的决策部署,对中共十八大期间的信访工作加强组织领导,增派工作力量;各级领导亲临一线,及时调度、强化督导、稳妥推进。尤其是中央和省信访工作督导组到鹰潭督查期间,市委、市政府主要领导及分管领导、县(市、区)党政主要领导均全程陪同。与此同时,市委市政府分四组派出以市级领导带队的信访工作督导组对各县(市、区)及市直单位进行了为期两个月的专题督查,为全市做好党的十八大期间信访工作奠定了扎实基础。二是劝返干部全力以赴,防范发生事端。全市驻京劝返工作启动重要敏感时期工作机制,实行统一管理、统一要求、统一指挥、统一调度,明确了管理原则、目标任务、工作流程、责任分工、纪律要求。全体驻京劝返干部发扬特别能战斗、特别能吃苦、特别能奉献的精神,不分昼夜、辛勤工作,用实际行动诠释了“为党分忧、为民解难”的深刻内涵,在平凡的岗位上谱写了许多感人的事迹。党的十八大会议召开期间,陈兴超书记在熊茂平副书记的陪同下,亲切看望本市驻京劝返工作组全体干部,给驻京劝返干部以极大的鼓舞和关心。中共十八大前后50天,驻京劝返工作组共劝返赴京上访人员63人次,实现了鹰潭市赴京上访登记数在全省最少。三是增加领导接访密度，源头防范治理。从9月20日至党的十八结束，市、县两级信访部门坚持双休日、节假日照常接访值班。市、县、乡每天安排一名领导干部在信访部门坐班接访，认真接待来访群众，听取群众诉求。市、县、乡三级55天值班接访共接待群众727批4210人次，解决各类信访问题518个，有效把住了源头防范关口，遏制了矛盾上交、信访上移。

【强基固本，切实加强部门自身建设】全市信访部门继续深化“创先争优”活动，深入开展了“班子作表率、干部提素质、工作创一流”“创新机制、创优服务、创造佳绩”活动，大力培育信访文化，通过确立岗位标准、公开服务承诺、推进首办负责、组织点评评议等形式，进一步改进了作风、提高了效能、守好了底线，营造了风正、心齐、气顺、劲足的工作氛围，开创了干部职工心情舒畅、和睦相处、团结共事的工作局面。一是部门机构建设得到加强。在市委、市政府的重视和厚爱下，增设了1个正科级事业单位，增加了事业编制5个，提拔了1名科长为班子成员，重用了1名班子成员为实职，1名干部荣获全国信访系统优秀接谈员光荣称号。二是干部选拔任用规范有序。在市委组织部的关心和支持下，坚持正确的用人导向，严格按照《党政干部选拔任用工作条例》规定，干部选拔任用工作做到程序规范、标准明确、考察严格、任用谨慎，真正把政治坚定、能力突出、作风过硬、群众公认的优秀干部选拔到科级干部岗位，营造风清气正的选人用人环境，提拔重用了3名科级干部，选派了18人次参加各级各类业务培训、外出考察和市委党校学习。积极打造干部培养锻炼的平台，接受了2名县级干部挂职锻炼和5名科级干部跟班锻炼。三是始终抓好党风廉政建设。按照“干净干事、廉洁从政”的要求，制定完善了财务管理、来人接待等10多项规章制度。严格执行民主集中制原则，对干部选用、先进提名、重大工作部署、5000元以上财务开支等重大事项，坚持集体研究、民主决策，有效地防止了决策上的失误和用人导向等问题上的偏差。四是努力完成全市中心工作。本局克服业务工作任务繁重，劝返接回战线冗长以及人手紧张、经费紧缺等困难，积极参与完成帮扶困难村、市委市政府重要活动及会议稳控等中心工作，做到要人给人，要力出力，出资方面也是尽其所能，较好地完成了各项中心工作任务。与此同时，认真抓好机关党建、综治、计生、安全等工作，严格按照目标管理各项要求完成了各项工作任务。市信访局荣获2012年度全市综治工作先进单位。

（朱晓松）

【市信访局副县级以上干部名录】

局　长：左真香（女，~2012.4）
　　　　赵军荣（2012.4~　）
副局长：江东生
副县级专职信访督查员：郑秀榕（女）
副局长：易园平（2012.4~）
副调研员：易园平（~2012.4）　祝泉水（2012.8~）

对台工作

【概述】2012年，在市委、市政府的正确领导和省台办的精心指导下，市台办坚持以邓小平理论、“三个代表”重要思想和科学发展观为指导，认真学习贯彻党的十八大精神和中央对台工作方针政策以及市委七届二次全体会议精神，紧紧围绕建设“四个鹰潭”工作大局，积极履行“组织、指导、管理、协调”的对台工作职能，立足市情，发挥优势，少说多干，务实求真，全市新引进台资项目14个，新增台资1.09亿美元；先后组织8个各类团组赴台进行考察交流，较好地完成了年初确定的各项工作目标和任务，为加快全市经济社会发展发挥了积极作用。市台办被评为“2012年度全省对台工作先进单位”。

【对台经济工作显成效】一是围绕“决战5000亿，实现新跨越”的总体目标，按照市“主攻项目、决战‘三区’，凸现特色、实现跨越”总体工作要求，坚定不移地实施大开放战略，紧拎“招台商、引台资”这条主线，全力做好对台经贸工作。2012年，全市新引进台资项目14个，新增台资1.09亿美元。二是组织赴台经贸考察团组4个36人次赴台开展招商工作。5月24日至31日，组织了以副市长徐云为团长的经贸考察团赴台招商。在台活动期间，考察团拜会了10多个在台湾有影响力的协会（公会），密集考察了19家岛内企业，拜会客商70余名，达成合作意向11个，其中上诠光纤科技的高速数据传输无源器件生产项目已于7月25日落户鹰潭高新区。8月21日至27日，组织了以市长钟志生为团长的鹰潭经贸代表团赴台招商。拜会了台湾工业总会、台湾工商协进会、台湾薇阁文教公益基金会等10余家岛内知名公会（协会），考察了光宝集团、连展科技等10多家台湾知名企业。大力宣传推介了鹰潭的优势，扩大了鹰潭的影响。三是积极组织参加2012年赣台（南昌）经贸合作研讨会和香港招商活动周有关活动，利用重大活动宣传推介鹰潭，吸引客商来鹰投资，招商引资成果丰富。四是为台企提供各种服务39件次，台商投诉案件连续八年为零。为了保护台商的合法权益及台商的人身安全，完善出台了《鹰潭市台资企业突发群体事件应急预案》《鹰潭市台资企业维稳工作联系机制》。与相关部门配合，妥善解决了二起台企员工劳资纠纷。配合市人大常委会议就全市台资企业发展情况开展专题调研。

【谋共赢发展，促交流合作】一是全市共接待台胞约1.19万人次,先后接待了台湾国民党嘉义县江西访问团等5个团组162人次到鹰潭考察,先后办理了以鹰潭市政府副市长辜清为团长的医学会参访团等9批团组47人次赴台开展交流,因私赴台398人次。二是为进一步提升鹰潭和江西的影响力和美誉度,促进与台湾的经济文化交流合作,12月27日至29日在鹰潭市隆重举办"第六届海峡两岸道教文化论坛"。中央部委领导、省领导、省直部门领导以及两岸知名人士、学者、道教界人士等共80余人出席。三是注重做好与台湾及台胞、台属、台商的日常联系联络工作,不断加深了解,增进友情。2012年,市台办向鹰潭旅台同乡会寄贺年卡500余张、电话联络感情500余次,组织台属向岛内亲属写家书150余封,通电话近200次,组织台商开展各种联谊活动6次,切实做好台湾人民工作。四是始终把做好台湾人民的工作当作一项基础工作来抓,主动做好台胞台属信访投诉的调解工作、信息统计工作和走访慰问等服务性工作。据不完全统计,全市台办系统解决台胞台属困难20余件,为台胞台属办实事30余起,处理台胞台属信访6件,无一例台胞台属投诉案件。

【创新平台,宣传工作取实效】市台办利用各种机会,深入宣传党的对台方针、政策,宣传中国共产党反台独反分裂的原则立场,宣传促进两岸经济合作与文化交流的政策主张,增强台湾同胞对祖国大陆的认同感和向心力。2012年年初,本办协调发改委、文广新局举办涉台成果展,投入经费上万元,设计制作了31块展板,图文并茂宣传本市的经济社会发展成果和对台工作成绩。全市对台宣传用稿430余篇,其中,网络宣传用稿360余篇、在台湾报刊上用稿32篇、在对台新闻媒体用稿43篇;利用市直党建网络区活动召开台情报告会5场,540人次参加学习,出宣传橱窗12期,开展各项涉台活动15场,5500多人次参加了活动,接待台湾新闻媒体6批29人,输入台湾岛内光盘、画册、投资指南手册500余份。本办注重深入台企和县(市、区)台办及各乡镇进行涉台工作调研,上报调研文章4篇,上报信息130余篇。向《江西对台工作》投稿40余篇。向《台湾工作通讯》《两岸关系》及华夏经纬网等投稿30余篇。5月份,对赣台农业合作示范区——贵溪白鹤湖农业生态园进行了调研,向市政府提交了相关调研报告。

【夯实基础,加强队伍建设】市台办以强化学习为主抓手,不断加强制度建设和队伍建设,夯实工作基础、努力提升全市台办系统的服务工作水平。本办从制定完善各项规章制度入手,建立健全了考勤、学习、保密等工作制度,并由市台办一名副主任牵头对各项制度落实情况进行检查,定期进行通报。强化了读书学习活动,坚持每周集中学习一次,重点学习党的对台方针政策、台情调研,两岸经贸、文化交流等相关知识。同时通过召开台商座谈会、发意见征求函,系统征求意见,查找自身不足,针对差距抓改进,不断改进工作方法,转变工作作风,创新工作方式,逐步形成了"团结守纪、服务高效、敬业奉献"的工作局面。积极开展干部作风整治活动。扎实开展党风廉政建设。建立健全了单位党风廉政建设相关制度,认真学习党风廉政建设的各种文件、规定,集中学习两个党内法规。按规定和内设科室签订了党风廉政建设责任书。

(彭江萍)

【市台湾工作办公室副县级以上干部名录】

主　任:邵志国

副主任:洪　波

老干部工作

【概述】2012年,在鹰潭市委、市政府的正确领导下,在江西省委老干部局的精心指导下,市委老干部局以科学发展观为指导,以喜迎和庆祝党的十八大召开为主题,全面落实离退休干部的政治生活待遇;以文化惠老工程建设为主线,不断加强离退休干部学习活动阵地建设;以开展干部作风整治活动为契机,进一步加强部门自身建设,圆满完成了全年各项目标任务,全市老干部工作呈现出全面健康快速发展的良好态势,市委老干部局先后荣获"全省老干部工作先进单位""全省老干部宣传思想工作先进单位""全市干部作风整治活动先进单位""第四届全国中老年才艺大赛凤凰金奖"和"最佳组织奖"等殊荣。

【老干部部门建设不断加强】2012年,市委老干部局以开展干部作风整治活动为契机,以解决干部职工影响发展环境的突出问题为突破口,以思想教育、完善制度、集中整改、严肃纪律为抓手,以实现工作效率最高效为目标,着力解决工作作风上的"庸、懒、散"问题,领导作风上的"假、浮、蛮"问题,为政不廉上的"私、奢、贪"问题,努力创建优质高效、安全卫生、舒适温馨的工作和服务环境。局班子成员在干部作风集中整治活动中,带头学习,带头剖析,带头整改,带头落实,团结奋斗,勤勉实干,以优良的作风精心履职尽责,促进干部队伍建设和各项工作开展。

【全面落实老干部政治待遇】一是召开了市直市(厅)级离退休干部迎新春茶话会。市委书记陈兴超,市长钟志生,市委副书记熊茂平,市委常委、组织部部长郭清等市领导与老干部亲切座谈,向老干部通报全市经济社会发展情况,诚恳听取老干部的意见建议,共商建设

"四个鹰潭"大计,共话鹰潭发展美好前景。召开了全市纪念干部离退休制度建立30周年座谈会。市委副书记熊茂平出席会议并讲话。老干部回顾了全市老干部工作的光辉历程,畅谈了近年来本市老干部工作发生的巨大变化和取得的丰硕成果。二是举办了市直副县级以上老干部形势通报会。市委常委、常务副市长王家林向市直200余名副县级以上离退休干部通报了本市经济社会发展情况,市委常委、组织部部长郭清主持会议并讲话。举办了市直副县级以上老干部科学发展观理论培训班和学习贯彻党的十八大精神培训班。邀请了省委党校副校长廖清成和市委常委、宣传部长周世敏作理论辅导。三是组织市(厅)级离退休干部先后参观考察了本市及新余、萍乡、宜春等地的工业园区和城市建设。组织全市离退休干部收听收看了中央宣讲团赴江西宣讲党的十八大精神电视电话会。定期组织老干部阅读文件,全年阅文600余人次。广大老干部充分感受到组织归属感和政治荣誉感,主动做到政治坚定、思想常新、理想永存,自觉为建设"富裕、秀美、宜居、和谐"鹰潭贡献智慧和力量。

【**重点落实老干部生活待遇**】2012年,市委老干部局班子领导分别带队走访慰问了市直离休干部、改制和破产企业生活困难的退休干部、无固定收入离休干部遗属、患病住院的副县级以上离退休干部、老红军及老红军遗孀200余人次,并组织慰问小组赴市外走访慰问本市易地安置或居住的20名离退休干部。按政策规定,市委老干部局协调有关部门及时提高了离休干部护理费、生活津贴和公用经费标准,提高了退休干部活动经费标准等。组织市直离休干部和副市(厅)级以上退休干部进行了健康检查。通过完善离退休干部共享经济社会发展成果机制,不断提高老干部的幸福指数。

【**组织老干部积极发挥作用**】在老干部社团组织中建立了党支部,进一步发挥好老干部自我管理、自我教育、自我服务的作用。在全市离退休干部党支部和党员中开展了"五好支部"和"四好党员"评选活动,表彰了16个离退休干部"五好支部"和30名离退休干部"四好党员"。为了进一步指导全市基层离退休干部党支部建设,市委老干部局与市委组织部联合印发了《鹰潭市离退休干部党支部建设工作考评办法》。在全省率先编印《鹰潭市离退休干部党支部标准化建设实用手册》,免费赠送给全市136个离退休干部党支部。这一创新做法,得到省委老干部局的充分肯定。围绕市委、市政府的决策部署,市委老干部局在全市离退休干部党支部和离退休干部党员中,广泛开展"建言献策促发展,创先争优我先行"活动,收到了良好效果。如一些离退休干部关于在鹰潭公园重建北极阁的建议引起了市委、市政府的高度重视,并已开工建设。市委老干部局和市关工委等部门开展了"学雷锋、心向党、讲品德、见行动"活动。在全市青少年中涌现了一批学雷锋先进典型。10月份,集中开展了"关爱明天,普法先行"青少年法制教育活动,成立了老干部法制宣讲员队伍,义务宣讲法律知识,使广大青少年增强了法制观念,取得良好成效。

【**加强离退休干部学习活动阵地建设**】市委老干部局以丰富老干部"老有所学、老有所乐、老有所为"内容为目标,以市老年大学创建"江西省老年大学示范校"和市老干部活动中心打造"温馨之家"为亮点,以文化惠老工程建设为特色,全面加强离退休干部学习活动阵地建设,取得了显著成效。一是市老年大学荣获"江西省老年大学示范校"称号。围绕市老年大学创建"江西省老年大学示范校"目标,积极争取市委、市政府领导和各有关部门的重视和支持。5月10日,召开市老年大学校务委员会第一次会议,市委常委、常务副市长王家林出席会议并讲话,市委宣传部、市发改委、市财政局、市人保局、市教育局、市卫生局、市文广新局等成员单位的分管领导参加了会议,研究制定了市老年大学一系列规章制度和办学措施,同时进一步明确了本市老年教育发展的方向。市委、市政府下发《关于进一步加强全市老年教育工作的意见》,进一步明确全市老年教育的发展目标、内容、措施,较好地解决了市老年大学的硬件设施建设和教学经费、人员编制、机构设置等问题。市老年大学已开办16个专业30个班,现有专兼职教师26名,在校学员1200余人,发展势头喜人。12月11日至12日,省评审组对本市老年大学进行了严格评审,一致同意鹰潭市老年大学评为江西省老年大学示范校。二是市老干部活动中心创建老干部"温馨之家"成效显著。市老干部活动中心围绕"安全、优美、卫生、舒适、节能、温馨"目标,建立健全各项管理服务制度,借鉴宾馆服务理念,做细、做实、做好老干部服务工作。根据老同志的意愿和特点,开展丰富多彩的学习健身娱乐活动。围绕重大节日开展老干部桌球赛、门球赛、象棋围棋赛、扑克赛、乒乓球赛、知识竞赛等活动。组织志愿者为老干部义务理发,讲养生保健课等。对前来活动的每位老干部做到来有迎声,端茶请坐,开好空调,微笑服务。老干部亲切地称工作人员为"贴心人",称活动中心为"温馨之家"。三是文化惠老工作走在全省前列。面对退休干部人数日益增多,文化层次不断高移,精神需求迫切的新形势,市委老干部局创新思路,精心打造文化惠老品牌,在全省老干部工作部门引起强烈反响。《江西日报》和《鹰潭日报》先后以《鹰潭文化惠老,让老干部幸福到心坎》为题进行了专题报道。市老年大学从本市历史文化特点出发,开设了道教文化、古诗词欣赏、剪纸艺术、音乐、舞蹈、书法、国画、电子琴、二胡、电脑、摄影等16类文化艺术专业。围绕“喜迎和庆祝党的十八大胜利召开”这一主题，市委老干部局组织老干部先后举办了高规格大规模的“喜迎十八大、永远跟党走”全市老干部专场文艺晚会和大型书画展。省委老干部局领导和市四套班子领导莅临观看，给予高度评价。市老年大学师生共同举办的书画展、手工剪纸作品展和自创自编自演的民族器乐《道韵》等作品富有浓郁的鹰潭地方文化特色，深受本市文化艺术界赞誉。市委老干部局经常组织老干部参加全国全省全市的大型文化艺术比赛活动，屡获金奖。2012年以来，仅市老年大学书画班老干部的作品就荣获3项全国书法大赛一等奖，2项全国美术大赛一等奖，6项全省书画大赛一等奖。2012年5月，市老干部艺术团参加第四届“七彩夕阳”欢聚人民大会堂全国中老年才艺大赛荣获“金凤凰”最高奖和最佳组织奖。市老年大学学员参加文化部主办的第二届“盛世欢歌”全国中老年才艺大赛，荣获“荷花奖”。市人大常委会副主任、市委组织部常务副部长应祥和副市长辜清代表市委、市政府到市委老干部局向获奖的老干部表示祝贺。

【全面完成市委、市政府中心工作】 2011年，市委老干部局全面完成市委、市政府中心工作。党风廉政建设措施实、效果好，受到市纪委考评组的好评。机关党建标准化建设有特色、有亮点，得到市直机关工委考评组的称赞。综合治理工作人防技防物防到位。尽管前来参加学习和活动的老干部人数多，压力大，却做到了全年无一例治安和安全事件发生，区综治考评组认为难能可贵。计划生育工作确定了专人负责，常抓不懈，全局干部职工严格执行计划生育法规政策。信访维稳工作做到件件有着落，事事有回音，老干部高兴而来，满意而归，全年无一例上访群访事件发生。市委老干部局在人手少、经费紧的情况下，抽调了一名副县级干部参加市棚户区改造工作，选派了一名副科级干部参加月湖区江边街道办事处赵家弄社区的标准化建设工作。牵头负责余江县洪湖乡官坊村委会的秀美乡村建设和贵溪市滨江乡江家村委会圩堤防汛工作。局主要领导和分管领导多次深入社区和农村挂扶点开展“民情家访”活动，在有限的行政经费中挤出1万元支助社区建设，2000元用于圩堤防汛，4万元开展秀美乡村建设，圆满完成了各项中心工作任务。特别是12月18日市委老干部局作为市直党群口唯一部门接受省干部作风集中整治考评组的考评，得到高度评价，为本市赢得荣誉。

（敖仁清）

【市委老干部局副县级以上干部名录】

市委组织部副部长、局长：陈小丽（女）

副局长：吴兵生

调研员：刘建国

副调研员：楼丽娟（女） 徐建国

市直机关工委工作

【概述】 2012年，市直机关工委在市委的正确领导下，紧紧抓住“迎接、学习、贯彻十八大”这条主线，牢牢把握服务中心、建设队伍两大核心任务，突出思想政治建设、基层组织建设、机关作风建设和机关文化建设四个重点，扎实推进机关党的建设，促进了机关各项任务的完成，为建设富裕、秀美、宜居、和谐新鹰潭提供了有力的思想和组织保障。机关党建工作做到了在市内有作为、省内有位置、国内有亮点，机关党建标准化项目建设荣膺全省机关基层党建“十佳项目”之首，机关集中整治干部作风活动受到省考核组的高度评价。

【着力推进思想政治建设】 一是积极做好学习贯彻中共十八大精神工作。以“喜迎十八大，永远跟党走”为主题，大力宣传中国特色社会主义“五位一体”总布局以及党的建设取得的伟大成就与宝贵经验，宣传省十三次、市七次党代会以及七届二次全会精神，宣传机关党组织和党员干部中的先进典型，激发广大机关党员干部立足本职干事创业，以优异成绩迎接党的十八大。中共十八大召开后，及时下发了《关于在市直机关迅速掀起学习十八大精神热潮和营造宣传十八大精神浓厚氛围的通知》；为市直机关党员干部征订了《十八大报告学习辅导百问》《十八大党章修正案学习问答》等书籍；以党建网络区为单位开展了中共十八大精神宣讲活动，切实把党员干部的思想和行动统一到中央的决策部署上来。二是进一步推进学习型党组织建设。通过举办专职党务干部、入党积极分子、新党员和工会主席培训班等，培训理论宣传骨干320名；深化了以“人人上党课当教员”为形式的“微型党课”活动；开设了“市直机关文化大讲堂”，围绕《道德经》、北极阁历史文化溯源、和谐社会建设等主题，举办了专家学者主题演讲、领导干部历史文化讲座等一系列学习优秀传统文化活动，进一步增强了党员干部综合素质。

【着力加强基层组织建设】 一是积极推进机关党建标准化项目建设。抓住基层组织建设年这一契机，按照市委提出的“党建工作项目化、项目推进标准化”的工作思路，以贯彻落实条例和省委实施办法、市委市政府重大决策部署和各项党建工作任务为内容，出台了《鹰潭市直机关党建标准化项目建设实施办法》，提出了队伍建设、运行机制、阵地建设、工作流程、活动组织、工作制度“六个标准化”的具体要求，并坚持“工委搭台，各家唱戏”的理念，采取“先试点、后推行、再铺开”的方法，在体现共性内涵的基础上，通过鼓励基层创新、加强工作督导、召开现场推进会、经验交流会等多项措施,稳步推进机关党建标准化项目建设,进一步坚实了基层组织基础,提升了机关党建科学化水平。截至2012年底,市直60个单位完成党建标准化项目建设。市直机关党建标准化项目建设引起社会较大关注,工委书记周佐明受邀出席南京经济区城市第十二次机关党建工作交流会,作题为《在创新中凝聚发展的动力》的发言,向大会介绍机关党建标准化项目建设情况;辽宁锦州、河北廊坊等地市机关工委组团到鹰潭考察学习。二是加强常规性党务工作的开展。切实抓好党组织设置、换届选举、党务队伍建设、党员发展和管理、党费收缴管理使用等工作,2012年,新成立3个机关党委和10个党支部;督促指导31个党组织完成换届选举,调整党务干部40余人,配备5名专职党务干部;新发展党员97名,预备党员转正89名;做好了党内统计年报和半年报工作,及时更新了市直机关党员信息库;重新核定了市直机关6121名党员的党费基数。三是进一步落实党建工作责任制。按照市委党建工作领导小组的安排,结合2012年市直机关党建目标管理考核内容,工委采取听述职、进行满意度测评、查资料、看阵地等方式,对市直87个单位党委(党组)书记抓基层党建工作开展了专项督查,进一步增强了党委(党组)书记抓基层党建的“第一责任人”意识。

【着力推进创先争优活动】一是广泛开展基层党组织分类定级工作。以强化组织功能、增强组织活力为着力点,对市直机关88个单位467个党支部,按照“巩固先进、推进一般、整顿后进”的原则,抓好分类定级、整改提高等工作,实现基层党组织全面晋位升级的目标。二是积极搭建党员发挥先锋作用的平台。以“下基层、接地气、办实事”为主题,深入开展“先锋创绩”“四级联动、携手共建”“民情家访”等实践活动。三是开展创先争优总结表彰活动。对市直30个先进党组织、60位优秀共产党员、30位优秀党务工作者进行了表彰奖励,并择优推荐省市先进典型,市行政服务中心等单位获“全省创先争优群众满意窗口单位”殊荣,市统计局党支部等6个党组织被评为“全市创先争优先进基层党组织”,市科技局杨桢等6名党员荣获“全市创先争优优秀共产党员”称号,市民政局桂萍等5位党务干部被评为全市组工系统先进个人。

【着力加强机关作风建设和反腐倡廉建设】一是狠抓集中整治干部作风活动。认真贯彻落实市委、市政府《关于加强干部作风建设进一步优化发展环境的实施意见》,承担了市直及驻鹰潭108个单位集中整治干部作风活动的督查考核工作。围绕“破十疾兴十风”、“十推行十严禁”,科学制定了督导方案和督查细则,加强了阶段工作督查力度,建立健全了工作台账,开展了“万名群众评机关”测评活动,组织了年度考核,确保了活动扎实推进,为进一步优化经济社会发展环境发挥了积极的作用。市直及驻鹰17个被抽检单位活动开展情况,得到省考核组的充分评价。二是进一步加强反腐倡廉建设。深入开展党的先进性、纯洁性教育,组织市直党员观看《这样一位将军》《雨中的树》等向党的十八大献礼重点影片;组织市直党员领导干部到南昌廉政教育基地接受反腐倡廉教育。加大了违纪违法案件查办力度,2012年共查处10名党员干部,给予开除党籍处分6人、留党察看处分1人、党内警告处分3人。

【着力推进机关文化建设】坚持以党建带群建共创人文关怀的机关环境。一是积极开展丰富多彩的文化体育活动。举办了市直机关第三届职工运动会,组织了乒乓球、象棋、游泳、广播体操等十个项目的竞赛;举办了第二届职工文化艺术节,开展了摄影、书法、绘画等评选活动,举办了交谊舞、八段锦健身培训,培训人员近300人;组队参加“永远跟党走·祝福鹰潭”全市歌咏比赛,获一等奖和三等奖的好成绩。二是更加注重机关人文关怀。针对机关干部压力大等问题,开设了心理健康疏导讲座;举办了鹰潭市第二届相亲大会,为市直机关800多名单身男女搭建了交流沟通的平台。深入开展“送温暖”活动,组织走访市直机关老党员、老劳模、困难及身患重病的党员、职工,送慰问金8.5万余元,办理互助保险赔付金4.7万余元。

【着力加强党建宣传工作】按照“组织工作要宣传、宣传工作要组织”的理念,加强鹰潭机关党建的宣传推介力度。一是办好《北极阁》内刊。将原有《鹰潭机关党建》简报改版为党建内部刊物《北极阁》,采用铜版纸印刷,开设刊首要语、工委在线、组织建设、作风建设、信息大观、北极阁文苑等11个专栏,并将刊物发行至中央、国家及省内外机关工委。二是加强通讯员队伍建设。组建了一支勤学、勤思、勤写的通讯员队伍,采取理论培训与实践相结合的方式,增强了通讯员的素质。三是加强与媒体打交道的能力。适应时代与形势的发展,密切与传统媒体和新媒体的沟通联系,通过召开记者见面会、利用网络平台等,强势宣传机关党建工作品牌,扩大宣传面与影响力。

(李和印)

【市直机关工委副县级以上干部名录】

市委副秘书长、工委书记:周佐明(2012.5~)

熊红英(女, ~2012.4)

工委委员、纪工委书记:许莉萍(女)

工委副书记:邓建华

工委委员、副调研员:陈婀娜(女)

调研员:叶苏庭

党校工作

【概述】2012年,在市委市政府的正确领导下,党校校委一班人紧紧围绕全市经济社会发展战略,团结带领全校教职工认真履行培训轮训党员领导干部的职责,按照"以党的十八大精神为指导,紧紧围绕市委、市政府2012年的工作总体要求开展干部教育培训,紧紧咬定党校整体工作走在全省党校前列这个目标不放松,始终坚持党校姓党和从严治校两大原则,牢牢抓住教学中心、科研基础、后勤保障三件大事,努力推进管理、对外培训、学科建设、培训方式等四项工作创新,着力做好教育培训、理论研究、学历教育、行政后勤、队伍建设五项重点工作,凸显特色,实现跨越,努力开创党校工作新局面,为建设富裕、秀美、宜居、和谐鹰潭做出积极贡献"的工作思路,全年共培训轮训各类干部3973人次。其中,举办主体类培训班6期,即党校主体班四期(第三、四期县级干部进修班、全市乡镇主要领导干部培训班、全市青年干部培训班)、行政学院主体班1期和社会主义学院主题班1期,主体班培训人数278人次(党校班次210人、行政学院班次28人、社会主义学院班次40人);举办轮训班1次6期(科学发展观主题培训班6期)培训1300人次;对外培训考试类班8期2217人次;学历班学员178人。全校教职员工团结奋斗,各尽其责,认真履职,勤奋工作,党校风正气顺,干部教育培训取得了较好效果,得到了社会各界的认可。同时,各项工作取得了新的进展,作风整治、节能减排等工作被评为全市先进单位。市委书记陈兴超12月6日深入党校进行调研时充分肯定市委党校长期以来围绕中心、服务大局,在干部教育培训等方面取得的成绩。

【主体班教学】全年在各类班次新开设教学专题30多个,共讲授300多堂(次)。始终坚持以教学为中心,把中共十八次党代会精神、科学发展观、中国特色社会主义理论体系等作为教学的主要内容,党的十八精神纳入到党校主体班教学中,贯穿党校教学的全过程;把本市经济社会发展战略作为每期主体班的必学内容,把马列原著作为主体班教学的重点内容,把党性锻炼作为学员的专修课程,着力增强党员领导干部理解力、执行力、操作力;强化教学管理,认真执行主体班教学的制度规定,进一步推行新课试讲和集体备课制度,强化学员管理严肃干部参训纪律,加强理论引导和党性锻炼,实行干部参训和学习情况通报制度;创新新培训方式。充分利用现代化教学设施,改变"灌输式"的单一教学方式,既做到理论联系实际,坚持开门办学,又积极探索运用研讨式、案例式、答疑式的教学方式,推动教与学的互动,激发干部参训的积极性。在培训组织形式上,注重整合各种培训教学资源,从上级党校、市委市政府各部门、企事业单位聘请兼职教师讲课。全年共外请领导和客座教授10人次,有效提升了党校教学吸引力。值得一提的是,市委书记陈兴超,市委常委、宣传部部长周世敏分别在第四期县干班和乡镇主要领导班上宣讲党的十八大精神;在培训模式上,采取集中学习、专题辅导与外出实地考察相结合,组织了县级干部进修班、青干班赴山东、江浙等地异地培训,通过学习、参观、考察,学员理论知识得到巩固,认识水平得到提升,分析问题、解决问题的能力得到提升。

【发挥思想库作用】坚持科研基础地位不动摇,充分发挥思想库作用。成立了鹰潭市委社会科学联合会,认真做好科研和科研管理工作,精心组织,狠抓落实,努力提高党校科研服务大局的水平,科研成果不断涌现。公开发表论文8篇;共成功申报各类课题7项。其中,省级课题2项,市社科联立项课题5项,还申报了国家行政学院课题一项。一是树立了科研是党校之基的观念,强化了党校科研关系到党校长足发展的责任意识。以科研为先导,走"科研兴校""科研兴教"之路,已成为党校人的一个基本共识。坚持把科研水平的高低作为考评教员的重要评价标准,强化只有重视科研才是一个合格教员的观念。特别是校领导带头搞科研,教研人员的科研意识、科研动力有所增强。二是加强科研协作交流。组织论文参加全市"'鹰潭城市精神'之我见"研讨会,获三等奖1篇。积极派人员参加全省党校系统理论研讨会,加强了交流,吸取了经验,对科研的认识进一步深化。

【加强队伍建设】一是加强领导班子和干部队伍建设。认真贯彻民主集中制原则,坚持校委会集体领导与分工负责相结合,充分发挥校委成员积极性和创造性;坚持德才兼备、以德为先的用人标准,完善用人机制,提高选人用人公信度;坚持原则,形成合力,真抓实干,身体力行,清正廉洁;加强中层干部队伍建设,提高执行力。二是加强师资队伍建设。坚持以建设一支政治强、业务精、作风好、结构优的教师队伍为目标,始终把教师队伍建设作为人才强校的重要基础,通过培训、挂职、岗位练兵和创先争优等方式,有效地提升了教师的理论水平和实践经验,从而全方位提高了教师队伍素质。2012年度,选派了教师到中央党校、省委党校、高校学习进修、听课培训,选派了2名干部到市信访局、招商局挂职锻炼帮助工作,不断提高教师教研的能力和水平。三是加强行政管理和后勤服务人员队伍建设。管理队伍是党校人才队伍的重要组成部分。要适应新形势下党校的发展要求,更新管理观念,提高政治意识、责任意识、创新意识和服务意识。通过参加公务员基本功训练、在线学习、选派机关干部参加培训进修、实践锻炼、外出考察等方式，不断提高行政管理人员的管理能力。鼓励中青年干部结合本职工作开展调研，提高分析问题、研究问题、认识规律、把握规律的能力。通过专业化培训机构的培训、岗位练兵、技能比武等活动，提高后勤管理人员的管理和服务水平，提高技术工人的业务技能。

【行政管理工作】一是细心做好人事工作。做好了二名县级干部提拔推荐考察的有关工作，包括提任前的民主推荐、民主测评、谈话等有关材料准备，并及时报送市委组织部。及时按规定办理了一名干部调进党校的有关手续。二是认真做好了2011年度录用公务员的转正工作，严格按照组织人事部门的要求和程序办理了有关手续。三是认真办理了全校33人次工资调档、42人次13个月工资发放、67人次在职及离退休人员津补贴增加工作。四是加强了文件管理和档案管理工作。认真贯彻好市委有关文件管理工作精神，加强文件和档案管理工作，规范发文程序，全年发文33个，文件管理工作和档案管理工作均得到相关部门的肯定。五是加强了接待、电话、打印、汽车的管理工作，特别是做好了省委党校领导、市领导到党校考察工作的接待工作。六是加强了业务指导工作。及时派校领带参加了全省党校后勤工作会和全省县级党校工作会；组织了全市党校有关教师参加全省党校行政学院系统专题研讨班、国家行政学院2012年第一期送教下基层（吉安）培训班；深入县（市、区）党校调研，指导县级党校开展工作，召开全市党校校长会议，部署鹰潭市县级党校办学体制改革事宜，会同市委组织部对全市县级党校贯彻落实全省县级党校工作会议精神进行了督查，并形成了督查报告上报省委党校；组织了全市党校系统常务副校长参加在上饶德兴举行的闽浙赣边界党校发展协作会，交流了思想，开阔了视野，推进了工作。

【后勤工作】一是开展厉行节约活动。认真贯彻党政机关节能减排、厉行节约的要求，调整了年度预算，在增收节支、提高效率方面取得明显成效，获得了全市先进。二是加强后勤管理，确保主体班和对外办学的需要，保持教室经常性的整洁，使学员能在干净整洁的教室上课。有效管理花草树木。定期对草坪进行修理，校园进一步美化绿化。加强财务管理，严格财务制度，注重开源节流。做好沪昆高速铁路指挥部租住党校学员楼、食堂的有关工作。做好了全校教职工公积金和医疗保险的有关工作，组织了全校教职工到医院体检。认真维护好校园的水电设施，保证了教研工作的顺利进行。三是加强校园建设，提升后勤保障能力，对世纪楼内墙进行了粉刷。

【图书信息化建设】强化图情信息资源的开发利用。充分利用好中央党校远程教学系统，为教学服务，做好了党校计算机的维护和管理工作，承担了校主体班和计划外办班的多媒体和音响播放工作；加强了硬件建设，做好了计算机等设备的维修；进一步发挥图书资料服务教研的作用。较好完成2013年度报刊订阅工作；提高服务意识，认真做好报刊的分发、点收、登录、陈列、外借等图书管理工作，全年共办理图书、报刊借阅计350人次；保持图书资料室经常性的整洁、舒适，为教工提供良好的阅读环境。

【学历教育】继续办好重庆大学网络教育学院鹰潭党校教学中心，与重庆大学网络教育学院联合办学进展顺利，得到了重庆大学网络教育学院的高度评价。全校教职工上下一心，多途径多举措招收新生，新招学员54人，完成了预定的招生任务，在校生达178人。同时为新生提供优质的服务。

【机关党建、老干部、群团工作】党务方面：一是以学习中共十八大精神为重点，推进学习型党组织建设。召开了学习贯彻中共十八大精神动员会，常务副校长为全校作了中共十八大精神专题辅导，掀起了党校学习中共十八大精神的热潮。积极推进学习型党校建设，在全校党员干部中大力倡导学习之风，学习工作化，工作学习化的风气日益浓厚。二是不断推进创先争优活动的开展，按照既定方案，继续围绕“推动科学发展、促进社会和谐、服务人民群众、加强基层组织”的目标要求，着力创建“领导班子好、党员队伍好、工作机制好、工作业绩好、群众反映好”的“五好”先进基层党组织和争当“带头学习提高、带头争创佳绩、带头服务群众、带头遵纪守法、带头弘扬正气”的“五带头”优秀共产党员，创先争优活动取得了较好效果。三是认真开展好作风整治活动，严格按照活动方案推进各项工作，高标准迎接省机关作风整治小组对本校作风整治工作的检查，得到了省检查组的好评，并被评为全市作风整治先进单位。三是扎实开展党建标准化项目建设，整理归档各类党务资料，制作了宣传栏，建立了党员活动室，并通过市里的验收。四是认真开展好党内各项活动，活跃党的组织生活。注重抓好党员的日常政治学习。组织工方面：吸收了一名入党积极分子为预备党员，吸收了3名工作人员为入党积极分子。做好了市直机关工委对本校党建工作的各项检查工作。群团工作方面：组织全校教工积极参加慈善一日捐活动，向社会奉献了党校人的一片爱心。组织了全校教职工到内蒙古、山西等地学习考察。社会中心工作方面，做好了普法、防汛、综治、人口与计划生育等中心工作，营造党校和谐良好的氛围；老干部工作方面，认真落实老干部的两项待遇，充分发挥老年体协的作用，开展丰富多彩的活动，及时组织老干部参加市有关活动，关心老干部，使老干部真正健康快乐。

（王家茂）

【市委党校副县级以上干部名录】
市委副书记、校长：熊茂平
常务副校长：王辉
副校长：涂其新　李水良　王家茂
校委委员、副县级组织员：
邹丽华(女,2012.5~)
龚剑平(2012.5~)
校委委员、副调研员：高秀英(女)
调研员：张成钢

史志工作

【概述】2012年,史志办围绕市委、市政府中心工作，认真学习贯彻党的十八大精神,贯彻落实省党史、地方志工作会议精神,立足史志编纂、宣传教育等业务工作，切实履行部门职责，加强干部职工思想作风建设,提升管理和服务水平,努力完成好上级和市里交办各项工作任务,取得一定成绩：荣获全省党史宣传教育工作先进单位、全省地方志系统年鉴工作先进集体称号，参加第六届全国年鉴编校质量检查评比获二等奖,参加全国、全省党史系统优秀成果评奖和全市建党九十一周年理论研讨会获三等奖以上5篇(本),1人获全省优秀社科普及专家称号,4人次获全省党史、地方志等系统先进称号。

【贯彻落实上级工作会议精神】年初本办及时将全省党史研究室主任会议精神向市委分管领导汇报,并形成贯彻落实报告稿提交市委常委会研究。参加全省设区市地方志办主任会议和全省第二轮《江西省志》编纂会议,及时将会议精神向全市史志系统进行传达。召开全市史志办主任会议，贯彻落实省党史、地方志会议精神,对2011年史志工作进行总结和表彰，修改县(市、区)史志工作目标考评实施细则,研究部署2012年史志工作。

【做好申报"中央苏区县"工作】办主要领导、分管领导会同贵溪市有关领导赴省委党史研究室,追踪了解贵溪市申报"中央苏区县"审核进展情况,并及时向市委书记陈兴超汇报相关情况。市委市政府高度重视,市长钟志生随后带领史志办及贵溪市有关领导等一行赴中央党史研究室进行专题汇报,积极争取上级支持。在此基础上史志办指导贵溪市补充"中央苏区县"申报材料,并上报中央党史研究室。

【《中国共产党鹰潭市历次代表大会实录》编纂出版】在对《实录》相关资料进行核实、修改、校订后完成该书的公开出版工作,于4月份送市四套班子领导阅看。该书的公开出版填补了鹰潭市党代会没有完整资料反映的空白。

【《中共鹰潭地方史》(第二卷) 征编工作启动】4月,派员赴上饶、九江市史志办对中共地方史二卷编纂工作进行考察学习,起草形成《中共鹰潭地方史》(第二卷)征编方案及专题。6月,以市委办名义下发开展《中共鹰潭地方史》(第二卷)及《大事记》征编工作文件。8月中旬,召开全市《中共鹰潭地方史》(第二卷)征编启动暨专题撰稿人员培训会议。9月，建立了党史联络员队伍，在新闻媒体上刊发征编通告,编发《征编动态》简报2期。

【编纂《鹰潭年鉴》】4月,启动《鹰潭年鉴》(2012年卷) 编纂工作,以市委办、市政府办的名义下发了《关于做好〈鹰潭年鉴〉(2012年卷)编纂工作的通知》,在2011年卷的基础上对新一轮年鉴一些栏目内容进行调整充实。100多万字的《鹰潭年鉴》(2012)已于2013年2月公开出版发行。

【举办《鹰潭年鉴》撰稿人员培训班】5月30日上午，在鹰潭宾馆举办《鹰潭年鉴》撰稿人员培训班,全市各供稿单位150余名撰稿人员参加了培训。会上对提高年鉴编纂质量提出要求和进行业务培训,办负责人就《鹰潭年鉴》(2012年卷)条目撰写等情况进行了业务辅导。

【编辑《鹰潭大事记》】按月记录鹰潭市发生的大事、要事，每两月1期,出刊6期,分送市四套班子领导阅看。

【地方志资源开发和利用】参加鹰潭城市规划展览布展工作会议,为鹰潭市城市展览馆布展赠送《鹰潭市志》等书籍,并提供万余字的相关资料;利用所掌握的地情资料对滨江公园文化长廊浮雕内容的设计提出万余字的修改意见和建议;参加市里召开的征求意见会,为鹰潭市重建北极阁提出建设性意见;参加"鹰潭城市精神"征集语活动,一篇论文获全市研讨会二等奖;与市老干部局一起开展向老干部征集鹰潭地方党史资料工作;新增整理上架图书资料100多册,丰富图书资料库。

【编纂《当代中国城市发展丛书·鹰潭》】多次召开领导班子、分纂人员会议，研究商讨论书的编写问题,推动编纂加快进度。该书编纂工作已完成分纂撰写并形成初稿。

【做好对县(市、区)史志工作的指导】办领导及科室负责人积极指导、帮助县(市、区)史志办开展业务工作,解决工作中疑问和难题,多次到贵溪市、余江县指导党史和地方志工作,推动《贵溪市志》《余江年鉴》编纂工作的开展。

【完成上级交办的工作任务】较好地完成了省方志办交办的《江西年鉴》(2012年卷)鹰潭部分供稿、《江西年鉴》撰稿人员培训、2011年度地方志系统统计、省委党研室《党史文苑》征订、党史资料征集三年规划上报等各项工作任务。

【整治作风,加强机关建设】一是认真开展集中整治干部作风突出问题活动。二是及时贯彻落实市委市政府文件会议精神。三是依托网络区做好机关党建工作。四是加强干部队伍建设。五是做好机关后勤管理工作。

【积极支持，完成市中心工作】继续抽调1名县级干部和1名工作人员参加“城西棚户区”“鹰西大道贯通工程”拆迁工作；抽调1名副科级干部于4月份顺利完成参加“市长热线”信访工作锻炼任务；下半年抽调一名干部参与市委组织部全市公务员信息管理系统建设工作并获好评。

（王新勤）

【市史志办副县级以上干部名录】

主　任：况建军

副主任：朱仕平

副调研员：陈志敏

档案工作

【概述】2012年，鹰潭市档案工作在鹰潭市委、市政府领导下和江西省档案局指导下，始终坚持邓小平理论和“三个代表”重要思想为指导，以科学发展观为统领，以档案法制建设为保障，以档案规范化管理为抓手，以档案法制宣传教育为平台，在改善档案事业发展环境、档案资源建设、档案信息化建设、档案公共服务能力建设等方面取得了明显成效。

【依法治档】开展“六五”普法法制宣传教育工作，制定了《2012年鹰潭市档案局法制宣传教育工作要点》。积极开展《中华人民共和国档案法》颁布二十五周年和江西省档案馆建馆五十周年宣传活动，组织档案工作人员和热心支持档案事业人员积极参加“飞狐灵通杯”和省档案局举办的档案法制、业务知识有奖竞赛。为了使竞赛富有成效，鹰潭市档案局组织了一次让档案法制宣传走进校园活动，在鹰潭市职业技术学院进行了档案业务知识专题报告，让在校大学生了解档案工作，感知档案工作，心牵档案工作，这次活动“江西档案信息网”进行了新闻报道。两次竞赛分别有706人和404位档案工作人员和档案工作爱好者参加，同时制作宣传板进行档案法制宣传。通过这些活动，社会档案意识得到增强，扩大了档案影响面。鼓励档案工作者向档案报刊投稿，宣传档案工作，制定实施了新的档案宣传奖励政策，一年内，在报刊、新闻媒体刊登宣传稿件23篇。印制档案工作宣传册，向市直各立档单位和社会发放500余份。联合市人民检察院开展全市检察档案工作执法检查。积极开展非行政许可审批项目清理工作，做好行政许可网上审批、电子监察和非行政许可审批清理，将清理结果在“鹰潭市政府信息网”“鹰潭档案网”公示公布，规范了非行政许可项目运行机制，顺利通过了市行政许可审批制度改革领导小组和市监察局的检查。认真落实《江西省重大活动档案管理办法》，制定实施细则，确保工作顺利开展，重大活动档案管理工作有关经费已列入鹰潭市2013年财政预算。

积极做好档案行政执法监督工作，市、县两级档案部门每年组织开展档案行政执法检查。2012年，余江县档案局加大了档案行政执法力度，联合县人大对县直15个政府组成部门和5个乡镇（场）的档案工作进行了执法调研。针对一些单位存在的不按规定做好文件整理归档、移交档案不及时以及档案保管条件差、管理混乱等现象和问题，档案行政执法人员及时督促整改，对整改不及时、不到位的单位，各级档案部门依照《中华人民共和国档案法》《江西省档案管理条例》和《江西省档案行政处罚自由裁量权适用规则》，下发了“整改通知书”。

【档案基础业务建设】国家档案局颁布的第9号令《各级各类档案馆收集档案范围的规定》，鹰潭市各级综合档案馆进行认真的学习贯彻，各地联系实际制定了《档案馆收集档案范围的规定》，严格执行机关档案资料到期必须移交进馆制度，及时做好到期档案的接收工作。同时采取各种办法，广泛搜集一切具有保存利用价值的档案资料进馆，市档案局下发了“关于做好档案移交和报送已公开现行文件工作的通知”，并在鹰潭档案信息网发布。2012年全市共接收文书、会计、科技等纸质档案9442卷(件)，馆藏档案达31.18万卷(件)，资料3.83万册，照片档案9935张，磁盘、光盘、磁带71盘(张)。其中鹰潭市档案馆2012年接收纸质档案528卷、2252（件）进馆，馆藏档案共160个全宗，8.45万卷、5.11万（件），照片档案6800张，资料2.4万册，磁盘、光盘、磁带63盘(张)。一批具有地方特色的档案资料进馆，如“数字鹰潭”重大建设项目档案4册，资料22册移交进馆保存，鹰潭市著名作家邹华义的《韬奋故乡三部曲》《走上星座的张果喜》原始资料，童翊汉的《未了情》《萧》《石凌鹤传》《龙虎山一脉》《中国道教与戏曲》《鹰潭市戏曲史话》等18部著作及手稿(约3500万字)移交余江县档案馆保管，鹰潭市摄影家协会主席杨一迟将摄影作品集《鹰潭纪实》《随心集》捐赠月湖区档案馆保存。在做好接收、征集档案资料的同时，市档案馆还特别注意做好国家重点档案的抢救工作和到期档案的开放工作，对49个单位1155卷到期档案进行了鉴定开放，累计开放9720卷，全市综合档案馆累计开放档案8.44万卷(件)。

【档案的安全保管】为了确保国家档案资料的安全和妥善保管，在各级领导和财政部门的关心支持下，本市各级档案馆根据各自的实际，加强了档案管护设施的建设，将档案安全保管工作纳入社会综合治理范畴，档案的防火、防盗、空调、消毒柜、去湿机等档案管护设施设备得到完善。落实"防虫、防霉、防高温、防高湿、防尘、防盗、防火、防有害生物"的八防措施,鹰潭市档案馆对新进档案资料进行了消毒,积极开展档案库房虫霉情况检查,更新防虫、防霉药物,做好库房温湿度控制和登记,编制春、秋库房安全保管和虫情报告。制定落实了库房安全应急方案,坚持24小时值班制度,规范库房用电操作行为。今年市政府下拨资金7万元对局大楼消防设施和用水系统进行了更换和维护。上半年市档案局工作人员和市消防官兵进行了一次实地消防演练,操作技能和业务才干得到增强。由于工作得力、措施到位,加上工作人员的责任心,鹰潭市没有发生任何档案损毁现象,确保了档案的万无一失。

【档案的利用】一是继续开展政务信息公开、档案编研和利用服务工作。全市83个党政机关、群众团体、企事业单位的政策性、法规性、公益性、服务性的已公开现行文件和文件汇编5051条目录已录入电子触摸屏,新增1500条,及时全面地向社会和人民群众提供已公开现行文件利用服务,为利用者解决工伤保险、房屋拆迁、土地征用、交通肇事赔偿等提供了大量的政策依据。二是在开发利用馆藏档案信息资源方面积极开展工作,经过近两年的辛勤编写,《中共鹰潭市历次代表大会实录》2012年正式由中共党史出版社出版,全书46余万字,新华书店发行。同时完成了《鹰潭年鉴》"档案工作" 篇编写工作,组织编写了《鹰潭市档案志》(1991-2010),2013年将正式出版。做好日常档案资料的接待查阅服务工作,践行档案信息服务承诺,强化查阅窗口服务力量,提高服务水平。2012年,市档案馆共接待查档人员386人次,调阅档案6.15万卷(件)次,为党政机关、社会各界提供了大量的宝贵的第一手资料,充分发挥了档案的原始凭证作用。积极参加"鹰潭市城市展览馆"布展工作,提供城市原始照片资料112张及有关目录说明资料。三是全市各级档案馆做好日常档案资料的接待查阅服务工作,践行档案信息服务承诺,强化查阅窗口服务力量,提高服务水平。2012年,鹰潭市档案馆根据国家的有关规定,有计划地开放了满30年的1147卷档案。开放档案总数已达9712卷。全市各级档案馆开放档案达8.44万卷。2012年,全市各级档案馆共接待查阅利用人员4932人次(其中鹰潭市馆471人次、贵溪市馆2823人次、月湖区馆386人次、余江县馆936人次、城建档案馆200人次),调阅档案、资料7.13万卷(件、册)。与2011年相比,档案利用率大幅提高。通过提供档案利用服务,为领导决策、落实政策、解决纠纷、编史修志、经济建设等方面提供了原始依据,产生了显著的社会效益和经济效益,并在档案工作中为维护社会稳定做出了自己的贡献。

【档案业务监督指导】推进档案规范化管理,档案工作水平得到提高。根据国家档案局制定的《归档文件材料整理规则》《江西省档案工作规范管理办法》,结合鹰潭市实际制定了档案工作目标管理考核标准,在市直单位和县(市、区)档案部门全面推行了档案工作规范化管理,明确把贯彻执行国家档案局第8号令,文件材料归档、档案登记、已公开现行文件的报送、档案安全保管和有效利用等纳入年度检查范围,并于2012年10月,对全市119个市直立档单位和县(市、区)档案部门进行了考核检查。积极开展重点工程档案工作,以市委办公室和市政府办公室名义下发了《关于进一步做好全市重点建设项目档案工作的通知》(鹰办字〔2012〕1号),对全市重点工程档案工作进行了摸底调研,组织开展了全市重点工程档案项目工作人员档案业务培训工作,对一些重点工程档案工作进行了实地督促和指导,重点工程贵溪大桥建设项目档案经过工作人员的辛勤努力,完成整理归档720卷。开展了对机关企事业单位档案工作人员的岗位培训。市档案局5月份举办了一期业务培训班,参训126人,县(市、区)档案部门共举办业务培训5期,参训238人,通过档案理论实训和外地考察学习的方式,使广大档案工作人员业务素质和档案管理水平得到了较大提高。积极开展档案业务指导,认真做好文件归档工作,各级档案部门深入基层,加强了机关、事业单位、乡镇、社区、农业农村、林改以及民生领域档案工作的监督指导,贵溪市档案局派出多名业务骨干,深入工业园区,指导和帮助园区建立和健全归档制度,对园区十年建设中所产生的各种载体基建资料进行规范化整理归档,共整理各类档案1316卷,得到园区管委会的好评。市、县两级档案部门对市直、县直立档单位"文件归档范围和保管期限表"的编制工作进行了审核,完成率达95%以上。

【档案信息化建设】根据江西省档案局《关于依托江西省政务网建设全省档案专网的通知》,鹰潭市档案局安排资金8万余元,开展了档案专网建设的调研、设备选型、采购工作,并指导县(市、区)档案部门做好专网建设。市局各项设备到位,完成了设备安装调试入网工作,并上传目录数据9.1万条。鹰潭市档案网的网站改版完成,新网站已经开通,新网站内容得到充实,栏目设置更加合理,日常维护得到提升,网站点击率稳步增加。

积极推进新中国成立后文书档案数据库建设。按照江西省档案局的要求,市档案局对本局档案管理系统软件、硬件进行了更新升级,采用具有开放性结构的科易馆藏档案管理软件,建立了新的数据服务器(联想万全R520数据库),并将原有档案信息数据安全转移到新的档案管理系统。强化档案目录数据录入工作，续聘3名大学毕业生专门从事数据录入工作，保证了数据库信息数量稳步增长，录入目录数据库条目共计20.98万条，新增5.81万条。全市各级档案馆机读目录总量达55.39万条，较2011年37.77万条的总量，大幅提高。做好电子目录离线备份工作，将市、县两级档案馆档案目录数据进行光盘备份，全市共备份数据37.95万条，其中市档案馆备份17.84万条。市档案馆对21卷革命历史档案进行了全文数字化处理。2012年，市城建档案馆对城市建设档案数据分批录入计算机，已录入1.32万条。

【档案干部队伍建设】市档案局首先抓好局班子建设，认真执行党员领导干部廉洁从政若干准则，干部选拔任用工作四项监督制度，党政领导干部同责办法等。坚持集体领导，分工负责，以多理解、多尊重的共事理念促班子合力的形成，坚持以身作则，率先垂范，以“带头干”“带着干”的示范效应促团队作用的发挥。其次，抓好档案干部队伍建设，结合“机关党建标准化项目建设”“创先争优”“集中整治影响发展环境的干部作风突出问题”对领导作风假、浮、蛮方面突出问题自查整改”“开展风险岗位廉能管理”等活动，加强十八大报告精神的学习，开展学习贯彻十八大报告精神知识竞赛活动，强化教育培训，努力创建“在学中干、在干中学”的学习型单位，强化目标管理，建立年度考核制度，着力打造争先进、创一流的效能型机关。第三，全市各级档案部门建立了档案业务人员岗位培训和继续教育制度，2012年共举办档案业务培训班5期，培训档案工作人员238人。市档案局还积极派员参加省档案局举办的档案业务培训班。通过各项学习活动的开展，档案干部队伍素质得到进一步提高。

（李　琳）

【市档案局副县级以上干部名录】
党组书记、局长：程　华（2012.5~ ）
党组成员、副　局　长：梅绍明
党组成员、副调研员：胡国良　梁少华

“三川杯”鹰潭城市精神、市徽、市歌征集活动颁奖晚会

（市委宣传部供稿）

鹰潭市人民代表大会常务委员会

编辑、校对:夏永军

综述

2012年,鹰潭市第八届人民代表大会召开了第二次会议。闭会期间,共召开10次人大常委会会议(市八届人大常委会第三次会议至第十二次会议)和21次主任会议。这些会议听取和审议"一府两院"有关工作报告或汇报26项,作出决议、决定6个。

2012年,市人大常委会在中共鹰潭市委的正确领导下,高举中国特色社会主义伟大旗帜,以邓小平理论、"三个代表"重要思想、科学发展观为指导,认真学习贯彻中共十七届六中、七中全会和十八大精神,坚持党的领导、人民当家做主和依法治国有机统一,依靠全市人民和全体人大代表,依照宪法和法律赋予的神圣职责,按照市委"主攻项目、决战'三区'、凸现特色、实现跨越"的总体要求,紧贴富裕秀美宜居和谐鹰潭建设行使职权、开展工作,圆满完成了市八届人大二次会议确定的各项任务。

一、围绕实现跨越发展依法履职,助推富裕鹰潭建设

常委会把加强经济工作监督作为助推富裕鹰潭建设的着力点,密切关注全市经济运行情况,及时听取和审议市政府关于国民经济和社会发展计划执行情况报告,并就推进经济转型升级和"1+6"产业发展、构建特色鲜明的产业体系和发展实体经济、保持稳中有进发展态势等发展举措落实情况,形成调研和审议意见,及时送市政府研究,支持和督促政府确保完成市人代会确定的经济发展任务。

加大落实市人代会作出的年度财政预算决议监督力度,结合听取和审议市政府预算执行情况报告以及审计工作报告,组织代表考察调研税务和审计工作,认真了解分析财政增长潜力、减收因素以及2011年预算执行和其他财政收支审计情况,在此基础上,审查批准2011年市级财政决算、2012年市级总预算和市级预算调整方案。根据考察调研和专题审议情况,就多渠道培植税源,优化财政收支结构,加强非税收入征缴管理,深化预算管理,充分发挥财政对经济社会发展的保障促进作用等关系预算执行的问题,形成审议意见。市政府及时研究审议意见,科学调度,合理安排,使财政预算体现出稳中求进良好态势,为推进富裕鹰潭建设奠定更坚实基础。

依法监督重点产业发展和重大项目建设工作,助推增添富裕鹰潭建设后劲。先后就铜产业和物流业发展以及重点项目建设情况,组织代表考察调研和实地评议,并分别形成专题审议意见,支持并督促政府巩固和拓展重点产业、重大项目建设成果。关注开放型经济及台资企业发展,通过审议和督促相关工作,支持政府加大开放型经济扶持力度。结合听取和审议市政府关于固定资产投资情况报告,组织代表就投资结构、投资管理以及制约投资因素开展调研评议,提出针对性意见建议,同时积极支持政府破解推进跨越发展中碰到的资金瓶颈制约,有效促进了固定资产投资对经济增长的拉动。

以组织《中华人民共和国农业法》执法检查为抓手,助推农村经济社会协调发展。先后对全市耕地保护、农业投入、水利设施建设、农业标准化建设、农技推广、农村科技服务体系建设情况,分别组织专项检查。在此基础上,组织代表重点考察调研贯彻市委、市政府统筹城乡发展和推进水利改革发展工作部署的情况,就推进城乡发展一体化、发挥水利在经济社会发展中的基础支撑作用提出意见建议,督促市政府及其相关部门进一步落实加强"三农"工作措施。

二、围绕加强环境保护依法履职,助推秀美鹰潭建设

常委会紧紧围绕市委提出的秀美鹰潭建设目标,抓住与科学发展和人民群众利益密切相关的环保问题,依法行使重大事项决定权和监督权,在督促加强水源保护和水质监测、推进企业排污监管、对重点污染源在线全程监控、对受重金属污染村庄综合治理、改善城市污水排放与处理等方面积极作为。

积极探索通过提出和办理人代会议案的形式，推动环境保护突出问题的解决。市八届人大二次会议代表提出的“关于建设我市信江水质自动监测站”的议案，事关鹰潭长远发展和人民群众切身利益。为督促落实这一议案，常委会将其摆在重要工作日程，定期由分管领导牵头，要求相关部门实地协调解决推进中的重点难点问题。在市委市政府高度重视下，相关职能部门积极作为，议案得到落实，市信江水质自动监测站已经建成，市民反响良好。

坚持不懈地督促政府及其职能部门认真办理人大代表对环保工作的建议，加快环保基础设施建设，加大污染减排工作监管力度，尤其是加强对企业废水、废气、废渣处理的监管工作，依法整治突出污染问题，促使一批影响人民群众生产生活的环保突出问题得到有效解决。组织省、市人大代表结合视察信江新区建设，提出信江新区污水排放与处理建议，得到市政府高度重视，已纳入新区公共设施配套工程建设。

用好活动载体，为人大代表提供履职平台。将“环保信江行”和“秀美鹰潭行”活动纳入环保工作监督内容，并作为组织代表履职的活动平台。突出“落实环保责任，保护蓝天碧水”的主题，注重组织人大代表积极投入，影响带动人民群众广泛参与；注重依法加强监督，有针对性地督促解决问题；注重跟踪回访，巩固活动成效。两项活动的开展，对引导代表强化环保意识，督促部门、企业落实环保责任，影响社会形成共建秀美鹰潭共识，产生了积极效应。

三、围绕促进民生依法履职，助推宜居鹰潭建设

宜居鹰潭建设体现了科学发展要求，强调发展必须坚持以人为本和全面协调可持续。为助推市委这项关系发展和民生的重要决策部署落到实处，常委会认真履行职责，将依法促进就业、教育公平、医疗保障、食品药品安全、保障性住房建设等方面工作的落实，作为贯穿全年的工作监督内容。

常委会每次会议都有事关民生的议题，先后听取和审议保障性住房建设、就业培训、教育经费投入和使用管理、农村合作医疗基金运行与监管、物价监管、菜篮子工程建设、农产品质量安全检测、药品安全检测等专题报告，形成专项审议意见，督促工作落实，以此助推宜居鹰潭建设和社会事业发展，维护人民群众切身利益。

注重发挥代表监督民生工作落实的积极作用，对民生保障工作常促不懈。年初组织代表开展执行《中华人民共和国药品管理法》、《中华人民共和国就业促进法》等法律的执法调研，年中组织代表考察药品安全保障工作、农村中小学校办学条件、就业培训基地建设，年末组织代表对执法调研和专项考察提出的意见建议落实情况跟踪问效。

充分发挥专（工）委职能作用。由相关专门委员会牵头，深入开展“食品药品安全行”活动，组织代表开展药品安全保障方面的考察和评议，并以加强基本药物管理为重点，对整顿药品市场秩序、健全药品监控网络、规范药品广告管理、推进农村药品“两网”建设等方面工作的落实常督促、勤检查。为促进农产品质量安全，由相关工作委员会牵头，深化“农产品质量安全行”活动，将监督重点放在水库污染防治、绿色有机无公害农产品生产基地建设、粮储安全管理、农产品加工质量管理等方面，确保百姓米袋子、菜篮子安全。为支持政府落实百姓住有所居的好政策，明确由相关工作委员会对政府职能部门实施保障性住房安居工程的情况全程跟踪、常态监督，助推宜居鹰潭建设在百姓住有所居方面不断取得新进展。

四、围绕促进社会公平正义依法履职，助推和谐鹰潭建设

建设和谐鹰潭的新任务，为市人大工作推进民主法制建设提供了新契机，也提出了新要求。常委会坚持以促进社会公平正义、维护人民群众合法权益为己任，致力于支持和监督市“一府两院”依法行政、公正司法，并以推进基层民主制度建设和依法治市各项工作，助推加强和创新社会管理。

认真总结城乡社区治理经验，依法推动基层民主制度建设。结合总结全市第八届村（居）民委员会换届选举工作，提出进一步做好换届后续工作、健全党支部领导下的基层群众自治工作机制的意见，督促落实基层社会管理服务标准化项目建设任务。组织代表考察城乡社区治理工作，并在总结实践经验基础上，鼓励基层积极探索在社区治理中实行群众自我管理、自我服务、自我教育、自我监督的有效形式和途径。

实施规范性文件备案审查，维护社会主义法制统一。制定出台《规范性文件备案审查工作暂行办法》，全面启动对市“一府两院”和县（市、区）人大及其常委会规范性文件备案审查工作，对报送的15件规范性文件，从法定权限、法定程序、适应相关法律法规等方面认真把关，依法维护公民、法人和其他组织合法权利，促进行政机关依法行政、司法机关公正司法。

加强司法监督，着力推进司法公正。听取和审议市中级人民法院、市人民检察院加强和创新社会管理工作情况报告，组织代表考察评议市中级人民法院、市人民检察院依法履职和市公安系统“天网”管理情况，在充分肯定成绩的同时，督促其提升加强和创新社会管理工作水平，坚持公正廉洁执法，维护社会公平正义。

关注群众诉求，做好信访工作。把信访工作作为联系人民群众、了解社情民意、加强监督工作的重要途径，努力畅通信访渠道，着力落实承办责任。全年共受理人民群众来信来访409件次，推动了一批信访问题的依法妥善解决。

五、围绕激发代表履职热情，尽心尽力搞好服务

人大代表是推动经济社会发展的重要力量。常委会坚持把做好代表工作作为认真履职的工作基础，尊重并强化代表主体地位，努力为代表履职创造条件。

改进代表议案、建议督办工作。在市八届人大二次会议上，人大代表认真履行神圣职责，围绕推进富裕、秀美、宜居和谐鹰潭建设和保障改善民生等重大问题，提出了一批真知灼见，其中“关于建设我市信江水质自动监测站的建议”列为大会议案。对此，市人大常委会、市政府高度重视，明确承办部门，落实承办责任，跟踪办理效果，使议案办理实现当年见效。为改进代表建议督办工作，探索建立“常委会监督通报、选任联协调总抓、各专工委对口督办”工作机制。经市政府及其相关部门努力，代表提出的48件建议，已在法定时间内全部办结并答复。其中4件由市政府领导领办的重点建议，对解决发展中的重点难点问题起到良好示范效应，如市政府积极采纳代表提出的“关于建立政、银、企长效合作机制的建议”，制定出台《推进政、银、企融资对接服务常态化实施意见》《鹰潭市金融支持城市发展改革的工作意见》等文件，对促进发展起到积极作用。

丰富闭会期间代表活动。邀请62名代表分批列席市人大常委会会议，并注重听取和采纳他们参加审议时提出的意见建议。组织代表参加集中考察、执法检查、专题调研等活动共106人次，将代表所提建议及时转有关部门研究办理，并向代表反馈办理情况，提高代表活动效果。本着便于组织和开展活动的原则，将省、市人大代表组编为20个代表小组，同时建立常委会组成人员联系代表小组制度。一年内，各代表小组依法开展形式多样的代表活动，为代表履职发挥了积极作用。

加强代表培训工作。先后举办3期规模较大的新任代表履职培训班，结合宣讲人民代表大会制度，着重就代表参加审议、评议和工作监督等活动以及提出议案、建议等履职要求，开展有针对性的培训，帮助新任代表增强履职意识、提高履职水平。畅通知情知政渠道，坚持为代表订阅学习资料，坚持重大事项征求代表意见和情况通报制度。支持市“一府两院”以多种方式向代表通报重要工作，发挥代表推动发展、促进和谐的积极作用。

六、围绕提升履职能力，切实加强自身建设

市委对人大工作高度重视，定期研究，强力支持，为人大及其常委会依法履职创造条件。市人大常委会自觉坚持党对人大工作的领导，认真贯彻市委加强人大工作及其人大班子建设的要求，注重加强自身建设。

以建设学习型组织为抓手，努力加强思想政治建设。坚持常委会党组中心组、常委会组成人员和机关工作人员学习制度，深入学习中国特色社会主义理论体系，认真学习贯彻党的十八大精神，努力学习宪法、法律，牢固树立党的观念、政治观念、大局观念、群众观念和法制观念，致力于提高履职尽责的思想水平和工作能力。坚持听命于党、服务于民的工作要求，贴近中心、贴近民生履行职责，努力在服务“四个鹰潭”建设中发挥地方国家权力机关作用。

切实加强与人民群众的联系，把作风建设的成效体现在以人为本、履职为民上。深入开展作风整治活动，教育引导人大机关干部端正思想作风、改进工作作风，并做到主任会议成员带头践行。深入基层，调查研究，注重发挥人大工作在体察民情、反映民意、集中民智方面的积极作用，共形成调研报告37篇，使依法履职的各项工作更加顺应人民群众意愿。

认真贯彻民主集中制原则，严格依法按程序办事。坚持常委会集体依法行使职权，健全和落实议事规则、工作规程，并自觉接受代表和人民群众监督。坚持把党管干部原则和依法任免工作有机统一起来，在依法任免工作中正确行使权力。

密切工作联系，加强工作交流。邀请全国人大常委会宣传机构到鹰潭开展“中华世纪行”新闻采访活动。自觉接受上级人大工作督促和指导。健全邀请县(市、区)人大常委会负责人列席会议和联合开展调研工作制度。成功举办全国23城市人大联席会议和全省人大常委会选任联工作座谈会。

注重提高人大机关干部队伍素质，努力营造团结向上工作氛围。加强专(工)委建设，统筹协调，健全机制，支持其充分履行各自职能。各专(工)委认真依法履职，为常委会发挥整体效能做了大量工作、起到重要作用。规范人大机关办文、办会、办事流程，推进机关规范化管理。抓实人大机关干部队伍能力素质建设，努力打造忠诚党的事业、忠于宪法法律、忠实服务人民的人大干部队伍，人大机关干部始终保持良好精神状态和团结向上工作氛围。

重要会议

【市八届人大二次会议】2月15日至17日，市八届人大二次会议在市区召开。本次会议应到代表275人，实到代表259人，符合法定人数。大会听取和审议了鹰潭市人民政府工作报告；审议了鹰潭市2011年国民经济和社会发展计划执行情况与2012年国民经济和社会发展计划草案的报告(书面)；审查批准了鹰潭市2011年国民经济和社会发展计划执行情况的报告与2012年国民经济和社会发展计划；审议了鹰潭市2011年市级总预算执行情况和2012年市级总预算草案的报告(书面)；审查了2011年市级总预算执行情况的报告和2012年市级总预算草案；批准了2011年市级预算执行情况的报告和2012年市级预算；听取和审议了鹰潭市人民代表大会常务委员会工作报告；听取和审议了鹰潭市中级人民法院工作报告；听取和审议了鹰潭市人民检察院工作报告；通过了上述各项报告的决议。

【市人大常委会会议】1月12日，市八届人大常委会召开第三次会议。市人大常委会主任杜德春主持会议。副主任杨晓群、尹宁、刘育虹、徐晓年、应祥，秘书长江鸿和委员共31人出席会议。副市长徐鹏程，市中级人民法院院长陈仁生，市人民检察院检察长罗庆华，不是市人大常委会委员的市人大常委会机关县级干部列席会议。会议审议并通过了市人大常委会关于召开市八届人大二次会议的决定；审议了市人大常委会关于开展“环保信江行”活动情况的报告(书面)；审议了市人大常委会关于开展“赣鄱农产品质量安全行”活动情况的报告(书面)；审议并通过了市人大常委会关于接受张桂生辞去省十一届人大代表职务请求的决定；审议了人事任免事项。

2月10日，市八届人大常委会召开第四次会议。市人大常委会副主任卢越明主持会议，常委会主任杜德春，副主任杨晓群、尹宁、刘育虹、徐晓年、秘书长江鸿和委员共32人出席了会议。副市长王家林，市中级人民法院院长陈仁生、市人民检察院负责人，不是市人大常委会委员的市人大常委会机关县级干部列席了会议。会议审议并通过了市人大常委会工作报告讨论稿，决定提请市八届人大二次会议审议；审议并通过了市八届人大二次会议议程草案，决定提请市八届人大二次会议预备会议审议；审议并通过了市八届人大二次会议日程草案，决定提请市八届人大二次会议主席团第一次会议审议；审议并通过了市八届人大二次会议主席团和秘书长名单草案，决定提请市八届人大二次会议预备会议审议；审议并通过了市八届人大二次会议主席团常务主席名单草案、执行主席分组名单草案、副秘书长名单草案，决定提请市八届人大二次会议主席团第一次会议审议；审议并通过了市八届人大二次会议表决议案办法草案，决定提请市八届人大二次会议主席团第一次会议审议；审议并通过了市八届人大二次会议列席人员、邀请人员和邀请在主席台就座人员名单；听取和审议了市政府关于市八届人大一次会议代表建议办理情况的报告；审议了人事任免事项。

3月9日，市八届人大常委会召开第五次会议。市人大常委会主任杜德春主持会议，副主任杨晓群、尹宁、卢越明、刘育虹、徐晓年、秘书长江鸿和委员共32人出席会议。市人民政府副市长宋迪维，市中级人民法院副院长姚江鹏，市人民检察院检察长罗庆华，市政府有关部门负责人，内司委、财经委、教科文卫委委员，不是市人大常委会委员的市人大常委会机关县级干部以及县(市、区)人大常委会负责人列席会议。会议补选姚木根为省十一届人大代表；表决通过了人事任免事项；听取和审议了市政府关于全市村委会、社区居委会换届选举工作的情况的报告；审议了市政府关于维护物价稳定审议意见落实情况；审议了关于全市文化产业发展审议意见落实情况的书面报告。

5月31日，市八届人大常委会举行第六次会议。市人大常委会主任杜德春，副主任杨晓群、尹宁、卢越明、刘育虹、徐晓年，秘书长江鸿和委员共32人出席会议，市人大常委会副主任应祥主持会议。市政府常务副市长王家林、副市长张荣先，市中级人民法院院长陈仁生、市人民检察院检察长罗庆华，市政府有关部门负责人，市人大常委会机关县级干部，县(市、区)人大常委会负责人及3名市人大代表列席会议。会议听取和审议了市人民政府关于全市固定资产投资情况的报告；听取和审议了市人民政府关于全市教育经费投入和使用管理情况的报告；听取和审议了市人民政府关于全市保障性住房建设情况的报告；会议审议通过了鹰潭市人大常委会规范性文件备案审查工作暂行办法；表决了人事任免事项。

6月20日，市八届人大常委会举行第七次会议。市人大常委会主任杜德春，副主任尹宁、卢越明、刘育虹、徐晓年、应祥，秘书长江鸿和委员共33人出席会议。市人大常委会副主任杨晓群主持会议。市政府常务副市长王家林、副市长李力，市中级人民法院院长陈仁生、市人民检察院检察长罗庆华，市政府有关部门负责人，不是市人大常委会委员的市人大常委会机关县级干部和县(市、区)人大常委会负责人列席会议。会议听取和审议了市人民政府关于全市台资企业发展情况的报告；审议并批准了市人民政府关于将“江信国际·金象169号鹰潭市民生工程集合资金信托计划”还款缺口资金列入同期财政预算的议案。全体会议结束后，市人大常委会举办了专题知识讲座，邀请省人大常委会委员、选举任免联络工作委员会主任吴会清作“弄清地方各级人大的组织制度，正确行使选举任免权”专题辅导报告。

8月27日，市八届人大常委会举行第八次会议。市人大常委会主任杜德春，副主任尹宁、卢越明、刘育虹、徐晓年、应祥，秘书长江鸿和委员共35人出席会议。市人大常委会副主任杨晓群主持会议。市人民政府副市长王家林，市中级人民法院陈仁生，市检察院副检察长刘俊，市政府相关部门负责人，不是市人大常委会委员的市人大常委会机关县级以上干部，县(市、区)人大常委会负责人，财经委、内司委委员及3名市人大代表列席会议。会议听取和审议了市人民政府关于2012年上半年国民经济和社会发展计划执行情况的报告；听取和审议了市人民政府关于2012年上半年预算执行情况的报告；听取和审议了市中级人民法院关于全市审判机关社会管理创新工作情况的报告；听取和审议了市人民检察院关于全市检察机关社会管理创新工作情况的报告；审议并通过了市人民政府关于将江西省铁路投资集团公司委托贷款还款资金列入同期年度财政预算的议案；审议了人事任免事项。

9月28日，市八届人大常委会举行第九次会议。市人大常委会主任杜德春，副主任杨晓群、卢越明、刘育虹、徐晓年、应祥，秘书长江鸿和委员共30人出席了会议。市人大常委会副主任尹宁主持会议。市人民政府副市长王家林、徐云，市人民检察院检察长罗庆华，市中级人民法院、市政府相关部门负责人，不是市人大常委会委员的市人大常委会机关县级以上干部，县(市、区)人大常委会负责人，市人大财经委、教科文卫委委员以及4名市人大代表列席会议。会议听取和审议了市人民政府关于2011年全市和市级财政决算情况的报告，审查批准了2011年市级财政决算；听取和审议了市人民政府关于2011年市级预算执行和其他财政收支的审计工作报告；审议了市人民政府关于2010年度市级预算执行和其他财政收支审计查出问题整改情况的报告(书面)。会议听取和审议了市人民政府关于全市新型农村合作医疗基金运行情况的报告。会议还听取了市人大常委会视察组关于组织部分省、市人大代表视察信江新区建设情况的报告。

11月23日，市八届人大常委会举行第十次会议。市人大常委会主任杜德春，副主任杨晓群、刘育虹、徐晓年、应祥，秘书长江鸿和委员共32人出席了会议。市人大常委会副主任卢越明主持会议。市人民政府副市长张荣先、辜清，市中级人民法院院长陈仁生、市人民检察院负责人，市政府相关部门负责人，不是市人大常委会委员的市人大常委会机关县级干部，县(市、区)人大常委会负责人，市人大财经委、教科文卫委委员以及3名市人大代表列席了会议。会议传达学习了党的十八大精神和市委七届五次全会精神；听取和审议了市人大常委会执法检查组检查关于检查《中华人民共和国农业法》实施情况的报告；听取和审议了市人民政府关于市本级政府性融资资金管理使用情况的报告；听取和审议了市人民政府关于2012年市级总预算和市级预算调整方案（草案）的议案和说明，审查并批准了2012年市级总预算和市级预算调整方案；听取和审议了市人民政府关于市八届人大二次会议代表建议办理情况的报告；听取和审议了市人大教科文卫委关于开展“食品药品安全赣鄱行”活动情况的报告；听取和审议了市人大常委会考察组关于组织部分市人大代表考察全市重点水利工程建设情况的报告；审议了人事任免事项。

12月6日，市八届人大常委会举行第十一次会议。市人大常委会主任杜德春，副主任杨晓群、尹宁、卢越明、应祥，秘书长江鸿和委员共34人出席会议。市人大常委会副主任刘育虹主持会议。市政府副市长裴勇，市中级人民法院院长陈仁生、市人民检察院检察长罗庆华，市政府相关部门负责人，不是市人大常委会委员的市人大常委会机关县级干部和县(市、区)人大常委会负责同志列席会议。会议审议并通过了鹰潭市人大常委会关于召开鹰潭市第八届人民代表大会第三次会议的决定；听取和审议了市人民政府关于鹰潭就业培训工作情况的报告；听取和审议了市人大常委会城建环资工委关于开展“环保信江行”活动情况的报告；审议了市人大常委会农工委关于开展“赣鄱农产品质量安全行”活动情况的报告；审议了市人大常委会外侨民宗工委关于开展“秀美鹰潭行”活动情况的报告。

12月26日，市八届人大常委会举行第十二次会议。市人大常委会主任杜德春，副主任杨晓群、尹宁、卢越明、徐晓年、应祥，秘书长江鸿和委员共30人出席会议。市人大常委会副主任徐晓年主持会议。市政府副市长裴勇，市中级人民法院副院长、市人民检察院副检察长，不是市人大常委会委员的市人大常委会机关县级干部和县(市、区)人大常委会负责人列席会议。会议审议了市人大常委会工作报告(讨论稿)，决定提请市八届人大三次会议审议；听取和审议了市八届人大常委会代表资格审查委员会关于终止和补选代表的代表资格审查报告；审议了市八届人大三次会议议程草案，决定提请市八届人大三次会议预备会议审议；审议了市八届人大三次会议日程草案，决定提请市八届人大三次会议主席团第一次会议审议；审议了市八届人大三次会议主席团和秘书长名单草案，决定提请市八届人大三次会议预备会议审议；审议了市八届人大三次会议主席团常务主席名单草案，决定提请市八届人大三次会议主席团第一次会议审议；审议了市八届人大三次会议选举办法草案、表决议案办法草案、代表提出议案截止时间的决定草案，决定提请市八届人大三次会议主席团第一次会议审议；审议并通过了市八届人大三次会议列席人员、邀请人员和邀请在主席台就座人员名单；审议了人事任免事项。

【全国二十三城市(区)人大常委会第二轮第二十次联席会议】6月8日至9日，全国二十三城市(区)人大常委会第二轮第二十次联席会议在市华侨饭店会议中心举行，福建三明市人大常委会等22个成员单位出席会议，上海市淞江区人大常委会因事请假。省人大常委会副主任胡振鹏出席会议并讲话，市委书记陈兴超致欢迎词，市人大常委会主任杜德春主持开幕式。市委常委、常务副市长王家林，市人大常委会副主任杨晓群、尹宁、卢越明、刘育虹、徐晓年、应祥，市政协副主席杨建保，市人大常委会副巡视员张鲁年、管华鞍，市人大常委会秘书长江鸿出席了会议。会议围绕“加强和改进监督工作，不断增强监督实效”这一主题进行交流探讨。

重大举措

【监督工作】1. 对全市固定资产投资情况进行监督，是市人大常委会2012年经济监督工作的一项重要内容。为了解全市近年来固定资产投入的主要特点、主要成效及存在的困难和问题，3月中下旬，市人大财经委组织部分财经委委员、市人大代表通过听取汇报、召开座谈会、实地察看和调阅有关数据资料相结合的方式，对全市固定资产投入情况进行调研并形成调研报告。市八届人大常委会第六次会议听取和审议了市人民政府关于市固定资产投资情况报告，常委会组成人员就进一步优化投资结构、拓宽筹资渠道、提高投资管理水平提出意见建议。市人大财经委根据会前调研和会中审议的情况，整理形成书面审议意见并督促市政府及其有关部门办理落实。

2.为进一步推动住有所居惠民政策的落实，市八届人大常委会第六次会议听取和审议了市人民政府关于全市保障性住房建设情况的报告。根据监督法规定，会前，市人大常委会城建环资工委组织工委委员、部分市人大代表对全市保障性住房建设基本情况进行为期3天的调研，重点了解保障房资金保障、后续管理、质量安全、分配情况及存在的问题。会中，常委会组成人员围绕议题积极发言，针对性地提出加快保障房建设进程，积极探索住房保障管理工作，完善保障性住房动态管理机制，认真做好来年任务筹划工作的意见建议。会后，市人大常委会城建环资工委形成书面审议意见并及时督促市政府及相关部门办理落实。

3.为促进鹰潭开放型经济发展，市人大常委会以助推台资企业发展为切入点，开展专项工作监督。4月，市人大常委会外侨民宗工委组织部分工委委员和人大代表围绕议题进行专题调研。听取了市政府、余江县政府和高新技术产业园区管委会及相关部门的情况汇报，实地察看了7家台资企业，并召开座谈会，并对调研情况进行认真梳理和汇总，形成调查报告，连同市政府关于鹰潭台资企业发展情况的报告一并提交市八届人大常委会第七次会议听取和审议，督促和支持市政府及有关部门进一步加强对台商投资的产业引导，提高对台企的服务水平，加大对台招商引资力度，加强企业外部环境建设。

4. 2012年，常委会以组织《中华人民共和国农业法》执法检查为抓手，助推农村经济社会协调发展。对此项工作，常委会高度重视，6月份，主任会议专门研究了执法检查方案，印发市、县(市、区)政府及相关部门，要求对照法律规定先行开展自我检查。8月，市人大常委会组织由部分常委会委员、农业领域专家、基层人大代表组成的《中华人民共和国农业法》执法检查组，深入相关单位和各县(市、区)就实施情况进行执法检查。此次执法检查组听取了市人民政府关于全市贯彻实施农业法的自查情况汇报，采取听取汇报、查阅资料、实地察看、走访座谈方式进行检查，内容涉及耕地保护和粮食生产情况、农村土地征占用补偿和安置、农民权益保护情况、现代农业经营机制、农民专业合作社发展情况、农产品价格保护机制、农业投入与支持保护情况、农业生态环境保护机制建设情况、农业扶贫开发情况。市八届人大常委会第十次会议听取和审议市人大常委会执法检查组关于执法检查情况的报告，会后形成书面审议意见，督促市政府及其相关部门进一步落实加强“三农”工作措施。

5. 劳动就业是一项重要的民生工程，也是市人大常委会持续关注的重点。在继2011年开展《中华人民共和国就业促进法》执法调研之后，常委会又将监督的着力点转移到就业培训上来。10月，市人大内务司法委员会组织部分常委会组成人员、内司委委员和市人大代表就鹰潭开展就业培训工作进行专题调研。调研组听取了人保部门的情况汇报，实地察看了培训机构，召开了培训机构负责人和受培训人员座谈会，充分了解各方面情况基础上，形成调研报告。市八届人大常委会第十一次会议听取和审议了市人民政府专项工作报告，要求市政府及职能部门充分发挥企业自主培训的作用，整合资源，优化布局，加强职业培训基地建设；加强引导和扶持，进一步规范培训资金的管理和使用。

6. 新型农村合作医疗基金运行情况如何，直接关系到鹰潭广大农民切身利益。2012年，常委会就此展开监督，以推动新型农村合作医疗健康运行。为提高审议质量，增强监督实效，市人大教科文卫委组织部分委员及人大代表进行专题考察，深入了解相关情况。市八届人大常委会第九次会议听取了市人民政府关于全市新型农村合作医疗基金运行情况的报告，会议采取分组的方式对这项议题依法进行审议，市政府职能部门负责人到会听取意见并回答组成人员询问。会后形成书面审议意见，重点就加强基金运行各环节的监督和管理、提升工作人员思想素质和业务水平、创新管理方式确保基金运行安全有序提出意见，要求市人民政府及相关部门限期办理并书面向市人大常委会报告结果。

【选举与任免】2012年，市人大常委会任免国家机关工作人员51人次，其中任免人大常委会工作机构负责人8人次，任命政府组成人员24人次，任免法官、检察官19人次。接受1人辞去省人大代表职务，补选省十一届人大代表1人。任免工作中，继续坚持任前法律知识考试、颁发任命书和任职表态发言制度，共组织24名提请任命人员进行了法律知识考试。

【代表建议】市八届人大二次会议期间，代表共向大会提出议案1件，建议48件（包括议案转建议办理的9件）。闭会后，市人大相关委员会及时将1件建议交由党委部门办理，1件议案和46件建议交由市人民政府办理，1件建议交市中级法院办理。截至9月13日，代表所提出的1件议案和48件建议已经全部办理完毕，从代表反馈情况看，对办理态度和办理结果双满意的41件，对办理态度满意、办理结果基本满意的7件。

常委会高度重视"关于建设我市信江水质自动监测站"的议案督办工作，将其摆在重要工作日程，强化沟通协调，多次组织代表考察，督促相关部门实地协调解决推进中的重点难点问题。经过多方共同努力，议案于当年得到落实，鹰潭信江水质自动监测站已经建成。

为改进建议办理工作，探索建立"常委会监督通报、选任联协调抓总、各专工委对口督办"工作机制。各专工委结合本职，积极作为，通过听取承办单位汇报办理工作进展情况、实地察看、当场提问、共商解决办法等方式，建议得到较好办理。尤其是"关于完善提升鹰潭市区婚姻登记服务工作的建议""关于建立长效银、企、政合作机制的建议""关于进一步改善鹰潭公园卫生环境的建议""关于在鹰潭第三医院设立公交车停靠点的建议"4件重点建议所涉及问题得到及时解决，获得良好的示范效应。

【大事记】1. 3月26日，全国人大内务司法委员会副主任委员、全国人大常委会委员张学忠，全国人大内务司法委员会副主任委员陈建国率全国人大内司委调研组到鹰潭调研《老年人权益保障法》的执行和修改工作。省人大常委会副主任陈安众、省人大内务司法委员会主任委员胡波，市委书记陈兴超、市长钟志生、市人大常委会主任杜德春等陪同调研。

2. 5月4日，省人大常委会选任联工委副主任董立新同志率调研组一行到鹰潭就实施《中华人民共和国全国人民代表大会和地方各级人民代表大会代表法》办法的修订工作进行专题调研，市人大常委会副主任应祥、副巡视员张鲁年陪同调研。5月11日，省人大常委会副主任陈达恒到鹰潭考察调研城市建设。市委书记陈兴超，市长钟志生，市人大常委会主任杜德春，市人大常委会秘书长江鸿等陪同调研。

3. 6月29日至30日，全省人大选举任免联络工作座谈会在鹰潭召开。市人大常委会主任杜德春出席座谈会并致欢迎辞，省人大常委会委员、选任联工委主任吴会清出席座谈会并讲话。省人大常委会选任联工委巡视员刘润余主持座谈会。省人大常委会选任联工委副主任董立新、公艳萍，省人大常委会选任联工委副巡视员袁新唐，市人大常委会副主任应祥、秘书长江鸿出席座谈会。

4. 7月6日至7日，省人大财经委副主任委员、省人大常委会预算工委主任张振球等领导到鹰潭对上半年经济运行情况进行调研。市人大常委会副主任卢越明等陪同调研。

5. 8月7日，省人大常委会副主任胡振鹏率部分省人大常委会组成人员和省人大代表到鹰潭就粮食安全和粮油质检体系建设情况进行视察，市人大常委会副主任徐晓年陪同视察。

6. 9月10日，由省人大财经委主任委员黄素英、省人大财经委副主任委员龚培兴等组成的省人大调研组到鹰潭，就《江西省反窃电办法（修正案草案）》开展立法调研，并组织召开征求意见座谈会，听取市相关部门的意见和建议。市人大常委会副主任卢越明主持座谈会。

（童玲芳）

【市人大常委会副县级以上干部名录】

党组书记、主任：杜德春
党组副书记、副主任：杨晓群
党组成员、副主任：尹　宁　卢越明　徐晓年　应　祥
副主任：刘育虹(女)
副巡视员：张鲁年　管华鞍
党组成员、秘书长：江　鸿
副秘书长(正县)：吴寿轩(2012.5~)
副秘书长：严细火(~2012.5)　朱少武
市人大内司委主任委员：宋平先
市人大内司委副主任委员：郑占煌　毛文芳(正县)
市人大财经委主任委员：叶玉林
市人大财经委副主任委员：陈锦耀　倪饶生(正县)
市人大教科文卫委主任委员：张一鹃(女)　熊红英(女)
选任联工委主任：吴寿轩(~2012.5)
选任联工委副主任：汤小敏
常委会外侨民宗工委主任：张金涛(~2012.5)
常委会城建环资工委副主任：吴　斌(~2012.5)
常委会农工委主任：蔡火水(~2012.1)
常委会农工委主任：谭国平(2012.5~)
常委会农工委副主任：黎玉平
常委会办公室调研员：严正富
常委会办公室副主任：艾花英（女，2012.12~ ）
常委会办公室副调研员：吴英娟(女)　李增金
市人大教科文卫委副调研员：万勇章

鹰潭市人民政府

编辑、校对:华志萍

综述

2012 年,在省委、省政府和市委的正确领导下,全市上下紧紧围绕建设富裕、宜居、秀美、和谐鹰潭的目标,按照"主攻项目,决战'三区',凸现特色,实现跨越"的总体要求,攻坚克难,扎实工作,实现了经济社会持续健康较快发展。

坚持科学发展,综合实力进一步提升。2012 年,围绕加快发展,市政府深入实施重大项目带动战略,稳增长、重投入、强后劲,千方百计做大经济规模,着力提升鹰潭经济在全省经济份额中的比重;紧扣科学发展,切实把推动发展的立足点转到提高质量和效益上来,大力发展战略性新兴产业、现代服务业和文化产业,进一步提高科学发展水平。

1.主要指标快速增长。完成:生产总值 482.2 亿元,增长 12.4 %,增幅在全省排名第二;财政总收入 79.3 亿元,增长 11.6%;地方财政收入 58.8 亿元,增长 51.5%,增幅在全省排名第一;规模以上工业增加值 282.5 亿元,增长 15.5%;全社会固定资产投资 410 亿元,增长 22%;社会消费品零售总额 118.1 亿元,增长 14.3%;城镇居民人均可支配收入 19883.7 元,增长 13.5%;农民人均纯收入 8802.7 元,增长 15.5%。

2.重点产业提速增效。全市规模以上工业实现主营业务收入 2408.4 亿元,总量位居全省第三。铜产业主营业务收入 2130 亿元,增长 17.2%。电解铜产量 103.3 万吨,增长 9.9%;铜材产量 133.3 万吨,增长 23.2%。江铜 30 万吨铜拆解项目一期竣工投产。65 个战略性新兴产业项目进展顺利,完成投资 100 亿元以上,鹰潭市荣获全省推进战略性新兴产业先进市称号。龙虎山成功创建国家 AAAAA 级旅游景区,成为全省首个集世界地质公园、世界自然遗产地、国家 AAAAA 级旅游景区于一身的"三冠景区",接待游客 506.3 万人次,增长 36%;旅游直接收入 2.13 亿元,增长 33%。全市接待国内外游客 1081 万人次,增长 25%;旅游总收入 75.1 亿元,增长 25%。物流产业实现营业收入 135.2 亿元,增长 90.2%;上缴税收 5 亿元,增长 62.4%。制定了文化休闲娱乐等服务业发展规划,举办了首届中国(鹰潭)中华赏石展暨黄蜡石文化博览会。鹰潭农商银行挂牌开业。

3.发展后劲不断增强。项目建设快速推进。全市在建项目 502 个,新开工亿元以上项目 60 个,是 2011 年的 2.2 倍,完成固定资产投资 360 亿元,增长 30%。沪昆客运专线鹰潭段、西气东输二线鹰潭段、省天然气管网一期、二期工程等一批中央、省属和过境项目有序实施。招商引资

龙虎山成功问鼎国家AAAAA 级旅游景区,图为省、市领导为景区揭牌

(龙虎山风景名胜区供稿)

不断深化。开通了海铁联运国际运输通道和鹰潭至宁波“五定班列”,百炼集团、绿地控股集团、浙商联盟等一批知名企业落户本市,全年实际利用外资1.69亿美元,增长16%,增幅在全省排名第三;引进省外5000万元以上项目资金172.7亿元,增长20.3%;外贸出口8.1亿美元,增长32.7%,增幅在全省排名第四。鹰潭市荣获全国外贸百强城市、国家外贸转型升级示范基地称号。平台建设取得实效。鹰潭高新区成功升格为国家高新技术产业开发区,成为江西省第4个国家级高新区。鹰潭(贵溪)铜产业循环经济基地被评为全国循环经济工作先进单位,正积极申报国家“城市矿产”示范基地。发展体制机制逐步理顺。围绕建设“四个鹰潭”、发展“1+6”产业、促进县域经济竞相发展、做强金融业、完善国资监管体系等,制定出台了一系列改革举措,发展动能加速释放。

做好新型城镇化和城乡统筹文章,城乡面貌明显改善。充分发挥鹰潭被列入全省统筹城乡综合配套改革试点和全国中小城市发展改革试点的优势,按照城乡一体化思路,加快形成以中心城区为核心,以贵溪、余江副中心城市为骨干,以重点镇为依托,以农村为基础的城镇体系。城镇化率达49.44%,高于全省近4个百分点。在2012年全省新型城镇化考核中,鹰潭排位前移,位列全省第五。

1.城市建设步伐加快。始终坚持把绿色作为城市的底色、把文化作为城市的灵魂、把功能配套作为城市建设的重点,以信江新区建设为中心,以完善老城功能配套为重点,强化工作措施,加大工作力度,城市面貌明显改观,中心城区建成区面积达30.5平方千米,是建市时的4.4倍。实施重大城建项目104个,总投资248亿元。信江新区路网已经成型,鹰潭一中新校区投入使用,高铁北站、市行政服务中心、滨江景观工程等重点项目稳步推进,信江新区完成征地1.4万亩,净地交付1.2万亩,拆迁面积38.6万平方米。滨江公园二期、林荫东路综合改造等一批老城区改造项目顺利竣工,城市展示馆(市民服务中心)即将开馆,惠及3万人的百佳城、山背小区、立新巷等小街小巷综合改造项目全面完成,海关国检大楼、梅园迎宾馆、林荫西路贯通、四海路延伸、市人民医院片区整体改造等项目全面实施,北极阁重建项目顺利开工。“三城同创”有序推进。月湖新城开工项目12个,贵溪城区提升改造成效显著,余江县城东拓稳步推进,龙虎山上清古镇一期改造基本完成,“一江两岸、四区合一”城市格局初步形成。

2.“三农”工作力度加大。粮食稳产增产十大行动成效显著,全年粮食总产67.8万吨,实现“九连增”。鹰南贡米被评为国家级农业产业化龙头企业,全市农业产业化龙头企业达125家,实现销售收入52亿元,增长20%。以创建“秀美乡村”活动为抓手,242个村点的新农村建设全面完成,打造了一批精品点、示范片。“三区三线”民居改造提升工程深入推进,突出在景区、园区、郊区和国道、省道、城际快速通道沿线集中布点,改造提升房屋5000余栋。投资4.98亿元,实施水利项目127个。

3.生态环境日益改善。万元生产总值能耗下降3.4%;化学需氧量和二氧化硫排放量分别削减0.9%和3%。全市工业废水、烟尘、粉尘基本实现达标排放,工业固体废物处置率达到100%,空气质量基本保持在Ⅱ级以上。饮用水源地水质达标率100%。鹰潭市连续3年在全国环境“城考”中居全省设区市前列。深入实施造林绿化“一大四小”工程,累计完成造林面积5.86万亩。贵冶周边11个自然村环境整治任务全面完成,全省农村重点污染区域专项治理工作推进会在鹰潭市顺利召开,鹰潭市创造的受污染村庄整治、土地修复、群众饮水安全“三种模式”在全省推广。

用真情保障改善民生,推动发展成果共建共享。工作中,坚持用真情保障民生、用实意改善民生。既考虑政府为群众做什么,更考虑群众需要政府做什么;既关心群众的现实利益,更关注群众的切身感受;既重视群体民生问题,更重视个体民生实际,让孩子有好的教育。让群众有好的医疗,让人们有好的居住环境,让特殊困难群体有好的保障,不断满足人们对美好生活的向往。

1.民生工程扎实推进。全面完成了省政府下达的89项民生指标,教育、社保、医疗、住房等民生支出达35.6亿元。全市新增城镇就业2.7万人,新增转移农村劳动力2.1万人,城镇就业率达96.5%。实现了城乡居民社会养老保险全覆盖,“新农合”参合人数79.4万人,参合率达96.3%。鹰潭市被国务院授予全国新型农村和城镇居民社会养老保险工作先进单位。发放城乡低保资金1.2亿元,城乡最低生活保障标准分别提高到350元和170元。为老年人、婴幼儿、慢性病人等重点人群提供免费健康体检33.7万人次。开工建设各类保障性住房6418套,民欣家园1640套廉租房交付使用,中心城区保障性住房覆盖率达23%,提前完成“十二五”规划目标。

2.社会事业协调发展。编制了鹰潭市城区教育设施布局专项规划,全面启动了高教园区建设,校安工程竣工面积8.8万平方米,拆除D级危房11.3万平方米。市人民医院门诊医技楼、市中医院综合楼投入使用,国家基本药物制度实现行政村全覆盖。扎实推进了科技创新“六个一”工程,列入国家和省科技计划项目51项。文化体制改革基本完成。《七彩畲乡》荣获第四届全国少数民族文艺会演剧目金奖,创造了江西少数民族文化的新辉煌。鹰潭市连续17年荣获全国全民健身活动优秀组织奖。食品药品市场秩序日趋规范。44个社区标准化建设和社区服务管理网格化工作试点进展顺利。

3.社会保持和谐稳定。严格落实维稳"一岗双责"制度,着力健全维稳工作机制,完善领导干部接访、下访和包案制度,健全舆情汇集和分析机制、矛盾纠纷排查化解机制、重大突发事件应急处置机制,大力加强基层基础工作,深入推进和谐平安鹰潭建设。社会管理综合治理形势平稳,来市、去省、赴京访同比下降19.6%、48.2%、53.4%,保持进京重复非正常访"零"登记。深入开展了治安防控专项整治行动,严厉打击了各类违法犯罪活动。严格落实安全生产领导责任制和事故责任追究制,加强安全生产监督管理,食品药品安全和安全生产工作态势平稳。

政府常务会议

2012年,市政府共召开市政府常务会议17次:

2011年12月31日上午,受市长钟志生委托,副市长王家林主持召开了市政府第四次常务会议。(1)会议讨论并原则同意《鹰潭市统筹城乡综合配套改革试点工作方案(送审稿)》。(2)关于调整市直行政事业单位人员工资收入水平有关事宜。(3)关于发行鹰潭市投融资公司第二期企业债券有关事宜。(4)会议讨论并原则同意《鹰潭市城镇职工基本医疗保险市级统筹实施方案(送审稿)》。(5)会议讨论并原则同意《鹰潭市城镇居民基本医疗保险门诊统筹暂行办法(送审稿)》。(6)会议讨论并原则同意《〈鹰潭市被征地农民养老保险办法〉补充意见(送审稿)》。(7)关于给予林建伟开除公职处分事宜。(8)会议讨论并原则同意《鹰潭市人民政府与国家开发银行股份有限公司开发性金融合作备忘录》。(9)会议讨论并原则同意《鹰潭市新型城镇化专项规划(2011—2015)(送审稿)》。(10)会议讨论并原则同意《鹰潭市学前教育三年规划(2011—2013)(送审稿)》《鹰潭市人民政府关于加快发展学前教育的实施意见(送审稿)》。(11)关于2011年度鹰潭市科学技术奖励项目事宜。(12)会议讨论并原则同意《鹰潭市住宅专项维修资金管理办法(送审稿)》。(13)会议讨论并原则同意《鹰潭市城市规划区违法违规建筑防控查处工作实施细则(送审稿)》。(14)会议听取了市综治委关于全国、全省加强和创新社会管理工作电视电话会议精神及贯彻意见的汇报、讨论并原则同意《鹰潭市社会管理创新综合试点工作实施方案(送审稿)》和《中共鹰潭市委鹰潭市人民政府关于进一步加强维稳信访工作的意见(送审稿)》。(15)会议讨论并原则同意《关于开展创建"秀美乡村"活动的实施意见(送审稿)》。(16)关于确定鹰南收费站改造及匝道拓宽施工单位事宜。(17)会议讨论并原则同意《关于进一步加强和改进城市社区居民委员会建设工作的意见(送审稿)》。(18)会议听取了全省发展和改革工作会议、鄱阳湖生态经济区建设推进大会、全省节能减排工作电视电话会议、全省社会保障一卡通及金保工程二期项目实施动员会议、全省分类推进事业单位改革座谈会会议精神及贯彻意见的汇报;学习传达了全国保障性住房建设工作座谈会议主要精神。

2012年1月18日下午,市长钟志生主持召开了市政府第五次常务会议。(1)会议讨论并原则同意《政府工作报告(讨论稿)》《关于鹰潭市2011年国民经济和社会发展计划执行情况与2012年国民经济和社会发展计划草案的报告(书面)(讨论稿)》《关于鹰潭市2011年市级总预算执行情况与2012年市级总预算草案的报告(书面)(讨论稿)》。(2)会议讨论并原则同意《鹰潭市2012年全市及市本级财政收支预算安排(送审稿)》。(3)会议听取了全省农村工作会议、全省农业工作会议、全省扶贫开发工作会议、全省财税工作会议、全省审计工作会议、全省国有企业改革发展和国有资产监督管理工作会议、全省科技工作会议、全省卫生工作会议、全省体育工作会议、全省食品药品监督管理工作会议、全省工业和信息化暨工业园区工作会议、全省质监工作会议、全省住房和城乡建设工作会议、全省国土资源工作会议主要精神及贯彻意见的汇报;讨论并原则通过《鹰潭市"十二五"扶贫开发工作实施意见(送审稿)》。

2012年2月25日上午,市长钟志生主持召开了市政府第六次常务会议。(1)会议讨论并原则同意《关于市建委办与市城建局机构整合的工作方案(送审稿)》。(2)会议讨论并原则同意《鹰潭市国有资产经营(集团)公司组建方案(送审稿)》。(3)会议讨论并原则同意《中共鹰潭市委、鹰潭市人民政府关于调整江西龙虎山旅游文化发展集团公司管理体制的意见(送审稿)》《中共鹰潭市委办公室、鹰潭市人民政府办公室关于调整江西龙虎山旅游文化发展集团公司管理体制工作的实施方案(送审稿)》。(4)会议讨论并原则同意《关于组建鹰潭市国有资产监督管理委员会的意见(送审稿)》。(5)会议讨论并原则同意《关于市政府金融办公室升格为副县级的意见(送审稿)》。

2012年3月22日上午,市长钟志生主持召开了市政府第七次常务会议。(1)会议讨论并原则同意《鹰潭市人民政府关于加快发展金融业的实施意见(送审稿)》。(2)关于鹰潭市2011年度金融机构考核奖励事宜。(3)关于调整全市政府投资的房屋建筑、市政、园林绿化等工程综合工日单价标准事宜。(4)关于调整信江新区部分地块规划条件事宜。(5)关于追加道源山庄改扩建工程建设资金事宜。(6)关于杭长客专鹰潭北站站房合作建设有关事宜。(7)会议讨论并原则同意《鹰潭市中心城区近期建设规划(2011—2015)(送审稿)》。(8)会议讨论并原则同意《关于开展教育体制改革试点工作的通知(送审稿)》。(9)会议讨论并原则同意《鹰潭市超标助力车临时通行管理办法(送审稿)》。(10)会议听取了全省清理整顿各类交易场所工作会议、全省教育工作会议、全省防震减灾工作会议主要精神及贯彻意见的汇报。(11)会议通报了可再生能源建筑应用示范市申报有关情况。(12)会议讨论并原则同意《全国“两会”期间赴京汇报重大项目(事项)落实责任分工》。

2012年4月8日下午,市长钟志生主持召开了市政府第八次常务会议。(1)会议讨论并原则同意《中共鹰潭市委、鹰潭市人民政府关于加快现代物流业发展的若干意见(送审稿)》。(2)关于实施市区出租车燃油附加与成品油价格联动机制事宜。(3)会议讨论并原则同意《鹰潭市政府网站管理办法(送审稿)》。(4)会议讨论并原则同意《鹰潭市党政机关公务用车配备使用管理办法(送审稿)》。(5)会议听取了市国土资源局关于学习贯彻胡锦涛总书记和温家宝总理重要讲话精神,积极构建土地管理新格局,进一步加强全市国土资源管理工作情况的汇报。(6)关于建设普通本科院校鹰潭学院有关事宜。(7)会议讨论并原则同意《江西省鹰潭市城市防洪规划报告(2011年修编)(送审稿)》。(8)会议讨论并原则同意《鹰潭市妇女儿童发展规划(2011—2020年)(送审稿)》。(9)会议听取了市国资委关于中国第四冶金建设有限责任公司2011年度经营业绩考核和利润分配有关情况的汇报。(10)会议听取了市台办关于省委对台工作会议主要精神及贯彻意见的汇报。

2012年5月3日下午,市长钟志生主持召开了市政府第九次常务会议。(1)会议讨论并原则同意《鹰潭市政府非税收入管理暂行办法(送审稿)》。(2)关于余江县、鹰潭高新技术产业园区实施第二步规范公务员津贴补贴事宜。(3)会议讨论并原则同意《鹰潭市开展应用房地产估价技术评估存量房交易申报计税价格工作实施方案(送审稿)》。(4)关于推荐2012年享受省政府特殊津贴人选事宜。(5)会议讨论并原则同意《鹰潭市创建国家园林城市及省级生态园林城市实施方案(送审稿)》。(6)会议听取了市妇儿工委关于第三次全省妇女儿童工作会议主要精神及贯彻意见的汇报。

2012年5月9日下午,市长钟志生主持召开了市政府第十次常务会议。(1)会议讨论并原则同意《中共鹰潭市委、鹰潭市人民政府关于进一步加快县域经济发展的若干意见(送审稿)》。(2)会议讨论并原则同意《“富裕鹰潭”建设实施意见(送审稿)》、《“秀美鹰潭”建设实施意见 (送审稿)》《“宜居鹰潭”建设实施意见(送审稿)》《“和谐鹰潭”建设实施意见(送审稿)》《2012年度建设“宜居鹰潭”工作实施方案(送审稿)》。(3)会议讨论并原则同意《中共鹰潭市委、鹰潭市人民政府关于加快鹰潭市文化休闲娱乐等服务业发展的实施意见(送审稿)》。(4)会议讨论并原则同意《中共鹰潭市委、鹰潭市人民政府关于推进鹰潭市文化体制改革加快文化发展工作总体方案 (送审稿)》。(5)会议讨论并原则同意《鹰潭市招商招工奖励办法 (试行)(送审稿)》。(6)会议讨论并原则同意《鹰潭市市长质量奖管理办法 (送审稿)》。

2012年6月5日上午,市长钟志生主持召开了市政府第十一次常务会议。(1)会议学习了《江西省安全生产监督管理职责暂行规定》。(2) 会议讨论并原则同意《2012年全市深化医药卫生体制改革目标任务(送审稿)》。(3)会议讨论并原则同意《鹰潭市市直行政事业单位国有资产监督管理暂行办法(送审稿)》。(4)会议讨论并原则同意《鹰潭市市直企业国有资产监督管理暂行办法(送审稿)》。(5)会议讨论并原则同意《关于鹰潭市行政综合服务中心项目投资建设方案(送审稿)》。(6)关于发行江信国际第二期信托产品事宜。(7)会议讨论并原则同意《鹰潭市实施园区再造工程促进土地节约集约利用工作方案(送审稿)》。(8)关于市总工会大院整体改造项目有关事宜。(9)关于市林荫东路综合改造工程预算审核事宜。(10)会议讨论并原则同意《鹰潭市生活垃圾焚烧发电项目合作框架协议书 (送审稿)》。(11)会议讨论并原则同意《中共鹰潭市委、鹰潭市人民政府关于加强新时期科协工作的实施意见(送审稿)》。(12) 会议讨论并原则同意《关于大力推进林下经济发展的实施意见(送审稿)》。

2012年7月3日下午,市长钟志生主持召开了市政府第十二次常务会议。(1)会议听取了鹰南收费站改建工程“4·14”坍塌事故调查组关于“4·14”较大坍塌事故调查有关情况的汇报。(2)关于调整本市部分县(市、区)公务员津贴补贴标准事宜。(3)关于调整无固定床位医疗机构医疗废物处置费收费标准事宜。(4)会议讨论并原则同意《鹰潭市政府投融资建设项目代建方案(试行)(送审稿)》。(5)关于信江新区土地划拨价测算有关事宜。(6)会议讨论并原则同意《鹰潭市金融消费者权益保护实施办法(试行)(送审稿)》。(7)会议讨论并原则同意《鹰潭市人民政府关于贯彻落实〈国家侨务工作发展纲要(2012—2015年)〉的实施意见(送审稿)》。

2012年8月9日晚,受市长钟志生委托,副市长王家林主持召开了市政府第十三次常务会议。(1)会议讨论并原则同意《鹰潭市“十二五”能源发展专项规划（送审稿）》。(2)会议讨论并原则同意《鹰潭市失业保险市级统筹实施意见(试行)(送审稿)》。(3)会议讨论并原则同意《鹰潭市人民政府关于精减市级非行政许可审批项目的决定(送审稿)》。(4)会议讨论并原则同意《鹰潭市重金属污染综合防治“十二五”规划(送审稿)》。(5)会议讨论并原则同意《关于市社会治安综合治理委员会更名为市社会管理综合治理委员会的通知（送审稿)》。(6)会议讨论并原则同意《关于进一步支持小微企业健康发展，大力推进“千家小微企业培育工程”实施方案(送审稿)》。(7)会议听取了市城乡建设局关于全省建筑产业发展大会主要精神及贯彻意见的汇报。

2012年8月20日上午，受市长钟志生委托，副市长王家林主持召开了市政府第十四次常务会议。(1)会议讨论并原则同意《鹰潭市关于进一步加强政府投资重点建设项目监督管理的意见（送审稿)》。(2)会议讨论并原则同意《中共鹰潭市委、鹰潭市人民政府关于全力推进龙虎山旅游产业发展的意见（送审稿)》《中共鹰潭市委办公室、鹰潭市人民政府办公室关于全力推进龙虎山旅游综合开发建设实施方案(送审稿)》。(3)关于对市直各单位2011年度“争项目、争资金、争先进”工作进行表彰奖励事宜。

2012年9月25日下午，受市长钟志生委托，副市长王家林主持召开了市政府第十五次常务会议。(1)会议讨论并原则同意《鹰潭市金融支持城市发展改革工作意见(送审稿)》。(2)会议讨论并原则同意《关于推进政银企融资对接服务常态化的实施意见(送审稿)》。(3)会议讨论并原则同意《关于进一步加强防震减灾工作的意见（送审稿)》。(4)会议讨论并原则同意《鹰潭市医患纠纷预防与处理办法(送审稿)》。(5)会议讨论并原则同意《关于开展“森林城乡、绿色鹰潭”建设的实施意见(送审稿)》。(6)会议讨论并原则同意《关于加快供销合作社改革发展的实施意见(送审稿)》。(7)会议讨论并原则同意《鹰潭市安全生产监督管理职责暂行规定(送审稿)》。(8)会议讨论并原则同意《关于进一步加强和改进新形势下工商联工作的实施意见(送审稿)》。(9)会议讨论并原则同意《关于进一步加强社区矫正工作的意见》。

2012年9月29日上午，市长钟志生主持召开了市政府第十六次常务会议。(1)会议听取了市城乡规划局关于信江新区北区控规及四个专项规划编制、信江新区南区控规修编及市民广场规划设计有关问题协调情况的汇报。(2)会议讨论并同意《江西鹰潭鹰东组团控制性详规(送审稿)》。(3)会议讨论并原则同意《鹰潭市建筑业施工企业诚信管理暂行办法（送审稿)》。(4)会议讨论并原则同意《关于加快我市发展预拌砂浆的意见》。(5)会议讨论并同意2013年5月至10月举办鹰潭市第七届运动会。(6)会议讨论并原则同意《鹰潭市消防事业发展“十二五”规划(送审稿)》。(7)会议讨论并原则同意《鹰潭市化工行业安全发展规划(送审稿)》。(8)会议讨论并原则同意《鹰潭市河道采砂管理办法(送审稿)》。

2012年11月5日上午，市长钟志生主持召开了市政府第十七次常务会议。(1)会议听取了市城乡规划局关于调整信江新区核心区部分地块主要规划指标有关情况的汇报。(2)会议讨论并原则同意《关于进一步加强公共机构节能管理工作的意见(送审稿)》。(3)会议讨论并原则同意《鹰潭市现代物流园控制性详细规划（送审稿)》。(4)会议讨论并原则同意《鹰潭市人民政府关于核发机动车环保检验合格标志的通告(送审稿)》。(5)会议讨论并原则同意《鹰潭市小广告管理办法(送审稿)》。(6)会议讨论并原则同意《鹰潭市市区建筑垃圾管理办法（送审稿)》《关于集中整治鹰潭市区建筑垃圾和散装建筑材料运输市场的实施方案(送审稿)》。(7)会议讨论并原则同意《鹰潭市城市绿化管理办法(修改稿)》《鹰潭市公园管理规定（修改稿)》和《鹰潭市城市古树名木保护管理规定（修改稿)》《鹰潭市城市绿线管理办法(送审稿)》。(8)会议听取了北极阁项目建设进展情况的汇报。(9)会议听取了市民政局关于城区部分新建道路桥梁命名更名有关情况的汇报。(10)会议听取了市发改委关于全省加快推进服务业发展工作会议主要精神及贯彻意见的汇报。(11)会议听取了市科技局关于全省科技创新大会会议精神及贯彻意见有关情况的汇报。

2012年12月12日上午，市长钟志生主持召开了市政府第十八次常务会议。(1)会议听取了市国资委关于鹰潭市再生资源公司等10户企业欠南昌百富投资咨询有限公司债务处理情况的汇报。(2)会议听取了市监察局关于给予艾早生开除公职处分情况的汇报。(3)会议听取了市监察局关于解除俞奇同志行政记大过处分情况的汇报。(4)会议听取了市住房公积金管理委员会关于提高鹰潭市住房公积金财政配套缴存比例情况的汇报。(5)会议讨论并原则同意《鹰潭市城区基础教育资源整合方案(送审稿)》。(6)会议讨论并原则同意《鹰潭市关于推进义务教育均衡发展的意见（送审稿)》《鹰潭市推进义务教育均衡发展规划(送审稿)》《鹰潭市关于推进义务教育均衡发展任务书(送审稿)》。(7)会议讨论并原则同意《鹰潭市义务教育学校标准化建设规划（送审稿)》。(8)会议讨论并原则同意《关于加快发展大健康产业的若干意见(送审稿)》。(9)会议讨论并原则同意《鹰潭市文化休闲娱乐等服务业发展规划(送审稿)》。(10)会议讨论并原则同意《关于扶持农业产业化龙头企业发展的意见（送审稿)》。(11)会议讨论并原则同意《关于进一步加强农产品质量安全监管工作的实施意见(送审稿)》。(12)会议讨论并原则同意《鹰潭市老龄事业发展“十二五”规划(送审稿)》。(13)会议讨论并原则同意《关于加快发展养老服务事业的实施意见(送审稿)》。

2012年12月19日上午,市长钟志生主持召开了市政府第十九次常务会议。(1)会议讨论并原则同意《政府工作报告(讨论稿)》。(2)会议讨论并原则同意《关于鹰潭市2012年国民经济和社会发展计划执行情况与2013年国民经济和社会发展计划草案的报告（书面)(讨论稿)》《鹰潭市2013年国民经济和社会发展重大建设项目计划(讨论稿)》。(3)会议讨论并原则同意《关于鹰潭市2012年市级总预算执行情况和2013年市级总预算草案的报告(书面)(讨论稿)》听取关于2013年市本级公共财政支出预算编制情况的汇报。(4)会议讨论并原则同意《关于进一步规范政府采购管理提高采购工作效率的通知(送审稿)》《鹰潭市市本级2013年度政府采购目录及标准(送审稿)》。

2012年12月27日下午,市长钟志生主持召开了市政府第二十次常务会议。(1)会议听取了市科技局关于2012年度鹰潭市科学技术奖励项目推荐情况的汇报。(2)会议讨论并原则同意《关于大力实施创新驱动发展战略加快创新型城市建设的决定(送审稿)》。(3)会议听取了鹰潭高教园区筹建指挥部关于鹰潭高教园区项目投资建设方案有关情况的汇报。(4)会议讨论并原则同意《关于全力推进鹰潭高新技术产业开发区跨越发展的决定(送审稿)》。(5)会议听取了市公路局关于信江路网三期绿化工程有关情况的汇报。(6)会议听取了市国资公司关于鹰潭市行政综合服务楼室内装饰、绿化景观、周边道路设计和施工有关情况的汇报。(7)会议讨论并原则同意《鹰潭市政府投资项目标后监管规定（试行)(送审稿)》。(8)会议讨论并原则同意《鹰潭市职工生育保险实施办法(送审稿)》。(九)会议讨论并原则同意《鹰潭市存量房交易申报计税价格评估办法（送审稿)》。(10)会议讨论并原则同意《贵溪市、余江县、龙虎山风景名胜区乡级土地利用总体规划(2006~2020年)(送审稿)》。(11)会议讨论并原则同意《鹰潭市补充耕地项目管理暂行办法(送审稿)》。(12)会议讨论并原则同意《鹰潭市公共租赁住房建设与管理实施细则（送审稿)》。(13)会议讨论并原则同意《关于实施商标战略促进经济发展的实施意见(送审稿)》。

办理人大代表建议和政协提案

【概述】2012年共办理人大代表建议47件(含1件议案),共办理政协提案121件。在领导高度重视下,经各级各部门共同努力,建议、提案全部办复,满意率100%,得到广大代表和委员的肯定。

【高度重视】2012年4月11日市政府召开了建议、提案交办会,把人大代表建议和政协提案交办到各县(市、区)及市政府各有关部门。市委常委、副市长宋迪维到会讲话,要求各级各有关部门高度重视建议、提案办理工作,增强做好办理工作的自觉性,把办理工作列入重要议事日程,不断完善领导机制和工作机制，通过办理推动工作、提高效能。为切实提高各承办单位领导的责任意识，加快推进建议、提案办理工作,市政府要求各承办部门“一把手”要在认真总结历年建议、提案办理经验的基础上,不断创新工作方法,建立领导领题督办机制,对社会广泛关注的重点难点建议、提案带头督办。许多单位“一把手”进行了认真安排和部署,采取了主要负责同志领衔督办、“边整改、边办理、边答复”等积极措施,在办理工作中不断探索新思路、新方法,完善办理机制。

【规范程序】按照《鹰潭市政府系统办理人大代表建议政协提案工作程序》《关于进一步做好人大代表建议政协提案办理工作的通知》等文件要求提出完成办理工作任务的时间和目标要求。各承办部门按照文件要求,通过电话咨询、当面沟通、调研座谈等方式虚心听取代表和委员的意见,切实采取有效措施解决存在问题,力求让代表和委员满意,让人民群众满意。通过不断规范办理工作程序,市政府系统各承办单位普遍形成了重程序、强沟通、求实效的良好风气,使办理工作质量、效率、满意度得到提升。

【加强督办】主要采取了前期建档、中期跟踪、后期问效的做法,取得较好成效。一是前期建档。建立了建议、提案电子和纸质表格,结合历年来建议、提案办理情况,对2012年47件建议、121件提案进行初步分析和研判，对涉及部门较多、建议内容较广、办理难度较大的建议、提案进行重点标注。二是中期跟踪。5月中旬开始,采取电话方式,对各承办部门办理情况进行跟踪催办,了解部门办理过程中存在的问题和困难,推动建议、提案办理进度,促进部门与代表和委员沟通,为完成书面答复做好充分准备。三是后期问效。6月中旬,在中期跟踪的基础上，采用电话催办、上门督办等方式,督促各承办部门加快进度。对所有建议、提案采取销号做法,应用不同颜色标注不同办理程度，办结一件核销一件,对没有办结的紧盯不放,对拖延不办的上门督办，确保了所有建议、提案在规定时间办结。

市政府办公室工作

【**概述**】2012年，市政府办公室在市委、市政府的正确领导下，在市人大依法监督和市政协民主监督下，在各级各部门和社会各界的大力支持下，始终坚持以科学发展观为指导，紧紧围绕“主攻项目、决战‘三区’、凸现特色、实现跨越”的总体要求，认真履行职责，积极开展工作，较好完成了各项任务，确保了市政府高效有序运转。

【**紧扣中心，当好参谋助手**】发挥好参谋助手作用，协助市政府领导科学决策，是政府办公室的重要职责。2012年，市政府办公室始终坚持以建设决策参谋型机关为目标，紧紧围绕全市大局，在准确把握市情、深入调查研究的基础上，协助市政府制定了一系列实施意见，出台了一系列重大举措。为推动“四个鹰潭”建设，参与制定了《富裕、秀美、宜居、和谐鹰潭建设实施意见》，进一步明确了建设“四个鹰潭”的目标定位、总体思路和工作重点。为促进县(市、区)竞相发展，立足各地实际，组织和参与制定了《关于进一步加快县域经济发展的若干意见》《关于进一步加快鹰潭高新技术产业园区发展的实施意见》《关于全力推进龙虎山旅游产业发展的意见》《关于超常规加快信江新区开发建设的工作意见》等指导性文件。为加快产业培育，深入研究产业发展政策、趋势、前景，制定出台了《全力支持工业经济决战5000亿、实现新跨越的决定》《关于加快现代物流业发展的若干意见》《关于加快文化休闲娱乐等服务业发展的意见》《关于加快发展金融业的实施意见》，着力构建分工协作、合力推进的产业发展格局。为破除发展瓶颈制约，在深化文化体制改革、完善国资监管体系、推进国库集中支付改革、构建土地管理新格局等方面，参与制定了符合实际的政策措施，发展动能得到加速释放。

【**服务大局，搞好综合协调**】始终把统筹协调贯穿于办公室工作始终。2012年，市政府办公室充分发挥承上启下、联系左右、协调各方的枢纽作用，积极主动协助市政府协调、处理、解决了重大决策落实、重要工作推进中出现的问题，有力促进了各项工作顺利开展。围绕主攻项目，以全市30个重点项目为龙头，及时协调调度，掌握工作进度，现场督导落实，主动为招商引资和项目建设提供高效服务，有力确保了重点项目顺利推进。围绕决战“三区”，积极协助市政府牵头总抓，以做靓中心城区为目标，积极协调调度重点城建工程、征地拆迁及“三城同创”等一系列重大事项，有力推动了城市建设进程；以鹰潭高新区扩园升级为核心，组织专门力量赴省进京沟通汇报、跟踪协调数十次，鹰潭高新区经国务院正式批准升格为国家高新区；以龙虎山景区打造品牌为重点，按照市领导的指示，积极与有关方面加强对接联络，助推龙虎山成功创建国家AAAAA级旅游景区。围绕凸现特色，着力在培育地方优势特色产业上下功夫，主抓关键点，狠抓薄弱点，针对战略性新兴产业发展、“五定班列”开通、现代物流园区开发建设、文化创意产业培育等具体工作中存在的问题，加大调度力度，推动工作落实；着力在发展民生事业上求突破，积极沟通、主动协调保障性住房安居工程、鹰潭一中新校区建设、市人民医院信江院区建设、国家基本药物制度改革等重要民生工作，促进民生改善。围绕实现跨越，强化指标调度，密切关注市县政府考核评价、财税等主要经济社会发展指标完成情况，把握时间节点，加强统筹调度，确保全面完成。

【**突出重点，狠抓工作落实**】办公室工作，贵在落实。2012年，市政府办公室始终坚持把抓落实作为责无旁贷的任务，对市委、市政府作出的重大决策，及时细化为可操作、可监控、可考核的目标责任体系，力求做到重点任务突出、工作目标量化、责任主体明确、时限要求具体，深入开展督查督办，确保决策事项落到实处。一是突出政府工作报告抓落实。对省、市政府工作报告涉及的工作任务逐一进行分解、细化和落实，并定期督查调度，掌握进展情况，解决具体问题，确保了政府工作报告各项目标任务全面完成。二是突出重要议决事项抓督办。对市委、市政府重要议决事项进行跟踪督办，形成督查报告11期；对市委、市政府领导批示做到件件抓督查，事事抓落实。三是突出重点工作抓督查。对市政府领导牵头负责的重点工作，积极协助抓好督查督办，做到三天一梳理、一周一调度、十天一问效；对其他市领导和市直部门主抓的重点工作，该办主动对接，积极协调，搞好服务，确保了各项重点工作的顺利推进。四是突出人大建议、政协提案抓办理。对2012年市政府收到的46件人大代表建议、121件政协委员提案全部办理并予以答复，办复率均达100%。

【**规范高效，保障工作运转**】规范高效是办公室工作的基本要求，办文、办会、办事直接体现办公室服务水平。2012年，市政府办公室始终坚持“标准要高、程序要到、节奏要快、效果要好”，注重制度建设，狠抓制度落实，把“规范是责任、高效是水平”贯穿到每个人员、岗位和环节。办文精益求精。出台了《关于进一步提高办文质量和效率的通知》，坚持从严、从细、从精，突出实际、实用、实效，认真把好公文的格式关、内容关和程序关，处理各类公文4000余件，办结率100%。制定了《关于进一步做好市政府重要文稿起草工作的意见》，完成各类领导讲话、情况汇报160余篇，起草审核重要文件200多个。办会细致周到。坚持“规范、严谨、全面”,加强会务组织和服务工作,确保会议高质高效、井然有序。全年承办和协助办理“1+6”产业杭州招商推介会、闽浙赣皖福州经济协作区第十四次市长联席会、第六届海峡两岸道教文化论坛等省、市重要会议300余个。办事有条不紊。出台了《市政府办公室接待工作暂行规定》《市政府办公室财务管理规定》,规范操作,有章可循。认真做好市政府领导调研、协调、推进、落实重要工作的衔接和服务工作,保障了各项重要工作扎实开展。

同时，扎实推进应急管理,应急地域协作机制基本建立,有效处置了“4·14”鹰南收费站坍塌事件等重大突发事件。稳步开展法制工作,坚持依法行政,会同有关部门全面开展全市非行政许可审批项目清理专项工作，精减率达32%。发挥金融支撑作用,促进全市9家商业银行与46家小微企业签订贷款协议，贷款总额达4.57亿元,推动市政府与国家开发银行签署了“开发性金融合作备忘录”,协调鹰潭市首家地方法人农村商业银行挂牌开业。

【凝心聚力,打造一流团队】政府办公室位置特殊,一定意义上办公室形象代表着政府形象。2012年,市政府办公室积极倡导“忠诚为本、服务为上、落实为要、团结为重”的工作精神,认真落实“既讲程序又讲效率、既讲原则又讲灵活、既讲分工又讲合作、既讲勤政又讲廉政”的工作要求,紧密结合开展干部作风整治活动,切实加强办公室自身建设，倾力打造团结协作、求真务实、纪律严明、服务高效的坚强集体。一是狠抓班子建设。坚持定期召开秘书长主任例会,注重办公室工作科学化、民主化、制度化建设,特别是对涉及人财物的重大事项,坚持集体讨论决定。在日常工作中,无论分内分外,办公室班子成员之间都能做到互相通气、共同商量、相互支持、彼此补台,大事讲原则,小事讲风格,营造了团结和谐的融洽氛围。二是狠抓队伍建设。大力塑造学习型机关、学习型干部。紧紧围绕深入学习宣传贯彻党的十八大精神,坚持领导班子带头学、持之以恒深入学、立足岗位专注学,把全办党员干部、职工的思想和行动统一到党的十八大精神上来。深入开展打造学习型机关“十个一”活动,建立学习交流与资料共享平台，通过学习涵养素质、丰富理论、提高能力。同时,注重发挥团队精神,力争为每个干部创造充分施展才华的空间,形成人尽其才、才尽其用、比学赶超的工作氛围。2012年,通过组织考试、公开遴选等方式招录8名干部充实机关力量，通过内部公开竞岗提拔了2名正科级干部，干部结构明显优化。三是狠抓作风建设。注重在办公室树立事争一流的上进之风、埋头工作的奉献之风、团结协作的和谐之风,以开展干部作风整治为载体,扎实推进党务政务公开、机关形象提升、制度建设等工作,形成了崇尚先进、争当先进的良好风气。四是狠抓党风廉政建设。严格党内组织生活制度,坚持定期召开民主生活会,加强党性修养。积极组织党员干部开展丰富多彩的支部活动，切实增强党组织的凝聚力。扎实做好风险岗位廉能管理工作,对58个岗位进行了风险评估、分析和审定。2012年,没有出现违法违纪案件和假借领导名义谋私利的现象。

【统筹兼顾,做好中心工作】在全力做好办公室工作的同时,统筹兼顾做好其他各项工作。一是扎实做好综治维稳工作。坚持把综治维稳工作摆在重要位置,做到与其他工作同部署、同检查、同考核。扎实做好信访工作，坚持信访首问负责制，对来访群众认真接待,共接待群众集体上访181批3000余人,没有出现影响正常办公秩序的上访事件,没有发生影响稳定的事件。二是积极开展挂点帮扶工作。为新农村建设挂点贵溪河潭镇庙山村、村建定点包村余江杨溪乡墩上村、社区帮扶点四青街道杏树园社区共筹资260余万元，大力加强基础设施建设,提升帮扶点的软硬环境,为群众多办实事。三是稳步推进党建标准化项目建设。作为市直机关首批党建标准化项目建设单位之一,成立了市府办机关党建标准化项目建设领导小组,严格按照“五好”要求,扎实推进“六个标准化”项目建设,切实做到走前头、作表率。

【市政府市长、副市长、副巡视员、秘书长、副秘书长名录】

市　长:钟志生

副市长:王家林、宋迪维、辜清、张荣先、徐鹏程、李力、徐云(女)、裴勇(2012.8~)

副巡视员:刘诚

秘书长:吴炳生(2012.3~)

副秘书长:吴建辉(~2012.3)、项志成(2012.5~)、江金街、胡志新、汪磊(2012.5~)、柯嘉(女)、陈移发(2012.8~)、刘永茂(~2012.5)、吴嫦龙、裴小林、张子建(~2012.8)、高华(~2012.8)、吴泰兴(2012.8~)、李志兵(2012.8~)

【市政府办公室副县级以上干部名录】

主　任:吴建辉(~2012.3)、项志成(2012.5~)

副主任:吕国南、项志成(~2012.5)、汪荣中(2012.5~)

纪检组长:朱小平

调研员:邵建平、赵珍萍(女)

副调研员:罗丽华(女)

副县级纪律检查员、监察员:汪生贤(~2012.8)

【市政府应急管理办公室副县级以上干部名录】

主任:吴建辉(~2012.3)

专职副主任：袁财平

【市政府金融工作办公室副县级以上干部名录】
主任：吴更生(2012.5~)

【市政府机关服务中心副县级以上干部名录】
主任：董细明

驻外机构工作

【概 述】2012年，市政府驻外机构北京联络处、上海联络处、深圳办事处、厦门办事处、杭州办事处、南昌办事处，紧扣市委、市政府中心工作和全市经济社会发展大局，按照"主攻项目、决战三区、凸显特色、实现跨越"的总体要求，精心履职、务实作为、扎实有效地开展各项工作，为全面推进富裕、秀美、宜居、和谐鹰潭建设做出了积极贡献。

【驻北京联络处工作】综合工作：2012年，陪同市领导及市直有关部门走访了国家部委和央企18个，为鹰潭市列入全国第三批发展改革试点城市、鹰潭高新技术园区创建国家级园区和申报国家园区循环化改造示范点试点、龙虎山景区申报AAAAA级旅游区等，争取了国家的相关项目、政策和资金支持。接待市领导97批163人次；接待市直有关部门领导和工作人员87批272人次；接待在京鹰潭籍老乡175批745人次。同时为《七彩畲乡》参加全国第四届少数民族文艺汇演提供后勤保障服务。在全国两会和党的十八大期间，该联络处做好了赴京上访人员的接待劝返工作，维护了首都的和谐稳定。全年共劝返赴京访123人次，其中非正常访43人次。2012年，共向市政府报送政务信息2089条，向省驻京办报送信息5126条，通过省驻京办向省委省政府报送并被采用信息22条。招商引资工作：2012年，该处引进注册了"江西宇程机械有限公司"，该公司已进资1.2亿元，投资汽摩配项目。

(孔丽华)

【驻上海联络处工作】1. 认真学习党的十八大会议精神。该处认真组织全体党员和工作人员收看十八大开幕盛况，大会结束后，按照省沪办党工委的统一安排，组织了3次全体党员干部学习讨论中共十八大的报告、新党章和大会决议。

2. 以服务鹰、沪两地经济和社会发展为重点，扎实开展各项工作。一是认真做好政务接待、联络和服务工作。2012年，接待市级领导48人次，县处级领导64人次，为他们在沪学习、公务等提供了较好的服务。同时，还为298位鹰潭的干部、群众来沪就医、出差、办事等提供接送、票务及其他联络服务。为494位鹰潭医保对象、在沪经商、务工人员以及随子女在沪定居人员办理异地就医的医药费报销。二是努力为招商引资牵线搭桥。组织了接力中国精英协会、上海江西商会、江佑商帮、上海鹰潭商会、虹口区工商联企业家协会等到鹰潭实地考察。走访了杨浦区招商协作办、上海宝钢等地。现有阳波物流、洪通金属、捷丹文投资发展有限公司等企业在鹰潭落户，总投资1.26亿元。三是尽力为鹰潭在沪人士交流合作、共谋发展搭建平台。上海有一批曾在鹰潭工作、生活过的领导及相关方面的专家、学者和鹰潭在沪企业家，该联络处组织他们开茶话会、座谈会、联谊会，激发他们的爱乡之情，促进他们为鹰潭经济社会发展献计出力。

3. 抓班子、带队伍、加强机关自身建设。一是加强学习，班子成员带头学，提高政治理论水平和领导能力，增强凝聚力和战斗力。二是认真落实党风廉政责任制，该处人员能自觉用法律法规和党纪约束自己、警省自己，教育和督促身边工作人员重德操、守纪律。

(艾 佳)

【驻深圳办事处工作】招商引资工作：一是香港铜锣湾集团有限公司投资的鹰潭铜锣湾国际数字MALL项目，项目投资15亿元。二是吉安市恒源泰房地产开发有限公司投资的鹰潭龙虎山恒源泰锦江酒店(五星级)项目，项目投资2亿元，进资1.11亿元。三是楼宇经济项目(均在经济开发区落户并纳税)鹰潭市三和金属材料有限公司、鹰潭市艾斯特工贸有限公司、鹰潭祥生世纪广告装饰有限公司。商会成立工作：2012年6月，"深圳市鹰潭商会"正式成立，市长钟志生、深圳市副市长张文等领导参加了成立大会并致词。另外，该处还为鹰潭市政府相关部门参加深圳文博会、高交会做好组织和接待工作。

(张爱萍)

【驻厦门办事处工作】1. 招商引资工作：一是解放思想，敢于善于草船借箭。办事处出台了关于做好招商引资工作奖励办法：从全年6.7万元办公经费中挤出2.5万元作为招商引资奖励。二是大力做好楼宇经济引进。2012年，共引进6家楼宇经济企业，加上已落户的6家物流企业以及两家设备租赁公司和1家劳务咨询公司，共有15家楼宇经济企业，超额完成了市政府下达的100万元楼宇经济任务。三是在工业强市上做文章，积极引进工业项目。五下温州邀请温州客商夏志政来鹰潭市进行考察，成立了江西新宇源塑业有限公司，落户余江循环经济产业园，生产PMMA板材，年产量1.2万吨。

2. 充分利用好商会这一重要载体，为鹰潭经济发展服务。2012年5月，该处在福州市成立了福建鹰潭商会，该商会拟在适当时候到鹰潭进行投资考察。同时，厦门鹰潭商会还到鹰潭进行投资考察。

3. 热情周到做好接待服务工

作。积极协助有关部门做好“厦门9·8中国投资贸易洽谈会”的筹办、客商邀请和服务接待工作。

4. 大力加强基层党组织建设，不断增强凝聚力。2012年7月，省政府驻厦办党委授予该处党支部“先进基层党支部”称号。同时，在该处党支部领导下，鹰潭商会党支部通过对在厦创业、务工人员党员情况进行调查摸底登记，组织党员参加党建活动，让党员定期过组织生活。现已有多名会员向党支部递交了入党申请书，有3名会员作为入党积极分子进行培养，1名会员光荣加入中国共产党。

5. 切实加强党风廉政建设，不断提高该处干部队伍素质。进一步加强对党员干部的党性、党风、党纪和廉洁从政教育，切实增强党员干部的纪律观念和廉洁自律意识，特别是领导干部在贯彻执行廉政准则、遵守廉洁自律各项规定方面自觉做到了令行禁止。

(刘秋声)

【驻杭州办事处工作】1. 开拓创新，招商引资工作有新成效。一是4月21日，该办以成立十周年为契机，由鹰潭市政府主办，该办和市商务局共同承办的“鹰潭‘1+6’产业(杭州)招商引资推介会”在杭州成功举办。推介会邀请了10余家商会及近200名客商，促成了近20起项目签约，项目总投资达120多亿元。二是5月10日至12日，杭州诸暨商会会长王利军一行23人到鹰潭参观考察，得到市委、市政府高度重视，考察后达成了众多投资意向。2012年，该办招商引资硕果累累：建成项目1个，即投资1.5亿元水晶光电项目全面建成投产；新引进项目5个，总投资2.5亿元(其中工业项目2个：分别是鹰潭市康健生物科技有限公司，总投资1.5亿元；江西长胜电子设备有限公司，总投资1亿元)；新增总部楼宇经济企业3家，全年楼宇经济实缴税收1300万元。

2.广泛联合，宣传工作传递正能量。一是将市委、市政府把鹰潭全力打造富裕、秀美、和谐、宜居的环鄱阳湖生态经济区璀璨明珠的决心和信心同招商引资优惠政策结合起来；二是向浙江籍人士宣传和向鹰潭籍同乡宣传结合起来；三是将广泛宣传与单个活动、宣传推介结合起来。2012年，该办编撰了36期《杭办信息》。

3. 不断进取，精心提升接待工作。2012年，该办共接待各级政府机关来杭考察人员50余批近300人次，带往鹰潭客商10批近100人次，协助调解务工人员纠纷2人次。

(程　颖)

【驻南昌办事处工作】1. 组织建设。办事处副主任鲍成庚同志2012年当选为政协鹰潭市第八届委员会委员。

2. “三争”和招商引资工作。在“三争”工作中，一是协助市发改委争取了市生活垃圾收运系统项目获中央预算内资金1500万元，协助市工信委争取中央财政淘汰落后产能资金2086万元，关停小企业补助资金140万元；二是协助市发改委争取市生活垃圾填埋厂二期工程项目，争取小城镇基础设施省基建投资项目；三是协助市商务局争取开通宁波至鹰潭铜废料海铁联运通道，协助鹰潭市高新技术产业园区向省科技厅申报国家级高新技术园区。招商引资工作，继续跟进大唐集团拟在贵溪投资10亿元建设两个风电场项目测试进展情况。2011年办事处引进的正邦集团在投资8500万元基础上，2012年又增资3000万元进行扩大再生产。楼宇经济缴纳税收800多万元。全年邀请16批40多人次客商考察鹰潭市及所属市、县、区投资项目。

3. 信访维稳劝返工作和服务保障工作。坚持敏锐时期值班制度，全年累计接访130多人次，办事处连续3年被市委、市政府评为“支持信访工作先进单位”。接待和保障工作高效规范，全年共接待各类客商、省(厅)和市各级领导共计210多起1500多人次。

(桂文进)

【市政府驻外机构副县级以上干部名录】

驻北京联络处：

党组书记：罗贤东(挂职)

副主任：吴发财　舒庆如

驻上海联络处：

主　任：张冬娥(女)

副主任：戴冬英(女)

调研员：欧阳敏

驻深圳办事处：

主　任：邹韶山(~2012.5)

主　任：刘泓光(2012.8~)

副主任：桂丽萍(女)

驻厦门办事处：

主　任：方　农

副主任：刘秋声

调研员：巫大光

驻杭州办事处：

调研员：王琍宁

副主任：上官兵

驻南昌办事处：

副主任：鲍成庚 (主持工作)

法制工作

【概述】2012年，市政府法制办在市委、市政府的正确领导和省政府法制办的指导下，坚持科学发展观，以全面推进依法行政、建设法治政府为奋斗目标，围绕市委、市政府中心工作，认真开展规范性文件审核及行政复议、信访复核复查工作，加强依法行政督促检查，审慎办理政府涉法事务，充分发挥政府法制参谋助手作用。

【规范性文件审核】全年共审核规范性文件20件，已出台16件。同时，及时清理过时或者不符合新法律法规的文件，印发了《关于清理规范性文件结果的通知》及《关于废止〈关于加强建设工程招标投标管理的若干意见〉等8件规范性文件的决定》,确保政令畅通、法制统一。

【行政复议和信访复核复查】全年共受理行政复议案件5件,已审结4件。协助信访部门办理信访复核案件6件、纠纷调处案件3件。在办理以上案件过程中,市法制办切实维护人民合法权益,妥善化解群众矛盾纠纷,保障了社会的和谐稳定。

【依法行政】根据省政府办公厅要求,市法制办会同市监察局、市行政服务中心全面开展鹰潭市非行政许可审批项目清理专项工作,经清理,保留市级非行政许可审批项目84项,精减39项(其中取消26项,暂停实施3项,下放10项),精减31.71%;保留项目总办理时限合计精减529个工作日,精减35.48%。

通过组织市执法部门参加全省执法案卷评比,开展全市行政执法合法率考核、行政调解统计等一系列工作,取得了良好的执法监督效果。同时,通过印发《行政调解法律文书示范文本》、转发江西省法制办《关于印发行政强制法律文书参考样式及案卷评查标准的通知》,组织市直执法骨干参加全省行政强制法培训班学习、邀请省政府法制办领导到市政府办讲授"依法行政、建设法治政府"课程等多样化地学习培训活动,规范执法人员行政执法行为,提高行政执法水平。

【政府涉法事务】积极参与市委、市政府重大决策部署及其他中心工作,审慎办理其中法律事务,审核论证重要政府合同及工作方案6项,为政府严把法律关。

(徐靖平)

【市政府法治办副县级以上干部名录】

主　　任:李　涛(~2012.5)

副 主 任:徐军华(2012.5~)

副调研员:吴佳海

外事侨务及港澳同胞工作

【概述】2012年,鹰潭市外事侨务工作紧紧围绕市委"主攻项目,决战'三区',凸现特色,实现跨越"的总体部署,解放思想,创新思路,提升服务,涵养资源,积极开展对外交流与合作,外事侨务工作迈上了新的台阶。

【外事管理规范有序】一是圆满完成控制目标任务。2012年,省委、省政府下达鹰潭市2012年因公出国(境)人数控制指标为110人次,其中地级领导干部9人次。为确保目标任务完成,坚持"统筹兼顾、保压结合、服务大局"的原则,通过制定年度计划、严把初审关、协调统筹、优化成员等方式加强鹰潭市因公出国(境)管理工作。2012年,全市因公出国(境)共47批次,其中自组团9批次,参团38批次;出国(境)共92人次,其中地级领导干部9人次。二是对外交往取得实效。不断创新工作方式,统筹做好市领导出访工作,周密制订方案,精心安排公务活动,确定出访交流洽谈内容,对外交往取得实效。2012年是鹰潭市自组团组出访最多的一年,共组织9个自组团分别赴俄罗斯、墨西哥、意大利、澳大利亚、韩国和中国香港地区等开展友好城市访问、招商引资、参展等对外交流活动,开拓国际市场,推介鹰潭市旅游、制铜、节能照明及眼镜等产业。尤其是2012年9月份,市委书记陈兴超率团出访俄罗斯、捷克、芬兰,与捷克国家商会、芬兰赫尔辛基市政府、俄罗斯克拉斯诺戈尔斯克市政府进行了会谈,参观考察了当地的城市管理以及环保科技企业,慰问了当地的鹰潭籍华侨,看望了鹰潭眼镜经销商,访问取得成功。10月份,市长钟志生又率团访问了墨西哥、阿根廷、巴西三国,对鹰潭市友好城市蒙克洛瓦市进行友好访问,拜访了当地鹰潭籍华侨华人。两位主要领导的出访,加快了鹰潭市在建立国际合作平台、开展国际间的经贸、城市管理、环境保护、友好城市等领域交流与合作的步伐,推动了鹰潭市进一步对外开放。三是鹰潭对外形象进一步提升 。按照"热情、细致、节简"的原则,克服经费少、任务重的种种矛盾和困难,紧紧围绕"三个服务"的要求,高标准、严要求,认真做好各项接待工作任务,提升鹰潭对外形象。2012年,先后接待了马来西亚财政部原副部长率领的马来西亚代表团、国务院侨办国庆嘉宾团等重要团组以及鹰潭市重要的港澳同胞、华人华侨共计67批347人次到鹰潭市参观考察,发放宣传光盘200张、宣传资料600份、贺年卡400份、邮件128封。

【服务经济成效明显】一是完成首届"华赣会"参会工作。9月26日,由国务院侨办、省政府联合主办的首届华侨华人赣鄱投资创业洽谈会在南昌举办,省政府对此项活动高度重视。为此,鹰潭市精心筹划,周密组织会务活动,大力宣传、推介鹰潭,提高知名度,取得了很好的效果,受到省外侨办的高度赞扬。在本届"华赣会"上,鹰潭市签约项目3个,项目投资总额67亿元 。二是APEC商务旅行卡推介工作取得新进展。为支持鹰潭市企业"走出去",外事侨务办制定了《关于国有、民营企业人员申办APEC商务旅行卡的实施和管理细则》。先后走访市高新区、贵溪工业园区、余江工业园数家大型企业,召开了全市APEC商务旅行卡推介会,帮助企业申办旅行卡,并为企业提供便利。2012年,全市办理APEC商务旅行卡16张。三是积极为企业"走出去、请进来"搭建平台。充分利用外事优势资源,推介鹰潭市重点产业企业。3月份,组织鹰潭市罗曼罗兰光学有限公司、鹰潭市享得利金属材料有限公司、江西三川集团公司等企业,在市政府副市长徐云率领下,分别赴英国、意大利、西班牙开拓国际市场,签订订单3000万元,江西三川集团公司与英国EL-STR MEREING LTD达成了投资合作事项。积极组织鹰潭市眼镜企业参加香港眼镜展。2012年3月份邀请香港贸发局武汉办事处到鹰潭举办联合推介会,宣传推介展会相关资讯,积极协调商务局给企业提供参展优惠政策。在外事侨务办的积极努力下,鹰潭市购买了240平方米的展位建立鹰潭眼镜馆,并于11月初组织了20余家企业赴港参展,取得了很好的经济和社会效益;办好对外邀请,简化审批手续,压缩审批时间,方便企业开展境外业务。2012年,全市8家企业邀请33人次到鹰潭开展技术交流和经贸洽谈。

【友城工作迈上新台阶】一是鹰潭市首对国际友好关系城市正式建立。鹰潭市与墨西哥蒙克洛瓦市经过两年的交流与合作,报经省政府、全国友协批复同意鹰潭市与该市正式建立国际友好城市。2012年10月初,应墨西哥蒙克洛瓦市政府邀请,市长钟志生率团出访蒙克洛瓦市并签署了“中国鹰潭市与墨西哥蒙克洛瓦市缔结国际友好关系城市协议书”实现了鹰潭市国际友好城市零突破。二是友城布局日趋合理。2012年先后与澳大利亚、俄罗斯、美国、巴西、阿根廷、德国、意大利、捷克、芬兰等12个国家的10个城市建立了联系和交流。市委书记陈兴超、市长钟志生、组织部长郭清、副市长徐云分别率团赴国外进行友好访问,推动了鹰潭市友城工作发展,先后与莫斯科州克拉斯诺戈尔斯克市等3个城市达成共识。同时与美国、日本、韩国等20多个国家有关城市建立了联系,国际友好城市布局日趋合理,多层次、宽领域、全方位的开放格局取得新进展。三是国际友好城市合作取得实效。随着鹰潭市国际友好城市工作开展,友好城市间的企业交流与合作取得实效。2012年9月,乌克兰伊久姆市英派克有限公司与鹰潭市亨通眼镜有限公司签订合作意向书,拟投资2亿元在鹰潭市建立中乌友好会馆,该项目的建立将进一步促进鹰潭市与世界各国的交流与合作,是鹰潭市友好城市建设工作的重大成果。

【侨务工作取得新成绩】一是认真贯彻落实侨务工作发展纲要,印发了《鹰潭市人民政府关于贯彻落实国家侨务工作发展纲要(2011—2015年)的实施意见》。二是积极做好捐赠项目工作。配合验收余江坞桥小学建设项目。向省外办争取申报更多侨爱工程——送医疗下乡等捐赠项目。争取澳大利亚纸业大王魏基成夫妇向鹰潭市捐赠价值人民币10万余元的500件防寒衣。三是侨法宣传形式多样。在两个社区建立了侨法宣传角,制作了《中华人民共和国归侨侨眷权益保护法》和《归侨侨眷权益保护法实施办法》宣传手册,发放宣传资料1500份。四是服务归侨侨眷有新成绩。充分发挥鹰潭市归侨侨眷就业创业服务中心的功能,服务好归侨侨眷的就业创业工作。2012年为全市归侨侨眷就业创业小额贷款80万元的担保。五是积极开展送温暖活动。切实帮助贫困归侨侨眷解决实际问题。先后对全市18户困难归侨侨眷送去了价值1.80万元的过节物资和慰问金。五是侨务信访工作扎实。2012年接待涉侨上访56人次,妥善处理来访来信9件,做到事事有落实,件件有回音,全市没有发生侨务群体上访事件,维护了社会稳定。

【干部队伍素质全面提高】按照市委的统一部署和要求,紧紧围绕“外事为民、为侨服务”这一主题,深入开展“集中整治干部作风、创先争优、文化建设”等活动,不断加强理论学习,结合实际,积极开展“学南通、强能力、提效益、比贡献”活动,强化内部管理,转变了作风,克服了“庸、懒、散”现象,提高了效能。紧密结合全市外事侨务系统实际,制定印发《鹰潭市外侨侨办关于贯彻〈江西省外事侨务系统文化建设三年规划纲要〉的实施意见》及《2012年度鹰潭市外事侨务办公室文化建设活动工作方案》,全面开展了外侨机关文化建设,进一步丰富文化生活,大力提升外事侨务队伍的思想政治素质、文化涵养、业务技能和工作水平。

(李文球)

【市外事侨务办副县级以上干部名录】

主　任:周永江

副主任:王　坚

副主任:于　胜

副调研员:侯剑敏

物流工作

【概述】2012年,是鹰潭市物流发展具有重要意义的一年。在市委、市政府的正确领导和高度重视下,按照“凝心聚力,主攻项目,只争朝夕,实现跨越”的工作要求,4月份组建市物流委以来,目标明确,思路清晰,重点突出,工作扎实,全面完成了2012年招商引资、征地收储、项目推进、货运产业发展等各项工作任务,取得了较好成效,市物流产业园正式被列为全省服务业改革综合试点单位,物流产业主营收入首次突破100亿元,成为鹰潭市铜产业外首个百亿元产业。

【迅速完成机构组建,有序推进各项工作】市委、市政府高度重视物流产业的发展,把物流业与铜产业、旅游业并列为鹰潭市经济发展的“三篇文章”,在充分调研的基础上,正式研究出台了《关于加快我市现代物流业发展的若干意见》，并于4月份组建市现代物流业委员会(以下简称物流委)，为市政府直属正县级工作机构。4月底市委配备了市物流委领导班子后，物流委用不到10天的时间即完成了机构组建，并提出了明确的工作总体要求、基本思路和目标任务。总体要求是：凝心聚力，主攻项目，只争朝夕，实现跨越。基本思路是：以贯彻落实市委市政府《关于加快现代物流业发展的若干意见》为工作主线，以规划为龙头谋划产业发展，以项目为核心推进平台建设，以稳健发展为目标提升货运产业发展水平，为全市物流产业发展奠基础、蓄后劲。目标任务是："12310"。"1"是确保货运产业实现营业收入100亿元，税收3.5亿元，力争5亿元；"2"是建立并不断完善2个工作机制：物流产业"月调度、季分析、半年一总结、年终一考核"的协调推进机制和重大商贸物流项目会商机制；"3"是完善全市物流产业发展规划，全市专业市场总体布局规划和市现代物流园控制性规划等三个规划；"10"是招引并力争开工建设十大商贸物流（专业市场)项目。围绕总体要求、基本思路、目标任务，7个多月来，推动全市物流产业发展出现新局面。

【一批重大项目签约落户，产业集群形成雏形】通过市领导高位推动，招商小分队积极行动，协调服务及时到位，一批投资5000万元以上的重大商贸物流项目落户鹰潭市，部分已开工建设。截至11月底，已落户的重大商贸物流项目共有8个，总投资40亿元。其中：已开工建设的有2个，国际建材家居城项目、广甸汽车4S店项目；项目用地已摘牌3个，赣东北盐业物流储备配送中心项目、粮食市场项目、手拉手国际汽车城项目；已签约项目有3个，机电五金商贸城项目、贵溪农贸城项目和月湖区铜锣湾国际数字MALL城项目。另有物流信息平台、农副产品市场、钢材市场、医药市场、石材市场等一批项目正在密切跟踪、积极洽谈之中。

【土地征收规范有序，维稳保障到位有力】紧紧围绕机电商贸城、粮食市场、钢材市场、盐业储备配送中心等项目用地需要，在月湖区政府和市国土局的大力支持和协助下，现代物流园顺利完成了征地66.7公顷、拆迁民房5栋的征地拆迁任务，实现征地拆迁零上访。同时针对园区周边环境情况，及时组建用地维稳巡逻队，确保园内开工项目施工环境良好。全年共报批用地80.7公顷，完成国有土地收购8宗，面积约6.8公顷；满足了项目落户用地需求。

【货运产业超常增长，提前一个季度完成年度税收目标】4月份以来，市委、市政府、市物流业发展领导小组先后研究制定了《关于加快现代物流业发展的若干意见》《加快我市货运产业发展的若干政策措施》《全市货运产业发展有关问题协调会议记要》《货运车辆业务办理办法》《规模以上货运企业认定办法》等一系列政策文件。市交警、交通、税务、工商等相关职能部门解放思想勇担责任，优化服务积极扶持，为鹰潭市货运企业的发展提供了良好的政策和服务环境。2012年全市货运产业实现营业收入135.20亿元，同比增长90.23%；上缴税收5.03亿元，同比增长62.38%。全市共有货运企业333户，比2011年增加93户。

【科学规划产业布局，产业规划体系初步形成】市委、市政府明确了鹰潭市物流产业发展的目标定位和规划布局。按照全市的总体要求和规划布局，在已编制物流产业发展规划的基础上，抓紧健全完善产业规划体系。现代物流园控制性详细规划已获市政府常务会议审批通过，国际商贸物流园概念性规划和控制性详细规划已完成编制，《全市商贸物流市场布局规划》已形成初稿。已基本建立了包括产业规划、布局规划、平台规划的规划体系。

（邹爱萍）

【市物流委副县级以上干部名录】

市政府副市长、党组书记：徐　云(女)

党组副书记、主任：吕文杰(2012.5~)

党组成员、副主任：郑云霞(2012.5~)

党组成员、副主任：黄宗根(2012.5~)

党组成员、副调研员：黄东风(2012.5~)

发展研究与决策咨询

【概述】2012年，在市委、市政府的正确领导及省政府发展研究中心精心指导下，在有关部门的大力支持下，市政府发展研究中心坚持以科学发展观统领全局，以开展"创先争优""发展提升年"活动为契机，克服人员少、任务重、条件差等困难，创新求实，勤政廉政，切实履行职能，积极参与中心工作，致力提高综合工作效能，协调统筹完成了全市重点课题调研、精心撰编《经研参考》、国有企业改革综合协调等市委、市政府及省政府发展研究中心下达的各项工作任务，取得了精心履职创一流、提升效能站前列的可喜成绩，在全省政策咨询工作会议上作了排位第二的典型发言，所做工作得到了省、市领导的充分肯定及有关方面的好评，撰编的重点课题调研报告朱虹副省长作出重要批示，这是自鹰潭市政府发展研究中心成立以来第一次获得省领导批示的调研成果。

【突出服务工作大局】坚持突出服务省、市工作大局，加强调查研究，以适应新形势下运用政策研究和决策咨询推进改革发展稳定的需要。从2012年1月起，按照新一届市委、市政府的总体要求，调研撰写了《鹰潭市主攻项目、决战“三区”，凸现特色、实现跨越调研报告》等系列调研成果，刊发在《经研参考》上。其中:《关于鹰潭市主攻项目，推动跨越发展调研报告》，为实施主攻项目带动战略、推进项目谋划开发建设提供了思路措施、政策咨询综合参考。全市确定了重大产业、重大城建、重要民生共30个重点主攻项目，致力于工业经济“决战5000亿”，全力打造以铜产业为龙头，以水工、节能照明电器、机械装备制造、新能源新材料、大健康、创意制造“1+6”产业，推进硫磷化工、眼镜、雕刻、微型元件特色产业发展。强化重点项目督查调研、实施调度，为项目建设提供了系列政策咨询，2012年重点产业完成投资比上年增长48%以上，建设保障性住房提前达到了国家“十二五”期末的要求，老城区改造、信江新区建设扎实推进。

【突出服务科学决策】坚持突出服务领导科学决策，围绕领导的决策需要，深入调研撰写可行性研究报告，提高政策研究、决策咨询服务质量。2012年3月联合调研撰写了《关于加快我市文化休闲娱乐业发展调研报告》，为市委、市政府科学决策，形成重要文件提供了可靠依据，并做好重大决策落实的跟踪调研，提高决策落实效果，及时认真制定了文化产业、文化休闲娱乐等服务业发展规划，并付诸实施，八条特色街和七大文化休闲娱乐项目规划建设有序推进，9月21日至10月7日，隆重举办了首届中国（鹰潭）中华赏石展暨黄蜡石文化博览会。2012年9月份，发展研究中心紧紧围绕省、市重大决策部署，筛选出30个重点调研课题，在全市下发了《关于集中开展调查研究活动的通知》，明确要求，突出重点，协同调研，撰写了一批推进科学发展、跨越发展应用性较强的调研成果，并择优选编了“金融部门服务铜产业发展”“营改增”扩围影响分析及对策、推进“秀美鹰潭”建设、推进中小企业发展、物流节点城市建设调研报告，刊发于《经研参考》2012年第8、9、10、11、12期，提前为领导科学谋划好2013年工作提供了决策参考服务。8月，倾力服务省政府发展研究中心课题调研组完成了建设中小企业服务体系、谋划赣东发展战略等重点课题调研、实地考察、召开座谈会及协调新闻媒体综合作好宣传报道等任务；按年度及时认真完成了《海峡西岸经济区发展分报告——鹰潭市经济社会发展现状与趋势调研报告》起草及上报任务，为策应全省发展战略实施、服务领导科学决策、融入海西经济区建设提供了系列政策咨询及实践思考。

【突出服务经济社会发展】坚持突出服务经济社会发展，针对经济社会发展中存在的主要问题、突出矛盾调查研究，提供有价值的应用性对策调研和政策咨询服务。一是调研撰写了《适应形势变化，推进我市经济持续健康发展调研报告》，分析了新形势下应高度关注的问题及对策措施。二是选择了推进造林绿化“一大四小”工程，实施鄱阳湖生态经济区建设发展战略的重点课题进行调研，撰编了系列综合文稿，为具体实施这一工程提供了做法经验。三是在可行性研究的基础上，撰编了《鹰潭金融商务区发展战略规划》、《鹰潭旅游文化产业与金融资本链接的战略发展规划》，提供了相应的发展思路、措施和系列政策咨询服务。四是调研撰编了《建立健全运行机制，推进我市中小企业信用担保体系健康发展对策调研》，为缓解中小企业融资难题起到了积极的引导作用。五是选择了市人保局推进城乡居民养老保险的做法成效课题进行联合调研，为推进养老保险，促进社会和谐提供了借鉴。六是适时将上级对口部门提出的经济发展需要关注和深入研究的重点课题分析，及时整理刊发，为全面做好经济社会发展研究提供了系列政策咨询、综合对策措施。

【突出服务中心工作】紧紧围绕省、市中心工作，提供政策研究和决策咨询服务。发展研究中心坚持精心履职与服务中心工作相结合，提升了综合服务效能。2012年年初，市纪委、市委组织部选调该中心负责人危世安，参加了全市开展干部作风集中整治活动工作。危世安严格按照上级组织和领导的要求，积极掌握全市开展活动的动态，并联系实际，及时对活动阶段性工作提出了针对性意见；带领督导组成员，对市直、条管部门单位和余江县、鹰潭高新区、信江新区，对干部作风集中整治活动阶段工作开展情况进行了督查点评，既肯定了主要成绩，更提出了改进提高的意见；牵头组织撰写、修改了全市开展活动阶段督查汇报、迎接省考评组对2012年鹰潭市开展干部作风集中整治活动督导考评汇报材料等系列相关文稿。其中，牵头加班撰写了向省督导组汇报鹰潭市干部作风集中整治活动阶段工作开展情况及下一步工作安排等综合材料。省督导组听取汇报后，对鹰潭市干部作风集中整治工作取得的成绩及下一步工作安排给予了充分的肯定。

（陈 荟）

【市政府发展研究中心副县级以上干部名录】

副调研员：危世安

政府采购工作

【概述】2012年，政府采购工作在市委、市政府的领导下，紧紧围绕政府采购改革目标，不断推进政府采购制度改革，进一步扩大采购规模，推进规范化管理，认真履行职责，在优化服务，创新管理，提高效率方面有了长足进步，较好地完成了各项工作任务。

【创新管理方式，管理更加规范】在“采、管”彻底分离后，由于职能与观念转变较慢，社会上还有不满声音。针对这种现状，在本局主要领导亲自推动下，采购办及时改变管理思路。一是建立了协议采购的制度，变对采购单位的监管为对供应商的监管，采购程序更加简洁高效。二是完成预算单位的录入工作，对供应商、采购预算、资金支付和采购合同实行电子化管理，确保采购的公平公正与透明以及资金支付的安全与准确。全市有40多家供应商完成了注册和CA认证。三是加强对中介代理机构的监管。建立了更加规范的考核与管理制度。2012年共组织了2次代理机构考核。对违犯相关规定的2家代理机构进行了处理。

【细化服务理念，重塑采购窗口形象】一是着力打造简便高效的采购环境。将批量5万元以下部门采购提高到10万元，既方便了采购单位，也降低了采购成本。对时间要求紧，专业性强、金额小的零星项目，可由采购单位提出采购方式，备案后自行组织招标完成采购。二是着力完善市重点项目贴身服务。如市一中迁建、道源山庄等工程，指定专人具体指导，帮助他们答疑解难。三是认真落实财政“八项服务承诺”努力提高服务的质量和水平。全年共审批政府采购项目206项，已完成采购项目176项，实际采购金额8618.95万元，节约资金336.54万元，节约率4.82%。

【拓展采购模式，采购效率更加高效】一是对有严格行业标准的通用设备和货物，实行协议供货。公开招标协议供应商17家，将中标协议供应商承诺的优惠率、服务等上网公告，由采购单位自行选择供应商协议供货。二是修订政府采购目录。大幅提高招标限额，目录对于政府采购有更强的指导性和可操作性。三是严格实行“采、管彻底分离”，实行限时办结制。并将有关的内容及规定发函给市直各单位主要负责人，印制一期财政专刊。

【统筹安排，努力构建电子化政府采购平台】一是组织发动，宣传到位，及时传达了省厅电子化政府采购推进会议的精神。二是开展培训，提高技能。邀请专家培训相关人员260人次，并建立了答疑解惑的QQ群。三是完善硬件，搭好平台。组织了相关硬件的采购，完成了组织机构代码的更新和完善。鹰潭市的电子化推进工作得到了省厅纪检组长李梦胜的表扬。

【警钟长鸣，筑牢防腐防线】一是严格落实党风廉政建设有关规定，强化思想教育，增强责任意识，依法履行对政府采购活动的监管职责，努力改进监管方式，做到“依法管采”。二是时刻保持清醒的头脑，自觉抵制和防止各种腐败思想侵蚀，做到凡事有程序，凡事有监督。三是自觉加强“三观”改造，努力改进采购形象。

（谌翕倩）

行政服务中心工作

【概述】2012年，在市委、市政府的正确领导下，市行政服务中心管理委会员（以下简称中心）坚持以科学发展观为指导，深入贯彻落实中央《关于深化政务公开加强政务服务的意见》（中办发〔2011〕22号）和市第七次党代会、市委七届二次、三次及五次全会精神，按照“主攻项目，决战‘三区’，凸现特色，实现跨越”的总体要求，围绕“一个中心”（创优发展环境），打造“两大品牌”（阳光政务的窗口、优质服务的样板），突出“三个重点”（中心窗口服务优质化、公共资源交易规范化、专业办事大厅标准化），做到“四个满意”（企业满意、群众满意、基层满意、市委市政府满意），实现“五个突破”（解放思想有新突破、履职能力有新突破、解决问题有新突破、创新机制有新突破、服务发展有新突破），工作作风明显转变，行政效能大幅提高，服务水平显著提升。全年共受理审批事项和公共服务事项2.25万件，办结2.23万件，办结率99.34%；新注册登记内资企业389户，注册资本23.72亿元；征缴行政事业性规费6366.6万元。该中心被省委、省政府表彰为“全省创先争优群众满意的窗口单位”，被省委宣传部命名为“全省优质服务窗口”，被市政府评为“2012年度服务开放型经济工作先进单位”“全市公共机构节能工作先进单位”，被市直机关工委授予“先进党组织”称号。

【凝心聚力，强化作风，打造精英服务团队】以开展集中整治影响发展环境的干部作风突出问题活动为契机，加强干部作风建设，培育特色文化，精心打造精英服务团队，夯实工作基础。

1.着力加强领导班子建设。一是制定了《关于加强领导班子自身建设的实施意见》，严格落实领导干部“一岗双责”，班子成员分工协作、和谐共事、民主决策、风清气正。二是坚持把解放思想贯穿工作始终，在继承中求创新，在创新中求发展，班子成员做到讲大局，讲政治，讲正气，目标同向，工作同步，将中心所有工作自觉融入市委、市政府工作大局，向心力、凝聚力不断增强。

2. 加强风险岗位廉能管理。一是认真抓好党风廉政建设，强化宣传引导和廉政教育,进一步提高党员干部廉洁从政意识和拒腐防变的能力;二是进一步完善“三重一大”决策制度、风险岗位廉能预警处置办法等;三是加强监督检查,将这项工作纳入中心管委会党风廉政建设责任制考核和年终考核内容,确保党员干部零违纪,实现对廉能风险的有效防控。

3. 精心培育特色服务文化。突出“优质、便捷、高效”主题,深入开展“四比四看竞赛”“创先争优”“党员先锋岗”“创建优质服务窗口”等活动,牢固树立“不讲不能办,多说怎么办”“把小事做成精品,把细节做到极致”的服务理念;加强社会法制、职业道德和家庭美德教育,大力倡导“雷锋”精神,实行“五心”服务(接待客商要热心、解答问题要耐心、受理业务要细心、提供帮助要诚心、服务百姓要真心);不断完善工作人员激励机制,在政治上、工作上、生活上关心窗口工作人员,坚持开展服务标兵、最佳服务窗口评选活动,形成“争先进、学先进、赶先进”的良好氛围,充分调动工作人员的积极性。1月31日《江西日报》在头版显著位置报道:“随同工作组采访的记者看到,行政服务中心大厅秩序井然,所有服务窗口的工作人员都在岗在位,以微笑迎接办事群众。

4. 严格窗口工作人员管理。一是实现制度化管理。制定《鹰潭市行政服务中心窗口管理和巡查制度》等20多项管理制度,将日常管理工作细化到岗、责任到人;二是实现电子化管理。中心电子视频监察系统与省监察厅、市监察局联网,对办证大厅工作情况实行视频、音频全程监控,有力促进中心各项服务工作更加规范、高效。省监察厅、市监察局每月刊发一期的《视频监控情况通报》,该中心未出现1起违章违纪事例。6月18日,省作风整治办督查组莅临中心检查指导工作,对中心干部作风建设工作给予充分肯定。

【开拓创新,彰显亮点,全面推进六化建设】在市纪委、市监察局的指导下,中心认真贯彻落实中央《关于深化政务公开加强政务服务的意见》精神,全面推行窗口服务“六化”建设,全力建设“阳光、绿色、效率”的一流服务窗口。

1. 实现窗口服务标准化。一是事项人员进驻到位。联合市监察局印发《关于加强行政服务中心建设迎接省监察厅对我市行政服务中心建设情况进行监督检查的通知》,集中检查各窗口“两集中、两到位”改革情况,对存在问题的18个单位,由市效能办发出整改通知单,要求其限期整改到位。会同有关部门开展全市非行政许可审批项目清理工作,做到审批事项应进必进,实现应进部门和事项进驻到位、人员进驻到位、窗口授权到位,确保窗口既能受理,又能办理。二是窗口服务制度规范。全面推行限时办结制、一次性告知制等,明确工作责任。三是服务形象标准。逐步做到“六个统一”,即:统一岗位标识、统一亮牌服务、统一文明用语、统一形象公示、统一行为规范、统一办公设备,展示中心规范化、标准化的服务形象。四是网上审批高效化,实现为客商、企业和群众提供更加规范、方便的网上审批服务。

2. 实现审批流程最优化。按照“程序最简、效率最高、环节最少、授权最大,渠道畅通”的要求,逐项梳理事项,对进驻中心的所有行政审批事项逐一进行流程优化设计,能简则简、能并则并,固化显化每个项目的办理时限、办事环节,进一步减少审批环节、压缩审批时限,实现承诺时限平均再提速30%。

3. 实现联审联批快捷化。进一步完善并联审批制度,按照“统一入口、统一出口、统一申请、统一受理、统一审查、统一收费、统一勘察、统一管理、同步办理、网上运作、资源共享”的规范化程序开展联审联批。江西亚鼎金属有限公司、贵溪泓通金属有限公司等项目办证时限平均提速达到80%以上。

4. 实现行政事务公开化。窗口服务做到“六制办理、七件管理、八项公开”,编印统一的办事指南、窗口收费标准手册,将办理事项、办事流程、收费项目等信息予以公示;加强电子政务建设,窗口所有收费事项实行“一单清”,实现办事全过程公开化、阳光化,充分保障服务对象的知情权、参与权、表达权和监督权。

5. 实现便民服务网络化。一是进一步加大对市直专业办事大厅的业务指导,把市直房产交易、供电等14个专业服务大厅的考核纳入常态机制,联合市效能办,每月不定期明察暗访,督促指导专业服务大厅不断提升服务水平。二是结合社会管理创新和党建标准化项目建设,做好全市三级行政服务中心体系建设的组织协调工作,加强对县(市、区)行政服务中心和乡镇(街道)便民服务中心的业务指导和规范化、标准化建设,形成职能明确、层次清晰、上下衔接、功能互补、有效覆盖、运转高效的三级便民服务网络。

6. 实现公共资源交易规范化。一是以制度建设为基础,进一步健全完善开标制度、评标制度、保密制度等,营造“以制度管人、以制度管事”的良好氛围。二是以信息科技为支撑,认真贯彻全省公共资源网上交易系统部署工作会议精神,大力推进公共资源网上交易系统建设,对原评标室已完成改造,相关设备正在进行政府招标采购。同时,进一步完善了全程监控系统,实现与全省视频监察系统的网络视频对接,对开标室、评标室、报名室实行全方位、全过程的影音同步监控,监控数据即时备份,有效预防腐败现象的滋生。三是以综合监管为保障,与市监察局联合出台了《公共资源交易监督管理暂行规定》,强化对标前、标中、标后的全程动态监管,构建了集行政监察机关、行业监管部门和市公共资源交易中心管理委员会办公室“三位一体”的全程动态监管体系，确保公共资源交易实现“过程阳光、细节阳光、全程阳光”。2012 年以来，共完成各类公共资源交易项目 342 个，成交金额 30.63 亿元，增收资金 3.26 亿元，节约资金 8842 万元。9 月 21 日，中纪委监察部执法监察室副局级监察专员乔洁一行 6 人，莅临鹰潭市调研公共资源交易管理工作，对鹰潭市公共资源交易管理工作给予了充分肯定。

【敢于担当，加强协调，倾力服务重大项目】不断加强与窗口单位的沟通协调，放飞思想，勇于创新，敢于担当，服务重大项目做到特事特办，急事快办，难事巧办，以扎实的工作作风和高效的优质服务，助推重大项目建设顺利推进。设立重大项目“绿色通道”受理专窗，对重大项目、1+6 产业项目实行全程免费代办、帮办、督办。制作“重大项目需求服务申报单”、“重大项目缴费明白卡”、“重大项目办证联系卡”。实行重大项目预约服务、延时服务、上门服务和审批结果告知服务。对工期紧、任务重的重大项目，实行容缺预审制、缺席默认制、逾期默认制，确保高效办证。鹰潭国际眼镜城、铁路棚户区改造、国家铜及铜产品质量检验中心、海关国检大楼等重点项目都以最快速度为其办好了审批手续。

【攻坚克难，形成合力，建设一流服务平台】市委、市政府高度重视市民服务中心项目建设工作，市委书记陈兴超，市长钟志生，市委常委、常务副市长王家林，市委常委、副市长宋迪维，副市长徐云等市领导多次亲临项目施工现场指导，帮助解决实际问题，有力推进了项目建设。建筑平面呈品字形组合，一体两翼，高低搭配，整个建筑集当代建筑中新科技、新工艺、新材料于一身，外墙立面采用的镂空铝板、天然珍珠白大理石装饰，传递低碳环保的城市发展理念，在省内尚属首例。在项目施工过程中，遇到地质条件差，设计多次优化等困难，作为项目责任单位，采取“五加二、白加黑、雨加晴”的工作模式，协调各方，攻坚克难，狠抓工程质量和进度，对质量不合格的，坚决要求整改到位，全力将项目打造成鹰潭市标志性建筑，建设一流服务平台。项目主体已验收，项目外装、内装、网架工程基本完成，电梯安装、室外景观及附属工程已进入收尾阶段。工程竣工后，市民期盼已久的建筑风格独特，服务功能齐全，环境优美的市民服务中心将开始运行，市民将得到更好的优质服务。

【服务社会，兼顾其他，全面完成中心工作】一是积极争取市编办等部门支持，解决中心行政编制 3 个；二是圆满完成为鹰潭高新技术产业园区招商招工 40 余人的任务；三是高度重视贵冶周边村庄河潭镇龙石村庙山新农村建设，提前完成了建设“三个示范区”的任务，确保了贵冶周边环境综合治理取得成效；四是社会管理综合治理、计划生育等工作全部达标。

（万林静）

【市行政服务中心管委会副县级以上干部名录】

党组书记、主 任，市公共资源交易中心主任：胡志新

党组成员、纪检组长：翁淑芬（女）

党组成员、副主任：黄晓明

姜志雄（2012.5~ ）

民族宗教事务工作

【概述】2012 年，在市委、市政府的正确领导和省民族宗教事务局的指导帮助下，该局紧紧围绕中心工作大局和“民族团结发展、宗教稳定和谐”的民宗工作主题，凝聚全市民宗工作系统之力，把大事办出彩，把要事抓到位，把实事做细致，开创了全市民族宗教工作新局面。2012 年，鹰潭市民族乡实现财政总收入 2.25 亿元，同比增长 17.1%；民族乡农民人均纯收入达 8144 元，继续超过全省平均水平；《七彩畲乡》荣获全国第四届少数民族文艺会演最高奖项——剧目金奖，开创了鹰潭市乃至江西省少数民族文化新辉煌。全市宗教领域保持和谐稳定良好局面，天主教专项工作受到中央统战部、国家宗教局充分肯定及新华社高度关注。该局被省民宗局评为“全省民族宗教工作目标管理考核先进单位”和“全省民族宗教工作系统信息工作先进集体”，被市委、市政府评为“《七彩畲乡》参加第四届全国少数民族文艺会演工作先进集体”。

【民族工作】1. 狠抓项目，民族地区发展水平提升。市政府高度重视民族工作，调整充实了市少数民族地区建设工作领导小组，出台了《第四轮市直有关部门对口支援少数民族乡、村、组经济社会发展工作方案》。该局以深入贯彻落实赣办发〔2010〕1 号文件精神为有利时机，以对口支援工作为有效途径，积极主动做好协调联系工作，为民族乡村争取到各类项目资金 500 多万元，首次实现全市 9 个民族村，村村均有项目和资金。通过倾斜支持，在民族地区进一步发展形成了以毛竹丰产林、苗木、竹荪、中药材、有机茶和苦丁茶为重点的山上种植业，以养羊为主的农户养殖业，以木材、毛竹和有机茶为原料的产品加工业的“一村一品”产业格局。切实解决了一批制约民族地区发展的基础设施问题，少数民族群众生产生活条件得到有效改善。鹰潭市民族乡、村、组人均收入和公共服务水平在全省民族地区保持领先位置。

2. 凸现特色，民族文化工作成绩斐然。在市委、市政府的高度重视和宣传、文化部门的通力合作下，该局始终以“上紧发条”的饱满

状态和“零差错”的责任意识,积极协助筹委会扎实做好沟通协调、人员调配、经费申报、后勤保障等各项工作,确保了各阶段各环节工作有序进行。2012年7月,《七彩畲乡》成功问鼎第四届全国少数民族文艺会演最高奖项剧目金奖并囊括戏剧类所设全部单项最高奖,开创了新中国成立以来鹰潭市乃至江西省少数民族文化最大辉煌。《七彩畲乡》成功参演,对于打造畲文化名片、凸现鹰潭特色、提升鹰潭知名度起到了重要推动作用。

3. 典型引领,民族团结进步事业拓展。深入开展民族团结进步创建活动,加强民族团结进步创建活动先进典型的培养和宣传,发挥好典型引领作用。10月12日召开了第二次全市民族团结进步表彰大会,市委书记陈兴超亲自出席并作重要讲话,省委统战部副部长、省民宗局局长谢秀琦莅会指导,这是鹰潭市历年来规格最高、规模最大的一次民族专项工作会议。会议表彰了全市民族团结进步模范集体和模范个人,以及第三轮对口支援民族乡、村、组工作先进单位。这对于进一步推动全社会继续大力扶持少数民族和民族地区又好又快的发展具有重要意义。

【宗教工作】1. 固本强基,宗教领域做到“两个确保”。扎实推进“四区”(城区、校区、园区、景区)宗教工作和切实加强乡村两级宗教事务管理,确保了全市宗教领域未发生一起影响社会稳定的群体性事件和越级上访事件,确保了未发生1起影响恶劣、利用宗教问题炒作的事件。

2. 创新理念,宗教专项工作出经验。在服务中体现管理,在管理中体现服务,从信教群众最关心、最直接、最现实的利益问题入手破解宗教重难点问题。鹰潭市天主教地下势力教育转化工作受到了新华社的高度关注,得到了中央统战部和国家宗教局的充分肯定,并向全国推广鹰潭市的经验做法。将银座广场等3个基督徒聚会处迁建至高桥新区的举措,赢得了3000名基督徒衷心拥护,成为全省基督教小群派教育转化的成功范例。

3. 提升层次,道教文化交流有新进展。8月,协助、配合省长核心团赴台湾成功开展了道教文化交流活动,这是江西省历年来在台湾开展的层次最高、规模最大、影响最广的宗教文化交流盛事,受到了省、市主要领导的充分肯定。11月,指导龙虎山嗣汉天师府承办了历年来规模最大的对海内外正一道弟子授箓活动,12月,成功承办了第六届海峡两岸(鹰潭)道教文化论坛,扩大了对台湾的交流合作。

(童美德)

【市民族宗教事务局副县级以上干部名录】

局　　长:雷纪文

党组书记:杜剑玲(2012.5~)

副局长:林传富

党组成员、副调研员:彭凤牌(女)

人事工作

【概述】2012年,全市人力资源和社会保障系统在市委、市政府的正确领导和省人力资源和社会保障厅的直接指导下,坚持以科学发展观为统领,围绕“四个鹰潭”建设大局,牢固树立“人才优先”理念,积极实施“人才强市”战略,稳中求进,开拓创新,人事人才各项工作取得了显著成效,为鹰潭市经济社会发展、构建和谐鹰潭发挥了积极作用。

【人才结构】全市人才总量14.06万人,按全市人口总数113.79万计算,人才密度12.35%。体制内人才3.66万人,占全市总人口的3.22%。其中:党政人才6292人,占全市总人口的0.55%;经营管理人才4176人,占全市总人口的0.37%;专业技术人才1.54万人,占全市总人口的1.35%;技能型人才1.15万人,占全市总人口的1.01%。非公有制领域人才9.59万人,占全市总人口的8.43%。其中:经营管理人才1.46万人,占全市总人口的1.28%;专业技术人才2.03万人,占全市总人口的1.78%;技能型人才6.10万人,占全市总人口的5.36%(高级技能型人才2400人,占全市总人口的0.21%)。农村实用人才8047人,占全市总人口的0.71%。

【公务员管理】全市共有公务员5079人,其中政府行政机关公务员1495人;全市参照管理事业单位工作人员760人,其中政府直属参照管理事业单位工作人员502人。坚持公开、平等、竞争、择优的原则,做好鹰潭市2012年度各类公务员录用的笔试、面试、体检、考察和审批工作,阳光考录公务员57人。配合市委组织部开展了从优秀村干部中考试录用乡镇机关公务员工作,共录用优秀村干部7人。对全市新录用公务员进行初任培训,38名新录用公务员参加培训并顺利结业。做好了2013年度考试录用公务员的计划申报工作,申报招录计划97名。

【军转安置】圆满完成了2012年23名军队转业干部和2名随调家属档案移交和安置工作,在安置工作中,市直对营职以下军转干部仍然试行考试考核相结合的办法进行安置,全市计划分配的22名军转干部全部安置进行政单位,在全省率先完成安置任务,受到省军转安置小组、省军区通报表扬。企业军转干部解困和维稳工作稳步推进,对全市近300名退休、下岗失业和在岗军转干部的补助、补差,做到了不漏1人,不少1项,全市共发放企业军转干部各类补助补贴资金达140余万元;热诚为企业军转干部服务,及时办理企业军转干部医疗保险,缴纳医保费15万余元,市直组织了年龄偏大的66名企业军转干部进行身体检查。开展了走访慰问活动,在党的十八大、"八一"、春节等重要节会期间,走访慰问了部分企业军转干部和自主择业军转干部,走访慰问企业军转干部70余人次,主动帮助他们解决困难,化解矛盾,全年无1人赴省进京上访,确保了一方稳定。

【人才资源开发与交流】鹰潭人才网每月举办2场现场招聘会,平均每场参会企业有50余家,参会求职者1500余人,300余人次找到合适的工作;全年举办了3场户外大型招聘会,平均每场参会企业120家,参会求职者2000人。从招聘性质来看,民营企业占76.4%,国有机关、企事业单位占6.6%,外资企业占2.51%。民营企业仍然是人才需求招聘中的主力军,其中中小型民营企业占主导,所占比例为73.27%。同时人事代理工作也有新突破。档案库存量6611份,全年新增档案3250份。在新增的档案中,未签约的2159份,个人委托代理的700份,单位委托代理的372份,公务员试用期代理的19份。

【工资福利工作】继续做好义务教育学校、公共卫生与基层医疗卫生事业单位绩效工资工作,继续完善全市其他事业单位实施绩效工资工作,指导事业单位制定科学可行的绩效工资自主分配办法,统筹考虑事业单位艰苦行业、高层次人才和退休人员待遇,通过工资分配的激励机制,充分调动工作人员的积极性和创造性。

【专业技术与专家管理工作】全市职称申报3066人,评审通过2759人(其中:国有系列申报985人,评审通过703人;非国有企业申报2081人,评审通过2056人。中初级认定211人次),考试合格人员863人。为加强和规范职称评委会建设和管理,对全市高中级系列评委专家库人员进行了全面调整、更新。农业系列中级专业技术资格实行以考代评改革试点。建立了鹰潭市专业技术人才库。经省政府批准,鹰潭市疾病预防控制中心汪仕文,市林业科学研究所李发凯2人被批准享受2012年省政府特殊津贴人员。完成了全市享受国家和省政府特殊津贴专家一年一度的健康体检和鹰潭市拔尖人才经费发放工作。三川博士后科研工作站与清华大学联合引进博士生1名并合作研发项目。出台《首届鹰潭市工艺美术大师评审的通知》,并于2013年元月24日进行评审。共评审鹰潭市工艺美术大师10名、工艺美术名人6名。

【人事制度改革】事业单位岗位设置工作进展顺利,市直100%事业单位已经步入运行和聘用阶段;县(市、区)完成了90%。全市共招聘事业单位工作人员404人,其中市直79人,县(市、区)175人,乡镇150人。顺利完成了全省中小学教师统一招聘工作任务,招聘教师203名。做好了"三支一扶"招募和安置工作,经过严密的考试、体检、政审和培训等系列工作,共有48名大学生赴县(市、区)、乡(镇)工作;同时2010年60名"三支一扶"服务期满大学生的接收安置工作全面到位。切实做好了第二届免费师范生岗位落实工作,招聘的12名免费师范毕业生全部落实任教工作。

【"一村一品"工作】对省外专局下达鹰潭市的"一村一品"产业发展项目专项资金的使用情况,进行了督促和检查,做到专款专用,支持鹰潭市的新农村建设和少数民族地区"一村一品"产业发展。围绕贵冶周边新农村建设,帮助重金属污染区域大力发展"一村一品"产业。2012年共争取到17个新农村建设试点村"一村一品"产业项目;3家农民专业合作社入选省级"一村一品"示范合作社;争取到省外专局"一村一品"专项资金145万元。

【人事培训考试】开展了全市专业技术人员继续教育公需科目培训班14期,培训人数2400余人。组织了各类专业技术资格考试网上报名现场审查工作,共33项1533人。完成了各类人事考试共13项。其中:职称外语考试,参考人数760人;与市财政局共同组织的会计专业考试,参考人数560人;经济专业考试,参考人数251人;专业技术人员职称计算机应用能力的考试,参考人数833人;设区市以下法检统一招录公务员及政法干警招录培养体制改革试点笔试,参考人数553人;统一考试录用人民警察的笔试,参考人数1423人;录用公务员"四级联考"笔试,参考人数2873人;中小学教师招聘考试,参考人数1697人;选聘高校毕业生到村任职考试,参考人数380人;从优秀大学生村官中公开选拔选调生笔试,参考人数27人;大学生"三支一扶"考试,参考人数810人;全市事业单位公开招聘工作人员市县乡"三级联考"笔试,参考人数2032人;全市行政机关事业单位工勤人员晋升岗位等级职业技能考试,参考人数532人。全年共查处违纪考生43人。

(陈克勤)

【市人力资源和社会保障局副县级以上干部名录】

局党组书记、局长:吴南平

副局长:黄丹军 桂学东 曹建彬

纪检组长:方璐

副局长、社保局长:韩学农

就业局长:毛晓荣

技校校长:熊征才

编制工作

【概述】2012年,市编办紧紧围绕全市经济社会发展大局,深化改革,严格管理,锐意创新,大力构建与"主攻项目,决战三区,凸现特色,实现跨越"相协调的机构编制运行机制。

【以服务大局为己任,充分发挥保障职能】一是及时印发了龙虎山景区、高新园区、信江新区"三定"方案,理顺了职责,精简了机构;二是整合组建物流委、投融资集团(公建集团)、国资集团、建设局,进一步优化了物流管理、投融资、城市建设、国有资产的管理体系;三是完成了市艺术团、广电报转企改制以及市文广新局与市文化事业发展中心机构、人员的重新整合工作,批准组建了市、县两级广播电视台,为文化事业的健康发展奠定了基础;四是完成了2010年政府机构改革尚未制定"三定"的市公安局、市卫生监督所等单位的"三定"方案制定工作;五是设立了接访调处中心、社会保障卡管理中心、规划展示馆等机构,加大了社会建设和民生工作的保障力度。

【以创新管理为手段,科学配置执政资源】面对中央、省里三令五申严控机构编制而部门诉求居高不下的矛盾局面,坚持"向深化改革要编制,向科学管理要编制,向提高效益要编制",规范了"三个一"审批程序;强化了"事前核编"和"计划用编"管理;建立了实名制管理体系;上收了龙虎山景区、高新园区、信江新区的机构编制管理权限,实现了机构编制管理由单纯"管数量"向"管结构、管流向"的转变。

【以尽职尽责为根本,强力推进业务工作】一是顺利完成事业单位清理规范工作,撤销事业单位26家,共收回编制158名,整合事业单位62家,清理挂牌机构28个,为分类推进事业单位改革奠定了扎实基础。二是强力推进中文域名注册工作,共申报注册中文域名723家,在全省排名靠前。三是对市本级所有机关事业单位进行了无一疏漏的实地核查,做到了"底数清、情况明"。四是全力推进机构编制实名制信息系统建设工作,市本级实名制系统于12月底全面建成。

【以"四提"活动为载体,努力打造一流团队】开展了"提振精神、提高素质、提增效能、提升形象"主题教育实践活动。通过调整科室分工,完善规章制度,制定"八个不准"的廉政规定和"六个不让"的工作规范,启动"每周工作点评","每月干部论坛"等多种途径,提高了干部职工的整体素质,宣传了"多为做好工作想办法,少为完不成任务找借口"的崭新理念,传播了"守土有责、在岗有绩、尽职有恒"的敬业文化,叫响了"只要精神不滑坡,办法总比困难多"的响亮口号,凝聚了人心,鼓舞了士气。

(陈振平)

【市编办副县级以上干部名录】
主　任:左真香(女)
副主任:钱吉庆
调研员:肖永进

统计工作

【概述】2012年,鹰潭市统计局以党的十八大精神统领统计各项工作,紧紧围绕市委、市政府的重大决策部署,全面贯彻执行党的路线方针政策,坚持以提高统计数据质量为核心,扎实推进企业一套表改革工作,强化统计队伍建设,夯实统计基层基础建设,加强对经济运行和社会发展形势的分析、研判和预测,为全市经济社会发展提供优质高效的统计服务。2012年,市统计局先后被评为"全市综合治理先进单位""江西省文明单位""全市计划生育工作先进单位"和"全市先进党组织"等荣誉称号;2012年市统计局还荣获市"创先争优"先进基层党组织、全省统计系统先进集体,党建标准化工作先进单位等荣誉称号。

【综合国情调查】2012年,全市上下在市委、市政府的正确领导下,围绕"主攻项目,决战三区,凸现特色,实现跨越"的总体要求,深入贯彻落实科学发展观,积极应对复杂多变的国内外环境,牢牢把握"稳中求进"的总基调,积极推进经济发展方式转变和结构调整,创新思路,破解难题,狠抓落实,全市经济运行呈现稳中有进态势,各项社会事业持续进步,人民生活不断改善。初步核算,全市实现国内生产总值(GDP)482.17亿元,按可比价格计算,比上年增长12.4%。增幅连续12年实现"两位数"增长。其中:第一产业增加值41.46亿元,增长4.5%;第二产业增加值305.92亿元,增长13.9%;第三产业增加值134.79亿元,增长11.7%。三次产业结构由上年的8.9:64.6:26.5调整为8.6:63.4:28.0。三次产业对经济增长的贡献率分别为3.2%、70.5%和26.3%。非公有制经济完成增加值237.42亿元,增长14.4%,占全市国内生产总值比重49.2%,同比提高2.0个百分点。人均生产总值4.24万元,增长11.8%,按年均汇率折算为6753美元。

【企业一套表工作】2012年,是全面推行企业一套表互联网直报改革年。积极牵头筹备,建立工作机制,明确职责分工。印发了《鹰潭市企业一套表基层统计员培训教材》和《鹰潭市企业一套表改革文件汇编》,强化企业统计人员培训,全市共举办一套表知识培训班8期,培训相关企业统计人员共500多人次。全市企业全部做到一套表改革工作的任务、人员、时间、质量四落实,企业统计数据的质量和匹配性得到显著提高,有力地推进全市企业一套表工作制度化、规范化、常态化。

【七项考核】2012年,市统计局根据考核评价体系要求,与各有关部门协调共进,为考评工作打下坚实的基础,在市委、市政府的正确领导下,在各有关责任部门的联动配合下,鹰潭市获得“全省服务业发展先进市”荣誉,贵溪市、余江县和月湖区分别获得“全省固定资产投资先进市”“全省农业发展先进县”和“财政收入超10亿元先进区”荣誉。为推进富裕、秀美、宜居、和谐鹰潭建设提供统计服务保障。

【服务业统计改革】市统计局成立了服务业统计中心,制定了部门服务业统计工作考核办法等措施,为全面做好服务业统计工作,建立完善鹰潭市服务业发展考核指标体系奠定了基础。同时加强了新增服务业企业名录库建设和服务业企业统计人员培训工作。

【统计法制建设】为配合企业一套表统计改革的顺利实施,加大执法检查工作力度,分专业对“三上”企业下发了“统计事务告知书”认真开展统计调查基础工作及数据质量检查工作。2012年,全市共检查74家单位,查出统计违法行为20起,其中责令改正16件,通报批评1件,警告3件,促使统计调查对象自觉接受统计调查,及时、如实提供和上报统计资料,杜绝虚报、瞒报、拒报、迟报统计资料的行为,统计数据质量和统计执法能力得以提高。

【统计队伍建设】一是坚决贯彻执行党的干部路线方针政策,建立健全干部选拔任用和监督机制。在干部选拔任用工作中,做到了坚持原则不动摇、执行标准不走样、履行程序不变通、遵守纪律不放松。二是坚持把领导班子建设放在首位,不断增强推动统计“三个提高”的能力。加强班子团结,共同营造团结和谐、奋发有为的班子氛围。结合“党建标准化”建设,开展“创先争优”活动,组织推动广大党员干部在服务科学发展中创先争优。三是继续推进学习型机关建设,争当学习型干部,形成广大机关党员“长期受教育,永葆先进性”的长效机制,使每一个干部都成为“能说、能干、能写、能算”的多面手。四是进一步加强党风廉政建设和统计行风建设。结合“集中整治干部作风建设”主题教育活动,严格执行党风廉政建设责任制,认真贯彻《廉政准则》,进一步完善岗位廉政风险防控体系,在全局上下形成“风正气顺、健康向上、甘于清贫、乐于奉献”的良好氛围。五是继续加强统计文化建设,营造积极向上的工作环境。举办专题讲座和体育比赛,为培养团队精神积极开展有益的拓展训练,成立鹰潭市统计局老年体协,组织开展有益身心的健康活动。丰富了党员、干部、职工的业余文化生活,又增进了团结、和谐,增强了全局干部职工的凝聚力和向心力。

(罗长林)

【市统计局副县级以上干部名录】

党组书记、局长:黄 忠
党组成员、调研员:桂长春
党组成员、副局长:李春兰(女)
副局长:刘林根
党组成员、纪检组长:程保太
党组成员、副调研员:胡节良 苏俊(女)
调研员:金联宜

旅游工作

【概述】2012年,在市委、市政府的正确领导和省旅游局的大力支持下,全市旅游系统以科学发展观为统领,紧紧围绕“中国欢乐健康游”旅游主题,按照市委七届二次全会“主攻项目,决战‘三区’,凸现特色,实现跨越”的总体要求,积极开展品牌创建,狠抓招商引资和重点项目建设、加强旅游行业管理、强力开展宣传促销,努力提高服务质量,力促全市旅游业保持健康、快速、协调发展。

2012年,全市全年共:接待国内游客1081万人次,同比增长25.1%;实现旅游总收入75.6亿元,同比增长26%;接待境外游客18.56万人次,同比增长23%;旅游创汇3325万美元,同比增长24 %。

【旅游规划日臻完善】一是按照拉开景区旅游框架,拓展景区发展空间,发展大旅游的思路,积极参与并完成《龙虎山南部片区概念性规划》编制工作。二是积极开展《鹰潭市文化休闲娱乐等服务业规划》,完善城市旅游配套服务功能,加大休闲娱乐等服务业在旅游产业中的比重,指导鹰潭市服务业发展。三是完成龙源旅游购物街和沿江路餐饮娱乐休闲街区改造规划设计及预算编制工作。

【品牌创建成效显著】一是景区品牌创建成效显著。龙虎山景区2012年成功创建国家AAAAA级旅游景区品牌。加大对贵溪、余江、月湖景区、景点创建A级景区的指导,余江县血防纪念馆、周坊革命烈士纪念馆成功创建国家AA级旅游景区,樟坪民俗风情园、月湖岩湿地公园创建国家AAA级旅游景区已通过市级初检。白鹤湖景区、余江雕刻一条街也积极启动了创建AAA级旅游景区。二是鼓励乡村旅游发展,出台乡村旅游发展奖励相关政策措施,大力实施《鹰潭市乡村旅游“十”“百”“千”建设工程》积极引导农民和社会资金进入旅游业,大力宣传贯彻《江西省乡村旅游点质量等级评定标准》,天门山熊家、孔家等6家已成功创建江西省AAA级乡村旅游点,全年新增AAA级乡村旅游点2处,三星级农家乐5处,另有30余家正积极申报。

【项目建设快步推进】一是围绕龙虎山大景区建设,强力推进大项目大产业建设。生态运动养生园、大道乾坤、上清古镇改造等重大招商引资和景区建设项目进展顺利。二是精心组织旅游招商引资工作,参加市里专业招商,组织招商小分队赴福州、杭州、诸暨等地与客商对接,重点推进旅游项目招商。同大连一方集团等知名企业集团进行了招商洽谈,龙虎山"道德大观园"、龙虎山兰车洲生态农业观光园项目签订了合作协议。三是加快高星级宾馆建设,提升旅游住宿接待水平。天裕豪生大酒店已经全面封顶进入室内外装修阶段;碧海蓝天旅游商业中心项目基本建成,正在对外招商,其属的五星级酒店正在进行装修;龙虎山雷迪森庄园项目进展顺利,施工进度和工程质量达到预期要求,预计2013年年底竣工营业。

【旅游宣传有声有色】1. 组织参加旅交会。组织参加了台湾国际旅游交易会、中国国内(青岛)旅游交易会、中国中部城市(张家界)旅游博览会及香港招商周活动、台北国际旅游展、中国国际旅游交易会(上海)等大型旅游交易会,共发放宣传资料、旅游纪念品、景区风光片等资料8万余份,开通"赣鄱之星龙虎山行专列"。

2.借助高端媒体。携手央视、凤凰卫视、台湾东森卫视等高端媒体宣传龙虎山及鹰潭旅游形象。借助《江西风景独好》旅游形象宣传片在央视黄金时段的持续热播,龙虎山景区秀美的自然风光也展现在全国观众的眼前,吸引了众多游客慕名前来观光度假。央视中文国际频道大型电视系列纪录片《长寿密码》特别栏目摄制组走进龙虎山。

3.举办专场旅游推介会。在福州、上海、杭州组织举办了"江西风景独好"鹰潭龙虎山旅游推介会,投入了公交车广告和户外媒体广告。积极组织参加了江西省旅游局"江西风景独好"海口、上海系列宣传活动。开行鹰潭旅游大篷车赴安徽黄山、宣城、马鞍山、芜湖、铜陵、安庆六地开展宣传营销。

4.加大旅游宣传氛围营造。在火车站、东湖路口、龙虎山大道与206国道交汇处进行旅游宣传。配合省局完成了"'博'动江西·风景独好"新闻媒体和知名博主龙虎山采风活动,完善和丰富鹰潭旅游信息网、海西旅游网、鹰潭市旅游局官方微博等在线旅游内容。抓好旅游散客接待工作。

【行业管理不断优化】在旅游企业中开展了"讲诚信、促发展"活动,深入推进旅游诚信建设,积极开展了旅游行业"春风行动",大力整治旅游市场秩序,旅游行业管理水平得到全面提升。

1.提升旅行社服务品质。开展了旅行社服务质量考核,清退了质量保证金,以质量等级考核促进旅行社服务全面提升。全年新增2家三星级旅行社,新批旅行社3家,注销旅行社3家。

2.引导星级饭店转型升级。一是以酒店星评为抓手,指导酒店规范经营、提升品质。完成了2012年度星级饭店复核及申报工作,全年新增中、高星级饭店2家,铜苑宾馆和华盛大酒店成功申报三星级和四星级旅游饭店,开展了打击整治假冒星级"春风行动",积极引导社会旅馆申报星级饭店,对现有星级饭店进行人员培训,提升接待档次和服务水平。二是积极开展了旅游饭店业态、设施调研工作,针对鹰潭市旅游饭店的现状进行了调查摸底。三是进行特色菜肴风味小吃评选。通过对鹰潭地方特色菜肴和风味小吃的挖掘、整理和创新并编成旅游美食菜谱,向市场推广,纳入旅游线路,并将纳入菜谱的菜肴和风味小吃所在各星级酒店和社会餐馆中作为地方特色向游客推出,着力扩大旅游鹰潭美食的影响力和吸引力,使旅游美食成为鹰潭的特色旅游产品和新的旅游亮点。

3.培育旅游人才队伍。进一步提升旅游从业人员素质,启动了导游大赛和金牌导游评选工作,组织开展了2012年度全国导游人员资格考试和全国中、高级导游等级考试,组织开展了地方导游员招考。

4.强化旅游市场监督。及时认真办理旅游投诉案件,切实保护旅游者和经营者合法权益。共开展日常性大检查80多次,抽查旅行社60多家(次),立案查处12起,投诉案件办结率100%,为游客挽回经济损失4万多元。抓实旅游安全工作,在春节、"五一"、中秋、国庆等节假日和中共十八大期间,认真开展旅游市场安全大检查,全面排查治理旅游安全隐患,确保了节假日和中共十八大期间期旅游安全。

【干部作风全面提升】加强学习,提高政治素养。组织党组中心组学习。深入开展"讲诚信、促发展"和"三创三争"活动,认真做好党员发展,开展党建标准化项目建设工作。认真开展集中整治影响发展环境干部作风突出问题活动。查找突出问题,开展批评与自我批评,进一步加强和改进干部作风建设,增强服务发展、促进发展的政治意识、大局意识、责任意识。

(严 伟)

【市旅游局副县级以上干部名录】

局 长:黎 云

副局长:欧阳金焰 刘文致 肖桂琴

纪检组长:王华光

中国人民政治协商会议鹰潭市委员会

编辑、校对：陈志敏

综述

2012年，政协鹰潭市第八届委员会(以下简称市政协)在中共鹰潭市委的领导和省政协的指导下，在市政府的支持和各方面的配合下，以邓小平理论、“三个代表”重要思想、科学发展观为指导，牢牢把握团结民主两大主题，围绕“主攻项目，决战‘三区’，凸现特色，实现跨越”的总体要求，发挥政协优势和作用，同心协力搞好政治协商，积极稳妥推进民主监督，扎实有效开展参政议政，政协工作呈现新局面，为推动富裕、秀美、宜居、和谐鹰潭建设做出了应有贡献。2012年，市政协工作可概括为以下几个方面：一是服务发展大局，协商建言更加规范有序。把促进科学发展作为履职的第一要务，围绕全市经济社会发展大局开展协商建言，充分反映社会各界意见，为党委、政府科学决策提供依据。二是关注民生民情，民主监督更加广泛深入。牢固树立人民政协为人民的工作理念，通过提案、反映社情民意等民主监督形式，知民之所想，察民之所忧，努力促进经济社会和谐发展。三是主动务实作为，参政议政更加富有活力。充分发挥政协人才荟萃、联系广泛的优势，紧扣市委、市政府中心工作，选择一些综合性、前瞻性、全局性的重大课题深入调研，全力参与党政中心工作，积极为经济社会发展献计出力。四是加强联谊交友，团结合作氛围更加浓厚。坚持“长期共存、互相监督、肝胆相照、荣辱与共”的基本方针，牢牢把握团结民主两大主题，发挥政协独特优势，多渠道、多领域开展工作，努力增进团结、凝聚力量。五是夯实履职基础，自身建设更加扎实有效。着眼于政协事业的长远发展，始终把抓好自身建设，提高履职能力摆在重要位置，不断提高政协工作科学化水平。

重要会议

【全体委员会议】2月14日至16日，市政协八届二次会议在市区举行。会议听取和审议了市政协主席潘赞海代表市政协常委会所作的工作报告和副主席刘国富代表市政协常委会所作的提案工作情况的报告，讨论并赞同市长钟志生所作的《政府工作报告》及其他报告。委员们围绕政府工作报告提出的各项任务，坦诚建言，提出了许多建设性的意见和建议。会议通过了市政协提案委员会关于八届二次会议提案审查情况的报告和市政协八届二次会议决议。

【常务委员会议】1月17日上午，市政协八届三次常委会议召开。市政协主席潘赞海主持会议，副市长张荣先到会听取讨论《政府工作报告(征求意见稿)》意见。会议审议通过了市政协常委会工作报告和关于八届一次会议以来提案工作情况的报告；审议通过了召开市政协八届二次会议的决定；审议通过了市政协八届二次会议议程(草案)、日程；协商通过了有关人事事项。委员们认为《政府工作报告(征求意见稿)》指导思想明确，总结成绩客观实在，谋划工作思路清晰，操作性强，符合鹰潭实际和群众意愿，并就报告修改提出了意见建议。张荣先充分肯定和高度评价了委员们提出的意见建议，并表示要将委员们的意见建议带回去认真研究和采纳。

2月15日下午，市政协召开八届四次常委会议，市政协主席潘赞海主持会议。会议审议通过市政协八届二次会议提案审查情况的报告(草稿)；审议通过市政协八届二次会议决议(草案)；协商通过有关人事事项(草案)；审议通过选举办法(草案)。

6月25日上午，市政协八届五次常委会议召开，会议协商讨论了关于“加强我市饮用水资源保护，确保饮用水安全”专题，学习了《中共中央办公厅、国务院办公厅印发(关于进一步加强人民政协提案办理工作的意见)的通知》，修订了《政协鹰潭市委员会提案工作规则》，审议通过了《政协鹰潭市委员会关于加强委员管理，发挥委员主体作用的办法》，协商通过了有关人事事项。市政协主席潘赞海主持会议并讲话，市委常委、统战部部长戴春英，副市长徐云应邀到会听取意见和建议。会上，章平平、寿莉蓉、周静、潘建明等常委和委员围绕“加强我市饮用水资源保护，确保饮用水安全”专题开展了广泛深入的协商讨论，建议采取有效措施，坚决遏制污染源头；落实应急水源，大力推进农村自来水建设工程；完善体制机制，为饮用水资源保护提供有力保障；以环保队伍建设为重点，提高监管能力和水平；加强宣传教育，形成良好的饮用水源保护氛围。戴春英、徐云表示，委员们的意见和建议积极、中肯，具有建设性和可操作性，对于完善市委、市政府的决策具有较高的参考价值，市委、市政府将认真研究和采纳。

9月4日上午，市政协八届六次常委会议召开，会议协商讨论了关于“促进我市中心城区房地产业平稳健康发展”专题。市政协主席潘赞海主持会议并讲话，市委常委、副市长宋迪维应邀到会听取意见和建议。会上，彭伟、吴林生、祝寿、郑华萍等常委建议，抓紧编制中长期住房发展规划，严格按规划进行房地产开发建设；科学把控土地供应结构和节奏，努力实现土地收益最大化；大力推进保障性住房建设和管理，真正把保障性住房建设工程打造成德政工程、民心工程、幸福工程；努力扩大房地产市场有效需求，破解制约房地产业发展的瓶颈；积极引进知名房地产开发企业，促进房地产市场更加规范，城市建设上水平；全面加强房地产市场监管，促进本市房地产业平稳健康发展。宋迪维肯定委员们提出的意见建议，表示将认真研究和采纳，以实际行动促进中心城区房地产业平稳健康发展。

11月29日上午，市政协召开八届七次常委会议，学习贯彻中共十八大精神，并就“依托优势文化资源，做大做强特色文化产业”专题进行协商讨论。市政协主席潘赞海和副主席杨建保分别主持会议，市委常委、宣传部长周世敏，副市长辜清应邀到会听取意见和建议。会议强调，要始终保持坚定正确的政治方向，在坚持和发展中国特色社会主义中不断发展人民政协事业；要充分发挥人民政协作为协商民主重要渠道作用，积极推进中国特色社会主义民主政治发展；要深入贯彻落实科学发展观，为建设富裕秀美宜居和谐鹰潭建言献策；要按照中央、省委、市委和全国政协、省政协的要求，迅速掀起学习宣传贯彻中共十八大精神的热潮。会上，葛菁、祝寿、袁因、郑卫国等常委和委员紧紧围绕“依托优势文化资源，做大做强特色文化产业”专题开展了广泛深入的协商讨论，建议深度开发道文化资源，积极打造道文化旅游目的地；加快铜产业发展方式转变，大力发展铜文化产业；大力挖掘雕刻文化资源，将余江打造成著名雕刻之乡；大力发展赏石文化产业，建设全国性黄蜡石文化产业集聚地；强化产业保障，形成文化产业发展合力。周世敏、辜清对委员建议予以肯定，表示将认真研究和采纳。

【主席会议】2012年，市政协共召开主席会议12次，主要研究决定调查、考察、协商专题等事宜，传达学习中央、省委、市委和全国政协、省政协重要会议精神，并对市政协如何参与党政中心工作提出指导性意见，确保市政协各项工作有序高效开展。

重大举措

【调查视察工作】4月，就市委交办的铜文化建设课题，市政协主席潘赞海带队赴安徽铜陵考察并形成考察报告，提出立足道文化资源和铜产业优势，切实做好“道文化、铜展现”六个方面建议，市委、市政府主要领导作出重要批示，市政府分管领导积极采纳报告建议，带队赴铜陵进行深入调研，《鹰潭日报》全文刊登考察报告。

5月，由市政协主席潘赞海、副主席官金福带队，市政协人口资源环境委员会组织部分市政协常委、委员，就“加强我市饮用水资源保护，确保饮用水安全”进行专题调研，形成了调研报告。报告对鹰潭市饮用水资源保护现状、存在问题等进行了深入细致的分析，并提出了意见建议。

7月至8月，由市政协副主席杨建保带队，市政协经济科技委员会组织部分市政协常委、委员，就“促进我市中心城区房地产业平稳健康发展”进行专题调研，形成了调研报告。报告详细分析了鹰潭市中心城区房地产业发展前景和存在的风险，并就房地产业平稳健康发展提出了意见建议。

10月至11月，由市政协副主席吴细美带队，市政协教育文化卫生体育委员会组织部分市政协常委、委员和市有关单位负责人，就“依托优势文化资源，做大做强特色文化产业”进行专题调研，形成了调研报告。报告分析了鹰潭市有哪些优势文化资源，并就文化资源优势转化为文化产业优势提出了意见建议。

市政协各专门委员会还就促进公共卫生服务均等化、残疾人康复服务、校车安全管理、企业工资集体协商、高新区招商引资项目的后续管理和服务、城市园林绿化、法院社会管理创新等课题，开展调研考察、座谈讨论等活动，提出了可操作性的意见建议。

【提案及社情民意工作】2012年共收到提案127件，经审查立案126件。立案提案中，委员个人或联名提案92件，民主党派、工商联等集体提案34件。市政协提案委及时转交给市委、市政府有关部门办理,并采取主席督办、提案摘报、联合调度、跟踪问效等方式,努力提高提案办理质量。截至2012年10月,立案提案全部办复,提案涉及问题得到解决或列入计划解决的占交办提案总数的95%。2012年共征集社情民意100余条,向市委、市政府及有关部门报送《社情民意》20余期,得到党政领导的重视和相关部门的采纳,推动了信江大桥南岸沿江大道上桥人行通道、滨江公园管理等问题解决。

【参与中心工作】市政协领导以高度的责任感,做好挂点联系铜产业、汽摩配产业、中心城区小街小巷改造、管道天然气工程、贵冶周边环境污染综合整治、保障性住房建设、市区星级宾馆建设、市人民医院周边改造、信江新区综合医院改造建设、高铁北站片区重点项目建设等中心工作,完成市委、市政府规定时间节点内的各项任务。在创建"秀美乡村"工作中,市政协领导挂扶6个建设点,共协调帮扶资金160余万元。此外市政协积极做好社区标准化和便民服务中心定点帮扶工作,派员参与全市产业招商,较好地完成了各项党政中心工作任务。

【委员活动】2012年市政协委员共有690余人次参加政协活动,其中参加调研、考察的260余人次,提出提案的200余人次,兴办实事的240余人次,为困难群众捐款捐物价值60余万元,为4900名群众提供义务咨询服务。

【自身建设】加强理论学习,通过座谈会、报告会、发放学习资料等形式,认真组织委员和机关干部学习中共十八大精神,中央、省委、市委重要会议精神和政协统战知识。完善制度建设,制定完善了《加强委员管理,发挥委员主体作用的办法》《进一步发挥界别作用的意见》《进一步加强与市各民主党派、工商联、无党派联系的实施意见》《提案工作规则》等文件,使各项工作有章可循。加强机关建设,深入开展"干部作风集中整治"和党建工作标准化建设活动,强化干部职工的服务意识、责任意识、大局意识。加强宣传工作,先后在《人民政协报》《光华时报》和市"一报两台"等新闻媒体发表稿件100余篇,较好地宣传和展示了鹰潭市政协履职成效。

(蔡春生)

【政协鹰潭市委员会副县级以上干部名录】

主　席:潘赞海

副主席:杨建保、周水凤(女)、刘国富、官金福、吴细美(女)张金涛、黄占共、吴泉水

巡 视 员:王火茂(~2012.12)

正厅级干部:王火茂(2012.12~)

副巡视员:桂江萍(女)

秘 书 长:杨亮太

副秘书长兼办公室副主任:艾　程(女,~2012.5)

副秘书长:梁东华(2012.12~)

办公室副主任:黄洪生(~2012.5)

提案委员会主任:罗来森

经济科技委员会主任:祝　寿(女)

学习文史社会法制委员会主任:李赛白

专职副主任:郑　生

教育文化卫生体育委员会主任:艾程(女,2012.5~)

专职副主任:罗会样(~2012.5)

人口资源环境委员会主任:黄洪生(2012.5~)

民族宗教港澳台侨委员会主任:罗会样(2012.5~)

专职副主任:梁东华(~2012.12)

办公室调研员:刘承炎(~2012.8)

办公室副调研员:周冬凤(女,~2012.3)、綦青(女,~2012.11)、夏美林

中国共产党鹰潭市纪律检查委员会

编辑、校对：夏永军

综述

2012年，在省纪委、省监察厅和市委、市政府的正确领导下，全市各级纪检监察机关坚持以邓小平理论和“三个代表”重要思想为指导，以科学发展观为统领，紧紧围绕建设富裕、秀美、宜居、和谐鄱阳湖生态经济区璀璨明珠的目标，按照“打造亮点、彰显特色、争创一流”的工作思路，认真贯彻反腐倡廉战略方针，全面履行党章赋予的职责，党风廉政建设和反腐败工作取得新的明显成效。

*充分发挥保驾护航职能。*健全工作机制，加强对全市重大项目的监督检查，对项目推进过程中不作为、慢作为、乱作为等行为进行严格问责。开展加快转变经济发展方式等工作的监督检查，对节能减排和环境保护政策措施落实、耕地保护和节约用地政策措施落实情况的开展巡查。严厉查处工程建设项目挂靠行为，开展水利工程建设项目清理挂靠专项检查，重点对病险水库除险加固项目进行全面检查，维护了市场秩序。

*扎实推进作风建设。*在市委、市政府的领导下，组织开展“干部作风集中整治”活动，广泛宣传发动，在新闻媒体公布投诉电话和电子邮箱，开辟专题专栏营造活动氛围，落实党员领导干部廉洁从政各项规定，全面落实厉行节约有关要求。创新基层党风廉政建设，在全省率先探索实行基层党风廉政建设项目标准化管理，将基层党风廉政组织建设等重点项目科学细分，分别编制了实施标准，开创了基层党风廉政建设工作“干事有平台、推动有抓手、监管有依据、考核有标准”的新格局。

*有效规范领导干部从政行为。*全面落实党风廉政建设责任制考核，注重考核结果运用。严格规范各级领导班子民主生活会制度，严格执行“四项告知”制度，深化政务公开，强化对权力的监督和制约。组织领导干部赴省纪委廉政教育基地接受廉政教育，不断推进反腐倡廉教育；开展廉政文化示范点创建工作，贵溪二中廉政文化进校园等一批廉政文化示范点特色鲜明，取得了良好的教育效果。

*较好解决涉及民生领域突出问题。*巩固医药购销和医疗服务中突出问题专项治理工作成果，纠正医药购销和医疗服务领域、各类考录招聘中的不正之风，对群众举报的医疗不正之风进行严厉查处。开展教育、物流、涉农等领域乱收费专项治理，维护群众合法权益。推进农村集体“三资”监管模式，全市各乡镇(街办)统一搭建网络监管平台，将农村集体“三资”监管工作延伸到村小组，实现了监管民主化、制度化、信息化。

*建立健全从严治腐惩戒机制。*明确案件查办的重点领域，加强信访监督和矛盾排查化解，完善信访举报制度，畅通来人来举报、电话举报、网络举报渠道，建立和完善举报信息汇集和处理机制。严格执行依纪依法文明办案制度，严肃办案纪律，严格遵守“两规”办案措施使用的条件、时限、适用对象、审批权限，加快市、县两级“办案点”建设。加强案件审理和案件质量检查，严格按照“二十四字”办案要求，改进案件审理方式，推进案件审理工作制度化、规范化。

*增强纪检监察机关履职能力。*在全市推行乡镇纪检组织标准化建设，实现了人员配备齐全、政治待遇到位、任免程序规范。加强纪检监察组织建设，建立招考选调机制，规范纪检监察干部准入制度。在全省率先探索实行市直派驻单位纪检监察干部交流任职制度，市直派驻纪检监察干部交流实现常态化、制度化。开展多层次、全方位的理论和业务培训，组织纪检监察干部参加中央纪委、省纪委业务培训班学习，开办全市纪检监察干部培训班，提升纪检监察干部综合素质。

重要会议

【市纪委七届二次全会】2月13日召

开市纪委七届二次全会，会议的主要任务是传达贯彻十七届中央纪委七次全会和省纪委十三届二次全会精神，认真落实市委六届十二次全会工作部署，回顾总结2011年全市党风廉政建设和反腐败工作，安排部署2012年工作任务。市委书记陈兴超出席会议并作重要讲话。市委常委、市纪委书记谢一平作了题为《突出工作重点，忠实履行职责，努力取得党风廉政建设和反腐败工作新成效》的工作报告。

【全市基层党风廉政建设暨廉政项目标准化建设推进会】5月10日，全市基层党风廉政建设暨廉政项目标准化建设推进会召开。市委书记陈兴超对月湖区农村集体“三资”监管工作作出重要批示。陈兴超在批示中指出，月湖区推行农村集体“三资”监管，抓得实、效果好，从源头上防控农村党员干部腐败风险，使百姓满意、组织放心。加强农村集体“三资”监管工作，很有必要，是从源头预防腐败的有力举措。月湖区积极探索，勇于创新，取得了实效，要加强宣传、总结和推广。省纪委常委饶利萍出席会议并讲话。市委常委、纪委书记谢一平出席会议，并对全面推进鹰潭基层党风廉政建设和廉政项目标准化建设提出了明确要求。

重大举措

【开展“干部作风集中整治”活动】在市委、市政府的领导下，组织开展“干部作风集中整治年”活动，广泛宣传发动，悬挂、张贴宣传标语118条；设立活动专题、专栏，编印工作简报22期，刊发信息200余条。强化发展环境监测，实施环境监测3894次，测评满意率90.83%，开展民主评议工作，共评议部门和行业42个、基层站所187个。全面运用网上行政审批和电子监察系统，实现部门审批系统间互联，受理审批事项约9万件，办结13.7万件，办结率达98.3%。开展政风行风热线工作，受理投诉41件，办结率100%。办好“政风行风热线”，上线单位40家，接听群众电话305个，解答率达100%。开展明察暗访，共发现和纠正各类问题13个，查处严重影响发展环境案件3起，对相关责任人进行了党政纪处理。《中国纪检监察报》、江西电视台和《江西日报》头版分别对鹰潭“干部作风整治”活动进行了专题报道。

【推进农村集体“三资”监管工作】按照“网络监督、制度管理、两个全面覆盖(村委会、村小组全面覆盖，资金资产资源全面覆盖)”的思路，创新农村集体“三资”监管模式。在全市44个乡镇(街办)实行统一搭建监管、电子政务和应用平台，统一清产核资，统一委托代理，统一建章立制的“四个统一”管理模式，并将农村集体“三资”监管工作延伸到村小组，实现了农村集体“三资”监管民主化、制度化、信息化。全市44个乡(镇、街办)、415个村(居)委会、3727个村(居)小组集体“三资”纳入监管网络，方便了群众对“三资”运行情况的监管。鹰潭成为全省第一个也是唯一一个将“三资”监管延伸到村小组的设区市。全市村级财务开支同比下降45.6%，涉农信访同比下降53.3%。《人民日报内参》和《中国纪检监察报》头版对鹰潭“三资”监管新模式作了经验介绍。

【开展工程建设领域专项治理工作】以水利工程建设项目清理挂靠专项检查为重点，对病险水库除险加固项目进行全面检查，查处挂靠及借用资质投标违规出借资质问题施工企业35家、涉及水利建设项目32个，收缴伪造专业资格证43本，责令整改企业12家，取消中标合同项目4个，列入黑名单及限制市场准入企业2家，没收全部违法所得，处理水利部门工作人员2人。成立四个检查组，通过不打招呼、突击检查的方式对全市重点工程建设项目开展集中检查，共检查项目22个、企业41家，涉及资金20亿元，查处存在挂靠行为的项目4个。鹰潭工程建设项目专项治理工作得到中央纪委、省纪委的高度肯定，并代表江西省在中央纪委华东、中南片区专项清理工作会上作了典型发言，中央纪委《工程建设领域突出问题专项治理工作简报》以发专报的形式肯定并推广鹰潭的经验做法。

【创新推进基层党风廉政建设】在全省率先探索实行基层党风廉政建设项目标准化管理。按照“廉政工作项目化、项目推进标准化”的总体思路，制定《鹰潭市基层党组织廉政建设项目管理工作标准》和《鹰潭市基层党组织廉政建设项目管理工作标准手册》，将基层党风廉政组织建设、基层廉政建设信息化等重点工作科学细分为10个大项目85个小项目，并就每一个小项目的运行机制、工作流程、工作制度和监督考核分别编制了具体、切实、操作性强的实施标准，构建了完整、规范、科学的基层党组织廉政建设项目标准化质量管理体系，开创了基层党风廉政建设工作“干事有平台、推动有抓手、监管有依据、考核有标准”的新格局。《中国纪检监察报》头版头条对鹰潭基层党风廉政建设项目标准化管理进行了专题报道。

廉政建设

【强化责任制考核】组织5个考核组对全市各地各单位推进惩治和预防腐败体系建设及落实党风廉政建设责任制和《廉政准则》工作进行了检查考核，确定优秀、良好、基本合格及不合格四个等次，考核结果作为市直单位述职考评的重要依据,并在全市进行通报。

【落实党员领导干部廉洁从政各项规定】严格执行领导干部重大事项报告制度,受理县级领导干部重大事项报告62人(次)。开展党政机关公务用车专项治理,严肃查处各类违规车辆44台。全面落实厉行节约有关要求,各项支出均控制在指标范围内。加强因公出国(境)管理工作,压缩党政机关因公出国人数和经费,全市因公出国(境)团组共47批,出访人员148名。深入开展违反廉洁自律"四个问题"专项治理,共收到上交"红包"151万元。

【反腐倡廉教育不断强化】组织党员领导干部200余人参观省纪委廉政教育基地、观看《忠诚与背叛》、《苏联亡党亡国20祭——俄罗斯人在诉说》等警示教育片和学习《领导干部廉洁从政教育读本》;组织开展纪检监察机关职业道德规范大讨论,认真查摆职业道德和作风建设方面的突出问题并落实整改。在全市纪检监察系统开展以"喜迎十八大,忠诚献给党"为主题演讲比赛,激励和引导干部坚定理想信念。《中国纪检监察报》头版对鹰潭开展"喜迎十八大,忠诚献给党"为主题的演讲比赛进行了报道。

【廉政文化建设不断深入】按照"五有"的要求,培育和推荐一批有竞争力、特色鲜明的示范点参加全省新一轮廉政文化建设示范点评审;开展廉政文化示范点创建工作,贵溪二中廉政文化进校园等一批廉政文化示范点特色鲜明,取得了良好教育效果。加大反腐倡廉宣传力度,开辟专栏,2012年以来,全市监察机关在中央、省级新闻媒体刊发稿件79篇。

【权力运行机制不断完善】扎实严格规范各级领导班子民主生活会制度,将领导干部廉洁自律工作列为民主生活会重要内容。坚持领导干部诫勉谈话和廉政谈话制度,坚持重大事项报告制度。开展风险岗位廉能管理工作,共清理职权8197项,编制流程图6767张,查找风险点约2万个,修订完善相关制度5220项。深化政务公开工作,主动公开政府信息约7万条,及时回复1175条。全面推行财政国库集中支付改革,全市203个预算单位纳入财政应用支撑平台系统。

查处违纪违法案件

【保持查办案件高压态势】全市各级纪检监察机关共受理信访举报380件,初核103件,立案116件,涉及县处级干部5人,乡科级干部38人。给予:党纪政纪处分115人,警告24人,严重警告23人,留党察看43人,开除党籍25人;政纪处分36人,警告8人,记过3人,记大过3人,降级7人,撤职6人,开除公职9人。重点查处了贪污贿赂类案件,贪污类案件9件,同比增长50%,贿赂类案件立案8件,同比增长166.6%。加大了对失职渎职类案件的查办行为,其中:安全事故类案件立案4件,同比增长300%;执法类案件立案3件,同比增长200%。加大对市直单位查办案件力度。全市市直单位共:立案8件,同比增长100%;结案7件,同比增长75%;处分12人,同比增长200%。

行政监察

【拓展监督检查领域】强化对重大决策部署落实情况的监督检查,开展对节能减排环境保护政策措施落实情况专项检查5次,检查项目40个,关停违法排污企业7家,淘汰落后产能12.3万吨;开展对耕地保护和节约用地政策措施落实情况检查,发现制止违法占地行为126宗,罚没总额149.97万元。对全市公职人员招录招聘及各类职称考试等进行执法监督,查处考试中出现的弄虚作假、徇私舞弊行为5件。严格执行四项工作告知制度,全年共受理建设工程项目告知203个、18.89亿元;经营性土地使用权出让项目24宗、土地出让增收2.06亿元;政府采购项目216个,节约资金390万元;国有集体企业进场交易29宗,超出评估价1735万元。

【推进纠风治理工作】巩固医药购销和医疗服务中突出问题专项治理工作成果,对市区医疗机构进行"回头看"检查,查处问题104个;查处和纠正2011年以来涉及学校办学和收费行为、教育收费监管行为、教育惠民政策落实等方面存在的突出问题31个,涉及金额35.5万元,给予相应处分3人。查处物流领域和批发市场、农贸市场、社区菜市场等农产品市场违规收费问题4起,涉及金额20万元。开展城市道路集中整治和巡查12次,受理各类举报14件,现场处理7件,对群众反映的白露治超站乱收费问题进行了严厉查处,给予相关责任人行政处分。查处不规范经营银行6家,责令整改。查处家电下乡和家电、汽车以旧换新政策执行中存在骗补行为的企业101家,涉及骗补资金525万元。查处强农惠农政策落实中损害农民利益案件数1件,责任追究1人,减轻农民负担15万元。

(詹小娥)

【市纪委、市监察局副县级以上干部名录】

市委常委、市纪委书记:谢一平

市纪委副书记、监察局局长:

杨 森(2012年11月任监察局局长)

市纪委副书记、监察局局长:

姚军章(~2012.9)

市纪委常委、秘书长,正处级纪检员、监察员:童团水

市纪委常委、干部室主任:辛 平

市纪委常委、办公室主任:万荣辉

市纪委常委、监察综合室主任、案审室主任:

吴初升（2012 年 9 月任常委，2012 年 5 月前任监察综合室主任，2012 年 5 月后任案审室主任）

市监察局副局长:舒忠东

市纪委正处级纪检员、监察员:

肖国强

市纪委信访室主任:何晓春(~2012.5)

市纪委宣教研究室主任:刁东明

市纪委党风廉政室主任:

徐瑞云(~2012.5)

市纪委纪检监察一室主任:陈胜春

市纪委纪检监察三室主任:林雅靖

市纪委监察综合室主任:

易宏羽(2012.5 ~)

市纪委党风廉政室主任:

周宏(2012.5 ~)

市纪委效能监察室主任:

侯剑锋(2012.5~)

市纪委纪检监察二室主任:

唐中(2012.5~)

市纪委副处级纪检员、监察员:

汪建国

市纪委正处级纪检员、监察员:

林太贵

全市基层党风廉政建设暨廉政项目标准化建设推进会

（市纪委办公室供稿）

民主党派

编辑、校对:朱仕平

中国国民党革命委员会鹰潭市委员会

【概述】2012年，民革鹰潭市委会在民革江西省委、中共鹰潭市委的领导和市委统战部的指导下,高举中国特色社会主义伟大旗帜,以邓小平理论、“三个代表”重要思想、科学发展观为指导,认真学习中共十八大会议精神,团结带领全市民革党员紧紧围绕中共鹰潭市委、市政府的总体工作部署,不断加强自身建设，积极履行参政党职能,各项工作取得较好成绩。

【参政议政】参政议政是民主党派的重要职责之一。民革市委会紧紧围绕中共鹰潭市委“主攻项目,决战三区,突现特色,实现跨越”的总体思路,积极参政议政,一是积极开展调研。市委会机关在《鹰潭日报》“论苑”栏目发表了《发展循环经济,实现可持续发展》《发展文化创意产业,促进我市发展方式转变》《关于发展红色旅游的建议》三篇调研文章。选派骨干力量参加市政协港澳台侨委员会组织的“关于港澳台侨界人士在我市投资发展情况”调研,参与了市委统战部组织的“把鹰潭建设成全国一流道文化产业基地”调研,调研报告提出了富有建设性的意见和建议。二是积极提交提案。2012年2月,在市政协八届二次会议上，民革共提交5份集体提案,13份个人提案。“关于做好土地和房屋征收工作的建议”被选作大会发言,“关于促进市现代物流园建设的几点意见”和“关于加快工业经济接轨‘长三角’步伐的调研报告”被选作大会书面发言;“关于促进市现代物流园建设的几点意见”被选为主席副主席督办的重点提案;集体提案“将滨江公园打造成鹰潭文化长廊的建议”，市长钟志生作了“此提案很好,请城管局、文广局认真研究”的批示;詹美菊委员提交的“建立党报阅报栏，促进精神文明建设”的提案,中共鹰潭市委常委、宣传部部长周世敏作了“市政协委员詹美菊关于建立党报阅报栏的提案很好、很及时,应当引起高度重视”的批示,《鹰潭日报》多次追踪报道鹰潭市阅报栏建设情况,并对提案人占美菊进行了专访;“关于认真做好鹰潭传统武术挖掘整理工作的建议”的提案,《人民政协报》“统战新闻”栏目对该提案的办理情况作了报道。“将滨江公园打造成鹰潭文化长廊的建议”被市政协授予市政协八届一次会议以来优秀集体提案,“关于改造红石宕口的建议”“建立党报阅报栏，促进精神文明建设”被市政协授予市政协八届一次会议以来优秀个人提案。市委会被中共鹰潭市委办公室、市政府办公室授予市政协八届一次会议以来提案工作先进集体,吴拓宇、占美菊被民革江西省委授予第十一届委员会参政议政工作先进个人称号。

【自身建设】一是积极开展了“同心工程”等主题教育活动。二是举办了第十期新党员培训班;推荐多名党员参加由民革省委、市委组织部和统战部举办的各类培训班。通过培训与学习,努力提高党员素质。三是组织民革企业家联谊会赴民革宁波市委会考察学习，双方共同探讨新形势下进一步做好民主党派工作的新方法、新途径,就自身建设、参政议政、社会咨询服务等工作进行经验交流。四是关心民革老党员工作和生活。坚持每年春节前探望70岁以上老党员，关心他们的身体状况和生活情况,并送上新年祝福;坚持为70岁以上老党员“逢五、逢十”年生日举办祝寿活动。

【组织建设】一是增选了市委会副主委、市委委员各一名。二是贵溪总支及下设各支部、月湖支部、中医院支部、综合一支部、综合二支部、教育一支部和机关支部顺利换届,选出了新的支部(总支)领导班子,综合三支部增选了支委。三是后备干部队伍建设稳步发展。发展党员注重质量,逐步发展。现在党员平均年龄为36岁，大学本科以上学历占65%，中、高级职称占

62%，党员队伍在政治素质、知识层次、年龄结构等方面，都有了较大的改善和提高。机关支部和月湖支部被民革省委会授予先进基层组织荣誉称号。

【宣传报道】民革市委会被市委宣传部授予“2012年度全市党报党刊发行工作先进单位”荣誉称号。编印了2期《鹰潭民革》简报。在中央、省、市各级媒体发表稿件18篇，宣传鹰潭的统战工作和政协工作，介绍鹰潭的经济社会发展情况。

【社会服务】民革市委会紧紧围绕推动科学发展、促进社会和谐这一主题，努力探索社会服务工作的新思路、新方法，积极推动“同心工程”建设，主要有：“同心·关爱孤寡老人”。1月7日，市委会联合市民革企业家联谊会到定点帮扶点耳口乡敬老院，送去了洗衣机、电热毯、衣被等物品，让老人们度过了一个温暖而快乐的春节。10月14日，市委会组织市人民医院支部、中医院支部和企业家联谊会部分党员，为孤寡老人义诊，帮老人检查身体，给他们介绍健康保健知识，并针对老人的病情配发了药品。“同心·温暖特殊儿童”。6月1日，市委会组织教育二支部、机关支部、月湖支部、综合二支部部分党员到鹰潭闻鸣聋儿语训中心看望聋儿，为他们送去了节日的祝福。市委会在《人民政协报》发表了题为《为了更多的孩子能叫一声“妈妈”》的人物通讯，对鹰潭闻鸣聋儿语训中心负责人周爱冬作了宣传报道，介绍了她的感人事迹，呼吁社会各界更加关爱特殊儿童。“同心·共享生命绿洲”。4月8日，民革党员颜友华为白血病患者捐献造血干细胞。她是鹰潭市第3位、江西省第25位造血干细胞捐献志愿者。市政府分管副市长、市红十字会会长辜清看望了捐献手术后的颜友华，代表市红十字会对颜友华慷慨捐献表示感谢，称她的善行义举为全市人民作出了榜样。“同心·添彩美丽乡村”。10月21日，市委会为挂点帮扶的耳口乡昌蒲村委会从市体育局争取到五套体育健身器材，让村民们在劳作之余有了一个休闲健身的场所，也为该村的新农村建设增添了新的亮点。

（熊宁宁）

【民革鹰潭市委会领导人名录】
主　委：王桂昌
副主委：吴拓宇　薛美琴（女）艾继宗（2012.11~ ）

中国民主同盟鹰潭市委员会

【概述】2012年，民盟鹰潭市委会在中共鹰潭市委和民盟江西省委会的正确领导下，在中共鹰潭市委统战部的关心指导下，带领全市盟员认真学习宣传贯彻中共十八大、民盟十一大精神，深入学习贯彻科学发展观，围绕市委市政府的中心工作，结合“同心”思想这一主题教育活动，参政议政突出重点，自身建设不断加强，取得了较好的成绩。

【组织建设】一是注重干部教育。2012年共选调了5名盟员参加省社院的盟员学习班；选派了5名盟员参加市党外科级干部政治理论培训班；1名盟员参加市青年干部培训班。二是发展新盟员。2012共发展新盟员19人，其中，具有高级职称6人，平均年龄39.1岁，改善了全市盟员的年龄结构，充实了民盟的力量。

【自身建设】3月31日，盟市委召开六届十一次主委会议，学习贯彻《关于加强新形势下党外代表人士队伍建设的意见》及鹰潭市统战工作会议精神。7月23日胡锦涛在省部级主要领导专题研讨班上发表重要讲话之际，盟市委立即组织广大盟员进行学习研讨。盟员们结合工作实际，谈感受、写心得、明思路、找不足，切实把思想统一到讲话精神上来。7月30日至8月5日，市委会组织盟员参观考察重庆“特园”中国民主党派历史陈列馆以及“红岩村”等革命教育基地。通过深情缅怀革命先辈的光辉业绩，巩固了广大盟员同中国共产党亲密合作的思想基础。11月27日，盟市委邀请省政协副主席、民盟省委会主委刘晓庄为广大盟员作了学习贯彻中共十八大精神专题报告。

【参政议政】一是由专职副主委带队前往山东济宁、泰山，余江锦江等地调研，经相关专家反复研究形成了“关于推动我市道教文化产业发展的建议”“余江微型元件产业发展的瓶颈与对策”两篇高质量的调研报告，并被选为市政协八届三次会议大会发言和书面发言，获得政协委员们的广泛好评。二是邀请南昌大学“同心博士服务团”到鹰潭市考察经济社会建设情况。博士团成员就企业生产发展、社会事业推进、专业人才培养等问题为鹰潭市经济社会发展提出宝贵的意见建议。

【建立活动基地】盟市委在原来工作基础上，把农村教育“烛光行动”与统一战线“同心”活动有机结合起来，选择余江县春涛中心小学作为开展“同心·农村教育烛光行动”活动基地，并通过努力，向省财政争取10万元资金，改善了该校教学设施。9月20日上午，盟市委在该校举行“同心”活动实践基地揭牌仪式。副市长辜清为基地揭牌。揭牌仪式上还向春涛中心小学捐赠了书籍和文体用品，市一小特级教师吴爱华为学校教师上了一堂生动的示范课。

【社会服务活动】12月9日，联合市社会科学界联合会举办社科普及、送医送药进村活动，为龙虎山口上村村民送去社科知识、送去健康。活动的举办,得到了当地村民的高度赞誉。

【拓展组织活动方式】春节前组织70岁以上对盟务工作有突出贡献的老盟员进行联谊,走访慰问患有重病的盟员,“三八”节组织妇女盟员代表举办体育竞技,教师节开展“农村教育烛光行动”,重阳节举办健康长寿知识讲座,邀请盟省委领导解读十八大精神,组织参政议政工作委员会部分委员赴山东考察调研等等。通过这些活动,盟组织的凝聚力和战斗力得到很大的提高。此外,各基层组织也以形式多样的活动,提高成员出席率,增进成员感情,增强组织凝聚力。如科技一支部、应用工程学校支部和二中支部在童家乡里屋村信江河畔大草坪联合举办了趣味运动会,科技一支部开展了春节走访活动,二中、四中支部组织盟员参加了校十八大知识竞赛等。

【宣传工作】以《鹰潭盟讯》为载体,宣传工作有新起色。盟市委始终把“以科学的理论武装人,以正确的舆论引导人,以高尚的精神塑造人,以优秀的作品鼓舞人”作为《鹰潭盟讯》的办刊宗旨,宣传新时期统战理论;宣传党盟合作、风雨同舟的光荣传统;宣传市盟的重大活动、典型人物及先进事迹。在做好内部刊物发行的同时,积极向各大报刊杂志推荐优秀作品。其中《爱国侨领苏醒归来》在《文史大观》发表、《走进江西锦江天主堂》在《中国民族报》发表、《贵溪的辛亥先驱——彭程万、李建鼎》在《江西统一战线》发表等,取得了较好的宣传效果。贵溪市综合支部还被评为2008—2012年全省思想宣传工作先进集体。

【政治协商,民主监督】盟市委主要领导积极参加全市的民主协商会、座谈会、情况通报会等重要会议近20次,就事关全市改革、发展、稳定的重大决策,重要人事安排等重大事项,代表民盟提出了意见和建议。9位被聘为特约监督(检查)员的盟员,也在各自被聘的岗位上认真履行职责,发挥民主监督的作用。

【立足本职,建功立业】2012年,全市广大盟员在本职岗位上,积极进取,努力工作,取得了可喜的成绩,为盟组织增光添彩。吴向荣2012年指导学生获全国英语能力竞赛三等奖;赵金水指导学生动漫作品获省文明风采竞赛三等奖,指导学生参加省技能竞赛获二等奖,指导学生参加市动漫制作竞赛获团体一等奖,指导学生参加市计算机操作技能竞赛获团体一等奖,论文《发展求异思维,培养创新能力》在《教师博览》杂志发表;李峻薇所教两门课程获省精品资源共享课程称号;郑虹婷获省教学成果二等奖;舒渊获省优秀指导教师称号;骆建文指导学生获2012年江西省中职学生技能竞赛数车项目二等奖,并被评为优秀指导老师;孙文元获市科技进步二等奖;张洁明获得全市对外新闻宣传工作突出贡献奖;琚志强创办的爱家家政服务公司免费为全市650名农村妇女和城镇下岗女职工提供家政服务培训,获得了省、市商务厅(局)和财政厅(局)的高度赞扬,被列为再就业培训基地。

(胡梦莉)

【民盟鹰潭市委会领导人名录】

主　委:李应春

副主委:吴建德　周华爱(女)

陈万隆　李　微(女)　周赣忠

中国民主建国会鹰潭市委员会

【概述】2013年,在中共鹰潭市委和民建江西省委的正确领导下,民建市委以邓小平理论、“三个代表”重要思想和科学发展观为指导,紧紧围绕全市中心工作,不断加强自身建设,切实履行参政党职能,自身建设、参政议政、社会服务等各方面工作取得了新的成绩。

【深入学习贯彻中共十八大精神】组织机关工作人员集体观看中共十八大会议直播;领导班子集体参加全市统战系统学习贯彻中共十八大精神座谈会;在民建鹰潭市第五次代表大会上,组织参会代表通过观看会议录像、小组讨论等方式学习十八大精神。对学习贯彻中共十八大精神作出了全面部署,向全市各级民建组织发出了关于开展《深入学习中共十八大精神学习活动》的通知。

【开展社会主义核心价值体系学习教育活动】召开委员扩大会议,对学习教育活动进行再动员、再部署。组织会员开展理论研究,就“民建会员如何树立社会主义核心价值观”撰写了4篇理论文章,并在多家媒体上发表。通过市委会、支部组织多种形式的学习教育活动。各支部和广大会员在工作中自觉学习和践行社会主义核心价值体系,取得优异成绩,涌现出一大批先进人物。会员陈福云领导的单位市博物馆荣获市巾帼文明岗、文明窗口单位等荣誉;会员徐闽洪荣获江西省“三八红旗手”光荣称号。

【举荐会员参加培训】一年来,市委会积极推荐会员参加各类培训班学习,不断提高会员的政治素质。推荐了2名骨干会员参加省江西省社会科学院学习。

【政治协商建诤言】2012年,民建市委领导先后参加中共鹰潭市委、市人大、市政府、市政协召开的双月座谈会、情况通报会、谈心会以及调研考察活动,就全市经济社会发展、重大人事安排、“十二五”规划、重点项目建设、党派工作认真发表协商政见,提出建议。在市人大八届二次会议上,民建会员中的市人大代表共提交建议9条,涉及环保、交通、食品安全等方面,多条建议在《鹰潭日报》和《赣东都市报》上选登,被列为市领导督办的重点议案。在市政协八届二次会议上,民建市委和会员中的市政协委员共提交提案23件,占会议全部提案的18.85%,其中集体提案9件,集体提案占全部集体提案的26.47%。民建鹰潭市委2篇集体提案被评为市政协优秀提案,其中《关于组建铜产业交易电子商务中心,提升铜产品市场竞争力的建议》被列为市政协主席潘赞海督办的重点提案。

【反映社情民意出成效】充实了信息员队伍,召开反映社情民意工作会议,全年收集并向有关部门反映信息10余条,许多信息被采用,如市委会上报至民建中央、省委的社情民意信息《关于对知识产权实行义务保护的建议》在《鹰潭日报》上全文发表。市委会获得民建江西省委"反映社情民意信息"工作二等奖。

【履行民主监督树形象】目前,全市会员中有60多位各类特约监督员活跃在全市各行业被监督单位一线工作,积极参加有关检查、督察、评议、评价等活动,他们经常深入被监督单位了解情况,反映问题,沟通解决办法,推动被监督单位的行政水平和服务水平的提高,有效发挥了民主监督作用。

【做好换届工作】民建鹰潭市委按照会章规定和2012年年初工作部署,召开专门会议,研究市委会换届工作,制订《民建鹰潭市委换届工作方案》并认真实施。11月22日,召开了中国民主建国会鹰潭市第五次代表大会。选举了民建鹰潭市第五届委员会,黄占共为主委,何才厚、林小芳、张之逊为副主委。制订并下发了《民建鹰潭市委支部换届工作方案》,委派市委会领导指导各支部的换届工作,经各支部民主推荐和组织考察,严格按照支部换届工作程序,9月底前,各支部的换届工作完成。通过民建组织的两级换届,使市委会的组织、知识、专业、年龄结构更加合理,经济界特色更加突出,为以后的工作奠定了良好的基础。

【积极稳妥发展新会员】坚持"注重质量,注意数量"的方针和"三个为主"的原则,积极慎重地发展了10名新会员。在发展中,注重把好入口关,吸收高层次、高学历和非公经济界代表性人士,会员年龄结构、知识水平有所改善。

【加大后备干部队伍培养力度】加强了会内后备干部队伍建设,建立了后备干部队伍档案,形成了会内干部梯队。加大了后备干部推荐力度,在各级组织的关心下,1名会员升任为正处级干部,1名会员升任为副处级干部,1名会员在副处级岗位上得到重用,3名会员升任为正科级领导干部。

【扎实开展宣传报道工作】贯彻和落实《民建鹰潭市委宣传调研工作方案》,制定并下发《民建鹰潭市委关于宣传调研工作的奖励办法》,并认真贯彻执行。全年在人民网等市级以上媒体上用稿140多件,充分反映了全市民建各级组织的会务活动和会员风采,展示了民建组织积极向上的精神风貌,市委会获得民建江西省委新闻宣传工作一等奖。

【开展服务会员活动】坚持看望患病住院会员;支持老龄委和老龄支部搞好老龄会员的活动,为他们的活动提供场所及经费支持;在重阳节期间组织会员与老龄支部联谊,让他们感受到组织温暖的关怀;为更好服务会员企业,分别走访了30多家会员企业,了解掌握会员企业的发展动态,对企业在发展过程中遇到的问题,及时梳理,积极向有关部门反映意见和建议,支持企业家联谊会举办了金融资本论坛,并承办了中国风险投资集团与鹰潭民建企业家座谈会,推荐了会员企业家联谊会会长吴文龙参加民建中央举办的高层经济论坛。

【尽心竭力服务社会】开展捐资助学活动。会员吴文龙捐资3000元给就读于南昌大学的贫困大学生龚高翔,作为其大学学习生活费;会员齐小平捐资1万元现金,交到贫困学生余亚丽手中作为其学杂费和生活费;会员张之逊捐赠价值1000元的图书捐赠给鹰潭市第九小学,为孩子们送上一份特别礼物;民建贵溪支部主任王华荣、副主任宋丽荣、会员企业家朱先桂等一行4人,将6000元助学金送到贵溪市流口中学池丹、郑四锋、张凤娥、徐小成等6名同学手中,并为100名困难同学捐献总价值6800元的书包;会员江江资助贫困大学生桂燚1万元,作为其上大学的生活费和学费;会员张之逊将5000元助学金交到贫困大学生胡凯手中;会员葛彤将学费5000元送到双水坑9栋18号贫困大学生付琳手中,并表示付琳今后的学费和生活费将按月支付给她,直到她完成大学学业;会员余列峰拿出6000元钱资助鹰潭市一中高三(12)班学生李丽霞该学期的学费及生活费,并继续提供她今后的学费和生活费,直到她完成学业。开展送温暖活动。会员张之逊、江江、盖龙波、余列峰共出资4000元委托月湖区委统战部领导走访困难户;月湖支部全体会员携带价值2000元的过冬物资,前往童家镇敬老院,送温暖,献爱心;会员吴国保向抚养幼女重病盲人黄结茂捐资1万元,鼓励他战胜病魔;会员吴文茂向余江中童一名身患重病的青年捐资1000元,帮其提供康复训练;工贸支部全体成员向月湖区1名白血病患者捐资2000元，鼓励其积极治疗。月湖支部与月湖区政协共同向东湖街道高桥社区捐赠价值2万余元的图书,帮助他们开展基层党建标准化建设。此外,全市会员中的企业家（或会员企业)安置下岗职工和转移农村剩余劳动力1000余人。

(冯响楠)

【民建鹰潭市委会领导人名录】

主　委:黄占共

副主委:罗会样(~2012.11) 何才厚 林小芳（女,2012.11~） 张之逊(2012.11~)

中国民主促进会鹰潭市委员会

【概述】2012年,民进鹰潭市委会在民进江西省委会、中共鹰潭市委的正确领导下,在中共鹰潭市委统战部的具体指导下,坚持以邓小平理论、“三个代表”重要思想、科学发展观为指导,深入学习贯彻中共十七届六中全会精神和中共十八大会议精神。紧贴实际,围绕中心,积极稳妥地引导全体会员正确认识形势,不断增强政治意识、大局意识、合作意识,带领全会人员为建设富裕、秀美、宜居、和谐新鹰潭而努力奋斗。先后被评为民进江西省“社会服务工作先进单位”“宣传报道工作先进单位”，所属民进鹰潭月湖综合支部被民进中央授予“民进学习践行社会主义核心价值体系先进集体”称号。

【思想建设】突出抓好“同心”工程,把爱国、爱党、爱民进作为全年思想教育工作主题,夯实多党合作的思想政治基础。一是组织学习中共中央《关于加强新形势下党外代表人士队伍建设的意见》，引导会员更加坚定多党合作政治信念。二是组织学习贯彻胡锦涛在省部级主要领导干部专题研讨班上的重要讲话,引导会员坚定不移地走中国特色社会主义道路。三是组织收听收看中共十八次全国代表大会开幕式,制订学习计划,下发报告摘要和解读材料;召开学习中共十八大精神主题会，组织市委委员、支部主任交流学习体会,畅谈学习心得,共享学习成果。四是学习习近平总书记在参观复兴之路展览后的即兴讲话,全面理解“空谈误国,实干兴邦”真正含意,切实提升会员的政治意识、责任意识、使命意识。五是组织全会进一步深化树立和践行社会主义核心价值体系。始终把知行结合,重在实践,把开展树立和践行社会主义核心价值体系学习教育活动融入到参政议政的专题调研、反映社情民意信息、为鹰潭发展献计出力和在本职岗位上建功立业。六是以民进省市两级换届工作为契机加强思想政治建设。积极引导和动员全会人员正确认识换届工作的重要性,统一思想,精心组织,积极参与,切实通过换届,换出工作的新思路,换出班子的凝聚力、战斗力、执行力和公信力,换出鹰潭民进跨越发展的新气象和新成就。

【组织建设】一是全力以赴确保换届工作完成。拟定换届工作方案，严肃换届纪律,营造风清气正的换届环境。成立换届领导小组,采取切实有效的措施,把严格监督贯穿于委员推荐选举和干部提名、推荐、考察、公示的各个环节,先后5次召开专题会议,研究部署换届事宜;广泛征求各方意见,民主协商人事安排，认真制定会议各项议程,反复推敲会议材料,多次组织模拟演练,确保了换届工作圆满完成。二是更加重视领导班子建设。要求班子成员要实践“三同”,与中共同心同德、同心同向、同心同行;做到“三实三强”:摸实情、做实事、求实效,强责任、强服务、强效率;注重“三个导向”:注重以德为先导向,注重实绩用人导向,注重会员公认导向。坚定不移地贯彻民主集中制原则，对内加强班子团结,对外发一致的声音。三是更加注重在会员中开展凝聚力工程。组织市委委员、支部主任和相关人员开展了谈心、交心和生活实践活动,走访慰问老会员、会员企业和鹰潭特殊需要儿童康复中心,积极关心会员生活,帮助宣传会员企业和会内先进人物的事迹,让每个会员都感受到民进大家庭的温暖。四是更加注重会员发展和会员素质培训工作。全年共发展新会员5名,其中有公务员,有教师,也有企业负责人。举办会员培训班,邀请统战部领导和市委会领导作专题讲座。全年共有60人次参加学习培训。

【参政议政】一是更加重视政协提案。在市政协八届一次会议结束后,市委会召开专门会议,全面部署年度参政议政工作，成立了提案组,把部分工作在一线的会员纳入到提案组参与提案工作。在政协八届二次会议上，共提交集体提案4篇，委员提案9篇，大会发言1篇,大会交流1篇。二是更加重视民主监督。担任各级政府、司法部门的各类监督员、行风评议员,充分发挥自身优势,主动将日常生活中看到的、听到的与民主监督相结合,注意收集相关资料，积极建言献策，正确行使民主监督权力。全年参加各类座谈会、通报会、征求意见会和民主评议会20余次，为履行参政党职能发挥了积极作用。三是更加重视履职效应。强调选题求“准”,调研求“真”,立论求“高”,建言求“实”,着力于提高参政议政的质量和水平。注重在组织发展中物色、吸收人才,在队伍培训中培养、选拔人才,在参政议政工作实践中锻炼、造就人才,在调查研究中结识、吸纳人才。市委会领导班子认真做好联络、交流、座谈、经费等各项后勤保障工作,为参政议政提供更充足、更有效的资源和力量。有2

篇提案被市政协评为优秀提案,1名会员被评为优秀提案工作者。

【社会服务】一是围绕“同心”思想开展社会服务。8月20日,民进鹰潭市委会组织会内部分省、市、区(县)各级人大代表、政协委员,购买了近6000元的矿泉水、西瓜、毛巾、香皂、藿香正气水等防暑降温慰问品,先后看望了市交警直属大队机关、火车站、三角线交通执勤点和贵溪市永辉铜业有限公司车间等人员,为在炎炎烈日下执勤的交警和在高温环境下坚持生产的一线员工送去了夏日的清凉和深情的关爱。二是继续做好“1%工程”服务工作。11月8日,市委会在贵溪市周坊镇长塘村举行“1%工程”捐助贫困学生助学金发放仪式,向该村10位贫困学生发放助学金5000元,并向该村小学送去80套学生用桌椅。12月下旬,又向贵溪市31所城区中小学送去由“1%工程”捐助的乒乓球桌31张。三是以鹰潭市特殊需要儿童康复中心为新领域,开展社会服务工作。主动向上级机关汇报有关情况,积极呼吁企业和爱心人士关心残障儿童、支持残障儿童事业健康发展。

【自身建设】一是学习借鉴执政党加强自身建设的基本经验,认真贯彻落实中共中央《意见》的要求,全面加强自身建设,不断提高工作能力和水平,为实施建设合格的参政党目标作出了不懈努力。二是努力加强制度建设。在落实制度上,强调依章办事,按章办事;在落实民主集中制上,强调大事小事一起议,不搞个人说了算;在落实学习上,强调求真务实,学以致用;在落实做人做事上,强调讲操守、重品行、做表率。三是不断加强宣传力度。在保持原有宣传手段的同时,更加注重借助社会服务、大型活动和学习机会,不断在会内会外进行宣传,使更多的人知晓民进、了解民进。全年有5组视频新闻在江西电视台和鹰潭电视台新闻联播节目中播出,有17篇文字新闻在民进中央网、江西政协新闻网、《江西民进》和《鹰潭日报》等媒介上发表。

【召开第三次会员大会】11月23日,中国民主促进会鹰潭市第三次会员大会隆重召开。江西省政协副主席、民进江西省委会主委汤建人,中共鹰潭市委常委、统战部部长戴春英,市人大、市政府、市政协以及各民主党派、工商联、无党派知识分子联谊会有关领导出席会议。会上,与会人员认真学习了中国共产党第十八次全国代表大会精神,审议并通过了民进鹰潭市第二届委员会的工作报告。大会选举产生了民进鹰潭市第三届委员会领导班子,祝光进当选民进鹰潭市第三届委员会主任委员,戴冬英、琚丽红当选民进鹰潭市第三届委员会副主任委员,陈嫣、苏五德、杨明益、周远辉当选第三届委员会委员。

【获民进全国学习践行社会主义核心价值体系先进集体称号】9月12日,在北京召开的民进学习践行社会主义核心价值体系总结表彰大会上,民进鹰潭月湖综合支部被民进中央授予“民进学习践行社会主义核心价值体系先进集体”称号。民进会员、月湖区政协副主席陈嫣作为先进集体代表赴北京参会,并作为江西省唯一代表上台领奖。

【汤建人到鹰潭调研】11月23日,江西省政协副主席、民进江西省委会主委汤建人率领民进省委会机关部分专职人员,在市委常委、统战部长戴春英的陪同下,到民进会员曹有红创办的鹰潭市特殊需要儿童康复中心调研。汤建人一行在详细听取和询问了中心负责人曹有红关于创办康复中心的艰辛历程和感人事迹后,表示将呼吁更多的慈善机构和企业共同关注残障儿童、关心残障儿童事业的健康发展,并希望曹有红和康复中心的教职员工要认真贯彻中共十八大提出的“努力办好人民满意的教育”这一要求,积极探索特殊需要儿童教育的新方法、新路子,让更多的残障儿童和正常儿童一样平等接受教育,使他们更好地融入社会。

【祝光进出席民进第十一次全国代表大会】12月15日,中国民主促进会第十一次全国代表大会在北京开幕,市委会主委祝光进作为民进十一大代表出席本次大会。

(陈松德)

【民进鹰潭市委会领导人名录】

主　委:祝光进

副主委:戴冬英(女)　琚丽红(女)

中国农工民主党鹰潭市委员会

【概述】2012年,农工党鹰潭市委会在中共鹰潭市委和农工党省委会的领导下,在中共鹰潭市委统战部的大力支持和帮助下,团结和带领全市广大农工党员,紧密围绕实现鹰潭科学发展、进位赶超这一目标,切实加强自身建设,认真履行参政党职能,开创了各项工作的新局面。

【党员队伍建设】一是加强政治理论学习,提高政治把握力。市委会全年安排了对中共鹰潭市委七届二次全会精神的学习、开展了学习《人民日报》刊登的《集中精力把两会精神贯彻好》《牢牢把握稳中求进的总基调》《满怀信心迎接党的十八大》三篇评论员文章活动、组织了对农工党江西省第十一次代表大会精神的学习、开展了对胡锦涛7月23日在省部级主要领导干部专题研讨班上发表的重要讲话精神的专题学习活动、在全市各级农工党组织中迅速掀起学习贯彻中共十八大精神的热潮等各类学习活动。二是加强党派业务培训，提高履职能力。市委会先后安排2名骨干党员参加农工党省委会组织的农工党全省基层骨干培训班，选派1名机关干部参加市委统战部组织的全市党外科级干部政治理论培训班的学习。另外，市委会还召开了参政议政工作会议，邀请有关专家和领导就如何围绕经济社会发展中的重大问题选好课题、提好建议进行了专题培训。通过开展多种形式的学习和培训活动，使全市广大农工党员统一了思想，提高了认识，坚定了信念，增强了本领，为更好地履行参政党职能奠定了坚实的思想政治基础。

【组织建设】一是完成政治交接。换届工作中，市委会严格遵守《中国农工民主党章程》，按照农工党省委会的有关精神及《市委统战部关于协助各民主党派市委会做好换届工作的意见》，成立了换届工作领导小组，进行了大量认真细致的前期准备工作。11月24日，经过紧锣密鼓的紧张筹备，在全市广大农工党员的积极配合和共同努力下，农工党鹰潭市第五次代表大会隆重召开，选举产生了农工党鹰潭市第五届委员会，顺利完成了政治交接任务。二是加强基层组织建设。2012年年初，市委会开展了一年一度的先进基层组织和优秀农工党员表彰活动，持之以恒地坚持营造各基层组织和广大农工党员“创先争优”的浓厚氛围。市委会进一步规范和指导各基层组织开展组织活动。同时，市委会还注重做好党员的联络慰问工作，把关心党员的生活、工作、学习列入工作日程。在传统节日前走访市委会退休老党员，看望慰问生病住院党员，为他们送上节日的温暖，带去组织的问候。三是积极稳妥发展新党员。市委会重视党员发展，强调把好党员发展的入门关。在注重质量的前提下，稳步推进组织发展工作，全年新发展了2名党员，其中1名正科级，1名具有高级职称。截至11月底，全市共有党员220人，其中，医卫界党员110人，占总数50%，教育界党员38人，占总数17.3%，科技、文化等其他界别党员72人，占总数32.7%，具有高、中级职称的党员188人，占85.5%。经过多年的积累，党员队伍知识结构和整体素质得到明显提高，为更好地发挥参政党职能提供了坚强的组织保证和必要的人才基础。

【参政议政】一是高度重视两会建言工作。市委会把两会建言作为全年参政议政工作的重点，召集党员中人大代表、政协委员、骨干党员，紧紧围绕中心工作和社会难点、热点问题进行专题调研，形成意见建议为市委、市政府决策提供科学、有益的参考。在市人大八届二次会议上，党员中的市人大代表提出的“关于余江杨溪供销社职工养老保险问题的建议”“关于进一步加强垃圾分类收集处理工作的建议”和“关于进一步加强全市残疾人无障碍设施建设和利用的建议”得到有关部门高度重视。在市政协八届二次会议上，市委会提交集体提案5篇，大会口头发言1篇，书面发言1篇。党员中的市政协委员提交个人提案和社情民意14篇。其中市委会提案“发展园区旅游，培育旅游产业增长第二极”“我市农民专业合作社健康发展的建议”作为市政协大会发言和集体提案，引起了社会的广泛关注，市政府及有关部门高度重视并积极采纳了有关建议，市政协还将“我市农民专业合作社健康发展的建议”列为重点督办提案。二是积极开展课题调研。一方面，市委会积极参加省委会专题联合调研，提交了调研报告“弘扬书院文化，助推文化强省建设”“开展社会服务文化活动情况汇报”。另一方面，市委会将市委、市政府关心的课题下发给基层组织作为选题参考。同时，邀请党内外专家，组成课题调研组，围绕经济社会发展中的重大问题展开调研。市委会理论研究课题“关于促进新一代民主党派成员发挥民主监督作用的几点思考”在省委会理论研究招标中中标。三是积极反映社情民意。全年市委会共向农工党省委会报送社情民意信息稿件30篇。其中，截至第三季度，有5篇社情民意信息获得省委会采用，《进一步提高农民工培训工作实效》《农村集中式供水存在安全隐患》2篇信息被农工中央《信息专报》采用。市委会被农工党省委会评为社情民意信息工作先进市委会。2012年，市委会为进一步提升参政议政工作水平，想了很多法子，其中制定出台了《中国农工民主党鹰潭市委员会参政议政先进集体和先进个人奖励办法(试行)》，激发了党员们参政议政的热情。

【社会服务】一是发挥党派优势，做大同心品牌。全年累计捐献药品总额达20余万元。6月，市委会与市委统战部共同组成同心服务队赴贵溪市樟坪畲族乡双圳村开展“同心·关爱留守儿童暨2012(第五届)中国环境与健康宣传周活动”，为当地村民进行了免费体检、发放药品并为留守儿童捐赠了学习用品。11月，市委会同农工党南昌大学附属口腔医院支部专家前往洪湖乡敬老院开展“同心·送温暖暨第二十四届国际科学与和平周”活动，给孤寡老人义诊咨询，并送去了慰问品。二是整合党内资源，发挥基层组织作用。市委会积极指导各基层组织发挥自身优势，开展各具特色的社会服务活动。农工党月湖支部联合月湖区政协前往梅园社区居委会开展了“同心·送医送药进社区”活动，免费为200余名社区群众进行了咨询检查、医疗义诊活动。文化支部开展了“同心同行·敬老爱老”活动，看望慰问夏埠乡敬老院孤寡老人，为老人表演文艺节目并捐款慰问。余江总支联合余江县统战部为余江县杨溪乡群众进行义诊咨询。农工党贵溪支部、贵冶小组联合开展关爱儿童活动，看望孤儿并为他们捐款。

（吴皇云）

【农工党鹰潭市委会领导人名录】

主　委：聂玲娜（女，2012.11~）

副主委：郑华萍（女）祝 斌

曾细根　杨 毅（2012.11~）

九三学社鹰潭市委员会

【概述】2012年是九三学社换届之年，社中央第十次全国代表大会、社省委第七次代表大会、社市委第四次全体社员大会相继召开。社市委以换届为契机做好政治交接，围绕中共鹰潭市委的中心工作，加强自身建设，认真履行参政议政、民主监督职能，积极开展社会服务，各项工作取得较好成绩。

【加强思想建设，努力建设学习型参政党】社市委班子坚持中心组学习制度，一季度学习传达了中共鹰潭市委七届二次全会精神；二季度学习传达了全国两会精神，深入学习了中共中央《关于加强新形势下党外代表人士队伍建设的意见》；三季度学习传达了九三学社江西省委会第七次代表大会精神，开展了学习贯彻胡锦涛总书记7月23日在省部级主要领导干部专题研讨班上的重要讲话专题学习活动；四季度在全市各基层组织掀起了学习贯彻中共十八大、九三学社中央全国第十次代表大会精神的高潮。在抓好社市委班子学习的同时，社市委注重抓社员的学习。社市委先后安排5名骨干社员参加九三学社江西省委会组织的全省基层骨干理论培训班学习；选派了1名机关干部、1名社员参加市委统战部组织的全市党外科级干部理论培训班学习。组织社员学习全国两会精神、社省委第七次代表大会精神、收看中共十八大召开盛况。号召全体社员以杨佳为榜样，通过基层组织交流、撰写学习体会、参加社省委征文等形式学习她的先进事迹，弘扬她的崇高精神，提升自身素质。

【围绕科学发展，积极履行参政党职能】在市政协八届二次会议上，社内政协委员围绕全市金融服务、社区管理、水利建设、三农问题、民生工程等提出了15件提案，其中委员个人提案10件、集体提案5件。《建立粮食生产稳定发展长效机制，确保区域粮食安全》作为大会发言材料《明晰责权，切实做好农田水利设施建设和管理》作为书面发言材料，受到广大政协委员的好评。此外，社市委班子领导积极参加市委、市政府、市政协、市委统战部等召开的专题协商会、情况通报会、座谈会等，围绕市委、市政府中心工作以及群众关心的热点、难点、焦点问题建言献策，得到有关领导及职能部门的认可、重视，许多建议意见得到采纳、落实。7位被聘为特约监督（检查）员的社员也在各自被聘的岗位上认真履行职责，发挥民主监督的作用。2012年，社市委被社省委评为“参政议政先进单位”。

【搞好换届选举，实现班子交接】2012年11月社三届市委会届满进行换届，市委会按照《九三学社章程》、九三学社江西省委会及《市委统战部关于协助各民主党派市委会做好换届工作的意见》的有关精神，经过届中述职、民主测评、民主推荐、组织考察等一系列严格的组织程序，确定了新一届市委会委员候选人名单，并上报中共鹰潭市委和社省委审批。11月25日，九三学社鹰潭市第四次社员大会胜利召开，社市委严格遵守《九三学社章程》和换届选举工作有关规定，认真履行法定程序，选举产生了九三学社鹰潭市第四届委员会，顺利完成领导班子的政治交接。

【发展新社员，增添新活力】一年来发展新社员9名，入社时平均年龄28岁，年龄结构得到优化，为社组织注入了新鲜血液，为九三队伍增添了活力。截至2012年年底，共有社员131人。社员中现任市政协副主席2人、正县级干部1人、副县级干部2人、科级干部13人；省政协委员1人、市人大常委1人、市政协常委3人、市人大代表5人、市政协委员16人，县区政协委员20人。

【塑造党派形象，提高服务水平】社会服务是展示九三学社良好社会形象的重要方面，社市委充分发挥社员在医疗、农业技术方面的特长，开展科技咨询活动。3月22日，在余江县举行了农业科技和医疗咨询活动，为广大农民提供水稻选种、育秧和早稻田间管理等方面的技术服务，为市民提供免费的健康医疗咨询服务。7月20日，在余江县同乐园，开展了心理咨询、医疗和农业技术服务。9月18日，同余江县科协一起举办了科技宣传日活动，提供了免费医疗和农业技术咨询服务。共服务群众约1200余人次。11月11日“国际科学与和平周”走访了平定敬老院，免费为老人进行了体检，并赠送了日常应急用药。与画桥百子养鹿场、仙塘官家水产养殖户建立了科技服务关系，为他们提供免费技术服务。社员曾庆根刻苦钻研，潜心针刀治疗研究，在第四届国际针刀学术交流大会上被评为“最美针刀医生”，2012年来他为痛症患者免费治疗1000多人次，减免治疗费近10万元。

（郑 易）

【九三学社鹰潭市委员会领导人名录】

主　委：徐文艺（2012.12~）

副主委：桂 平　舒忠东　葛 菁（女，2012.12~）

人民团体

编辑、校对:陈志敏

市总工会

【概述】2012年,市总工会在市委、市政府和上级工会的正确领导下,在市四套班子的重视关心和有关部门、社会各界的大力支持下,认真履行各项职责,组织开展了"职工文化发展年"系列活动、"面对面、心贴心、实打实,服务职工在基层"活动,全面完成各项任务。荣获全总授予的全国安全生产督导工作优秀组织奖、厂务公开工作先进单位、财务工作先进单位、经审工作先进集体等荣誉称号;荣获省总授予的全省帮扶工作先进集体、职工维权法律援助先进集体、新闻宣传工作先进单位、职工学法用法活动优秀组织奖、全省工人运动会优秀组织奖、道德风尚奖、突出贡献奖等荣誉称号。和谐园区建设工作等进入全国前列,建功立业、互助保障、舆情工作、维权维稳、职工文化建设等进入全省前列。综治、党建等工作受到市委、市政府有关部门表彰。

【中心及社会工作】以服务建设富裕、秀美、宜居、和谐新鹰潭为目的,围绕党政大局,团结动员广大职工投身于建设鄱阳湖生态经济区璀璨明珠;先后派出7名党员干部、投入资金40多万元,参与信访维稳、旧城改造、招商引资、企业招工、免费培训、恒大绿洲项目的督查督导工作、秀美乡村建设、挂点帮扶乡镇等,圆满完成各项任务。加速推进"数字工会"建设;主动融入、支持、参与加强和创新社会管理,将维权帮扶网络延伸到了社区,创新了对职工群众的社会管理与公共服务。积极履行创建省级文明城市、国家园林城市等应尽职责。继续开展好"党工共建,创先争优"活动;工会经费的收缴、使用、管理和审计审查工作进入全省前列;切实抓好各级工会机关党的建设和党风廉政建设,深入开展"集中整治干部作风突出问题"主题教育活动,深化"党员先锋创绩""访民情、办实事、转作风、作表率"和"五比"活动;以"共建美丽家园,共筑美好生活"为主题,广泛开展机关党员志愿者活动;大力推进党建标准化项目建设,党建工作基础得到了不断夯实;工会综合治理、计划生育、精神文明、工会志、档案、老干部等社会工作得到协调发展。

【"面·心·实"活动】2月成立了"面对面、心贴心、实打实,服务职工在基层"活动工作机构,全年广泛开展了"走基层、听呼声、解难题、促和谐"走访调研活动,走访企业322家,走访慰问职工6081人,共发放慰问补贴金87万余元;与企业经营者、企业工会干部、一线职工等集体召开座谈会152场,参与座谈会总人数1620余人,发放"面·心·实"调研问卷1600余份,发放各类宣传材料4000余份,帮助解决各类实际问题60多个。

【创新竞赛活动】开展当好主力军、建功"十二五"、创先争优竞赛活动和重点行业、项目、工程、非公企业的劳动竞赛、岗位比武、技术创新等30多项及"安康杯"竞赛活动,参赛企事业单位893家,参赛职工达7.5万余人,提出合理化建议1.2万余条,被采纳建议1500余条。135家企业参与了"安康杯"竞赛活动,参与职工3.86万余人。

【组织建设与民主管理】一批新企业如鹰潭恒大地产、鹰潭华润燃气等顺利建会,全市累计建立工会组织3060家、累计发展会员14.7万余人,新增工会组织386家、新增会员1.49余人。同时,推动基层工会普遍建立独立账户。加快了基层工会规范化建设步伐,加大支持"和谐工会""职工之家"建设力度。实行厂务公开民主管理制度的企事业单位达2484家。其中国有、集体及控股企业185家,建制率达100%;事业单位724家,实行厂务公开单位688家,建制率达92%;非公有制企业1699家,实行厂务公开单位1631家,占已建立工会组织非公企业的96%。

【弘扬劳模时代精神】鹰潭市推荐评选表彰了44个全国、省和市工人先锋号、"五一劳动"奖章、奖状等。组织了一批劳模赴上海等地疗休养,发放劳模慰问金76万元。完成了全国级、省级困难劳模和特困劳模摸底和建档工作。开展"红五月"劳模宣传活动,对劳模进行专题宣传。"五一"前后,省、市媒体对本市一批劳模进行了大规模宣传,共上稿20余条。推动全社会形成尊重劳模、学习劳模、争当劳模的良好风尚。

【构建和谐劳动关系】工会组建、和谐劳动关系建设等纳入了全市党工共建、加强和创新社会管理的目标要求;市政府明确支持工会开展"职工文化发展年"活动及三大场所建设等事项;市人大、市政协专项听取了关于全市工资集体协商情况汇报,开展了《中华人民共和国工会法》等执法调查。强化职工民主管理,保障职工群众民主权利。已建工会的企业职代会、厂务公开制度建制率达到92%以上。推荐评选表彰市级、省级和谐企业12家。开展了《中华人民共和国劳动合同法》及工会劳动法律监督现状的调研,发放调查问卷800余份。全市1101家企业签订了集体合同。召开了二次全市劳动关系三方四家协商会议。健全了要情专报制度、处置应急预案、信访工作责任制和维稳工作责任制。积极参与、妥善处置职工群体和各类上访300多人次,化解矛盾纠纷50多起,及时处置全总和省委领导关注的网络舆情事件10余起,真正实现工会是职工上访最终点的目标。职工经济、政治、文化、社会、生态文明权益得到维护。全市职工队伍保持和谐稳定。

【帮扶助困行动】整合困难帮扶、法律援助、劳动争议调解、技能培训、职业介绍、互助保障等职能,市职工服务中心正式挂牌。全市各级工会筹集送温暖资金556.22万元,慰问困难职工、困难劳模8529户。赠送 大病保险、意外伤害保险保费达15万多元,专项开展"女职工关爱行动"。开展"助残日""端午送关爱""金秋助学""敬老月"等活动,争取中央、省财政专项救助帮扶资金147万元。互助保障理赔100多例,金额73万余元。市委书记陈兴超带领工会干部亲赴高温工地,为一线职工送清凉。加强了法律法规宣传。成立了75人组成的工会法律援助志愿团。积极开展"六五"普法行动,组织了普法宣传周活动,进行了两场大型广场宣传,发放2000份《法律援助知识手册》及《农民工维权须知》,增强职工的依法维权意识和能力。

【职工文化建设】组织了"职工文化发展年"系列活动。举办第三届职工运动会及第二届职工文化艺术节,历时7个多月,参与职工达10万余人。并组团参加省第二届工人运动会,获得24个奖项,成绩喜人。同时,开展了送戏下企业、进车间等活动。为鹰潭市开展三城同创奠定了丰厚的文化底蕴。加强了工会宣传文化阵地建设。工会网站、工人文化宫、职工学校建设等提上议事日程,新建成了一批职工书屋。在市以上媒体用稿100多条,扩大了工会社会影响。深入开展理想信念教育活动,大力弘扬社会主义核心价值观。与中国劳福事业杂志社联合举办"鹰潭工运杯"征文活动,推动工运理论10多个课题研究。引导职工参与各类文艺创作和展演活动,一批作者和表演者获得全国、全省文艺奖,各级工会开展送文艺进企业、进班组等活动,推动了职工文化大发展大繁荣。

【市政府与市总工会第十次联席座谈会议】2月23日,市政府与市总工会第十次联席座谈会举行。会议学习传达了全身厂务公开工作会议精神。市长钟志生出席会议并讲话。市人大常委会副巡视员、市总工会主席管华鞍通报了第九次联席座谈会精神贯彻落实情况、市总工会2011年工作情况和2012年工作安排。副市长徐云主持座谈会。会议明确支持工会组织开展"职工文化年"活动;支持工会帮扶中心转型为职工服务中心;支持工会三大场所建设;支持保留工会所属事业单位。

【市总工会五届五次委员(扩大)会议】3月29日,市总工会五届五次委员(扩大)会议在鹰潭宾馆3楼会议室召开,会议表彰了先进,总结了2011年工作,部署2012年的工作任务。市委常委、统战部长戴春英,市人大常委会副巡视员、市总工会主席管华鞍出席会议并讲话。苗天林作了工作报告,陈晓萍作经审工作报告。会议还替补了市总工会第五届委员会常委、委员、经审委员,通报了2011年度全市工会重点工作完成情况。

【市总工会五届六次全委会议】6月12日,市总工会五届六次全委会议在华侨饭店2楼会议室召开,会议总结了2012年上半年工作,部署2012年下半年的工作任务。会议还按法定程序通过了人事任免,选举了市总常务副主席,增补了市总工会第五届委员会常委。

(席文涛)

【市总工会副县级以上干部名录】

党组书记、主席:管华鞍(~2012.11)
主席:管华鞍(2012.11~)
党组书记:卢越明(2012.11~)
党组副书记、常务副主席:苗天林
(~2012.5) 张赣北(2012.5~)
副主席:张赣北(~2012.5)
调研员:苗天林(2012.5~) 杨林辉
经费审查委员会主任:陈晓萍(女)
女职工委员会主任:吴 培(女)
副调研员:胡国根

共青团鹰潭市委

【概述】2012年,在市委和团省委的正确领导下,共青团鹰潭市委以庆祝党的十八大胜利召开和中国共青团建团90周年为契机,深入贯彻落实市第七次党代会、市委七届二次全会及团省委十四届五次全委会精神,全面履行共青团四项基本职能,以服务大局有新作为、服务青年有新举措、服务社会有新实效、组织建设有新局面为目标,团结带领广大团员青年在富裕、秀美、宜居、和谐鹰潭建设中发挥生力军和突击队作用,实现了共青团事业的新发展。

【青少年思想引导】 青少年思想引导工作全面深化。一是以党的十八大和建团90周年为契机,以"学党史、知党情、跟党走"为主题,突出青少年爱国主义教育活动的时代性、普遍性和实践性,切实加强青少年形势政策教育,引导广大青少年坚定跟党走中国特色社会主义道路的理想信念。二是按照团省委统一部署全市8万名少先队员、2000个班级开展各种形式多样的"红领巾心向党——学先锋,找榜样,争四好"活动。三是举办全市"沃·爱——讲述志愿者的故事"演讲比赛,在全社会大力倡导"奉献、友爱、互助、进步"的志愿者精神,鹰潭市2名选手入围全省决赛。

【青年就业创业】推进"服务企业发展,促进青年就业"行动。一是服务青年创业。开展创业技能培训,建立"青年创业孵化基地",搭建创业平台;推进青年创业贷款发放工作,全年共发放2200万元,以实际行动助推青年创业致富。二是服务企业招工。建立覆盖广泛、动态管理的青年就业需求信息网络,及时做好供求对接,保质保量地完成市政府下达的招工任务。三是扎实推进青年就业创业见习基地建设,全市共建立青年就业创业见习基地65家,组织青年接受就业见习900余人次。四是丰富进城务工青年文化生活。大力开展"文化进企业"活动,关爱农民工子女,让务工青年"招得进,留得住"。五是积极参与招商工作,抽调团市委干部加入市招商小分队,先后前往浙江、广东等地进行驻点招商。

【帮助困难青少年群体】竭力帮助困难青少年群体。一是开展"沃·爱"助学行动,在3所希望小学捐赠新华字典和图书共计1200册。二是积极争取资源,在余江县画桥中心小学建立了一支鼓号队,并配备相应的鼓号队器材。三是关爱农民工子女,全市已摸清农民工子女集中学校30所,其中已结对30所;已摸清农民工子女人数8943人,已结对人数8598人,结对学校比例为100%,结对人数比例为96.14%。

【青年生态友好行动】推进"青年生态友好行动"。一是动员农村青年植绿护绿,引导少年儿童争当环保小卫士,宣传环保理念。二是引导团员青年践行文明礼仪,参与城市管理,维护公共秩序,参与志愿服务,切实融入鹰潭"三城同创"工作,做城市文明的传播者和实践者,做文明城市的维护者和监督者。三是引导青年企业家实施产业升级、清洁生产、促进节能减排。

【维护青少年合法权益】切实维护青少年合法权益。一是借助"12355"平台的青少年认知度,依托"12355"青少年服务台的心理服务资源和专家力量,联合"我帮你青春工作室"开展活动,定期聘请资深心理咨询师座客"12355"服务点,通过交流沟通,帮助青少年解决心里困惑,争做代表青少年表达和反映利益诉求的倾听者。二是开通团鹰潭市委"12355"微博,设立手机团校,通过新媒体建立吸引凝聚青少年的长效机制,在青少年思想引导,利益诉求方面和青少年实时"面对面"。三是举行"共青团与人大代表、政协委员面对面"活动,对设计青少年的社会重点、热点、难点问题进行了多角度的剖析、解读,更深层次的维护青少年合法权益。

【参与社会管理创新】 推进"共青团参与社会管理创新行动"。一是探索志愿者工作新模式。全面夯实志愿者组织建设,在全市所有乡镇(街道)、村(社区)建立志愿者管理站,组建一支相对稳定的社会工作者队伍。全市共建立三级志愿者服务机构64个,注册志愿者1470名。二是全面推进五类重点青少年群体排查工作,摸底工作切实做到"五清",即人员底数清、家庭情况清、心理特征清、行为表现清、目前情况清。在摸清家底的基础上,针对留守儿童、闲散青少年等重点群体的特点需求,整合社会资源,建立长效帮扶机制,创新重点青少年群体帮扶教育新模式。三是深入开展希望工程。多方争取资源,资助困难青少年群体,一年来,全市共筹集73.5万元资金,资助贫困学生177名。争取新建希望小学项目一所。

【基层组织建设】 大力加强基层组织建设。一是全面推进乡镇实体化"大团委"建设。全市新建乡镇直属团组织768个,覆盖团员7981人,35岁以下青年1.74万人,有效壮大了党的后备力量,巩固和扩大了党执政青年的群众基础。二是夯实巩固非公企业团建成果。先后出台相关政策措施并形成具有鹰潭特色的党建带团建长效工作机制,推进团的基层组织建设;截至2012年年底,全市非公团建403家,覆盖团员4072人,青年1.06万人,实现规模以上工业企业团组织全覆盖。三是积极推进农村专业合作组织建团工作。按照团省委的统一部署,积极推进农村专业合作组织建团工作,鹰潭市共在39个农村专业合作组织建立了团组织。

【团干队伍建设】 大力推进团干队伍建设。一是深入开展"创建学习型团组织、争当学习型团干部"活动,在团的机关举办"青春大讲堂""今日我开讲"等学习活动,在鹰潭共青团网开办"团干加油站""团干博客"。二是按照全市开展的集中整治影响发展环境的干部作风突出问题活动要求,紧密跟进,强化全市全干部作风建设。三是坚持党组中心组理论学习、机关部室述职等制度,每月进行一次集中学习、每半年举办一次专题讲座,全面提高团干部的理论素养和能力水准,切实使团市委机关"走"出去的团干部能力达到"标准化"。

【团的外围组织建设】加强团的外围组织建设。一是履行全团带队的职责,推进少先队规范化学校建设、辅导员职业化专业化建设,积极筹划对本市基层辅导员进行高规格心理咨询师培训。二是发挥在外创业青年的力量,在北京、上海、浙江、福建、昆明等成立地驻外团工委成立的基础上,充分发挥其积极作用。三是充分发挥好青联、青商会作用,充分发挥青联人才智力优势、信息资源优势、组织联络优势,组织、动员广大委员积极投身经济建设和社会进步事业,在服务青少年成长成才、服务青联委员、青商会会员事业发展、服务团的事业发展上建功立业。

【选树典型】选树典型,示范带动不断加强。一是以建团90周年为契机,开展第四届"鹰潭青年五四奖章"评选活动,选树了乐东明等一批优秀青年典型,引导全市广大团员青年爱岗敬业、争做先锋。二是联合鹰潭市教育局表彰100名少先队员为鹰潭市"红领巾心向党百名四好少年"。三是全面开展"学习雷锋好榜样"评选创建活动,选树学习雷锋活动的先进典型和优秀集体,选评出10位市级雷锋哥(姐)、创建20个雷锋班、在窗口服务行业创建500个青年雷锋岗。

(孔祥兆)

【团市委副县级以上干部名录】

书记:刘维新(~2012.5) 徐楷(2012.11~)

副书记、调研员:周谷昌

副书记:陈愈湛(2012.5~) 方璐(女,2012.11~)

鹰潭市妇联

【概述】2012年,在市委、市政府的正确领导下,在省妇联的精心指导下,鹰潭市妇联紧紧围绕党政工作大局,着眼于广大妇女儿童发展与权益维护,积极参与社会管理创新,抓基层,打基础,谋发展,整体推进妇联工作再上新台阶。被全国妇联评为创先争优先进集体,被市委、市政府评为信访工作先进单位、计划生育工作先进单位。

【关注民生,积极参与社会管理创新】市妇联认真贯彻落实市委办公室《关于全面推进妇联组织参与社会管理创新工作的意见》,以着力解决妇女儿童"三最"问题为突破口,以"四项行动"为抓手,创新工作思路和举措,充分发挥妇联组织在参与社会管理创新中的积极作用。一是开展"巾帼创业致富行动"。为帮助城镇下岗失业妇女、农村失地妇女、留守妇女们不出家门就近就业增收致富,市妇联重点抓好三项工作:(1)大力发展妇女来料加工业。组织县(市、区)妇联有关人员多次专程赴浙江为妇女寻找加工项目,深入到乡镇、社区对来料加工业进行全面走访与调查,召开来料加工经纪人座谈会,鼓励有能力、有意向的妇女担任经纪人,组织下岗失业妇女、留守妇女从事来料加工。争取省妇联10万元项目资金,在贵溪市塘湾镇建立了留守妇女"巾帼创业园",有效解决了2000多名留守妇女的就业问题,帮留守儿童找回了母亲、帮空巢老人找回了女儿和媳妇,促进了家庭和睦、社会和谐。在月湖区东站社区、童家苏山村等地设立了妇女来料加工点,全市共培育了100多名一级女经纪人,带动了3万多名妇女从事来料加工实现居家灵活就业,收到了较好的经济效益和社会影响。10月30日,《中国妇女报》头版头条刊发文章《鹰潭:来料加工成留守妇女帮扶新途径》,介绍鹰潭市大力发展来料加工,让政府赢得口碑,群众得到实惠,进一步促进了家庭和社会和谐稳定的做法和经验。(2)努力推动家庭服务业发展。组织县(市、区)妇联主席赴上海、山东、安徽等地学习考察家政服务工作,主动与市劳动就业局沟通联系,筹集资金80余万元,共同在市妇女儿童活动中心二楼打造了功能齐全、设施完备的"红杜鹃"家庭服务公共实训基地,把母婴护理、老人病患护理、家居保洁等培训内容和实际操作相结合,努力提高家庭服务培训效果。11月中旬,市妇联举办了第一期家政服务员培训班,60多名城镇下岗失业妇女和农村留守妇女参加了培训。(3)竭力帮扶妇女创业。市妇联深入基层对有创业能力的妇女进行走访调研,在信息、项目、资金、技术等方面给予帮助,激励、帮助做大做强致富项目,带动周边妇女走上共同致富道路。贵溪市金土地农业发展有限公司,每年生产各类蔬菜2000多吨,带动了周边近200名农村妇女就业。经市妇联积极推荐申报,该公司被全国妇联、科技部、农业部认定为"全国巾帼现代农业科技示范基地",进一步加大了妇女小额担保贷款宣传力度,扩大了担保范围,2012年以来,全市共发放妇女小额担保贷款1.18亿元,扶持1330名妇女自主创业,带动5000多妇女就业。二是开展"农村留守儿童关爱行动"。市妇联深入10多个乡镇、学校对农村留守儿童基本情况调研,发放调查问卷3000多份,并撰写了专题调研报告,提出了有针对性的意见建议。贵溪市妇联积极协调争取该市政府安排30万元专项经费在地处偏远山区的文坊镇票上小学兴建了一个市级示范留守儿童之家,为在校儿童特别是留守儿童提供食堂、课外活动、读书阅览、交流实践等服务。贵溪市周坊中心学校“留守儿童之家”对留守儿童进行课业辅导、生活指导、心理疏导,组织开展特色课堂和亲情对话等活动,有效解决了“留守儿童”失管失教等问题,被全国妇联、教育部命名为全国基层示范“留守儿童之家”。元旦期间,市妇联发出了1万份“给留守儿童父母的一封信”,呼吁留守儿童父母回家过年,圆孩子一个过团圆年的梦想。“六一”节前夕,联合教育局举办了“城乡儿童手拉手,互爱互助共成长”关爱留守儿童活动,组织余江县杨溪乡璜源斯图特春蕾小学的20名留守儿童与市九小的孩子们开展“手拉手”结对子活动,搭起了城乡孩子共建友谊、共同进步的桥梁,使农村留守儿童在度过快乐节日的同时感受到党和政府的温暖。三是开展“贫困妇女帮扶行动”。建立健全了贫困妇女信息库,收录了全市625名贫困妇女的基本资料,为7名“两癌”贫困妇女争取到中国妇女发展基金会专项救助金7万元,为5名“三孤”人员争取到救助金1万元。联合解放军184医院举办了大型公益援助活动,为27名贫困妇女免费实施了摘除盆腔肿块、子宫肌瘤、卵巢囊肿等妇科手术。组织巾帼志愿服务队到余江县画桥镇开展送健康下乡活动,为贫困妇女送医送药,宣传卫生健康知识,切实把关爱和服务送到妇女群众身边。四是开展“春蕾计划”助学行动。在省妇联和玫琳凯化妆品公司的大力支持下,在贵溪市一中设立了“玫琳凯春蕾班奖学金”,连续三年每年资助50名贫困高中女生春蕾奖学金每人1200元。

【强化职能,切实维护妇女儿童权益】认真履行工作职责,切实维护妇女儿童权益,促进妇女儿童群体和谐。一是完善妇女维权网络。健全了妇联组织与政法、综治、民政等部门横向联动协作机制,与市人民检察院建立了维护妇女儿童合法权益工作联系制度,与市公安局联合下发了《关于进一步预防、制止和依法查处家庭暴力的工作意见》,健全了妇女利益表达机制和矛盾化解机制,畅通妇女诉求反映渠道,妇女维权合议庭、反家庭暴力妇女庇护所、“12338”妇女维权热线等妇女维权阵地得到巩固和拓展。二是热心做好信访接待。市妇联热情接待来访群众,认真倾听群众诉求,帮助解决实际问题。2012年以来,全市妇联组织共接待妇女群众来信来访486件,基本做到了“件件有着落,事事有回音”。帮助161名妇女、110名未成年人申请了法律援助,帮助多名下岗失业、生活困难的妇女协调解决就业问题,帮助来访的孤寡老人、单亲母亲用法律维护权益,妇联的信访维权窗口已成为妇女广大法律咨询、化解矛盾、倾听诉说、解决难题的场所。三是开展妇女权益维护宣传教育活动。“三八”维权周期间,联合有关部门开展了以“家家踊跃学法律,户户平安促和谐”为主题的宣传周活动,学习贯彻新两纲、新规划,预防和制止家庭暴力,促进社会和谐稳定。活动现场,共发放法律法规、妇女维权宣传单近万份,发放全国、省妇女儿童发展纲要宣传手册千余册。四是开展家庭教育活动。邀请全国家庭教育巡讲团在全市开展家庭教育巡回报告8场,1000余名家长聆听专家报告,广泛传播了家庭教育知识,努力营造和优化有利于未成年人健康成长的家庭环境。五是开展“平安家庭”创建活动。全市创建“和谐平安家庭”“五好文明家庭”“书香家庭”“廉洁家庭”等3万多户,标兵户2800多户。鹰潭市五好文明家庭创建活动协调小组、贵溪市五好文明家庭创建活动协调小组荣获江西省五好文明家庭创建活动先进协调组织。李琳家庭荣获江西省五好文明家庭标兵户。全市16户家庭荣获江西省五好文明家庭。6月,和市戒毒所联合组织了一场特殊的“见面会”,让接受强制戒毒的人员和家人分别对着摄像机,说出自己的心里话,通过播放录音录像进行“面对面”交流沟通,帮助接受强制戒毒的人员树立重新生活的信心,促进了家庭、社会的和谐稳定。8月,与市综治办、市公安局等部门联合开展“平安家庭”创建“亲子暑期教育日”活动。组织月湖区杏南社区的20个家庭来到武警鹰潭市中队,参观了市看守所和戒毒所,与部队战士联谊。通过国防教育、警示教育引导广大家庭成员增强安全防范、懂法守法意识,树立科学、文明、健康的生活方式,提高家庭的社会公德水平和现代文明程度。

【弘扬新风,促进社会和谐稳定】市妇联充分发挥群众团体的工作优势,广泛开展各种宣传教育活动,弘扬社会主义新风尚,营造良好社会氛围,进一步促进了社会和谐稳定。一是举行全市庆祝“三八”国际劳动妇女节102周年茶话会。来自全市各行各业的女领导、女企业家、女先进模范代表等欢聚一堂,共叙友情,共谋发展。二是评选表彰先进典型。表彰了全市“三八”红旗手(集体)、巾帼文明岗和巾帼建功标兵、农村妇女“双学双比”活动先进集体和先进个人,并在主流媒体开设专题专栏,广泛宣传优秀妇女典型,激励广大妇女学先进、见行动、作贡献。三是开展了“践行雷锋精神,巾帼志愿者在行动”主题实践活动。全市建立“巾帼志愿者服务站”70多个,招募巾帼志愿者600多名。广大巾帼志愿者们广泛开展扶弱帮困、调解纠纷、文明劝导、法律宣传等服务活动,弘扬了雷锋精神,促进了家庭和睦、社区和谐。四是评选表彰了全市“优秀母亲”。进一步深化了文明家庭创建活动，发挥了广大妇女在传承文明、弘扬新风、增进和谐、维护稳定中的特殊作用。

【精心筹备，新一轮妇女儿童发展规划正式颁布】鹰潭市新一轮“两个规划”编制工作征集各方意见建议100多条，8易其稿，根据全国、省两纲要求，经过反复修改论证，于2012年初完成了新规划的送审稿。5月2日，市政府正式颁布了《鹰潭市妇女发展规划（2011-2020年）》和《鹰潭市儿童发展规划（2011-2020年）》。制定下发了“两个规划”《目标责任分解书》，将实施规划的目标责任分解到各有关职能部门。各县(市、区)“两个规划”也相继颁布实施。9月18日，鹰潭市召开第三次全市妇女儿童工作会议，市长钟志生出席会议并作重要讲话，副市长、市妇儿工委主任徐云作工作报告。市长钟志生在讲话中充分肯定了2002—2011年本市妇女儿童工作取得的显著成绩，对进一步做好新时期妇女儿童工作提出了新的要求。

【固本强基，妇联自身建设不断加强】与市委创先争优活动领导小组联合下发了《关于学先进、见行动、做贡献深入推进妇联组织和广大妇女创先争优活动的实施方案》，不断加强妇联组织自身建设。一是全力促进妇代会主任进村委。紧紧抓住村(社区)“两委”换届的契机，与市委组织部、市民政局加强沟通协调，实行女性候选人“定位产生”制度，确保妇女进村委，并明确规定村委会女委员兼任村妇代会主任，全力推动妇代会主任进村委。全市妇女进村(社区)“两委”比例达到了100%，村妇代会主任进村委达到了100%，既提高了妇代会主任的政治待遇和经济待遇，又确保了妇女参与村务的决策与管理，充实了基层组织力量。二是规范化建设妇女儿童之家。坚持以党建带妇建，依托村、社区“党员之家”建设“妇女儿童之家”，将社区“妇女儿童之家”纳入街道社区党建标准化项目建设当中同步规划、同步建设，在6个省级示范“妇女儿童之家”的基础上，又建设了6个市级示范“妇女儿童之家”，召开了“妇女儿童之家”建设工作培训会，对省级、市级示范“妇女儿童之家”负责人进行了业务培训。全市建立“妇女儿童之家”393个，覆盖率达89.73%，建立各级“妇女儿童之家”示范点36个，因地制宜开展形式多样的服务活动。月湖区交通街道百佳城社区利用“妇女儿童之家”定期开展“心里话聊天室”活动，组织社区妇女畅谈生活感受，交流思想感情，开展心理疏导，得到了群众的一致好评。三是认真组织学习党的十八大精神。把学习贯彻党的十八大精神作为妇联系统党的建设重大任务抓紧抓好。举办妇女干部培训班，组织开展支部学习、专题讲座，积极开展十八大精神宣讲，广泛宣传男女平等基本国策，在广大妇联干部和妇女群众中迅速掀起学习宣传党的十八大精神的热潮，把党员干部的思想和行动统一到党的十八大精神和确定的各项任务上来。四是扎实开展干部作风集中整治活动。以开展整治干部作风、优化发展环境专项活动为载体，对影响发展环境的干部作风突出问题进行专项整治，着力解决工作作风上的“庸、懒、散”，领导作风上的“假、浮、蛮”，为政不廉的“私、奢、贪”问题。通过与干部职工谈心交心、发放无记名征求意见表及民主测评等形式，广泛征求机关干部及社会各界的意见建议，制定具体的整改措施，确保整治活动取得实效。将集中整治活动与“下基层、访妇情、办实事、求实效”活动及“民情家访”活动相结合，围绕留守妇女儿童工作、基层组织建设、妇女儿童之家建设等工作到30多个乡村、社区进行调研，深入开展妇情民意调查工作，开展送岗位到基层、送法律到基层、送健康到基层、送资金到基层等活动，切实为基层妇联组织和妇女群众做好事、办实事、解难事。

（李志敏）

【市妇联副县级以上干部名录】
主　　席：朱海群(女)
党组成员、副 主 席：臧玉华（女）
党组成员、副调研员：杨　琦（女）

鹰潭市工商业联合会

【概述】2012年，市工商联在市委、市政府的领导和市委统战部的指导下，深入学习贯彻党的十八大精神，围绕全市中心工作，服务经济社会发展，履职尽责，促进非公有制经济又好又快发展，积极开展工作、组织活动，取得明显成效。

【参政议政】一是深入调查研究。围绕市委、市政府提出的总体要求，组织完成了“搭建平台，做大特色，开辟财税征收新渠道”“关于组建江西鹰潭生猪电子综合交易市场的建议”“关于鹰潭眼镜产业发展的几点思考”“2012年鹰潭市个体私营经济发展分析报告”等调研报告，其中两篇在市政协会议上作大会发言。提交议案、提案10余件。二是积极推动产业做强做大。为加速鹰潭国际眼镜城的建设，推进鹰潭眼镜特色产业发展，打造鹰潭眼镜品牌，成功举办了“聚焦鹰潭眼镜·对话郎咸平”中国眼镜产业发展高峰论坛，500余名企业家、商界人士和政府工作人员参加。为进一步推动房地产业和房地产相关产业的发展，举办了全市房地产业及相关产业供需座谈会，推介项目、产品，促进了房地产企业和相关企业间的交流合作。

【招商引资】一是引进了福建客商投资1亿元在城区兴办大型文化娱乐休闲项目和总投资6000万元

的鹰潭瑞鹰金属材料有限公司落地鹰潭高新区项目。二是开展“回归工程”招商。先后赴广州、深圳、昆明等地招商,走访看望了数家有实力、有影响的鹰潭籍企业家,叙乡情,谋发展,鼓励动员企业家回乡投资创业。与香港德盛五金公司、深圳大阳铜材公司、昆明胜强商贸公司达成了投资意向。三是缔结友好商会招商。新增友好商会3个。接待了上海市虹口区工商联及企业家投资考察团2批46人次。与法国法中科技交流委员会缔结为友好商会,商会间的交流与合作延伸到境外。

【社会责任】一是组织民营企业家代表开展“访贫问苦奉献爱心——温暖行”活动,筹集慰问品、慰问金2万余元,走访慰问了月湖区、余江县部分身患疾病、生活困难的群众和家庭。二是走访慰问了10名老干部、老党员、老模范“三老”人员,赠送月饼、慰问金价值4万元。三是开展了“同心·光彩行动”暨“永进助学金”捐赠发放仪式,9名民营企业家奉献爱心,90名家庭困难高中生和15名大学新生接受捐赠,助学金额达26万元。四是牵头完成了贵溪市滨江镇柏里村创建“秀美乡村”建设任务,柏里村的面貌焕然一新。

【服务民企】一是走访慰问民营企业。春节前,走访慰问民营企业近百家,了解企业生产经营状况,指导企业安排好节日工作。二是表彰先进促进稳定。召开了“全市民营企业优秀女企业家、女员工表彰大会”。表彰大会结束后,针对女工生理特点,还举办了“女性生理卫生保健知识讲座”。三是开展互访共谋发展。组织部分民营企业负责人到贵溪三琦生物等公司参观学习,共同探讨应对欧债危机和困难的经验,座谈交流采取的办法和措施。市县工商联联手,举办了市工商联新一届领导班子及部分常委“走进余江雕刻”文化联谊会,感受雕刻文化艺术魅力。与鹰潭农商银行共同签署了战略合作协议,探讨解决民营企业融资贷款难问题。四是缓解民企招工压力。继续和市人力资源和社会保障局等单位,组织开展了“鹰潭市民营企业招聘周”活动,有效缓解民营企业招工难问题。

【创新思路抓党建】一是积极推进非公组织党建工作,召开了“全市非公有制经济组织党建标准化项目建设现场会”和“全市非公有制经济组织党建工作推进会”。二是牵头对全市非公有制企业党建工作进行了督查,受到省非公经济组织党工委的充分肯定,并作为典型经验通报全省。三是举办了非公有制经济组织党建工作指导员及党组织负责人培训班。四是指导北京鹰潭商会、上海鹰潭商会等4家埠外鹰潭商会和3家行业商会成立了党支部,充分发挥党组织核心堡垒作用。五是组织党员干部和民营企业家代表收听收看中共十八大盛况,召开了“学习贯彻党的十八大精神座谈会”。六是开展了迎“七一”参加一次传统教育活动、听一堂党课、专访一位老党员、献一条良策、开展一次活动、帮助民营企业办一件实事”的“六个一”活动。七是创新社会管理,落实综治工作,对非公有制企业安全保卫工作进行了检查指导。

【组织建设】一是完成换届。成功召开了第六次会员代表大会,按照换届规定、干部选拔任用条例要求,选举产生了新一届领导班子。二是提拔任用科级干部。因工作需要,党组研究决定,按照干部选拔任用条例规定,经民主推荐、民主测评、全票同意提拔使用,报市委组织部、市委统战部同意,提拔使用了一名科级干部。三是重点抓好异地商会和异地鹰潭商会、行业商会的组织建设工作。先后组建成立了昆明市鹰潭商会、深圳市鹰潭商会、鹰潭市余干商会和鹰潭市广丰商会、鹰潭市水电行业商会。指导上海市鹰潭商会成功召开了首届四次会员大会,厦门市鹰潭商会成功举办了“2012情系鹰潭感恩厦门——中秋佳节联谊会”。

(王静莉)

【市工商联(总商会)副县级以上干部名录】

主席(会长):吴泉水

党组书记、副主席:李爱珺(女)

副主席:吴林生 吴煌荣(2012.9~)

党组成员、副调研员:徐振火(~2012.9)

调研员:周少华

鹰潭市文学艺术联合会

【概述】2012年,市文联领导班子在市委、市政府领导下,在市委宣传部的指导下,坚持“二为”方向、“双百”方针和“三贴近”原则,以“出作品、出人才”为主线,克服人员少,经费严重不足等困难,精诚团结,奋发有为,开拓创新,围绕中心,服务大局,开展一系列工作。

【围绕中心、服务大局,积极开展文艺活动】一是召开全市文艺工作会议。传达了全市宣传思想文化工作会议精神,总结去年文艺工作,部署2012年工作任务。召开毛泽东《在延安文艺座谈会上的讲话》发表70周年座谈会。市文艺界人士重温《讲话》精神,谋划鹰潭文艺发展。召开学习贯彻市委书记陈兴超文章《学习优秀传统文化,不断提高理论素养》座谈会。在全市文艺界掀起学习传统文化的热潮,学习优秀传统文化,增强文化自觉和自信,用真情谱写鹰潭时代强音,创作优秀作品,抒发鹰潭百姓心声。召开学习贯彻党的十八大精神座谈会。各文艺界纷纷表示要恪守以人民为中心的创作导向,结合各自业务特长,以不断涌现的精品力作为建设“四个鹰潭”做出新的更大贡献。二是鹰潭市歌征集。为提升城市形象和品味，增强全市人民的自豪感、幸福感和归属感，市文联组织召开市歌征集工作座谈会，市音乐家协会的专家学者积极参与鹰潭市歌征集创作。共收到市内外征歌作品48余件，通过专家评审，选出五件入围作品在鹰潭日报进行公示，并组织鹰潭歌唱家进行试唱、录音、制作音频小样，刻录VCD在鹰潭电视台播放，方便群众视听参与评选。三是《文化鹰潭》编辑工作。市文联组织本市部分专家学者召开《文化鹰潭》编辑工作会议，并组织撰写文章的作家深入基层创作采风，多次召开编辑工作调度会，针对重要章节进行研讨，精益求精，力求通过文化视角，展示城市发展新貌，引领读者了解鹰潭的历史文化、秀美山川、风土人情，感受鹰潭这座城市的厚重与魅力。四是“存古出新”全市书法篆刻作品展。市文联主办了“存古出新”全市书法篆刻作品展，展示了鹰潭书法风采，提升了鹰潭城市形象和文化品位，市委书记陈兴超、市长钟志生等领导都到场观看，给予了很高评价。五是“山水·笔韵”采风活动。市工艺美术学会组织省内外30多名陶瓷艺术家来到龙虎山举行“山水·笔韵”采风活动，中国工艺美术大师林学善到龙虎山艺博馆，与鹰潭本土的工艺美术家们进行艺术交流。六是举行群众文艺汇演暨灯谜竞猜活动。2月4日，由市文联、鹰潭市农业银行龙虎山支行、市民间文艺家协会、百佳城社区联合主办的“龙腾虎跃闹元宵”2012年元宵节鹰潭市群众汇演暨灯谜竞猜活动在时代广场举行。威风锣鼓、舞龙、舞蹈、器乐、歌曲、快板、街舞等多种形式的表演深深吸引了市民，现场不时响起热烈的掌声和欢乐的笑声。市灯谜协会创作、收集了1000余条灯谜，市民纷纷前往竞猜。七是组织市书法家“送春联下乡”。2012年12月底至2013年元月中旬，市文联组织市及两县一区书法家分赴贵溪滨江、志光、雷溪、流口细叶村、余江邓墩镇上潢村、锦江镇七都村、黄庄乡许郑村等地送春联，为当地群众带去新春的问候和祝福。

【繁荣创作，推出精品，各类文艺成果丰硕】一是文学创作热情高涨，创作成果丰硕。全市作家在市级以上刊物发表作品800余篇，出版专著10余部。邹华义著述的《韬奋故乡三部曲》丛书，以“文化名片、精品之作”隆重推出，市委书记陈兴超亲自为丛书作序。二是书法成绩，全省名列前茅。市书法家李建明的小楷作品《诸葛孔明前、后出师表》获2011年度中国书法年度佳作奖。市书法家协会陈显明、丁忠兵、王晖、蒋金玲、卢根水五位作者的书法作品入展中国书法家协会主办的“瘗鹤铭奖”全国书法作品展。市书法家卢根水、胡志刚、蒋金铃加入中国书法家协会会员。鹰潭市书法家在兰亭奖、书法国展、单项展等全国性书法专业展上获得了很好的成绩。三是戏剧创作，成绩斐然。市文联副主席、戏剧家协会主席姜朝皋编剧创作的大型现代畲歌戏《七彩畲乡》，荣获第四届全国少数民族文艺会演最高奖项剧目金奖，并囊括戏剧类所设全部单项最高奖。姜朝皋编创的《马寅初》《青衣》《青春版穆桂英》和《鸡毛飞上天》四台大戏分别在绍兴、南昌、北京和杭州闪亮登场，唱响了一曲曲辉煌的时代赞歌。四是工艺美术，彰显特色。市工艺美术家协会召开第一次会员代表大会，选举产生第一届理事会领导班子。市工艺美术协会组织选送了11件作品参加中国工艺美术“百花奖”评选活动中，三件作品获金奖，二件作品获银奖。同时市工艺美术协会主办了首届“余雕杯”工艺美术大赛。五是美术创作，再上新台阶。鹰潭市画家李怀鹰的油画作品《母亲的母亲》、涂春娟的油画作品《怡人乡村》、蔡武平的油画作品《故园》入选首届“791艺术大展”。市十五冶公司漫画家李润泉与国家安全生产监督管理总局机关刊物《劳动保护》杂志再度合作，绘编出版了5套安全宣教挂图。六是民间文艺，独放异彩。在江西省第十三届灯谜锦标赛中，市灯谜协会荣获电控抢猜团体冠军。在江西省第十四届灯谜锦标赛中，荣获电控抢猜团体二等奖。市民协席文涛的故事《开锁有“道”》荣获省委宣传部主办的“道德模范故事汇”巡讲活动创作三等奖。

（尹娟娟）

【市文联副县级以上干部名录】

党组书记、主席：朱黎明（~2012.5）

主席：徐双文（2012.5~）

党组书记：刘正良（2012.5~）

鹰潭市社会科学学会联合会

【概述】2012年，市社联在省社联的正确指导下，在市委、市政府的坚强领导和市委宣传部的具体指导下，紧紧围绕中心，服务大局，积极履职尽责，圆满完成了各项工作任务。

【社科研究】2012年，积极组织社科工作者开展应用对策研究。一是重点组织了六项课题申报江西省社会科学“十二五”规划(2012年)项目，其中“鹰潭市建设全国一流道教文化产业基地研究”获立重点项目，“基于产业集群的鄱阳湖生态农业区域品牌建设研究”获立一般项目，并分别获得1万元、2000元经费支持。二是认真组织实施了鹰潭市社会科学“十二五”规划2012年度课题65件课题立项，比2011年增加18项，创历史新高，表现出各行各业参与社科研究的热情。三是评选表彰鹰潭市社会科学“十二五”规划(2011年)成果，一等奖2项、二等奖3项、三等奖4项。

【社科普及】1. 举办社科普及宣传周活动。12月23日在时代广场举行了隆重的启动仪式,市领导周世敏、刘育虹、吴细美出席;分别在市直机关单位、鹰潭职院、鹰潭二中、百佳城社区、高新技术开发区、龙虎山口上村、驻鹰潭73865部队开展社科普及进机关、进学校、进社区、进企业、进农村、进军营活动,全市近万名市民群众参与;举行“社会科学走进市民生活”大型广场咨询活动;举办“鹰潭市社会科学成果展”巡展活动5场。

2. 办好社科知识推广平台——“龙虎山大讲堂”。在多场试讲之后于11月27日正式开讲,并先后邀请市内外专家学者分别以《鹰潭北极阁的文化溯源》《大道歌浅析》《形体运动经典方法》《幸福从“心”开始》为主题举办讲座4场,听众2000多人次。

3. 参加社科普及系列评选。由市社联推荐的余江县马荃镇渔业村老年体协主席吴怀玉荣获“全国优秀社科普及工作者”称号、市党史办主任况建军荣获“江西省十大优秀社科普及专家”称号。

【社联建设】一是大力推进县(市、区)、大中学校基层社科联组织建设。新成立贵溪市、余江县、月湖区社联和鹰潭市委党校、鹰潭职业技术学院、鹰潭应用工程学校社联。二是制定和完善市属社科学会秘书长联席会议制度和工作目标管理机制。指导市地税研究会、市老年体育科学学会、市城市金融学会等基层学会顺利换届。三是建立鹰潭市社科专家库、筹备成立鹰潭市社会科学工作者联谊会、创办“鹰潭社科网”、重新改版发行社科刊物《鹰潭社会科学》等基础性工作正在积极推进。

【社科活动】一是开展系列学术活动。一是与市委宣传部、市委政研室、市委党校、市党史办联合召开“永远忠于党,永远跟党走”征文及理论研讨会。二是与市委宣传部联合召开全市社科理论界学习胡锦涛总书记“7·23”重要讲话精神座谈会、全市社科理论界学习党的十八大精神座谈会。三是进社区、进农村、进企业宣讲十八精神活动。2. 出版学术刊物。一是向市委市政府编送《咨政论坛》2期,《发挥地方税收职能推动地方经济又好又快发展》《提升小企业金融服务效能 支持鹰潭市铜产业发展的实践与思考》等文章为有关领导和部门决策提供帮助。二是机关及学会在《光明日报》《中国城市金融》《金融与经济》《江西税务》等国家级、省级报刊发表社科理论文章30多篇,出版《龙虎山民俗漫话》《泸溪文虎》等社科读物、专著4册。参加全国各社科类研讨会、协作会获优秀论文一等奖2篇,三等奖和优秀奖10余篇。

【其他工作】一是根据市委安排和要求,在市委宣传部的具体指导下,牵头组织开展了“鹰潭城市精神”表述语征集活动,并举办“鹰潭城市精神之我见”研讨会、征文、演讲等系列活动,引起社会各界强烈反响,征集全国各地作品3000多条,经评审委评审,确定入围作品5件。二是参与“市文化创意产业园建设工作领导小组”“市提升城市文化品位工作领导小组”“争创江西省创建文明城市工作先进城市领导小组”“市文化休闲娱乐等服务业领导小组”,承担办公室工作,牵头负责实地考察、项目包装和招商等具体工作,成效显著,受到市领导的高度评价。

(陈思敏)

【市社联副县级以上干部名录】

党组书记、主席:邹韶山(2012.5~)

党组成员、副主席:管玉青(女)

罗群来

鹰潭市科学技术协会

【概述】2012年,全市科协系统开展各类科普活动156场次,其中大型科普活动21场次。举办学术交流活动120余场次,其中承办省级学术年会、研讨会及学术沙龙5场次。动员全市20多个学会,700多名科技工作者和科普志愿者参加各类科普和学术活动,服务群众近12万人次,发放科普宣传资料20余万份,赠送科普图书1.2万余册。开展各类农村实用技术培训156期,受训人数达2.2万余人。市科协获全省科协系统先进集体,是全省三个连续两年获先进集体的设区市之一;获评中国科协、财政部“基层科普行动计划”先进集体、先进个人共4个,并获得相应的项目奖补资金;获第五届全国优秀科技工作者1名;成功申报全国科普教育基地3个;多项单项工作、多名个人获得表彰奖励。

【科普工作】认真做好科普示范创建工作。月湖区梅园社区等4家集体(个人)获全国“基层科普行动计划”先进,龙虎山博物馆等被评为全国科普教育基地,贵溪市滨江社区等被评为省级科普示范社区。积极开展科普活动,“全国科普日”“科技活动周”“科普之春(夏、秋、冬)”等品牌活动丰富多彩;以承办“科学,让生活更美好”为主题的江西省科普进社区启动仪式为契机,加大了社区科普工作力度;开展的科学家报告团进校园活动,提高了孩子们的科学兴趣;编印的公务员科普知识读本让机关干部增强了科普知识;农函大实用技术培训受到农民的欢迎;青少年科技创新大赛取得较好成绩。

【学会工作】一是加强学会组织建设和管理。成立了市心理学会、市“铜创新”研究会、市超声医学工程学会,指导服务学会及时换届、年检;举办秘书长培训班,深入开展“百会千名专家下基层”活动,提升学会工作活力。二是广泛开展学术交流。举办主题为“科技创新与富裕秀美宜居和谐鹰潭建设”第二届学术年会；举办"促进贵溪笋竹产业发展""加快月湖区蔬菜产业发展"等学术沙龙。三是大力宣传表彰优秀科技人才全年报送各类信息300多篇；连续多年开展"五个十"评选表彰活动，促进企业科协工作纵深发展。

【建家工作】对优秀科技工作者、科协工作者进行大力的宣传、举荐，推荐的江西铜业股份有限公司教授级高级工程师范小雄获评"第五届全国优秀科技工作者"，年内编发《鹰潭科协》2期专刊对先进集体、优秀个人进行专题报道，江西科协网选登6篇，《鹰潭日报》选登12篇，进一步激励了先进，扩大了科协的影响力；连续4年开展"十大优秀科技工作者""十大农村科普带头人"的评选表彰活动，进一步激励了科技工作者的创新创业热情。深入开展科技工作者状况调查，准确把握鹰潭市科技工作者的工作、学习、生活状况，了解科技工作者的需求；组织学会理事长、秘书长开展多种形式的考察学习活动；开通维权热线，全年接受维权投诉6期，协调处理5期。建立和完善人才信息库，在评先争优中激励人才，在学术交流中发现人才，在提升素质中培育人才，在贴心服务中凝聚人才，极力营造温馨"科技工作者之家"。

【宣传调研】提高宣传水平，加大宣传力度，提升科协影响力。一是通过媒体广泛宣传。央视第2频道《生财有道》栏目专门播出了鹰潭市石蛙养殖产业发展的宣传片，《江西新闻联播》播出三则市科协活动新闻等。二是围绕工作积极宣传。一方面紧紧围绕主题科普活动、科普创建、学会学术、人才等重点工作做好宣传，一方面依托科普基地、宣传栏、科普学校、科普图书室等科普阵地做好宣传工作。三是以"五个十"评选活动为载体大力宣传。在全市持续开展"五个十"的评选表彰活动，充分调动广大科技工作人员的积极性，进一步发挥科协组织的作用，推动科学技术事业发展。四是围绕本市经济发展热点、"四个鹰潭"建设做调研。组织科协界别的政协委员积极调研，提交五份议案；围绕省委2号文件贯彻落实开展调研。组织五届科协委员分三组分赴县、市、区作一线考察，汇总后代市委起草22号文件草案；围绕鹰潭"科普能力建设"展开调研。组织两批次外出考察调研科普能力建设，重点调研科技场馆建设和科普阵地建设。五是举办了两次全市信息员现场培训，组织信息员外出考察学习，加强与市级媒体的交流沟通，提升信息工作水平。全年科协系统报送信息近300篇，其中中国科协网报道15篇、江西科协网上稿信息182条(其中要闻28篇)、鹰潭科协网组稿300多篇，《鹰潭日报》两次专版、《鹰潭科协》期刊全年出刊8期。

(徐洪忠)

【市科协副县级以上干部名录】

市政协副主席、科协主席：杨建保
党组书记、副主席：程美华(女)
党组成员、调研员：徐兴远
党组成员、副主席：罗德生
副调研员：姚福林
兼职副主席：施兆煌　杜剑玲
曾传鸿　何智勇　盛辉明

鹰潭市残疾人联合会

【概述】2012年，鹰潭市残疾人工作全面落实科学发展观，认真贯彻落实党的十八大以及省、市党代会精神，坚持"打基础、保任务、创特色"的工作思路，紧密围绕残疾人"两个体系"建设目标和年度目标任务，开拓进取，真抓实干，工作取得明显实效。

【政策法规】1月，市政府批转《鹰潭市残疾人事业"十二五"发展纲要》，对"十二五"期间鹰潭市残疾人事业发展作出全面规划和部署。

【残疾人组织建设】一是依照《中国残疾人联合会章程》规定和上级残联文件要求，积极争取市、县二级党委、政府领导的支持，配强市、县残联领导班子队伍。12月27日，市残联召开鹰潭市第五次残疾人代表大会完成了换届工作；贵溪市、余江县、月湖区残联也完成了换届工作。二是市残联与市人力资源和社会保障局制定下发《关于在全市实施残疾人专职委员聘任工作的通知》，向社会公开招聘90名残疾人担任乡镇(街道)残联、核心社区残协的专职委员，为全市300个村各选配一名农家书屋管理员，并兼任残疾人专职委员，配备率87%，解决了基层残疾人组织"有人干事"的问题。三是举办5期残疾人工作业务培训班，分批对乡镇(街道)、村(社区)残联理事长、专职委员321人进行为期一周的业务培训，切实提高基层工作者为残疾人服务的能力。

【民生工程残疾人项目】省政府"民生工程"残疾人项目任务提前全面完成。为5341名残疾人提供了康复救助与服务，其中：为400名精神病患者提供免费药物，为60名肢残人免费安装假肢，完成白内障复明手术226例，实施儿童抢救性康复项目55人，配发辅助器具600件，为4000名残疾人进行评估建档。举办职业技能培训班7期，培训各类残疾人375人，完成任务数的125%。

【残疾人就业】2012年就业援助活动中，组织残疾人参加鹰潭市就业再就业春季招聘会和全省民营企业招聘周活动，共推荐620名残疾人到企业就业；通过市政府拿出90个城市公益性岗位和300个农家书屋管理员岗位，解决390名城乡贫困残疾人的就业问题。鼓励和资助青年盲人学习保健按摩技能,自谋职业。全市共创办盲人按摩机构24家，解决49名盲人就业。召开“全市残疾人就业保障金地税代征工作会议”,全面启动2012年按比例安置残疾人就业和依法征收残疾人就业保障金工作。全市共征收残保金323万元，比上年增长31.1%，其中市本级征收90万元，均超额完成残保金征收任务,分散安置145名残疾人就业。

【残疾人扶贫工作】为70户农村贫困残疾人家庭实施国家彩票公益金农村贫困残疾人危房改造。筹集资金12.6万元,资助全市252名贫困智力、精神残疾人和重度残疾人进行居家托养服务，每人补助500元。开展农村残疾人种植养(殖)业扶贫就业示范基地建设,申请省级资金11万元、市本级残保金8万元,分别建立省级残疾人种养业扶贫就业示范基地3个、市级扶贫就业示范基地3个，共解决了35名农村贫困残疾人的就业问题。做好2012年度残疾人机动轮椅车燃油补贴申报、资金发放等工作,每人补贴260元,共375名残疾人受益。争取上级专项补助资金6万元,为余江县30户贫困残疾人家庭开展贫困残疾人家庭无障碍改造。全市开展贫困重度残疾人摸底调查和上门办理残疾人证工作。

【残疾人事业宣传工作】第22次“全国助残日”期间开展了丰富多彩的助残宣传活动。根据市政府残工委制定下发的助残日活动方案,各地围绕助残日活动主题“加强残疾人文化服务、保障残疾人文化权益”，开展宣传咨询活动、送戏下乡、走访慰问等活动。各地和社会各界深入到全市190户贫困残疾人家庭,送去慰问金和物资合计10多万元。同时,树立先进典型,不断扩大残疾人事业的社会宣传。本市聋儿语训老师曹有红参加江西省“先锋岗宣讲团”,到全省各地巡回宣讲;本市截瘫人谢俊武挑战“轮椅双后轮行驶最远距离”项目吉尼斯世界纪录,以25.8公里成绩成功刷新2011年由一位美国轮椅人在美国盐湖城大学操场创造的全程19.96公里的历史纪录，成为江西省首位打破吉尼斯纪录的残障人士。江苏、安徽和江西电视台都对此作了专题报道。印发了4期《市政府残工委工作简报》，通报鹰潭市残疾人事业所取得的成绩、残疾人工作进展情况等。2012年,鹰潭市在各级新闻媒体刊登稿件85篇,其中,专题片4个,国家媒体4篇,省级媒体36篇,江西电视台、电台各2篇,市级媒体37篇,均超过省下达的全年目标任务。

【残疾人文化体育】选拔16名残疾人运动员组团参加“全省首届残疾人田径运动会”，获得田径项目两银一铜、第九套广播体操群众展示一等奖的好成绩。组织参加全省残疾人事业好新闻评选,获得一个二等奖;在全省“道德的力量”征文活动中,获得一个二等奖、一个三等奖。

【基础设施建设】鹰潭市残疾人康复、托养(综合)服务中心工程建设进展顺利。向中国残联争取资金100万元，对现有3栋房屋进行节能保温工程施工、部分房屋室内装修、防护栏安装等工程。12月初,市政府批准该项目的建筑设计规划方案,项目已由省发改委、省残联向国家发改委申报,争取国家专项建设资金补助。

【中心工作】在全市残联系统中深入开展“创先争优”和“集中整治影响发展环境的干部作风突出问题”活动、“三治”主题教育等活动,全面改善市残联机关工作作风和干部的工作效能,进一步加强和提升机关为残疾人服务的能力。派出2名干部参加全市整顿和规范客运市场秩序专项行动和残疾人重大信访等工作,全力做好国庆节和党的十八大召开期间的残疾人信访控访和综治维稳工作。

(刘云瑜)

【市残联副县级以上干部名录】
党组书记、理事长:李荣生
党组成员、副理事长:张建华(~2012.11) 黄松云(~2012.11) 李应端(2012.12~) 黄建国(2012.12~)
调研员:余电初 张建华(2012.11~) 黄松云(2012.11~)

鹰潭市归国华侨联合会

【概述】2012年,市侨联紧紧围绕建设富裕、秀美、宜居、和谐的鄱阳湖生态经济区璀璨明珠的发展大局,认真贯彻省市关于加强和改进新形势下侨联工作的意见,坚持“以侨为本、为侨服务”的工作宗旨,扎实有序开展各项工作,并取得积极的成效。

【鹰潭市第二次归侨侨眷代表大会】10月23日市第二次归侨侨眷代表大会在华侨饭店会议中心召开。137名代表和嘉宾出席会议。市委书记陈兴超、省侨联主席周锦出席会议并讲话,市长钟志生及市人大、市政协部分领导到会祝贺。市委常委、统战部部长戴春英主持开幕式并在闭幕式上讲话,市妇联主席朱海群代表人民团体致辞。大会听取了鹰潭市侨联第一届委员会工作报告,审议通过了鹰潭市侨联第一届委员会工作报告的决议,并以无记名投票方式,选举产生了鹰潭市侨联第二届委员会,朱黎明当选为主席,吴红艳、杨明、梁尹琦当选为副主席，张贤军当选为秘书长。大会号召全市归侨侨眷、海外侨胞和侨联工作者在新一届市侨联班子的团结和带领下,高举中国特色社会主义伟大旗帜,继续解放思想、推动科学发展,进一步汇集侨智,发挥侨力,按照“主攻项目,决战‘三区’,凸显特色、实现跨越”的总体要求,紧紧围绕本市经济建设和各项社会事业进步这个中心,奋发有为、创先争优,努力开创全市侨联工作新局面,为打造富裕、秀美、宜居、和谐新鹰潭再立新功,再创佳绩。

【市侨联党组成立】5月28日,市委下文,成立中共鹰潭市归国华侨联合会,朱黎明任中共鹰潭市归国华侨联合会党组书记。作为全市归侨侨眷政治生活中的一件大事,侨联党组的成立,极大地鼓舞和激励了侨联干部,进一步提升了侨联机关在群众心目中的地位,为更好地开展侨联工作奠定了良好的基础。

【侨联机关办公室搬迁】市侨联办公场所原位于梅园新区综合大楼2楼。为改善侨联机关办公条件,提升侨联机关外部形象,于7月1日进行办公室整体搬迁,搬迁至原梅园街道办事处办公楼,地址为鹰潭市梅园大道3-3号。有办公室7间,会议室1个,办公设施基本完善,内部条件有了明显改善。

【推进基层组织建设】12月20日,市编委批复月湖、余江、贵溪编委关于设立归国华侨联合会的请示,同意月湖、余江、贵溪编委成立归国华侨联合会,设立归国华侨联合会机关,与统战部门合署办公,纳入县(市、区)机构编制管理范围。从而完善了侨联组织体系,扩大了覆盖面,将促使侨联事业整体迈上一个大台阶。

【献爱心、送温暖】1月18日,省侨联党组书记、主席周锦到鹰潭走访慰问了张文月、林梅英两位老归侨。在元旦、春节期间,市侨联对全市20多户困难归侨和重点侨眷进行了走访慰问,发放慰问金和慰问物资近万元,奉献出侨联的温暖,夯实侨联的群众工作基础。通过“李江山基金会”向本市6名贫困归侨侨眷子女提供助学金4800元。

【侨法宣传月】8月1日至31日,市侨联与市普法办联合开展了以“学侨法护侨益,聚侨心促和谐”为主题的“侨法宣传月”活动。宣传内容包括:开展“五合一”活动,即组织召开一次侨界人员座谈会;指导刊发一期侨法宣传专栏;组织撰写一批侨法学习宣传文章;举办一场侨法知识网上竞赛;推动解决一批涉侨法律问题等。面向全市宣传《中华人民共和国归侨侨眷权益保护法》及其实施办法,取得了积极的成效。

【参加省侨联首届港情研讨班学习】5月7日至13日,江西省侨联首届港情研讨班在香港举办,来自全省11个地市的侨联组织,33名侨联干部参加,该会徐鹏、温永骎两位工作人员赴港参训。研讨班由省侨联与香港华人华侨总会、香港侨团联会合作举办。香港特区首任律政司司长梁爱诗博士、香港侨界社团联会副会长李润基、民建联资深负责人、议员黄达东、全国人大代表、香港侨总副监事长蔡素玉女士、香港友好协进会总干事鲁夫等多名香港政界、商界、侨界重要人士分别就香港侨情、侨商概况、政党政治、一国两制和基本法、经济概况和合作前景、政府架构和议会制度等方面给研讨班学员作了专题讲座。并与龙山基金会、香港华人华侨总会、侨骏会、香港侨界社团联会、旅港同乡会、裕华国货、南益集团等众多社团、企业及个人开展了联谊交流。

【仪风信恒善爱雁心希望小学正式落成】4月7日,由香港雁心会捐资改建的余江县仪风信恒善爱雁心希望小学正式竣工,并举行落成仪式。省侨联副主席王强,香港雁心会会员事务部主席凌伟民、信恒善爱主席程淑娟、余江县副县长吴晓娟、县教育体育局局长王强及全校师生出席落成仪式。该小学为本市第三所侨心小学,可容纳300名学生就读,校园环境大大改善。

【世界华人学生作文大赛】活动由中国侨联、全国台联、《人民日报》海外版、中国国际广播电台、中央电视台、快乐作文杂志社共同举办,上半年为第十三届、下半年举办了第十四届。本市共38所小学参赛,选送作品341篇,在已揭晓的第十三届大赛结果中,本市作品获一等奖一篇、二等奖三篇、三等奖九篇。大赛面向海内外各国、各地区中小学或中文学校华人、华侨在校学生。旨在加强海内外中华儿女在学习、生活方面的交流和沟通,增进友谊、促进团结,日益成为海内外文化交流的重要平台。

(温永骎)

【市侨联副县级以上干部名录】

党组书记、主席:朱黎明(2012.5~)

调研员:肖炳煌

副调研员:夏小华

军事

编辑、校对:王新勤

鹰潭军分区

【召开市委常委议军会】1月9日上午,市委、市政府、军分区召开专题议军会。会议由市委书记、鹰潭军分区党委第一书记陈兴超主持,市委副书记、市长钟志生,市委副书记熊茂平,市委常委、常务副市长王家林,以及军分区部门以上领导参加了会议。会议传达学习了军区、省军区党委扩大会议和全国民兵工作会议精神,听取了2011年军分区全面建设情况和新年度工作打算,并就部队民兵预备役建设和军事斗争准备的几个具体问题进行了研究。会后,及时形成会议纪要,并向省军区上报会议情况。

(徐家炉)

【南京军区司令员赵克石到鹰潭市考察】2月28日下午、29日上午,南京军区司令员赵克石在省军区司令员郑水成、政委陶正明的陪同下,率工作组到分区、分部考察调研。在鹰潭期间,首长与分区主官进行了谈话,听取了分区全面建设和年度工作开展情况汇报,并就紧紧围绕核心军事能力建设推进军事斗争准备、着眼新形势民兵预备役工作特点抓好民兵整组工作、确保部队自身安全稳定和协助维护社会稳定作了重要指示。

(万仲金)

【省军区第一批联合工作组到分区检查】3月28日至30日,省军区李主任率工作组到鹰潭市军分区检查了解年度工作展开情况,指导召开军分区党委常委民主生活会。首长一行先后到军分区、贵溪、余江人武部进行了实地检查,与分区党委常委和机关干部进行了个别交谈,参加了军分区党委常委民主生活会。李主任对分区党委班子、部队民兵预备役建设,以及年度工作开展情况给予了肯定,并就下步工作指导上需要注意把握的几个问题进行了强调。会后及时上报了军分区党委常委民主生活会情况,整理下发了省军区李主任检查反馈时的讲话。

【召开王坚先进事迹报告会和座谈会】3月5日下午,组织全体官兵职工、全区专武干部,并邀请市委组织部、宣传部分管领导、媒体记者参加。会议由黄政委主持,司令员王超宣读了军分区党委《关于开展向王坚同志学习的决定》,胡露芳代表分区向王坚家属赠送慰问金和鲜花,余江县人武部政委车显忠、余江水稻原种场武装部部长苏华介绍了王坚的先进事迹。会后,军分区在鹰潭市常委,市委组织部副部长蔡江,市委宣传部副部长王有金、刘建平,江西日报鹰潭记者站站长祝学庆等参加了王坚先进事迹座谈会,军地领导分别就如何进一步做好王坚先进事迹宣传工作进行了发言,达成了共识。

【省军区政委陶正明到余江县人武部看望慰问王坚家属】3月10日上午,省军区政委陶正明到余江县人武部,专程登门看望慰问王坚同志家属。首长亲自将省军区官兵的捐款送到王坚爱人手上,并动情地说:“王坚就是我们身边的雷锋。他的事迹虽然很平凡、很普通,但平凡中见伟大。学王坚,就是学雷锋。要把王坚作为人武部的雷锋来学习、宣扬。”

(徐家炉)

【组织两级党委机关第一季度学习教育活动】根据省军区统一部署,3月5日至9日,采取上下同步、有分有合的形式,集中开展了两级党委机关第一季度学习教育活动。其间,组织官兵职工认真学习了规定的书目、聆听了军地领导的授课辅导;鹰潭军分区政委黄恩华围绕“高举旗帜、忠诚使命,努力营造讲政治、讲道德、讲纪律、讲文化的迎接党的十八大良好氛围”进行了党课辅导;观看了《雷锋》和《郭明义》影片;参加了省军区“学理论、学传统、学雷锋”专题报告会,胡露芳在报告会上介绍了王坚的先进事迹;鹰潭军分区常委、机关干部、职工和战士四个层次,召开专题党组织生活会进行了讨论消化。

【深入开展学习宣传王坚事迹活动】在鹰潭军分区首长的具体指导下,加强上下、内外协调。《解放军报内参》增刊刊登了王坚的先进事迹；5月14日，鹰潭市委召开常委会，追授王坚为优秀共产党员，市委陈书记称赞“王坚是我们鹰潭的骄傲！”；5月22日下午，召开了追授大会，进一步掀起学习宣传活动新高潮。5月21日，向省军区党委、政治部上报了开展“学雷锋、学王坚”活动专题报告；《鹰潭日报》在显要位置刊载了分区开展“学雷锋、学王坚”活动纪实通讯。通过开展学习宣传王坚活动，官兵职工创先争优意识有新加强，部队精神面貌有新进步，促进了各项任务的完成。

【组织开展两级党委机关第二季度理论学习暨专题教育整治活动】根据省军区统一部署，在同步参加军区第一期军师干部理论集训班组织的集中活动的基础上，开展了两级党委机关第二季度理论学习暨专题教育整治活动。其间，组织学习了规定的书目、聆听了军地领导的授课辅导；鹰潭军分区司令员王超围绕如何准确领会首长意图进行了辅导授课，政委黄恩华以“强化‘四个认同’、杜绝‘四种现象’，自觉做到讲政治顾大局守纪律”为主题进行了总结辅导，政治部主任戴克华围绕“四个问题”专项整治活动进行了动员辅导，月湖区人武部部长吴要兵围绕“着眼区域特点，紧贴形势任务，努力提高人武部遂行多样化军事任务的能力”谈了工作体会；观看了《警惕邪教的诱惑》录像；鹰潭军分区常委、机关干部、职工和战士四个层次，召开专题党组织生活会分别进行了对照检查和讨论交流。

【召开驻鹰部队军民共建座谈会，组织驻鹰部队开展助民劳动】8月16日上午，召开驻鹰部队军民共建座谈会，研究部署驻鹰部队参加市一中卫生清扫活动和军民喜迎十八大文艺晚会。鹰潭军分区政委黄恩华、政治部主任戴克华，市政府副秘书长裴小林、市教育局局长王碧龙、民政局副局长查列妮、月湖区文化新闻出版局局长王蕖、驻鹰部队团以上单位政工领导召开了会议。16日至19日，协调市消防支队完成市一中办公（学生公寓）家具、教学设备、桌椅等物品的搬运工作。组织驻鹰部队官兵和部分民兵预备役人员清扫市一中教学区卫生。

【省军区演出队到江西铜业集团公司慰问演出】为庆祝建军85周年和江西省军区成立80周年，感谢驻赣国有大中型企业对省军区部队建设的支持，进一步强化企业领导和员工的国防观念，浓厚产业强国、拥军报国的环境氛围，省军区文工团赴江铜等国有大中型企业慰问演出。上午，省军区演出队在省军区转业办主任王宗军带领下到达江铜；下午，深入贵溪市第四中学、贵溪冶炼厂车间与学生和工人现场互动，并赠送《红土地上的永恒记忆》一书；晚上在贵溪冶炼厂文化广场慰问演出时，鹰潭军分区政委黄恩华、鹰潭市政府副市长辜清，江铜副书记汪波、工会主席胡庆文、法务总监林金良、贵溪市副市长甘霖观看了演出。其间，协调配合江铜做好演出场地、演职人员食宿保障工作，江铜集团赠送了锦旗和慰问金。

【深入学习贯彻中共中央总书记胡锦涛“7·23”重要讲话精神，组织开展两级党委机关第三季度理论学习】在分区党委常委先学一步、进行集体讨论的基础上，根据省军区统一部署安排，9月10日至15日，采取上下同步、有分有合的方式，组织开展了党委中心组带机关第三季度理论学习。其间，组织学习了中共中央总书记胡锦涛“7·23”重要讲话、军区深入持久培育当代革命军人核心价值观座谈会精神、省军区首长在师旅团单位政治机关科股长（办主任）集训班上的讲话，分区黄政委围绕增强理论自觉和理论自信问题作了动员辅导，邀请了市委讲师团团长张敏胜宣讲中共中央总书记胡锦涛“7·23”重要讲话精神，军区“学习成才先进个人”叶光明作了先进事迹报告；观看了《军队党员领导干部廉洁从政若干规定》解读片《廉柱擎天》《“一花引来万花开”——鹰潭军分区以典型引领激发创先争优活力》《鹰潭军分区战备工作规范化建设情况》等录像片；利用组织生活时间，进行了执行政治纪律情况对照检查，组织了讨论交流；拟制了《关于增强理论自觉和自信，开展读书学习活动的意见(征求意见稿)》。通过学习，帮助官兵职工进一步加深了对中共中央总书记胡锦涛“7·23”重要讲话精神的理解和把握，强化了军魂意识、学习意识，增强了理论自觉和自信。

（万仲金）

【开展军区“学习成才先进个人”叶光明的事迹宣讲活动】先后召开叶光明学习成才事迹报告会(9月11日)、座谈会(9月17日)，深入挖掘宣扬叶光明立足本职岗位学习成才的感人事迹。从9月25日开始，叶光明在组织处邱建新干事的带领下，先后到省军区直属队和各师旅单位为全区战士作巡回事迹报告，反响比较好。10月22日上午，叶光明巡回报告结束归队时，举行欢迎仪式，给叶光明披红戴花，谈个人感受；并在军地媒体上展开宣传，进一步营造典型吃香、先进光荣的浓厚氛围，激发创先争优活力。

（徐家炉）

【举办鹰潭军民“喜迎十八大 永远跟党走”专题文艺晚会】9月29日晚在73861部队礼堂，军分区政治部会同月湖区委、区政府主办，驻鹰部队协办，市政协主席潘赞海、市委宣传部部长周世敏、军分区部门以上领导观看了晚会。晚会主题鲜明，节目精干，表达了驻鹰部队听党话跟党走坚定信念和建设祖国、建设新鹰潭喜迎十八大的豪迈情怀,取得良好政治和社会效益。

(万仲金)

【省军区工作组检查考评分区党委班子及成员、副师职后备干部预选对象】10月25日至26日,省军区戴副政委率工作组组织对分区党委班子、成员以及师职后备干部进行了考评。其间,听取了分区党委班子建设情况汇报,组织分区党委常委进行了述职,开展了民主测评、个别谈话,检查了月湖区人武部,考查了副师职后备干部预选对象。

(徐家炉)

【组织开展两级党委机关第四季度理论学习暨学习贯彻中共十八大精神】根据省军区统一部署,11月8日以来,围绕学习贯彻中共十八大精神,采取集中读书、参观见学、授课辅导、讨论辨析、抽点发言等形式,组织两级党委机关开展了第四季度理论学习暨学习贯彻党的十八大精神。学习活动中,集中收听收看中共十八大开幕式、政治局常委见面会,参加了省军区传达学习中共十八大会议精神,组织官兵职工通读和摘抄了十八大报告,整理汇编了中共十八大精神“口袋书”,并下发给全区官兵职工,组织两级机关官兵职工同步开展了党的十八大理论知识考核。鹰潭军分区政委黄恩华围绕如何读懂和学习运用十八大报告进行了授课辅导,采取抽签的方式抽点了两级机关的官兵职工进行大会交流发言。军分区组织大会交流的做法被省军区政工简报刊用。12月6日至15日,同步参加军区军师干部理论集训动员辅导和省军区交流学习中共十八大精神情况,军分区政委黄恩华代表分区党委利用视讯系统参加了省军区学习中共十八大精神情况大会交流发言。

(万仲金)

【鹰潭高新技术产业园区、信江新区武装部成立】根据1月9日市委常委议军会关于规范鹰潭高新技术产业园区、信江新区党管武装工作运行机制的决策指示,3月22日,鹰潭市委组织部、鹰潭军分区政治部联合下发了《关于明确鹰潭高新技术产业园区党管武装有关事项的通知》《关于明确信江新区党管武装有关事项的通知》,对“两区”武装机构设置、人员编成及经费保障问题进行明确。7月24日、29日,分别举行了信江新区、鹰潭高新技术产业园区武装部成立挂牌仪式,军分区司令员王超、政委黄恩华,“两区”党政领导和部分民兵代表参加了挂牌仪式。

【召开宣布军分区政委调整任职命令大会】12月24日下午,召开宣布军分区政委调整任职命令大会。会上,省军区司令员郑水成宣读中央军委命令和省军区党委通知,并作重要指示;军分区原政委黄恩华、政委陈宏分别讲话;市委书记、军分区党委第一书记陈兴超到会并讲话,军分区党委常委、委员,军分区机关官兵职工参加了会议。

(徐家炉)

【积极开展岗位练兵活动】围绕“创建学习型党委、营造学习型机关、培养学习型干部”目标,坚持以能力建设为主线,以本职岗位为平台,坚持“考核排名次、量化看增长”,在全区上下广泛开展“一学四练”活动。主要抓了军事理论法规学习,每天的首长机关体能训练,每周落实两个晚上的党委带机关学习制度,以及立足本职岗位强化了参谋“六会六能”为主要内容的业务技能训练。通过军分区岗位练兵动态期刊等形式,激发了官兵练兵内动力,调动了训练积极性,提高了训练质量效益,推进了全面建设水平。采取授课辅导、集中训练、上机考核和自学相结合的方式,组织信息化知识学习、信息化应用技能训练。组织对人武部党委班子岗位练兵考核,取得了较好的效果。

(董 琳)

【组织重要目标防卫分队“三个现地”演练】××月××日至××日,按“实案、实地、实编”标准,对重要目标防卫分队“三个现地”进行了规范和示范演练,现地组织点验。按照分队在哪里执行任务,就在哪里组织点验的要求,对重要目标防卫分队成建制地组织现地点验。点验内容按照宣布建制、任命干部、官兵相识、清点装备、政治教育等程序进行。现地明确任务。按照战时执行任务的要求,由民兵分队长及骨干下达口述战斗命令,现地明确任务,使任务细化到具体班、组和每名成员,并与目标单位对接。现地组织演练。突出抓好几组力量的协同训练。重点演练反侦察、反渗透和反袭扰破坏等情况处置。结合演练,进一步梳理完善不同类型、不同性质重要目标的防卫战法。

(董 琳 苏振华)

【组织人武部主官业务技能集训和参加省军区团主官同台比武竞赛】军分区党委高度重视,坚持把比武竞赛活动作为年度军事训练的一项重要工作,作为加强党委班子能力建设的抓手,作为加强干部训练、带动部队训练的抓手,作为加强干部教育管理的抓手,作为建设学习型党组织的抓手,提高思想认识,确保训练有成效、考核有质量、能力有提升。司令部作训办计划协调,政后配合。×月中旬前,按每周集中一天集中训练的模式抓好人武部主官技能、体能类比武内容的训练。×月中旬至参赛前,采取模拟省军区比武竞赛流程,机上测试的方式,开展集中强化训练。前期采取每周一考,后期采取每天一考,进行排名次,将张榜公布,促使参赛人员自觉查找差距,做到学有榜样、赶有目标,形成了“比、学、赶、帮、超”的良好学习氛围。×月××日下午参加了省军区动员部署会；×月××日至×月×日，分别由参谋长带队军政主官分两批到南昌陆军学院参赛。

（董 琳 王中峰）

【组织指导贵溪、余江人武部完成了民兵防空群指挥系统、双××高炮火控系统集训】×月×日至××日，充分利用省军区防空专业骨干集中训练成果，采取先研后训、先分后合的方式，按照单机测试、组网联调、系统联训的方法步骤开展训练，×月××日上午，围绕防空作战射击指挥“一个过程”，组织指控、火控系统联训成果演示，参谋长带分区机关有关人员，贵溪、余江人武部部长、月湖人武部政委及人武部相关人员进行了验收、观摩。

（王中峰 彭仁标）

【组织民兵营（连）长集训】×月××日至××日，采取统一计划、统分结合、同步开展、分批实施的形式，集中备课示教，交叉互动施教的方法，分两批组织全区民兵营（连）长×××人集训，通过学基本职责、基本理论、基本技能和情报信息工作等内容的学习训练，强化了民兵营（连）长的职责使命意识和爱军精武意识，全面提高民兵营（连）长军政素质和开展民兵预备役工作的能力，结合集训，落实省军区关于情报队伍建设按“县（市、区）有站、乡（镇、街道）有组、村（社区、企业）有员”指示要求，健全完善了全区民兵情报信息组织，开展了情报信息业务培训，促进新形势下军事斗争准备在“末端”落实。

（董 琳 苏振华）

【组织两级首长机关室内战术作业推演并参加省军区师旅指挥所演习】分四个阶段组织了战役训练，一是组织作战问题研究；二是参加理论辅导；三是组织战术作业；四是×月××日至××日参加了省军区组织的指挥所演习。参加战役演习的军分区首长×人、机关干部××人、保障人员×人，人武部抽调×人见习代训，整个演训领导重视、准备充分、组织严密、保障到位，圆满完成了任务。主要有四个特点，一是领导重视，指导有力。二是注重协调，严密组织。三是态度端正，积极参演。四是突出重点，注重安全。通过演训，深化了对重难点问题的研究；规范了作业方法、程序和内容；锻炼了队伍，全区首长机关人员筹划能力、组织指挥能力得到了提高，战时业务基础进一步夯实；积累了资料，形成了一套比较完整的作业成果。收集整理了一套完整以信息化条件下支援保障过境部队行动为课题，以分析判断情况、确定行动构想、定下行动决心、组织协同保障为主要内容的战术作业和指挥所演练资料，为今后组织战术演练，重难点问题攻关提供了模版、范例。

（董 琳）

【组织全区操舟手复训】为认真贯彻落实省军区《2012年度防汛工作指示》指示精神，牢固树立防大汛、抢大险、救大灾实际，着眼有效提升全区民兵舟艇分队遂行抗洪抢险任务能力，从早、从细、从实做好抗洪抢险准备工作。×月××日至××日，依托余江县人武部在余江县洪湖水库组织了一期冲锋舟操舟手复训，参训人员×××人，动用舟艇××艘。训练期间国家水利部、省防汛抗旱指挥部指挥长、水务（水利）局长、防办主任等领导到现场检查指导，给予充分肯定。×月××日上午，组织民兵舟艇分队水上汇报演练，检验训练成果。军分区王司令员，市政府分管领导，各县（市、区）人武部部长、防汛抗旱指挥部指挥长、水务（水利）局长、防办主任等领导观摩了演练。通过多名参演官兵、民兵预备役人员的努力，达到了练兵备汛、提力应汛的目的。

（董 琳）

【“神九”应急返回搜救战备】神舟九号飞船于2012年6月19日发射，于6月29日返回内蒙古主着陆场。其间，鹰潭军分区在省军区指导下，军分区成立应急搜救先遣组。各人武部成立应急搜救队，按要求落实了战备分队×支共×××人（贵溪市、余江县、月湖区人武部分别落实人员），协调准备各种搜救器材，并×月××日，针对担负的四项主要任务（搜救、警戒、转运和保障）进行了有针对性的模拟拉动演练，成效显著，完满完成了战备任务。

（王中峰）

【开展民兵预备役组织整顿工作】一是深化民兵调整改革。贯彻落实全国民兵工作会议精神，按照“规模适度、布局合理、结构优化、管理规范、动员快速”的要求，认真搞好任务分解，部署民兵调整改革任务，构建管用适用的力量体系布局。参加了省军区组织的民兵工作调整改革理论研讨交流。按照省军区组建民兵应急分队和大中型企业组建专业救援分队要求。司政密切协调配合，联合市委办公室、市政府办公室及时下发了《关于在公务员队伍中组织民兵应急连的通知》，为组建工作奠定政策基础，并适时召开了组建工作情况汇报会，进一步统一思想、明确思路、确定职责，各县（市、区）按职责展开组建，×月中旬各县（市、区）完成了在公务员队伍中组建民兵应急连和大中型企业组建专业救援分队任务，并组织了演练。公务员（含事业编）编配率达××%（其中公务员××%），党员比例××%，退伍军人占××%。实现当年组建，当年形成能力。二是加强民兵分队建设。按照“心中有任务、手中有队伍、行动有预案、保障要跟上”的标准要求，坚持遵循特点规律，从实际出发，编实应急维稳队伍，编强防空力量和地面重要目标防卫力量，编精支援保障军兵种部队作战力量。通过整组，基本构建了一支规模适度、布局合理、结构科学、可靠管用的“双应一体”民兵队伍。三是注重融合。将民兵预备役建设主动融入鹰潭发展规划，积极跟进“数字鹰潭”建设，扎实开展国防动员潜力调查，落实动员物资储备，实现了军事需求与资源潜力对接。

【高标准完成冬季征兵工作】2012年年冬季征兵工作，在市委、市政府、军分区的领导下，在省征兵办的指导下，坚决贯彻执行国务院、中央军委征兵命令，认真贯彻全省征兵工作会议精神，以提高兵员质量为核心，以廉洁征兵为重点，围绕“四保一无”目标要求，加强宣传发动，周密组织部署，严格标准条件，江西省军区征兵工作检查组在鹰潭市检查时，对鹰潭市2012年冬征兵工作主要做法给予了充分肯定，并在军区《征兵工作简报》中转发推广。

(欧阳三歌)

【组织公务员应急连抗洪抢险现地点验】根据年度军事工作计划和省军区、市委、市政府、军分区在公务员队伍中组建民兵应急分队指示要求，组织月湖区人武部公务员应急连×××人在××××现地进行了为期×天的以公务员应急连成立、前指带应急连紧急出动和防汛护堤抢险行动为主要内容的训练，×月××日组织了演练观摩会，军分区部门以上首长、市政府分管水利的副市长，各县(市、区)人武部部长、防汛指挥长及防汛办主任出席。演练以防汛抗洪为背景，突出人武部前进指挥组带公务员应急分队紧急出动组织指挥的程序、方法，以及抗洪抢险部分险情处置课目演训，参演分队精神饱满，演示内容紧贴实际，取得实效，为打造一支训练有素、技术过硬、反应快速、务实管用，能遂行综合性应急救援的城市民兵应急队伍奠定了基础。

(欧阳三歌 苏振华)

【扎实抓好中共十八期间的安全管理工作】一是始终坚持大事大抓。分区始终坚持把安全稳定作为部队建设的头等大事、迎接中共十八大的重要政治任务，注重用上级决策指示统一思想，引导各级充分认清特殊年份对安全稳定的特殊要求，坚决破除“麻痹、松懈、厌烦”思想情绪，不断强化安全稳定的大局意识，零缺陷、零事故的忧患意识，像过日子一样抓安全的自我防范意识。在年初和×月份分区党委扩大会上进行强调，每月首长办公会都结合季节和任务特点进行研究部署，先后多次召开安全稳定工作会议，层层签订了“安全工作责任书”，特别是××月份以来，着眼隐患、问题动态归零，坚持每半月分析研判安全稳定形势，紧盯问题和薄弱环节做工作。深入贯彻省军区××月×日安全管理工作电视电话会议精神，深刻吸取友邻单位血的教训，突出抓领导责任心、抓制度执行力、抓检查督导常态化，以各级领导堂堂正正、勇于担当、立说立行的良好形象，增强机关的原则性、战斗性和执行力，做到不打马虎眼、不当老好人、不搞随意变通、不搞无原则交往，营造人人当主人、个个担责任、大家做工作的安全文化氛围，形成党委统揽、层次领导、职责分明、自控自律、全程监督抓安全稳定的良性循环机制。二是始终坚持加强基础设施和技防保安全。完善军分区、人武部、武器库、值班室“四位一体”的互联监控设施，安装使用门禁系统和考勤系统，更换补齐消防器材。三是始终坚持落实职责抓安全。按照一岗一责、一事一责、一物一责的要求，细化安全责任，一级抓一级，一级对一级负责，强调分区部门以上领导加强具体帮带，全程跟踪指导抓落实；明确县(市、区)人武部、公勤队、武器库实行连队式管理，人武部主官就是连长、指导员，工作抓具体；要求机关养成按职责、按原则、按制度、按程序办事的习惯，做到听招呼、守规矩，尽责不失职，到位不失控。四是始终坚持检查督导促安全。在强化按级负责、按职责抓落实的同时，坚持把安全检查督导纳入值班首长、机关职责，建立值班首长不打招呼检查、机关督查组巡查、作战值班室每日视频抽查制度(其中一次在午夜后)。从××月底开始，分区机关组成××个督查组，轮流对所属人武部和武器库进行每周不少于××次的夜查，每周一大交班上进行讲评通报。注重强化法规约束力、制度执行力，对政治性问题、违规派车、私自开车、违规上网、武器库脱岗等关键环节、重点部位的违纪现象，采取“零容忍”的态度，实行“无后果”责任追究。有力推进了安全管理常态化落实，确保了部队安全稳定。

(欧阳三歌 苏振华)

【从严落实警备纠察工作】按照省军区转发军区《关于统一开展集中查纠活动的通知》要求，依据《江西省军区集中查纠活动实施计划》，先后在鹰潭、上饶两个市区×××点位集中开展警力纠察，共出动人员×××人次，出车×××台次，检查军车××台，检查军人×××人，维护了军纪军威，促进了地区外出军人军风军纪和军车运行秩序，维护了军队的声誉和形象。一是狠抓队伍建设，提高执勤能力。认真学习了条令和有关警备工作的政策法规，使警备执勤人员懂法、知法，依法执法、文明执法。严把人员选配关，把政治思想好、文化水平高、身体条件佳的士兵补入警备纠查队伍，做到人员定岗定位。严格按照总参军务部、总后军需物资油料联合下发的《关于全军警备纠察人员执勤着装有关问题的通知》要求着装，保持军容严整、举止端庄、精神振作、动作规范。二是突出重点部位，加大纠察力度。为提高执勤效果，把在火车站、广场、公园、娱乐场所、320国道、206国道、沪昆高速、旅游景点等列为纠察重点，采取定点设卡纠察，对重点部位进行巡回纠察，有效遏制了外出军人军容不整、军车行驶不规范等不良现象，提高了外出军人、军车遵章守纪的自觉性。三是注意文明执勤，严格规范执法。在纠察中，坚持依法文明执勤，做到正面教育与行政处罚结合，正确区分不同性质的违章、违纪。对认错态度较好，违纪较轻的人员，采取批评教育的方式给予处理；对不服从纠察，违纪较重的人员采取收容和督促原单位行政处理的方法进行处理。

（苏振华　王中锋）

【南京军区安全工作检查组到鹰潭市检查督导】××月××日，南京军区副参谋长陈卫国、军务部部长徐继龙等一行到鹰潭军分区检查，省军区参谋长倪海峰、副参谋长苏明宗陪同检查。重点检查4个内容（军区事故案件问题分析会精神贯彻落实情况；第三阶段及暑期安全稳定工作开展情况；安全隐患集中排查整治工作开展情况；防范自然灾害及小散远直单位人员、车辆管理情况）。军分区人武部两级机关过细准备，按"五个一"要求，采取自下而上方式，逐条逐项逐环节列出清单区分责任，逐房间逐部位逐设施排查消除隐患死角，领导高度重视，高位管控，部门科室干部战士职工认识提高，相互协作、密切配合，扎实细致地做好迎检准备，从军区检查的情况看，取得了较好成效。

（欧阳三歌）

【民兵武器库双××高炮库、器材库建设】根据省军区后营〔××××〕××号文件批复和军队工程建设有关规定，鹰潭军分区武器库库房扩建工程为集双××高炮、车库、器材库于一体的综合性库房，结构为钢架彩钢瓦顶的库房（双××高炮库、车库、器材库之间用××米高的彩钢板分隔，以实现达到分类存放的要求）。

（赵小春　彭仁标）

【鹰潭军分区副团职以上干部名录】

司令员：王　超

市委常委、政委：黄恩华（～2012.12）陈宏（2012.12～）

参谋长：傅梓堆

政治部主任：戴克华（～2012.8）饶开东（2012.8～）

后勤部长：沈贵元

中国人民武装警察部队鹰潭市支队

【概述】2012年，支队党委认真贯彻主题主线重大战略思想，坚决落实总队党委和市委市政府决策指示，以建设先进军事文化为牵引，以建强班子为重点，以提高干部能力素质为关键，以落实经常性基础性工作为着力点，扎扎实实打基础，埋头苦干抓落实，开拓进取求创新，各项工作成效明显，部队建设稳中有进。

【思想政治建设】深入学习贯彻中共十八大精神，深化当代革命军人核心价值观培育，注重加强先进军事文化建设，严密组织干部队伍专题教育和基层风气教育整顿，扎实开展以"四心"活动为主要内容的经常性思想工作，在干部队伍中推行机关干部住队、基层干部住班制度，积极做好意识形态工作，深入开展心理、法律、文化服务下基层活动，确保了部队永远听党指挥、绝对忠诚可靠。支队扎实推进"住班排"活动做法被总队转发，余江县中队被总队评为人才培养先进单位，二中队团支部被总队表彰为先进团支部，2名官兵被总队表彰为优秀基层带兵干部，2名官兵被总队表彰为优秀带兵班长。

【中心任务】紧紧围绕迎接保卫十八大，全力以赴抓中心保中心。扎实抓好任务部署、战法研究、形势战备教育，抢险救灾综合演练，部队执勤处突能力明显提升。成功处置一起盗铜事件，完成了10余起临时勤务，实现了连续23年无执勤事故。做好龙舟赛任务中政治工作做法被总队转发。

【正规化建设水平】深入开展条令条例学习月活动和"迎盛会、严纪律、树形象、保安全"作风纪律教育整顿，全面实施"三轮过遍"，严密组织正规化交叉检查，推行"一人一责、一物一责、一事一责"的精细管理方法，部队正规化管理水平得到提高。二中队、余江县中队被总队表彰为正规化建设先进中队，7人被总队表彰为正规化建设先进个人。

【军事训练素质】坚持党委议训制度，以首长机关和警官训练为重点，扎实抓好了首长机关带实兵实装演练，组织分队警官全员额考核，特战排比武竞赛，积极配合市公安局搞好了"金盾—12"反恐演习。着眼经常性执勤和实践需要，深入开展专勤专训和专哨专训，提高了部队训练质量和应急处置能力。

【基层建设质量】始终把工作重心放在基层，紧紧抓住党支部建设这个关键，落实"三治四建"要求，深入学习贯彻《纲要》和《三十条》，严格"一二一"工作机制，落实蹲点调研帮建规定，强化大抓基层导向。广泛开展争当科学带兵好干部、尊干爱兵好班长、爱警习武好战士群众性评比和干部大练"双六功"活动，广大干部骨干事业心责任感进一步强化。二中队、余江县中队被总队评为基层建设先进中队、3人受到总队表彰。

【综合保障效益】修订各类应急保障预案，严格地方经费、预算外经费和"四类经费"使用管理，制定加强枪弹、车辆、油料管理规定，积极开展"加强伙食管理，建设饮食文化"活动，官兵对伙食满意率达98%以上。参加总队加强伙食管理集训，综合排名第五名。在总队组织的驾驶员教育整训中,支队驾驶员驾驶技能综合排名第一名。积极推进基层基础设施建设,支队"四配套"建设已全面完成并实现100%达标,官兵学习有条件、娱乐有设施、训练有场地、生活有保障。

【核心领导作用】带头加强理论武装,以"三治四建"为抓手,以"创先争优"为载体,严格落实党委中心组和机关理论学习制度。深入贯彻"三个规范性文件",不断健全党委议事决策机制,建立了领导、专家、群众相结合的决策机制,提高了决策质量。全年提拔使用17名干部、11名技术兵、26名战士入党、20名官兵立功受奖、选取36名士官和100多万元工程建设,均实行阳光操作,官兵普遍比较满意。二中队党支部被总队表彰为先进基层党支部,2人分别被总队表彰为优秀基层支部书记和优秀共产党员。

(邹 凯)

【武警鹰潭市支队副团职以上领导名录】
支队长:张 平
第一政治委员:张荣先
政治委员:耿德根
副支队长:程秋生
参谋长:张国发
政治处主任:杨 明
后勤处处长:汪本忠

中国人民武装警察鹰潭市公安消防支队

【概述】2012年,支队在总队党委和鹰潭市委、市政府,市公安局的正确领导下,以胡锦涛"三句话"① 总要求为统领,以党的十八大消防安全保卫战为主线,紧紧围绕"一确保、六提升"②总体目标,认真贯彻落实科学发展观,解放思想、抢抓机遇,消防工作和部队建设实现新发展,保持了全市连续26年无重特大火灾,为服务鹰潭经济社会发展提供了良好的消防安全环境。

【班子和队伍建设】严格贯彻落实民主集中制,强化思想作风建设,大力开展创先争优活动,努力打造"五型"③党委班子。年内,提拔使用副团职干部1人、技术八级干部1人、正营职干部2人、副营职干部3人、正连职干部4人,1名战士考取军校。组织开展了"七一"入党宣誓活动,推荐表彰了3个先进基层党组织和20名优秀共产党员。3月,支队被鹰潭市政府荣记集体二等功。

【廉政建设】深入开展干部作风突出问题整治、消防执法突出问题专项治理等专题教育,制定了《深入推进"廉政消防"建设的若干规定》《党的十八大消防安全保卫战工作纪律》《廉情监督员工作制度》等规定。支队党委书记、纪委书记带头上廉政课,开展集体廉政谈话,将干部廉政情况作为提拔、调配重要内容。年内,聘请廉政监督员80名,新建营以下干部廉政档案58份,完善团以上干部廉政档案17份,开展廉政教育26次,撰写廉政心得87篇,先后发放《八个严禁、八个必须》小卡片90余份,节日廉政短信590余条,开展任前谈话38人次,召开了"手莫伸"廉政教育座谈会,举办了"六条禁令"④宣传画展,开展了一线监督干部向社会单位述职述廉活动,在省厅纪委优质廉政党课评比活动中荣获两个第二名。

【文明创建工作】突出"政治、励志、训练、廉政"四个文化建设阵地,加强精神文明建设,确定"忠诚、善战、创新、厚德"队训和《我是119》队歌,建成"政工之家",配发文体器材,组建声乐、表演、书画、摄影等兴趣爱好小组,积极构建"一队一品"工程。被鹰潭市委宣传部、市文广新局确立为群众文化活动示范点,举办了乒乓球比赛、演讲比赛、书法美术摄影展、庆八一"欢乐舞台"进警营联欢晚会,自编自演相声《火警电话》在省厅第三届相声小品大赛获最佳剧作奖,并代表江西省参加公安部相声小品大赛初选。开展拥政爱民、警民共建活动,关心孤寡老人,积极构建"一队一点"工作模式,以点带面,扩大影响,树立形象。贵溪大队荣获"全省公安机关群众满意窗口单位",支队机关、贵溪大队、余江大队被推荐为"江西省第十三届文明单位",1人入围"鹰潭市五四青年奖章",1人入选"感动鹰潭·十佳新人新事"和中国好人榜。

【基层基础建设】大力加强营房基础设施建设,营造拴心留人环境,市应急救援训练基地第一期工程特勤中队、战勤保障大队主体工程已完工,龙虎山大队建设已进入营区绿化的效果设计阶段,信江新区大队完成征地选址工作,12月底已动工建设,支队机关室内训练馆和

①三句话:忠诚可靠、服务人民、竭诚奉献。

②一确保六提升:确保火灾形势和部队双稳定,提升社会安全"防火墙"工程建设水平,提升部队核心战斗力,提升综合应急救援工作水平,提升全民消防安全意识,提升基层基础建设水平,提升部队正规化建设水平。

③五型:学习型、团结型、务实型、创新型、廉洁型。

④六条禁令:一是严禁收送钱物和有价证券;二是严禁插手消防工程和推销消防产品;三是严禁向社会单位、个人索要赞助费;四是严禁设立"小金库";五是严禁跑官要官、拉票贿选;六是严禁违规招标、采购物资。

月湖大队健身房正在建设中。开展消防装备评估论证，优化配备，提升作战效能，购置了×辆消防车，×××件(套)常规器材和特勤装备。

【岗位练兵】围绕“三句话”总要求和公安部打造现代化公安消防铁军的要求，深入开展创建铁军中队达标创建活动，认真抓好岗位练兵、比武竞赛。举行了“我为我队争光彩”系列活动、冬训竞赛，参加了全省消防部队打造现代化公安消防铁军比武竞赛、政治干部岗位练兵竞赛、俱乐部比赛和首届后勤岗位练兵比武竞赛，夺得了政工岗位练兵团体总分第一名，贵溪大队万合路中队被评为二星铁军中队。按照“练为战”的指导思想，针对突发性灾害事故易发、多发、频发的特点，提请市政府组织开展了水上救生综合演练，举办了全市应急救援队伍拉动演练暨汇报表演和鹰潭市危化处置跨区联合演习，受到了各级领导的高度赞誉。

【综合应急救援】2012年，全市“三台合一”接处警系统全面升级改造，投资70余万元建设了灭火救援指挥调度网，斥资140余万元购买了通信指挥车，添置了手持无线电台60余部，对全部执勤车辆安装了GPS定位系统和车载无线电台，提升了信息化建设水平和综合应急救援能力。依据灾害特点，全市组建了轻型地震救援队、抗洪抢险突击队、化学救援攻坚组等专业救援队伍，开展专业训练和授课，提升技能。深入推进余江县锦江镇和龙虎山风景名胜区政府专职消防队建设，实现了“四有”⑤目标。

【灭火救援】2012年，全市共发生火灾200起，死亡1人，受伤6人，直接财产损失210.1万元。全市消防部队共接警出动506次，出动车辆670台次，消防官兵4569人次，抢救被困人员243人，疏散人员252人，抢救财产价值3860.7万元。完成了“4·14”济广高速鹰潭南收费站坍塌事故、“4·28”余江安晟化工厂甲醇储罐爆炸燃烧事故、“7·29”无水氟化氢槽罐车侧翻事故、“8·12”高速公路车辆追尾事故、“12·24”贵溪校车落水事故的处置，完成了党的十八大消防安全保卫战、端午节龙舟安保等重大安全保卫任务。

【消防监督】决战决胜十八大消防安全保卫战，扎实推行消防安全网格管理，实行“零死角”排查，针对发现的火灾隐患，实行“零容忍”整改，紧扣重点单位、部位，实行专人守护蹲点监管，实行“零盲点”看护，确保了十八大期间全市火灾形势总体平稳。全市消防部队共检查社会单位1.84万家，发现火灾隐患7.97万处，督促整治隐患7.9万处，临时查封场所335家，责令“三停”单位193家，行政拘留73人，罚款337.7万元，提请政府挂牌督办重大火灾隐患单位48家，受理各类火灾隐患举报66条，全部进行核查、处理、反馈，群众满意度100%。

【消防安全责任】市委综治办把消防工作纳入综治考评内容，市公安局将消防安全管理工作纳入《各县(市、区)公安工作2012年度综合考评办法》，各级政府均将消防工作纳入当地经济社会发展计划，并列入政府重要议事日程，定期研究和解决消防工作中的重大问题，有效落实消防工作责任追究。市政府起草下发了《鹰潭市消防事业发展“十二五”规划》，为鹰潭消防事业发展指明了方向。

【全民消防宣传】全面落实《全民消防安全宣传教育纲要》，深入开展家庭、社区、学校、单位、景区、党校消防宣传教育六个专项行动，以市委党校为平台，建立“鹰潭市消防教育基地”，开发“社区社会管理服务平台”软件，开展“数字社区”网络建设工程，将社区居民信息、“九小”场所情况等消防安全重点单位、场所和部位录入系统，标注重点看护单位和人群，落实楼栋长检查制度，对火灾隐患排查、整治全面实现网上3D显示，强化隐患整治的跟踪问效。积极开展消防安全宣传教育示范学校创建工作，实现了每个县区均有1家全省示范学校，余江一中申报全国示范学校。培训各类人员1.2万人次，散发消防宣传单和消防知识读本10万余份，发送消防安全宣传短信达百万条，全面提升了全民消防安全意识。

【重大奖励】近年来，支队在市委、市政府的坚强领导下，努力践行胡锦涛“忠诚可靠、服务人民、竭诚奉献”总要求，积极当好党委、政府和公安机关的参谋，努力构筑消防安全“防火墙”，着力打造现代化公安消防铁军，在各种急、难、险、重任务中发挥了主力军作用，为构建和谐平安鹰潭做出了新的贡献。为褒奖先进，进一步推动消防工作创新发展，3月，市政府给市公安消防支队记集体二等功。

【重大工作】为贯彻落实《国务院办公厅关于加强基层应急救援队伍建设的意见》，进一步磨合赣东战区联合作战机制，检验鹰潭市综合应急救援队伍建设成果，提高城市应急救援实战能力，9月25日，鹰潭市在海利贵溪化工农药有限公司举行危化处置跨区联合演习。演习由鹰潭市政府主办，贵溪市政府、鹰潭市应急救援支队、海利贵溪化工农药有限公司承办，调集了××个联动单位共×××余名救援人

⑤ 四有：有车辆装备、有执勤场所、有工作勤务运行机制、有经费机制。

员、××××余名群众参加,实现了“扁平化”指挥,受到了公安部副部长刘金国的高度肯定,并作出重要批示,称“江西工作一直主动作为,实战演练非常必要”。

【重大灭火救援任务】4月14日17时08分,受强暴雨侵袭,济广高速鹰潭南收费站移址重建工程发生整体坍塌事故,多人埋压被困。市公安消防支队闻警即动,全勤指挥部率70余名官兵遂行出动,赶赴现场,展开雨夜大救援。经过7个多小时的连续奋战,成功救出8名埋压被困人员;8月12日13时,沪昆高速590公桩(鹰潭市贵溪市境内)处1辆大巴车与大货车发生追尾事故,大型客车严重变形,大量人员受伤被困。市公安消防支队先后调集35名官兵赶赴现场,共疏散被困乘客15人、抢救23人;12月24日上午,贵溪洪塘1辆面包车落水,17名人员被困,生命危在旦夕。市公安消防支队先后调集4辆消防车、28名官兵赶赴现场,经过长达8个小时的持续救援,成功搜救出全部被困人员。

(雷兴旺)

【武警鹰潭市公安消防支队副团职以上干部名录】

支队长:刘顺科
政治委员:周三荣
副支队长:严文胜　杨柏水(2012.5~)
副政治委员:张先申(2012.5~)
参谋长:余志高
政治处主任:余小飞
后勤处处长:王　俊(2012.5~)
防火处处长:程其凤(2012.5~)

人民防空

【概述】2012年,在市委、市政府、鹰潭军分区和省人防办的正确领导下,市人防办坚持科学发展观,牢固树立融合式发展理念,以转变机关作风、加强机关行政效能建设为突破口,以军事斗争人民防空应急准备为牵引,狠抓工作任务的落实,各项工作均取得了较好成绩。市人防办被省人防办评为全省人防建设先进单位,被市委、市政府评为信访工作目标管理先进单位,被市直机关工委评为“市直机关党的工作优秀奖”,驻行政服务中心人防窗口被授予“最佳服务窗口”称号。

【人防工程建设】0313工程地面应急救援指挥中心建设有序推进。完成了对大楼主体结构的验收,被评为优良工程;协调市发改委追认并批复工程建设规模和投资概算,确定了该工程内、外装修方案和预算;通过政府采购程序,选定了该工程办公区域中央空调及电梯品牌和供应商;完成了1至5层对外招租工作。抓好抓实市中心广场人防工程建设。(1)牢固树立服务意识,努力营造良好的投资环境。在工程停工期间,多次去函或电话与人和公司香港总部协调,并请省人防办主要领导与人和高管沟通,督促解决资金问题,在多方反复督促未果的情况下,市人防办根据市政府领导的指示与鹰潭人和公司协商,采取缩减规模的方式推进工程尽快完工。(2)牢固树立维稳意识,努力营造良好的社会稳定环境。一年来共接访多省籍农民工500多人次,为农民工追缴到被拖欠的工资累计694万元。(3)牢固树立安全生产意识,努力加强对工程的监管,确保了工程开工以来没有出现安全生产事故。强化人防工程结建和维护管理。严格执行防空地下室建设标准,2012年共核定结建工程面积2.78万平方米,完成了省办下达的任务;针对在建项目进行了跟踪检查指导,对不符合人防标准的项目及时予以纠正,确保了工程建设的合格规范;人防平战结合工程项目完好率达90%以上,工程内部设备、设施处于良好状态,生产经营井然有序,无险情,无事故隐患;投入10余万元对滨江公园4个人防老工事洞口进行了升级改造,改造后的洞口房成了滨江公园的一大亮点。

【完善组织指挥体系】高标准、高质量、按时间节点完成了鹰潭市的城市防空袭方案修订工作;初步完成了人防北斗卫星导航定位系统和时统系统建设,及时完成了地下指挥所部分老化过时设施、设备的更新换代工作,确保了声、像信息及时高效的传输;干部职工实行24小时战备值班制度,人防卫星指挥车和指挥网处于常备状态;认真抓好人防志愿者队伍和专业队伍建设,与鹰潭市职业技术学院联合组建了一支100人的人防志愿者队伍。

【人防宣传教育】充分利用报刊、杂志、电视、网络等新闻媒体多形式、多手段、多渠道地开展人防宣传,增强了全民人防意识。全年累计接受群众咨询1200余人次,发放《江西省城市市民应急手册》2.4万本,散发宣传单2600多份,利用移动平台群发手机短信6万余条;向市四套班子及市直有关部门领导发放《鹰潭人防》2000余份,积极向各级领导宣传人防法规政策、及时汇报人防工作情况,提出合理化建议;在广场中心LED显示大屏滚动播放人防宣传视频,在鹰潭电视台利用黄金时段每天两次插播人防宣传标语;为学生更换《人防知识》教材5000余册,并指导部分中学开展了应急疏散演练,切实提高了中学生应对空袭和自然灾害的认识及自救能力;全年被国家级刊物和网站采用文章1篇、信息10条,被省级刊物和网站采用信息45条,被市级媒体和网站采用信息29条。

【机关作风建设】通过组织干部职工进行理论学习和业务培训,不断提高干部职工的综合素质。重新修订了包括15项工作职责和30项规章制度在内的机关管理制度，印发了《市人防办贯彻落实“三重一大”制度实施细则》，重点规范了人事、财务和民主决策方面的管理，确保各项工作进一步规范化和制度化，有效提升工作效率和质量；以开展集中整治影响发展环境的干部作风突出问题活动为契机，扎实开展整治工作，实现了干部作风明显改进，促进了行政服务质量显著提升。

【服务中心工作】全年完成招工47个，报送招商信息4条，超额完成了市委、市政府下达的任务；积极参加社区帮扶、村建帮扶和创建“秀美乡村”活动，及时与帮扶点对接联系，帮助群众解决实际困难，全年共计投入帮扶资金14万元；主动协调市国资委，做好人防国有资产归口管理工作；努力做好综治工作，维护了社会的稳定；做好计生工作，广泛宣传计生政策和计生知识，计生“四率”达到上级要求标准；积极参与“三城同创”活动，对林荫路段5个口部围挡进行临时拆除，并投资11万元，购置6万余盆花卉对洞口进行装饰改造，提升了城市形象。

【召开指挥通信工作会议】1月4日，市人防办在十楼会议室召开指挥通信工作会议。对2012年指挥通信工作提出了具体要求：一是建章立制。通过创新制度来管理维护好0313地下指挥所、人防卫星通信指挥车和警报器。二是加强建设。规划建设好应急救援指挥中心的信息系统、人防北斗导航定位系统以及增加警报器。三是融合发展、为民服务。指挥通信要服务于人防建设的整体大局，大力推进人防融入社区、融入应急，充分发挥人防组织指挥、信息系统、警报报知等优势，增强人防的应急救援能力；人防教育要进机关、进社区、进学校，尤其要通过加大“3·1”国际民防日、“5·12”防灾减灾日和“9·18”警报试鸣的宣传，不断增强市民的国防观念和人防意识。

【召开集中整治影响发展环境干部作风突出问题活动动员大会】2月3日，市人防办在三楼会议室召开集中整治影响发展环境的干部作风突出问题活动动员大会，部署开展集中整治活动。会议强调，抓好作风建设，一是要提高认识，全办干部职工要充分认识开展集中整治活动和进一步优化发展环境的重要性和紧迫性，全力营造作风建设的良好氛围；二是要加强思想教育，增加做好工作的事业心和责任感；三是要强化管理，完善制度，试行奖励和惩治相结合的工作机制；四是要加强领导，成立集中整治影响发展环境的干部作风突出问题活动领导小组，领导干部要以身作则，严于律己，发挥表率作用。

【鹰潭军分区领导在市人防办调研】2月20日，鹰潭军分区参谋长傅梓堆率司令部机关一行专题调研考察鹰潭市人防专业队伍建设情况。调研座谈会上，傅梓堆认真听取了主任洪芬平、副主任夏忠频对相关情况的汇报，充分肯定了市人防办的工作，并就抓人防专业队伍建设强调三点意见：一是抓好自身建设；二是抓好专业技术力量建设；三要抓前瞻性和针对性训练。

【鹰潭市县两级人防工作会议召开】3月2日，市人防办召开全市人防工作会议。会议强调，2012年要重点抓好五个方面的工作。一是进一步加大工程建设和管理力度。切实加强对中心广场人防工程的安全质量监管和服务，加速推进市办地面应急救援指挥中心建设，加大防空地下室结建工作力度，同时做好老工事的维护管理工作。二是进一步提升组织指挥和应急救援能力。积极配合省办做好人防北斗卫星导航定位系统、国家人防光缆通信网和3G应急通信系统建设工作；高标准、高质量的修订完善鹰潭市《城市人民防空袭方案》；积极参加“赣盾—2012”应急保障演习；切实加强组织指挥、人防专业队、重要经济目标监控系统，疏散基地、防空警报等的建设工作。有效提升鹰潭市人防组织指挥和应急救援能力。三是进一步加强人防宣传教育工作。不断创新宣传形式，扩大宣传范围，重点推进宣传教育“六进”工作，营造理解支持人防发展的浓厚氛围。四是要进一步加强县级人防工作。紧紧围绕省办提出的“五个到位”抓好县级人防建设的督导，积极协调党政军领导支持县级人防发展，为县级人防建设的开展创造有利的条件。五是进一步加强自身建设，按照准军事化的要求，切实加强班子和队伍建设。努力打造一支“政治坚定，业务精湛，纪律严明，作风过硬，廉政高效”的人防团队。

【省人防质量监督站到鹰潭市调研人防工程建设】3月20日，省人防办质量监督站到鹰潭市调研人防工程建设，市人防办主任洪芬平陪同调研。调研中，调研组一行检查了市中心广场人防工程和三个人防结建工程，听取了省站检查调研情况反馈和市办质量监督组工作情况汇报。

【市人防办组织学习人民日报评论员文章】4月17日，市人防办召开全体干部职工会议，认真组织学习《人民日报》刊发的《牢牢把握稳中求进的总基调》《集中精力把两会精神贯彻好》和《满怀信心迎接党的十八大》3篇评论员文章。

【省人防办副主任林显君考察鹰潭人防工作】4月28日，省人防办副主任林显君到鹰潭市考察人防工作，察看了市中心广场人防工程、市0313工程的工地现场及市0313地下指挥所，听取了市人防办主任洪芬平关于近年来鹰潭市人防工作情况及2012年全市人防重点工作打算的汇报。

【市委常委、政法委书记杨金红到市人防办调研】5月2日，市委常委、政法委书记杨金红到市人防办调研,实地考察了市人防地面应急救援指挥中心大楼工程，参观了0313地下指挥所,并与人防办班子成员进行座谈交流,听取了相关情况汇报。

【鹰潭市召开人防知识教育工作会议】5月11日,鹰潭市人防办与鹰潭市教育局、月湖区教育局共同组织召开了鹰潭市2012年人防知识教育工作会议。会议就提升鹰潭市人防教育工作水平提了三点要求：一是各学校要切实加强组织领导，积极有效的协调和解决人防知识教育中遇到的困难和问题，为开展好人防知识教育奠定坚实的基础；二是要把中学生人防知识教育纳入学校教学计划,落实师资、落实课时,确保人防知识教育落到实处；三是各校要结合实际，积极开展人防教育实践活动,创新教学形式,丰富教学内容,提高教学效果。

【鹰潭市召开防空袭方案修订工作会议】5月17日,《鹰潭市防空袭方案》修订工作会议在市人防办0313地下指挥所召开，鹰潭军分区、市人防、公安、消防等26家相关单位负责人参加了会议。会议指出,修订《城市防空袭方案》是人民防空工作的一项重要内容,涉及的部门多、内容广、时间紧、要求高,需要做大量的工作,需要各单位和各部门积极配合,共同行动,大家要从战略高度加以重视、按实战的要求抓好落实,确保《方案》修订工作按时间节点高标准、高质量完成。

【鹰潭市离退休老干部考察人防重点工程】5月23日，由原市委书记刘祖三、市政协主席李东堂、军分区政委姜芳树等28位市(厅)级离退休老干部组成的城市项目建设考察组在市委常委、副市长宋迪维的陪同下,对鹰潭市人防重点工程项目进行了考察。考察组实地察看了市人防应急救援指挥中心大楼建设情况，参观了0313地下指挥所，听取了市人防办的工作汇报，并与市人防办主任洪芬平等班子成员进行了座谈。

【副市长、市公安局局长张荣先到市人防办考察指导】6月1日,市政府副市长、公安局局长张荣先到市人防办考察指导。张荣先先后考察了市人防应急救援指挥中心大楼工程和0313地下指挥所，听取了市人防办主任洪芬平关于人防工作的情况汇报。

【市人防办开展“八一”走访慰问】7月31日,“八一”建军节临近之际,市人防办领导班子一行到鹰潭军分区进行走访慰问,鹰潭军分区司令员王超,市委常委、鹰潭军分区政委黄恩华,鹰潭军分区参谋长傅梓堆等军分区首长与市人防办领导进行了亲切座谈。

【市人防办专题学习胡锦涛“7·23”重要讲话】8月9日,市人防办召开专题会议,深入学习了胡锦涛在省部级主要领导干部专题研讨班上的重要讲话精神。会议要求,全办干部职工要认真学习、深刻领会胡锦涛的重要讲话精神,结合具体工作贯彻落实。一是在思想上要高度重视。要把学习胡锦涛重要讲话作为当前首要的政治任务，认认真真、扎扎实实、原原本本组织好学习。二是形式上要多措并举。除组织办领导班子专题学习和全办干部职工集中学习外,各科室、站、所也要立即组织专题学习讨论,采取灵活多样学习方式,紧密结合工作实际、思想实际,深刻领会、认真落实好胡锦涛的重要讲话。三是行动上要理论联系实际。要把胡锦涛讲话精神转化为推进人防工作科学发展的强大动力，改进工作作风，加强队伍建设，提升整体能力,扎实开展好各项业务工作,以优异的成绩迎接党的十八大胜利召开。

【市委副书记、市长钟志生调研地下人防工程】9月6日，市委副书记、市长钟志生率市人防办、市建设局、市规划局、市城管局等相关单位负责人深入到中心广场地下人防工程进行调研。钟志生来到中心广场地下人防工程建设现场,详细了解了工程进展情况,并在鹰潭宾馆主持召开协调会。钟志生要求，要进一步加快工程建设速度，采取缩减规模等各项有力措施,推动地下人防工程尽快完工,以实际行动支持鹰潭市“三城”同创工作的开展。

【鹰潭市“9·18”防空警报试鸣活动成功】9月18日，上午10时开始，全市范围内的固定警报点、人防车载警报统一鸣响了“预先警报”“空袭警报”“解除警报”3种警报声。市委常委、副市长宋迪维,市人大常委会副主任尹宁,市政协副主席周水凤,鹰潭军分区参谋长傅梓堆以及市人民防空指挥部全体成员在市人防指挥部参加了试鸣活动。试鸣于当日上午10时开始至10时15分结束。此次全市人防警报鸣响率达100%,音响覆盖率达95%以上,试鸣活动取得成功。

【鹰潭市人防办认真组织收看中共十八大开幕电视直播】11月8日，市人防办认真组织机关、直属单位的全体干部职工收听收看中国共产党第十八次全国代表大会开幕式直播实况,聆听了胡锦涛所作的报告。

【市人防办专题学习中共十八大精神】11月21日，市人防办召开全体干部职干部会议,专题学习了党的十八大会议精神和省委第十三届六次全会精神和市委第七届五次全体(扩大)会议精神。会议要求,全办干部职工要以高度的政治责任感和历史使命感认真学习党的十八大报告文件精神;深刻领会、牢牢把握报告精髓;迅速将思想和行动统一到中共十八大精神上,狠抓贯彻落实,切实用中共十八大精神谋划好2013年及今后各项工作,实现鹰潭人防融合式、跨越式发展,为鹰潭市经济社会发展,开创建设“四个鹰潭”新局面贡献新的力量。

【市委常委、副市长宋迪维考察地下人防工程】12月11日,市委常委、副市长宋迪维深入到中心广场地下人防工程施工现场考察,详细了解了工程建设建设情况。

【市人防办认真学习习近平参观“复兴之路”讲话精神】12月17日,市人防办召开全办干部职工大会,认真学习习近平总书记在新一届中央领导集体参观“复兴之路”展览时发表的重要讲话精神和人民日报评论员文章《实干兴邦,空谈误国》。市人防办党组书记洪芬平在会上强调:“学习宣传贯彻学习习近平总书记发表的重要讲话精神,要紧密结合人防工作实际,联系干部思想实际,坚持学以致用,用以促学,把党的十八大精神和习近平总书记讲话精神落实到工作中去,推动人防工作科学发展、和谐发展”。

(周剑平)

【市人防办副县级以上干部名录】

党组书记、主任(局长):洪芬平

党组副书记:王瑞洪

党组成员、副主任(副局长):张春霞(女) 夏忠频 黄兴平

党组成员、纪检组长:王晓青

党组成员、总工程师:舒志强

·资料·

如何扑救初起火灾

1.在消防车到达现场前,应设法扑救。不要盲目打开门窗,以免空气对流,造成火势扩大蔓延。

2.扑灭火苗可就地取材,如用灭火器灭火或使用砂土、毛毯、棉被等简便物品覆盖火焰灭火。

3.及时组织人员用脸盆、水桶等传水灭火,或利用楼层内的墙式消防栓出水灭火。

4.油锅起火,不能用水浇油锅中的火,应马上熄掉炉火,迅速用锅盖灭火。

5.燃气灶具着火,要设法关闭阀门或用衣服、棉被等浸水后捂盖灭火,并迅速关闭总阀门。

6.着火处附近的可燃物要及时搬移到安全的地方。

7.家用电器着火,要先切断电源,然后灭火。若用毛毯、棉被灭火,人要站在侧面,防止显像管爆裂伤人。

法治

编辑、校对:柴靖龙

公安

【概述】2012年，全市各级公安机关在市委、市政府和省公安厅的坚强领导下,紧紧围绕全市“主攻项目、决战‘三区’,凸现特色、实现跨越”的总体要求,按照市局党委确定的总体思路和工作要求,以“十八大”维稳任务为工作主线,迎难而上,连续作战,突出重点,狠抓落实,深入推进“三项重点工作”和公安“三项建设”,全力服务经济社会发展,实现了全市社会政治和治安大局的持续稳定。

维护稳定成效显著。以党的十八大维稳工作为主线,圆满完成党的十八大、重大节假日等特殊、敏感时期的安全保卫任务,全力以赴确保涉日维稳期间社会稳定。以深入开展“三访三评”“大走访”活动为依托，排查化解各类矛盾纠纷1945起。深入推进信访积案化解工作,成功化解信访积案39件,尤其在化解中政委、公安部、省委政法委、省公安厅交办的信访积案专项行动中,全市信访积案办结率达到100%,在全省排位第一。成功举办“金盾2012”反恐处突演习,进一步提高了应急处突能力和水平,全面推进三级维稳信息员队伍建设,全市公安机关共收集各类情报信息1996条,成功处置突发性、群体性苗头事件22起。积极落实“积分预警,分类管控”工作,对敏感人群和重点人员动态管控率达100%。实施互联网重大事件舆情引导,建成了互联网三级监控中心,虚拟社会稳控能力明显提升,圆满完成各类警卫任务15次。全市没有发生危害国家安全和社会稳定的重大政治事件,没有发生重大群体性事件及重大进京上访事件。

强势保障经济发展。围绕市委提出的“主攻项目、决战‘三区’,凸现特色、实现跨越”的总体要求,进一步解放思想,开拓创新,充分发挥职能作用,保障和推动全市经济又好又快发展。深入排查重点工程建设和城市开发建设过程中出现的各类矛盾纠纷,共排查化解各类矛盾纠纷400余起。制定出台了《鹰潭市公安局关于进一步服务经济发展优化发展环境的工作意见》,全市公安机关以此为引领,进一步转变工作作风，加强巡逻防控，大力整治企业周边治安环境，严厉打击影响企业发展和重点工作建设的各类违法犯罪活动,共破获此类案件52起，抓获犯罪嫌疑人61人。严厉打击经济领域犯罪，深入开展打击经济犯罪“破案会战”,全市共立经济案件326起,破案193起，移送起诉犯罪嫌疑人215人,劳动教养23人,为企业和群众挽回经济损失5000余万元，有效保障了全市的经济发展。

打击犯罪更加有力。始终保持对违法犯罪活动的严打高压态势。先后出台“四侦”同步上案合成作战、情报研判会商工作机制。深入开展了 “打击盗窃耕牛”、“打击多发性侵财犯罪”“灭枪”“缉枪治爆”“深化打击整治网络违法犯罪”、“隐积命案‘破案会战’”“禁毒破案攻坚会战”“追逃攻坚会战”等专项行动，全市共破获各类刑事案件4393起,同比上升10.5%。其中,现发命案12起,破11起,破获多发性侵财案件2758起，摧毁犯罪团伙53个;查处治安案件7672起,同比上升1.9%;抓获涉案犯罪嫌疑人1889人,刑事拘留1251人,同比上升12.4%;劳动教养59人,同比上升28.3%。

社会治安态势平稳。深入开展街面网格化巡防工作，深入推进多警联动大巡控,坚持“一警多能、多警联勤”,最大限度地把警力摆到街面上,提高街面见警率、管事率和机动力。全面完成市区主城区13个治安卡口的建设,实现了对重点区域、重点部位、重点事件、重点人员的“无缝隙管控”。重点对“黄赌毒”等社会丑恶现象进行整治。打掉涉黄窝点21处、涉赌窝点27处,查破涉毒案件40起，缴获毒品共4938.24克。在“缉枪治爆”专项行动中共收缴枪支802支,子弹4547发,黑火药烟火剂26千克，导火索240米，雷管81枚,管制刀具601把。组织开展了“打非治违”“知了”等专项行动和“三超一疲劳”“酒后驾车”等集中统一行动，严厉惩处酒驾、无证驾驶、假牌、套牌等严重交通违法行为，交通安全四项指标稳中有降。深入开展“清剿火患”和十八大消防安保攻坚战，全市各级消防部门共检查单位1.78万家(次)，发现火灾隐患7.83万处，整改火灾隐患7.79万处，临时查封326处，责令“三停”单位186家，全年消防事故指标大幅下降。

基础基层更加厚实。实施社区警务战略，城区派出所基本实现一区一警，社区民警经常深入到群众中开展工作。并以此为依托，组织开展了基层基础信息采集大会战，实现了基层台账的电子化，基层基础信息数量、实战应用明显提升。指挥中心完成市、县两级公安机关“三台合一”的建设，接处警效率进一步提高。刑侦部门重点加大了指纹、DNA血样的采集以及案事件系统、现场勘查系统的录入力度。同时，共完成36类、540余万条社会资源信息的整合，为侦查破案打下了坚实的基础。全市公安机关以“三访三评”深化“大走访”活动依托，进一步延伸“五小”民生警务行动，取得了良好的效果。2012年，全市社区民警在“三访三评”活动中累计走访群众3.85万户，其中，走访困难户1108户，走访企业1430家，为群众做好事办实事625件，举办警民恳谈会61场次，收集群众意见建议1125条，排查小隐患472处，排查不稳定因素579条，化解各类矛盾纠纷1945起，破获小案件130余件。

社会管理深入推进。强化对危爆物品、特种行业、交通、消防、巡防的日常管理。不断改进出入境、户政、消防等窗口单位的服务管理，全面实施护照按需申领工作，推行了电子护照，深入推进消防网格化管理和派出所消防工作试点，并将出入境、户籍和消防管理的权限适当下放。同时，结合市委、市政府下发的《鹰潭市社会管理创新综合试点工作实施方案》，制定出台了《加强互联网管理控制》《流动人口服务管理》《加强吸毒人员强制隔离戒毒和管控》《道路交通事故预防》等10个社会管理创新工作方案，推出28条创新性举措、方法和机制。积极建立警民互动新平台，在“新浪”和“腾讯”创建了鹰潭各级公安机关微博148个，关注量突破13.1万次，进一步拉近与群众的距离。

队伍建设生机勃发。扎实开展集中整治影响发展环境的干部作风突出问题活动、人民警察核心价值观主题教育实践活动和“清风进警营”廉政文化系列活动。积极组织全市民警收听收看各类公安部大讲堂，并先后组织300多名年轻民警开展了三期“战训合一、轮训轮值”司内警衔晋升培训班，分4期对全市执法民警开展了《中华人民共和国新刑事诉讼法》培训，全市公安机关执法水平稳步提升。2012年共提拔和调整干部19名，进一步激活了队伍，促进了工作。在全市公安机关开展了“十佳爱民模范、十佳创新能手、十佳和谐家庭”民警评选和表彰活动，成功举办“警民同心、共建和谐”迎新春文艺晚会。选树童样华为全市民警先进典型，在主流媒体进行了广泛宣传和报道。全面落实为民警办十件好事，进一步鼓舞了士气、凝聚了警心，队伍呈现出生机勃发的良好局面。

【办公室工作扎实有效】2012年，市公安机关办公室紧紧围绕市局党委的部署，充分发挥参谋助手作用，全面协调、服务各警种部门，狠抓各项工作的落实，政务工作取得全面进步，信息工作大幅提升，督办工作出色完成，保密工作扎实有效，机要工作稳步推进，档案工作有新进步，获得省厅领导和市局党委的一致好评。一年来共草拟文件67份，审核文件321份，承办会议62次。编报外网信息1336篇，内网信息2147篇，调研文章36篇，被省厅采用590篇，被公安部采用3篇。98件督办件按时办结，公安部和省公安厅2次对市局保密工作检查中，实现了保密工作的零扣分，受到公安部和省厅领导的高度赞扬。2012年市公安局办公室工作在全省综合考评中取得全省第三的好成绩。

【指挥调度工作高效运行】紧紧围绕全市公安工作大局，“围绕中心，服务大局，多路并进，开拓创新”，贴紧实情实战需要，全面加强指挥中心建设。2012年，指挥中心完成了省厅“三台合一”改造任务，进一步完善了“天网工程”视频监控系统，加大了内部单位资源整合力度，新建了环绕市区的13个治安卡口，新建了社会车辆GPS定位系统和110报警服务定位系统，完善了金融网点联网报警系统的维护和使用机制，进一步延伸了内外两个方面时空防范手段。2012年共接收各警种、各部门报送的信息423条，上报市委、市政府136条，上报省厅265条，分别比2011年同期增加28.2%、25.2%。编发《公安要情》32期、《信息快报》118期、《信息专报》8期、《警情通报》12期、《每周信息》52期、《每月警情分析》12期、《季度警情分析》4期，向领导报送每日警情短信息3880多条。信息被市委、市政府采用55条，被省厅采用28条，8条信息被省委或省政府领导批示，20条信息被市委、市政府或省厅领导批示。110报警服务台共接各类警情5.99万次(起)，有效接警1.94万起，其中刑事类警情6000次(起)、治安类警情1841次(起)；受理群众求助1847次(起)，处理群众纠纷2595次(起)。市局110报警服务台处警下达指令6.89万次，通过指挥调度直接抓获违法犯罪嫌疑人80人次，直接救助群众3069人次。全年共协调各警种、各部门完成各项会议、活动保卫工作79余次，完成警卫任务10次，协助领导指挥处置突发性事件22起,排查整理预警性信息156多条,预防影响稳定的苗头性事件46起。

【严厉打击经济犯罪】2012年,全市经侦部门以打击整治发票、假币、“破案会战”专项行动等专项行动为依托,严厉打击各类经济违法犯罪活动,取得较好的成效,为全市经济社会发展做出了积极的贡献。全市共立经济案件326起,破案193起(其中历年案件3起),刑拘犯罪嫌疑人75名,逮捕犯罪嫌疑人28名,移送起诉187人,为国家、集体及公民挽回经济损失6000余万元,成功侦破了2起部督案件:孙某特大合同诈骗案、“2·28”特大销售假冒注册商标商品案。在整治非法集资犯罪专项行动中,全市共立非法集资类案件6起,移送起诉3起。月湖侦结张某集资诈骗案,余江侦破了涉及被骗人员20余人集资款300余万元的刘某特大集资诈骗案。在开展整治虚开增值税专用发票犯罪“春雷”专项行动中,全市公安机关立案6起,破案4起,移送起诉3起,查实虚开金额1500余万元。贵溪经侦侦结2起省公安厅督办案件:江西大名科技有限公司涉嫌虚开增值税发票案和赵某虚开增值税专用发票案。

【党建标准化项目建设扎实推进】紧密结合集中整治影响发展环境的干部作风突出问题活动、基层组织建设年活动与公安中心工作,协助局党委积极稳妥地推进党建标准化项目建设。2012年,刑侦党总支、办公室党支部进行了换届选举,特警党总支改选增补了2名总支委员,治安党支部改选增补了2名总支委员,交警党总支增补了1名总支委员,直属大队党支部改选了1名支部书记,第七党支部增补了书记和副书记并召开支委会重新对委员进行了分工;免去了一些已经轮岗、实际上不能履职的书记、副书记、委员;因局属有关部门合并,根据工作需要及时调整了2个支部。目前,已基本完成了市局机关以及刑侦、巡警、交警、特警、监管看守等部门基层党组织的党建标准化项目建设工作,不断创新项目建设工作模式,做到“七个统一”,市直机关工委多次深入市局进行督导检查,给予了肯定和表扬。

【干部作风集中整治活动成效明显】扎实开展干部作风集中整治活动,开展明察暗访40余次,通过制作光盘巡回播放、下发督察通报、现场督查等形式,督促整改问题46个,有力地促进了干部作风明显改善、发展环境进一步优化。此项活动得到了省、市“整治办”的高度评价,并在多家报纸、网站、电视台、广播电台进行了专题报道。

【交通管理坚实有力】2012年,全市公安交警部门紧紧围绕道路交通安全管理各项中心工作,狠抓队伍建设,深入开展“三超一疲劳”“打非治违”专项治理活动,积极推动“道路客运安全年”“牵手平安行”主题活动,使得道路交通秩序总体逐步好转,较好履行了公安交管职责。2012年,全市共发生道路交通事故75起,造成32人死亡,80人受伤,直接经济损失19.76万元,与2011年同期相比,事故次数下降6.25%,死亡人数上升18.52%,受伤人数下降6.98%,直接经济损失下降19.69%。

【开展中共十八大精神学习活动】市公安局党委高度重视中共十八大精神的学习贯彻落实,始终把学习宣传好、贯彻落实好党的十八大精神作为当前公安工作的首要任务,采取“党委班子先行学、中层领导带头学、普通民警深入学”的方式,实行“网上学和网下学、集中学和分散学”相结合,认真开展多层次、多形式的学习活动,确保全体民警学深吃透,领会精神实质,以更加有为的姿态全力投入公安工作。市局出台了《关于认真学习宣传贯彻党的十八大精神的通知》,11月29日下午,邀请市委宣讲团张敏胜团长专题讲授党的十八大精神,12月14日,邀请省委党校副校长罗志坚教授举办了全市公安机关党的十八大精神专题辅导讲座,12月20日,举办了学习贯彻十八大精神专题报告会。同时,市局党委组织召开了中心组集中学习会,各县(市、区)公安局、各警种部门纷纷组织党员和民警开展集中学习活动,原原本本地学习党的中共十八大报告和党章,认真研读中共十八大文件,深入展开学习讨论,并组织民警开展了中共十八大知识网络竞答活动。通过广泛、深入的学习,广大民警深刻领会了中共十八大精神的主要内容和精神实质,为全市公安机关切实以党的十八大精神为引领,指导实践、推动工作奠定了坚实的基础。

【人事工作进一步增强】按照“合理整合资源、提升管理效能、激发工作活力”的原则,主动协调市委组织部、市人事局、市编委,积极探索公安管理体制调整思路,在多次协商和外出考察调研的基础上,科学地规划了市局三定方案,使市局的机构设置更科学、更适应公安实战需要。同时,深入贯彻落实《公安机关机关组织管理条例》,牢牢把握正确的选人用人导向,积极推进公安干部人事制度改革,精心组织开展科级干部公开竞聘工作,通过民主推荐、述职演讲、民主测评等一系列规范步骤,选拔了一批优秀干部充实到各级领导岗位。全年共提拔、交流使用干部52名。

【公安“大宣传”格局基本形成】紧紧围绕公安中心工作和队伍建设,以“多上稿,上大稿”为目标,唱响主旋律,打好主动仗,呈现出量多质高、点多面广的良好态势,为全市各项公安工作的顺利开展提供了强有力的思想保障和舆论支持。2012年,全市公安机关共在国家一级媒体《人民日报》《新华每日电讯》上稿3篇,中央电视台新闻频道上稿2篇;在《法制日报》《人民公安报》中央人民广播电台、人民网、新华网、《江西日报》、《江南都市报》《江西警务》《江西公安》杂志和江西电视台、等中央、省级媒体上发稿518篇;在《江西日报》(新参考)、鹰潭市电视台、《鹰潭日报》、《赣东都市报》、鹰潭广播电台等地市级媒体共发稿1859篇,相比2009—2011年,有了大幅度的提升。2012年,市公安局大力开展典型宣传,多层次、多渠道地宣传实践执法为民、服务和谐社会的先进集体和优秀民警,理直气壮地歌颂先进人物,弘扬时代主旋律,涌现出了全省优秀人民警察黄齐锋、桂立新、徐家作、童样华等一批先进典型;首次邀请了新华社、《法制日报》、中央人民广播电台等中央以及到省市13家媒体到市集中采访童样华先进事迹的宣传采访活动,声势浩大,反响热烈,影响深远;省公安厅关于公安部督办的信息泄露案件新闻通气会在市局召开。市公安机关以破获的几起公安部督办案件为契机,大力开展宣传报道工作,为300多家中央、省市媒体转载报道,取得了很好的宣传效果。

【深入开展民警大走访爱民实践活动】紧密结合鹰潭实际,广泛开展三访三评大走访活动,坚持领导干部带头,各警种联动,全警参与,主动深入企事业单位、深入社区、深入群众,听民声、察民情、知民意、解民忧、护民权,有效增进了与普通群众的感情,改善了警察公共关系建设。全市机关累计走访各类群众3.85万人(次),走访困难户147户,走访各类机关、企事业单位1430家,举办警民恳谈会61场次,收集群众意见诉求1125条,排查小隐患472处,排查各种不稳定因素579条,破获小案件130余件。

【矛盾纠纷排查调处工作成效显著】全市公安机关深入开展"三访三评"及"五小民生警务工程"活动,组织民警进社区、进村庄、进单位、进家庭,紧紧围绕矛盾易发领域,在群众中广泛建立治安信息员队伍,同时按照人民调解、司法调解、行政调解三位一体的"大调解"体系,充分发挥基层群众组织、行业协会和在当地有威望的群众代表在矛盾纠纷调处中的重要作用,化解了一大批矛盾纠纷。2012年,全市共排查矛盾纠纷2021起,调处1945起,其中群体性矛盾纠纷84起,调处53起。有效地预防了群体性事件的发生,防止一般性矛盾转化为民事案件、民事案件转化为治安刑事案件。

【治安整治扎实开展】全市公安机关从解决影响农村稳定和农民生命财产安全的最迫切的实际问题为突破口,集中排查整治:因征地拆迁、环境污染、基层选举、干群矛盾等可能引发群体性事件的地区;存有乡霸、村霸、市霸等黑恶势力犯罪的地区;治安混乱、刑事案件高发的地区;工业园区、企业周边治安复杂的地区;销赃违法犯罪突出的地区;实施进城犯罪人员相对集中的地区。2012年,全市治安部门共查破刑事案件563起,抓获犯罪嫌疑人471人;发现受理治安案件3634起,查处治安案件2928起,查处违法人员1523人,有力地维护了良好的社会治安环境。

【"缉枪治爆"成效明显】2012年,全市公安机关按照公安部、省厅、市局的统一部署和要求,从3月份开始相继开展了缉枪治爆专项行动、全市公务用枪安全大检查、非法制贩爆炸物品和违法采矿专项治理工作、矿点涉爆隐患排查整治行动、全市进一步深化收缴社会面非法枪爆物品百日行动、清查收缴"毒鼠强"等禁用剧毒化学品专项行动、剧毒化学品、放射源从业单位专项整治、硝酸铵生产销售企业管控排查等工作,并取得了明显成效。同时,进一步加大缉枪治爆工作宣传力度。行动期间,全市共出动宣传车320余台次、警力3600余人次,张贴《通告》1.78万余份、印制并向群众发放《治爆缉枪知识问答》《群众举报涉枪涉爆违法犯罪奖励标准》等宣传材料6.36万余份,制作、悬挂横幅180余条。2012年,全市共查处涉枪、涉爆刑事案件14起、治安案件13起,抓获违法犯罪嫌疑人员30人;共收缴各类枪支802支、子弹4547发、黑火药烟火剂26千克、导火索240米、雷管81枚、废旧炮弹10枚、管制刀具601把、剧毒化学品26千克。

【"夏季无声风暴"行动战果辉煌】全市公安机关治安部门根据省委政法委和省公安厅的统一部署,在全市范围内先后组织开展"夏季无声风暴""无声风暴"第二战役、"铲赌患·正风气"等一系列专项行动。行动期间,全市共抽调警力1000余人次,分成多个行动小组,采取异地调用警力、异地交叉检查、同一时间段出警等方式,共查处涉黄涉赌场所174家,关停98家,停业整顿75家,破获涉黄涉赌案件348起,刑拘27人,行政拘留153人,行政处罚378人,销毁赌博游戏机2700余台,捣毁赌博窝点18个,打掉赌博团伙9个。有力地打击了市涉赌、涉黄、涉毒违法犯罪活动,净化了社会环境,赢得了党委政府的充分肯定和人民群众的广泛赞誉。

【"打四黑除四害"专项行动成效明显】全市公安机关按照公安部、省公安厅的统一部署和要求,积极开展"打四黑除四害"专项整治行动,并取得了明显成效。行动期间,全市共出动警力5621人次、清理检查2398次,检查重点部位、场所1332

处,共查破各类案件1038起,其中破获刑事案件154起,查处治安案件884起,抓获犯罪嫌疑人1172人,打掉涉及“四黑四害”违法犯罪活动的作案团伙132个,会同有关部门捣毁制售有毒有害食品和假冒伪劣药品、农资的“黑作坊”“黑工厂”65个,铲除“黑市场”42个,端掉“黑窝点”177个。同时,成功侦破公安部挂牌督办的“5·13”特大生产、销售有毒、有害案件(毒腐竹案)、公安部挂牌督办“6·16”特大制售假烟网络案件,公安部挂牌督办鹰潭特大销售地沟油案件,从源头上摧毁了一大批制假售假的产销网络,铲断了一大批“四黑四害”违法犯罪的利益链条。

【全面开展“护校安园”行动】各级公安机关按照省厅的统一部署,结合本地实际,2012年集中开展了“护校安园”行动。行动期间,全市共抽调警力290余人,进校园开展法制宣传96次,张贴宣传标语、安全防范知识画册6000余份。同时开展了校园周边治安秩序整治工作,查处涉校案件7起,抓获处理涉案人员9名,取缔影响校园周边环境的网吧5家,配合工商、文化、城管等部门清理学校门口无证书报、饮食摊点43处。全市575所学校、幼儿园实行了一校一警,90%以上配备了保安或门卫,新增保安员239名,配置警棍、辣椒水喷射器等自卫器械725套。

【社会治安防控严密有效】2012年,全市公安机关按照市委、市政府和省公安厅要求,建立了以指挥中心为龙头,公安特警、派出所等为骨干,群防群治力量为补充,科技手段为支撑的多警联动,点线面结合,人防、物防、技防配套的社会治安网络化巡防工作机制,确立街面巡防网、技防监控网、卡点堵控网等六张网络防控体系。为提升公共安全感,各地采取错时巡逻、延时巡逻、重点巡逻等措施,实行车巡与步巡相结合、视频巡察与路面巡逻相结合、信息研判与巡逻力量相结合的办法,织牢织密社会治安防控网络,有效预防和打击各类违法犯罪。此外,各地积极创造条件,为巡逻的民警配备警务通,参与巡逻的车辆实现GPS、GIS定位,逐步完善巡逻警务机制改革创新,建立具有复合功能的街面警务工作,利用视频监控、警用地理信息系统、手机定位等开展街面可视化合成作战,实现对街面犯罪的动态打防。全市实施网络化巡防工作以来,共破获各类案件127起,抓获现行违法犯罪嫌疑人员235名,处置各类纠纷90余起。

【特警工作卓有成效】2012年,特警支队以全力确保十八大政治治安稳定为目标,出动警力1.3万余人次,完成了全国、省、市两会、省委书记苏荣来鹰调研等安全保卫、警卫任务25起;参与处置余江“8·25”“9·18”等群体性苗头事件22起。同时,紧贴市局“打防控”工作主线和特定时期的安全保卫任务,开展联合武装巡逻97天,抓获违法犯罪嫌疑人23名。实现了各项工作万无一失,队伍管理安全有序的良好局面,最大限度地维护了全市的政治治安大局稳定。

【命案必破名列前茅】全市公安机关刑侦部门紧紧围绕“两降一升”和“两个确保”目标,牢固树立“命案必破”的决心和信心,严格落实“一长双责制”,全力开展了命案侦破工作。2012年,全市共发命案12起,破获11起,现发命案侦破率为92%,同时,破获隐积命案5起,综合命案破案率为142%。

【打击“两抢一盗”成效明显】全市各级公安机关树立破大案也要破小案的理念,深入开展打击“两抢一盗”专项行动,保持了对危害人民群众生命财产安全的犯罪采取高压态势,群众安全感显著增强。2012年,全市共发“两抢一盗”案件4604起,通过打击“两抢一盗”犯罪专项行动,全市治安形势稳步好转,“两抢一盗”案件同比下降12.4%。贵溪市公安局摧毁了刘某、徐某等为首的系列飞车抢夺团伙,涉案金额22万余元。月湖分局摧毁了以毛某、谢某为首的特大系列盗窃团伙,涉案价值30余万元。

【打击盗窃耕牛犯罪专项行动成效斐然】2012年,贵溪市流口、雷溪、余江锦江、潢溪等地频发盗窃耕牛案件,严重影响了农民群众的生产生活,直接影响了农村的社会和谐稳定。市局从关爱民生的高度,高度重视,及时组织全市公安机关集中开展打击盗窃耕牛犯罪专项行动。市局刑侦、技侦、贵溪市公安局广辟线索来源,迅速锁定了江某、付某等6名犯罪嫌疑人,并将其一网打尽,成功摧毁了这个跨越两县(区)六乡镇的特大系列盗窃耕牛犯罪团伙,破获盗窃耕牛案20余起,涉案价值10万余元。余江县公安局刑侦大队在市局刑侦支队、技侦支队的大力支持下,通过串并分析,蹲点守候,摧毁了以鲁某为首的系列盗窃耕牛犯罪团伙,抓获犯罪嫌疑人5名,破获盗窃耕牛案37起。

【打击非法获取出售公民信息犯罪专项行动成效显著】根据公安部、省厅的统一部署要求,鹰潭市公安局开展代号为“2·09”专案统一行动。行动期间,副市长、公安局局长张荣先高度重视,亲自听取案情汇报,指示要全力以赴,专案专办。市局党委委员、刑侦支队长孙友生亲任专案组长,迅速调集刑侦、网侦、技侦等精兵强将,坐镇指挥,深挖细查。通过半年多的缜密侦查,成功打掉犯罪源头2个,抓获代某、陈某等犯罪嫌疑人13名,缴获非法所得20余万元。该案的成功侦破,影响大,反响好,中央电视台、中央人民广播电台、《人民日报》、新华社、大江网、今视网等十余家新闻媒体记者齐聚鹰潭,进行了大量的宣传报道,产生了良好的社会反响。

【禁毒工作稳步推进】2012年,全市公安机关紧紧围绕预防为本,综合治理,禁种、禁制、禁贩、禁吸并举的禁毒工作方针,深入推进禁毒宣传教育活动、堵源截流专项行动、吸毒人员排查管控行动、易制毒化学品整治等专项禁毒工作,以大力加强禁毒基层基础为保障,以全面提升市毒品犯罪案件的破案数为工作重点,狠抓工作措施的落实,强化涉毒案件和场所的打击整治力度,各项禁毒工作稳步推进。全市共破获毒品犯罪案件61起,抓获毒品犯罪嫌疑人72人,缴获毒品各类毒品共计4938.24克,共查处吸毒人员209人,强制隔离戒毒40人、社区戒毒3人。破案起数与2011年同期比较有较大幅度的提高,提升52.5%,打击处理数提高71.4%,缴获毒品数提高512%。因禁吸戒毒及吸毒人员动态管控成绩突出,2012年市公安局(市禁毒办)被评为全国吸毒人员动态管控先进单位。

【消防工作强势发展】紧紧围绕"一确保、六提升"总体目标,奋发图强、攻坚克难,圆满完成了各项工作任务,消防工作和部队建设保持强劲的发展态势。2012年,全市共发生火灾190起,直接财产损失138.08万元,人员伤亡为零,与2011年同期相比,火灾起数上升29.25%,直接财产损失下降了61.31%,全市实现了连续26年无重特大火灾事故。全体官兵弘扬铁军精神,在一次次火灾扑救和抢险救援中闪耀光芒。"4·14"济广高速鹰潭南收费站坍塌、"4·28"余江县安晟化工厂甲醇储罐爆炸、"7·29"无水氟化氢槽罐车侧翻、"8·12"沪昆高速大客车追尾等现场无不彰显支队官兵的风采。2012年,全市消防部队共接警出动481次,出动车辆635台次、人员4334人次,成功救出人员235人、疏散242人,抢救和保护财产价值3686万元。

【"金盾2012"反恐处突综合演习成功举行】9月28日,全市公安机关反恐处突综合演习在鹰潭市武警支队教导大队举行。演习分为基本功演练和处置群体性事件、处置劫持人质事件三大环节。全市700多名民警、武警和消防官兵参加演练,全面展示了市公安机关反恐处突建设取得的成果,展示了广大公安民警、武警和消防官兵维护稳定保安全的坚强决心。市委副书记、市长钟志生,市委常委、政法委书记杨金红,市人大副主任杨晓群,副市长张荣先,市政协副主任周水凤,省国安厅副巡视员李恩平,省公安厅治安总队、反恐总队的领导,市委政法委、市中级法院、市人民检察院、市司法局、市国安局的领导以及市公安局全体班子成员现场观摩了演习。

【按需申领护照工作全面开通】2012年,市公安局下决心把按需申领护照作为一项重要工作来抓。一方面,通过召开全市公安出入境管理工作会议进行动员部署,签订责任状、制定工作推进表、强化检查督导等措施强力推进。另一方面,严格按照省厅验收标准,组织预验收,对有问题的,及时下达整改意见通知书,切实做到工作要上,标准、质量不降。3月,公安部正式批准市全面开通按需申领护照工作,圆满完成了2012年初提出的工作目标。

【派出督察工作有序推进】为切实推动公安部派出督察制度的落实,鹰潭市公安局召开党委会重点研究派出督察工作,对派出督察队的人员组成、经费保障和运行机制等进行了专题研究。2012年9月,市局警务督察支队成立两支派出督察队,并分别配备一台工作用车和人均2万元的督察工作经费保障。派出督察队成立后,迅速承担起各项重点工作的督导检查,共出动警力152余人次,警车53台次,共检查单位103个次,基层所队76个次,共发现和查纠各类问题129个次,提出督察建议34条,下发督察通报3期,下达督察通知书3份。

【执法规范化建设稳步推进】2012年,全市公安机关41个执法办案场所及三个看守所的"五室"已全部建成并投入使用,并着重在规范使用和管理上下工夫。市、县二级法制部门围绕执法办案场所管理使用的每一个环节、每一个流程,制定和完善各项制度,实行精细化、流程化管理,使民警养成在"镜头下审讯,在监督下办案"的良好习惯。同时,各级法制部门还主动与督察、信通、后勤保障部门联系,加强对执法办案中心和其他执法办案区以及看守所"五室"的管理和指导,落实责任,规范使用,确保依法办案,有效防止了执法安全事故的发生。

【新修订《中华人民共和国刑事诉讼法》培训全面开展】始终坚持以新修订《中华人民共和国刑事诉讼法》(以下简称《刑事诉讼法》)的学习培训和贯彻执行为切入点,积极组织师资先后两次到 "司进司"培训班和刑诉法专门培训班进行了《刑事诉讼法》的培训,还采取以会代训的方式组织月湖分局的科、所、队长对《刑事诉讼法》进行学习讨论。同时,认真组织全体执法民警参加公安部和省厅电视电话讲座等形式开展新刑事诉讼法培训。2012年,全市公安机关共举办新《刑事诉讼法》培训班22次,培训民警2000余人次。

【劳教审批制度改革稳步推进】全面贯彻落实省厅《关于进一步加强和改进我省劳动教养审批工作的

实施意见》文件精神,牢固树立法治意识和保护人权意识,严格劳教案件审批。2012年,市局劳教审批办公室共审批劳动教养案件44起67人(与2011年同期审批45人相比,上升了48.9%)。共告知聆询65人,1人提出聆询申请后在公开聆询当天又放弃聆询;全面缩短决定劳教期限,其中劳动教养期限在1年6个月以内有65人,2年的有2人(系邪教);继续扩大所外执行范围,共批劳教所外38人,占劳教人数的56.7%。

【完成中共十八大安保任务】2012年,全市公安机关将确保党的十八大顺利召开作为首要工作任务,鹰潭市公安局多次召开专题会议研究部署十八大安保工作。全市公安机关在市委、市政府和省公安厅的坚强领导下,超前谋划、精心部署,不畏艰辛、顽强拼搏,从打、防、管、控"四大战场"全面出击,扎扎实实开展各项安保工作,实现了"六个坚决防止"的工作目标,取得了十八大安全保卫战的全面胜利。

【全市公安局长会议隆重召开】8月3日,市公安局在九楼会议室召开全市公安局长会议。会议由市公安局党委副书记、副局长舒平贵主持。市局领导班子成员,各县(市、区)公安局局长,局属各警种、各部门主要负责人,武警、消防支队长参加了会议。市公安局设主会场,贵溪、余江设分会场。会议认真传达学习了全国、全省维稳工作会议、全国、全省公安厅局长会议和全市领导干部会议精神,分析当前形势,重点对中共十八大安保和当前的重点工作进行部署。舒平贵宣读了《鹰潭市公安机关党的十八大安全保卫工作实施方案》,全面部署全市公安机关党的十八大安全保卫工作。市政府副市长、公安局党委书记、局长张荣先作了题为《凝心聚力促发展心无旁骛抓落实坚决打赢党的十八大安全保卫攻坚战》的重要讲话。

(谢儒亮)

【市公安局副县级以上干部名录】

副市长、党委书记、局长:张荣先
党委副书记、副局长:舒平贵
党委委员、纪委书记、调研员:赖家辉(2012.11~)
党委委员、副局长、调研员:谢　军(2012.11~)　张应想(2012.11~)
党委委员、副局长:黎光明
党委委员、副局长、月湖区副区长、月湖公安分局局长:周　峰
党委委员、刑侦支队长:孙友生
党委委员、政治部主任:詹飞跃
党委委员、指挥中心主任:李　斌
党委委员、副调研员:徐向武
党委委员、交警支队支队长:刘向阳(2012.4~)
调研员:张安其 李长开 (2012.4~) 杨勇玉 王建平 郭远明
副调研员:曾海军 付享林
治安支队支队长:徐家作
交警支队政委:王晓鹰
特警支队支队长:陈选书
特警支队政委:罗贤忠(2012.3~)
刑侦支队政委:吴爱胜
警卫处处长:张　云(2012.5~)
巡警支队支队长:张志宏(2012.11~)

检察

【概述】2012年,全市检察机关在中共鹰潭市委和省检察院的正确领导下,在市人大及其常委会的监督和市政府、市政协及社会各界的关心支持下,深入贯彻落实科学发展观,紧紧围绕市委"主攻项目、决战'三区',凸现特色、实现跨越"的总体要求,以"三个强化"为保障,以执法办案为中心,以深化三项重点工作为着力点,以改革创新为动力,以维护社会稳定为己任,按照"强基础、创特色、树形象、谋发展"的工作思路,全面推动各项检察工作健康发展,为建设富裕、秀美、宜居、和谐鹰潭做出了应有贡献。

认真履行批捕、起诉职责,有效维护社会稳定。始终坚持以执法办案为中心,深入践行"强化法律监督,维护公平正义"的检察工作主题,忠实履行宪法法律赋予的各项职责,推动各项检察业务工作科学发展。主动加强与公安、法院的协调配合,严把事实关、证据关、法律适用关,确保全面准确地打击犯罪,全年共批准逮捕各类刑事犯罪655人,提起公诉799人。其中,批捕故意杀人、强奸、抢劫等严重暴力犯罪嫌疑人71人,起诉108人;批捕盗窃、抢夺、诈骗等多发性侵财案件犯罪嫌疑人191人,起诉251人,有力保障了人民生命财产安全,维护了社会和谐稳定。

积极查办和预防职务犯罪,切实推进反腐倡廉建设。始终把查办和预防职务犯罪工作摆在突出位置,牢固树立办案数量、质量、效率、效果、安全相统一的业绩观,确保查办和预防职务犯罪工作平稳健康发展,扎实推进反腐败工作深入开展。全年共立案侦查贪污贿赂职务犯罪案件28人件。其中要案4人、大案21件。在办案中,检察干警始终坚持把人民群众的关注点作为办案的着力点,注重查处重点领域、多发领域腐败案件。成功查处了江西中储粮余江直属库主任阳某某、江西铜业集团公司科技开发部总经理蒋某某受贿要案和余江县第二人民医院院长王某某巨大受贿案。依法查处了原鹰潭市经济技术开发区龙岗街道办书记汪某某等人在征地拆迁补偿中贪污、挪用、受贿的重大窝案6件7人,取得了良好的法律效果和社会效果。同时,认真开展反渎职侵权工作,严肃查处渎职侵权犯罪案件,共立案侦查各类渎职侵权案7人。建立重大责任事故同步介入工作机制,及时查处重大责任事故背后的渎职侵权犯罪。市检察院依法同步介入了"4·14"鹰南收费站坍塌责任事故调查,对事故背后两名责任人

员的渎职犯罪行为予以严肃查处。认真查处了贵溪市鸿塘镇经管站站长华某某在粮食直补面积核查工作中，严重不负责任，玩忽职守，造成国家粮食补贴专项资金重大损失的渎职案件。此外，市检察院把预防职务犯罪工作摆在重要位置。坚持“打防并举、重在预防”的方针，从源头上减少和遏制职务犯罪的发生。起草的《关于我市工程建设领域职务犯罪调查报告》和《关于当前政府采购领域商业贿赂犯罪案件分析》调研报告，引起了市委、省委的高度关注，要求有关部门引以为戒，防患未然，从源头上预防和减少职务犯罪的发生。另外，市检察院不断加大法制宣传教育力度，共开展反腐倡廉教育40余次。深入厂矿企业、机关和学校开展警示教育讲座，在看守所建立警示教育基地，利用短讯平台发送廉政信息，通过电视台滚动播放廉政公益广告，宣传法制，开展廉政教育。

积极开展对诉讼活动的专项监督，提升法律监督水平。始终坚持“监督就是支持，监督就是帮助”的执法理念，摒弃“监督影响和谐、监督破坏关系”的错误观念，切实增强依法履行监督职能的责任感、使命感，促进司法公正，全面提升法律监督水平。在诉讼活动中，市检察院认真贯彻落实省人大常委会《关于加强检察机关对诉讼活动的法律监督工作的决议》，更新执法理念，拓宽工作思路，创新监督机制，搭建监督平台，切实做到敢于监督、善于监督、依法监督、规范监督，有效增强了诉讼监督的实效。认真开展了行政执法机关移送涉嫌犯罪案件专项检查活动，进一步强化诉讼监督自觉性和主动性。2012年，市检察院共检查行政执法机关行政处罚案件367件，监督行政执法机关移送涉嫌犯罪案件24件，保障了法律的统一实施。同时，市检察院努力构建外部沟通协作机制，主动争取党委、人大对检察机关诉讼监督工作的重视和支持，妥善解决检察机关在诉讼监督工作中遇到的难题；加强与公安、法院等单位的沟通与合作，建立定期联席会议制度，就诉讼活动中存在的共性、突出问题，交换意见，研究改进措施。余江县院制定了《关于检察机关提前介入公安机关侦查活动试行办法》，贵溪市院联合法院、司法局对接GPS手机定位系统，实现对社区矫正人员的动态监督。与此同时，市检察院加大侦查监督力度，共监督侦查机关应当立案而不立案的案件47件，不应当立案而立案的案件74件；加强对侦查活动的监督，纠正漏捕88人，纠正漏诉93人，对违法侦查活动提出书面纠正意见32件次；加强刑事审判监督，按二审程序和审判监督程序提出抗诉6件，法院审结3件；加强民事行政审判监督，受理民事、行政判决和裁定申诉案件21件，经审查立案12件，向法院提出抗诉3件、提出再审检察建议8件；加强对刑罚执行与监管活动的监督，发现对7人违法超期羁押，发现提请21人减刑、假释、暂予监外执行存在不当现象。与往年相比，监督效果均有较大幅度提升。

拓宽服务群众渠道，妥善处理群众诉求。牢固树立以人为本、执法为民的理念，开展下访、巡访、约访工作，充分发挥举报电话、网络举报等联系群众的平台作用，依托检察工作站延伸法律监督触角，方便群众表达诉求。热情接待群众，坚持检察长接待日制度，在化解涉检信访矛盾中做到“四个到位”，带着对人民群众的深厚感情去做工作。坚持把化解社会矛盾贯穿于执法办案的始终，对初犯、偶犯、轻微犯罪以及未成年犯罪依法予以从宽处理或促成当事人刑事和解，最大限度地减少社会对抗。共对轻微犯罪和未成年人犯罪80人不批准逮捕，69人不予起诉。完善化解机制，联合相关部门制定了《关于在全市建立刑事和解与人民调解衔接联动机制的实施意见》等规范性文件，积极开展执法办案风险评估预警、“检调对接”、未成年人犯罪案件专人办理、回访帮教、附条件不起诉等活动，成功消除隐患、化解矛盾40余起。共受理群众来信来访292件，提供民生服务210次。

依法严惩危害民生领域犯罪，切实保护人民群众合法权益。市检察院牢牢盯住社会反响强烈、损害群众切身利益中的突出问题，严厉打击医疗卫生、食品安全等领域内生产、销售伪劣产品犯罪活动。认真办理了销售地沟油、制售有毒豆制品等危害民生案件8人，严肃查办了群众反映强烈、危害民生民利的渎职侵权犯罪案件3人，对保护人民群众的食品安全和生命健康发挥了积极作用。

【化解社会矛盾更加有效】不断健全办案风险评估预警机制，坚持在办理重大复杂案件、热点敏感案件中，认真评估可能存在的不稳定因素，切实防止在检察环节因执法不当激化或引发新的矛盾。同时，市检察院制定了《关于加强执法办案风险评估预警工作意见》，要求干警增强责任心和主动性，把化解矛盾的要求落实到执法办案的每一个环节。完善未成年人犯罪检察制度，健全落实专门审查、台账管理、回访帮教等办案工作机制。市检察院全面贯彻宽严相济刑事政策，全年依法决定不批准逮捕94件125人、不起诉76人，最大限度地化消极因素为积极因素，使社会矛盾得到及时有效化解。

【法律监督职能进一步强化】市检察院始终坚持“五种意识”“六个并重”，审查批捕审查起诉工作质量进一步提升，法律监督意识和能力进一步提高，机制更加健全，程序更加完善，维护社会和谐稳定、促进反腐倡廉建设、保障社会公平正义的作用发挥更加充分，各项法律监督工作稳步推进、全面发展。全年共批准逮捕各类刑事犯罪655人,提起公诉799人,有效地维护了社会的和谐稳定。

【积极参与社会管理创新】认真做好社会治安综合治理、社区矫正、特殊人群服务管理等工作,充分发挥检察机关在促进社会管理创新中的职能作用。认真开展调查研究,结合办案向有关部门提出预防犯罪、强化管理的检察建议18件,促进社会治安防控体系建设。开展不起诉人员回访工作,对24名不起诉人员进行了回访,结合回访开展法制宣传教育,充分发挥了检察机关在促进社会管理创新中的职能作用,得到市综治委的充分肯定,被评为2012年全市社会管理综治工作先进单位。

【公正廉洁执法理念得到有效贯彻】积极推进执法规范化建设,组织开展了新版《检察机关执法工作基本规范》的学习和对照检查活动,牢固树立立检为公、执法为民的思想,积极完善联系群众、服务群众的机制,及时有效解决人民群众反映强烈的突出问题,使检察机关始终保持同人民群众的血肉联系。认真开展案件质量评查工作,抽选出各类案件60件参与评查,对评查中发现的案件质量问题高度重视,认真整改,制定了《案件质量管理若干规定》《职务犯罪相对不起诉若干规定》。加大检务督察、巡视等内部监督力度,严格执行《人民检察院扣押、冻结涉案款物工作规定》,积极开展风险岗位廉能管理,把廉洁从检各项要求落到实处。

【职务犯罪案件审查逮捕上提一级改革进展顺利】职务犯罪案件审查逮捕上提一级改革以来,市检察院牢固树立大局意识,依法履行职能,严厉打击各类严重职务犯罪,促进反腐倡廉建设。全年共受理职务犯罪审查逮捕案件15件16人,决定逮捕13件14人,不予逮捕2件2人,没有出现捕后不诉,错捕撤案、捕后判无罪的情况。

【行政执法机关移送涉嫌犯罪案件取得实效】认真开展对行政执法机关移送涉嫌犯罪案件专项监督活动,市县两级检察院、公安局、监察局、商务局四家联合组成检查组,通过走访调研、情况通报、联席座谈、查阅台账和案卷等措施,重点检查了税务、农业、文化、水利、卫生、工商、质监、烟草专卖、食品药品监督等行政执法机关,检察机关共发出检察建议29份,立案监督27件44人,监督立案后提起公诉19人,作出有罪判决17人。

【严厉打击破坏鄱阳湖生态环境犯罪】依法惩治破坏鄱阳湖生态环境犯罪与完善长效监管机制相结合,对盗伐、滥伐林木、非法占用耕地、非法采矿、非法捕捞水产品、非法捕杀保护动物的犯罪,以及非法排放、倾倒、处置危险废物造成重大环境污染的犯罪,积极与公安机关、环保部门协作配合,坚决依法打击。针对此类案件建立了专人专办,起诉“绿色通道”,提前介入等工作机制,为生态文明建设保驾护航。同时,结合办案,向有关主管部门发出检察建议,及时督促行政执法机关履行监管职责,有效保障了生态环境。全年共办理破坏生态环境类犯罪案件27件27人。

【检察文化得到进一步弘扬】大力实施“文化兴检、文化育检、文化强检”战略,形成了制度文化、物质文化、精神文化全面发展局面。印发了《鹰潭市人民检察院机关管理制度汇编》,初步形成了“用制度管权、按制度办事、靠制度管人”的制度文化,切实提高了机关管理效能。建立“检察官之家”,改善了检察人员的工作生活条件。通过举办迎新春晚会、创办《鹰潭检察》、举办检察官运动会等活动,丰富了检察官的生活、弘扬了检察官的品格,检察机关的精神风貌发生了较大变化,涌现了一批优秀的检察官,4人分别获得了最高人民检察院和江西省人民检察院授予的全国检察机关“优秀侦查能手”、全省检察机关执法为民标兵等荣誉。贵溪市院被评为全省十佳基层检察院,荣立集体一等功。

【量刑建议工作逐步规范】依照高检院、省检察院《关于进一步开展量刑建议工作的意见》,在法庭审理阶段,公诉人不仅针对犯罪事实对被告人进行讯问、举证质证、法庭辩论,还增加了公诉人就量刑情节对被告人进行讯问,以及针对量刑事实双方进行举证质证和法庭辩论程序,检察官综合考虑被告人的法定刑幅度、前科劣迹、犯罪次数、认罪态度等方面,提出被告人应判刑期的量刑建议。全年共提出量刑建议190余件,法院采纳量刑建议达90%以上。

【检察队伍素质能力建设大幅提升】抓好法律人才引进工作,招录本科以上新进人员4名,其中硕士研究生1名。法律人才的引进工作,使得检察队伍结构更加优化,整体素质和法律监督能力不断增强,执法规范化程度明显提高,队伍形象和执法公信力有效提升。同时,在工作中,市检察院贯彻落实大规模推进检察教育培训工作的要求,建立督学、评学和考学制度,组织检察人员接受各类业务培训347人次,极大地提高了检察干警的业务素质和能力。此外,市检察院积极开展诉辩对抗赛等岗位练兵活动,注重新进人员的岗位锻炼,提升检察人员的实际办案能力和综合素质。

【基层基础建设得到夯实】扎实推进“培优工程”,力争全市有一个基层院跨入“全国先进基层检察院”行列、一个基层院跨入“全省先进基层检察院”行列。扎实推进检察经费保障工作,加大基础设施建设力度。继续加强检察信息化和装备现代化建设,实现科技强检,向科学技术要生产力。全面推进检察理论研究工作,围绕新《刑事诉讼法》适用中存在的新情况、新问题,抓住检察工作中的热点、难点问题进行理论研究,为检察工作实践提供理论指导。鹰潭市院和月湖区院"两房"建设已全面启动;检察信息化建设平台已初步搭建;检察理论研究成效明显、氛围渐浓。

(朱明利)

【市人民检察院副县级以上干部名录】

党组书记、检察长:罗庆华

党组副书记、副检察长:施兆荣

党组成员、副检察长:刘　俊　吴仁祥　方　成

党组成员、纪检组长:江晓军

党组成员、政治部主任:刘秋有

党组成员、反贪局长:江　瑜

检委会专职委员:邹晓春

正县级检察员:郑德泉　罗晓玲(女)

副县级检察员:刘银萍(女)　魏　毅(2012.11~)　宋建平(2012.11~)　胡金国(2012.11~)　孙赵发(2012.11~)

法院

【概述】2012年,市中院在市委的正确领导下,市人大及其常委会的有力监督和市政府、市政协及社会各界的大力支持下,始终坚持"三个至上"指导思想和"为大局服务,为人民司法"工作主题,深入贯彻落实科学发展观,扎实推进"三项重点工作",全面履行审判职能,切实加强自身建设,各项工作取得新的进展。全市法院共受理各类案件5162件,审结4985件(含旧存,下同),同比分别上升3.88%和下降8.66%,审限内结案率为100%。其中,市中院受理各类案件538件,审结502件,同比受理案件数上升21.9%,结案数持平。

坚持能动司法,在依法保障经济社会又好又快发展上有新作为。2012年,市中院按照市委提出的"主攻项目,决战'三区',凸现特色,实现跨越"发展战略,强化能动司法理念,创新服务举措,不断增强服务大局的主动性、针对性和实效性。围绕建设"四个鹰潭"奋斗目标,市中院及时出台服务和谐鹰潭建设的82条意见;围绕主攻项目的重大部署,出台为项目建设提供司法服务的18条工作意见;针对审判实践中发现社会管理存在的问题,及时发出司法建议48条,促进社会管理创新。支持重点产业发展,对盗窃铜企业的9件刑事案件,20名被告人依法惩处,为铜产业发展营造良好的治安环境。支持城乡建设,整顿市场秩序,对违法买卖土地、私自建房售房的18名刑事被告人依法作出有罪判决,发挥了司法的震慑效应。

坚持公正司法,在维护社会稳定上有新贡献。紧紧围绕执法办案第一要务,认真做好审判执行工作,努力实现法律效果与社会效果相统一。加强刑事审判,依法打击犯罪,审结各类刑事案件743件,判决发生法律效力785人,其中判处五年以上有期徒刑直至死刑105人。深入推进"打黑除恶"专项活动,依法对组织、领导、参加黑社会性质组织犯罪的黄海、李树水等16名被告人一审分别判处一至十五年有期徒刑。严厉打击危害社会主义市场经济秩序犯罪,依法从重从快对市首例生产、销售有毒有害食品的被告人陈童、陈大林、王明判处有期徒刑。认真贯彻宽严相济刑事政策,准确把握宽严尺度,做到当严则严,该宽则宽,宽严相济。加强民商事审判,化解利益纠纷,审结各类民商事案件3296件,涉案标的额5.67亿元。注重运用调解手段化解纠纷,将"调解优先,调判结合"原则贯穿到审判执行的各个环节,一审调解各类民商事案件1212件,撤诉405件,调撤率达53%,同比上升3.86个百分点。加强行政审判,促进依法行政,审结各类行政案件56件,执结各类非诉行政案件213件,标的额476.6万元。加大对行政行为合法性的审查力度,积极推动行政机关负责人出庭应诉,加强与行政机关的沟通协调,促进行政机关依法行政。深入开展创建无执行积案先进法院活动和反规避执行专项活动,共受理各类执行案件947件,执结881件,执结标的额5686.65万元。市法院和月湖区法院被省高院评为无执行积案先进法院。

坚持以人为本,在满足人民群众司法需求上有新举措。深化立案信访窗口建设,不断提高窗口服务水平。加大依法适用简易程序的力度,开展小额速裁试点工作,适用简易程序审理案件1524件,占一审民商事案件结案总数的50.7%。加大司法救助力度,向19名经济困难的当事人发放司法救助款38.5万元,为困难当事人依法减、免、缓缴诉讼费62.2万元。畅通信访渠道,共接待群众来信来访749件次,中央、省委政法委交办的14件信访案件全部如期化解,对符合条件的再审申请依法予以立案复查进行再审,共受理各类再审案件17件,审结9件。

坚持固本强基,在提升法院整体工作水平上有新突破。强化内部监督制约,以目标管理、绩效考评、案件质量评估、审判流程管理等为主要内容的审判监督管理体系已在全市法院初步建成。依托案件流程管理平台,实现了对所有案件的每个办案节点的实时监督。狠抓审判质效,扎实开展"案件质量提升年"和庭审、裁判文书"两评查"活动。对全市法院30次庭审活动、241份裁判文书进行了评查,发现问题及时整改。深入推进社会管理创新,继续完善司法协理和"三调

联动”机制,诉前调解纠纷79件,指导行政调解、人民调解60件,把大量纠纷化解在基层。协助有关部门开展缓刑犯以及刑满释放人员的帮教工作,对393件案件当事人进行了跟踪回访,对224名重点对象进行帮教,帮助其融入社会,缓和对立情绪。全面加强基层基础建设,新招录了11名优秀法律人才充实到基层,缓解基层办案压力。加大“两庭”建设力度,在市委、市政府的关心和支持下,市法院审判综合大楼基本竣工,月湖法院完成新楼选址。加强法院信息化建设,全市法院均开通了门户网站,三级专网、局域网,数字法庭建设全部完成,实现了庭审的“三同步”。

坚持从严治院,在提升队伍素质上有新成效。加强思想政治建设,认真学习贯彻党的十八大精神,深入开展政法干警核心价值观等主题教育实践活动,干警的大局意识、责任意识得到进一步增强。加强司法能力建设,组织法官参加国家法官学院和上级法院举办的各类培训33期233人。积极开展“创先争优”活动,全市法院有3人受到国家级表彰;14个集体、12人受到省级表彰;17个集体、15人受到市级表彰;两个基层法院被评为全省文明单位。加强党风廉政建设。完善廉能管理机制,制定《风险岗位廉能预警处置办法》,院长与副院长,副院长与分管部门负责人层层签订落实党风廉政建设责任书,为每位法官建立廉政档案,明确各责任人的“一岗双责”。严格执行“五个严禁”的规定,对8件群众来信举报进行了核查并逐一反馈,未发现违法违纪情况。加强法院文化建设,以“人民法官为人民”“群众观点大讨论”等活动为载体,打造富有鹰潭特色的法院文化。举办“中秋月·法官情”弘扬政法干警核心价值观文艺汇演,协助省高院成功举办全省法院“天平杯”乒乓球比赛,积极组队参加全省法院乒乓球和篮球比赛,分别荣获最佳组织奖和体育道德风尚奖,在全市法院营造出团结进取的良好氛围。

坚持民主公开,在接受监督上有新思路。主动接受人大、政协监督,全面梳理代表、委员在市两会期间提出的意见和建议,逐一研究,制定和落实改进措施,做到件件有结果,事事有反馈。办理代表建议案1件,办理人大、政协机关督办案件12件。加强与代表、委员的联络,共邀请125名代表、委员视察工作、旁听重大案件庭审和参与案件调解,向代表、委员寄送《代表委员联络专刊》1274份。自觉接受检察机关及社会各界监督,邀请检察长列席审判委员会,审结检察机关抗诉案件4件,其中改判1件、调解2件、发回重审1件。不断提升法院工作的透明度,组织法院开放日活动,召开新闻发布会7次,在网上公布裁判文书219份。切实增强司法民主,健全人民陪审员制度,人民陪审员参与审理一审案件921件,占基层法院一审案件总数的36.2%。

【学习贯彻中共十八大精神】11月21日,鹰潭中院召开党组中心组扩大会议,认真学习贯彻党的十八大、省委第十三届六次全会和市七届五次全体扩大会议精神。中院党组成员、副院长姚江鹏传达了市委陈兴超书记在市七届五次全体扩大会议的重要讲话精神,中院党组书记、院长陈仁生就如何进一步学习贯彻党的十八大精神提出了具体要求。

【专题学习中央“八项规定”】12月14日,市中院召开党组会议,认真学习、部署中央政治局关于改进工作作风、密切联系群众的“八项规定”。

会议要求,全市法院系统要认真学习八项规定,深刻领会精神实质,进一步提高对改进工作作风重大意义的认识,为争创“一流队伍、一流业绩”提供强劲动力。一是要紧密结合审判工作实际,进一步细化相关具体措施,确保对改进工作作风的认识要有新高度、措施要有新内容、工作要有新成效。二是要从自身做起,从现在做起,拿出行动,身体力行,把力量凝聚到贯彻中共十八大精神上来,把心思用到公正司法上来,把精力投入到党的工作大局上来,把要求贯彻到审判活动上来,凝聚共识、凝聚力量,团结带领全体干警为建设法制社会而不懈奋斗。三是要以学习八项规定为契机,把学习贯彻八项规定与作风建设紧密结合起来,在工作实践中进一步丰富活动内容、创新活动方式、优化实施行为,务必使作风建设的措施更加有力,方法更加有效,把法院作风建设引向深入,为建设“四个鹰潭”提供有力的司法保障。

【陈兴超高度重视法院队伍建设并作重要批示】10月24日,鹰潭中院会同市检察院向市委报送了《关于加强法检两院干部队伍建设若干问题的请示》。该请示阐明了法检两院干部队伍现状及存在的问题,恳请市委在政策允许框架内尽可能解决两院干部职数和职级待遇。11月1日,市委书记陈兴超在该请示中批示:“组织部:两院的干部配备问题十分重要,对和谐鹰潭建设意义重大,要认真学习兄弟市的做法,调动班子的积极性并逐步进行调整、充实、提高。”

【全省法院系统“天平杯”乒乓球赛在市体育中心举行】6月15日至17日,全省法院系统“天平杯”乒乓球比赛在鹰潭市体育中心举行。来自全省法院系统的13支代表队100余名运动员参加了两个单项一个团体项目的角逐。省高院党组副书记、副院长方晓春,鹰潭市委常委、常务副市长王家林,省高院党组成员、政治部主任王建新,鹰潭市委常委、政法委书记杨金红,省高院审判委员会专职委员陈坚、李丽君，执行局局长黄敏孙，市人大常委会副主任卢越明，市政协副主席周水凤，市中级人民法院院长陈仁生，市检察院检察长罗庆华，省高院副巡视员、机关党委专职副书记熊保水等领导出席了开幕式。

经过三天共252场激烈角逐，宜春中院、赣州中院和省高院获得团体前三名；宜春中院、南铁中院、九江中院获得男子单打前三名；赣州中院、宜春中院获得女子单打前三名；鹰潭中院、南铁中院、吉安中院获得组织奖。

【举办首届“中秋月·法官情”文艺汇演】 9月27日，鹰潭中院举办践行政法核心价值，弘扬司法文明“中秋月·法官情”文艺汇演，全院干警欢聚一堂，以音乐、舞蹈、诗朗诵等多种形式，展现当代法官的风采。文艺汇演精彩纷呈，高潮迭起，展示了干警良好的精神风貌，提升了法院文化的渗透力和感染力。

【原南昌市人民政府驻杭州办事处副主任贺海江受贿案】 2002年至2008年间，被告人贺海江(男，1964年7月24日出生，湖南省湘潭市人，曾任南昌昌东工业区管委会主任，副县级干部)利用担任南昌昌东工业区管理委员会主任、党工委书记的职务，为他人谋取利益，非法收受王春华、万海根等22人财物，共计人民币420.4万元、欧元0.5万元、美元0.3万元、购物券1.2万元。鹰潭中院一审以受贿罪判处有期徒刑十年，没收财产计人民币60万元。

【奥地利籍被告人叶剑雄故意杀人案】 被告人叶剑雄（男，1962年4月24日出生，浙江省青田县人，住奥地利维也纳克莱姆斯)因与被害人产生经济纠纷，遂雇请被告人王建国，商议假借承租被害人店面为由杀害被害人。2010年1月11日，被告人王建国邀请被告人王毅一起到鹰潭，购买了作案工具，但因被告人王毅害怕，未遂。1月22日，被告人王建国一人独自到鹰潭购买了作案工具并将被害人陈某杀死，随后被告人叶剑雄接应被告人王建国并帮助毁灭证据和出逃。鹰潭中院一审以被告人叶剑雄、王建国犯故意杀人罪判处死刑，剥夺政治权利终身；被告人王毅犯故意杀人罪，免予刑事处罚，并由被告人叶剑雄、王建国赔偿附带民事诉讼原告人经济损失22.33万元。

【鹰潭首例生产、销售有毒有害食品案】 2010年10月被告人陈童通过到厂收购豆渣的朋友认识了被告人王明。王明在明知制作腐竹的添加剂有一种称为“筋药”的物质含非食用原料甲醛，仍于2010年10月份携带该种添加剂到豆制品厂与陈氏两兄弟进行腐竹生产试验，并把添加剂的使用方法和配方比例交给了陈童和陈大林。陈童将试验生产出来的腐竹送南平市中心检验所检验，结论为不合格产品，含非食品原料甲醛。陈童在明知生产的腐竹经检测含有对人体有毒有害的甲醛，仍在2010年10月至2011年3月三次从王明处购进添加剂用于加工腐竹。2010年10月21日，福建某县质监局对该豆制品厂进行抽检，经福建省市中心检验所检验，结论为不合格产品，含甲醛54.9毫克/千克，二氧化硫残留量400毫克/千克，该县质量技术监督局对豆制品厂处以5万元行政处罚。陈童为挽回损失，仍把该批不合格的3170袋，价值11.57万元的腐竹于2011年4月卖给了江西鹰潭赣欣综合批发市场一干货商行。鹰潭市月湖区人民法院一审以被告人陈童、陈大林、王明犯生产、销售有毒、有害食品罪，分别判处有期徒刑一年、十一个月、一年，并处罚金人民币2万至5万不等。

（徐遇金）

【市中级人民法院副县级以上干部名录】

院　长：陈仁生

副院长：姚江鹏 姚耀庭 王建东 张水才

纪检组长：史国钧

政治部主任：邓新科

专职委员：徐文辉(2012.11~) 彭建国(~2011.04)

执行局局长：陈翠英

正县审判员：魏洪光

副县审判员：赵登波 傅高煌(2012.11~) 熊胜生(2012.11~) 谢建设 洪裕民 史继衡 彭建国(2011.04~) 石约(女) 廖卫星

副调研员：詹寿兴 熊和国

司法行政

【概述】 2012年，市司法局按照“主攻项目、决战‘三区’、凸现特色、实现跨越”的总体要求，切实提升服务能力和保障能力，着力化解社会矛盾纠纷，维护人民群众合法权益。在全省政法系统公众安全感和群众满意度测评中，市司法局名列全省司法行政系统第一。

【普法教育工作持续推进】 2012年是“十二五”普法规划承上启下之年，全市以“法律六进”活动为载体，抓好领导干部及一般公职人员、在校学生、社区居民等对象学法用法工作，重点完善了领导干部及一般公职人员网上法律知识学习和考试工作，建立了全市青少年普法教育宣讲团，调整充实了全市法制副校长。全市普法工作以“服务中心”工作为基本点，精选普法教育内容，突出维护国家安全、社会稳定、促进民族团结、社会治安综合治理、流动人口服务和管理，维权、信访、投诉、调解等加强社会管理相关法律法规的宣传教育；深化安全生产、食品药品安全、抗灾救灾、公共卫生、应急管理等公共安全领域专项法制宣传教育;积极推动政府有关部门、项目业主、参建单位等广泛开展服务重点项目建设专项法治宣传教育活动;在全市公民中及时、重点宣传普及“六法一条例”,即刑事诉讼法、行政强制法、国家赔偿法、仲裁法、个人所得税法、野生动物保护法、江西省义务教育条例。

全市以“法治示范创建”活动为切入点,深入推进“法治鹰潭”建设。对农村基层法制教育和法治创建活动进行了总体部署,开展了创建“法治乡镇”“民主法治示范村(社区)”活动。组织申报了市第五批“全国民主法治示范村”一个、第三批“省级民主法治示范村”一个、第二批“省级民主法治示范社区”二个。市司法局、市教育局联合开展了首批20个依法治校示范校推荐评估工作,制定了示范校创建评估标准和工作方案,引导各学校结合创建“平安校园”“零犯罪学校”,开展省级、市级依法治校示范校的创建。在推动新一轮法治县(市、区)建设中,积极组织贵溪市开展申报“全国法治县(市、区)创建先进单位”,加强对全市35个普法教育和法治建设联系点的工作联系和指导,初步建立起普法教育和法治建设自我考核评估指标和体系。

【法律服务业务延伸效果明显】2012年是法律援助工作“服务为民创优年”,全市大力实施法律援助民生工程,扩大了法律援助覆盖面,降低了法律援助门槛,全面完成了中央专项彩票公益金法律援助项目案件120件;及时开展了“精品案例”评选活动,汇编了28篇“精品案例”,其中有1篇被《中国法律援助》杂志选刊;法律援助机构规范化建设进展顺利,市、县二级法律援助中心全部提前一年完成规范化建设达标验收申报;充分发挥了“12348”法律援助热线平台作用,畅通了省、市、县三级工作信息互通渠道,建立健全了质量监控体系和监督投诉处理机制。

市司法局积极引导律师有序介入重点项目建设,从法律论证、资信调查、合作洽谈、合同审查、招标投标、纠纷调解等方面提供全方位的法律服务;通过开展律师与学校结对定点提供法律服务的方式,为有不良行为的学生开展帮教及心理疏导活动,参与调处学校及周边矛盾纠纷,预防和减少青少年违法犯罪;全市广大律师充分发挥法律专业优势,积极参与涉法信访和群体性事件处置工作,正确引导当事人按法律程序提出合理诉求,对群访、群诉等敏感性案件和群体性纠纷案件严把律师接案关;继续深化“法律体检”活动,帮助企业完善法人治理结构、构建和谐劳动关系、防范生产经营风险等。截至2012年11月中旬,全市各律师事务所担任法律顾问340家,办理刑事诉讼辩护及代理365件,民事经济诉讼816件,非诉讼57件,参与调解75起,完成法律援助案件579件。

全市公证工作规范办证程序,狠抓公证质量。围绕市委、市政府的中心工作,信达公证处为市重点项目建设涉及的事项开辟绿色通道,认真做好市重点项目建设证据保全公证业务;在传统的民事、经济公证业务外,市信达公证处开始进驻市房产交易登记中心,为广大百姓二手房交易办理现场房产公证提供服务;认真办好招投标、拍卖、租赁、产权转让等业务,为企业健康发展、防范和控制法律风险提供公证法律服务。至2012年10月份,全市3个公证处共办理各类公证事项2098件,其中国内公证事项1517件,涉外公证事项581件。

全市所有司法鉴定机构都报名参加了司法部能力验证活动,覆盖率和参与率达到了100%。按照省厅对鉴定机构和执业人进行严格审查的文件要求,市司法局对全市各鉴定机构严格审查,各鉴定机构全部通过省厅年检,且新增司法鉴定人2人。抓好协会建设,进一步完善“两结合”管理体制。组织召开了鹰潭司法鉴定协会第三次会员代表大会,指导协会完成了换届选举工作,成立了鹰潭市司法鉴定协会法医司法鉴定专家咨询委员会,制定了工作规则,建立了专家库,发挥了司法鉴定协会指导作用和行业管理功能。2012年,全市司法鉴定机构共办理各类鉴定案件2500余件,鉴定结论采信率达98%,没有出现一起司法鉴定方面的投诉。

仲裁工作稳步推进。2012年,通过新闻媒体以及“法律进社区”“法律进企业”等活动载体大力宣传仲裁法律制度。鹰潭仲裁委与工商、房管、建设、国土等部门保持经常联系,争取他们的支持,努力做到在各系统内使用的格式合同文本上都有规范的仲裁条款。2012年初,举办了仲裁员培训班,请来了南昌法学院的副教授和南昌仲裁委员会的副秘书长授课,同时印制了部分仲裁裁决书、调解书、决定书等仲裁文书样式,供仲裁员参考使用。到年底,仲裁委员会共受理案件5件,结案4件。

【基层基础工作继续夯实】全市社区(村)建立司法室,创新调解载体。2012年,司法室共组织开展居(村)民讲座120多场,发放宣传资料1.2万多份,调解辖区纠纷300多起,调解成功率97%以上。

人民调解组织基础进一步夯实,积极搭建市“大调解”工作体系运行平台。全市已建立乡镇(街道)调解委员会43个,村委会调解委员会433个,在村民事务理事会中设立矛盾纠纷调解小组2624个,充实理事调解员3530名,基本形成一套较完备的大调解工作体系。

市司法局联合法院、公安局、检察院在各乡镇的派出机构,形成联动的人民调解工作小组,全面形成人民调解与诉讼调解、行政调解、刑事和解联动对接的“三调联动”工作机制。2012年,全市共排查调处矛盾纠纷4152件,成功调结

3940件,调解成功率达95%。其中,防止群体性上访61起,防止重大群体性械斗3起,防止民转刑案件97起。

为积极开展矛盾纠纷排查和调处工作,全市发起“争当人民调解能手”评选工作,市司法局表彰了50名“人民调解能手”。贵溪市东门司法所副所长、街道调委会调解员朱国昌被司法部授予“全国人民调解能手”称号,贵溪市志光司法所所长彭勇被评为全省“十佳司法所长”,月湖区司法局被评为全省“司法所建设工作先进单位”,贵溪市东门司法所、余江县杨溪司法所、月湖区交通司法所被评为全省“百优司法所”,严炎贵、曹火胜、陈小斌三人被评为全省“百优司法所长”。

【社区矫正工作规范运作】2012年,及时调整充实了市社区矫正工作领导小组成员,建立了教育帮扶网络。各村(居)建立了由司法所人员、村(居)委会成员、法律明白人、志愿者组成的教育帮扶队伍,对其进行监管、教育和帮扶,保障社区矫正工作有效开展。全市建立了市、县、乡三级社区矫正人员信息化管理平台,所有矫正人员的基本情况、GPS定位管理、集中教育、心理矫治、公益劳动等内容统一录入平台,实现了矫正人员网上管理、矫正执法网上审批、矫正过程网上监督。成立社区矫正监管中心,组建成立了余江县社区矫正监管中心。截至2012年年底,全市在册社区矫正人员458名,无一人脱管漏管,无一人重新犯罪。

【安置帮教工作创新管理】市司法局利用现有的刑释解教人员信息管理系统,及时对新入监所人员进行基本信息核对,通过信息管理平台、接收刑释解教通知书和电话联系等方式掌握预放人员信息,确保必接必送,实现了无缝对接。2012年,全市刑释解教人员267人,其中刑释人员250人、劳教人员17人,刑释解教人员衔接率100%,帮教率100%。全市共有安置帮教基地7家,过渡性安置刑释解教人员就业100余人次。

(彭华为)

【市司法局副县以上干部名录】

党组书记、局长:夏勇波(~2012.5)
李　涛(2012.5~)
党组成员、纪检组长:杨谷喜
党组成员、副局长:叶树珍 张卫中
吴泉友(2012.8~)
党组成员、副调研员:李水全
调研员:孙晓英
副调研员:韩建平

鹰潭市中级人民法院审判大楼

(市中级人民法院供稿)

工业

编辑、校对:王新勤

综述

2012年,鹰潭市工业工作在市委、市政府正确领导下,认真贯彻落实科学发展观,按照"主攻项目、决战'三区'、凸现特色、实现跨越"的总体要求,紧紧围绕"决战5000亿,实现新跨越"的目标,坚持做大总量与优化结构并举、打造硬环境与提升软实力同步,重点发展以铜产业为龙头,以水工、节能照明电器、机械装备制造等地方优势产业为补充,以新能源新材料、大健康、创意制造等新兴产业为发展方向的"1+6"产业,全市工业经济发展呈现经济总量持续扩大,工业结构不断优化,产业集聚效益凸显,发展后劲明显增强的良好态势。

工业经济稳中有进。2012年,全市规模以上工业企业实现主营业务收入达2408亿元,同比增长22.7%;实现工业增加值282.5亿元,增长15.5%;经济效益综合指数达到445%;完成工业固定资产投资359.99亿元,增长30%;鹰潭市工业企业主营业务收入首次突破2000亿元大关,总量保持全省第三;工业增加值增速从2011年的全省最末上升到全省第四;工业用电量增速列全省第四。

转型升级明显加快。一是着力抓好工业节能。全年工业企业完成节能量1.18亿千克,完成年度目标任务的194.3%,仅用两年时间就完成了"十二五"期间工业节能任务的60%。二是帮助企业转型升级。关闭6家高污染高耗能企业;帮助7家铜冶炼企业淘汰落后产能1.23亿千克,占全国铜产业淘汰落后产能1/6,受益面覆盖全市1/3以上铜企业。三是加快创新型企业培育。着力推进企业信息化建设,促进信息化与工业化深度融合,六国化工等5家企业被列为江西省创新型企业,企业个数位列各设区市前列,天施康等6家企业产品被认定为省级新产品。

发展后劲明显增强。一是突出产业链式招商。建立了市级领导联系产业发展制度。在市政府分管领导牵头负总责的前提下,按照"一个产业、一套措施、一个联系领导、一支队伍、一抓到底"的方式,实行市级领导联系产业制度,抽调优秀后备干部组成专业招商小分队,对接重点产业和区域,积极开展重点招商。先后引进了上诠科技、海尚科技等知名企业落户鹰潭。二是狠抓重大工业项目建设。按照"项目化、时间表、责任人"的要求,全力以赴做好项目跟进服务。建立重大工业项目调度推进机制,形成主要领导亲自推动、分管领导具体落实、相关部门共同促成的项目建设工作格局,及时帮助企业落实用地、环评、安评、能评、规划、资金等。2012年,全市共完成工业固定资产投资202亿元,同比增长44.5%。新开工项目共201个,同比增长11%;完工项目180个,同比增长18.4%。三是加速科技创新步伐。2012年,成功获批为全省首批铜合金新材料战略性新兴产业基地,8家铜企业精深加工项目获得国家科技创新基金项目扶持。共获铜企业专利技术拥有量达400多件,有50多项产品被列为省级以上重点新产品和自主创新产品。以江铜为主体组建的国家铜冶炼及加工技术工程研究中心初具规模,承担的3项科研成果通过专家鉴定,顺利通过科技部综合验收并获优秀。"国检中心"建设按期推进,铜产品质检中心大楼全面竣工,铜产业共性技术服务平台通过科技部专家验收,技术服务装备达到国内先进水平。

平台建设扎实推进。鹰潭高新区获国务院批准升级为国家级高新技术产业开发区,获国家发改委批准为国家循环化改造示范试点园区。鹰潭(贵溪)铜产业循环经济基地荣获"全国循环经济工作先进单位"称号。贵溪工业园被省政府认定为首批省级重点工业园区。余江工业园区被评为全省优秀工业园区。2012年,鹰潭高新区实现主营业务收入358.33亿元,同比增长16.67%,排名全省第10位;贵溪市工业园区实现主营业务收入353.4亿元,同比增长13.74%,排名全省

第12位;余江县工业园区实现主营业务收入168.16亿元，同比增长30%,排名全省第38位。水工产业园一期、二期主体工程基本完成;节能照明产业园已完成土地平整;30余家汽摩配企业落户园区;眼镜产业园二期已完成10万平方米标准厂房主体工程;文化创意产业园已完成规划编制和资产移交工作;余江雕刻产业基地获批省级产业基地。进口废物原料宁波至鹰潭海铁联运国际运输通道正式开通。鹰潭至宁波(北仑)“五定班列”获批运行,并纳入全国“百千战略”。积极推进铜期货交割仓库设立。先后4次赴上海期货交易所，提出了在鹰潭市设立铜交割仓库的申请,争取到上海期货交易所春节前后到鹰潭市调研;此外,争取到省金融办同意鹰潭市开展铜现货市场筹建前期工作。

铜产业

【**概述**】2012年,全市78家规模以上铜企业实现工业增加值229.23亿元,同比增长14.5%;累计实现主营业务收入2186.78亿元、同比增长22.18%,利税总额118.09亿元、同比下降5.22%，利润总额81.56亿元、同比下降8.65%;铜产品产量27.72亿千克、同比增长13.21%,阴极铜产量达10.33亿千克，同比增长9.87%;铜材加工量为173.86万吨,同比增长17.59%,其中市属铜加工企业铜材加工量为13.33亿千克、同比增长23.21%。

【**铜冶炼企业**】2012年，江铜集团主营业务收入1690.68亿元、同比增长24.78%，实现利税86.58亿元、同比下降19.71%,实现利润总额63.85亿元、同比下降18.97%。阴极铜产量10.33亿千克、同比增长9.87%。

【**铜加工企业**】2012年，全市规模以上铜加工企业累计实现主营业务收入726.1亿元、同比增长16.54%,利税总额31.51亿元、同比增长88.04%,利润总额17.7亿元、同比增长68.95%。

【**铜回收企业**】2012年，全市再生资源回收经营企业入库国税9719万元，同比下降96.6%；入库地税2950万元,同比下降74.73%。

【**铜拆解加工企业**】12月份，铜拆解园区进口固体废料293标箱,同比增长115.44%,环比增长50.25%;废料总重33.98万千克，同比增长30.92%,环比增长2.98%。2012年,累计进口废料1902标箱，同比增长123.24%;合计2340千克,同比增长102.8%。

水工产业

【**概述**】鹰潭市水工产业布局大致呈现出“一核、多点”的特征,“一核”是指以三川水表为核心的水表及先进水检测仪器产业,“多点”是指三川农用水泵、水暖卫浴业配套;从空间布局看,水工企业主要分布在贵溪市和市经济技术开发区。涉水仪器仪表业已形成以水表业为核心,上向水阀业延伸,下向水表配套产业延伸的产业格局。2012年，全市共有规模以上水工企业12家，实现主营业务收入58.38亿元,同比增长-5.29%,实现利税3.36亿元。其中,三川集团实现主营业务收入10亿元，利税1.35亿元。

节能照明电器产业

【**概述**】2012年，节能照明电器产业顺利渡过了2011年以来原材料(荧光粉)价格大起大落(从280—2800元/公斤)的艰难形势,取得了一定成绩。全市共有节能照明电器企业19家（比2011年年底增加4家)，其中8家规模以上节能照明电器企业实现主营业务收入32.25亿元,超额完成了年初市委、市政府制定的目标(年初目标为主营业务收入30.5亿元)。其中,阳光照明实现主营业务收入20.86亿元;实现利润总额1.97亿元,实现利税总额2.31亿元。

机械装备制造产业

【**概述**】机械制造产业基础主要集中在汽摩配、眼镜生产及微型元件三大行业。发展汽摩配行业,引进音响与通信系统、电子与电器系统、发动机系统等零部件制造业;发展叉车、数控机床制造等项目;发展眼镜材料制造业,完善和形成高、中、低各档次眼镜生产链,打造成全国重点眼镜生产基地;大力发展微型元件产业。到2012年年底,全市机械装备制造产业共有规上企业28家,其中机械制造8家、微型元件5家、眼镜行业12家、汽摩配3家。2012年共实现主营业务收入35.9亿元，比2011年增长18.32%,实现利润总额2.2亿元,比2011年增长22.78%，实现利税总额3.49亿元,比上年增加38.19%。

新能源新材料产业

【**概述**】到2012年年底,全市新能源新材料产业共有规上企业17家,其中新能源6家、新材料11家。2012年共实现主营业务收入89.9亿元,比2011年减少2.07%,实现利润总额1.39亿元，比上年减少4.58%,实现利税总额2.94亿元,比2011年增加13.25%。

大健康产业

【概述】以天施康为龙头,以生物医药产业、食品加工业为基石,以龙虎山大旅游产业为特色,以道教养生文化为载体支撑,形成集生物医药、养生服务、健康管理、食品工业、中药种植、生态农业旅游、医药食品物流等产业集群。大健康产业2012年共有规模以上企业22家,其中生物医药行业7家,食品行业15家。大健康产业实现主营业务收入32.3亿元,同比增长65.67%,利税10.7亿元。

食品工业

【概述】鹰潭市规模以上食品加工企业15家,主要产品有粮食加工、酒、饮料、酱腌制品、葛系列产品、茶、蜂系列产品及保健食品、食品添加剂等等。2012年规模以上食品企业实现主营业务收入21亿元,同比增长80.25%,实现利税总额8.79亿元。

生物医药

【概述】鹰潭市规模以上生物医药企业7家,主要产品有中成药、医疗器械及生物制药等。2012年实现主营业务收入11.32亿元,同比增长44.07%,实现利税1.92亿元,利润0.85亿元。

创意制造产业

【概述】依托果喜集团等龙头企业的产业、资源优势,通过与有关专业高等院校的合作,加大文化创意类生产环节产业基地建设和龙头企业的引进力度,大力发展雕刻产业,重点引进油画、绿色印刷和包装龙头企业,从而形成创意制造产业。2012年,创意制造产业规模以上企业3家,实现主营业务收入11.2亿元,同比增长31.02%,利税2.11亿元。

中小企业

【概述】2012年,市中小企业、非公经济、工业园区经济快速增长。一是非公经济取得新突破。2012年非公经济实现增加值237.42亿元,同比增长14.4%,占全市经济比重为49.2%;上缴税金38.46亿元,出口总额79697万美元,同比增长32.63%,占全市出口总额的98.5%。规模以上非公有制工业企业为164家,比2011年年底增加20家;实现增加值127.26亿元,增长25.1%;实现主营业务收入859.17亿元,同比增长18.8%。二是园区经济快速发展。2012年9月鹰潭高新技术产业园区经国务院批准晋升为国家级高新技术产业园区,贵溪工业园区批复为首批重点省级工业园区,余江工业园区有望成为第二批重点省级工业园区。全年三园区共完成主营业务收入879.89亿元,同比增长19.06%,完成全年820亿元目标107.30%。其中,鹰潭高新技术产业园区358.33亿元,同比增长16.67%,完成全年360亿元目标的99.54%;贵溪工业园区353.40亿元,同比增长13.74%,完成全年330亿元目标的107.09%;余江工业园区168.16亿元,同比增长30.00%,完成全年130亿元目标的129.35%。三园区主营在全省90个园区中的排名分列第10、12和41位。三是建立健全非公有制经济和中小企业服务体系。积极申报省级小微企业创业园,创办鹰潭创业大学,完善公共技术服务平台建设;同时加强非公有制经济人才培训服务,组织中小企业参加国际中小企业博览会、赴美名企考察、全省中小企业成长讲坛等活动。四是切实做好了融资和担保工作。2012年,获得金融许可证担保机构共10家,共有注册资金4.77亿元;新增担保额8.85亿元,新增担保户数526户。2012年,通过融资对接会,21家小微企业与金融机构达成贷款协议,授信额度共2.04亿元;建立了中小企业融资项目库、拟上市中小企业项目库,实施动态化管理,及时更新和充实内容。关注银行对中小企业贷款政策的新变化,为企业融资提供全方位服务。

(陈　颖)

【市工信委副县级以上干部名录】

党委书记:徐　慧(女)

主　　任:徐　慧(女,~2012.9) 高华(2012.9~)

党委委员、调研员、副主任:宗　培

党委委员、副主任:洪新华、刘赞礼、吴德昌

党委委员、纪委书记:金雪斌(~2012.5)

党委委员、调研员:严细火(2012.5~)

党委委员、市中小企业局局长:唐佐昌(2012.~4)

党委委员、副调研员:余增红

调研员:江　帆(女) 吕文杰(~2012.4)

副调研员:唐佐昌(~2012.4) 黄东风(~2012.4) 刘平孙

电力工业

【概述】2012年,鹰潭供电供电公司在市委、市政府和省电力公司的正确领导下,各项工作取得了较好成绩。

鹰潭供电公司担负着鹰潭市所辖一市一县一区3357平方千米约120万人口,以及鹰厦电气化铁路江西段、浙赣电气化铁路鹰潭段、贵溪冶炼厂等重要用户的供电

任务。公司现有员工520人,受江西省电力公司委托管理月湖区、贵溪市、余江县3个县级供电有限责任公司。

截至2012年12月31日,鹰潭公司现有220千伏变电站3座,容量90万千伏安;110千伏变电站11座,容量68.75万千伏安;220千伏线路12条,总长度333.75千米;110千伏线路28条,总长度460.84千米;直供区总用户近8.19万户。

2012年鹰潭电网完成售电量28.72亿千瓦小时,同比增长8.39%,完成年计划的100.6%;电费回收率实现100%;综合电压合格率99.81%,城市供电可靠率99.99%;上缴税金5880万元。鹰潭供电公司连续6年被评为全国“安康杯”劳动竞赛优胜单位;公司及所属县公司全部荣获江西省第十三届文明单位称号;在江西省电力公司年度评比中,公司同业对标综合排名第1位,领导班子业绩考核排名第1位,被授予创建“四好”领导班子优秀单位荣誉称号。

【安全生产管理确保电网稳定运行】公司严格落实安全生产责任制,加强电网安全风险管控,截至2012年12月31日,已连续安全运行3729天。一是扎实开展电网安全风险管控。认真落实国务院第599号令要求,开展220千伏变电站事故隐患分析;深入开展“安全年”活动,制订71项重点推进措施;对高铁施工等25个作业点下发安全通知书,并实行重点盯防。二是加强应急演练。健全完善总体预案,开展联合反事故演习,率先实现省、市、县公司应急指挥一体化。三是提升设备健康水平。全面开展安全隐患排查,排查整改安全隐患19项;完成大修技改项目46项,投入资金共计2245.4万元;开展输电线路大修,专题分析雷区分布情况,制定并落实专项整治措施。

【加快电网建设步伐完善电网构架】一是积极协调推进。公司主要领导带队,多次主动走访县、市、区政府商谈电网建设。2012年与贵溪市政府共同签署“关于共同推进贵溪电网建设发展的投资意向书”。二是加快电网建设。投运鹰潭第3座220千伏变电站(洪桥),220千伏骨干环网初步建成,大大加强鹰潭西部供电可靠性。年初建成投运110千伏滨江变电站,彻底解决贵溪市城西用电“卡脖子”问题;5月份将工业园变电站扩建为2台主变,有效提高经济技术开发区供电能力。三是加快工程前期工作进度。220千伏贵溪南变电站、志光开关站已经完成工程核准,待地方政府贴息到位、完成“三通一平”后即可开工建设。110千伏耳口、龙岗输变电工程已完成前期准备工作。

【提升优质服务水平保障电力供应】一是保障电力可靠供应。2012年鹰潭电网最高负荷达51.02万千瓦,同比增长12.6%。确保了电力可靠供应,未出现拉闸限电现象。完成党的十八大、全市两会等重要节日和重大活动保电任务。二是规范管理减少停电。制定《鹰潭电网停送电管理办法》,规范停送电管理和停电信息发布;加大带电作业力度,全年共开展配网带电作业164次,减少停电1251.15时户数,减少停电时间169.6小时。三是提升服务水平和质量。建设多渠道缴费网点1073个,实现城市缴费不出社区、乡镇村村设有缴费代办点;组建6支共产党员服务队,总人数达116人,开展各类服务536次;领导班子成员带队走访客户27次,发放意见建议征集表和问卷调查500余张;成立10个明察暗访组对窗口不定期暗访,并通报考核。

【加强农网改造升级服务城市发展】一是改迁现有电网设施让路城市规划。公司积极配合鹰潭市县区城市建设要求,迁移110千伏输电线路6条,完成总投资2100万元。二是做好电网建设服务新城区发展。加快110千伏市中变电站和信江新区配网建设,保障信江新区发展用电;科学规划贵溪城东区管沟和配网建设,服务贵溪新城区;公司主要领导主抓部署,在工期紧、任务重的情况下,完成一中新校区用电工程,于2012年7月底提前通电,保障了一中新校区按期投入使用。三是加快农网改造升级。投入5587万元用于农网改造升级,工程进度居全省前列。利用信息化手段,对“低电压”问题实行动态管理;积极推进新农村电气化建设,完成3个电气化乡(镇)、41个电气化村建设任务。

(熊欢欢)

【市供电公司领导人名录】
总经理、党委副书记:余柳宾
党委书记、副总经理:林 虹
纪委书记、工会主席:盛江南(2012.8~)
纪委书记:张小龙(~2012.8)
副总经理:邹育临 彭仁华 左 军(2012.8~) 吕雪松 (2012.12~) 龚继平 (~2012.12) 张吴敏 (~2012.8)
总会计师:章志坚
工会主席:毛日标(~2012.8)

工业园区

编辑、校对:柴靖龙

鹰潭高新技术产业园区

工业项目集中签约仪式

(鹰潭高新技术产业园区供稿)

【概述】2012 年,高新区坚持以科学发展观为指导,按照市委、市政府"主攻项目、决战'三区'、凸现特色、实现跨越"的总体要求,围绕"千亿园区、工业新城"的目标定位,开拓进取,真抓实干,推动了经济、社会和党的建设全面发展、全面进步。经国务院批准,高新区升级为国家高新技术产业开发区。全年实现主营业务收入 358 亿元,工业增加值 47 亿元,财政收入 12.18 亿元,外贸出口 1.91 亿美元,完成固定资产投资 55.4 亿元。综合指标位居全省 94 个工业园区前 10 位。

【招商引资】引进工业项目 23 个,其中亿元以上项目 12 个,包括上诠电信光纤连接器项目、海尚科技 10 万吨氧化锌项目、科炬实业室内供暖系统和铜材加工项目、光远铜业 1 万吨无氧铜杆项目等。

【项目建设】全年实施工业项目 26 个,新开工 14 个,续建 12 个。13 个项目建成投产,包括弘能管材 9000 吨涂塑钢管项目、众鑫成铜业 1.5 万吨裸铜丝项目、中投科技香精香料项目等;13 个项目抓紧建设,其中三川水工产业园 12 万平方米厂房、金帝鞋业 7 万平方米厂房及宿舍楼基本建成。

【企业发展】新增规模以上企业 4 家,总数达 61 家,年主营业务收入超亿元的企业达 38 家,其中 5 亿元至 10 亿元的 7 家,超 10 亿元的 14 家。

【产业聚集】铜产业产量达 45 万吨,实现主营业务收入 266 亿元;水工产业在区内加快形成完整的零部件供应体系。大健康产业发展势头强劲,实现主营业务收入 20.3 亿元;汽摩配产业基地初具规模,新引进汽摩配项目 12 个,总投资 11 亿元,企业总数达 26 家,其中建成 7 家、在建 7 家、待建 12 家。商贸物流产业快速发展,新引进楼宇物流企业 81 家,总数达 235 家。

【科技创新】诚志生物、华宝香精香料、广信铜业、金泰新能源被认定为高新技术企业,高新技术企业总数达 7 家。广信铜业"连续挤压—冷轧无氧银铜带材"项目、三川水泵"内置非接触式水泵叶片调节器"项目列入国家科技型中小企业技术创新基金项目;三川水表超声波水表、晶益电热科技 DSR 单晶硅非金属发热体等 7 个产品被认定为江西省科技重点新产品;兴业电子、华宝香精香料两项科技成果获市科技进步一等奖。组建了鹰潭市香精香料工程技术研究中心、鹰潭市银铜合金材料工程技术研究中心、鹰潭市光学薄膜工程技术研究中心。

【融资贷款】争取到国家开发银行

基础设施建设贷款 6018 万元、北京银行贷款 5000 万元，有效缓解了基础设施建设资金压力。帮助企业办理担保业务 30 余笔，获得贷款 3.4 亿元。

【新城建设】累计投入资金 20 多亿元，建成道路、管网近 30 千米，建成 110 千伏变电站以及日供水量 3 万立方米的自来水加压站。规划用地 3000 亩建设西湖湿地公园，规划用地 400 亩建设龙岗商务服务区。投入资金 1500 万元，建成处理规模 1000 吨/日的电镀集控区。

【平台建设】征收土地 1200 余亩，拆迁房屋 4000 平方米，开工道路 9700 米，建成 5600 米，完成场地平整 1900 亩。

【招工工作】通过大力开展 "春风行动""送岗位下乡"等一系列招工活动，打造 "招工一条街"服务企业用工新平台，深化与中国计量学院、河南理工大学等高等院校的合作，帮助企业招收员工 1.1 万人次，基本满足了企业用工需求，有效缓解了企业招工难题。

【生态建设】造林绿化"一大四小"工程深入实施，2012 年初获得省级"森林园区"称号。循环化改造工作顺利启动，其中诚志生物投入技改资金 3000 多万元，实现了原材料的"吃干榨尽"，白露、龙岗污水处理厂规划设计抓紧进行。

【保障性住房建设】龙岗花园、金帝花园 1907 套保障性住房开工建设，建筑面积 9.61 万平方米，总投资 1 亿元。

【基层党建】基层党建标准化项目建设全面推进，两个街道办公场所、运行机制、便民服务中心建设到位，精心打造了 2 个村级示范点以及兴业电子、三川集团、梦娜袜业、中轻刀剪等 4 个企业示范点。单独组建成立非公企业党支部 6 个，下派 20 名优秀青年干部担任党建指导员，非公党建步入常态化、规范化轨道。

【社会稳定工作】安全生产形势趋于平稳。企业周边及农村安全环境不断巩固。抢栽抢种、抢挖抢建现象得到有效遏制。坚持领导包案、领导接访、干部下访等信访稳控制度，加大矛盾纠纷化解力度，规范征地资金分配管理，加强工地施工环境整治，稳定工作形势日趋好转。设立新市民服务中心、法律援助中心，建立企业欠薪应急保障金机制，健全劳资纠纷排查调处机制，劳资纠纷得到及时有效化解。

【新兴产业基地建设】1 月，省发改委批复同意在鹰潭高新区建设鹰潭新材料省级战略性新兴产业基地，重点发展铜合金新材料产业。

【周家小学建设】2 月，周家小学教学楼完成改造并投入使用。

【员工联谊会】4 月，高新区妇联、团委与光宝科技公司联合举办"闪亮之星、快乐相约"员工联谊会，丰富了员工业余文化生活。

【"1+6"产业项目集中开工仪式】6 月，鹰潭市"1+6"产业重大项目集中开工仪式在高新区举行，市四套班子主要领导及有关部门负责人参加。全市共有 65 个重大产业项目开工。

【人民武装部成立】7 月，高新区人民武装部正式挂牌成立。

【国家级高新区获批】8 月，国务院下发《关于同意鹰潭高新技术产业园区升级为国家高新技术产业开发区的批复》，同意鹰潭高新技术产业园区定名为鹰潭高新技术产业开发区，实行现行的国家高新技术产业开发区的政策。

【国家文化产业示范基地】9 月，东源企业·红背带获得 "国家文化产业示范基地"称号，成为国内第一家生态旅游文化创意类国家级示范基地。

【"三区三线"建设】10 月，"三区三线"民居改造工程启动，2012 年底，完成墙面刷白、房屋平改坡和立面改造 8100 平方米，景观油菜种植 400 多亩，在全市范围内率先完成"三区三线"建设任务。

【炬能公司成立】11 月，江西炬能投资发展有限公司和鹰潭炬能科技发展有限公司成立，高新区各类基础设施项目市场化运作模式初步建立。

【村干部离任补助】11 月，《鹰潭高新技术产业园区离任村(社区)干部生活补助管理暂行办法》正式出台，36 名离任村干部享受生活补助。

【项目集中签约仪式】11 月，高新区与中国春光五金集团、江西海之润工贸有限责任公司、江西钜禾消防科技有限公司举行项目集中签约仪式。3 个项目的签约落户，将为发展高新区水工、汽摩配等产业，壮大高新区实体经济注入新的活力。

【循环化改造】11 月，高新区获"国家循环化改造示范试点园区"称号。

【"助保贷"业务合作】12 月，高新区与建设银行上饶市分行开展"助保贷"业务合作签约，将运用助保金池和政府增信平台作为风险补偿手段建立的全新企业信贷业务运作模式，满足小微企业融资需求。

【金融服务战略合作】12 月，高新区与国信证券股份有限公司签订《金融服务战略合作框架协议》，将在企业股份制改造、发行上市、债券发行等方面展开合作。

【年内主要落户或新投产企业选介】鹰潭海尚环境科技有限公司：由浙江海尚环境科技有限公司投资。该公司是以高技术为依托的现代科技型企业，是中国过滤器行业、机械行业和环境科技领域最具有竞争力和影响力的大型企业集团。该公司于2012年3月落户高新区,8月动工建设,总投资6亿元,建设年产10万吨氧化锌项目,一期占地面积20亩,全部达产后可实现年主营业务收入40亿元。

江西上诠通信科技有限公司:由上诠光纤通信股份有限公司投资。该公司成立于1995年,2011年3月在台湾上市。主要从事光纤通信产业相关产品研究开发与制造生产,是国内首家投入光纤融烧(FBT)产品研制的企业。该公司于2012年7月落户高新区,一期投资1000万美元,建设光纤连接器项目,占地面积43亩。2012年9月租赁厂房生产,达产后项目可实现年主营业务收入3亿元。

江西科炬新材料有限公司:由浙江科炬实业有限公司投资。该公司于2012年4月落户高新区,总投资10亿元,占地面积100亩。主要生产铜、铝铸件等,达产后可实现年主营业务收入10亿元。

江西万隆车桥有限公司:由浙江台州客商投资。该公司于2012年2月落户高新区,总投资3亿元,占地面积120亩。主要生产轻重型车桥,项目达产后可实现年主营业务收入7.5亿元。

江西裕源机械制造有限公司:由浙江台州客商投资。该公司于2012年2月落户高新区,总投资2亿元,占地面积60亩。主要生产汽车真空助力器、离合助力器及配件,项目达产后可实现年主营业务收入3.5亿元。

江西宇程机械有限公司:由浙江台州客商投资。该公司于2012年2月落户高新区,总投资1.2亿元,占地面积45亩。主要生产汽车微车前后制动器及其他汽车配件,项目达产后可实现年主营业务收入1.5亿元。

江西陆虎减震器有限公司:由瑞安市大路减震器有限公司投资。公司是一家专业生产各种汽车减震器的企业,公司开发的1000多种产品,基本涵盖了全世界常用的汽车减震器。该公司于2012年12月落户高新区,总投资1亿元,占地面积33亩。主要生产汽车减震器及其它汽车配件,项目达产后可实现年主营业务收入1亿元。

(刘 娟)

【鹰潭高新技术产业开发区副县级以上干部名录】

党工委书记:徐 云(女,~2012.8) 周 瑛(2012.8~)

党工委副书记、管委会主任:陈移发(~2012.8) 梅 峰(2012.8~)

党工委副书记、管委会副主任:赵军荣(副书记~2012.4;副主任~2012.5)

党工委委员:罗贤忠(~2012.8) 林伏昌(2012.8~)

党工委委员、纪工委书记:黄小河

党工委委员、管委会副主任:黄贵开(~2012.8) 张平来 刘晓华 范冬平 曾建芳(2012.8~)

管委会副主任:翟大顺(~2012.3)

党工委委员、管委会副调研员:许国强(~2012.8) 彭灵有 高永祥

贵溪工业园区

【概述】2012年,在市委、市政府的坚强领导下,在社会各界的高度关心下,在罗河、滨江两乡镇的大力配合下,在企业家的共同努力下,贵溪工业园区贯彻落实基层组织建设年活动及打造“世界铜都·中国灯谷”的发展战略,喜迎党的十八大胜利召开,紧紧围绕主营业务收入350亿元、利税15亿元的任务,全力克服欧债危机带来的不利影响,突出以企业开工建设、完善基础设施为重点,以招商引资和项目调度为主抓手,不断做大经济总量,优化发展环境,提升服务水平,努力构建和谐平安生态园区,促进了园区经济社会又好又快发展。截至2012年年底,企业和项目129个,投产83个,在建21个,签约25个,完成固定资产投入63亿元。园区实现主营业务收入353亿元,同比增长25.8%;完成财政收入12.3亿元,同比增长9.8%;完成利税总额16亿元,同比增长379%。2012年园区被列为江西省级重点工业园区、省级生态园区、省级循环经济试点单位、全省两个数字园区试点之一。已初步形成以铜产业和光电产业为主导,化工建材、医药食品、机械制造为辅的产业发展格局。

【大力完善基础设施建设】2012年,完成场地平整土石方135.9万立方米,道路硬化3.432千米,管网铺设7.53千米;征地1250亩,拆迁房屋29栋,迁坟63座;架设供电线路2.5千米,铺设供水线路1.7千米,盘活闲置土地524亩,优化了项目用地环境,确保了项目用地需求。

【强化特色推进招商引资】园区突出招商引项目,按照“产业特色对接铜和灯、地域热点对接长珠闽、主要领导对接大项目”的思路,着力引进科技含量高、环境承载压力小、带动作用强、税收贡献大的项目,努力实践“大项目、促大发展”。2012年,引进锦源科技、新力科技、艺博达实业等项目25个,总投资17.39亿元,固定资产投资10.97亿元。

【突破瓶颈促项目开工】一是创新场地平整思路,拓宽融资渠道。在市财政资金紧张的情况下,园区巧用外界资金,由之前的园区平整场地到企业出资平整,缩短项目开工时间,探索出“取之于项目资源、用之于项目建设、惠泽于项目发展”之路。二是强化施工管理。对施工单位在进度、质量等方面制定惩处措施,未按时履行约定的进行处罚,延迟一天罚2000元;对拒不履行约定、严重影响项目开工进程的终止合同,择优确定守信用、实力强的施工单位,确保项目如期开工建设。三是抢进度、抢工期。干部职工牺牲双休日休息时间,始终发扬艰苦奋斗精神,精心安排,做好施工前期各项基础工作,督促施工单位抢进度、抢工期,确保晴天能够

全面铺开建设。

【重点调度项目工程进度】千方百计抓好项目建设,全力推进开工项目早投产。一是强化责任。实行领导挂点项目责任制,做到“分工明确、责任到人、任务具体、时间到天”,一包到底;二是明确任务。“全程服务”项目的立项审批、规划设计、质量安全、纠纷调处等工作;三是加强调度。对在建项目实行“一天一梳理,三天一调度,一周一问效”的倒逼机制,定期梳理问题,一般问题现场解决,重大问题会同有关部门及时解决,确保项目建设顺利推进。2012年新增博远铜业、闵氏佳食品等8个项目投产(其中有3家为租用厂房生产)。

【强化基层组织提升社会事业】以基层组织建设年为契机,园区党工委坚持以党建带工建,以工建促党建的原则,深化“创先争优”活动,强化企业基层组织建设,全面开展标准化建设;积极开展集中整治影响发展环境干部作风问题活动,优化干部作风,净化发展环境;党工委共有党支部37个,2012年新成立5个,党员114名,新发展党员16名,发展对象1人,入党积极分子30人;有工会组织82个,其中2012年新组建4个,组建率及入会率均为100%。同时,园区强化企业综治、消防、环保、安全生产网格化建设,努力构建企业基层组织建设一体化。园区党工委被评为鹰潭市先进基层党组织,优秀企业员工宝山金属有限公司党员曹晓桃被评为全国和江西省优秀共产党员,并作为基层党代表出席了党的十八大。

【构建和谐平安生态园区】加大矛盾纠纷排查及调处力度,强化安全隐患排查及整改,努力构建和谐平安生态园区。2012年,园区组织投产企业82家,召开综治维稳、安全生产、环境保护专题会议4次。组织市安监、质监、消防、建设、环保等部门对企业进行安全生产大检查等4次,排查安全隐患30起,督促整改30起。调处劳资纠纷,针对矛盾纠纷按照每半月一排查,每季度一调处的原则,共调处劳资纠纷、矛盾纠纷200余起。破获偷盗案件4件,优化了园区环境。

(王　珊)

余江工业园区

【概述】2012年,余江县工业园区始终坚持“以产业为龙头,以项目为抓手,立足县情,主攻工业,做优做强县域经济”的发展思路,紧紧围绕县委、县政府工作部署,牢牢锁定全年工作目标任务,创新工作机制,狠抓落实,有效推进各项工作。全年完成主营业务收入168亿元,同比增长30%;完成外贸出口额8000万美元,增长53%;完成税收5.89亿元,增长18.2%;新增“六通一平”面积629亩,投入基础设施建设资金4152万元,工业用电量1.35亿千瓦小时,从业人员1.2万人。

【加大园区平台建设力度】1. 大力筹建物流产业园。物流产业园项目选址于县城出口处,东临昌溪河,南靠铁路,西抵铁路货场进出口大道,北至320国道,占地面积约70亩。物流园已完成土地评估,正处于挂牌出让阶段。2.精心打造雕刻创业园。雕刻创业园位于工业园区县城片,以320国道为界分为南、北两区,总用地面积160亩,南区占地110亩,北区占地50亩。北区已入驻5家企业,南区征地已全部结束,正在完善基础设施建设。3.实施园区扩园增容项目。园区扩园增容项目(虎山片区)选址于县城西大门出口处沪昆高速挂线两侧,天余肥料以北,南连320国道、浙赣铁路,北接沪昆高速,面积约6000亩。项目分二期实施,一期开发建设用地规模2.4平方千米,重点进行工业、物流建设。二期开发建设用地规模1.6平方千米,重点建设生产性服务业中心区。已征用土地450余亩,报批160亩,正在委托江西省城乡规划设计研究院进行控制性详规编制。

【开展“腾笼换鸟”专项清理整治】2012年,余江县工业园区对园区入驻企业开展了闲置土地闲置厂房“腾笼换鸟”专项清理整治行动。通过“割、换、收”等一系列强有力的措施,进一步加大了对园区闲置土地的清理和盘活力度,遏制了土地闲置、低水平重复建设等不良现象。亚菲达铜业厂区后40亩土地正在平整,耐乐喷墨(95亩)已与浙江邦仁康医药科技有限公司签订资产转让框架协议,完成九龙玉珠(42亩)整体资产的转让,并入驻荣恒塑业。

【主攻项目】一是结合产业建设,精心包装了生态工业园信息平台、雕刻小微企业创业园、省级产业集群、环保型节能灯、多晶硅、内螺纹铜管、铜合金及隐形眼镜等项目。二是结合招商引资,实施了一批新、扩、改项目。2012年,园区共实施新建、技改续建等各类项目共计36个,其中建成投产18家,主要有金泰新能源(二期)、富臻科技、凯达利泡棉、丰利剪刀、阳光画桥分厂、正邦科技、佳佳福淀粉等;新增开工项目18个,主要有信江家具、鑫勇科技、荣恒塑业、耀扬眼镜等;新增签约项目15个,主要有绿源米业、泰康药业等;新增技改、升级项目8个,主要有阳光投资3600万元建设全自动插件贴片生产车间项目、鑫宏不锈钢扩建项目、亨得利金属追加投资1600万元进行扩产改造项目等。

【立足服务】立足协调服务,结合“集中整治影响发展环境干部作风突出问题”活动,不断优化企业发展环境。一是为阳光等规模产能较大企业搞好用工服务,2012年为阳光招工1200余人;二是认真做好同诚铜管各项包装服务和规范管理,力争耐乐生产基地逐步内移;三是切实加大了金泰新能源、宝龙工艺品、亨得利光学、建鑫铜业等企业扶持力度,不断促进其上规模、上档次、上水平;四是拓宽融资渠道,改善融资环境。全力争取各级政府资金和金融资金资助,用足用活国家、省市扶持政策和各类专项资金;五是涉及征地、拆迁、补偿、企业劳资纠纷等重大敏感问题,园区领导都亲力亲为,尽量把矛盾化解,确保了企业正常运转。

【重点产业发展现状】铜加工产业。余江县积极策应“铜都”建设,积极打造产业基地,铜产业得到了迅猛发展。铜材加工产业基地1200亩已实现“六通一平”,同诚铜管、超华实业、天洁门业、亚菲达铜业等9家金属加工企业落户其中。是江西省铜加工行业中铜管、铜带等产品相对集中、工艺技术较为先进,具有一定特色和专长的铜加工基地。眼镜制造产业。眼镜产业基地坐落在中童镇,规划面积5平方公里。这是一个依托传统产业优势,巧借“眼镜之乡”这块金字招牌而精心搭建的专业化程度高,企业聚集度高,产品关联度高的特色产业平台,是江西省唯一被冠名为“江西省眼镜产业基地”的省级工业开发区。2012年年底共入驻眼镜生产加工企业70余家。微型元件产业。微型元件产业基地位于锦江镇,总面积1500亩,共有微型元件企业100余家,产品涵盖光纤通信连接件、航空传感器壳体系列元件、精密冲压件、精密光学镜片等五大系近万个品种。2002年被江西省经贸委等八部门认定为江西省最大的微型元件生产基地,成为全国三大微型元件生产基地之一。循环经济产业。循环经济产业基地坐落在潢溪镇,规划面积3000亩,现已完成征地1700亩。先后被中国再生资源回收利用协会和江西省供销合作社分别授予“中国·余江再生资源示范市场”和“江西省供销社(余江)再生资源产业基地”称号。2012年,循环经济基地入驻企业10家。雕刻产业。余江素有“雕刻之乡”的美誉,形成了木雕、根雕、铜雕、玉雕四大支柱产业,其中佛檀、佛龛、佛具等木雕产品的产量和出口额均居全国首位。拥有大小雕刻企业几百家,同时雕刻创业示范街、雕刻创业基地平台建设得以强势推进。在工业园区县城片建设雕刻创业基地,规划面积160亩,已入驻企业21家。在县城交通东路南、北两侧建设一条集生产、贸易、旅游、展览为一体的雕刻专业市场,项目总用地面积约70亩。2012年余江县雕刻创业示范街被江西省人力资源和社会保障厅正式冠名为江西省雕刻创业示范街。绿色照明产业。园区依托鹰潭阳光,大力发展照明灯具产业,推进绿色照明产业基地建设。基地位于园区县城片南新区320国道和沪昆高速余江连接线东南角,规划占地800亩。现已引进节能灯生产及配套项目34个,已投产企业24家,在建项目10个。

(胡明娥)

鹰潭市“1+6”产业重大项目集中开工仪式

(鹰潭高新技术产业园区供稿)

农业 · 林业 · 水利

编辑、校对：王新勤

农业

【概述】 2012年，全市各级农业部门坚持以科学发展观统领全局，以粮食增产、农民增收、农业增效为目标，积极发展现代农业，克服了异常天气、主要病虫害偏重发生等不利因素影响，实现了农业经济稳中快进，呈现良好发展态势，为建设"富裕、秀美、和谐、宜居鹰潭"，实现全市科学发展、进位赶超、绿色崛起做出了新的贡献。2012年全市农业增加值39.5亿元，增长3.5%，农民人均收入达8802元，增长15.5%。

【粮食生产】 大力实施粮食稳产增产十大行动，全市粮食种植面积178.4万亩，增加3.5万亩，其中水稻种植面积165万亩，与2011年基本持平。水稻良种覆盖率稳定在98%以上，主导品种推广面积84%以上。全年粮食总产6.78亿千克，比2011年增加2300万千克，增长3.6%，粮食生产实现"九连丰"。一是全面落实惠农政策。全市通过一卡通系统发放良种补贴、直接补贴、农资综合补贴1.32亿元；全市完成中央补贴资金1714.65万元，完成省财政资金11.85万元。二是开展了贵溪鸿塘畈、余江平定畈两个2万亩现代农业示范区建设，整合建设资金1亿元，兴建高标准农田4万亩。启动了鹰潭市白鹤湖现代农业示范区筹建工作。三是全面推广高产高效配套技术。"多用一斤种、增收百斤粮"综合集成技术推广面积120万亩，推广超级稻生产面积7.5万亩。全市水稻免耕、有盘和无盘抛秧技术、双季稻高产高效技术、一季稻超高产栽培技术等轻型节本高效技术推广面积达68万亩。四是狠抓高产创建示范。全市实施了17个万亩粮油高产创建示范片，粮食高产创建活动共涉及农户2.55万户，示范面积达12.3万亩，辐射面积达30多万亩。五是狠抓落实现代农业水稻新品种展示和水稻(早、晚稻)新品种预试。全市现代农业水稻新品种展示项目在各县(市、区)实施，共24个水稻新品种展示点，其中早稻、晚稻各12个点(贵溪市3个、余江县3个、月湖区3个、邓家埠水稻原种场3个)，面积各200余亩。六是深入推进测土配方施肥工作。全市实施测土配方施肥面积188万亩，争取国家农业部测土配方施肥专项资金95万元。全市测土配方施肥覆盖农户达29万户，取土化验3320个，建立测土配方施肥示范区37个。

【养殖业】 畜牧业生产克服了仔猪腹泻等疫情和饲养成本普遍上涨、产品价格下跌、人工费用大幅上涨的不利影响，保持较好发展态势。全年肉类总产1.24亿千克，增长1.1%，生猪存栏73万头，其中能繁母猪7.7万头，生猪出栏128.6万头，同比分别增长12.8%、1.5%和1%；牛存栏7.3万头，牛出栏3.3万头，同比分别下降1%和0.5%；羊存栏0.9万只，羊出栏1.7万只，同比分别增长1%和下降0.42%；家禽存栏503万羽、家禽出栏1050万羽、禽蛋产量2000万千克，同比分别增长1.2%、6.5%和1.1%；兔存栏13.36万只、兔出栏19.97万只，同比分别增长14.38%和8.8 %；规模养殖成为畜禽生产的主导。全市畜禽规模养殖场(户)514个，其中生猪规模养殖场（户）达到447个，猪、禽规模养殖比重分别达到83%和75%，均比2011年增长3个百分点。出栏500头以上的规模养猪场出栏数已占到全市出栏数的68%。防重工作保持了连续7年清净无疫，没有发生一起畜产品质量安全事故。全市水产养殖面积11.4万亩，同比增长2.65%，水产品产量达4790万千克，同比增长4.7%，其中特种水产总产1400万千克。全市有现代渔业示范点有5个、健康养殖示范场11家、全国休闲渔业示范基地1家、省级休闲渔业基地1家，水产业省级龙头企业实现零的突破。特种养殖户达160余户，2012年全市新增水产企业13家，新增渔业合作社10家，以鳜鱼、泥鳅、棘胸蛙、黄鳝、小龙虾、湘云鲫、黄颡鱼、大鳍鳠、欧洲丁鲹为主的特种水产业蓬勃发展。

1. 狠抓了畜禽良种繁育体系建设。余江县获国家生猪良种补贴项目120万元资金扶持,重点用于生猪人工授精技术推广。全市种猪场达到13家、种禽场2家,种牛场1家,建设生猪改良站点68个(其中:人工授精站点3个)。全年共引进良种公母猪6600头,良种肉牛260头,家禽2.5万套,全市基础种猪存栏超万头,基础种禽存栏3万余套。

2. 大力推进畜禽养殖标准化示范创建。2012年争取生猪标准化项目11个(含邓原4个),投资580万元。申报2013年省级储备项目初审通过11个(含邓原3个),项目计划投资560万元。余江县继续获国家生猪调出大县奖励资金591万元。组织申报农业部和全省标准化养殖示范基地5个,其中有2个已列入菜篮子项目。余江县翔鑫牧业有限公司在10月份已通过部级标准化示范创建专家组验收。

3. 全面推进畜禽清洁生产。对第二批需达标的173家养殖场狠抓了改造工作,同时,通过采用建造沼气池厌氧发酵,改造排污管道,实行雨污分流,建造猪粪发酵棚对猪粪干湿分离集中发酵等技术已完成粪污治理改造。

4. 大力推进畜牧业产业化。2012年畜产品加工龙头企业发展到4家,种畜禽场15家;年出栏500头以上生猪规模化养殖场(大户)快速发展到447户,存笼500羽以上的蛋用家禽规模化养殖场(大户)105户,出笼2000羽以上的肉用家禽规模化养殖场(大户)481户;养殖示范村、养殖小区建设稳步发展,示范村12个,标准化规模养猪场(小区、合作社)37个,家禽养殖场(小区、合作社)25个,养牛场(小区)6个。

5. 大力发展现代渔业。按照“优结构、转方式、增效益”总体要求,大力推广了低成本养殖、网箱养殖、配合饲料精养、草鱼免疫、中草药防治鱼病、稻田生态养殖、健康养殖池塘、河港生态修复等实用技术,在欧洲丁鲹规模化繁育及大鳍鳠人工繁育技术方面有较大进展。“泸溪河大鳍鳠资源保护与驯养繁殖技术研究”获得江西省科技成果。渔业发展方式较大转变,健康养殖生态养殖、无公害生产蔚然成风,渔业科技贡献率达56%。

【经济作物】全市的水果总产达到5500万千克,创历史新高,果品销售形势为历年最好年份之一。葡萄产业快速发展,种植面积超过5000亩;蔬菜播面突破20万亩,总产达到2.2亿千克,形成了贵溪市雷溪乡,余江县锦江镇、杨溪乡,月湖区童家镇,信江新区夏埠乡的万亩蔬菜商品供应基地。茶叶生产快速崛起,围绕武夷山脉和怀玉山脉形成了数个连片千亩的白茶基地,品牌茶、有机茶成为各地竞相打造的典范。全市形成了“塔桥蜜梨”“塔桥蜜橘”“小英葡萄”“灌田杨梅”“龙山白茶”“龙虎山板栗”以及“雷溪蔬菜”等一批特色产品。

【科技兴农】一是组织开展了春季农业送科技下乡活动。在贵溪市鸿塘镇开展了送科技下乡和农业科技促进年活动启动仪式。启动仪式结束后,市、县两级农业部门立即行动起来,组织了300多名市、县、乡农技干部,组成60个科技小分队,集中开展了20天的科技下乡服务。其中市农业局组织了10个农业技术服务小分队到县、乡、村开展春耕备耕送科技下乡服务活动,活动中发放农业技术明白纸1万多份,技术挂图2000多份,技术手册5000多本,技术光盘3000多张,早稻良种2000多斤,种子包衣剂100箱,投入经费5万元。二是组织开展了科技培训。全市共举办农业科技培训20期,培训农民2000余人,发放科技书籍3000余册。

【农业机械化】全市农业机械总动力达到87.1万千瓦,增加7万千瓦,年增长8%。全年完成机耕作业面积178万亩,其中水稻机耕作业面积145.5万亩,占水稻总面积的88.1%;水稻机插面积10.73万亩,占水稻总面积的6.5%;完成水稻机收作业面积127.5万亩,占水稻收获总面积的77.2%。水稻耕种收综合机械化水平达57.3%。

【农业产业化】农业产业化龙头企业数量大幅增加:市级龙头企业达到125家,新增23家;省级龙头企业达到31家,新增5家。龙头企业实力明显增强,市级龙头企业资产平均1530万元,其中省级龙头企业资产平均5553元,而华鑫牧业资产达到2.1亿元。产销能力明显提升,2012年市级农业产业化龙头企业销售收入达到52亿元,比2011年增长20%。农民专业合作社新发展75户以上,比2011年增长15%以上,达到577家。

认真开展了省级龙头企业的监测申报和市级龙头企业的监测认定工作,组织了6家龙头企业负责人参加了全省龙头企业培训班,认真开展了2011年农业产业化项目绩效考评工作。品牌建设成效显著,鹰南贡米2012年喜获中国驰名商标,也是全市第3件中国驰名商标。农产品加工业发展加快,江西省鹰潭市佳佳福淀粉有限公司投资1亿多元的年产3000万千克木薯淀粉加工项目即将竣工投产,江西金林香料二期工程已经开工建设。农民专业合作社发展逐步加快。开展了农民专业合作社法律法规的宣传和省级示范社考评,组织了5家农民专业合作社参加了江西省农民专业合作社联合会组织的农超对接大会。组织了2家合作社参加第五届中国绿色食品博览会农超对接项目签约。组织了2家合作社全国示范社评选,1家合作社被评为全国示范社。组织开展了2011年农民专业合作社财政扶持项目总结工作。在余江县组织开展了合作社负责人及财务人员培训活动。组织开展了省财政扶持合作社项目申报工作，向省农业厅、财政厅申报了6家合作社。

【农产品质量安全】一是落实了农产品质量安全责任制。与各县(市、区)农业局签订了农产品质量安全责任状,将农产品质量安全监管的各项任务分解落实到县(市、区)。二是开展了无公害农产品认证。全市有5家企业通过现场检查,6个产品获得无公害农产品认证,无公害农产品认证工作保持了良好发展势头。三是加强了农产品质量安全检测。配合农业部抽检样品500个、开展了省农业厅对全市农产品例行监测工作，共抽检样品472个，产品覆盖种植业和养殖业;因地制宜开展了快速检测工作，1月份以来各县(市、区)农业部门加强了对瘦肉精、蔬菜水果农药残留等的监测，共检测各类样品4842余批次,合格率97%以上。加快了农产品质量安全检验检测体系建设。余江县已获批2012年县级农产品检验检测站建设项目,已下达中央预算内投资计划。四是扎实开展畜产品质量安全专项整治工作。在全市范围内开展了声势浩大的生猪养殖环节瘦肉精专项监督抽检行动,对生猪规模饲养场进行拉网式排查。全市共筹集资金4.5万元,购买瘦肉精快速检测卡2000余份，对350个生猪规模饲养场抽检尿样420份进行瘦肉精快速检测,没有发现阳性尿样。同时还与生猪养殖户签订畜产品安全承诺书550份。加强饲料兽药市场执法检查。全市共出动执法人员210人次,检查了饲料加工点36个、兽药经营店21家，抽检代加工及自配饲料样10批次,兽药样品12个,下发整改通知书15份。

【农资市场整治】加大了农资市场打假专项整治活动,进行了以复混肥、复合肥、磷肥为重点的检查,共检查肥料品种35个，抽样产品11个,对其中不合格的2个产品进行了封存,发出整改通知书2份。积极开展了种子执法年活动,对全市种子市场进行联合执法专项检查。检查了全市28个销售以销售水稻种子为主的种子销售点。共查处没收无经营许可证、生产许可证和种子包装及标签不规范、经营散装种子60千克，未审先推种子25千克。全市各涉农有关部门共开展35次集中打假活动,规范了农资经营市场,杜绝了假农资坑农害农的现象发生。

【阳光工程】一是严格认定培训基地。全年共认定了14家培训学校,其中推广机构2家、专业合作社1家。二是努力加强项目监管。各地按照阳光工程实施管理办法的要求制定了监管方案,同各培训基地签订了责任书,做到了阳光工程实行阳光操作。要求每个培训基地建立公示制度,向参训农民公示阳光工程政策、培训专业、培训时间、收费标准、政府补贴标准等内容。市、县阳光办多次到培训基地进行学员的教学质量考核考察,了解阳光工程学员对培训基地的反应,严把每一个环节,规范操作,规范建档。三是积极加强培训师资队伍的建设。师资队伍的建设遵循以县为主、分级负责、分类设置、全员聘用、资源共享的原则,采取项目县申报推荐,设区市审核,省级审查、备案、公示的程序进行。四是广泛宣传,积极动员。各培训基地充分发挥先进典型的引领和带动作用,通过利用广播、张贴挂图、发放宣传资料等多种形式开展宣传工作，提高了农民参与培训的积极性，为做好工作创造了良好的条件。2012年共完成阳光工程培训任务6250名。

【垦区危房改造】2012年危房改造2377户,开工2377户,开工率100%。

【减轻农民负担】一是重点开展了涉农乱收费等农民负担问题专项治理,各县(市、区)认真开展了涉农乱收费等农民负担问题自查自纠工作;市农业局多次深入农村一线,采取听汇报、进农户、查资料等明察暗访等形式，加强了督查工作;认真做好了省政府对全市开展的涉农乱收费等农民负担问题专项治理的督查和抽查验收工作,农民负担形势总体良好。二是开展了农村“三资”管理工作的检查指导,认真做好了农业部农经司高康处长一行到鹰潭市开展的农村集体财务管理专项调研工作;组织开展了全国农村集体财务管理规范化示范单位“回头看”检查调研工作。在市纪委的高度重视和大力支持下,建立了市、县、乡三级全市农村“三资”管理信息化平台,建立了农村集体资金管理制度、农村集体资产管理制度、农村集体资源管理制度等一系列规章制度,促进了“三资”监管工作规范化、制度化。各乡镇依托镇(办)会计核算中心,搭建以“一个监管中心,三个分中心”为主体的监管平台,构建“一网”(“三资”监管网络)信息化建设,建立了乡镇“三资”计算机操作平台、市县乡镇“三资”计算机监管平台,实现了对“三资”运行情况的实时查询、实时分析和实时监管。三是开展了农村土地规范化服务试点工作,组织推荐了2个乡镇参加全省农村土地规范化服务试点乡镇评选活动。认真接待了群众农村土地承包纠纷来访。2012年全市农村土地流转面积17万亩，占全市家庭承包耕地总面积88万亩的19%。

【动物疫病防控】狠抓动物疫病防控，市本级安排了高致病性禽流感配套经费69万元,防控工作经费15万元、监测经费5万元并列入市财政预算并拨付到位；储备消毒药2000千克、防护服600套。全市全年共发放禽流感疫苗1420万毫升、牛羊口蹄疫疫苗48万毫升、猪口蹄疫疫苗230万毫升、猪蓝耳病灭活苗80

万毫升、猪蓝耳病活苗160万头份、猪瘟脾淋苗240万头份、禽—新重组二联苗800万羽份。全市共免疫猪142.53万头,牛7.1万头,羊0.8万头,家禽660万余羽;全市所有畜禽做到了应免尽免,免疫密度达到100%。免疫抗体水平均达到95%以上,远远高于农业部规定的标准。全市全年无重大动物疫情发生。

【植物病虫害防治】做好植物病虫害防治工作,大力实施绿色植保农药减量推广行动,大力推广高效安全友好农药及科学用药技术,氟虫双酰胺、氯虫苯甲酰胺、吡蚜酮等高效安全友好农药及科学用药技术应用面积约110.45万亩次,"三生三诱"非化学绿色植保技术示范面积39.6万亩次,实现了化学农药用量减少12%的目标。积极推进标准化专业防治示范行动,全市专业防治组织数量、防治规模、服务能力,管理水平明显提高。全市农作物病虫害专业防治组织数量达89个,同比增加近一倍,其中标准化专业防治组织为9个,同比增加近一倍,专业防治组织服务面积达到68万亩,其中全程承包服务面积4.7万亩,同比增加2.2倍。实现虫口夺粮8800万千克。

【开放型农业】积极组织参加了第八届江西名优农产品(上海)展示展销会,鹰潭市农业局荣获最佳组织奖。积极争取项目资金1.5亿元,增长20%。全面完成了招商引资任务。

(胡鹏浩)

【市农业局副县级以上干部名录】

局长:黄占共

党组书记:毛建和

畜牧局局长:俞乾坤

副局长:盛辉明　刘长金　张火炎

纪检组长:孙　华

党组成员:张秋德

林业

【概述】2012年,鹰潭市林业局在市委、市政府正确领导下,以建设富裕秀美宜居和谐新鹰潭为目标,坚持以科学发展观为统领,主动融入、认真履职、积极作为,深入开展造林绿化,切实加强森林资源保护,稳妥推进国有林场改革,大力发展林业产业,各项工作稳步推进,林业建设迈上了新台阶。阳际峰自然保护区成功晋升国家级自然保护区;鹰潭市获2011—2012年度全省森林防火目标考核二等奖和"春季平安市"称号;森林保险在全省率先实现了全覆盖;国有林场改革首创的"双圳模式"在全省推广;国有林场危旧房改造进度列全省第一位;局驻市行政服务中心办证窗口连续12年荣获市政府授予"最佳服务窗口"称号;综合治理工作连年荣获省、市、区先进。

【林业改革】一是林权交易运行机制逐步规范。积极开展林权交易中心清理整顿,进一步规范交易中心各项工作,交易规则和程序进一步完善。各县(市、区)林业局网站实现了与南方林业交易所对接,所有林权交易人员均加入南方林业产权交易所QQ群,实现了网络交易信息化。二是林权抵押、森林保险流转成效显著。全市林权抵押新增41起,新增贷款1550万元,贷款累计达9554万元。森林流转0.26万亩,累计流转11.6万亩,全年共调查林权登记26起,重新审核发放林权证26本。成立森林保险协调领导小组,森林保险推进力度大,使全市森林全部参加森林保险,保险面积309万亩,参保率达100%。落实"一事一议"中央、地方财政奖补资金196.3万元,涉及村组1500个。三是国有林场改革和危旧房改造取得实效。在全省率先上报县(市、区)国有林场改革实施方案,贵溪市国有林场改革经验被作为全省先进刊登在《中国绿色时报》上,"双圳模式"被省林业厅作为典范在全省推广。贵溪市和龙虎山管委会基本完成主体改革任务,余江县改革工作有序开展。市改革领导小组办公室正全力组织人员开展督促检查,指导做好改革资金的筹措、清产核资、转换经营机制等工作,大力宣传省、市各项改革政策和典型经验,全市国有林场主体改革在2012年年底基本完成。2010年全市974户危旧房改造项目在2012年年初已全部竣工验收并入住;2011年1218户危旧房改造项目,2012年已全面开工,竣工793户,竣工率65.1%;2012年余江县塘潮源林场的5户也已全部开工,主体工程已完成90%,2013年年底全部竣工。

【造林绿化】造林任务超额完成。2012年,完成造林5.86万亩,占省下达任务的113.4%。其中,完成山上造林3.62万亩,占省下达任务的113.1%;完成山下造林2.24万亩,占省下达任务的113.7%。高速公路通道绿化实现全覆盖。重点打造了济广高速与沪昆高速互通口至金溪段及龙虎山连接线通道绿化精品工程,总里程28.3千米(其中高速公路23.5千米、连接线4.8千米),在通道两侧各20米,前两排栽种胸径8厘米以上的全冠阔叶树、后五排栽种胸径6厘米以上的全冠阔叶树,圆满完成省里下达的工作任务。同时,对往年打造的沪昆高速、济广高速(总里程65.34千米)通道绿化进行了补植和提升,确保鹰潭市境内高速公路绿化全覆盖。城乡绿化快速发展。全市2012年共参加义务植树47.25万人次,完成义务植树303.21万株,义务植树尽责率达91.7%。市委、市政府筹资6000万元,高标准做好了滨江公园、鹰西大道、龙虎山大道、鹰南大道、320国道南站交叉口、信江风光带等绿化景观。贵溪市重点打造了鹰雄大道、贵溪大道、沪昆高速贵溪连接线以及冶金大道贵化段等城市主干道，充分利用路边空地，运用添花、添彩、添景等手段，见缝插绿，做成休闲广场、景观造型、园林小区；余江县重点打造了白塔河湿地公园绿化提升和城南大桥桥头段绿化精品工程；龙虎山重点做好了游客中心、正一观、桃花洲等景点绿化提升。“森林十创”活动有声有色。各地采取多种形式开展单位庭院、居民小区和公共绿地的绿化，全市“森林十创”活动丰富多彩。贵溪市打造了一批质量优、品位高、效果好的精品、亮点绿化工程。余江县着力对白塔西路、校园路等街道绿化进行了改造提升，新建提升了同乐园、文化广场、体育公园、中洲梅园等市民休闲广场，补栽了高大乔木，清除了城区绿化死角。月湖区筛选出一批条件好的单位，对其查漏补缺、重点打造，绿化档次和品味大幅提升，建成了一批“森林十创”先进单位。龙虎山景区加大对农村村庄绿化美化支持力度，投资20万元购置绿化苗木用于村庄绿化。鹰潭高新技术产业园区采取以奖代补的形式，引导驻园企业和单位积极创建“森林单位”。

【资源管护】一是加强打击违法犯罪活动。对集贸市场、餐饮业等开展为期5个月的“野生动植物保护专项整治行动”，依法严厉打击破坏野生动植物资源的违法犯罪活动，查获非法经营的环颈雉、华南兔、斑鸠等野生动物1000余只(羽)。查处林业行政案件1023起，收缴木材1010.73立方米。森林刑事案件立案57起、查处率100%，移送起诉40起，刑拘40人、批捕23人、治安拘留3人；查处森林火灾案件7起，案件侦破率为100%、犯罪嫌疑人到案率100%，有效遏制各类破坏森林资源现象。二是加强林木采伐管理。坚持了林木采伐管理计划备案制、林木采伐指标按林龄大小排序分配机制、林木采伐两榜公示制度，全面推行了林木采伐管理许可证和木材运输网上办证制度，实现了林木采伐管理阳光操作和方便林农的工作目标。组织开展了森林采伐限额执行情况检查，检查采用县(市、区)反查和市局抽查的方式进行，县(市、区)伐区检查率达100%，有效堵住源头乱砍滥伐的发生。三是加强公益林和林地管理。组织开展县(市、区)边界地区接界处重复区划公益林的处置调整工作，先后十余次与跨市县(市、区)进行对图协调，召开相关协调会议工作，全面解决公益林区划重复问题，并及时完善了公益林区划界定和禁伐协议鉴定工作。全市投资20余万元，新建公益林宣传墙、牌30余个，扩大了公益林宣传覆盖面。探索开展了公益林联合统一护林途径。龙虎山景区采取林业局统一聘任护林员，集中管理的方式，使公益林管护得到加强。贵溪、余江建立护林员考核制度，强化了护林绩效。严格推行定额使用申报卡制度，强化资质单位现场查验，定额管理执行良好。2012年审核林地征占用项目12个，使用林地65.21公顷，征缴森林植被恢复费419.43万元，每平方米征收森林植被恢复费标准达6.43元。四是认真做好信访答复工作。建立信访答复工作制度，积极开展涉林纠纷信访调解工作，完成信访调查和答复4起。2012年荣获市委、市政府授予全市信访工作先进单位荣誉称号，切实维护了一方稳定。五是加强自然保护区建设。2012年2月份，鹰潭市阳际峰自然保护区成功晋升国家级自然保护区，贵溪市双圳省级森林公园经省人民政府批复成立；编制了全市重要森林风景资源调查报告；圆满完成全市湿地调查，经核实全市湿地面积达到17.85万亩。

【“两防”工作】一是抓严防火工作。全市逐步完善投入机制、督导机制、预警机制，加快基础设施、扑火队伍、防火办达标建设，2012年，全市森林火灾发生继续呈下降趋势，未发生大的森林火灾，未发生森林火灾伤亡事故。森林火灾发生率、受害率、控制率、查处率等“四率”全面达标。二是抓实防虫工作。2012年，全市无成灾面积，成灾率为0；各种病虫害发生面积6.85万亩，发生率为2.51%；防治面积5.64万亩，防治率达83.5%，无公害防治率为100%；预测病虫害发生准确率为85.62%；种苗产地检疫率为100%；森林病虫害监测覆盖率98.5%；全面完成了省林业厅下达的森防目标管理各项指标。

【林业产业壮大】一是苗木花卉产业发展迅速。2012年，鹰潭市紧紧抓住省委、省政府高度重视贵冶周边环境污染治理工作的契机，以贵冶周边绿化苗木基地建设为龙头，带动贵溪和贵农林开发公司、江西嘉莱富农业开发有限公司等企业在雷溪、塘湾、三县岭等地建设苗木花卉基地。据统计，2012年全市新增苗木花卉基地近万亩，全市苗木花卉基地面积达3万余亩。贵冶周边苗木花卉基地建设得到省委、省政府领导的高度赞扬。二是林业特色产业规模不断壮大。从鹰潭市实际出发，重点发展油茶、白茶、毛竹、雷竹、石蛙、蛇类、梅花鹿等林业特色产业，扩大规模，壮大经济。据统计，2012年，全市新增油茶面积6100亩、白茶面积2000亩、野生动植物培育利用企业10家、总数达67家。龙虎山泉源石蛙养殖场被财政部、中国科协评为全国科普示范基地。三是林下经济发展有了良好开端。2012年6月，鹰潭市政府出台了《关于大力推进林下经济发展的实施意见》，提出大力发展“一苗、二茶、二竹、三养、三游”的“12233”工程，力争到2015年，全市林下经济发展面积达到50万亩以上，林下经济综合产值达到10亿元以上，农民人均增收600元以上。该实施意见得到省林业厅的充分肯定，并转发至各设区市林业局学习借鉴。四是积极开展项目申报。申报了防护林、退耕还林、生态公益林、国有林场危旧房改造、阳际峰国家级自然保护区基础设施建设、林区公路改造、有害生物防治、国家重点火险区综合治理二期工程等项目,累计向上新争林业项目资金5234.8万元。

【开展科教兴林】举办了第一期松脂采集培训班,邀请了省森工局专家到场讲课;举办了全市笋用竹丰产栽培技术培训班,江西农大、中南林业科技大学有关领导和专家到场授课;与贵溪市绿源林特产有限公司、贵溪市双圳林场共同实施的市重点计划项目"轻基质网袋容器育苗试验示范技术"通过了鹰潭市科技局组织的科技成果鉴定,并获得了2012年度鹰潭市科学技术进步三等奖;市林科所实施的"珍稀乡土树种繁育基地建设项目"进展顺利,培育的桂花、大叶樟树、棱角山矾等珍稀苗木长势良好。

【自身建设】一是组织实施各项主题活动。深入开展"集中整治影响发展环境的干部作风突出问题""以治庸提能力、以治懒增效率、以治散正风气""建设廉政文化、共创和谐林业"等主题教育活动,做到了规定动作有板有眼、不折不扣;自选动作有声有色,不落俗套。二是深入开展党建标准化项目建设。制定下发《鹰潭市林业局党建标准化项目建设的实施方案》。建立了"一把手"负总责、分管领导具体抓,班子成员配合抓的机关党建工作领导机制。建立了机关党建工作调度推进机制。局党组每年至少听取两次机关党建工作汇报,每季度讨论、研究一次机关党建工作;分管领导每月至少调度一次机关党建工作。把机关党建工作纳入"一把手"工作述职内容,做到与业务工作同部署、同检查、同考核、同评比。实现了办公场所、党员活动室、宣传阵地、党建资料建设、发展党员、党组织选举、党员管理、党建目标考核八个标准化。三是不断规范机关内部管理。对局机关所属6个事业科室进行账户清查,严格规范收支管理。市本级财务积极组织实施国库集中支付改革,实现了在财政应用支撑平台中统一拨付财政性资金。

(冯剑锋)

【市林业局副县级以上干部名录】

市政协副主席、党组书记、局长:官金福
党组副书记、副局长:李惠蒙
党组成员、纪检组长:娄登安
党组成员、副局长:胡　斌　桂希民
党组成员、总工程师:夏先华
党组成员、副调研员:谢万进
副调研员:孙　勇　周森发
市森林公安局局长:杨　烨
市森林公安局政委:胡云平

水利

【概述】2012年,在市委、市政府的正确领导下,在省水利厅的支持下,市水利局深入贯彻落实中央、省、市关于加快水利改革发展的重大决策部署,紧紧围绕市委、市政府"主攻项目,决战三区,凸出特色,实现跨越"的总体目标,扎实工作,开拓创新,各项水利工作取得了新的成绩,呈现良好的发展态势。

入汛以来,全市出现特殊的阴雨寡照天气,水雨情呈现"汛情早、雨量大、强降雨多"的鲜明特点。3月份就进入汛期,比往年提前一个月。至6月25日,全市累计降雨达1594毫米,比历年同期平均值多34%。其间,发生5次强降雨过程。特别是端午节期间,特大暴雨来袭,全市江河河水暴涨,信江、白塔河全线超警戒水位,所有中小型水库都在排洪、溢洪。6月25日,信江鹰潭站水位达到30.3米,超警戒线0.3米。洪涝灾害造成鹰潭市直接经济损失达2.04亿元,受灾人口23.37万人,农作物受淹面积4.48万公顷,损坏水利设施899处,引发地质灾害灾情3处,紧急转移群众762人。由于各级党委政府高度重视、亲历亲为,全市上下团结一心、顽强奋战,各部门密切配合、通力协作,防汛工作扎实到位、准备充分,2012年防汛工作实现了"五个确保"的防汛总目标,确保无人员伤亡、无重大损失、无重大险情。

【防汛抗洪】面对严峻的防汛形势,

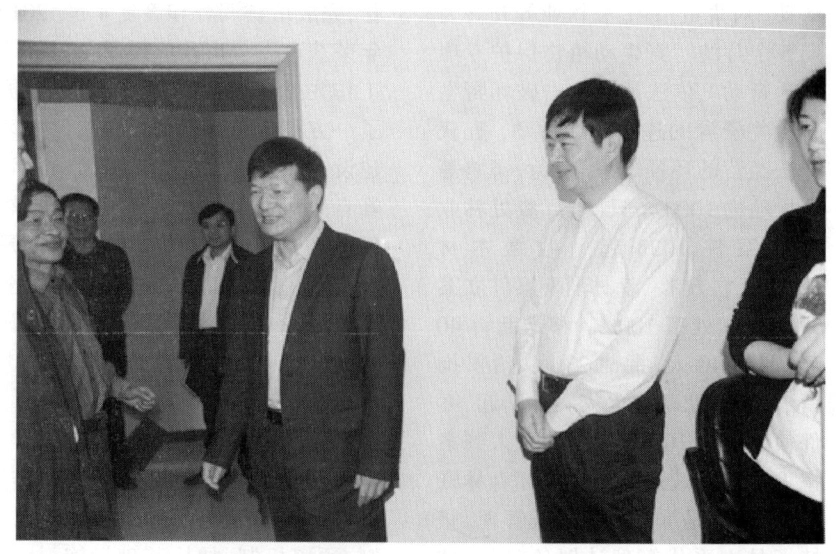

4月12日下午,市委书记陈兴超等市领导到市水利局指导工作

(市水利局供稿)

市委、市政府高度重视，端午节期间，市委书记陈兴超、市长钟志生、副市长李力亲临防汛指挥部，坐镇指挥调度，先后三次召开防汛会商会议，研判形势，制定应对措施。市委、市政府领导纷纷深入防汛一线检查指导防汛工作，各级党委政府及部门单位积极行动起来，投入抗洪斗争一线。省防汛总指挥部批准下达了中潢圩堤度汛方案，市防汛指挥部批准下达了界牌枢纽和中型水库及万亩圩堤度汛方案，各县防汛指挥部批准下达了小型水库和千亩圩堤度汛方案。全市投入防汛物资储备袋类142万条、土工布及编织布32.4万平方米、砂石料9.8万立方米、块石7.9万立方米、桩木310立方米、救生衣4400件、防汛救生舟(船)65艘、抢险工作灯900盏、发电机组102千瓦小时。共开展了7次防汛大检查，针对检查中发现的问题，形成了通报和下发了整改通知，督促各地限时整改。加强市民兵机动营和应急救生队伍建设管理，成立了市防汛抢险救援突击队。市防汛指挥部和鹰潭军分区先后在余江县洪湖水库、月湖区土桥圩组织开展了防汛救援、抢险综合演练。同时举办了全市乡镇防汛指挥长培训班，培训考核全市小型水库安全管理员。认真做好小型水库"四保障"工作，抓好小型水库上坝公路、管理房、现场备料、降低溢洪道等四项防汛保障措施，全面完成工作任务。

【工程建设与改造】2012年，全市新增和恢复灌溉面积1.3万亩，改善灌溉面积16.28万亩，治理水土流失面积3.52万亩。全面完成余江县中潢圩堤防洪应急整治工程。进场施工夏埠防洪工程B标段项目，建设刘家、虎岭调蓄池。完成余江县马荃圩堤和贵溪市雷溪联圩防洪工程。实施贵溪市罗塘河出口段和龙虎山景区防洪工程。开工建设洪湖中型水库除险加固工程。完成16座小（一）型和24座中央重点小(二)型水库除险加固工程。实施全市70座小(二)型病险水库除险加固工程。全面完成余江县和贵溪市2011年度小农水重点县建设任务，开工建设贵溪市2012年项目，余江县小农水重点县建设三年任务全面完成，并通过了省级竣工总验收。全面完成贵溪市农业综合开发白庙灌区节水配套改造工程，并通过省级竣工验收。基本完成余江县农业综合开发锦北灌区节水配套改造工程主体工程。实施2012年度农村饮水安全项目，兴建9处集中供水工程，解决农村饮水不安全人口11.5万人。

【工程管理与质量监督】严格工程建设管理制度。健全完善水利工程建设管理制度，实行建设项目所在地政府、部门、项目法人、设计、施工、监理六位一体责任制，修订出台《关于严格在建水利工程建设管理的规定》。进一步健全完善质量管理体系，建立质量检查"飞检"制度和月巡查制度。强化工程建设监管。开展在建工程现场督查34次，召开调度会议12次，通报各类工程建设进展情况12次，约谈参建各方4次。整顿全市水利建设市场，规范市场秩序，查处违规施工企业32家。强化安全生产责任。出台了《关于建立全市水利工程建设项目安全生产责任制的通知》，下发了《鹰潭市2012年度县(市、区)水利(水务)局安全生产工作考核办法》和《鹰潭市水利局2012年安全生产工作计划》，签订鹰潭市水利系统安全生产责任书，组织开展全市汛期水利安全生产和农村水电安全生产大检查以及水利行业安全生产打非治违专项整治活动，抓好节日期间安全生产工作，做好安全生产宣传月活动。全市水利行业安全生产无事故。

【水利项目与资金】2012年全市实施水利项目127个，共争取中央、省级水利建设项目资金4.2亿元。

【水利规划与前期工作】依据中央、省、市有关水利的重大决策部署，结合实际，修编《鹰潭市"十二五"水利项目手册》，以项目支撑规划，进一步完善规划项目手册，"十二五"期间水利规划项目共403项，总投资86亿元。花桥大型水库、鲁水坑中型水库和张公桥大型水闸先后进入了国家和省有关专项规划。花桥水库规划库容2.3亿立方米，估算投资10多亿元，主要是解决鹰潭、贵溪城市供水安全问题，是事关全市经济社会发展和改善民生的重大项目。全面完成贵溪市文坊镇集镇防洪工程、余江县城(东城区)防洪工程、月湖区双凤圩堤除险加固工程、白露镇防洪工程等中小河流治理项目初步设计审查及立项工作。加快全市254座小型病险水库除险加固前期工作进度，全面完成94座小(二)型病险水库除险加固初步设计编制及审查立项工作。完成白塔渠西渠进口闸、白露水闸初步设计编制及上报工作。完成贵溪市塘湾灌区、余江县锦北灌区高标准农田专项工程建设方案和标准文本编制工作。

【水资源管理】积极推进水资源管理体制改革。建立取水总量和纳污总量控制指标体系。出台了《鹰潭市水量分配细化方案》，将全市可用水量18.38亿立方米分配至县，到2015年全市用水总量不得突破14.38亿立方米。出台了《鹰潭市自备水源污水处理费征收管理办法》和《鹰潭市水资源总量控制管理办法》，编制了《鹰潭市水功能区纳污能力及限制排污总量意见》。加强重点取用水户的监督管理。开展水资源论证。长江委组织审查贵溪电厂"以大代小"项目第二台600兆瓦机组水资源论证报告，开展了泗沥、金屯、志光、周坊四个乡镇集中供水工程水资源论证报告。坚持依法审批发证。全市取水许可审批和发证率均达到100%。加强水资源费的征缴。严格执行《江西省水资源费征收管理办法》规定,积极配合省水政监察总队征收贵溪市电厂水资源费。从严审批入河排污口,全市没有新增一处入河排污口。加强全市重要饮用水源地水质水量监测。定期向社会发布公报,全年共发布30次。

【水土保持】为加大新修订的《中华人民共和国水土保持法》贯彻力度,从2011年年底开始启动了市、县两级水土保持联合执法行动,下发了《关于对生产建设项目开展水土保持现场监督检查的预备通知》,组织全市水土保持监督执法人员对2007年以来市本级批复的生产建设项目开展了水土保持现场监督检查,已全面完成在建项目的检查。重点对生产建设项目编报水土保持方案、履行水土保持审批手续,缴纳水土保持规费,组织水土保持方案管理、落实水土保持措施情况、开展水土保持监测、监理工作情况,完善水土保持设施验收工作等进行督促检查。全力推动重点工程建设水土保持监督执法工作。城市工业园区、房地产开发是经济建设发展的重要领域,也是开发建设项目水土保持监督执法的工作难点,为有并效突破难点。对江西鹰潭节能照明产业基地、贵溪硫磷化工产业基地龙岗新区、余江县磨沥洲开发小区、恒大绿洲小区等开发面积特大、扰动破坏厉害、造成水土流失严重的重点工程建设项目认真调查摸底,做好前期准备工作,得到省水利厅水保监督站的大力支持,通过对以上项目进行现场检查,强有力地推动鹰潭市大中型开发建设项目水土保持工作。

【水利执法】进一步加大依法治水力度,将执法重点防在制止河道违章建设、违章采砂以及破坏、破损水利设施等违法行为方面,建立了良好的水事秩序。出台《鹰潭市河道采砂管理办法》,并开展河道执法检查活动。查处水事违法案件6起,下达"责令改正通知书"6份。协调处理信江余江段东溪采区退标和重新拍卖工作。

(吴 刚)

【市水利局副县级以上干部名录】

党组书记、局长:龚著宝

党组副书记、调研员:袁松林

党组成员、副局长:李宗旺 徐可喜 方洪海

党组成员、纪检组长:吴龙彪

党组成员、总工程师:黄志勇

党组成员、副调研员:周天生 吴小林

6月15日,市领导参加防汛抢险救援突击队成立大会

(市水利局供稿)

商贸与经济合作

编辑、校对:朱仕平

商务

【概述】2012 年, 全市商务系统干部职工在市委、市政府的正确领导下, 在省商务厅的精心指导下,深入贯彻落实科学发展观,紧紧围绕建设"富裕、秀美、宜居、和谐新鹰潭", 上下团结一致, 奋力开拓拼搏,全面推进了全市商务各项工作的发展。

【对外贸易】2012 年, 鹰潭市被海关总署评为全国外贸百强城市。据海关统计,2012 年, 鹰潭市实现外贸进出口总值 43.2 亿美元,同比下降 1.21 %。其中出口 8.9 亿美元,同比增长 32.70 %。新办对外贸易经营者备案登记 55 家, 新增出口企业 28 家, 新增出口额 2.9 亿美元。2012 年,市商务局主要从以下四个方面开展外贸工作:(1) 帮助企业拓市场抓订单。2012 年,共组织了 10 家企业参加广交会、上海紧固件专业展、第十二届制药原料中国展、广州国际照明展、亚洲食品配料展览会等国内展会,17 家企业参加澳大利亚国际工业制造周、拉斯维加斯汽配展、泰国国际食品展、国际化工医药原料贸易会等国外展会,14 家企业参加阿里巴巴、在线广交会等电子商务平台。(2)申报公共服务平台项目。2012 年,成功申报铜产业公共信息平台、眼镜产业公共技术研发平台、微型元件公共试验检测平台等 10 个平台项目, 积极培育铜产业公共检测平台、木雕产业国际孵化器平台、铜产业公共培训平台、铜产业公共交易平台等 14 个公共服务平台,为铜产业、眼镜产业、雕刻产业、节能灯产业、微型原件等重点和特色产业出口提供资金扶持。(3)引进流通型出口企业。2012 年,鹰潭市在鼓励生产企业扩大出口的同时,利用流通型企业的资源和市场优势,积极做好引进流通型企业出口工作。流通型企业完成出口 3.74 亿美元, 占全市外贸出口总额的 46.22 %。(4) 强化服务重点出口企业。2012 年, 根据 2011 年度外贸企业出口情况, 确定了 15 家重点出口企业。针对企业在经营过程中遇到的困难和问题,同省"百人服务团"一道成立了服务企业小组,由局主要领导任组长, 分管领导为副组长, 相关业务科室责任人为成员,对企业实行一企一策、一对一服务。

【对外经济】2012 年, 鹰潭市新批境外投资企业 2 家,累计实现中方协议投资额 2600 万美元, 对外直接投资额 3696.9 万美元,居全省第 3 位; 完成对外承包工程营业额 3251 万美元,居全省第 4 位,同比增长 180.91 %。主要工作如下:(1) 搭建企业"走出去"平台。2012 年,鹰潭市组织有意向的企业参加第九届中国—东盟博览会,第十六届中国(厦门)国际投资贸易洽谈会及赣企—央企项目对接会等活动,努力帮助企业寻找对外投资合作机会和项目。中国第四冶金建设有限责任公司和中电西南进出口公司在 "赣企—央企项目对接会"上签订了 "塞内加尔达喀尔西非之心项目"意向协议合同,合同金额约 10 亿元人民币。(2)助推眼镜产业"走出去"。2012 年,鹰潭市争取省商务厅将香港眼镜展列为重点支持展位,鹰潭市 11 家企业参展,吸引了意大利、俄罗斯、法国、日本等多个国家及中国台湾的眼球,累计达成合作意向新客户约 30 人次, 新签订单合同 3 个。

【国内贸易】2012 年, 鹰潭市城乡市场增速放缓。实现社会消费品零售总额 118 亿元,同比增长 14.3%,较 2011 年下降 3.2 个百分点,增幅居全省第 9 位。增速回落原因除受到国家经济增长总体放缓影响以外还有:(1)家电以旧换新、汽车下乡、汽车以旧换新等消费促进优惠政策相继退出,相关产品销售增长乏力,全市药品、五金、汽车、家电等商品销售均出现不同程度负增长。(2)农村市场服务体系不健全等问题制约消费增长。(3)国家再生资源政策扶持政策退出。全市再生资源经营企业商品销售额大幅下降, 仅上半年就有 13 家规模以上再生资源经营企业注销。(4)县区消费滞后。全市消费品市场主要集中在市区,贵溪市和余江县消费增长慢于月湖区。

为保持鹰潭市国内贸易增长态势,市商务局主要从以下五个方面开展工作:

1.继续落实搞活流通、扩大消费各项政策。(1)全年共销售家电下乡产品9.15万台,销售金额2.56亿元,发放补贴资金2723万元,清理整顿家电下乡销售网点,取缔了12家网点家电下乡经营资格,办理老旧汽车报废23辆,发放补助资金23.7万元;(2)全年共组织了100余家企业参加美国、香港、日本、广东、吉林、北京、上海展会,完成现场销售830余万元,意向签约2.9亿元;(3)全年累计为160家中小商贸企业提供融资性担保,担保金额3.6亿元,争取江西省商务厅融资担保补助资金70.3万元。

2. 加快城乡流通网络建设,进一步改善消费环境。(1)开展市县两级商业网点规划工作。对《鹰潭市主城区商业网点规划》进行了修编,并已通过专家评审。贵溪市商业网点规划已经完成,余江县商业网点规划工作正在积极筹备中。(2)开展专业市场规划和建设工作。鹰潭国际商贸物流园、碧海蓝天商业综合体、余江县雕刻创业示范街、鹰潭广甸汽车交易物流中心、贵溪市中胜建材市场、余江再生资源回收利用基地、贵溪铜产业拆解基地等各类新兴专业市场相继开工建设和运营,全市的市场功能布局更加合理,市场竞争力进一步增强。(3)继续实施"万村千乡市场工程"工作。建设、改造信息化农家店137家,配送中心1个,申报项目补贴资金171.1万元。建设完成了信息化农家店管理平台,拓展了信息化服务功能,增加火车票订购服务,信息化农家店全年实现营业额过亿元。(4)做好农贸市场升级改造工作。对文坊镇农贸市场升级改造工作进行了检查和指导,对不完善的地方提出了整改意见,督促其保质按时完成。(5)开展"三绿工程"试点建设工作。确定了贵溪市久润农业发展有限公司作为全市"三绿工程"试点建设承办企业,并顺利通过了省商务厅和财政厅的联合审核,初步形成全市农产品绿色低碳流通体系。

3.完善市场监管措施,规范市场秩序。(1)开展生猪定点屠宰市场监管工作。组织了全市范围内的生猪屠宰环节和猪肉市场的综合整治。查处各类违法违规行为82起,取缔私宰窝点5个,收缴未经定点屠宰猪肉4500多千克。加强对各级生猪定点屠宰企业的审核清理工作,撤销不合格小型生猪屠宰企业5家。(2)开展打击侵犯知识产权和制售假冒伪劣商品专项行动。出动执法检查人员2860人次,检查各类市场125个,查处各类侵犯知识产权和制售假冒伪劣商品案件86起,涉案金额1200万元。(3)开展清理整顿大型零售企业向供应商违规收费工作。组织商务、价格监督、公安、国税、地税、工商有关科室工作人员到鹰潭市大型零售企业进行了逐一检查,对检查情况进行综合评价。(4)开展酒类流通备案登记准备以及特种行业的监管工作,进一步规范市场秩序。

4.做好市场监测和运行分析工作,保障市场供应。(1)继续做好市场运行监测工作。新增样本监测企业4家,使全市样本监测企业区域分布更加合理,监测范围更加广泛,并对样本监测企业和信息泵企业的监测数据报送进行督报,监测企业数据报送率达98%,信息泵企业数据报送率达100%。(2)做好应急保障工作,确保市场平稳运行。认真做好元旦、春节期间的市场供应工作,确保市场供应稳定、安全。完善了各类应急管理预案,制定了鹰潭市商务局应急物资储备制度,选定了30余家商贸流通和生产企业作为应急商品供应企业,积极协调和引导企业增加应急商品储备,保证应急商品储得进、调得动、用得上。

5.推动再生资源回收行业健康发展。对贵溪市、余江县两个国家区域性再生资源回收利用基地建设进行跟踪、督促和指导,两个基地按期完成"五区一中心"建设,顺利通过联合验收,获得国家财政补助资金2175万元。

【招商引资】2012年,鹰潭市实际利用外资1.69亿美元,同比增长15.96%,完成年目标105.34%;现汇进资7962万美元,同比增长25.31%,完成年目标124.4%。全市引进省外5000万元以上项目实际进资172.74亿元,同比增长20.33%,完成年目标104.69%。全市扩规模、提质量,招商引资工作水平有所提升。(1)注重"招大、引强、选优",引进项目质量有明显提高。利用外资额度在1000万美元以上的香港中投科技有限公司投资的香精香料项目等签约项目13个,投资总额2.9亿美元,并已开工或投产。利用省外资金5亿元以上项目21个,投资总额达281亿元。其中签约待进资项目6个,注册已进资项目3个,已开工建设重大项目12个。(2)非工项目招商引资工作取得新进展,产业协调发展进一步趋好。引进了国际眼镜城开发项目等一批非工类招商项目,投资额均超过3亿元。(3)积极搭建招商引资平台,取得了丰硕的招商成果。组织、参加了2012年江西(香港)招商引资活动周、第七届中国中部经济贸易博览会、第八届泛珠三角区域合作与发展论坛暨经贸洽谈会、第十届赣台经贸合作研讨会、第十六届中国(厦门)国际投资贸易洽谈会。策划好自办活动,重点在杭州举办"鹰潭'1+6'产业推介会",在香港举办"鹰潭'1+6'产业招商引资恳谈会"。在上述活动中签约合同项目50余个,签约金额300余亿元。(4)招商队伍建设有新提高,招商引资合力强大。加强了专业招商干部队伍建设,牵头配合全市组建100支招商小分队,其中,市直单位组建16支,各县(市、区)、龙虎山景区、鹰潭高新区组建74支,市本级组建10支。形成了市专业招商小分队、市直单位招商小分队、县(市、区)招商小分队“三位一体”联合招商格局。全市还成立了由市直单位组成的招商服务队伍,树立招工即招商的工作理念,帮助落户企业解决招工难的问题。树立提供有效招商信息即招商的理念,帮助专业招商小分队扩大信息源。根据市政府2012年年初出台的招商引资奖励政策,预计对工业招商项目奖励近150万元。(5)完善了招商工作调度机制,健全了考核奖励制度。建立了调度机制,每月召开一次调度会,通报县(市、区),龙虎山景区、市高新区、专业招商小分队、市直单位的招商引资情况,并及时研究解决招商引资过程中存在的突出问题。建立了考核机制,每月对各地上报的项目进行实地察看,将相关情况记录在册,年终根据考核办法进行考核。建立了通报机制,每月将县(市、区),龙虎山景区、市高新区、专业招商小分队、市直单位的招商引资情况在报纸、电视等媒体进行通报,督促各地抓好项目和资金的引进。

【口岸建设】2012年,鹰潭铜拆解加工区口岸作业区运行良好。共进口废物原料2385标箱,同比增长179.93%,是2011年进口量的2.8倍。全市实现开通道、建机构,商务平台建设有效拓展。(1)积极推进海铁联运工作,开通了一条全新的国际运输通道。在市口岸办的积极争取下,海关总署于6月6日印发《关于鹰潭固体废物加工区进口固体废物转关问题的复函》(署监函〔2012〕244号),同意鹰潭进口固体废物从宁波口岸转关至园区,江西省首条进口固体废物原料海铁联运国际运输通道正式获批。该线路开通后,进口集装箱进境运至园区实际运输时间仅需3天,比上海至九江至鹰潭的水公联运可节约10天时间;运输成本比上海至九江至鹰潭的水公联运节约4800元/箱(其中物流成本3000元/箱,财务成本1800元/箱)。(2)加强与沿海口岸合作,开通了鹰潭至宁波“五定班列”。经积极争取,铁道部将鹰潭至宁波(北仑)“五定班列”纳入全国“百千战略”,并批准该班列于5月11日起正式运行。鹰潭—宁波(北仑)五定班列车次为81116/5次,每两天开行一列。单号日14:42发车,次日10:46到达北仑,运行时间约20小时4分,比普通货车节约时间13.5小时。(3)积极推进“大口岸”战略,完成了铁路集装箱监装点建设。鹰潭铁路南站集装箱监装点于2月18日建成并通过南昌海关验收。该监装点位于鹰潭铁路南站货场20股道集装箱场地处,面积约4000平方米。经南昌海关验收批准,首批进口的集装箱于2月22日17:00左右从宁波北仑港站通过铁路发运,于23日10:23抵达鹰潭铁路编组站,然后被运至鹰潭铁路南站集装箱监装点,然后通过公路运达鹰潭(贵溪)铜拆解加工区口岸作业区,并顺利开箱清关。(4)全力推进口岸机构建设,海关和国检大楼如期封顶。鹰潭海关和国检大楼用地面积为13935平方米,总建筑面积45509.5平方米,工程概算2.3亿元。该工程于2012年6月12日正式开工,各项工程进展顺利,将于2013年1月底封顶。整个项目将在2013年年底全面完成并交付使用。

(吴 锐)

【市商务局副县级以上干部名录】

局 长:柯 嘉(女)

党组书记:倪饶生(~2012.4)

党组副书记:揭晓泗

党组成员、副局长:李和胜 李爱山 张逸云(女)

党组成员、纪检组长:毛彩霞(女)

党组成员、调研员:汪少波(~2012.4)

党组成员、副调研员:郭夏冰(女) 朱维治

粮食

【概述】2012年全市各级粮食部门在市委、市政府的正确领导以及省粮食局的精心指导下,紧紧围绕“为耕者谋利,为食者造福,为企业增效”的服务理念,抓好粮食收购,改善宏观调控,加强市场监管,推动产业发展,深化体制改革,实现了稳市场、保安全、强产业、惠民生的工作目标,为促进全市经济社会平稳较快发展做出了积极贡献。

【粮食经济】国有粮食企业改革成效显现,国有粮食企业减亏增盈取得积极进展。全市国有粮食企业积极盘活存量资产、强化内部管理、多种形式搞活经营,促进了企业发展,国有粮食企业实现盈利237万元,同比增长45.4%。全系统共争取各种资金扶持1175万元,项目建设水平和争取资金总量取得了突破性进展,取得了前所未有的成绩。

【粮食收购】2012年各级粮食部门把抓好粮食收购作为服务“三农”,促进农民增产增收的重要工作,加强形势分析和科学研判,及时提供粮食市场信息,改善服务方式,强化督导检查,确保全年粮食收购工作顺利完成。市粮食局主要采取了四项措施:一是加强对各项惠农政策的宣传,为了调动种粮农民积极性,2012年国家提高了早、中、晚稻最低收购价,为让农民了解政策,市粮食局组织机关干部深入挂点乡镇和干部联系户、基层粮食收购点宣讲省委、市委有关惠农政策,增强农民种粮的信心。二是加强市场粮价监测,关注粮油市场动态,开展粮食产需调查,及时向社会发布粮食价格信息。推介优质稻种,发放“2012年优质粮种推荐”宣传单150份,为农民和粮食经营者提供粮食信息服务。三是严格执行国家粮食收购政策,确保不拒收、不

限收,坚持国家质量标准,搞好优质服务,提供便民措施,坚持现金结算、不打白条。做到了农民增收、企业增效、政府满意。四是加强粮食收购市场监管,净化收购市场环境。坚决取缔无证、无照、违法收购行为,规范收购秩序,保护各类合法收购主体利益,保障粮食收购市场健康有序,规范运行。2012 年全市各类粮食经营企业共收购粮食 62621 万千克,再创历史新高。

【调控监管】积极落实地方粮食储备,市场调控能力增强。全市共代储省级储备粮 1750 万千克,建立市、县两级储备粮 2000 万千克。粮食应急保障体系建设上了一个新台阶。首次对应急企业授牌,出台了《关于加强粮食应急企业管理的通知》《关于加强"市粮油应急保障供应点"规范管理工作的通知》,对应急企业、供应网点的职责和义务进行了明确规定。市本级选定应急加工、储备企业 5 家,组建了粮油应急保障供应中心。市粮购公司中玉大米加工厂,鹰南贡被省局确定为全省粮油应急加工企业。粮食市场监管力度继续加大,依法管粮能力和服务水平得到提高。一是为维护种粮农民利益,组织行政执法人员对粮食收购市场依法进行监管,依法打击各种坑农、害农、扰乱粮食收购秩序的现象。据统计,全市共出动行政执法人员 68 人次,开展各类检查 25 起。二是依法开展了粮食收购资格,建立粮食经营台帐和执行粮食流通统计制度及执行粮食政策情况的专项监督检查,有效维护了粮食流通秩序。

【仓储管理】粮食仓储设施维修力度进一步加大。全市共争取中央、省财政仓储维修资金 200 多万元,自筹资金近 300 万元修缮仓储设施。新建粮食仓库取得新突破。贵溪市粮食局利用中央建库资金 500 万元,自筹资金 1200 万元,新建 3000 万千克新库已投入使用。余江县粮食局 2012 年也争取到 500 万元的中央建库投资,2013 年将开工建设。全市现有库容 11.3 亿千克。首批 2000 套农户科学储粮仓已在贵溪市落户实施。

【产业发展】2013 年全市粮食加工企业实现大米总产量 45 万吨,同比增长 2.9%;工业总产值 23 亿元,同比增长 30%。有 1 家企业被评为国家级农业产业化龙头企业,11 家被评为省级龙头企业;1 家企业被评为中国驰名商标,1 家企业被评为江西名牌,5 家企业被评为江西著名商标。

【中心活动】通过座谈会、走访企业、领导带科室挂扶企业等活动,及时了解企业服务需求,把握产业发展现状,为产业发展提出政策建议。积极为粮食经营加工从业者提供项目开发、开业指导、政策咨询、政策扶持等服务。完善落实重大项目全程跟踪服务制,重点强化服务监管,努力创建优质高效的政务和服务环境、宽松透明的市场和企业经营环境,为粮食产业发展创造良好的发展环境。

【综治、信访、维稳工作】主要做法:一是切实加强对综治工作的领导,认真落实信访责任制、首问责任制、责任追究制,制定了处置信访突出问题应急预案,提高信访快速反应和处置能力。二是切实做好重点信访问题上访人员的稳控工作,妥善解决改革中存在的遗留问题。全市粮食系统本着"以人为本、和谐发展"的原则,加大了对困难群体的帮扶力度。2012 年年初,市粮食局积极筹集资金,开展为困难群体送温暖活动。三是建立健全信访机构及信访工作制度,经常深入基层开展矛盾纠纷排查调处工作,为粮食经济提供了良好的发展环境。2012 年,市粮食局共接待群众来访 25 次,受理人民来信 4 件,解决或答复问题 11 件。2012 年全市国有粮食企业未出现集体进京赴省上访事件,确保了稳定。

(姜丽娟)

【市粮食局副县级以上干部名录】

局　长:倪饶生(~2012.5) 李和胜(2012.5~)

供销

【概述】2012 年是实施"十二五"规划的重要一年。在市委市政府和省社的正确领导下,全市供销系统牢牢把握稳中求进的工作主基调,以科学发展观为指导,扎实工作,大力推进"新网工程"建设,提升农村现代流通水平;积极开展联合合作,促进社有企业发展;大力开展农民专业合作社和基层供销合作社示范社建设,夯实基层组织;积极进行项目申报和项目建设,综合实力不断增强。在全省供销合作社系统综合业绩考核中,鹰潭市供销合作社连续两年荣获特等奖,贵溪市供销合作社荣获县级社特等奖,连续七年荣获"十佳"县级供销合作社称号。

【农村现代流通服务体系建设】农资现代经营服务网络基本完善,构建了以鹰潭市供销农资连锁有限公司为龙头,以配送中心为骨干,以直营店、加盟店为主体的农资连锁经营服务网络。截至 2012 年年底,全系统有:农资连锁经营企业 6 家,农资配送中心 5 个,农资直营店 40 个,加盟店 106 个,农资连锁经营门店 390 个,供销社农资商品配送率 80%以上。

再生资源回收利用网络逐步健全。以鹰潭市创建"秀美乡村"活动为契机,加快推进全市再生资源回收利用体系建设,形成了市有龙头企业、乡镇有回收站、村有回收员的回收网络。截至 2012 年年底,全系统拥有回收企业 6 个,再生资源回收网点 480 多个,选定回收人员 120 余人。

鲜活农产品流通体系建设成效明显。加强了鹰潭市万嘉旺超级市场有限公司与专业合作社合作,不断推进龙头企业+专业合作社+

农户+基地的产销对接模式。县(市、区)供销社根据当地产业特点,为"农超对接"牵线搭桥,在保障供给、稳定价格中发挥作用,取得了较好的效益。

烟花爆竹安全经营网络进一步完善。市区、贵溪、余江新建了标准化仓库,烟花爆竹经营企业配备了统一送货车。全市烟花爆竹仓储面积5000平方米以上,连锁经营网点500余家。

【基层组织体系建设】2012年,开展了"基层社建设年"活动,重点加强基层示范社建设,成效显著。贵溪塘湾、罗河、志光三个基层社被列为全省100个基层标准化建设示范社,顺利通过省社验收。贵溪筹资150万元兴建了罗河供销社"农超大楼",动工兴建周坊供销社综合服务大楼。余江县供销社对邓埠、马荃、春涛3个基层社实施了"十有"标准化建设。专业合作社建设扎实推进,拥有农民专业合作社64家,比上年新增22家,其中5家被评为全省供销系统百强示范社,贵溪鹏福油茶种植专业合作社被列入全国供销系统优秀示范专业合作社。农民合作社入社农户8510户,助农增收2650万元。

【项目建设】全年已开工项目5个,建成2个,其中亿元以上项目2个。总投资305万元的农业生产资料连锁经营服务网络升级改造项目顺利完工,10月正式启用,进一步完善了全市农资连锁经营网络,提升了供销社农资市场占有率。烟花爆竹仓库建设项目总投资120万元,占地面积13300平方米,建筑面积1200平方米,工程已完工,将投入使用。城市生活垃圾收运系统项目前期工作进展顺利,项目的中央财政扶持资金1500万元已到位,项目建设前期的可行性研究、环评、立项等工作已完成。

【项目申报】围绕全市特色产业、新兴产业,加强联合与合作,谋划、筛选一批好项目、强项目,进入总社或省社项目库,全年15个项目进入省社项目库。向中央财政和省财政申报了6个项目,它们是:鹰潭市再生资源集散交易市场建设项目,余江烟花爆竹配送中心建设"新网工程"项目,贵溪鹏福油茶、贵溪建忠核桃、月湖小英葡萄农业综合开发项目,鹰潭市2012年农业生产资料经营服务网络升级改造项目。这6个项目共获得1200万元专项资金扶持。

【农资供应】发挥供销社化肥供应重要渠道作用,销售各类化肥1.6万余吨,实现农资销售总额8800余万元,较好地满足了农民春耕用肥需要。销售中,注重发挥网络优势,推进连锁经营,减少中间环节,降低经营成本,平抑市场价格,让利于农。严把进货关,杜绝假劣农资进入市场,配合职能部门严厉打击销售假冒伪劣农资行为。全年未发生一起坑农害农事件。

【党建标准化项目建设】按照党建标准化项目建设要求,成立了领导小组,一把手任组长,建立了党建宣传栏,对党建标准化项目建设内容广泛宣传,营造氛围。严格要求,精心组织,对现有办公设施进行"穿衣戴帽",将党员活动室、党员干部学习室、过道墙面等进行整合,增设宣传阵地,制作了国徽、国旗、党员示范岗牌等,基本达到了队伍建设标准化、运行机制标准化、工作流程标准化、活动组织标准化等方面要求。

【集中整治干部作风活动】根据全市部署,深入开展集中整治干部作风活动,积极宣传动员,营造活动氛围,加强组织领导,制订实施方案,明确工作任务,召开民主生活会,干部作风自查。通过活动的开展,机关干部工作作风明显转变,服务"三农"意识明显提高,服务水平显著提升。

【安全生产】市社十分重视安全生产,建立健全了安全生产规章制度,严格落实安全生产工作责任制,认真排查各类安全隐患。重点抓好烟花爆竹安全经营管理工作,强化了从业人员的安全意识,严格进货渠道,把好烟花爆竹质量关,加强了监督检查力度,全年没有发生一起安全事故。荣获了2012年全市安全生产工作先进单位称号。

【信访维稳】以维护十八大期间系统和谐稳定为信访维稳工作重点,落实信访维稳工作责任制,认真化解矛盾纠纷,重点信访案例实行领导包案,解决了部分改制企业职工医保等遗留问题。关心改制企业职工和离退休人员生活,开展了送温暖活动,走访慰问了部分改制企业职工和离退休人员,送上了组织的关怀和温暖。荣获了2012年全市信访工作目标管理先进单位称号。

【政府政策支持】2012年9月底,出台了《鹰潭市人民政府关于加快供销合作社改革发展的实施意见》(鹰府发〔2012〕45号),明确了发展目标和加快"新网工程"建设、深化社有企业改革等工作重点,强调了保障措施,文件的出台,为供销合作社工作提供了强有力政策支撑。

【市供销社副县级以上干部名录】

党组书记、主任:洪晓明
党组成员:吴蔚权(~2012.5)
党组成员、调研员、副主任:吴官富
党组成员、副主任:周永忠
党组成员、纪检组长:周国清

盐业

【概述】江西省盐业集团公司鹰潭公司(鹰潭盐务局)在江西省集团公司(省盐务局)的正确领导下,抓住市场发展的良好机遇,不断拓展业务,创新销售方式,坚持依法治盐,诚信经营,增收节支,开源节流。2012年全年购进盐产品1.3万吨，销售1.29万吨，占年度计划的103%，年末库存2948吨。非盐产品购进899.7万元。全年实现总销售收入3321万元。

【业务管理】客户至上，服务取胜，进一步加强对行业用盐的经营管理。积极开拓多种品盐市场，大力宣传“防控高血压，就吃低钠盐”。同时利用配送渠道积极销售非盐产品。

【盐政管理】实现碘盐覆盖率、销售碘盐达标率抽查100%，通过了全国碘盐达标检查。协助公安端掉余干县一假盐制造窝点。

【信息化管理】建立以市场为导向，以客户为目标，规范管理盐业市场的信息体系，建立了财务、业务、劳动工资、党群人事等信息管理系统。积极参与数字鹰潭建设。

【队伍建设】坚持“同心才能走得更近、同得才会走得更远”的核心理念，狠抓员工队伍教育培训，以提高管理人员素质为重点，加强干部“五风”建设，通过专题教育、强化了党风廉政建设，增强了廉政勤政服务意识。

【公益事业】2012年公司共捐资、出资近6万元，积极参与新农村建设、帮困、救灾、植树造林、文明城市创建等公益活动，向社会奉献盐业人的一片爱心。

【市盐业公司领导人名录】

经理(局长)：余群生

书　记：李骁玻

副经理(副局长)：张远德 金学军

烟草专卖

【概述】2012年，鹰潭市烟草专卖局(公司)在市委、市政府和省局(公司)的正确领导下，以邓小平理论、“三个代表”重要思想为指导，深入贯彻落实科学发展观，坚持“三个放在心上”(切实把烟农放在心上、切实把客户放在心上、切实把员工放在心上)根本方针，深化各项改革，增强发展动力；培育知名品牌，扩大卷烟销量；严格监督管理，转变工作作风；夯实工作基础，提升工作水平；增强人才优势，保障员工利益，全面推进卷烟上水平，促进了企业平稳较快发展。

【零售终端建设】一是扎实开展了以建立“平等互利、长期合作、共同发展”的新型客我关系为一条主线，围绕“客户、品牌、市场”三个要点，每月通过“分析、计划、实施、评估、改进”五个步骤的操作为内容的“135”工作法的推广。二是全面梳理、优化业务流程、业务规则和操作规范。三是加强了现场管理，完善了一线人员工作质量考核细则，提升服务质量。通过零售终端建设，进一步规范了卷烟市场秩序，提升了客户毛利率水平。“网上订货”取得了较快发展，全市网上订货客户4312户，占正常经营客户的99.88%。

【专卖管理工作】保持卷烟打假高压态势，推行市场监管错时错位工作制，组织了多次大规模的交叉检查联合执法行动。坚持每天都有稽查员在异地进行暗访，全方位监管市场情况。强化内部监管，内管部门积极参与严格规范营销策略的制定，做到事前、事中全程监管，有效规范了卷烟经营。2012年，外流真烟同比下降48.25%，在全省行业下降幅度最大。

【品牌培育】不断加强卷烟品牌培育。以市场为导向，科学引入品牌，保障有效货源。通过深入调研、客观分析，准确把握市场需求，增强了零售户自觉培育品牌的积极性。坚持在稳定价格、合理库存、规范经营的前提下，促进“金圣”品牌培育。

【质量管理体系建设】修订了质量管理体系文件，采取了强化质量体系目标考核、组织培训、开展内审、不符合项整改等措施，确保了质量管理体系建设有序推进。加强队伍建设，不断提升内审员和全体员工的业务素质。5人顺利通过了外审员考试，2人入选全省烟草系统质量管理体系人才库。

【党风廉政建设】以开展“集中整治干部作风”活动为契机，以加强机关作风建设为抓手，突出工作重点，强化廉能管理，加强对制度贯彻落实情况的监督检查，深化纠错和问责工作。加大了对影响发展环境的干部作风突出问题的专项整治力度，重点在副科以上干部中开展了“影响发展环境的作风、效率自查、剖析与整改”。副科长以上干部都撰写了述职报告，查摆了问题，并制定了整改措施。

【企业文化建设】开展了践行“两个至上”(国家利益至上、消费者利益至上)、做到“三个始终”(始终把品牌培育工作作为卷烟商业企业的第一要务；始终把为零售客户提供优质服务作为流通企业根本任务；始终把调动全体员工积极性、主动性、创造性作为一切工作出发点)、树立“五种意识”(责任意识、忧患意识、公仆意识、民主意识、创新意识)为内容的“235”主题教育实践活动、“三个放在心上”演讲比赛、建功立业在岗位等活动，制作了文化宣传片，营造了良好的文化氛围；抓好“四室一厅”(党员学习活动室、廉政文化教育室、职工图书室、员工体育运动室、企业发展成果展示厅)建设，党建工作成效显著。2012年，鹰潭市烟草专卖局被市直机关工委评为“全市优秀党建标准化项目建设示范点”。

【公益活动】资助新农村建设，全年资助余江县马荃镇杨柳畲族村、贵溪市流口镇细叶村委会、月湖区童家镇老屋村民委员会万家村小组等开展新农村建设,共捐款15.2万元。资助社区建设,全年资助贵溪付江边居委会社区、月湖区交通街道办事处社区等,共捐赠1万元。资助学校建设,捐赠余江一小百年校庆1000元。资助困难户,全年共捐款5600元。开展“春蕾计划10元捐”“慈善一日捐”活动,员工个人捐款7780元。

【创先争优】2012年6月,时任江西省鹰潭市烟草专卖局(公司)党组书记、局长(经理)的陈小平被江西省人民政府授予“2011年度江西省优秀企业家”荣誉称号,是全省烟草商业系统唯一获此殊荣的优秀企业家,也是省内企业家的最高荣誉,享受省级劳动模范待遇。2012年12月,鹰潭市局顺利通过了江西省第十三届文明单位的网上公示。

【市烟草专卖局(市烟草公司)副县级以上干部名录】
局长(经理):陈小平(~2012.8)
副经理:凌路平(女)
副局长:甘鸿志
纪检组长:邬平波
调研员:陈小平(2012.8~)
副调研员:吴新华

石油

【概述】2012年,分公司在省公司和市委、市政府的正确领导下,新一届领导班子团结带领干部员工,面对现实,勇敢挑战,强化管理,抢抓机遇,较好地完成了省公司下达的考核指标。全年实现成品油经营总量达16.07万吨,同比增幅3.34%,销售收入突破12.97亿元。开发大型客户22家,举行各类座谈会220余人次,签订长效供油合同26份,市场控制优势较为明显。成功竞拍鹰潭贵溪鹰雄大道中段加油站建设用地。理顺了白马油库的土地置换工作。加快推进管道二期建设。网络优势地位不断巩固。

【加强市场控制力,经营业绩稳步增长】针对2012年成品油市场价格抑扬交错,宽幅震荡的严峻形势,又面临中石油、社会个体的激烈竞争。分公司强化资源统筹,克服各种困难,通过科学调运,化解库存风险,优化物流运行,较好地履行了农业“双抢”、法定节假日和重大社会活动等保供责任。挖掘零售潜力,努力增量增效。加大了对国道加油站、委托站的潜能挖掘,全年零售量11.46万吨,同比增长4.3%。加强直分销客户的开拓和维系。利用电话沟通,上门拜访,开展座谈会等形式,直分销量完成4.61万吨,同比增长1.02%,保持了直销规模和主要客户群体的稳定。全力推进非油品业务增长。以便利店业务为核心,加大培训力度,提高主动营销的意识,突出抓好重点商品销售,适时开展了“油非互动”营销,全年非油品毛利1267.26万元,同比增长43.64%,非油品实现利润208.93万元,同比增长52.04%,有烟草专卖证的便利店达22个,在营便利店43个。

【加强安全防范,安稳运行水平更加稳固】举办各类安全知识讲座72次,参加学习人员达774余人。及时修订和完善应急预案16个,开展预案演练634次。与各部门签订“安全环保责任状”16份,与员工签订“安全承诺书”418份,安全意识得到逐步加强。开展“安全生产月”等活动,强化设备日常维护保养,同时加强隐患查处,全年共查出隐患531个,加油站受检率达到100%,发现问题近600条,问题整改率达98.5%。公司保持了安全环保形势总体稳定。

【加强网络发展,保持企业核心竞争力】贵溪第一加油站已于2012年7月下旬正式开张营业。通过网络成功竞拍鹰潭贵溪鹰雄大道中段加油站建设用地。理顺了白马油库的土地置换工作。加快推进管道二期建设,已于2012年6月全面动工。网络优势地位不断巩固。

【强化过程控制,提升综合管理水平】为了进一步提升管理水平,预控安全经营风险,分公司全面开展运营监控中心建设并成立了督查大队。首条专用视频监控系统iVMS-7000“集中监控应用管理系统”软硬件平台已经正式启用。公司22座加油站、白马油库2套监控系统以及机关监控系统已纳入“集中监控应用管理系统”软硬件平台,有效加强对各网点人员、现场、资金、设备的管理,为分公司经营管理和安全运行提供了坚实的保障。形成了“有事必有人,有人必有岗,有岗必有责,有责必考核,考核必兑现”的精细化管理体系。深入推进ISO9000质量管理体系建设,加强油品数质量的监管,着重加强了加油站油品损耗抽查工作,效果明显。分公司连续两年油品抽检合格率达100%,被省公司授予数量管理先进单位荣誉称号。认真落实“比学赶帮超”工作常态化要求,营造了浓厚的进位赶超气氛。扎实开展制度标准、信息化建设,将完善制度与“改善经营管理建议”活动相结合,全年共受理合理化建议46条,其中两条建议被省公司采纳并评为二等奖。

【抓实党群工作,巩固和谐稳定局面】落实党建工作责任制,推动党建思想政治工作与生产经营的深度结合,真正做到围绕中心、服务大局。强化政工队伍建设,通过开展政工讲堂、政工培训及深化“支部党员轮流上党课”“为党员过政治生日”工作,促进基层党建水平提升。严格执行党风廉政责任制,开展廉洁警示教育活动,全年下发效能监察建议书3份。对工会和团委进行换届选举,有效发挥工团作用。党工团联合组织开展红歌红舞大赛。舞蹈《映山红》在省公司“开启新航程、永远跟党走”红歌红舞大赛中获得了一等奖,并代表分公司入选省公司新春文艺汇报演出。组织开展“青年文明号”“青年岗位能手”和“十佳青年”创建活动,南空加油站被团省委授予省级“青年文明号”,被鹰潭市授予“十佳优质服务窗口”称号。组织开展了“我尽责、我安全”演讲比赛,两名选手分别获得了省公司比赛的一等奖和三等奖。

(刘 昊)

【鹰潭石油分公司领导人名录】
总经理:韦哲峰(~2012.5)王涛(2012.5~)
党委书记:王涛(~2012.5)
党委副书记:余 谦(2012.5~)
副总经理:刘 军 舒国民(2012.7~)

招商引资

【概述】2012年,在市委、市政府的高度重视和正确领导下,市招商局(市招商引资服务中心)深入贯彻落实市委七届二次、三次全会和全市开放型经济会议精神,按照“主攻项目,决战三区,凸现特色,实现跨越”的总体要求,围绕“1+6”重点产业及旅游、商贸物流产业,切实加大招商引资力度,努力创新招商方式,积极营造招商氛围,着力提高招商实效,抓信息、强管理、重调度、严考核,全局各项工作取得新发展,实现了新飞跃。

【招商引资成效】1. 工业项目招商稳中求进。在全球制造业形势低迷的不利情况下,签约及开工工业项目15个,同比增长87.5%,投资总额15.4亿元。工作中,小分队充分利用鹰潭市产业特色和优势,主攻汽摩配、水暖卫浴等项目,引进了汽车冲压件、汽车后视镜、铝轮毂等汽摩配项目,为鹰潭高新区汽摩配产业园增添了骨干企业,延伸了产业链条。广东和福建众多水暖卫浴知名企业抱团到鹰潭考察,申鹭达集团、心海伽蓝水暖卫浴等企业即将落户鹰潭。届时,鹰潭水工产业园将在以往三川水表一枝独秀的的基础上,形成真正意义上的水工产业园。

2.商贸物流项目齐头并进。商贸物流签约落户项目和投资金额双双超历史,创纪录。共引进项目6个,涉及商贸城开发、工业品市场建设和生产、生活物资商品配送等方面,同比增长175%,项目签约资金总额22.2亿元,同比增长38.4%。大项目较多,其中投资总额10亿元以上的项目有2个,分别是:由浙江吉利集团(手拉手)投资10亿元的手拉手国际汽车城项目以及江苏泰州同盛置业与胜华电缆共同投资10亿元的机电五金商贸城建设项目。

3.文化旅游项目亮点纷呈。小分队紧紧围绕龙虎山特有的道教和文化旅游资源大做文章,文化旅游招商项目从无到有,实现了零的突破,共签约项目8个,签约资金总额达26亿元,有三清山旅游公司投资10亿元的圣井山景区开发项目、泓金中能有限公司投资5亿元的文化艺术创意园项目、铭星冰雪(北京)科技投资5亿元的冰雪文化广场项目等。

4.现代农业和总部经济招商态势喜人。农业项目共7个,同比增长400%,项目签约资金总额5.2亿元,同比增长353%。引进的项目涉及中药材种植加工、花卉苗木建设及农副产品加工等。同时,引进了宏能中海力能源开发公司、鹰潭锦安投资有限合伙企业、鹰潭锦盈投资有限合伙企业等18家总部经济公司,投资总额达15.7亿元。

5.项目信息储备丰实多元。摸排梳理到一批“1+6”重点产业及旅游、商贸、物流产业重大项目投资信息,为鹰潭市优势特色产业下步持续健康发展蓄积了重要力量。包括21个汽摩配项目,预计总投资31亿元;11个水暖卫浴产业项目,预计总投资28亿元;17个旅游文化产业项目,预计总投资47亿元;6个新能源新材料项目,预计总投资11亿元,还有其他60余个铜精深加工、物流、商贸项目在有序接洽当中。

6.部门小分队和提供项目信息责任单位工作协调推进。根据市委、市政府年初安排,扎实做好市直16个单位招商小分队和37个有提供项目信息任务的单位招商引资工作的调度管理、业务培训、信息推进工作。一年来,市直单位16支招商小分队共签约项目19个,投资总额87.7亿元,完成年目标任务的548%;37个提供信息单位共提供有效项目信息31条,有2条项目信息经推动后实现落户开工投产。

【招商引资举措】1.强基础。各小分队围绕市委、市政府确定的“1+6”及商贸、物流产业,精心编制完善各自主攻产业的招商地图,认真制作完成招商推介课件,规范公务接待操作流程,接待了浙江手拉手投资管理有限公司、杭州诸暨商会代表团、广东产区水暖卫浴产业等考察团并获企业家好评。

2.练内功。先后组织举办两期招商相关业务知识培训班,重点学习了城市规划、铜产业、税收、环保、外资等方面内容,接受了社交礼仪培训,熟悉了招商推介课件并能运用自如地进行推介。

3.重调度。坚持每周网上一调度、每旬一汇报、每月一会议等方式,对小分队招商项目情况进行调度,及时掌握了解项目进展情况和推进中遇到的问题。每月底将小分队外出招商情况进行公示。

【机关其他工作情况】1. 加强班子自身建设。坚持把思想政治建设放在班子建设的首位,认真组织班子成员深入学习邓小平理论、“三个代表”重要思想和党的十八大会议精神,制定了党组中心组学习制度,强调领导垂范,全力服务招商大局,坚持集体领导,重大问题集体决策,凝聚人心,营造了一个和谐向上的班子和集体。

2. 抓好党风廉政工作。严格遵守党风廉政建设的有关规定,从严管理,做到"四个坚持"。一是坚持制度管人,一视同仁。杜绝假、浮、蛮,庸、懒、散等情况发生;二是坚持严格财经纪律,阳光理财;三是坚持集体领导,民主决策,重大事项、重要决策一律集体研究决定;四是坚持反腐倡廉,警钟长鸣。一年来,全局党员干部在各自工作岗位上勤政自律,没有出现一起违法违纪现象。

3.严格规范内部管理。出台了《2012 年产业招商小分队管理办法》和《2012 年产业招商小分队考核办法》,进一步规范了对招商小分队的管理服务。制定完善了招商安商、项目督查调度、信息搜集筛选评估、对外联络协调、小分队管理等制度,进一步推进招商工作务实高效运行。

4. 提高干部队伍素质。以"基层组织建设年"创先争优"先锋创绩" 及党建标准化建设活动为契机, 认真开展机关作风整治活动, 不断提升干部素质, 提高工作水平,机关办公秩序、工作环境进一步优化。

5. 强化对外对内宣传。对招商项目、招商动态、优惠政策等相关信息及时补充更新,编辑印发《鹰潭市专业小分队招商简报》10 余期,及时传达重要会议和市领导指示精神。

6. 积极参与新农村建设。全力参与白露办事处双凤村新屋严家村委会"秀美乡村"建设,积极开展对中童镇九都村小英王家村小组的"定点帮扶"工作。

(郗 文)

【市招商局(市招商引资服务中心)副县级以上干部名录】

党组书记:徐 云(女,~2012.4) 林伏昌(2012.4~)

党组副书记、主任:喻 霞(女,~2012.2)

局长(主任):林伏昌(2012.5~)

纪检组长:许立影

副局长(副主任):余荔萍(女) 程明华 吴勤胜

党组成员、调研员:吴晓明

党组成员、副调研员:曲利平

市委书记陈兴超出席鹰潭"1+6"产业(杭州)招商引资推介会

(市招商局供稿)

龙虎山景区建设与旅游

编辑、校对:柴靖龙

概述

龙虎山是中国道教发源地,位于江西省鹰潭市南郊16千米处,规划面积731.5平方千米,由仙水岩、正一观、上清宫、马祖岩、应天山、天门山、圣井山等十大景区景点组成,下辖两镇一场,总人口4万余人。源远流长的道教文化、秀美多姿的丹山碧水和千古未解的崖墓文化构成了龙虎山自然景观和人文景观的三大特色。

2012年,龙虎山景区在市委、市政府的正确领导下,认真落实科学发展观,深入贯彻"主攻项目,决战'三区',凸现特色,实现跨越"的总体部署,以科学规划为龙头,以项目建设为抓手,以市场需求为导向,积极推进旅游基础设施建设、旅游产品开发、客源市场拓展和旅游服务提升,全区经济社会实现了又好又快发展,呈现出欣欣向荣的蓬勃态势。全年共接待中外游客506.36万人次,同比增长36%;实现旅游直接收入2.13亿元,同比增长33%;完成财政收入2.75亿元,其中地方财政收入2.32亿元,同比增长43.8%和31.3%;完成固定资产投资3.32亿元;实际利用区外资金12.01亿元,外汇进资321.6万美元,外贸出口完成363万美元。景区社会稳定,农民收入稳定增长,党的建设和社会各项事业全面进步。

龙虎山景区建设

【召开全市"决战景区"旅游发展动员大会】8月29日,全市"决战景区"旅游发展动员大会在龙虎山召开,省旅游局副巡视员熊柏华、市委书记陈兴超、市长钟志生、市委副书记熊茂平、市人大常委会主任杜德春、市政协主席潘赞海、市人大常委会副主任应祥、副市长徐鹏程、市委秘书长胡高堂、市人大常委会秘书长江鸿、市政协秘书长杨亮太,各县市区、鹰潭高新技术产业园区、信江新区、市直和驻鹰有关单位主要负责人、景区党政班子成员及副科级以上干部,创建5A级景区先进单位代表和先进个人参加了会议。市委书记陈兴超、市长钟志生共同为龙虎山旅游文化发展(集团)有限公司揭牌,省旅游局副巡视员熊柏华、市委副书记熊茂平作了重要讲话。

【规划蓝图激荡人心】2012年,龙虎山景区紧扣"和谐、文化、生态、发展"的总体定位,大力开展规划编制工作。高起点编制了《龙虎山风景名胜区总体规划》,通过住建部审查,已报国务院审批。同时按照"主攻项目,决战'三区',凸现特色,实现跨越"战略部署,为做大做强全市旅游经济,发挥龙虎山景区旅游龙头作用,突破龙虎山景区220平方千米因保护需要对旅游开发建设的限制,拓展龙虎山旅游发展空间,及时编制了东邻贵溪市,西接余江县,北接月湖区,南接资溪县,包括龙虎山风景名胜区(220平方千米)以及贵溪市天禄镇、耳口乡、冷水镇、余江洪湖乡、马荃镇,规划面积731.5平方千米的鹰潭市龙虎山片区旅游概念性规划,规划期限为2012年至2025年。规划以龙虎山风景名胜区为主体,北拓南扩,形成"一廊三区、四核多片"的整体空间格局。一廊即泸溪河风景水廊;三区即龙虎山风景名胜区、洪五湖—天禄文化旅游产业区和耳口—冷水生态山水休闲区;四核即龙虎山文化风情小镇、上清道源文化小镇、天禄旅游集散小镇和耳口生态风景小镇;多片即重点打造十大游览区(马祖岩游览区、仙水岩—正一观游览区、大上清宫游览区、应天山游览区、天门山—圣井山游览区、鬼谷子洞游览区、十里花溪游览区、阳际峰游览区、龙潭溪游览区、云台山游览区)、四大旅游度假片区(龙虎山香炉峰旅游度区、上清玉宇养生度假区、菖蒲休闲度假区、耳口云台旅游度假区)和三大田园公园片区。另外,通过特色乡村精品乡村规划，打造熊家村、老屋钱家村、口上舒家村、兰车刘家村、圣井村、港立村、梅潭村、麻地村、富庶村、创才村十大特色风情村落。规划通过资源整合、功能完善、空间重塑和深度开发，内聚外拓，点线结合，区块联动，将整个龙虎山片区打造成国际一流，国内顶级的集丹霞山水观光、道教文化体验、康体养生度假、乡村生态休闲于一体的综合型旅游目的地，中国道家生境体验示范区、江西旅游发展新标杆、鹰潭建设旅游胜地和生态宜居城市的核心引擎。根据《规划》的要求，景区大力推进龙虎山镇主接待中心、上清镇次接待中心、天门山—圣井山景区等一系列控制性规划的编制工作，构建了大旅游发展的格局，绘就了一幅展示和谐魅力、体现文化特色、秉承生态理念、注重合理开发的旅游发展蓝图。

【重点项目进展顺利】 2012 年，龙虎山景区党委、管委会始终把项目建设作为推动景区转型发展、升级发展的重要支撑和强劲引擎。上清古镇改造项目一期工程已基本完成。天师路立面仿古改造基本完工，路面改造已完成，“古上清、道上清、水上清、夜上清”的改造效果已初步显现。2013 年上半年将全面完成仿古改造任务，极大提升景区旅游品味。生态运动养生园项目快速推进，园内体育运动设施初步具备了开放条件，配套的五星级酒店项目正在进行方案设计。雷迪森庄园和枫香山庄的主体部分已顺利完工，年内可转入室内外装修和配套设施建设。大道乾坤项目一期工程已初具雏形，正在进行二期工程玉帝阁、神仙世界等景点建设。自《规划》出台以来，短短 4 个月时间，景区围绕水寨宋庄、天元度假区、文化创意园等一批重点项目的开工，着重开展了融资、土地收储等前期工作。2012 年完成了首期 1.1 亿元融资贷款，1400 亩净地计划收储任务已完成 80%，项目评审、立项等前期工作正有序推进，为项目顺利开工奠定了基础。

【招商引资富有成效】 2012 年，景区大力开展了旅游、文化产业招商和以商招商，强化目标责任考核，明确了招商主攻方向，充分利用各类招商推介平台，吸引了一大批客商前来景区洽谈、考察、投资项目。景区全年累计引进外来资金 12 亿元，增长 10%；实际利用外资 500 万美元。5000 万元以上投资项目 9 个，其中由北京泓金中能投资公司投资 5 亿元的龙虎山文化艺术创意园项目、由北京铭星冰雪公司投资 5 亿元的冰雪文化广场项目和吉安恒源泰公司投资 2 亿元的锦江酒店（五星级）项目 2013 年可开工建设。

【民生改善成效显著】 2012 年，景区认真落实一系列强农惠农政策，精心实施了 4 万亩粮食高产创建、253 户居民改造提升和 1100 亩景观油菜生产工程。争取到 2354 万元投入到水利防洪除险加固，以景区景点绿化提升为主体的“一大四小”和森林防火工作获得省委、省政府表彰，全年完成造林绿化面积 3900 亩。完成了城乡居民、失地农民养老保险和医疗保险的全覆盖，全年共发放城乡低保资金 399.9 万元，城乡困难群众的基本生活得到了有效保障。投入 340 余万元，全面完成了 14 个自然村的新农村建设任务。认真实施了地质灾害治理项目。对龚资线两侧 4 条通自然村道路进行了硬化，方便群众出行。教育事业整体推进，争取到 540 余万元用于校舍改造工程，新招聘 9 名专业教师充实教育一线，教学水平迈上新台阶。医药卫生体制改革扎实推进，所有卫生院（室）实现了国家基本药物制度全覆盖，公共卫生服务能力得到提升。加大了景区文物保护力度，编制了仙水岩崖墓群保护维修方案。深入实施文化惠民工程，新建农家书屋 2 家、群众活动中心 11 处，丰富了群众的文化生活。

【党建综治全面进步】 2012 年，景区共投入 5000 多万元用于各级组织的软硬件改造提升，党建标准化建设成果进一步扩大，标准化建设步伐已延伸至村级，从办公活动场所、便民服务体系、日常运行机制等各个方面提升了基层组织形象。紧扣科学发展主题和服务旅游发展主线，深入推进了“创先争优”活动，建立健全了“民情家访”制度，赢得了广大群众和游客的好评。严格落实党风廉政建设责任制，建立健全了教育、监督、惩处并重的反腐倡廉体系，加大违纪行为查办力度，有效开展了集中整治影响发展环境的干部作风突出问题活动，进一步增强了干部服务意识，优化了发展环境，为景区科学、和谐、跨越发展奠定了坚实基础。景区内人口计生、安全生产、食品药品安全和社会治安综合治理形势平稳，社会保持和谐稳定。

龙虎山景区旅游

【2012 年旅游黄金周接待情况】 2012 年，春节旅游黄金周（元月 22 日至 28 日），龙虎山景区共接待游客 3.71 万人，同比增长 68%，旅游直接收入 300.3 万元，同比增长 72%；“五一”旅游小长假（4 月 29 日至 5 月 1 日），龙虎山景区共接待游客 11.63 万人次，同比增长 9%，旅游直接收入 786.23 万元，同比增长 10%；“十一”黄金周（9 月 29 日至 10 月 7 日），龙虎山景区共接待国内外游客 38.56 万人次，同比增长了 86%，旅游直接收入 2653.23 万元，同比增长 75%，单日接待量超过 1.8 万人，创新历史纪录。黄金周期间，整个景区旅游秩序良好，未发生旅游安全事故和重大旅游

10月5日至7日,来自全国20多个省市近万名驴友齐聚龙虎山景区泸溪河畔

(龙虎山风景名胜区供稿)

投诉,取得了安全好、秩序好、质量好、效益好、形象好的骄人成绩。

【品牌创建成果斐然】2012年,继成功申报世界地质公园、世界自然遗产后,景区通过持续推进品牌创建工作,成功问鼎了国家5A级旅游景区并顺利通过世界地质公园评估,实现了世界自然遗产、世界地质公园、国家5A级旅游景区品牌创建三连跳,步入了旅游品牌新时代。至此,龙虎山已获得世界地质公园、世界自然遗产、国家级风景名胜区、国家森林公园、国家地质公园、国家自然与文化双遗产地、国家5A级景区7块顶级品牌。

【企业改革扎实推进】为了搭建“小政府、大集团”的旅游管理构架,通过对所有权、管理权、经营权改革,推进集团公司向现代大型企业迈进。对公司资产进行了清产核资,并已整体上划市国资委管理;对公司的法人治理结构和内部管理制度进行了重新编配调整,对公司机构及岗位进行了科学设置,集中景区管委会的人财物等优质资源向集团公司倾斜,进一步理顺了公司运营机制,新组建了旅游发展公司、城投公司和乡村旅游公司,切实增强了企业运营效能;有序开展了股份公司组建的前期工作,和国内多家知名上市中介公司进行了接触洽谈,确定了股份制改造辅导中介公司,明确了公司改造方向,为下一步旅游集团公司上市奠定了坚实基础。景区坚持“管理治企、文化育企”理念,深化管理创新、创效能力,坚持严格管理、刚性执行,管理制度健全完善,管理机制不断创新,按照现代企业管理要求,精心制定了集团公司章程、绩效考核制度、财务运行制度、岗位管理制度、人力资源管理制度、服务标准化制度、安全应急制度等70多项规章制度,为公司高效运行提供了保障。大力推行规范化、微笑化、标准化服务体系,制定了一整套岗位服务标准,加大对各岗位的巡查督导力度,在督导过程中,坚持奖罚并重,有效激发了员工的潜力和动力。

【旅游营销不断创新】2012年,景区投入2000万元,精心开展旅游营销工作,有力地开拓了旅游多元化的客源市场。一是借助高端媒体宣传,加强品牌营销。以央视《朝闻天下》品牌传媒形象宣传为主着力点,加强与重点客源增量区域安徽、湖北、湖南、山东、济南、河北、河南等主流媒体的合作,邀请了韩国KBS、香港TVB、台湾东森等境外客源市场媒体、旅行社走进龙虎山开展主题拍摄采风、游记写真、科考解密专访等新闻采编活动宣传,全面提升了龙虎山景区品牌形象。与江西新闻网合作,策划实施了“2012传奇龙虎山—全国知名网络媒体走进龙虎山”网络活动,10家知名网络媒体围绕“最美导游一天”“2012马拉松赛”“5A成功专访”三个主题,在网络上进行强势宣传造势,转载的重点新闻网站及商业网站突破了100家。利用微博即时通信功能强大的特点进行有效宣传。开通了新浪、腾讯、搜狐龙虎山官方微博,经过近一年的运作,新浪微博关注量超6万、腾讯关注量超2万。二是加强渠道营销,实现共赢发展。结合2012年景区旅游营销需求,及时制定了《龙虎山景区2012年门票优惠政策》,对签约旅行社团队采用目标奖励及宣传广告支持的形式,加大组团旅行社的积极性,同时又调动了地接旅行社充分走进客源市场,推荐龙虎山的动力。并对旅游专列、大型自驾游、散客旅游直通车等都作了明确的规定,有效促进了团队客源的招揽力度。结合2012年市场需求与后世博旅行社资源采购大联盟、国旅总社、专列联盟、老年旅游联合体、江西教育旅行社联合体等大联盟合作,布局全国线路,通过市场部区域市场深入营销工作开展,上半年成功开通了哈尔滨-龙虎山旅游专列2趟1700多人、济南—龙虎山旅游专列500多人、北京—河北承德—龙虎山专列600多人、安徽合肥种子酒厂千人系列团,境外(韩国—南昌)直飞包机系列团龙虎山游览活动。与80—100家重点客源地组团社形成合作代理关系，打造区域强势产品。全力扶持散客旅游直通车，形成常年固定的龙虎山散客线路产品。选择湖南区域的长株潭、湖北区域的武汉等两大重点客源地进行攻坚，做到市场内70%组团社有龙虎山产品线路。通过对黄山市场客源方向调研和地接社走访洽谈，龙虎山景区把远程区域市场北京、山东、济南、河南、河北客源以黄山为入口点，连线周边游产品，实现龙虎山景区远程客源市场新对接。加强与同程等大型门户及门票销售网站合作，扩大提升直销渠道。三是加强活动营销，开展形式多样的宣传推介活动。策划推出了2012年元月“升龙大典”旅游专题，并在同程网、大江网、江西新闻网、龙虎山官网等网络媒体宣传推广。在元旦之际，策划举办了龙虎山龙年闹新春系列活动，出现了元旦万人游龙虎山的壮观景象。积极参与省旅游局组织的“江西旅游免票月”活动，精心准备了一系列以“龙”为主题的旅游活动，如“龙文化主题活动”“新年祈福”“吉祥龙虎—龙虎山祈福观光游(送温泉票)”、“火龙迎新元旦晚会”“《壬辰年》特种邮票首发仪式”等5大主题活动，让游客深刻感受到龙虎山的独特魅力。积极参与省委、省旅游局开展的“‘博’动江西·风景独好”大型网络主题龙虎山宣传活动，通过活动，充分展示了景区绝美的自然风光和深厚的文化底蕴，极大地宣传推广了龙虎山的品牌形象。邀请境外俄罗斯国家电视台和安徽、福建、上海等地旅行社到龙虎山开展采风行活动，全年共接待采风、踩线团120余家，有效提升了景区知名度。筹划实施了2012年首届环龙虎山半程马拉松比赛活动，通过设置丰富的比赛项目，吸引了3300多人参赛，不仅有国际马拉松选手，还有全国各省市长跑俱乐部的长跑爱好者，以及高校、市民团体，受到体育迷的热捧，取得了全国轰动的好成绩。成功举办“2012第八届龙虎山国际帐篷节”，安排了比往年更加丰富多彩的娱乐活动。10月5日至7日，浙江、湖南、安徽等全国20多个省市的近万名驴友齐聚龙虎山景区泸溪河畔，尽享户外生活带来的激情和快乐，共同感受了龙虎山作为“户外运动天堂”所带来的非凡魅力。

【龙虎山景区入选全国影视指定拍摄景地】 8月24日至26日，中国广播电视协会电视制片委员会会员代表大会暨第九届“十佳电视制片”表彰大会、首届全国影视拍摄景地推荐交流研讨会在河北召开，龙虎山景区入选全国影视指定拍摄景地，成为江西省唯一入选的景区。

(苏　勇)

【龙虎山景区副县级以上干部名录】

书　记：黎　云(~2012.3)　李卫国(2012.3~)

主任：毛建华

副书记：谢　雯(女)　王　俊

纪委书记：吴泉友(~2012.7)

党委委员：胡中华(~2012.5)

党委委员、组织部长：吴红艳(女)

党委委员、副主任：蔡湘芬(女)　张明亮　倪爱华　冯发茂　李　斌

龙虎山老子学院(道教学院)奠基仪式

(龙虎山嗣汉天师府供稿)

正一道教与嗣汉天师府

编辑、校对:柴靖龙

概述

2012年,龙虎山道教协会进一步理顺了“一会三观”的管理体制,即在道协直接领导下,由嗣汉天师府、正一观、大上清宫三个宫观的道众民主管理委员会实行目标管理,民主管理,在信仰建设、道风建设、基础设施建设和宫观自养、开展教务活动、扩大与海内外道教界文化交流等各方面均取得了较好的成绩。

1.通过不断地加强政治理论和道教业务学习,宫观道众综合素质得到了明显提高。一年来,龙虎山道教协会先后组织学习了中共十八大会议文件,学习了十一届全国人大五次会议精神,重温了《宗教事务条例》,还多次礼请著名高道和专家学者到龙虎山天师府讲课,内容涉及爱国爱教,戒规戒律,道教哲学,道教历史等多方面的内容,取得明显效果。

2.关心道众生活,不断提高民主管理水平。2012年在已有制度的基础上,进一步完善民主管理,财务管理,安全管理等规章制度,多年未能落实的道教教职人员养老保险基本办妥,解决了全山道教教职人员的后顾之忧,宫观财务稳定增长,各项投资稳健有效,安全管理方面实现“三无”(无灾害事故、无违法乱纪、无意外伤亡)。

3. 基础设施建设逐年扩大,工程进展顺利。2012年,列入鹰潭市重点建设工程规划的龙虎山老子学院(道教学院)项目进展顺利,该项目占地2000余亩,一期工程已开工兴建。

4. 依法开展各项宗教活动,进一步增进了海内外道教界人士的交流交往,进一步巩固了天师府的祖庭地位。2012年,龙虎山道教协会组团出访台湾,中国道教协会副会长、江西省道教协会会长、龙虎山道教协会会长、嗣汉天师府主持张金涛拜访了台湾政坛知名人士刘介宙、郝柏村、连战诸前辈,畅谈两岸交流带来的新变化,共谋中华民族的振兴,成功地举办了天师府在台湾地区开坛传度、新纳道教弟子200余人。同时,成功地在台湾大学和新北市举办了两岸道教文化研讨会。2012年嗣汉天师府成功举办了两次规模大、档次高的内地和海外正一弟子授箓法会,参加授箓的人数达512人。

嗣汉天师府

【杜青林考察天师府】2012年2月17日上午,全国政协副主席、中央统战部部长杜青林莅临天师府视察,受到全国人大代表、中国道教协会副会长、天师府主持张金涛及全山道众的夹道欢迎,一进头门,杜青林便亲切地与天师府道士握手,并向大家挥手致以问候。江西省政协主席张裔炯,省委常委、统战部部长蔡晓明,省委统战部常务副部长黄小华,鹰潭市委副书记熊茂平,市政协主席潘赞海、市委常委、统战部部长戴春英,龙虎山景区管委会书记黎云等各级领导陪同考察。

杜青林部长依次参观了天师府的文物、殿堂,并观看了天师府举行的平安道场,随后与天师府道众合影留念。

张金涛主持汇报了天师府的历史沿革和改革开放以来的发展情况、天师府在与港澳台地区及海外道教界文化交流、历次对海外正一派弟子授箓工作及龙虎山道教学院、老子学院建设等情况。

杜青林对天师府所取得的成绩表示肯定,并勉励道职员工要继续发挥天师府在中国道教界的特殊作用,为促进宗教与社会主义社会相适应、为促进祖国的和平统一做出新的更大贡献。

(熊 雄)

【郑万通考察天师府】2012年10月16日,全国政协副主席郑万通及夫人任淑芳,在省政协主席黄跃金、省政协秘书长肖为群、市委书记陈兴超、市政协主席潘赞海、市委秘书长胡高堂等领导的陪同下考察天师府,受到龙虎山道协全体道众的热烈欢迎。

郑万通边参观边听取陪同人

员的讲解，走访了天师府多处殿堂与景点。尤其是在授箓院里，对天师府的授箓工作兴趣很大，进行了详细询问。观看科仪表演后，郑万通听取了道教协会副会长曾广亮关于天师府近年发展情况汇报及今后的设想打算。郑万通副主席对天师府落实党的宗教政策后，取得的巨大变化表示肯定。

（孔祥毓）

【阿不来提·阿不都热西提考察天师府】2012年11月21日，全国政协副主席阿不来提·阿不都热西提，全国政协常委、经济委员会主任张左己等领导在省政协主席傅克诚、市委书记陈兴超、市政协主席潘赞海等领导的陪同下来天师府考察。

阿不来提·阿不都热西提副主席听取了陪同人员的讲解，走访了天师府的每一个殿堂，观看了元代大铜钟、仁靖真人碑、三省堂等文物古迹，观看了科仪表演，对授箓工作进行了详细地询问，对天师府落实党的宗教政策后，取得的巨大变化表示肯定。

（熊 雄）

【学习贯彻全国人大十一届五次会议精神】2012年3月3日至14日，中国道教协会副会长、江西省道教协会会长、龙虎山道教全山主持张金涛出席了十一届全国人大五次会议。会议结束后，张金涛立即赶回天师府，组织全山道众深入学习，共同领会会议精神，并且联系宫观实际，制定了年度工作目标，为下一步的发展打下了坚实基础。

（徐才金）

【学习贯彻中共十八大报告精神】2012年12月8日，龙虎山道协组织全体道众在天师府西客堂，学习贯彻中共十八大报告精神。

会议由曾广亮副会长宣读了中共十八大报告摘要。全体道众在聆听了中共十八大报告摘要后，就如何贯彻落实中共十八大精神，结合中共十八大精神做好本职工作，踊跃发表了自己的看法。张金涛、张贵华、曾广亮和众道长纷纷表示党的十八大是中国进入全面建成小康社会决定性阶段召开的一次十分重要的大会，要深入理解中共十八大报告精神，落实贯彻到本职工作中去。要通过学习贯彻党的十八大精神，坚定爱国爱教信念，进一步加强自身建设，走与社会主义社会相适应的道路，进一步探索发挥道教的积极作用，为全面建成小康社会而奋斗。

（熊 雄）

宗教活动

【组团赴台湾进行文化交流并开坛传度】2012年5月8日至16日，龙虎山道教协会赴台湾访问团专程赴宝岛台湾，进行了为期九天的道教文化交流活动，并首度在台湾开坛传度。赴台访问团由：全国人大代表、中国道教协会副会长、江西省道教协会会长、嗣汉天师府主持张金涛担任团长，江西省民族宗教事务局副巡视员李红、中国著名书法家陈敬国先生任顾问；江西省民族宗教事务局相关处室负责人林剑卫、宋春华、洪跃明、王斯琴；中国道教协会理事、龙虎山道教协会副会长曾广亮及龙虎山道教协会工作人员徐才金、艾俊栋、吴欣瑜、熊雄等共12人组成。在台期间一是拜会了台湾政坛元老，为两岸和平统一做出过贡献的刘介宙、郝柏村、连战诸位前辈，宾主双方进行了友好交谈。二是祭奠了六十三代天师张恩溥，张恩溥天师1969年羽化在台湾，安葬在新北市安坑龙泉墓园。三是举行了一次别开生面的“梅湖植树”活动，访问团全体成员与国民党元老刘介宙一道，在宜兰的梅花湖畔种植了约20株象征和平、美好、长久不衰的梅花树。四是进行高层次的文化交流活动。5月14日，首场学术交流会在台湾的最高学府台湾大学进行，来自两岸学者30余人参会，发表了精湛演讲。次日，在新北市政府礼堂进行了再次交流，并举行了“江西龙虎山天师府文化交流服务中心台湾办事处”成立揭牌仪式。五是首次在台湾开坛传度。5月10日，分别在道教总庙三清宫、鹿耳门天后宫举行两次传度法会，接纳正一弟子共200余人。

【举办授箓活动】2012年11月17日至21日，中国内地正一道授箓活动在道教祖庭龙虎山天师府举行，这是继庚寅年(2010年)对内地弟子授箓后，规模最大的一次授箓活动，来自国内22个省、市、自治区的329名箓生参加了授箓。2012年11月26日至29日，壬辰年对海外正一弟子的授箓活动也在天师府如期举行，这是从1991年恢复对海外正一弟子授箓以来连续举行的第22次授箓活动。

道教正一派授箓活动是道教内部的传统科仪，是教内吐故纳新、考核功过、敬天谒祖、发奏升箓的重要活动。近30年来，授箓活动均由中国道教协会主办，龙虎山嗣汉天师府承办。

（徐才金）

道教文化研究

【龙虎山老子学院(道教学院)工程进展顺利】龙虎山道教学院（老子学院)是列入鹰潭市重点建设工程的项目之一。该项目位于上清镇对岸桂洲村东侧的琵琶峰下，总体规划用地2000亩，其中老子学院(道教学院)建设用地80亩、世界长老村用地1000亩、道教文化系列用地720亩、养生健身楼200亩。该项目一期工程于2011年6月1日开工，2012年已完成老子学院（道教学院)主体工程，工程进展顺利。龙虎山老子学院(道教学院)的建立将对道教文化研究产生积极而深远的影响。

（徐才金）

【龙虎山嗣汉天师府主持名录】
主持：张金涛

城乡建设

编辑、校对:华志萍

城乡建设实施与管理

【概述】2012 年,市城乡建设局在市委、市政府的领导下,在省住建厅的支持下,紧紧围绕建设“富裕、秀美、宜居、和谐”新鹰潭的奋斗目标,按照“主攻项目、决战‘三区’、凸现特色、实现跨越”的总体要求,全力打造“服务型城建、创新型城建、行动式城建”,全市建筑市场发展态势良好,项目建设顺利开展,市政基础设施建设取得新进展,新型城镇化和城乡建设工作稳步推进,各项管理工作均上新台阶,多项工作取得历史性突破,有力地推动了鹰潭城乡建设事业又好又快发展。

【与市城市建设委员会合并组成新的市城乡建设局】2012 年,市委决定,将市城市建设委员会办公室并入市城乡建设局,组建新的鹰潭市城乡建设局,为市政府组成部门,同时将市市政工程管理处、市城市桥梁设施管理的职责划入鹰潭市城乡建设局。8 月 10 日,市政府下发鹰潭市城乡建设局“三定方案”,核定市城乡建设局内设办公室、党委办公室、建筑管理科、城市建设科、村镇建设科、计划财务审计科、勘察设计科(抗震办公室)、建筑节能与科技科、行政服务科、建筑市场督查科、政策法规科 11 个职能科(室),市纪委、监察局派驻了纪工委(监察室)。机关行政编制 20 名(含纪检监察编制 2 名),其中,领导职数为局长 1 名、副局长 3 名、纪(工)委书记 1 名,正科级职数 12 名、副科级职数 2 名。

【精心谋划城市建设思路】围绕建设“四个鹰潭”奋斗目标,起草并提请市委、市政府印发了《鹰潭市建设宜居城市实施方案》和 2012 年度工作意见,进一步制定标准、明确项目、量化指标、设计形象,确定时间节点有序推进宜居鹰潭建设。按照“主攻项目、决战‘三区’、凸现特色、实现跨越”总体要求,积极主动做好城市公共设施、基础设施建设管理养护、城乡基础设施建设等专题调研,撰写了相关调研材料,为市委、市政府加速推进新型城镇化、完善城镇体系、统筹城乡发展等方面提供了决策参考。

【进一步规范建筑市场】为规范全市的建筑市场主体行为,市城乡建设局认真履行监管职责,不断完善监管手段,规范监管行为。一是 2012 年办理市区建设工程勘察合同备案 38 份、设计合同备案 33 份、施工图设计文件审查情况备案 39 项,审查备案率达到了 100%;共完成工程施工项目招投标监管 35 项,其中邀请招标 20 项,公开招标 15 项,工程中标总价 16.37 亿元,建筑面积 135.8 万平方米;交易中心共受理进场交易项目 122 项,进场交易总额 32.30 亿元,成交额 25.59 亿元,节约资金 6.71 亿元,所有进场交易工程项目实现零投诉;全市建筑业企业发展到 52 家,二级以上资质达 25 家,建筑业进一步健康发展,全年建筑业总产值首次突破百亿元大关,共完成建筑业产值 121 亿元,同比增长 26%,增幅居全省第一;建筑业各项指标显著增长。二是严格执行夏热冬冷地区建筑节能 50%标准,截至 2012 年共计验收节能工程 38 项,验收节能建筑面积约 79 万平方米。成功申报 2012 年国家“可再生能源建筑应用示范城市”,成立了鹰潭市可再生能源建筑应用工作领导小组,下发了《鹰潭市人民政府办公室关于印发鹰潭市可再生能源建筑应用城市示范工作实施方案的通知》,起草了《鹰潭市可再生能源建筑应用城市示范项目管理办法》等文件。3000 万元的项目补助资金已经落实到位。大力推广应用太阳能、水源热泵、地源等节能措施,支持市迎宾馆、开元国际大酒店等重点项目建设水源热泵,为促进“十二五”期间鹰潭节能减排任务达标和建设“两型社会”起到了有力的支撑。三是为加强全市建筑行业一线操作人员的培训和规范管理,减少安全隐患,提高操作技能和水平,对全市建筑行业电焊工、脚手架工、机操工等十多个特殊工种人员进行了理论培训,并按省住建厅要求完成了公共科目和各工种专业科目的学习,培训人数380余人。

【扎实推行行业监管】 适应新形势下的建筑业管理,起草并提请市政府印发了《鹰潭市建筑业施工企业诚信管理办法》,通过建立优胜劣汰的动态管理机制,进一步提高企业综合素质,确保工程质量和安全生产。严格按照《中华人民共和国建筑法》规定,对市建设工程的勘察设计、施工图设计文件审查、工程招投标、进场交易、质量、安全、竣工验收等进行了横向到边、纵向到底全覆盖式的严格监管,使建设工程勘察合同审查备案率、节能设计执行率、工程项目招标告知率、工程施工项目招投标率、工程项目进场交易率均达100%。所有进场交易工程项目实现零投诉。创新节能专项审查和规范抗震设防审查机制,对于建筑节能审查未通过的不予发放审查合格书,发现擅自变更节能设计未经复审的,要求其出具变更意见重新送审;将医疗卫生工程、中小学、幼儿园工程、市重点工程项目等对城市功能、人民生活和生产活动有重大影响的系统工程列为全市的抗震设防重点审查工程。

【逐步完善市政公用设施】 为进一步贯彻落实市委、市政府“三城同创”的精神,围绕“创建文明城市、园林城市、生态城市”的各项创建指标,全面强化市政公用设施管理建设,完善市政基础设施。一是保“民生”。强化供水管网建设管理,实施夏埠水厂、信江新区路网、童家新集镇、鹰西大道等重大供水管网新建工程,实现供水量1727.28万立方米,完成漏损维修511处,查处违章用水73处,水质综合合格率、抢修及时率达100%,确保了全市安全供水。加快天然气配套管道使用建设,已经有3000余户接入并使用天然气,同时启动市污水处理厂改造提升工作。二是强“配套”。全面强化基础设施管理。开展了全市主干道的道路现状和照明设施的统计调查,对破损的道路、窨井盖等市政设施进行整改,对市区人行道和车行道路进行维修,修复花岗岩人行道板3500平方米,彩色地板砖5300平方米,清淘检查井710座次,雨水井7260座次,更换被损检查井141座,雨水井331座,疏通管道1800米,清淤泥1230立方米,维修更换电缆6135余米,恢复被盗电缆1900余米,维修路灯3923盏,市政设施完好率达95%以上,路灯亮灯率也在98%以上。三是抓“提升”。积极开展治堵修缮工程。针对白露通道现状,启动应急机制,实行24小时值班制,努力解决白露洞口积水时间长的问题。开展立新巷下水道改造工程,解决了立新巷及林荫东路路口多年内涝问题,同时开展景观亮化中控设备新建和路灯监控升级改造工程,共安装监控终端182套,防盗设备30个点,林荫西路路灯改造工程新安装路灯25盏,更换电缆175米。

【狠抓工程质量安全监管】 质量安全总体受控,全年未出现1起重大质量安全事故。为确保建设工程质量安全,加大了监管频率。坚持建筑市场日常巡查制度,每周监督员不少于一次对项目进行抽查;严格工程基础、主体、竣工验收关,同时,开展了全市性建筑施工安全生产大检查,共检查项目280多项次,下发限期隐患整改通知书250多份,停工整改通知书3份,每次大检查后都进行了复查并下发检查通报,下发整改通知单65余份。进一步完善监管手段。在做好日常质量巡查工作的同时,每周不少于1次对监管项目进行抽查,严格工程基础、主体、竣工验收关,对工程参建各责任主体的质量行为认真进行监督,全年共监管项目42项。同时,以保障性住房监管为重点,加大对保障性住房建筑材料检测频次,对保障性住房进行了三次专项检查,下发整改通知单66余份。

【开协调推进新区发和老城区改造】 通过建立健全建口例会制度和项目推进机制,及时协调项目建设涉及规划、征地、拆迁、资金等方面的困难和问题,有效推进了工程项目的实施。总长24.3千米的信江新区“三纵三横”路网基本成型,鹰潭一中新校区投入使用,高铁北站、市行政中心等重点项目稳步推进,滨江公园二期、林荫东路综合改造等一批老城改造项目顺利竣工,城市展示馆(市民服务中心)即将开馆,天裕豪生酒店主体工程封顶,惠及3万人的百佳城、山背小区、立新巷小街小巷综合改造项目全面完成,月湖新城、市迎宾馆、市总工会和人民医院整体改造等项目有序实施,北极阁重建项目开工。

【稳步推进重点工程建设】 加大林荫西路贯通工程推进力度。林荫西路贯通工程拆迁、建设、安置“三位一体”建设模式,在鹰潭尚属首次。特别是面对被征收人基本上是原市磷肥厂的企业改制下岗职工,经济条件差,社会矛盾较为突出和由于改制的历史遗留问题较多,因改制诱发潜在的对立情绪在房屋征收中显得尤为突出等矛盾,市建设局工作人员耐心细致地做思想工作,宣讲拆迁政策。截至2012年年底,该项目80户房屋征收已签订了补偿协议79户。工程基本完成K0+000—K0+340段主雨水管沟槽土石方开挖、管道铺设及回填砂砾施工,其中D600砼管已铺设长约340米,包管长40米,沟槽回填砂砾约1300立方米。同时,继续进行K0+20—K0+260段道路南侧污水管铺设施工，其中完成沟槽土、石方开挖长约160米；铺设D400砼管长约120米，沟槽回填砂砾约300立方米。基本完成夏埠水厂一期施工。基本建成日供水2.5万立方米/日规模水厂建设,完成投资约3000万元。全面开工建设信江新区公用弱电管网工程（规划一期、二期、三期道路)。其中纬二路、纬三路、纬五路、经五路、经六路、信江路等路的管道基本已经施工完成进入扫尾工作。滨江路、经一路、龙虎山大道、余鹰贵快速路、纬四路都在紧张的施工当中。其中纬二路、纬三路、纬五路、经五路、经六路、信江路等路的管道基本完成。滨江路、经一路、龙虎山大道、余鹰贵快速路、纬四路都在紧张的施工当中。全力推进天然气管道工程。管道天然气项目是市委、市政府督导的重点工程之一,该项目总投资1.3亿元，主要包括高压管线28.9千米、对接门站2座、高中压调压站2座、管道压缩天然气加气站1座。市局在工作中克服了工程战线长、涉及群众诉求多、与省管线并行在统一施工作业面等困难,抓调度、勤协调,强督查,实现了年底前与省天然气一期工程对接。同时,鹰潭燃气管网从城区东北到西南的主管网已全线贯通,城市主干道及高新区、信江新区燃气管网已铺设到位，管网有效覆盖约5万用户,较“十一五”末翻两番,已完成了42个小区的配套签约和施工，36家商业用户完成配套通气。

【切实抓好“村镇建设”】狠抓农村危房改造。全年全市扩大农村危房改造试点第一批改造任务为1826户,中央下达财政补助资金1369.5万元,省财政补助资金547.8万元。市城乡建设局深入贯彻全省农村危房改造工作会议精神,按照“统筹规划、群众自愿、公开公正”的原则,创新思路、精心组织、群策群力、强化措施、统筹推进、狠抓落实，扎实推进农村危房改造工作，1826户100%开工建设。积极争取上级支持。争取补助资金170万元,专项用于童家、上清、雷溪、流口、中童、潢溪等6个集镇垃圾处理设施建设。争取100万元用于童家示范镇建设,申报了210万补助资金用于7个乡镇的基础设施建设。加大城镇供水管网申报力度。加大了城镇供水管网改造与新建项目的上报工作力度,市城乡建设局全年审核上报城镇供水管网改造与新建项目有9个,投资估算为6053.22万元；加大了城镇供水厂项目上报工作力度,审核上报新建城镇供水厂项目8个,投资估算为1.96亿余元。

【着力加强干部队伍建设】市城乡建设局致力打造建设“班子过硬、队伍一流、作风优良”优秀团队,工作中不断加强队伍建设。一是加强思想政治建设。以武装头脑、指导实践、推动工作为目标,着重抓好了中心组学习，增强政治意识、大局意识、宗旨意识、责任意识,坚决服从市委、市政府决策部署,履职尽责,不回避矛盾问题,敢于面对,勇于担当,做到机构整合和中共十八大期间秩序不乱、人心不散、工作不断,保持了城乡建设事业的快速发展。二是加强组织建设。坚持民主集中制,认真落实事项集体决策制度,重大问题集体研究,民主决策,公开、公平、公正办事。具体工作中坚持集体领导下的分工负责制，认真贯彻《干部任用条例》《四项监督制度》,做到严格按照核定职数配备干部，并经民主推荐、群众测评、组织考察、党委讨论决定等程序选拔任用干部。三是加强作风建设。深入开展“创先争优”“干部作风整治”等主题教育活动，通过完善工作规则、规范工作规程、精简审批事项、优化科室内部运转程序等机制,有效提高了服务效率。强化“没有任何借口”的执行文化,推行一线工作方法,干部长驻项目建设管理一线,抓好各项工作的落实。四是加强党风廉政建设。围绕城市建设事业健康发展、干部队伍健康成长的目标,落实党风廉政建设责任制,强化“一岗双责”，在思想深处筑牢防线,狠抓制度建设，强化反腐倡廉治本措施，加强对《廉政准则》执行情况的监督检查。充分发挥领导班子的带头示范作用,在公务接待、执行财务制度、用车、住房、干部任用等方面严格执行有关规定,全局干部职工无一违纪违法现象。

【认真做好其他工作】严格落实综治维稳和计生责任制,抓好了综治、计生、信访等工作。妥善处理了水岸华府、阳光巴黎等开发项目中的质量通病问题，积极处理了鑫琥广场项目因地下室开发引发的周边场地下沉问题以及多个建设项目中的拖欠农民工工资问题，化解了一系列矛盾,特别是中共十八大期间,确保了一方平安。同时,倾心尽力完成村建帮扶、秀美乡村、民族村帮扶、社区标准化建设等中心工作。

【获得多项国家、省市级荣誉】2012年，市城乡建设局荣获2012年度全省住房城乡建设系统先进集体二等奖，全市建设系统有2人荣获全国建设系统劳动模范、先进工作者。招标投标、信息宣传、老干部等工作荣获全省住建系统先进单位,勘察设计、工程造价、城建档案管理、农村危房改造等多项工作跻身全省前列。供水服务大厅成功创建“省级青年文明号”,局驻行政服务中心窗口被评为“全市党员先锋岗”。

（江　娟）

【市城乡建设局副县级以上干部名录】

党委书记、局长:叶　剑

党委副书记、副局长:周建水

党委委员、副局长:余国龙　张任庆(2012.4~)

副调研员:寿莉蓉

党委委员、副调研员：揭继军

(2012.4~) 杨样龙(2012.5~)
调研员:刘高明(2011.3~) 汪安平(2012.8~) 程南英(2012.8~)
副调研员:曾宪社 (2012.5~) 毛江水(2012.4~)

城市管理

【概述】2012年,在市委、市政府的坚强领导下,在社会各界的大力支持和帮助下,该局积极践行“一切从市民需求出发,一心为城市发展服务”的理念,紧扣“三城同创”目标任务,以立足本职、尽责履职为根本,以服务中心、顾全大局为使命,以服务市民,解决热点难点问题为着力点,以转变队伍观念、形成合力为突破口,以强化宣传、典型带动为依托,不断践行和深化城市管理体制机制改革,创新发展思路,使城市管理各项工作呈现出蓬勃生机和活力。2012年,该局先后被评为“市政协八届一次会议以来提案工作先进单位”“第七届全国城市运动会先进集体”“全市公共机构节能工作先进单位”“全省城市管理工作先进集体”“信访工作目标管理先进单位”“全市档案工作检查先进单位”“国库集中支付改革先进单位”“新农村建设工作帮扶先进单位”“市直机关党的工作优秀奖”。

【服务中心工作】牢固树立“全市一盘棋”的全局观念,强化“没有任何借口”的执行文化,践行“不谈条件、不提要求”的城管作风,全力以赴做好各项重点工作及市委、市政府交办的其他中心工作。

该局率先启动了国家园林城市和省级生态园林城市创建工作,认真做好了基础数据普查、迎接初评检查、拟订工作方案等大量前期工作,并将申报申请、省住建厅的初审意见及遥感测试基础资料报送国家住房和城乡建设部,为在全市开展“创园”工作奠定了扎实基础。以此为契机,该局围绕“一轴两翼三片区,两横三纵”的绿地系统结构,遵循“因地制宜、适地适树、植物多样、丰富色彩、简洁明快”的绿地规划设计理念,先后制定出台了《鹰潭市城市园林绿化管理办法》《鹰潭市城市绿线管理办法》等多项规定,并进一步加强了对城市景观和园林绿化的监督管理,有力地遏制了破坏园林绿化方面的各类违法、违规行为的发生。同时,为保证鹰潭市园林绿化各项指标符合“创园”评价标准,该局以增园扩绿为目标,主动思谋,科学规划,借助市场化运作方式,着力推进鹰潭公园、东湖公园、梅园公园改造,鹰潭植物园、信江新区3个公园、城区8个小游园建设等创园项目建设。

在市文明办的指导下,结合该局工作职能和实际,按照分解下达给该局的创建任务,精心组织实施,认真开展工作。一方面,利用市区繁华地段和主次干道的户外广告媒体发布公益性广告,使广大市民切实感受到鹰潭市“创文明城”活动带来的新变化、新面貌,有力地激发了群众支持和参与文明城市创建工作的热情;另一方面,积极做好了鲜花摆放、环卫清扫保洁、市容秩序管理等工作,特别是针对摩托车、电动车等无序停放的情况,合理施划了非机动车停车泊位700余个,有效解决了非机动车乱停乱放等不文明现象。通过全局上下的共同努力,为鹰潭市各项中心工作的顺利完成付出了最大的努力,受到领导和市民的一致肯定。

【实施精细管理】精细化管理的目标是从细处着眼,从小处入手,实现主次干道保洁到位、小街小巷干净整洁、市区街道秩序井然、园林绿化全面到位。为实现这一目标,结合鹰潭实情,积极推进“数字城管”建设,实行信息化、网格化管理;按照“管干分离、市场运作”的原则,着力推广滨江公园市场化管理模式,不断创新城市管理体制;进一步优化周比月评、三级督查、联动连带等工作责任机制,完善考核评价体系,逐步形成了科学规范、快捷高效、柔性文明的长效管理机制,实现城市管理工作的精细化、常态化、人性化,使城市管理水平再上新台阶。

【创新工作模式】为推进精细化作业,该局不断创新作业模式,打造鹰潭特色。

在城管指挥调度方面,积极推进“数字化”城管建设,在原有对讲平台、“12319”城管热线、便民平台的基础上,进行信息采集,逐步建立和完善数字化指挥调度模式,同时积极搭建了社会监督服务平台,成立了社会监督服务中心,建立和完善了多层次、多渠道、全方位的城市管理社会监督体系。通过资源的进一步优化,全局的快速反应、服务市民的水平得到了有效提升,全年城管“12319”服务热线受理市民投诉、求助2953起,办结2843起,办结率96.3%;办理人大建议和政协提案13件,切实做到事事有答复,件件有回音,满意率达100%。

在环卫作业方面,积极推广市场化运作模式,广泛采取区域承包、考核绩效的方式加强管理,将全部环卫作业任务以责任制形式进行发包,实现定人、定岗、定责、定奖惩;

健全垃圾收运体系,严格采取密封措施,提高清运效率,确保垃圾及时清运,进一步缩短垃圾在市区的滞留时间推进垃圾定时上门收集和袋装化试点,通过运行模式的转变,不断提升城市品位;改革余土管理办法,出台了《鹰潭市中心城区建筑垃圾和散装建筑材料运输规范管理实施意见》,积极开展集中整治工作,使垃圾乱堆放、车辆带泥行驶和泼、洒、滴、漏的现象明显减少。

在园林绿化方面,按照“管干分离、市场运作”的原则,引入市场竞争机制,在滨江公园推行市场化运作模式,积极探索专业化、企业化的园林绿化管养方式。滨江二期管养市场化已经完成,实现了建管分离、管养分开。在市场物业管理方面,结合新形势、新任务,推行了一系列新举措、新办法,加快融资步伐,积极推进鹰西菜场、梅园菜场建设,市区菜场功能分布不断完善合理,并实行了划行归市;进一步加强物业小区管理,创新物业管理举措,指导物业公司规范服务,引导小区业主参与小区管理,小区物业管理服务更加规范。户外广告管理方面,出台了《鹰潭市小广告管理办法》,进一步加强和规范户外广告设置与管理,切实做好户外广告资源有偿使用费的收取工作。

在综合执法方面,进一步加大市容管理力度,以广场、公园、学校、菜场等周边环境为重点,采取疏堵结合、严格执法、人性化管理相结合的方式,坚持劝导和整治两手抓,积极推广“驾照式”管理模式,加强报刊亭、体育彩票销售点、临时摊点等设置管理工作,规范修建楼顶隔热层、流动摊贩和夜市经营等行为,并针对城市管理中存在的突出问题,开展了乱贴小广告、占道洗车、店外经营等一系列集中整治活动30余次,取得明显成效,得到广大市民一致好评。制定出台了《鹰潭市小广告管理办法》,加大了违法违规小广告的打击力度,清理各类违法违规小广告2.6万余张,查处张贴小广告行为630起。同时,2012年依法拆除各类违法违规建筑278起,依法拆除各类违法违规建筑共171栋(处),面积1.31万平方米,有效扼制了鹰潭市违法违规建设现象的反弹。

【加快设施建设】通过市场化运作、多方筹资等方式,增加投入,不断提升城市管理相关设施档次,提升城市形象和品位。新添置了一批作业设备,市区主次干道更换垃圾箱1040个,新建、改建压缩式垃圾中转站2座、公厕2座,全年环卫作业面积达187万余平方米,机扫率达40%,清掏化粪池1000余个,清理小街小巷遗弃家具及建筑余土70余车,日均处理生活垃圾310余吨,无害化处理率达100%,环卫作业效率和水平不断提高。结合重大活动、节庆氛围的营造,更换了五茬地栽鲜花8500平方米,摆放各类鲜花137万盆。共新建、改建绿地面积20余万平方米,种植各类乔木2万余株,栽植各类地被植物16.7万平方米,草坪6756平方米。人均公园绿地面积12.97平方米,绿地率达40.3%,绿化覆盖率达44.58%。实施完成梅园菜场改建、立新巷排水改造、龙虎山大道绿化提升、南站路与320国道绿化提升、梅园清洁屋、东湖清洁屋等6个项目。

【加强队伍建设】进一步加强干部队伍理论武装工作,坚持党委中心组理论学习,通过接受井冈山革命传统教育、召开民主生活会等形式,强化党员领导干部的宗旨意识、大局意识、责任意识,构建了和谐奋进的领导班子,形成了班子整体的工作优势和合力,确保城市管理各项工作有序推进。

以党建标准化项目建设为契机,加强基层党建标准化建设,为各项工作开展提供强有力的组织保障。该局属城管综合执法支队从队伍建设、运行机制、阵地建设、工作流程、活动组织及工作制度等六个方面积极推行标准化建设,并在此基础上,以环卫处党总支为试点,将党建标准化项目建设进行任务分解,逐项落实,以点带面,示范带动,在全系统全面铺开党建标准化项目建设工作,有效提升了基层党组织的凝聚力,充分发挥了基层党组织的战斗堡垒作用。

以解决干部作风方面影响发展环境的突出问题为突破口,深入开展干部作风整治活动,制订了实施方案,完善了科级干部计分考核办法,优化了工作考评、竞争上岗、督查考核等工作机制,在全局上下形成了勇于创新、敢于担当、创先争优的浓厚氛围。通过发放征求意见表、设立热线电话、召开座谈会等方式,主动收集各类意见建议30余条,逐一建立台账,制定整改措施,狠抓整改落实,使全局上下工作作风明显改善,有效增强了城管干部队伍的理解力、执行力和战斗力。

全面推进岗位廉能建设,切实做到责任到岗到人、工作雷厉风行、整改立说立行,不断提升城管队伍的执行能力。继续开展“机关服务基层,干部服务群众,人人争做表率,管理争创一流”主题实践活动,建立健全领导干部挂点片区大队制度,深入基层、深入一线,主动发现问题,竭力服务广大市民群众,全局干部职工的服务水平大幅提高。

为优化队伍人员结构,激发干部职工活力,该局按照“因事设岗、因岗定人、竞争上岗、有序分流、绩效考核”的原则,在全系统实行双向选择竞聘上岗机制,把一大批“想干事、能干事、会干事、干成事”的优秀干部提拔到领导岗位,增强了工作动力,凝聚了工作合力,提高了工作效率。

(林建平)

【市城管局副县级以上干部名录】

党委书记、局长:童细宏

党委委员、调研员:吴　强

党委委员、副局长:邱宜临　邓员瑛(女)　吴震亮

党委委员、纪委书记:宋兴国

党委委员、副调研员:薛建福　郑水亮

党委委员、市城管综合执法支队支队长:胡旗生(2012.4~)

市城管综合执法支队支队政委:滕振华

建设规划

【概述】2012年,市城乡规划局紧

紧围绕建设富裕、秀美、宜居、和谐鹰潭的奋斗目标,按照“主攻项目决战‘三区’,凸现特色实现跨越”的总体要求,充分发挥规划引领作用,大力加强规划编制、管理工作,抢抓机遇,开拓进取,较好地完成了各项工作任务。2012年,在提高审批效率、服务项目建设等方面取得了显著成效,相继获得了“2012年度全省城乡规划管理工作先进集体二等奖”“龙虎山成功创建国家5A级旅游景区工作先进单位”“‘秀美乡村’挂点帮扶工作先进单位”等荣誉称号。

【规划编制】1. 加大控制性详细规划和专项规划的编制力度。组织编制完成了《现代物流园控制性详细规划》《鹰东组团控制性详细规划》《蓝线规划》。开展了《信江新区北区控规》编制、《信江新区南区控规》修编、《南站北段控规》编制,《旧城西区控规》修编工作。组织了《天禄旅游集散小镇控制性详细规划》《洪五湖湿地公园控制性详细规划》编制工作。开展了《全市文化休闲娱乐等服务业规划》编制工作,指导余江县政府编制了《国际商贸物流园概念规划》。

2. 强化城市设计及景观工程设计。组织编制了信江新区整体景观绿化,信江新区核心区城市设计,信江新区信江路、龙虎山大道景观工程设计,信江新区沿江风光带(信江大桥至梅园大桥2200米)景观工程设计,信江新区沿江风光带(信江大桥至龙虎山大桥2500米)景观工程设计,高铁广场景观工程设计,行政中心周边和信江生态公园景观设计。

3. 开展重点项目规划设计工作。牵头组织编制完成了行政中心、高铁站前广场、商业步行街、市民广场、梅园迎宾馆、海关国检等重点项目设计方案,组织开展了行政事业单位建筑群及信江新区沿街店面设计方案征集工作。组织征集文化艺术活动中心、科技馆、青少年活动中心的设计方案。

【规划审批】1. 进一步提高规划审批效能。一是对业务审批程序进行再梳理、修改和完善,进一步理顺内部管理职能,简化办事程序。完成了非行政许可项目的清理、规范和流程再造工作。完善了网上办公系统,改变了传统的工作和审批方式,提高行政效率和行政办公透明度。对重点项目的规划审批进行了明确的责任分工,采取集中作业、分管领导分片区一包到底的工作方式,确保在规定时限内完成工作任务,减少工作流转环节,切实提供高效、简便、优质的规划审批服务。二是进一步优化审批程序和办事环节。组织专人,深入高新技术产业园区、街道办事处、房地产公司和相关单位,征求对规划审批流程的意见和建议,并多次组织机关干部职工进行讨论,修改调整规划审批办法,使规划审批程序进一步优化、审批环节进一步简化。进一步优化市局、分局的业务分工,简政放权,将高新产业技术园区项目审批权下放到分局,为企业提供更加快捷便利的服务。三是积极主动服务建设单位办理各建设项目规划报建手续。全年共受理报建项目200余件,办理选址意见书28件,核发规划条件47件,核发建设用地规划许可证33件,核发建设工程规划许可证127件,审批建筑面积105.3万平方米。出具各类红线图40项。完成定位放线34项,验线项目11个,竣工验收16项,竣工测量总建筑面积近34.6万平方米。

2. 严控规划审核,履行了规划委员会办公室的职责。组织召开了7次规划委员会会议,审议通过了各项规划方案46个。召开了15次专家委员会,审查规划方案40余个。2012年3月28日,市第四十九次规划委员会审批通过《鹰潭迎宾馆建筑设计方案》《信江新区核心区城市设计》《73861部队招待所(花园国际酒店副楼)建筑设计方案》《江西鹰潭民惠佳园公租房项目建筑设计方案》《月湖区公租房小区(8#、9#楼)建筑设计方案》《江西省地质矿产勘查开发局九一二大队公租房建筑设计方案》《信江新区江北安置房工程建筑设计方案》《鹰潭广甸汽车城建筑设计方案》《东晖丽景小区建筑设计方案》《江西有色地质勘查一队职工培训及生产调度综合楼建筑设计方案》《鹰潭市行政中心行政综合服务楼建筑设计方案》《鹰潭市城市公共体育设施专项规划(2010—2020)》《鹰潭市排水专项规划(2010—2020)》。2012年4月26日,市第五十次规划委员会审批通过《鹰潭高铁北站站前广场规划设计方案》《鹰潭经济技术开发区龙岗片区公租房建筑设计方案》《胜利东路89号地块建筑设计方案》《梅园翠林小区建筑设计方案》《鹰潭开元国际大酒店建筑设计方案》。2012年7月5日,市第五十一次规划委员会审批通过《鹰东组团控制性详细规划》《现代物流园区控制性详细规划》《华劲酒店建筑设计方案》《鸿鹰新苑附属楼建筑设计方案》《随园小区一号地块建筑设计方案》《田家炳中学大门改造及地下车库建筑设计方案》。2012年7月26日,市第五十二次规划委员会审批通过《市总工会、市人民医院地块改造工程(一期)项目建筑设计方案》《信江新区医院(铁路分院)及康复中心项目建筑设计方案》《天裕豪生大酒店项目容积率调整及建筑设计方案》《林荫西路拆迁安置房建筑设计方案》。2012年8月22日,市第五十三次规划委员会审批通过《信江新区市民广场及沿江绿化带景观规划设计方案》、《信江新区商业步行街规划设计方案》《百盛名仕府建筑设计方案》《月湖岩公园提升改造工程建筑设计方案》《建设路盐业公司地块控制性详细规划方案》。2012年10月31日,市第五十四次规划委员会审批通过《鹰潭市药检所建筑设计方案》《鹰潭市田家炳中学教学办公综合楼建筑设计方案》《景秀佳苑建筑规划设计方案》《龙虎山片区旅游概念性规划设计方案》。2012年12月5日，市第五十五次规划委员会审批通过《鹰潭市职业技术学院迁建工程规划设计方案》《残疾人康复托养(综合服务)中心规划设计方案》《幸福时光小区规划与建筑设计方案》《市人民医院、总工会地块改造工程建筑设计方案》《建鑫金海岸小区规划与建筑设计方案》《南站北段控制性详细规划》《旧城西区控制性详细规划（修编)》《信江新区南区控制性详细规划（修编)》《信江新区北区概念性控制性详细规划》。

【规划管理】1. 强化规划执法力度。全面实施《江西省建设用地规划条件管理办法》《江西省建设工程竣工规划核实管理办法》《江西省城乡规划公开公示办法》《江西省城乡规划备案办法》等城乡规划管理规定。严格执行容积率管理和建设项目规划竣工验收制度。对市区范围内的各类建设活动,特别是未批先建、少批多建、改变规划用途等违法行为,加强巡查,及时制止和处理房地产项目等的违法违规建设。共下发行政处罚决定书4件、听证1起,受理信访投诉10余起,回复率100%。

2. 完善了执法程序。进一步完善规划行政处罚的事前告知、听证公示、督促办理、行政复议、行政诉讼等执法程序和管理制度,确保规划行政执法程序的合法性和适用法律条款的准确性。全年共受理行政复议事项1件。为确保施工单位严格按照规划施工，联合城管部门开展了一系列的督查执法行动,取得了良好效果。

【规划服务】1. 扎实服务好重点工程和重点工作。一是推进了信江新区建设步伐,为市行政中心、市民广场、鹰潭大厦、文化艺术中心、人民医院信江分院、鹰潭一中新校区、信江新区路网工程、信江大市场等重点项目的规划建设提供了优质的服务。二是积极服务于铁路棚户区、鹰西棚户区、人民医院、总工会、防腐厂片区的旧城改造工作。三是服务于经济技术开发区升格为国家级高新产业技术园区和扩区工作。四是积极配合创“三城”工作，顺利完成交办的各项工作。对一些重点项目更是坚持每周一调度,以确保项目按期开工。

2. 全力推进鹰潭市城市规划展示馆布展和信江新区步行街建设。一是全力以赴开展规划展示馆的布展筹建工作。组织人员赴浙江、上海、江苏等地考察展示馆的布展,制定了筹建方案,开展了资料收集、方案征集、布展大纲草拟、施工及监理招投标、讲解员招聘培训等一系列工作。二是积极推进信江新区步行街建设。完成了该局承担的经六路沥青摊铺及路沿石、支四路管网铺设及水泥稳定碎石基层、支五路管网铺设及路基填方、支九路(步行街东段)管网铺设及路基填方等工程建设任务。

3.扎实抓好“秀美乡村”挂点帮扶工作。按照市委、市政府的统一部署，该局2012年挂点帮扶贵溪市吴塘斗笠万家村。结合帮扶村的实际情况,研究制定了《万家村新农村建设发展规划》和《万家村环境综合整治规划》，派出工作组挂点帮扶、指定专人蹲点帮扶,筹资4万余元,水泥60吨,组织村民集资20余万元,对进村道路、村内道路和和房前屋后空地进行了硬化、绿化,整治村内池塘,改水、改厕、修建排水沟，新建理事会办公场所、村民休闲娱乐场所,使村庄面貌焕然一新。

【规划宣传】1. 凸显灵活性,充分利用多种媒体进行宣传。在通过政府网站、《鹰潭日报》等媒体大力宣传城乡规划及其法律、法规的同时,该局主要领导和分管领导多次在鹰潭电视台、鹰潭人民广播电台通过各种活动,现场接听、解答群众关注的规划热点、难点问题。通过制作公开栏、印制办事指南等形式,依法向社会公开行使职权的法规政策依据、职权目录、权力运行流程图等，为群众提供更加细致、便利的规划宣传。

2. 突出针对性,利用专题会议进行宣传。先后多次邀请服务对象、群众代表召开座谈会、专题工作会议,向服务对象和社会各界宣传规划的现行政策、法律法规,征求对规划工作的意见建议。

3.体现贴近性,深入一线面对面进行宣传。局领导班子成员分片区挂点负责,深入社区、乡镇、农村现场宣传城乡规划相关政策、法规,提供业务咨询,解决规划中的疑难问题。

(张晨红)

【市城乡规划局副县级以上干部名录】

党组书记:鲁建平(~2012.05)
党组书记:李 怡(2012.05~)
党组成员、调研员:吴 斌(2012.05~)
党组成员、副局长:张海东 刘慧华(女)
党组成员、纪检组长:龙顺里
副局长:章平平(2013.02~)

城市公共建设

【概述】2012年3月,根据市委、市政府决定,鹰潭市投融资公司与鹰潭市公共建设集团公司合并组建鹰潭市国有资产经营(集团)有限公司。在市委、市政府的正确领导下,公司紧紧围绕“主攻项目、决战三区、凸现特色、实现跨越”的总体要求。以筹资融资为重点,以项目建设为核心，以资产经营为抓手，全力推进落实工作目标任务,各项工作均取得了较好成绩。该公司2012年续建项目10个,新建项目7个,前期工作项目2个,共承建重点工程19个,总投资约42亿元。

【积极推进信江新区建设】 项目建设路网先行,信江新区路网一期工程包括经一路、滨江路、龙虎山路等六条道路,总投资约5.18亿元,累计完成投资约4.23亿元,占总投资的81.66%。龙虎山北路工程是省重点工程。道路全长6400米,宽55米,总投资约2.95亿元,累计完成投资约1.95亿元,占总投资的66%。纬四路工程道路全长2352.87米,总投资约5000万元,累计完成投资4960万元,占总投资的99.1%。已完成沥青路面1500立方米,人行道水稳2300米。高铁站前广场工程是省重点工程,总建筑面积约11.6万平方米,设计规模为宽约480米,进深约180米,总投资约3.5亿元,正进行施工图审核主施工图预算编制工作。行政综合服务楼工程位于信江新区中轴线(经六路)的最北端,总建筑面积约13.6万平方米,主楼总高41.7米,地面9层,地下1层,总投资约5亿元,正进行筏板施工,地下室内承重架单设,墙、柱钢筋绑扎施工。累计完成投资5800万元,占总投资的11.6%。信江新区市民广场工程是为提升城市品位、改善城市环境,加快推进信江新区建设步伐而实施的一项重大民生工程。包括地下商场、停车场、广场、公建配套设施、绿化亮化等工程,总投资约2.3亿元,于12月正式开工建设。

【加快老城区改造步伐】 滨江公园二期工程位于鹰潭市中心城区信江南岸,自西向东分别连接鹰潭公园、东湖公园、滨江公园一期、梅园公园,沿岸长约2700米,占地约23万平方米,总投资1.3亿元,共分为老码头文化区、公园景观区、江滩生态区三个主题区域,集文化、生态、休闲、旅游等现代风格为一体。7月通过竣工验收,11月已移交市城管局管理。林荫东路综合改造工程沿街全长1100米,设计改造建筑24栋,建筑立面约2万平方米,总投资约3000万元,改造包括:建筑立面改造粉刷,屋顶改造,店招改造,人行道板、路缘石、污水管改造,沿街绿化工程、亮化工程等配套设施,已于6月底全部完工。这两项工程的完工,有效提升了老城区形象,推动了我市创建国家级园林城市、省级生态城市、省文明城市工作。迎宾馆工程项目总建筑面积为3.5万平方米,总投资约4亿元,于6月份正式开工。项目建成后将成为集旅游度假、休闲观光、商务洽谈、会议接待为一体的大型五星级宾馆,正进行景观土石方施工,主体施工,湖岸线开挖。北极阁工程设计为仿明代古建筑风格,建筑层数10层,高度59.9米,总投资约4500万元,于11月29日正式开工,施工图审查已完成,施工单位已确定。在做好老城区改造的同时,积极推进高桥区47号、51号路延伸的道路建设工作,按照市委、市政府的时间节点要求,完成了建设任务。

【加大保障房建设力度】 信江大市场(廉租房)工程是信江新区首期重点项目之一,信江大市场占地98亩,建筑面积13.8万平方米,工程总投资2.59亿元,建安投资1.4亿元,累计完成工程量8199万元,占总投资的32%,占建安投资59%。信江新区廉租房规划总用地面积约139亩,建筑面积14.5万平方米,共2784套,项目投资约2.2亿元。工程已基本完工,已向信江管委会移交住房1129套。民惠佳园公租房项目是改善中低收入者住房条件的一项重大民生工程。占地面积47.29亩,共建公租房约1400套,总投资约3亿元,于6月正式开工建设。累计完成投资4500万元,占总投资的15%。夏埠新区安置小区是为解决信江新区拆迁农民安置的重要工程。东区524套于8月份移交,西区105套计划2013年年初移交,市政配套工程已基本完工,总投资2.75亿元。

【扎实做好前期工作】 信江新区保障性住房用地规模约139亩,保障性住房3134套,其中廉租房2784套,公租房350套,总投资约2.3亿元。余信贵大桥工程东连信江新区余信贵快速道路,西连中童镇余信贵道路,大桥全长约1200米,设计宽度38米,总投资约3.6亿元。

(张铮华)

城市建设投融资

【概述】 为保障重点工程建设资金需要,积极筹资融资,2012年共合同融资54.2亿元,到位资金26.6亿元(其中企业债券发行14亿元、银行贷款2.4亿元、银行委托贷款4亿元、土地期价捆绑融资2.2亿元、信托融资4亿元)。

【发行企业债券】 以市投融资公司为主体,成功发行第二期企业债券14亿元,期限10年,票面利率为7.5%,债券名称为“2012年鹰潭市投融资公司企业债券”,募集资金主要用于民生工程。

【银行贷款】 全年共合同融资14亿元,已到位6.4亿元。向市农发行申请贷款2.4亿元,资金已到位。申请“方正东亚集合贷款项目(一期)单一资金信托)”委托贷款1亿元,资金已到位。向江西省铁路投资集团公司申请委托贷款8亿元,第一期3亿元资金已到位;第二期5亿元正在办理相关手续。向省国开行申请长期贷款2.6亿元。

【土地期价捆绑模式融资】 积极开展土地期价捆绑模式招商引资,共融资2.2亿元。在一定程度上缓解了资金的压力:一是行政综合服务楼工程已融资1亿元;二是高铁广场工程已融资3000万元;三是信江新区绿化工程已融资4000万元；四是信江市民广场工程已融资5000万元。

【信托融资】为进一步改善市民生活环境，提升城市品位，以市城市资产营运有限公司为融资主体，通过江西国际信托股份有限公司成功发行信托产品4亿元，信托产品名称为“江信国际·金象169号鹰潭市民生工程集合资金信托计划”，募集资金主要用于民生工程建设。

【中期票据发行工作】为充分拓展融资渠道，降低融资成本。拟发行中期票据20亿元。根据发行要求，评级机构正对该公司发行主体及票据进行评级，在市直相关单位的配合下，正在整合鹰潭市资产、资源，办理房产、地产过户等手续。

（张铮华）

【市国有资产经营(集团)有限公司(鹰潭市项目办公室)副县级以上干部名录】

党委书记、董事长、总经理：白剑魁(2012.3~)

党委委员、副总经理：王国金(2012.3~) 洪火明(2012.3–)

党委委员、纪检组长：杨明荣(2012.3~)

党委委员、副总经理：徐堂生(2012.3~) 陈教仁(2012.3~) 汪思斌(2012.3~) 李志兵(2012.3 ~2012.09) 孙玉平(2012.3~) 吴继红(2012.3~)

副县级纪检监察员：徐乌金(2012.3~)

信江新区开发与建设

【概述】2012年，在市委、市政府的正确领导和高位推动下，在市有关部门的大力支持下，信江新区党工委、管委会坚决贯彻落实市第七次党代会议精神，按照“主攻项目，决战‘三区’，凸现特色，实现跨越”的总体要求，在建设“四个鹰潭”发展目标中积极寻求新的更高发展定位，加压奋进，积极思谋，勇于担当，以超常规的举措推进信江新区开发建设，全区呈现出快速有序、蓬勃发展，群众拥护、互促双赢的良好局面。

【超常规开发建设取得突破性进展】信江新区始终把加快超常规开发建设作为工作重心，凝心聚力谋发展、一心一意干事业，主攻征地拆迁工作，抓好项目施工保障工作，加强控违拆违工作，全力以赴推进信江新区超常规发展。

征地拆迁成效显著。在征地拆迁大环境趋于规范、要求越来越高的情况下，始终做到带好强势的团队，保持强势的作风，实施强势的举措，全区上下充分弘扬学生“赶考”、农民“双抢”、战士“亮剑”的精神，牢固树立“没有任何借口”的工作理念，坚持6+1”、“白加黑”工作模式，在不断破解难题、战胜挑战中去夺取一个个新胜利，积极学习邻近县(市、区)拆迁的先进经验，在余信贵快速通道拆迁工作中，成功试行了套房安置办法，实现了农民拆迁安置的创新。同时，组织人员将信江新区近年来征地拆迁的经典案例编印成册，供大家学习借鉴，从而进一步提高了广大干部征地拆迁的整体工作水平，使新区征地拆迁工作稳中推进，势如破竹。截至2012年，全区共签订房屋拆迁补偿协议1566栋、面积40.7万平方米，完全拆除38.6万平方米；累计完成征地100公顷，净地交付800公顷，迁坟3500余座。

项目建设稳步推进。坚持把服务项目建设、保障项目施工作为新区发展的生命线和一切工作的出发点和落脚点。通过下派项目建设工作组、定期召开政警企三方参加的项目建设协调会等方式，全力以赴推动项目建设，取得累累硕果。2012年，信江新区范围内已开工建设项目数21个，其中路网一期、二期已全面完成沥青路面铺设，正在铺设人行道和安装路灯，路网三期主体工程计划年底完成；市一中新校区已经全面竣工并已交付使用；高铁鹰潭站广场正在开工；信江大市(廉租房)总投资2.14亿元，已基本完成了三个标段的建设任务，其他三个标段已进入收尾阶段；市行政中心项目已开工建设，桩基已经完工；滨江景观工程信江大桥至梅园大桥段，坝顶至沿江路已全部完成；信江综合医院征地及净地交付工作已全面完成，正在砌结围墙；夏埠自来水厂建设已接近尾声；恒大、御龙湾项目一期塔楼均已封顶，百盛名仕府项目正在抓紧施工；信江新区供电项目已封顶；华劲五星级酒店正在进行桩基建设。此外，鹰潭大厦、信江市民广场、市文化艺术中心、影剧院改造、步行街等房地产开发项目已梯次推进。

控违拆违扎实开展。控违拆违工作始终是信江新区开发建设过程焦点问题，为确实解决这一难题，坚持一手抓宣传教育、一手抓打击，规范管理，堵疏结合，多措并举加大防控力度。一是积极营造宣传工作氛围。在各主干道上悬挂宣传条幅150余条，印发宣传单8000余份，宣传车60个工作日，全天候流动宣传，让老百姓知法、懂法、守法。二是强化纵向、横向联动机制。按照执法主体不变、履行职责不变及属地管理的原则，进一步强化城管、规划、国土、公安和乡(街办)的联合，明确工作组、包村干部、村组干部的责任片区，严格落实督查、督办、问责制度，形成齐抓共管的常态长效管理机制。三是加大违法违规建筑巡查、监控力度。实行全天候24小时巡逻和每日零报告制度，严防死守，不留死角，对违法违规建房行为及时发现、及时予以制止和拆除。2012年，共制止和清除抢栽抢种39起，清除面积3.74万平方米，制止6.92万平方米；拆除违章建筑 76 起，面积 3160.8 平方米；制止违章建筑 62 起，面积 2350 平方米；拆除钢棚、瓦棚、竹棚等 22 起，面积 1106 平方米。

【社会和谐稳定局面得到继续有效巩固】社会稳定是推进新区开发建设的重要基础和前提。信江新区始终坚持“稳定是第一责任，稳定就是发展”的指导思想，创新机制、强化措施，将大量的矛盾纠纷和信访问题化解在基层，解决在基层，新区信访维稳工作呈现出“一强三降”的良好局面，信江新区社会和谐稳定局面得到进一步维护。

各级各部门的维稳意识明显加强。通过采取区、乡、村、工作组和公安部门“五轮驱动”条块结合的办法，实行征地拆迁和信访维稳“一岗双责”的工作机制，强化了矛盾纠纷和信访突出问题的排查化解处置工作，从上到下形成了“大信访、大维稳”的工作格局，各部门、各工作层面分工不分家，分工不分责，遇到矛盾尽量不推诿、不积压、不上交，就地协调，就地处理。

信访总量呈明显下降趋势。坚持“每天一排查每周一调度”工作机制，切实做好不稳定因素的排查化解工作，着力在抓好超前排查上下功夫。同时，对每个项目的征地拆迁有可能引发矛盾纠纷及其潜在风险进行先期预测、先期研判、先期介入、先期化解，确保了在征地拆迁方案中充分考虑了矛盾纠纷及其潜在风险的化解工作，并制定出化解工作预案和群众性事件应急预案，做到了有计划、有步骤地预防和减少社会稳定事件的发生。

重复访、信访疑难积案和信访突出问题明显下降。针对一系列历史遗留和重复访问题开展了专项整治活动，将 13 个老上访户的调处工作上升到管委会的层面来解决，集中所有的力量和可利用的资源，因人因事制定一套切实可行的方案，逐一专案调处，促进了积案的化解和老户的息诉罢访。

社会治安明显好转，辖区民众安全感显著提升。信江新区紧紧围绕建设和谐幸福新城区目标，加强与各有关单位的沟通、加大社会治安综合治理工作力度，严厉打击强揽工程、非法阻工、聚众闹事、挑衅滋事等行为，加强校园周边环境整治工作。2012 年信江新区辖区内无一例重大刑事案件发生，社会治安得到大大改善，群众安全指数明显上升。

【财政经济取得长足发展】可持续经济发展是衡量城市开发建设成果最重要的标准之一，是城市发展的命脉和终极目标。自成立以来，信江新区始终坚持以征地拆迁促项目建设，以项目建设提振人气，以人气旺盛促经济发展，大力扶持、发展特色经济，形成特色经济产业，做大做强财政收入蛋糕。

大力发展物流经济。信江新区通过加大宣传，提升了新区开发建设形象；通过种种优惠政策，扩大招商范围，吸引了数家商家前来投资兴业。2012 年共引进了 4 家物流企业，年底可完成税收 2000 万元。

大力发展楼宇经济。一方面利用恒大、御龙湾等现有高档楼盘的品牌影响，利用百盛名仕府等一批新兴房地产的地域优势，建立全市地产样板小区；另一方面充分利用中央商务区发展总部经济、楼宇经济以及文化创意产业，大力发展楼宇经济，提升了信江新区开发的品味，促进了经济社会的超常规。

建设金融一条街。充分发挥区位和政策优势，高标准规划建设“金融一条街”，吸引金融总部机构或来新区设立分立机构，加快完善金融体系，增强区域金融辐射能力。

2012 年，信江新区共完成财政总收入 1.6 亿元，同比增收 1.26 亿元，增长 289%；其中地方财政收入 1.51 亿元，同比增长 288%。

【民生保障、民权维护得到切实加强】政策制定以民为本。为确保相关政策能够符合当地实际，最大限度地保障群众利益，信江新区在制定政策过程中，以切实保护群众合法利益为出发点，以切实改善群众生产生活条件为落脚点，先后出台了《鹰潭市信江新区征收集体土地房屋拆迁补偿安置实施》《鹰潭市信江新区整体搬迁村宅基地安置、分配工作意见》和《信江新区蔬菜大棚补偿实施细则》等一系列文件，进一步完善了科学合理的征地拆迁补偿安置政策，统一规范了全区征地拆迁安置工作。2012 年，信江新区累计发放过渡期间生活保障费 2154.8 万元，完成失地农民养老保险参保人数 6141 人，参保率达 100%，新农保参保人数为 2.31 万人，占应缴人口数的 100%。同时，信江新区劳动保障部门还积极对失地农民进行就业培训，提供就业信息，使农民失地不失业。

政策执行以和为贵。在执行这些政策时，信江新区始终做到公平公正、阳光拆迁、和谐拆迁。在征地拆迁过程中，工作组干部将征地拆迁的政策法规、补偿标准、工作程序等统一编印成册，逐一发放到村、到组、到户、到人，让广大群众家喻户晓、耳熟能详，理解政策的科学性、合理性；同时对于群众普遍关心的征地拆迁面积、补偿标准、补偿金额等坚持“公示”制度，主动接受群众监督，保证阳光操作。公平公正也是老百姓的基本诉求。在征地拆迁过程中，工作组严格执行既定政策，做到统一政策、统一宣传、统一口径、统一标准，从纵向上“一把尺子量到底”，从横向上“一碗水端平”。截至 2012 年，信江新区征地拆迁工作进展顺利，没有出现过一起群体性上访事件。

政策落实以严为准。为了确保在征地拆迁过程中保障群众利益的相关政策的落实，信江新区专门成立了督查领导小组，出台了问责办法，严明了工作纪律，严格征地补偿款的发放，严禁拖欠、挪用、截留农民征地补偿款的发放,确保失地农民安置补偿各项措施落实到位。对违反程序规定作出错误决策,不执行、延误执行或者擅自改变决策的,严格追究责任。同时,信江新区深入开展对损害群众利益突出问题专项治理,自 2010 年以来,全区在群众反映比较集中的征地款分配、拆迁安置、资金监管等领域,组织开展各类专项治理 4 次,纠正各类涉及损害群众利益的案件 13 件,切实保障了相关政策的落实和人民群众的合法权益。

(彭　钢)

【市信江新区管委会副县级以上干部名录】

市委常委、常务副市长、党工委书记:王家林

党工委副书记、管委会主任:费尚恒

党工委委员、管委会副主任、市城管局副局长:吴震亮

党工委委员、管委会副主任:李金忠、徐贵华

党工委委员、副调研员:陈接照

党工委委员、江北街道党工委书记、市城管局副调研员:徐冬胜

党工委委员、副调研员:祝笑飞

党工委委员、纪工委书记:程志红(2012.8~)

市领导陈兴超、钟志生、王家林等在信江新区调研

(信江新区管委会供稿)

非公有制经济

编辑、校对:夏永军

概 述

2012年,全市实有各类市场主体3.65万户,比上年增长21.1%。其中,内资企业2091户,注册资本(金)71.41亿余元,分别增长0.3%、0.6%;外商投资企业119户,注册资金3.67亿美元,分别负增长11.7%、18.4%;私营企业6188户,注册资金164.10亿元,分别增长20.9%、19.66%;个体工商户2.75万户,资金数额14.54亿元,分别增长23.1%、37.2%;农民专业合作社631个,注册资金4.46亿元,分别增长25.7%、34.1%。从新发展的市场主体情况来看,个体工商户发展势头迅猛,新增长数是2011年增长数的2倍多,而其他市场主体的增长趋势放缓。

外资及港澳台资企业

【概述】全市实有外商及港澳台合资企业119户,其中企业法人87户,合资企业2户、分支机构31户。按企业类型分,有限责任公司87户,占外资企业总数的73.1%(其中:合资企业21户,占有限责任公司总数的24.1%;独资企业66户,占有限责任公司总数的75.8%)。全市外商投资企业投资总额5.63亿美元,注册资本3.67亿美元,其中外方认缴出资额3.34亿美元,占注册资本91.02%,其中投资总额1000万–5000万美元的有12户,投资总额5000万美元以上的外资企业1户。

新登记外资及港澳台资企业投资热点行业。从外资及港澳台资企业行业分布来看,全市外资户数(不含分支)主要集中于制造业、房地产业、电力燃气和水的生产供应业、采矿业,其户数分别占总数的60.18%、6.58%、5.98%、2.66%。行业均衡现状继续改善。外资企业投资总额则主要集中于制造业、建筑业、电力燃气、采矿业和房地产业,其投资总额,分别占总数的80.49%、13.36%、6.1%、4.75%、4.61%。

新登记企业投资来源。在有限责任公司的各类企业类型中,港澳台自然人独资公司62户,所占比重最大,占有限责任公司的71.26%,外商合资公司和港澳台合资所占比重最小,各有2户,占有限责任公司的2.3%。外资企业分公司31户,占外资企业总数的26.05%,外资企业组织形式单一、企业类型简单。

企业主要产业分布情况。全市外商及港澳台资投资企业(不含分支)主要集中分布于第二产业,共有74户,占企业总数的62.18%;其次分布于第三产业,共有42户,占总数25.29%;而第一产业的共有2户,占总数1.68%。与2011年年底相比,第二产业的外资及港澳台资企业户数减少19.55个百分点,第三产业增长近20个百分点,而第一产业则减少1.21个百分点,第一产业基本平衡。第二产业的企业户数比重减少,而第三产业比重则大幅增加。说明外商及港澳台商投资方向在向第三产业转移。

私营企业

【概述】全市实有私营企业6188户,注册资本约16.1亿元。以企业类型划分,有限公司5659户,占91.45%;独资公司325户,占5.25%;合伙企业185户,占2.99%;股份有限公司19户,占0.31%。

企业户数相对较多行业:依次为批发零售业1977户,占31.95%;制造业1176户,占19.00%;租赁和商务服务业643户,占10.39%,农、林、牧、渔、业474户,占7.66%。这四类行业占到私营企业总户数的近7成。

注册资本额相对集中行业:依次为租赁和商务服务业44.81万元,占27.31%;制造业31.53亿元,占19.21%;批发和零售业24.56亿万元,占 14.97%;金融业 21.51 亿元,占 13.11%;房地产业 13.31 亿元,占 8.11%。这前五行业的注册资本规模占私营企业注册资本总额的八成多。

新登记私营企业投资人点行业:户数依次是批发和零售业 317 户,租赁和商务服务业 123 户,制造业 62 户。注册资本居前三位的行业类型分别是金融业 8.92 亿元,租赁和商务服务业 6.32 亿元,批发和零售业 5.16 亿元。

个体工商户

【概述】全市个体工商户 2.75 万户,从业人员 8.88 万人,注册资金 14.54 亿元。其中:在县城所在镇以上城镇从事生产经营活动的个体工商户 1.96 万户,占 71.45%;农村个体工商户 7844 户,占 28.55%。全市个体工商户登记资金数额总额 14.54 亿元,户均资金数额 5.29 万元。其中:城镇个体工商户资金数额 9.04 亿元,占 62.17%,户均资金数额 4.60 万元;农村个体工商户资金数额 5.50 亿元,占 37.83%,户均资金数额 7.01 万元。批发和零售业 1.71 万户,占 62.3%;居民服务和其他服务业 2252 户,占 8.20%;制造业 2307 户,占 8.39%;住宿和餐饮业 1671 户,占 6.08%。以上四类行业占全市个体工商户总户数的八成多。主要集中在批发和零售业、住宿和餐饮业、居民服务和其他服务业,这三大行业的资金数额分别为 1.07 亿元、2173 万元、1164 万元,资金总额为 1.34 亿元,占新登记个体工商户资金数额的 97.45%。其中,批发和零售业居首位,占个体工商户资金数额的 74.21%。

农民专业合作社

【概述】全市共计注册登记农民专业合作社 631 户,从业人员 4313 人,注册资金 4.46 亿元,全市农民专业合作社成员 4313 人中,其中农民成员 4214 人、非农民成员 54 人、企业单位成员 21 人、事业单位成员 11 人、社会团体成员 13 人。

农民专业合作社依托区域资源和政策优势,大力发展农村特色产业,促进农业产业化发展,从事种植业、养殖业、与农村生产经营有关的技术、信息等服务业共有三类农民专业合作社迅速发展。

重点企业选介

【鹰潭市博安巴士运营有限公司】鹰潭市博安巴士运营有限公司于 2012 年 7 月中旬在鹰潭市注册成立,首期注册资金 1000 万元。该公司投资股东为江西博能上饶客车有限公司、江西中宇汽车销售服务有限公司和上饶金星汽车销售有限公司。

公司服务对象为鹰潭市有办园(校)许可证的合格幼儿园及小学。办公地点设在鹰潭市沿江路 5 号,待市政府供地后将建办公楼、运营服务中心、维修站、停车场等。公司成立后认真履行《校车安全管理条例》对校车服务提供者的要求,严格把关采购安全合格的车辆,专用校车的安全技术状况必须符合国家质量监督检验检疫总局、国家标准化管理委员会发布的《专用小学生校车安全技术条件》,有统一的颜色和醒目的标志,配备有效的消防和安全逃生器材。为鹰潭市提供了 52 辆符合《专用小学生校车安全技术条件》的校车。按照市政府要求,结合全市接受义务教育的学生分布情况,公司一期拟投入 100-120 辆校车,三年至五年内规模增至 300-500 辆。

【贵溪大三元实业(集团)股份有限公司】贵溪市三元冶炼化工有限责任公司创建于 2000 年 11 月,经过 10 年的拼搏和努力,于 2012 年成功组建了贵溪大三元实业(集团)股份有限公司(以下简称贵溪大三元集团),贵溪大三元集团是一家集有色金属的生产、加工、贸易为一体的中型民营企业,公司地处贵溪市工业园区,总占地面积 300 亩,总注册资金 1.6 亿元,总资产 4 个亿,下属分公司有:贵溪市三元冶炼化工有限责任公司、贵溪三元科贸有限公司、贵溪三元金属有限公司。目前总员工 350 人(其中含技术人员 65 人,高、中级工程师 14 人)。公司主要产品有电铅、精铋、精碲、冰铜、锡锭等有色金属。

大三元集团公司组建以后,实行了标准化集团管理体系,总部设立了财务部、外贸部、行政部、供销部、生产部、监控核算部、工会等六个部门的规范化管理机构,集团公司秉承"诚信立足、创新致远"的企业发展理念,坚持"精益求精、追求卓越"的质量方针,走具有自身特色、符合发展需求的科学发展道路,各分公司齐头并进,保持着持续、稳步、健康发展的好势头。

贵溪市三元公司紧紧围绕"科技兴企"的发展思路,不断加大科技投入,大胆进行技术革新和研发,经过以吴世军为首的科研小组的刻苦钻研和不懈努力,终于取得了一个又一个成功,白烟尘综合回收利用项目的开发获省新技术应用二等奖;精铋产品的技术革新使得该产品获省优秀产品称号,质量达国家 GB/T915-1995 标准;等轴晶型高纯氧化铋的成功研制填补了国内空白,并于 2002 年通过省科技新产品鉴定,产品质量达到国际先进水平,该项目获贵溪市科技进步特等奖、鹰潭市科技进步一等奖、江西省科技进步二等奖、并获国家创新基金;新开发的金属碲,质量达到 YS/T222-1996〈Te-1〉标准,这些新产品、新工艺、新项目的成功开发,大大提高了铋资源加工及稀散金属的科技含量和经济价值，并取得了良好的经济效益和社会效益，为三元公司的发展奠定了坚实的基础，大幅度增强了三元公司的市场影响力和竞争力以及抵御风险的能力。在产品创新上，公司实施名牌战略，以“精益求精、追求卓越”的质量方针巩固和提高现有名牌产品的市场，同时，加大科技投入，开发新产品、新名牌。并积极开拓国外市场，提高产品在国外的市场占有率。到2010年，公司销售额达4亿元，利税突破1000万元。历年来，公司多次被评为“全省再就业先进企业”“省优秀民营科技企业”及国家、省“高新技术企业”称号。在日趋激烈的市场竞争当中，三元公司正是靠着这“诚信”二字立于不败，稳步崛起，并逐步赢得国内外市场更多的份额和商机，公司历年来连续多次被授予“省一级诚信企业”和“江西省重合同守信用3A企业”的称号。

【鹰潭市新知会计服务有限公司】 鹰潭市新知会计服务有限公司是一家经鹰潭市工商局登记注册，在鹰潭市财政局登记备案的专门从事财务代理、财税咨询的专业会计中介服务机构，注册资金50万元。鹰潭市新知会计服务有限公司是鹰潭市新知培训学校为发挥学校师资优势，加强与社会接触交流打造的专业机构，不仅为学员提供实习机会，还可以为企业提供全方位的会计服务。

公司现有专职人员6名，兼职会计数十名，公司由多年从事财务工作的资深注册会计师、中级会计师、助理会计师和有着丰富经验的会计人员共同承办，公司本着“诚实、守信”的原则，为各类内外资、中小企业提供各种会计服务，恪守“客户至上”的宗旨，秉承“诚信合作、高效敬业、价优务实、互利共赢”的经营理念，用客户的口碑打造自己的企业，做江西地区一流的代理记账企业。

公司主要为广大中小企业提供：代理记账、纳税申报；财税政策、法规咨询；会计咨询、管理咨询；会计培训；内控制度、会计制度设计等会计服务和其他服务。为企业整理和装订每月凭证、每月国地税纳税申报、税务年报、工商年检网报，代理申报一般纳税人资格，协助企业完成年检；公司的工作人员有多年工作经验，熟悉各行业会计核算，能为企业建账、建制、核算提供高水平的服务，为企业节约成本、合理避税。

【鹰潭市竹辉竹业股份有限公司】 鹰潭市竹辉竹业股份有限公司，属非上市、自然人投资的股份有限公司，法人代表付志恒，于2012年9月5日成立，公司注册资本计陆佰万元整。公司适应国家农业产业化结构调整，积极参与毛竹速生丰产林基地建设，已建成数万亩毛竹丰产速生基地，并带动1.4万户林家共同致富；全市现有竹林面积36万亩，毛竹蓄积量8000万根，每年可提供商品竹200万根，为竹制品加工、开发奠定了基础。

竹辉企业自创立以来，致力于竹材系列产品的研制开发，引进先进的生产工艺与进口设备，技术力量雄厚，已具相当的生产规模，年产高档竹地板16万平方米，竹卫生筷3000万多双，形成了以生产经营高档竹地板为主，兼营竹筷、竹线条、竹砧板、竹胶模板等竹制品系列开发和加工的骨干企业。产品已远销美国、日本、澳大利亚、韩国、等国家和中国台湾地区，并热销国内各地市场，深受国内外广大用户的青睐，市场占有率及企业信誉居国内同行业前列。在现代市场经济的激烈竞争中，勤奋的竹辉人同样注重企业的管理工作，不断提高现代化的企业管理水平，公司顺利通过了ISO9002国际质量体系论证，产品曾多次荣获国家、省、市级奖项，质量达到国内领先水平。

永不言足的竹辉人，凭借自身雄厚的技术力量，先进的生产工艺及设备，良好的售后服务，实施名牌策略，信奉“质量第一，信誉第一，用户至上”的经营理念，一如既往地为国内外新老客户提供一流的产品和服务。

【鹰潭新世纪节能服务有限公司】 鹰潭新世纪节能服务有限公司是国家发改委备案的综合性节能服务公司，专业从事节能技术评估、节能工程设计、项目改造、咨询，所涉及的钢铁、化工、化纤、化肥、制药、热电、船厂、矿山、水厂、大型商场、医院等多个行业，专注于循环水系统节能改造，是一家集流体节能技术与节能产品研发、生产、服务于一身的高新技术企业。公司隶属于江西三川集团有限公司，整合了集团公司旗下多个子公司的顶尖技术与资源，整个团队实战经验丰富、技术专业、工艺流程成熟稳定。

公司拥有多项自主知识产权，专利技术多达37项。公司还与华中科技大学、江苏大学、扬州大学等多家科研院校建立了密切的技术合作关系，是科学技术转化为生产力的坚实基地。鹰潭新世纪节能服务有限公司凭借雄厚的技术力量、优异的科技成果，根据用户的生产流程，为用户量身定做符合实际需求的节能解决方案，为用户提供专业、细致、快捷、全面的服务，帮助用户达到最佳节能效果。公司已为江西铜业公司、山东日照钢厂、新余钢厂、安徽马钢、镇江水厂、丰城电厂、福建三宝钢厂、武汉水务、安徽临涣水务等多家单位提供了优质的技术与服务，取得了良好的社会效益。

（易江鹍）

经济管理与监督

编辑、校对:夏永军

综合管理与宏观调控

【概 述】2012年,面对复杂多变的国内外经济环境,在市委、市政府的坚强领导下,通过全市上下的共同努力,经济社会持续健康发展。在过去的一年里,全市发展改革系统按照市委、市政府的总体部署,把握大局,科学统筹,积极应对,务实工作,为保持全市经济企稳回升向好做出了重要贡献。

【围绕大局抓谋划】一是积极抓好规划计划编制。在编制完成"十二五"规划纲要的基础上,编制完成了《鹰潭市"十二五"能源发展规划》,调度了"1+18"规划体系中各专项规划编制。在充分深入各地调研,掌握2012年全市经济增长点的基础上,编制下发了鹰潭市2012年国民经济和社会发展计划,并将相关指标任务分解到县(市、区)及有关部门。启动了2013年国民经济和社会发展计划编制工作。二是积极抓好经济运行监测。围绕年度工作目标和发展重点,注重加强节点时序跟踪,主动协调主要经济部门开展季度经济形势分析,监测主要经济指标年度计划完成情况,有针对性地提出一系列应对措施和办法建议,为市委、市政府的科学决策提供参谋。三是积极抓好能源要素运行。年内鹰潭电网最高用电负荷较2011年增长12.7%,首次突破50万千瓦,达51.1万千瓦。在电网高位运行的情况下,市工信委与供电部门一道,编制并出台《鹰潭供电地区2012年有序用电工作方案》,建立健全了电力供需监测,加强了需求侧管理,做好了迎峰度夏各项工作,未实施有序用电,电网安全平稳运行,有力保障了全市经济社会发展对电力的需求。

【服务发展抓项目】一是固定资产投资稳步增长。全市在建项目485个,其中新开工亿元以上项目59个,是2011年的2.2倍,全年实现固定资产投资360亿元,完成年计划的104.3%,增长30.3%。二是积极服务中央省属过境项目建设。沪昆客专境内已完成工程量的70%;西气东输二线管道线路工程和站场已基本建成;省天然气管网一期工程进入扫尾阶段;省天然气管网二期工程已完成8.9千米管道焊接。三是加强重点工程建设管理。年初确定的60个重点工程52项开工建设,完成投资48.5亿元,创历史新高。其中,数字鹰潭展示馆进入室内装修阶段;信江新区路网完成基础施工;新一中已投入使用;余信贵以南(已交付净地路段)路床已基本成形;三川水工产业园一期已完工;余江(国际)眼镜城二期已完成9.5万平方米主体工程,部分厂房已投入使用;沪昆高速公路龙虎山服务区正在进行场地平整。四是积极参与重大项目招商引资活动。参加了"2012江西(香港)招商活动周",编制了《鹰潭市鄱阳湖生态经济区建设重大产业招商项目》,招商项目共计108项,总投资约670亿元。

【突出重点抓"三争"】一是争取资金支持取得较大成效,预计全年争取上级发改部门支持项目68个,下达扶持资金4.7亿元,增长30.5%。二是争取项目支持取得较大成效,争取到贵电"上大压小"第二台机组获国家发改委批准;国家发改委、财政部将高新区循环化改造项目,作为全省唯一一家工业园区列入国家示范试点,安排了2000万元启动资金。争取到贵溪炼铜废渣集中处置工程列入国家重金属污染治理中央预算内投资备选项目,贵冶周边农村重点污染区域电力剥离改造项目,列入年度省农网改造升级计划,为争取国家资金推进贵冶周边环境整治打下了基础。争取到兴业电子、水晶光电、美的照明贵溪光源基地3个项目列入省政府重大项目调度会;三川水工产业园、信江新区龙虎山北路工程、城市规划展示馆等20个项目列入省重点项目盘子;鹰西片区廉租房、江西百炼氟材料、亚鼎金属废七类拆解等10个项目获得省发改委审批。三是争取政策支持取得重大突破,鹰潭市成功列入全国中小城市发展改革试点,成为江西省唯一被列入全国试点的地级市;贵溪市、月湖区列入国家主体功能区重点开发区,余江县列入国家级农产品主产区;鹰潭高新区成功升格为国家高新技术产业开发区;鹰潭(贵溪)铜产业循环经济基地被评为全国循环经济工作先进单位,列入第四批国家级"城市矿产"示范基地事宜获国家发改委支持;龙虎山旅游度假区列为全省首批省级服务业集聚区,江铜集团(贵溪)物流有限公司、龙虎山旅游文化发展(集团)有限公司列为首批省级服务业龙头企业。已拿到省级用地指标180公顷。

【破解难题抓改革】一是加快推进医药卫生体制改革。研究制定了《2012年全市深化医药卫生体制改革的目标任务》,并把各项目标任务分解到县(市、区);对鹰潭市深化医药卫生体制五项重点改革三年(2009-2011年)工作进行了认真梳理,鹰潭市医改工作多次得到省医改办肯定和表扬,在2012年全省医改工作会议上辜清副市长代表市政府作了经验介绍。二是认真研究中小城市发展改革工作。组织召开了2次领导小组办公会议、4次部门座谈会,集思广益,编制了《鹰潭市中小城市发展改革试点工作方案(初稿)》,推进了"1+X"实施方案框架体系的编制。提出了以土地管理制度改革为龙头,以户籍、社会保障制度改革为配套,协调推进产业、基础设施建设等领域改革思路。三是加快推进鄱阳湖生态经济区建设。推进了铜产业基地、道文化观光旅游休闲基地、节能照明产业基地建设。开展鄱阳湖生态经济区先导示范区工作,争取到龙虎山列入鄱阳湖生态经济区先导示范区备选名单。

【围绕民生抓物价】一是增强和改进价格调控。密切关注市场动态,加强对与人民群众生活密切相关的粮、油、肉禽、蔬菜商品及服务项目价格进行跟踪监测。制定了《鹰潭市成品油市场保障供应应急预案》和《鹰潭市应对成品油价格调整影响应急预案》;对国家发改委下文取消的20项涉企行政事业性收费项目进行了注销和变更,使国家和省惠企政策及时落实到位;使用价调基金对中心城区重点优抚对象等人群发放物价补贴,保障了困难群众的生活。使用价调基金支持市级100吨猪肉储备,保障了市场供应。二是加强市场价格监管。加强了春节、"十一"等节日期间市场价格监管和巡查,确保节日期间价格平稳运行。组织开展了涉农价格与收费专项检查、成品油价格检查。三是做好价格公共服务工作。推进价格服务进银行、再进商场,邀请本市较具代表性的15家商贸零售企业代表参加市场价格监管工作会议,推进明码实价。布置了全市商业银行服务收费明码标价专项检查工作。

【市发改委副县级以上干部名录】

党组书记、主任:周　瑛
党组成员、调研员:陈　星(~2011.11)
党组成员、调研员:计　青(女,2011.4~)
党组成员、副调研员:胡爱华(女)　郑建平　吴任华
党组成员、副主任:余战龙
党组成员、纪检组长:王小元
党组成员、市价格监督检查局局长:吴任广
党组成员、市重点工程建设办公室主任:武彪伟
党组成员、市能源局局长:欧阳爱兰(女)
调研员:陈　思　高长和

(刘辉斌)

国有资产管理

【概述】2012年,市国资监管系统在市委、市政府的正确领导下,认真履行国有资产监督管理职能,解放思想,开拓创新,凝聚力量,攻坚克难,取得了国企改革发展和国资监管的新成绩。一是农垦系统国企改革工作任务全面完成,鹰潭市被评为"全省农垦系统改革工作先进市",4人被评为先进个人,受到省委、省政府表彰;二是市直行政事业单位国有资产纳入到市国资委监管范畴,国有资产产权占有登记、划转过户等工作稳步推进,产权交易工作被省产交所授予最高荣誉奖——一等奖;三是市政府授权的18家出资监管、国有资产保值增值监管企业实现了资产总额和利润的双增长,年末各监管企业资产总额达32.13亿元,负债总额18.89亿元,净利润15.52亿元,主营业务收入46.24亿元,企业所有者权益13.24亿元;四是"全覆盖"的国资监管大格局逐步建立,对各县(市、区)国资监管工作的监督和指导日益加强。

【机构调整】2012年3月,市委、市政府在原市政府国资办的基础上组建正县级特设机构市国资委,将国有独资、控股、参股企业和市直行政事业单位国有资产统一纳入市国资委监管,市国资委代表市政府履行出资监管职责。

【国资监管】为规范市直行政事业单位、企业国有资产监督管理,确保国有资产保值增值,为市政府投融资提供支持,市国资委起草并以市政府名义印发了两个管理暂行办法:一是《鹰潭市市直行政事业单位国有资产监督管理暂行办法》(鹰府发〔2012〕23号),明确了市国资委根据市政府授权对市直各单位国有资产履行出资人职责,市直

各单位房产、地产、店面等资产及其所属改制企业剩余房产、地产等国有资产权属统一划转过户至市国资委,由市国资委实施统一管理经营;市国资委授权市国有资产经营(集团)有限公司对可投融资资产履行投融资职责,为市委、市政府重大项目建设提供资金。二是《鹰潭市市直企业国有资产监督管理暂行办法》(鹰府发〔2012〕24号),明确了市国资委为市国有资产监督管理机构,代表市人民政府履行出资人职责和国有资产保值增值职责,依法对国有资产进行监督管理,享有资产收益、参与重大决策和选择管理者等出资人权利,并对县(市、区)人民政府和龙虎山景区管委会、鹰潭高新技术产业园区、信江新区企业国有资产监督管理工作进行指导和监督。

【国企改革】 农垦系统国企改革工作任务全面完成并获省委、省政府表彰。市国资委作为农垦系统国企改革具体承办单位,全委上下知难而进,顽强拼搏,破解了资金筹措、人员安置和机制转换三大难题,圆满完成了全市12户企业国企改革任务。8573名职工与企业签订了解除劳动关系协议,占改制职工总数的100%,改制职工"两险一补"全部落实到位,改制职工思想稳定,未发生一例因职工安置不当而引起的上访事件。

逐步解决全市国有企业职教幼教退休教师待遇问题。按照省里统一部署,市国资委认真进行调查摸底,及时出台了全市《关于妥善解决国有企业职教幼教退休教师待遇问题工作方案》和具体实施细则。全市区域内符合条件的63名国有企业职教幼教退休教师待遇上报资料已通过省级审核,这部分教师的工作待遇问题得到妥善解决。

基本完成全市国有企业厂办大集体改革调查摸底工作。根据国务院办公厅《关于在全国范围内开展厂办大集体改革工作的指导意见》(国办发〔2011〕18号)精神,市国资委基本完成全市国有企业厂办大集体改革调查摸底工作,形成的"我市改革工作思路"并呈报省国资委,为下一步制定全省、全市厂办大集体改革方案奠定了坚实的基础。

妥善解决一批国企改革历史遗留问题。一是解决了市国有企业近百名土地带人进厂职工享受养老保险、医疗保险待遇问题,维护了职工利益,清除了不稳定因素;二是解决了市10户改制企业拖欠银行债务问题,对银行有关债权包妥善进行清偿,避免了缠访事件发生,维护了企业和社会稳定。

【产权交易管理与监督】 结合鹰潭实际,市国资委批复同意了《鹰潭市国有资产管理服务中心关于市直行政事业单位国有资产租赁管理暂行办法》(鹰国资字〔2012〕11号),明确了行政事业单位国有资产出租的基本原则、出租的具体方式以及租金的管理与使用等。2012年,市国资委在坚持"公平、公正、公开"的原则基础上,采取公开拍卖、一次性密封竞价、协议转让等方式,商请市监察局、市财政局、市审计局等部门全程参与市直单位国有资产产权的租赁和出让,健全透明的产权交易规则和运作规程,增强了产权交易工作公信力,提高了产权交易工作效率,全年完成市供水公司24%股权、市电视台三年广告经营权、市质监局办公楼、贵溪计生委房产、贵溪罗河镇政府老楼等10余宗产权、股权交易,成交金额9813.1万元,创历史最高水平,比挂牌价增长40%;完成滨江公园、市劳动就业局、市卫生局等经营性店面以及市人防指挥中心部分楼层的公开招租,租金平均增长45%,实现了国有资产保值增值。

(刘志英)

【市国资委副县级以上干部名录】

市政府办党组成员、市政府国资办主任:陈鑫英

副主任:熊新乐

安全生产监督管理

【概述】 2012年,全市安全生产工作在市委、市政府的领导下,以科学发展观为指导,以扎实推进"安全生产年"活动为载体,以"打非治违"专项行动为主线,以健全制度、落实责任、强化监管、深入整治、夯实基础为主要措施,安全生产监管水平和保障能力得到进一步提升。

据统计:2012年全市共发生各类事故78起(较大事故和重大事故各1起),同比下降12.35%,死亡41人,同比上升28.12%。其中:发生道路交通事故75起,同比下降11.76%,死亡32人,同比上升14.28%;发生工矿商贸安全事故3起,同比下降25%,死亡9人,同比上升125%;未发生农机安全事故和水上交通事故。

【完善目标控制体系,严格落实安全生产责任】 在年初的全市安全生产工作会议上,市政府与各县(市、区)政府、目标管理责任单位逐一签订了安全生产责任状,将安全生产控制指标进行分解下达,并纳入全市社会治安综合治理考核体系,作为经济发展规划及干部政绩业绩考核的重要内容。2012年9月,市政府办印发《鹰潭市安全生产监督管理职责暂行规定》(鹰府办发〔2012〕43号),进一步明确了各级政府及有关部门安全生产监督管理职责,并完善了安全生产工作情况报告制度、年度述职制度、安全生产工作约谈制度和安全生产考核通报制度、安全生产"一票否决"制度等一系列配套保障措施,促进了安全生产责任的有效落实。

**【全面提升监管水平,不断完善体

制机制建设】市局在全省率先推行基层安监站标准化达标创建活动，全市基层安监站建设成效显著，基层监管能力明显提升。化工行业安全发展规划全面启动，在全省首家编制出台了《鹰潭市化工行业安全发展规划》，贵溪市硫磷化工园区、余江工业园化工集中区、鹰潭高新区化工集中区安全规划均已通过专家评审并颁布实施。隐患排查治理体系初步建立，确定贵溪市和全市烟花爆竹批发仓库为隐患自查自报工作先行试点地区和试点行业，全面启动隐患自查自纠工作。应急救援体系不断完善，组建了第一批共20人的应急专家组，对各级政府、部门和重点企业的应急救援预案和演练情况进行登记备案。职业健康监管工作步入正轨，设立了专门的职业健康监管机构，配备了监督执法人员，检测实验室正在积极筹建中，建立了职业卫生专家库和重点职业危害企业档案，并启动了职业健康体检工作和职业卫生先进企业创建活动。

【严格落实防控措施，确保重点时段安全稳定】市局紧紧围绕元旦、春节、“五一”、国庆以及高温、汛期和党的中共十八大等重点时段，及时研究制订工作方案，与有关部门联合开展了各类综合性的安全生产大检查，全面排查和整治安全隐患，做好救援物资、设备、队伍等方面的准备，确保了重点敏感时段全市未发生一例生产性安全事故。针对上半年全市安全生产事故多发的严峻形势，市局于4月中旬组织开展了为期1个月的安全生产大检查，并在“五一”期间对隐患排查情况进行了督查。结合下半年国庆、中共十八大等重点活动密集的特点，制定严密的防范措施，对排查出的重大隐患，严格挂牌督办，分别组织了全市国庆节前安全生产督查和中共十八大期间安全生产督查，派出督查组10组40余人次，真正做到安全措施严到位、隐患排查全覆盖，确保了全年重点敏感时段全市未发生一例生产性安全事故。

【深化安全专项整治，提高企业本质安全水平】2012年，先后与市建设局联合开展了建筑施工领域防坍塌专项整治、与旅游、交通、消防等部门联合开展了假日旅游安全专项治理；与公安、国土部门联合开展了非法制贩爆炸物品和违法采矿专项整治；与市海事局联合开展了汛期水上交通安全专项整治，取缔了存在重大安全隐患的夏埠渡口；会同交通公路等部门对206国道(鹰西高速收费站段)安全隐患进行整治，对贵溪左家大桥重大安全隐患实施修建整改；扎实开展全市非药品类易制毒化学品生产、经营企业专项整治和提升危险化学品领域本质安全水平专项行动；组织非煤地下矿山开展机械通风安全专项整治，全市11家地下矿山均已建立机械通风系统；通过露天采石场“一面墙”无台阶开采安全专项整治，全市25家露天采石场全部实行了中深孔爆破和分台阶开采；贵溪鲍家矿业有限公司尾矿库闭库治理项目稳步推进，已完成坝前村民的搬迁、施工设计和施工图设计和招投标，工程已全面启动。安全标准化创建工作取得阶段性成果，全市已有11家危化品企业完成了三级标准化评审，两家通过了二级标准化评审；7家非煤矿山企业和2座尾矿库通过了安全生产标准化考评，获得了三级以上安全生产标准化证书；冶金机械行业的安全标准化工作已全面启动，34家企业正在积极创建中，同时，对市烟草公司安全标准化创建工作进行了督导。完善了危险源建档工作，确定了9个危险化学品重大危险源。

【加大安全执法力度，坚决打击非法违法行为】按照市政府《关于印发鹰潭市集中开展安全生产领域“打非治违”专项行动实施方案的通知》要求，市局于2012年5月初迅速召集各督导责任单位召开了“打非治违”专项行动调度推进会，细化督导责任和工作措施，积极协调各部门间的联合执法。在行动中，市局共检查危化企业37家，下达整改指令28次，取缔非法经营企业(含经营网点)34家，对1家未及时办理安全生产许可证延期换证的企业下达了停产整顿书并依法进行了处罚，并依法取缔了一家非法销售柴油的窝点；检查非煤矿山企业36家，查出安全隐患211处，纠正违规生产行为47起；在烟花爆竹领域，依法取缔无证经营网点16处，收缴非法烟花爆竹59箱(约174千克)。“打非治违”专项行动进一步规范了安全生产秩序，消除了事故隐患，为全市经济社会发展创造了安全稳定的环境。2012年8月，省安监局“打非治违”督查组，对市局“打非治违”工作取得的成效予以了充分肯定。

【广泛开展宣传教育，大力推进安全文化建设】精心组织第11个“安全生产月”活动，利用各类媒体广泛开展安全生产公益宣传，采取安全生产宣传咨询日、“安康杯”知识竞赛等形式，进一步提升群众的安全意识和安全防范技能。大力宣传全市安全发展成就，积极参与“全省安全生产十年成就摄影展”和《江西省安全生产志（鹰潭篇）》的编撰工作。积极开展安全文化建设，对月湖区安全文化示范街、龙虎山安全文化主题公园和贵溪冶炼厂安全示范企业的创建活动进行了督促指导。加大培训力度，举办了全市第一期职业健康管理人员培训，联合市运管处举办了二期道路运输企业主要负责人及安全管理人员安全资格培训。2012年，市局共组织培训各类安全管理人员300余人、特种作业人员819名。

【严厉查处各类事故，确保责任追

究执行到位】先后制定出台了《鹰潭市安全生产重要信息报告制度》和《鹰潭市安全生产事故信息报告和处置暂行办法》等规范性制度文件,严格按照“四不放过”原则和事故跟踪督办制度,对发生的各类较大生产安全事故认真组织开展调查处理,依法严肃追究事故责任人员的责任。对2012年“4·14”鹰南收费站改建工程坍塌事故和“5·28”鹰潭一中夏埠新校区排污管沟坍塌事故进行调查,并依法对相关责任单位和责任人进行了处理。

【服务大局统筹兼顾,积极做好全市中心工作】通过开展集中整治干部作风活动,全局行政效能进一步提高,共发放危险化学品经营许可证14家(不含变更),发放露天采石场安全生产许可证4家,审查建设项目“三同时”企业11家,实现了办结率100%,无一例差错,得到了企业和群众一致好评。积极做好创建文明城市有关工作。按照职责分工,严格对照标准,督促指导企业不断健全完善诚信体系、安全文化、制度环境建设,为创建文明城市营造良好的安全环境。积极参与新农村挂点帮扶和村级党组织定点包村建设,各项工作已基本完成,进入收尾阶段。认真做好防汛工作,安排人员,加强值班巡查,确保了汛期责任圩堤万无一失。按照“以党建促安监,以安监促发展”的原则,圆满完成了党建标准化项目建设,并作为示范点向市直各部门进行推广,局党支部被评为市直机关先进党组织。

【鹰潭市安全生产协会成立】12月21日,鹰潭市安全生产协会成立大会暨第一次全体会员大会召开,标志着鹰潭安全生产协会正式成立,对鹰潭进一步夯实安全生产基础、弘扬安全文化、提升安全生产水平、促进安全发展具有重要意义。鹰潭市安全生产协会是安全生产领域的公益性社团组织,以维护社会公共利益为宗旨,以促进社会安全发展为主要任务,旨在宣传、执行国家有关安全生产的方针、政策及法规;普及安全生产科学技术知识,交流和推广安全生产先进管理经验,组织安全生产新技术、新产品、新成果的推广应用;收集、交流安全信息,推进安全文化建设,加强安全生产自律;开展安全生产方面调查研究和安全生产教育培训,受政府有关部门委托承办安全生产科技项目评估鉴定;开展安全生产论证、评估和咨询服务等方面的工作。

【《鹰潭市安全生产监督管理职责暂行规定》制定出台】为进一步明确全市各级政府及有关部门安全生产监督管理职责,促进安全生产责任落实,强化安全生产监督管理,防范和减少安全生产事故,保障人民群众生命和财产安全,经市人民政府第十五次常务会研究通过,《鹰潭市安全生产监督管理职责暂行规定》(鹰府办发〔2012〕43号)于9月28日正式发布实施。《暂行规定》共五章二十八条,内容包括安全生产责任主体和监管主体、县级以上人民政府及安委会安全生产工作职责。同时,对市政府32个相关部门的安全生产监督管理职责进行了详细的划分和确定,并制定完善了11条安全生产监管保障制度和措施。本次《暂行规定》的出台,是鹰潭市深入贯彻科学发展安全发展理念、健全完善安全监管体制机制、全面落实安全生产责任的一项重要举措,对全市安全生产监管工作规范有序开展和责任追究制度的有效落实具有重大推进作用。

【《鹰潭市化工行业安全发展规划》制定出台】为切实加强全市危险化学品安全生产监督管理,制定了《鹰潭市化工行业安全发展规划》(鹰府办发〔2012〕45号),并于2012年10月正式印发实施,成为全省首家完成编制化工行业安全发展规划的设区市。《规划》确定了鹰潭市化工行业安全发展和布局的总体思路,明确了产业结构调整的方向和重点,为危险化学品行政许可提供了依据,为政府科学决策提供了重要参考,对全市化工行业健康长远发展,对区域及社会的安全水平提高具有重要意义。

(李 昕)

【2012年市安监局副县以上干部名录】

党组书记、局长:揭润年

党组成员、副局长:李晓亮 肖云东

党组成员、纪检组长:李江南

党组成员、副调研员:郭跃民 张爱琴

价格管理

【概 述】2012年,鹰潭市价格主管部门在市委、市政府的正确领导下,全面贯彻落实科学发展观,以人为本,关注民生,在维护物价稳定方面做了大量工作,得到市委、市政府领导的充分肯定。2012年全市居民消费价格指数同比上涨2.5%,完成了市政府年初制定的4%预期调控目标。

【着力抓好稳定价格总水平工作】成立了鹰潭市价格调控工作领导小组,建立了维护物价稳定部门协调机制,明确了全年居民消费价格总水平预期调控目标。完善了居民生活必需品和重要商品储备制度,落实生活物资应急储备大米63万千克、面粉35万千克、食用油15万千克、蔬菜53万千克、猪肉10万千克、成品油360万千克、化肥400万千克,确保市场有效供应。认真贯彻党中央、国务院、省委、省政府一系列价格调控措施,严格控制出台政府调定价项目。贯彻执行国家电、成品油、药品、粮食最低收购价等价格政策,认真抓好各项清费减负政策的落实。

【着力抓好价格改革工作】在充分征求小区业主意见的基础上，核定了时代广场、财富广场等小区物业服务及小区公共停车收费标准。在广泛调研、成本测算的基础上，合理调整了鹰潭发往全国各地的道路客运票价。将鹰潭现行的居民生活用水、行政事业用水、工业用水、经营服务用水、特种行业用水五类水价简化为居民生活用水、非居民生活用水和特种行业用水三类水价。完成了界牌航电枢纽水电厂，上清、焦湾、双门石、湖石水电站上网电价成本调查、核定、测算工作，并按照定价权限上报省发改委审定、批复。

【着力抓好保障和改善民生工作】进一步完善社会救助和保障标准与物价上涨挂钩的联动机制，按照联动机制要求及时给困难群体发放物价补贴，缓解物价上涨给低收入群体生活带来的影响。强化药品和医疗服务价格监管，确保国家、省下调的基本药品价格执行到位，让广大市民真正享受到国家药品政策带来的好处和实惠。进一步扩大蔬菜运输免收道路通行费的品种范围，为蔬菜进入鹰潭提供便利条件，增加市场供应，稳定市民的“菜篮子”价格。

【着力抓好规范市场价格秩序工作】开展了全市物流领域乱收费专项治理工作。成立了专项治理工作市级协调领导小组，明确了各成员单位职责分工和任务推进表，通过整治，鹰潭物流发展环境明显好转。开展了出租车市场价格专项检查。联合市运管处对春运期间不打表、乱收费的出租车进行了扣车、罚款处理，有效遏制了春节期间出租车不打表乱收费的现象。规范学校服务性收费和代收费行为，禁止通过服务性收费和代收费侵害学生利益。

【着力抓好价格调节基金征管工作】2012 年市区共征集价格调节基金 800.4 万元，投放使用 279.4 万元。主要用于市区低收入群体价格补贴、市本级猪肉储备、市区定点屠宰厂病害猪无害化处理补贴、价格指数编制及信息发布等。充分发挥了价格调节基金调控市场、保障供给、稳定物价、关注民生等方面的作用。

【着力抓好价格公共服务工作】指导商业银行做好明码标价工作。要求各商业银行将统一印制《银行服务价目手册》，摆放在各营业网点大厅明显位置，供客户查阅，并接受公众的监督。邀请本市具有代表性的 15 家商贸企业参加明码标价座谈会，引导企业、行业协会加强价格自律。全面推行农贸市场明码标价制度。印发了《关于农贸(批发)市场管理单位或企业收费(服务)项目明码标价的通知》，对农贸市场明码标价工作做了统一安排和部署。鹰潭绝大多数农贸市场明码标价工作均已完成，有效监督了各农贸市场管理单位的收费行为。

【着力抓好价格监督检查工作】开展了客运票价、涉农、食盐、药品和医疗服务等价费检查，全年共查处价格违法案件 18 起，查处价格违法金额 146.32 万元，退还消费者 30.38 万元，没收违法所得 115.95 万元，罚款 1.74 万元，上缴财政 117.69 万元。优化了市场发展环境，推动了全市经济社会持续健康发展。

【着力抓好价格基础工作】加强市场价格监测，密切关注市场主要粮油、肉禽蛋、奶、蔬菜、液化气、成品油等居民生活必需品价格走势，对其可能引发价格异常波动的倾向性、苗头性及时预警预报。定期召开物价情况通报会，增强价格形势分析的前瞻性和预见性，以便采取应对措施。开展了早晚籼稻、规模化生猪养殖、城市供水等成本调查和监审工作，为政府价格决策提供科学依据。做好涉案涉纪物品价格鉴定工作。全年受理涉案涉纪物品价格鉴定案件 117 起，涉案涉纪金额 601.75 万元，为司法机关秉公办案提供优质价格服务。加强价格宣传，通过电台、电视台、报刊、互联网等媒体，对政府稳定物价采取的政策措施以及取得的成效进行大量报道，合理引导市场预期，努力构建良好的价格工作舆论氛围。

(吴卫明)

【市物价机构副县级以上干部名录】

市发改委党组成员、纪检组长：
王小元

市发改委党组成员、市价检局局长：
吴任广

工商行政管理

【概述】2012 年，鹰潭市工商局在省工商局和市委、市政府的坚强领导下，紧紧围绕市委、市政府“主攻项目、决战‘三区’，凸现特色、实现跨越”的总体要求，按照全省工商行政管理工作会议的部署，切实履行市场监管执法这一职能，服务保障民生这一使命，以效能建设和作风建设为主线，把鹰潭打造成富裕、秀美、宜居、和谐的鄱阳湖生态经济区璀璨明珠做出了新的贡献。

【服务经济发展】服务市场主体发展成果显著。全市工商系统坚持将培育、壮大市场主体特别是个私经济作为工作重中之重，推进注册窗口规范化建设，开展代办导办服务 262 次，努力营造公平公正的市场准入环境。工商部门推行了个性化、“一对一”的服务方式，在全市建立了十多个基层代办导办服务点。2012 年，鹰潭市场主体数量呈较快增长态势，全市市场主体总数达 3.65 万户，比 2011 年增长 21.1%，其中：内资企业 2091 户，注册资本(金)71 亿 4127 万元；外商投资企业 119 户，注册资金 3 亿 6746 万美元;个体工商户2.75万户,资金数额14亿5408万元,比2011年增长23.1%;农民专业合作社631个。全市个体工商户转型升级成效显著增强,全市注册私营企业6188户,新增私营企业1025户,比2011年增长20.9%。

服务发展方式转变水平提升。出台了《服务鄱阳湖生态经济区建设的18条措施》,针对鹰潭"1+6"产业重点项目,实行"项目直通车",提供"一项目一方案"的专属服务,得到政府领导的赞扬。开通"创业带动就业"绿色服务通道,切实落实群众创业就业各项优惠政策,全市个私企业解决就业岗位15.6万个。从扩大市场主体融资渠道入手,支持小额贷款公司等金融行业发展,指导企业以动产抵押、股权质押、商标权质押融资6.62亿元。进一步做好企业年检工作,企业年检率83.9%,网检率达100%。

服务商标战略实施步伐加快。深入推进商标战略工作由部门行为上升为政府行为。代市政府草拟了《关于实施商标战略促进经济发展的实施意见》,制定了《鹰潭市工商局关于争创驰名著名商标和注册地理标志商标商标培育计划》,逐步形成了鹰潭市知名商标、省著名商标、中国驰名商标培育的三级发展梯队。龙虎山局撰写了《龙虎山工商局商标培育计划》,为景区管政府正确决策提供了参考。2012年,全市新增中国驰名商标1件,申报省著名商标17件,新评定鹰潭市知名商标16件。全市共有注册商标2100多件,其中国驰名商标3件,省著名商标43件,市知名商标37件。

服务重大产业改革不断深化。整合全市重大产业登记信息,实行"项目直通车"服务,通过核对明细台账、查阅原始档案、与政府及其职能部门梳理重点企业的现状及未来规划等方式,为400多位投资者提供跟踪、上门等便企服务,有效地支持了重点项目建设,推进了重点企业的发展。月湖区局采取"放宽限制、联席办理、服务前移"等措施加快文化产业转型进程。2012年,全市完成企业转型升级70户,另核准名称31户。

服务现代农村建设力度加大。进一步落实红盾护农各项措施,严查假劣农资坑农害农行为,确保农村经济健康发展。组织开展了"春季打假百日行动""送法下乡"等活动,散发宣传册1万余份,查处非法经营农资案件12件,为农民挽回经济损失17万元。全市建立"农资商品示范店"30个,"红盾护农"维权点64个,全市发展农资商品经营户490户,并按等级进行了信用分类监管。在全市行政村建立维权站及各类联系点181个,农村"文明集市""文明市场"创建工作取得成效。

【市场秩序监管】流通环节食品安全监管。严把食品市场主体准入关,推行了食品安全四查四看日常监管模式,监管制度、食品市场消费安全保障、经营者自律等工作得到进一步加强。组织了各类食品安全专项整治38次,妥善应对处置了"塑化剂""问题明胶""人造猪耳"等食品安全重大问题和突发事件。切实加强市场巡查,共发放食品流通许可证887户,检查食品经营户4350户,查处不符合食品安全标准的食品326.5千克;送检食品40多个品种98批次,开展快速检测罗丹明B达75批次,配合省局的政府评价性检测260个批次,品种达60余种;开展食品安全宣传咨询活动10次,印发食品安全实用操作手册3000余册。

打击传销规范直销。通过构建惩防并举、综合治理的防控机制,从源头上进一步挤压了传销活动的生存空间,重点打击"拉人头"、团队计酬、收取入门费以及为传销提供便利条件等违法行为。2012年,全市工商系统共端掉传销窝点22个,教育、遣散参与传销人员216人,移送公安机关36人。集中力量开展了"3·21"江西精彩生活投资发展有限公司特大传销案的调查工作,排查、约谈43人,妥善处理了此类社会影响大的传销案件对地方社会稳定的不良影响。

商标使用权保护和广告市场秩序监管。开展了部分商品滥用"特供""专供"等标识的专项检查,重点查处侵犯驰名商标、商标专用权的违法行为和"傍名牌"等不正当竞争行为,整治重点区域12处,查处仿冒"立白""飘柔"等商标侵权案件7起,没收假冒"四特""国

市委书记陈兴超等市领导在市工商局领导陪同下督察食品安全

(市工商局供稿)

窖”等名酒 342 瓶，有效保护了商标权人的合法权益。

2012 年市工商局继续把关系人民群众身心健康和违法问题易发多发的药品、医疗、保健食品、化妆品、美容服务、非法集资类等广告作为监管重点，加大对电子显示屏广告、楼宇广告等新型媒体户外广告进行规范监管力度。监测登记各类户外广告 358 起，及时制止、改正和查处各类违法广告 43 起。余江县局对辖区内医药公司及药房开展拉网式检查取得实效。

合同监管工作和反不正当竞争。以商品房买卖、中介服务、技术转让等合同为重点，重点打击了设置合同陷阱、骗取保证金、加盟费等合同欺诈行为。受理合同格式条款备案 77 份，申报守合同重信用 AAA 企业 15 户，认定和续认 AA 守合同重信用企业 69 户。以工程建设、产权交易、商业保险等领域为重点，坚持教育与处罚相结合，适度处罚的原则增强经营企业的自律意识，对超市、酒店、商品批发商进行商业贿赂专项检查 32 次。开展了网络经营主体网上巡查工作，巡查网络商品交易及有关服务企业 892 次，下达责令整改通知书 5 份，关闭违法网站一家。2012 年，全系统查处各类经济违法违章案件 435 起，涉案金额 3000 余万元。

【参与社会管理】消费维权工作效能稳步提升。大力推进“四个平台”规范化建设，在全市 181 个“一会两站”站点、38 个五进维权站点的基础上，稳步推进了消费维权进景区工作，在龙虎山景区出入口显眼处位置设置了申诉举报电话，将为游客维权做到了实处。年初，对“12315”消费申诉中心办公区进行了重新改造装修，强化了功能设置，并建立消保工作 QQ 群业务平台，实现共享信息，促进交流，提升技能。建立了与报社、电视台、网站等新闻媒体常态联系建度，及时发布消费信息，跟踪维权动态，取得了良好的社会效果。全市共受理消费者申诉 612 件，成功调处 581 件，成功率 95%，为消费者挽回经济损失 300 余万元。

商品服务消费环境得到优化。进一步规范流通领域商品质量监测工作，建立了“强制认证产品目录”“实行生产许可证目录产品”资料库。针对消费者反映集中的商品质量问题，通过个案抽检的形式，对市区各大重点卖场进行了抽样检测，抽检 58 个批次。突出消费热点、难点、重点，开展商品市场专项检查 11 次。与金融、保险、物流等服务企业、行业协会设立企业维权联络员，建立常态化联系，开通维权直通车。推行经营单位行政约谈制，指导商业银行规范代理保险行为和销售理财产品宣传行为，引导各大银行签订了“维护金融消费者权益倡议书”。

规范执法行政效能不断提高。大力推动行政调解与司法确认相衔接试点工作，提高工商部门化解纠纷能力，受理行政调解 352 件。制定《鹰潭市工商局 2012 年普法教育工作要点》等文件，对工商中心工作涉及的“九法一规定”进行了公开培训，进一步规范了行政执法行为。深入推广了行政执法“说理式”文书，完善了行政处罚案管系统。在市局建立了“法治工商建设考核指标体系”，推动了监管执法由“管理型”向服务型的转变。

参与社会管理工作取得实效。以创建“省文明城市”为抓手，清理非法“垃圾”广告 1 万余条，走访商家 4600 多户，营造了文明整洁的经营秩序；在“打造三条特色商业街”项目中，市局牵头改造欣新路服装街，受到了市政府领导好评，该项目已进入招标实施阶段；贵溪“12·24”事件发生后，市局快速反应、积极行动，集中开展了校园周边环境整治、节日市场安全整治及“黑网吧”、禁毒防艾、推进平安市场建设等工作，从源头上预防和化解了众多社会矛盾。

【强化队伍建设】以党建标准化建设为抓手，扎实开展创先争优活动。作为全市首批党建标准化建设试点单位，市局找准与工商工作合点，制定了《鹰潭市工商局“一支部一主题”活动实施方案》，确立了“四个一”工作思路，实行“四定”工作措施，开展主题活动 3 次，参加党员 163 人(次)，实现以特色活动带党建，以党建工作促业务的总目标。进一步巩固和深化创先争优活动成果，加强工商文化建设。组织走访慰问老党员、元旦文艺汇演、郊游登山、乒乓球比赛等活动 12 次；继续帮助困难女童圆读书梦，联合爱心企业向谭冬英捐助助学款 5000 元以及部分生活物资。

以“先锋创绩”活动为抓手，不断提升干部队伍素质。大力开展党员“先锋创绩”活动，将党员理想信念、责任意识、服务群众、模范作用等方面的情况进行登记、定期公示、量化评分，切实发挥党员的先锋模范作用，市局机关 75 名党员进行了承诺登记。加大干部队伍建设力度，以考促学，积极组织“每月一法一考”活动，开展法律法规培训 15 次。以贯彻民主集中制和落实党风廉政建设责任制为重点，形成了每周一定期召开局领导碰头会制度，通报上周情况，研究本周工作，形成合力。十八大召开前，组织全市系统 40 余名副科以上干部在井冈山举办了革命传统教育培训班。贵溪市局采取竞职演说、民主推荐的方式，对所有基层分局、机关股(室、局)的负责人进行岗位调整双向选择。

以作风整治年活动为契机，继续加强党风廉政建设。通过报告会的形式开展了部门负责人集中述职述廉活动，对新提任的干部进行任前谈会，开展了县(市、区)班子成员履行“一岗双责”的述职述廉活动。将绩效考核工作与岗位风险防控有效结合，积极推进网上行政审批和电子监察系统的后台管理，强化了对行政权力运行的监督。以规范领导干部的权力运行和一线执法人员的行政执法行为重点,与各单位各部门负责人签订党风廉政建设责任状,抓好干部作风集中整治活动。重点围绕开好“五个会”,填好“五张表”,组织党员干部对照5个方面、19种问题开展批评与自我批评。印制作风整治突出问题活动须知手册200余份,进行广泛宣传。由市局领导带队分别走访市委、市政府、人大、政协及各大商会,发出征求意见表200份,并针对意见和建议认真制定了整改措施。2012年,市工商局监察部门不定期对全市19个基层分局、3个窗口单位进行明察暗访7次,没有出现违法违纪行为。

(易江鹍)

【市工商局副县级以上干部名录】
局　长:彭　鹏
副局长:余香娇(女,~2012.4)王芝云　周宜芳(女)　陈安平
纪检组长:郭武(2012.8~)
调研员:罗建国
副调研员:陈标利　徐文高　苏春

国土资源管理

【概述】2012年,全市国土资源工作以“双保行动”为载体,以构建土地管理新格局为总抓手,进一步解放思想,凝心聚力,抓亮点、促特色,较好地完成了各项工作目标任务。

【创新管理】构建土地管理新格局工作被省国土资源厅列为全省六大特色工作之一。在耕地保护、执法监察、土地征收等方面进行了有益探索,制定了国土资源信息员管理办法,扩大了信息员队伍;探索了村民理事会等基层组织参与农村宅基地管理、耕地保护、地灾防治的新途径、新方法。下放征地工作方案审批权限,缩短征地补偿款拨付时间。在国家土地督察南京局召开的三省“双保行动”推进会上,鹰潭连续两次应邀出席并作典型经验介绍。

【土地征收】在坚持依法征地、和谐拆迁的基础上,将征地工作方案审批、征地补偿协议签订、征地补偿资金拨付审批权下放分局,征地补偿款拨付时间缩短至7天,全市完成土地征收686.7公顷,征地补偿金额3.7亿元。

【用地保障】完成了全市38个乡镇土地利用总体规划修编,指导县(市、区)将“1+6”产业等重点项目纳入了规划布局。全市报批土地86.7公顷,供应土地886.7公顷。

【节约集约】以实施园区再造工程为平台,消化批而未供土地471公顷,三年供地率从48%提高至72%,所有县(市、区)节约集约考核全部达标,鹰潭市作为全省唯一设区市,被推荐参评全国国土资源节约集约模范市。

【资金保障】全市出让土地431.7公顷,成交价款32亿元,同比增加22%,其中市本级成交价款17亿元,出让金入库11亿元,创历史新高;通过土地储备协助融资14亿元,市本级完成土地收储3247亩;争取中央、省级地质环境项目补助资金820万元,为城市建设提供了有力的资金支撑。

【耕地保护】层层签订了耕地保护责任状,深入开展了创建耕地保护模范乡镇活动和创建耕地保护模范村试点工作。出台了《鹰潭市补充耕地项目管理暂行办法》,加强了造地工程管理。全市完成土地开发复垦项目10个,新增耕地8255.9亩;6.2万亩农村土地综合整治示范项目进展顺利,连续12年实现了耕地占补平衡和耕地总量动态平衡。113.15万亩永久基本农田划定外业工作全面完成,耕地保护年度考核名列全省第一。鹰潭被省政府评为全省耕地保护先进设区市,余江县被评为全省耕地保护先进县,获得用地指标奖励320亩。

【执法监察】全市开展动态巡查1500余次,发现制止违法占地139宗,查处土地违法案件20宗面积315亩,违法用地宗数及面积同比下降33%和50%,卫片执法检查一次性通过省级验收。

【矿政管理】深入开展打非治违专项行动,制止违法勘查开采3起;出让采矿权7宗,成交价款102万元,矿产资源补偿费征收入库1269万元;联合发布地质灾害气象预警预报34次,发送手机短信8000余条,强降雨期间转移群众1350人次,地灾防治保持零伤亡;地灾移民搬迁项目进展顺利,120户554人已建新入住。

【地籍管理】全市颁发国有土地使用证7396本,办理土地抵押登记206宗,支持融资64.37亿元。1.33万宗农村集体土地所有权登记公示工作全面完成,颁发土地所有权证4882本。集体建设用地、宅基地使用权地籍测绘全面结束,农村“三权”发证工作总体进度居全省第2位。

【测绘管理】完成了国家地理国情监测普查试点工作,启动了市、县基础测绘地理信息规划编制,更新了数字鹰潭1:50000地形图数据。

【信访维稳】健全了信访综治维稳机制,涉土涉矿信访总量同比下降25.5%。

【作风建设】深入开展了集中整治干部作风活动,落实了领导干部“一岗双责”,强化廉能风险岗位排查,突出警示教育,加大了干部轮岗交流力度,出台了干部轮岗交接制

度，全系统未发生违法违纪案件。以提高干部素质和创新能力为重点，开展了班子成员上讲台授课活动，出台了工作创新和学历教育奖励办法，营造了浓厚的学习氛围。市、县两级国土局领导班子考核排位前移。

【重要荣誉】市政府被省政府评为全省耕地保护工作先进设区市，市国土资源局被省国土资源厅评为2012年度国土资源管理工作先进单位、2012年度全省国土资源系统干部作风整治活动先进单位、全省国土资源系统老干部工作先进单位，被中国国土资源报社表彰为2012年度全国国土资源报刊发行优秀单位。贵溪市国土资源局被江西省推进依法行政工作领导小组办公室、省政府法制办公室授予“全省先进行政执法单位”称号，贵溪市政府被市政府授予“2012年度全市耕地保护先进县（市）”“2012年度全市园区再造工程先进单位”称号。余江县政府被省政府评为全省耕地保护工作先进县、被市政府评为全市耕地保护工作先进县。

（吴胜才　彭莉黠）

【市国土资源局副县级以上干部名录】

党组书记：叶銮清
党组副书记、局长：彭　伟
党组副书记、副局长：韩学工
党组成员、纪检组长：高坝根
党组成员、副局长：童年茂
党组成员、副局长：郑云霞(女)
党组成员、储备中心主任：杨今东
副调研员：胡中华
总工程师：宋根胜

质量技术监督

【概述】2012年，鹰潭市质监局在在市委、市政府和省质监局的坚强领导下，系统上下紧紧围绕“维护经济秩序，服务经济发展”质监工作第一要义，以宣传贯彻《质量发展纲要》，深入推进质量兴市战略为抓手，以推进铜及铜产品“国检中心”建设为重点，有效依法行政，队伍呈现了新面貌，服务能力上了新台阶，事业发展开创了新局面。2012年，市质监局被评为全省质监系统质量管理先进单位，计划财务科技先进单位、业务目标完成先进单位，认证认可工作先进单位。在优化发展环境监测工作中，全市质监系统连续多个月排名全市第一，市局机关党委获“市直机关先进党组织”称号，驻市行政服务中心质监窗口被授予“党员先锋岗”称号。

【围绕中心，促发展有新贡献】一年来，市质监局立足职能，以提高质量和产业素质为重点，以强化管理和科技进步为支撑，以培育名牌和完善技术标准为抓手，主动作为，为经济社会发展做出了新贡献。一是质量兴市工作得到稳步推进。2012年，市政府先后下发了关于贯彻落实《江西省质量发展纲(2011–2020年)》的一系列文件；讨论通过了《鹰潭市市长质量奖管理办法》，奖励幅度由原来的10万元提高到20万元；制定了《鹰潭市市长质量奖评选办法》，启动了市长质量奖的评选工作；市质量兴市领导小组编制了《鹰潭市质量状况分析报告》，第一次对全市产品质量、工程质量、环境质量和服务质量状况进行了全面分析并提出相应对策，为市政府科学指导质量提供了参考依据；开展了“质量月”现场咨询日、“实验室开放日”等活动，江西卫视、鹰潭电视台等省市媒体进行了报道。由于质量兴市工作成绩突出，2012年，市政府被省质量兴省领导小组评为“全省质量兴省工作先进单位”。二是名牌战略扎实推进。2012年鹰潭新增江西名牌产品5个，江西质量管理先进企业1家，江西省质量信用3A级企业1家。全市已累计拥有中国名牌产品2个（全省共18个），江西名牌产品25个，名牌数位居全省前列。

【科学监管，保安全有新成效】一是“两个专项行动”整治不放松。按照“抓质量、保安全、促发展、强质监”的工作方针，市质监局根据省质监局部署，深入开展了“质量安全风险排查和道德领域突出问题专项教育治理活动”专项行动。在食品、特种设备、农资建材等监管产品、生产企业以及质监自身工作、队伍建设、行风建设、廉政建设等方面存在的风险和隐患进行了逐一排除。共排查企业500余家，排查安全隐患100余起。二是食品、特种设备安全态势保持平稳。以加强食品企业软件建设为重点，进一步督促企业落实质量安全主体责任，实现了产品质量安全可溯源，生产过程可再现。以深入开展特种设备内部管理规范化和使用单位管理标准化创建工作为抓手，注重专项整治与日常监察相结合，全面规范特种设备安全监管行为，有效落实了企业安全生产主体责任，为确保一方平安作出了贡献。三是执法打假，维护市场经营秩序呈现新水平。全年共对71家企业生产的化肥、食品、眼镜、人造板、建筑用砖瓦等20类76批次产品进行了市级定期监督检验，合格率为88%。省级监督抽查全市14家企业生产的9类21批次的产品，抽检合格率达到95%。开展了质监利剑“农资打假下乡”、气瓶充装、汽配产品、食品非法添加等涉及国计民生领域产品专项监督检查和执法打假行动30余次，立案查处质量违法案件95起，受理群众投诉举报21起，咨询1749个。

【固本强基，强质监有新突破】一是检验检测平台建设加快，质量技术支撑基础进一步夯实。由市政府投资7300余万元，占地3.3余公顷，总建筑面积达2万平方米，经国家质检总局批复筹建，被列为省、市重点建设工程的“国家铜及铜产品质量监督检验中心”已于2012年8月份全面完成土建工程。贵溪市政府投资900万元建设的“江西省电光源产品质量监督检测中心”也于10月正式动工开工建设。二是标准计量、认证认可等基础性工作进一步筑牢。开展了服务业标准化示范单位申报工作,江西龙虎山旅游文化发展(集团)有限公司成功申报为省级服务业标准化试点单位。积极配合相关部门做好了文化产业转型升级,为82家单位转型升级提供了便利。以民生计量和能源计量为重点,全年检定计量器具1.09万台(件),开展了“推进诚信计量、建设和谐城乡”“5.20”世界计量日、“诚信计量”承诺等活动,指导六国化工等重点能耗企业完善能源计量器具配备,促进节能减排。认证监管工作稳步推进,全市已有1家食品检验机构获得食品检验机构资质认定证书,6家实验室通过复评,2家实验室通过监督评审,2家企业的2类7个品种的产品获得江西省工业节能产品证书。三是人才队伍建设有了新突破。加强了干部队伍建设。按照科学发展观和正确政绩观的要求,着力选拔想干事、能干事、干成事、不出事的干部。为储备“国检中心”技术人才,向社会公开招聘了4名相关专业的本科毕业生,并送至江铜集团相关实验室进行培训。同时,加强了与南昌大学、江西理工大学、省科学院和中国瑞林公司等大专院校科研机构的沟通联系,就高级专业人才的引进、技术合作等进行了调研。

【依法行政,塑形象有新面貌】全市系统以“干部作风整治”“党建标准化项目建设”等活动为契机,狠抓作风行风建设,全面推进班子队伍建设、党风廉政建设、法制建设、文化建设等各项工作,有力地巩固和提升了质监部门的良好形象。2012年3月至6月份全市质监系统在优化发展环境监测工作中连续四个月排名全市第一。开展了执法案卷“回头看”和案卷自查等活动,对行政许可审批项目进行了全面清理,精简了行政许可项目,缩短了审批时间,提高了行政效能。2012年,共受理行政审批事项1023件,办结1023件,办结率100%,多次受到市效能办的通报表扬。

(付象锦)

【市质量技术监督局副县级以上领导人名录】

党组书记、局长:管希志

党组成员、副局长:程志平、吴世平

党组成员、纪检组长:张远

党组成员、副调研员:艾清水

食品药品监督管理

【概述】2012年,市食品药品监督管理局在市委、市政府的正确领导下,坚持以科学发展观为指导,按照“主攻项目、决战‘三区’,凸现特色、实现跨越”的总体要求,围绕中心、服务大局,积极履职、依法行政,各项工作取得明显成效,确保了全市人民群众饮食用药安全,实现了鹰潭食品药品市场持续健康发展。

【省级食品药品安全示范区建设启动仪式】7月3日上午,鹰潭市政府与省食药监局共建食品药品安全示范区启动仪式在华侨饭店举行。省食药监局党组书记、局长关晏民,市政府市长钟志生分别致辞并共同按下启动球。省食药监局副局长肖一华、副市长辜清分别代表江西省食品药品监管局、鹰潭市政府签署了“共建食品药品安全示范区合作备忘录”。市人大常委会副主任刘育虹、市政协副主席吴细美出席启动仪式。市政府秘书长吴炳生主持启动仪式。

【加强和创新社会管理】全面推进为期1年的全省食品药品安全示范区建设、为期5年的食品药品科普行动计划,食品药品监管服务大局、服务民生功能明显增强。

【党建标准化建设试点】按照“党建工作项目化,项目推进标准化”的要求,与改进监管工作相结合,突出特色,打造亮点,实现队伍建设、运行机制、阵地建设、活动组织、工作制度、工作流程和党建资料的标准化,在市直机关工委检查考核中获得通报好评。

【社区标准化和便民服务中心建设】发挥牵头协调作用,扎实推进交通街道站江社区软硬件各项改造工

市政府与食品药品监督管理局共建食品药品安全示范区启动仪式

(市食品药品监督局供稿)

作,社区面貌焕然一新。

【文明城市创建工作】资料收集上报和实地考察任务按时按质完成,迎检工作得到市文明城市创建领导小组的充分肯定。

【重点项目】积极配合市海关国检综合楼重点工程项目,市食品药品检验所检验大楼整体搬迁工作进展顺利,完成搬迁项目选址红线范围图、立项、用地规划、用地手续办理、设计等相关工作。

【招工工作】全年招工 40 人,任务完成率 100%。

【食品安全监管职能移交】2 月 9 日,市政府召开食品安全综合监管和餐饮服务食品安全监管职能移交会议,将市食品药品监管局食品安全综合监管职能划入市卫生局,将市卫生局负责的餐饮服务食品安全监管职能划入市食品药品监督管理局,并明确从 2 月 10 日起正式履行新职能。

【监管机构组建】成立了市餐饮服务监督所,为市局下属正科级全额拨款事业单位,承担全市餐饮服务食品安全监督管理职责,编制 10 名;专门设立了龙虎山风景名胜区餐饮服务监督所,为市餐饮监督所派出副科级单位,编制 2 名。市本级在鹰潭市食品药品检验所增挂市药品不良反应监测中心、医疗器械不良事件监测中心、餐饮和药品安全投诉中心牌子,实行四块牌子、一套人马,增加全额拨款事业编制 2 名。

【整顿药械市场秩序】强化基本药物监督检查,全市基本药物生产企业监督检查率和建档率均达 100%;全面完成“问题胶囊”查控任务,5 月 1 日以后生产的胶囊剂药品全部须经全检合格后上市;组织开展了药品生产流通领域、中药材、餐饮集中整治、中小学食堂食品安全隐患大排查、保健食品生产经营企业监督检查,以及餐饮消费食用油、畜禽肉、人造猪耳、亚硝酸盐、食品添加剂等专项整治,检查涉药单位 2000 余家次、餐饮单位 1000 余家次(覆盖率均为 100%),排查安全隐患 60 余处,升级改造小餐饮 176 家、取缔关停 56 家。全年查处违法案件 136 例,移送假药案件 4 例、餐饮食品案件 2 例,没收并销毁假劣食品药品案值 30 余万元。

【技术支撑建设】市食品药品检验所再次顺利通过省级“实验室资质认定”和“食品检验机构资质认定”;成功申获《江西省中药材标准》15 个品种的标准研究和编撰工作项目,争得上级价值 165 万元的检验仪器设备项目。

【应急管理】完善应急处置体系,制订了《鹰潭市餐饮服务食品安全事故应急预案(暂行)》;完善了药品和医疗器械突发安全事件应急预案,并成功组织了应急演练。设置开通了全市统一的投诉举报电话“12331”。

【抽样检测】全市开展药品抽检 1046 批次(完成率 101%,不合格率 6.2%),其中基本药物抽验 729 批次(不合格率 4.2%);医疗器械抽样 51 批次(完成率 102%)。抽检餐饮食品 134 批次、保健食品 20 批次、化妆品 25 批次,任务完成率均为 100%。组织餐饮食品风险监测 65 批次、重大活动快速抽检 15 批次;对餐饮企业辣椒原料开展了工业染料罗丹明 B 的快速检测 80 批次。

【安全用药月暨餐饮食品安全监督量化分级管理启动仪式】9 月 1 日上午在市中心广场隆重举行,市人大常委会副主任卢越明、市政府副市长辜清、市政协副主席吴细美等市领导出席活动并一起按下启动球。市食品药品监督管理局局长夏涌波致词。市政府副秘书长汪磊主持仪式。

【食品药品安全科普宣传】全市“安全用药月”统一宣传发放资料 25000 余份、咨询人数达 3000 余人次;组织了食品药品监管开放体验活动;利用新闻媒体以及户外媒介刊登食品药品科普知识专栏 10 期,播放公益广告 600 余次;开展食品药品安全科普知识大讲堂 20 场;发送食品药品监管动态、提示信息、警示信息等科普手机短信 20 余万条。

【队伍建设】以“干部作风集中整治”主题活动为平台,以制度建设为抓手,推进了科学民主依法决策制度、党组中心组理论学习制度、民主生活会制度、领导干部调研制度和党风廉政责任制建设,班子总揽全局和破解难题的能力和水平不断提升。组织开展了学习型机关建设、业务技术比武、行政执法案件评比、机关文化建设,干部依法行政的积极性、主动性进一步增强。

(廖晓斌)

【市食品药品监督管理局副县级以上干部名录】

党组书记、局长:夏涌波(2012.5~)
组副书记、调研员:廖晓林
调研员:周文崇(2012.8~)
党组成员、副局长:汪茂林 丁海峰
党组成员、纪检组长:吴接道
副调研员:刘炜

审计监督

【概述】2012 年,市审计局忠实履行审计监督职责,扎实推进自身建设,审计工作在严肃财经法纪、推进依法行政、维护群众利益、促进廉政建设等方面发挥了积极作用,为促进全市经济社会持续平稳健康发展提供了有力的审计支持。全市共审计单位184个,提交审计报告206份,提出审计意见建议289条;向纪检监察机关移送案件和线索1起。开展的全市社会保障资金审计和全市农村中小学布局调整情况专项审计等2个项目,被省审计厅评为“2012年度全省优秀审计项目”,审计信息化建设荣获“2012年度全省审计先进单位二等奖”。

【财政金融审计】 积极推进实施“以财政审计为龙头,以预算执行为主线,以全部政府性资金为内容”的财政大格局审计。突出“摸清总量规模、分析支出方向、评估管理现状、评价绩效水平”的审计重点,2012年,开展了2011年度市本级预算执行及其他财政收支审计、市地税局2011年度税收征收管理审计,市发改委2011年度部门预算执行审计,贵溪市2010年至2011年财政决算审计、2009年至2011年市直部门规费征收管理情况审计、鹰潭市农村信用合作联社(包括月湖区、余江县农村信用合作联社及辖内网点)2011年度资产负债损益情况审计等项目,并对2010年度市本级预算执行中审计查出的问题逐一进行了跟踪检查和督促整改。重点关注预算编制的科学性和绩效性,全面掌握2012年度市级预算执行总体情况,客观评价市级财政在实施积极财政政策、保持经济平稳较快发展、促进鄱阳湖生态经济区建设等方面取得的成效,着力揭示预算执行、资金分配、资金使用、资金安全、政策效果等方面存在的突出问题,从体制、机制、制度和政策层面分析原因、提出建议,促进提高财政预算管理水平。

【经济责任审计】 强化“完善审计程序、强化成果运用、规范评价标准”等关键环节,积极稳妥地深入推进经济责任审计工作。采取“大项目”的经责审计新模式,将经责审计纳入全局年度审计项目计划管理,统一年度审计工作方案,严格执行经责审计操作指南,周密组织,规范操作。审计中,重点关注了领导任职期间贯彻执行国家经济法律法规、党和国家关于经济工作的重大方针政策及决策部署,促进本地区、本部门、本单位经济社会事业发展情况;重大经济决策制定和执行、重大投资项目建设和管理的真实合法效益情况;重大管理制度制定和执行,对直接监管部门和下属单位监管的情况;领导干部执行国家财经法规及个人遵守有关廉政建设规定情况等。2012年,全市审计机关实施领导干部经济责任审计项目59个,其中审计县级领导干部38人、科级领导干部21人。建立了通报机制,向市委、市政府和市纪委、市委组织部报送了年度领导干部经济责任审计情况综合报告,指出问题,提出建议,有效促进了领导干部依法履职。

【固定资产投资审计】 以规范建设行为、节约政府投资,提高项目质量为目标,严把基建程序、现场签证、图纸审查、实地复核、造价决算等环节。重点检查项目建设过程中财务管理、资金使用和执行招投标制度等情况,检查有无违法违规、管理薄弱、重大损失浪费等问题,提出规范建设管理,提高资金使用效益的建议,督促相关建设部门对建设领域各项制度的贯彻落实。2012年,主要开展了鹰西棚改保障性住房,鹰潭信江新区路网二期、三期工程等跟踪审计项目,对鹰潭龙虎山大桥、信江大桥、市老干部活动中心、市人民医院门诊医技楼等决算审计项目实施了一审,对胜利西路延伸段、滨江公园一期等6个决算审计项目实施了二审,有效提升了政府投资建设资金的绩效水平。

【专项资金审计】 2012年,市审计局重点开展了国家审计署、省审计厅统一组织的社会保障资金、保障性住房建设、农村中小学布局调整等全国性审计项目,全市审计机关按照统一组织领导、统一审计工作方案、统一标准口径、统一审计报告和统一对外公布的原则,集中统一推进。特别是在审计署统一组织的社保资金审计中,重点关注了“十一五”时期以来各项社保资金的基本情况,摸清各项社保资金的收支规模和结构;关注了各项社保制度在资金筹集、管理、分配、使用,政策执行,运行机制中存在的突出问题,分析基金可持续性,各级政府在完善社会保障制度、改善民生和维护社会稳定等方面取得的主要成效;关注了各项社保资金筹集、管理、使用和效益方面存在的问题,从体制机制方面分析各项社保资金问题产生的原因,有针对性地提出了审计意见建议,促进社会保障体系与经济社会发展状况相适应,促进规范社保资金管理、提高资金使用效益。同时,还完成了大中型水库移民后期扶持资金专项审计、科技专项经费投入和管理使用情况专项审计、人防经费专项审计、水利规费征收管理使用专项审计等项目。

【联网审计】 依托数字审计平台,在关系国计民生和信息化程度较高的部门单位大力推进业务联网审计模式。进一步深化现场审计实施系统(AO)应用,逐步实现AO应用在审计项目上的全面覆盖。同时注重推广先进审计技术方法,不断总结提炼计算机审计方法和AO应用实例。2012年8月,全省审计工作座谈会在鹰潭召开。同年12月,率先在全省完成了审计(办公自动化OA)系统的国产化升级改造,在加快推进审计信息化建设和应用方面,走在了全省的前列。

(黄晓华)

【市审计局副县级以上干部名录】

党组书记、局长:吴文戈(~2012.3)、吴建辉(2012.3~)

党组成员、总审计师:王惠斌
党组成员、副局长:祝木水、
　王国军(2012.9~)
党组成员、纪检组长:姚美娟(女)
党组成员、副调研员:叶国琼
调研员:徐加样
副县级纪检监察员:沈美英(女)

经济社会调查

【概述】2012年，在江西调查总队的正确领导下和市委市政府以及有关部门的关心支持下,市调查队紧紧围绕全省统计调查工作会议精神和队党组提出的“基层调查网络队伍建设成效年”活动的总体部署,坚持以提高统计调查数据质量为中心,以优质服务为重点,切实加强思想建设、制度建设和业务建设,较好地完成了各项统计调查工作任务，取得了较好的成绩,2012年,市队先后荣获了“鹰潭市2009-2011年度文明单位”“综合治理先进单位”“调研工作先进单位”“信息工作先进单位”“保密工作先进单位”和“党报党刊发行工作先进单位”等荣誉称号,尤其在开展基层调查网络建设工作中,市队“扁平化”调查模式的成功运用,得到了国家统计局局长马建堂的亲笔批示,得到了副局长徐一帆、总统计师鲜祖德的高度评价和充分肯定,并在6月份召开的全国国家调查队工作会议上作典型发言。

【建立健全价格监测、预警机制,完成了生产领域和消费领域各项价格抽样调查】一是确保了CPI手持数据采集工作的顺利开展。6月份,全省CPI手持数据采集工作全面铺开,原始数据的采集手段发生了重大变革,为此,在管理模式、人员分工、数据质量控制和审核方面进行改进,使CPI手持数据采集工作有条不紊地进行。二是完善了价格调查网点建设。投入了大量精力,对流通消费价格调查方法制度的执行情况进行了一次总结,剔除了缺价及失去代表性的规格品,增补了新的、具有较好发展趋势的规格品，使规格品数量始终保持在700个左右。三是加强了粮食、能源、原材料等主要生产、生活资料市场价格的监测,对现有的700种商品规格品实行“定人、定点、定时”的直接采价制度,并每月编制居民消费价格指数(CPI)和商品零售价格指数,为市政府出台政策性调价措施提供参考依据。

【组织开展城市居民生活水平调查】一是扎实推进城乡住户调查一体化改革。以市政府办名义下发了《关于做好分县(市、区)城乡住户调查一体化改革的通知》，确保改革各项目标顺利推进。二是夯实了常规调查基础。切实做好人均可支配收入的评估和趋势预测分析工作;整理了住户基本情况和收入排位一览表 ,对50个调查户分组,对就业、收入变化较大的调查户,加大了访户辅导力度;强调了住户调查为调查对象保密的纪律,消除记账户对填报收入的思想顾虑,2012年没有出现非正常换户情况,保证了调查数据的代表性和稳定性。

【组织开展采购经理暨企业景气、房地产价格、主要畜禽监测和服务业抽样等常规调查】及时准确地反映了企业生产经营状况和要求,加强了对房地产销售和价格指数的评估,加大了对主要畜禽数据监测变化趋势的判断,为党政领导管理和决策提供了优质服务,得到市政府领导的充分肯定。

【完成一系列专项调查任务】相继组织开展了　“组织工作满意度”“国有大型企业反腐倡廉民意调查”“种粮大户”“一户一表”居民用电情况、“食品安全公众满意度”“鹰潭市农村居民对新农合医疗制度和乡镇基层医疗服务的满意度”等专项调查任务,得到江西调查总队的充分肯定。

【扎实推进基层调查网络建设】基层调查网络建设是该队着眼于调查事业全局和长远发展而作出的一项重大决策，该项活动于2010年启动，分三年落实,2012年重点加大了对全市41个乡(镇、办),95个调查样本企业和50个社区共194人的统计调查基层队伍的管理。一是实行人员管理“扁平化”。二是建立了培训联络模式。三是探索了一条“以钱养事、以事养人”的经费保障模式和业务考核模式。通过三年的努力,基层调查网络建设取得了较好成效。在6月17日至21日召开的全国调查工作会议上,队长宁俊华在大会上作了题为《树国家意识,探创新之路,以基层调查网络队伍建设助推“三个提高”》的典型发言,得到国家局领导和与会代表的好评。

【加强信息和分析研究工作】2012年度,全队紧紧围绕全市工作中心,围绕经济发展的难点、社会生活的热点、领导关注的重点,开展调查分析研究，共撰写分析研究报告28篇,编发《鹰潭调查》28期,报送各类调查信息397条，并有3篇调研报告在2012年度全省调查队系统中标课题评选中分获了二、三等奖。

(汪丽萍)

【国家统计局鹰潭调查队领导人名录】
党组书记、队长:宁俊华
党组成员、副队长:应建敏、杨　勇
党组成员、纪检组长:朱宝生

房地产管理

【概述】2012年,在市委、市政府的正确领导下和省住建厅的指导帮助下,鹰潭市房产管理局紧紧围绕市委、市政府“主攻项目、决战‘三区'、凸显特色、实现跨越"的总体要求,以科学发展观为统领,转作风、抓歪风、正行风,狠抓工作落实,党员干部精神风貌进一步转变,住房保障体系建设进一步加强,房地产市场发展进一步规范,房产管理服务水平进一步提升,为构建富裕、秀美、和谐、宜居新鹰潭做出了积极贡献。

【房地产开发】 在深入贯彻国家宏观调控政策的前提下,认真履行房管职能,不断优化管理制度,提高依法行政水平,加大市场培育力度,增强了企业发展信心,房地产秩序运行状况良好。一是健全完善房地产市场管理制度。修改完善了《鹰潭市房地产开发企业资质和经营管理办法》,积极引导房地产开发企业做大做强,规范经营。根据省住建厅《关于进一步加强商品房预售资金监管的通知》(赣建房〔2012〕8号)等有关规定,出台并实施了《鹰潭市商品房预售资金监督管理办法》,确保了商品房预售资金安全,更好地保护了购房者的合法权益,促进了房地产市场健康发展。二是认真开展房地产市场监督检查。组织人员定期对市区范围内在建、在售的楼盘进行专项检查,对存在问题的房地产开发企业下发整改通知,要求限期整改,直到符合要求。严格商品房预售方案报批,预售方案不符合要求,不予受理商品房预售,严厉打击无证预售行为(含手机短信),同时,规范售楼部公示内容,要求在售楼部醒目位置张贴。三是规范房地产市场运行。1至12月份,全市房地产完成投资25.15亿元,同比增长16.9%;住宅完成投资17.14亿元,同比减少0.87%。商品房施工面积288.08万平方米,同比增长40.6%,其中住宅施工面积233.84万平方米,同比增长30.1%;房屋新开工面积92.27万平方米,同比下降4.6%;商品房销售面积54.52万平方米,同比下降16.7%;商品住房成交套数3051套,同比下降17.34%;商品房住房平均价格4883.21元/平方米,同比增长3.02%;商品房销售额21.19亿元,同比下降8.4%;商品房竣工面积83.04万平方米,同比增长370.8%;批准商品房预售29宗,面积56.04万平方米,同比下降30.3%;其中住宅批准预售面积39.46万平方米,同比下降41.88%。房产地开发企业资质换证、延期、新办审核55家,其中中心城区23家、贵溪19家、余江13家。

【保障性住房建设】 一是大力推进保障性住房建设。2010年度全市10000余套廉租住房竣工备案已通过省厅考核验收。其中:中心城区4796套、贵溪市2800套、余江县2416套。2010年度住房保障奖励资金332万已下达。2011年度保障性住房续建项目基本完成,全市共续建保障性住房4562套(其中中心城区2600套、贵溪市1500套、余江县462套),多层基本建成率100%,高层完成投资80%以上,并顺利通过省督查小组考核验收。2012年市中心城区3506套公共租赁住房和500套廉租住房,现大部分开工建设,2012年国家下达目标任务开工率达100%,基本建成2200套,圆满完成年初预定的竣工目标任务。二是加强保障性住房小区管理。拟定了《鹰潭市公共租赁住房建设与管理实施细则》(送审稿),已上报市政府讨论研究。基本完成鹰潭市"十二五"住房建设规划工作,基本完成民欣佳园1748套廉租住房复核入住工作,基本完成审核发放2600户未中签家庭廉租住房租赁补贴工作。坚持公平公正分配保障房,加大申请住户的核查力度。通过以查居住状况、查存款收入、查公积金缴存、查车辆登记信息和过程公开、结果公开为内容的"四查两公开"程序,共查出廉租住房不符合条件中签家庭125户,不符合租赁补贴发放条件家庭190户,使该保障的群众真正受益,防止不符合条件者侵占保障房资源。不断优化小区居住环境,对小区房屋和基础设施进行修缮,增加了宣传栏,规划了停车位等。积极探索新的保障性住房小区管理新模式,参照兄弟县市做法,将小区物业管理服务对外承包给有资质的专业物业管理公司管理,逐步使全市保障性住房小区的管理走上规范化、制度化轨道。截至2012年12月底,累计完成房屋租金和物业管理费收入241万元,其中住宅租金收入86万元,非住宅租金收入130万元,物业管理费收入25万元。三是继续推进住房制度改革。制定了廉租房租赁补贴审核发放程序,按房改成本价和经济适用住房政府指导价出售公有住房。完成了912大队等单位220户按经济适用住房政府指导价出售公有住房的申报审核工作;完成了市航运公司、713矿等单位150户成本价公房出售申报审核工作。完成市中心血站、市食品药瓶监管局、市公安局等单位120户按竣工当年市场评估价购买集资建房的申报审核工作。完成了电信公司等五个单位188户房改房维修基金利息的维修使用拨付工作。

【城市房屋征收和拆迁】 2012年,全市共完成国有土地上房屋拆迁120户,拆迁面积1.68万平方米,办理回迁78户,完成征收77户,得到了林荫西路棚户区改造指挥部、信江新区开发建设指挥部的充分肯定和高度评价。按《征收条例》实施的项目共计8个、661户,房屋征收面积7.32万平方米。全年共完成项目6个、289户,面积2.76万平方米,分别为:市人民医院综合改造房屋征收项目共计159户,1.56万平方米;市总工会综合改造房屋征收项目共计29户,3374平方米;林荫西路贯通工程房屋征收项目共计80户,7300平方米;林荫东路综合改造一期房屋征收项目共计14户,650平方米;五洲南路海联大厦房屋征收项目共计6户,652平方米;环城东路打铁铺压占人行道房屋征收项目共1户，面积50平方米。正在实施的项目2个、372户、面积4.56万平方米,分别为:市国土局片区房屋征收项目共计70户、8863平方米；市防腐厂片区一期房屋征收项目共计302户、3.67万平方米。

【棚户区改造】2012年鹰潭市没有上报计划，因此2012年鹰潭市中心城区棚户区改造的工作重心仍然放在2011年棚户区改造的安置房建设方面。2011年全市规划区外国有工矿棚户区改造任务1.56万平方米,378户,全部落实到265地质大队老基地改造项目中。截至12月底,265大队国有工矿棚户区改造项目中老基地的378户房屋已经拆除完毕,建设安置房共378套房屋,292套安置房已封顶。

【白蚁防治】坚持以防为主,防治结合的方针,以强化防治意识和服务意识为目标,进一步加大了白蚁防治政策宣传力度,不断改进服务方式,提高服务水平,拓展工作领域,注重服务质量,保证人民群众的居住安全。认真贯彻执行上级有关精神,严格施工技术规范管理。制订白蚁预防施工方案和操作流程并与建设单位签订白蚁预防合同,认真做好施工、验收、回访、复查每道工序、每个环节,做好在包治期内定期回访复查，确保不留隐患,强化服务责任,优化服务质量,做到建设单位满意放心。全年共完成白蚁预防建筑面积110万平方米,收缴白蚁预防费160万元,预防覆盖率100%；完成灭治房屋建筑面积15万平方米（含绿化带、行道树等),收取灭治费共5万余元。

【房屋产权登记】秉承“职业文明为核心,服务群众为目的”的宗旨,按照岗位责任到人,管理责任到位的工作机制,严格提示、告知、询问程序，通过权属登记系统的建设,不断精简手续,杜绝人为关系造成的不良现象,全年未发生违纪违法办证的现象。采取“严格三级审核、审批,建立产权交易台账,加强登记过程中的监督检查”的做法,实行“上门服务、预约服务、延时服务”,通过推行多项便民措施,切实提高办事效率。改革机构工作制度,开辟“疑难解答”窗口,受理群众历史遗留产权的咨询设置。积极深化干部人事制度改革,开展了部门负责人竞争上岗活动,重用了8名德才兼备、业绩突出、群众拥护的中层干部。同时,面向社会公开选聘一批高素质的大厅受理人员,提升了登记中心干部队伍的整体素质。秉着尊重历史、以人为本的原则,着力解决历史遗留产权登记问题。制定出台了《鹰潭市月湖区已发房屋所有权证的集资房换证方案》,解决了500多户已取得月湖区房屋所有权证、契证,且集资款已交齐居民的换证问题,获得了群众的高度赞扬。全年共受理各类房屋登记业务1.26万宗，比2011年增长19.43%；面积303.41万平方米,比2011年增长16.76%;实现收费928万余元,比2011年增长34.2%。

【房产测绘】强化服务理念,创建优质服务环境,狠抓内部管理,转变工作作风。加强测绘成果的利用和管理，加快测绘信息体系建设,及时做好测绘报告成果的收集、归档、保密、管理等工作,为客户多方提供查询服务,有效合理利用测绘成果,促进了经济效益和社会效益的有机统一。全年共受理并完成了房产测绘总面积约为281.697万平方米，收取费用约140.38万元,其中商品房预售测绘面积为74.78万平方米，商品房竣工测绘面积为24.33万平方米，公房测绘面积为4.61万平方米(含市国资委2.40万平方米,未收费),自建私房(含工业园区）测绘面积为1.78万平方米,房产分割测绘面积为8.36万平方米，房屋征收房产测绘面积为6.36万平方米（含未收费面积5.61万平方米)。另有办证大厅窗口受理散户共计2613房，测绘面积为26.96万平方米。

【房地产信息建设】大力推进数字房管建设，业务系统建设正在逐步开发建设，已完成了第一批9个子系统的验收，第二批7个子系统已建成了5个子系统,正测试运行。将房产档案整理与数字化建设对接，对现有房产档案进行整理、数据录入、扫描等建库工作,已完成7万份档案的整理和扫描。加大测绘成果转换力度,利用“数字鹰潭建设”的GIS地形图建立全市房屋楼盘表，将整理好的房产档案信息与地形图上的楼盘表关联起来,努力实现“以图管房、以图管档”的目标。加强网络宣传与服务工作，及时对房产政务网进行改版,增加视频新闻、最新动态、公告栏、房产小知识,增强了网站的功能，咨询投诉增加了反垃圾信息等功能。2012年共办理商品房备案3169宗,备案面积40.6万平方米,备案金额22.75亿万元,备案面积同比减少7%。其中:住宅备案面积36.74万平方米,备案金额18.2亿元,均价4958元。

【维修基金管理】始终坚持“取之于民,用之于民”的原则,充分发挥维修资金作用，为业主房屋维修提供服务。规范了对已建立维修资金账户的二手房业主首期维修资金查验、归集工作,查验率达100%。通过主动联系、上门服务等形式,加强了对已办理了初始登记的小区（楼、栋）的开发建设单位和业主归集力度。及时更换新的维修资金管理软件系统,实行五级账户管理,便于业主查询。进一步规范维修资金使用拨付程序，制定了房屋应急维修使用程序,开辟拨付资金“绿色通道”,降低了使用难度,提高维修资金使用率。全年共归集住宅专项维修资金2500.5万元,同比增长77.5%,户数

4552户,项目增加8个;为业主办理变更手续366户;累计归集维修资金1.09亿元,2.57万户,项目119个。受理小区33个,已拨付维修费用72.15万元用于15个物业小区(楼、幢)的共用部位、共用设施设备维修,拨付维修费用与2011年同期相比增长268.84%,占累计拨付维修资金的45.62%。累计使用维修资金158.15万元用于71个物业小区(楼、幢)的共用部位、共用设施设备维修,维修项目共计212项。

(朱建波)

【市房管局副县级以上干部名录】
副书记、局长:俞奇
书记:李建平
党委委员、副局长:黄碧江　吴泰兴(~2012.8.)　刘志林(2012.5~)　徐　林
纪委书记:雷丽虹(女)
党委委员:副调研员:邬筱芳　彭勇辉(2012.5~)

住房公积金

【概述】截至2012年底,累计归集住房公积金19.53亿元,累计为7969户发放住房公积金贷款11.02亿元。2012年当年归集公积金4.06亿元,同比增长21.24%。2012年当年为860户发放住房公积金贷款2.01亿元,完成年计划88.78%,同比负增长19.16%。

【实现全市乡镇全覆盖】2012年全市新增住房公积金缴存单位88家,新增缴存职工3086人。继鹰潭市本级乡镇全覆盖后,2011年贵溪市18个乡镇实现了全覆盖,2012年余江县11个乡镇启动10个,唯一未启动的春涛乡也已于2013年1月开始缴存公积金。

【财政配套缴存比例达上限】经2012年市住房公积金管委会全体会议通过,市政府第十八次常务会议批准,同意从2013年元月起,将市区职工公积金财政配套缴存比例由10%提高到12%,实现了连续5次上调,赶上全省最高水平,并达到国家规定最高值。

【调整住房公积金月缴存标准】2012年度住房公积金月缴存上限由1500元提高到1730元,最低月缴存额由50元调整到174元。

【规范准确结息】2012年6月30日市住房公积管理中心(以下简称中心)严格按国家利率规定,为全市约6.63万名职工的公积金帐户余额结算利息2718.66万元,同比增长24%。

【开通按年提取住房公积金偿还住房公积金贷款】2012年9月,经市住房公积金管委会全体会议研究通过,出台了"按年提取公积金偿还住房公积金贷款"这项惠民政策。并于9月1日正式运行,截止2012年底已有91户职工提取住房公积金偿还公积金贷款189.48万元。

【信贷逾期率为"零"】市公积金贷款连续两年保持"零"逾期,个贷逾期率全省控制最底。

【增值收益增长率全省第一】2012年完成住房公积金增值收益2735.97万元,完成年计划147.33%,提前3个月完成全年任务,同比增长157.84%,增长率全省第一。

【计提"公积金贷款风险准备金"】在公积金增值收益分配中累计足额计提"贷款风险准备金"639.45万元,其中2012年足额计提了123.16万元。

【上交"城市廉租住房建设补充资金"全省排名第四】为支持鹰潭廉租住房保障工作,已累计上缴3615.43万元的"城市廉租住房建设补充资金"至财政专户,其中2012年计提该笔资金1192.11万元,增长率为185.02%,全省排名第四。

【接受管委会决策与监督】2012年承办一次公积金管委会会议,做到及时向市公积金管委会汇报工作,公积金的大事必须管委会集体决策,能及时通报情况,接受监督。

【强化内部监督】市中心一贯实行内部授权制,严格风险岗位廉能管理,并完善内部管理制度新建立了三项机制,即建立风险防控预警机制。建立重大资金转移备案制度。建立投诉举报受理制度。

【入选江西省三个保障房"试点"城市之一】为缓解鹰潭市保障房建设资金困难,发挥鹰潭市公积金效能,根据国家住建部等七部委文件精神,市中心积极申报保障房试点城市,于2012年9月光荣入选省3个"试点"城市之一,并已报批于国家相关部委。

【开通鹰潭市住房公积金网站】2012年5月市中心开通了"鹰潭市住房公积金网站",标志着鹰潭公积金信息化建设迈上一个新的台阶。

【改善办事处办公环境】余江公积金办事处综合楼于2012年6月正式搬迁投入使用;贵溪办事处业务用房进入装修工程的招投标工作,预计2013年9月即可进驻办公。

【荣誉】以"创先优争"促发展,狠抓中心文明建设是中心的一贯做法。由于工作成绩显著,已获得三项重要荣誉:一是被省委省政府评为"江西省文明单位";二是被住建部评为全省唯一一家"全国住房城乡建设系统先进集体";三是获市政协提案先进单位。

(赵　欣)

【市住房公积金管理中心副县级以上干部名录】
主　任:张秀萍

信息化建设

编辑、校对:柴靖龙

综述

2012 年,在市委、市政府的正确领导下,在市人大、市政协和各部门的关心支持下,市信息办科学谋划、敢于担当、加强协调、狠抓落实,扎实推进全市信息化发展,各项主要业务在全省达到了"争一保三"态势,市政府网站建设水平继续保持全国领先,绩效评比成绩位列全国 296 个地级市的第 16 名,全省第 3 名;数字社区建设试点取得实效,有效支撑加强和创新社会管理,得到了省委领导的表扬;工程领域信息公开扎实推进,充分发挥了预防工程领域腐败作用,得到了省调研组的充分肯定;网络建设、系统运维、经济预测等主体业务在全省信息系统评比中均获得二等奖以上奖励。

信息网络建设逐步完善。以加快提升信息基础设施服务水平和普遍服务能力为主线,加大建设投入,着力增强信息网络综合承载能力、设施资源综合利用能力和信息通信集聚辐射能力。截至 2012 年底,全市互联网端口数达 30 万个,宽带接入网用户总数达 13.4 万户。共建有 GSM 基站 1204 个,3G 基站 1056 个,4G 基站 2 个,移动总用户数达 79.5 万户,实现城区、乡镇 2G/3G 网络全覆盖,30 户以上自然村 2G 网络覆盖率达到 99%。鹰潭城区与郊区、余江城区、贵溪城区主要写字楼、学校、商城、医院实现 WLAN 网络覆盖。306 家市县党政部门接入市政务网,政务网乡乡通工程规范有序推进。

信息安全环境不断优化。采取有效措施,进一步加强信息安全保障工作,坚决防范重特大网络信息安全事故的发生。一是高度重视信息安全保障工作。市政府成立了以分管副市长为组长,市信息办、市委保密机要局、市公安局、市国安局分管领导为成员的网络与信息安全工作领导小组。二是强化信息安全工作督查指导。网络与信息安全工作领导小组在全市范围内开展了一次网络与信息安全检查工作,督促各地各部门对存在问题进行整改。三是开展信息安全工作培训。市政府副市长裴勇主持召开全市网络与信息安全工作会议,邀请省信息中心和省国安厅领导和专家就信息化与信息安全、新形势下技术窃密与反窃密作专题报告。四是采取有效措施保障信息安全。聘请第三方机构对鹰潭市政府网站、跨部门应用系统及全市政务网站进行漏洞扫描及安全评估,委托安全检测机构对鹰潭市政府网站实施安全等级保护测评,形成全市政务网站整体评估报告,客观分析了市网络与信息系统的安全现状,解决了安全隐患,有效提高市网络信息安全防护能力。

政府网站品牌效应进一步凸显。市政府门户网站在省政府主办的"2012 年度全省政府网站绩效评估"中,荣获全省设区市政府网站二等奖,在人民网、新浪网、中国软件评测中心共同举办的第十一届(2012 年)中国政府网站绩效评估中位列全国 296 个地级市的第 16 位。

政务信息化成效显著。按照"统一规划标准、统一网络、统一应用支撑、统一电子监察、统一安全管理、统一运行维护"的建设原则,一批电子政务项目相继建成并投入使用,受到机关干部和社会各界的广泛好评。一是构建"阳光政府"。2012 年度,全市各级部门按照"公正、公平、便民"的原则,以市政府信息公开平台为载体,及时、全面、主动地公开政府信息 68778 条,有效保障了公民、法人和其他组织依法获取政府信息的权利,提高了政府公信力和执行力,充分发挥了政府信息对人民群众生产、生活和经济社会活动的指导和服务作用。二是构建"廉洁政府"。2012 年度,市治工办协调、指导和督促市发改委、市城乡建设局等部门发布项目基本信息 451 条,项目审批信息 2419 条,信用信息 4590 条,促进了工程建设市场公平、有序竞争,遏制了工程建设领域腐败问题易发多发的势头。三是构建“高效政府”。全市各级各部门利用网上行政公文交换系统传输文件1056件,利用网上行政审批与电子监察系统受理审批事项和公共服务事项2.25万件,利用市政务信息网视频会议系统安全召开了国家、省、市、县四级视频会议共73场,切实提升机关工作效能。

社会服务信息化初显成效。按照“统一规划、资源共享、突出重点、分步实施”的原则,以“有用、实用、好用”为目标,采取“试点、试用、推广”的模式,积极推进社区社会管理服务平台建设,得到省委常委周萌的高度赞扬。该平台在树立服务型社区和构建和谐平安鹰潭发挥重要作用。一是社区管理服务逐步优化。通过人、物、图、事、情等信息相互关联实现常住人口管理、流动人口管理、特殊人群的服务管理为社会管理和社会服务提供信息化支撑。二是树立了服务型社区新形象。以信息资源整合为着力点,以居民需求为出发点,适时收集、梳理、发布各类动态服务信息,架起了政府、街道、社区居民的有效沟通平台,切实为辖区居民提供了全方位、多层次,立体型的社区服务。三是和谐平安建设有效推进。最大限度地推进了社区党务、政务公开,进一步提高了社区工作的透明度,以此增强居民参与社区民主自治的热情,引导社区居民为社区建设建言献策,促进社区决策的民主化和科学化,推动了和谐平安社区建设。

企业信息化水平稳步提升。按照“区域抓示范、行业抓重点、园区抓集聚、企业抓提升、物流抓平台”的工作思路,以信息化促进传统产业改造升级和培育新型产业为着力点,分类分层推进两化融合。行业发展方面。一是健全完善行业统计和运行监测分析工作,加强分析研究和预测。二是建立电子信息产业企业数据库、项目库,充分发挥地方配套资金导向作用,引导企业加大研发投入,提升企业自主创新能力。三是加速冶金、化工、医药等重点行业“两化”融合推进步伐。企业信息化方面。深入开展百家“数字企业”和企业信息化“千百万工程”活动,争取用三年时间在全市打造500–1000家“数字企业”,全面提升鹰潭企业信息化水平,切实增强企业创新能力、经营管理能力和市场开拓能力,带动产业转型升级,提升企业经济效益和竞争能力。项目建设方面。通过积极组织项目筛选申报工作,努力争取国家电子信息产业振兴和技术改造、电子信息产业发展、物联网等国家专项扶持资金,继续加大力度争取国家倍增计划、集成电路产业研究与开发专项资金、移动电子商务、“两化”融合促进节能减排、物流信息化典型发现和试点示范项目等方面的资金支持。

(卢 政)

【市信息办副县级以上干部名录】

主任、党组书记:凌 波

副主任、党组副书记:胡海俊

党组成员、纪检组长:章小武

党组成员、副调研员:吴美华

邮政

【概述】2012年,鹰潭市邮政局下辖贵溪市、余江县局。全市邮政从业人员612人,其中合同制252人、劳务用工360人。市本局从业人员364人,其中合同制157人。贵溪市局从业人员146人,其中合同制59人。余江县局从业人员102人,其中合同制36人。全市具有:本科学历84人,专科学历242人;中级职称11人,初级职称34人。全市科级干部23人,离退休及内退人员173人。市局配有局长(书记)1人、副局长2人(其中1人兼纪委书记、工会主席)。市局内设6个职能部门:综合办公室(党群办)、人力资源部、市场经营部、计划财务部、监督保障部(安保部、视察室、监察室)、工会;6个生产经营支撑部门:代理金融电商局、大客户中心、集邮函件局、报刊发行局、投递局(机要通信局)、邮区中心局(指挥调度室)。

全市拥有:支局所38个,邮政储蓄网点25个,便民服务站102个,邮政报刊亭57个,邮政分销网点12个,集邮专业网点4个,机要服务点3个;邮路13条,单程总长4229千米,其中全国干线邮路2条、单程3304千米(居全国第四);城市投递段道44条,单程总长1168千米;农村投递段道53条,单程总长2209千米。鹰潭邮区中心局是全国70个二级邮区中心局及全国33个重点转口局之一,日接发运邮火车32趟次,占江西省接发运邮火车的46.87%,也是全国三个派押一级火车干线邮路的非省会二级局之一,派押有昌—厦、厦—渝运邮火车两对。全年完成火车邮件押运产品量8.69亿袋/千米,汽车邮运产品量1550万袋/千米,转运总包邮件交换量373万袋(合)。共有火车邮厢6节,邮运汽车4辆。

2012年年末,全市邮政固定资产原价为1.46亿元,流动资产为2158万元;主要邮政生产处理设备邮件牵引车6台,商业信函制作系统1套,ATM自动柜员机18台,POS机22台,邮资机7台,过戳机4台,计算机231台,终端168台;自有车辆42辆,其中非生产用车8辆、生产邮运用车34辆。

2012年,在省公司和市委、市政府的坚强领导下,全市邮政坚持以科学发展观为指导,认真贯彻落实上级有关会议精神和各项决策部署全市邮政,总体实现了“稳中求进”。全市邮政系统实现业务收入1.59亿元,比2011年增长20.7%。其中,企业实现收入7407万元,为省公司预算的100.1%,增长12.1%。

【服务地方取得成效】建成“商易通”助农取款点18个,新增4个新

世界邮政日为市民宣传邮政知识

（市邮政局供稿）

邮政便民服务站。加大邮政便民服务站维护管理力度，月点均交易笔数达 291 笔、金额达 2.1 万元，均排全省第三。配合市政府、龙虎山管委会及相关部门，先后在龙虎山、天师府承办了《壬辰年》《福禄寿喜》特种邮票首发式。成功申请发行《龙虎山》特种邮票，已初步定于 2013 年 7 月 27 日发行 1 套 3 枚邮票、1 枚小型张。

【提升财务管理效能】大力倡导“勤俭节约办企业，集中力量抓建设”理念，完善部门成本费用包干制，修订费用报销管理办法，加强成本费用管控。全年通信费下降 11.5%，管理费用下降 3.7%。企业有效收入增幅达 16.9%，比业务收入增幅多 4.8 个百分点。做好新系统上线工作，推进财务管理信息化。对工程项目做到 100%招标和 100%审计，为企业节约建设资金。

【提升人力资源管理效能】优化中层干部队伍的年龄、知识和专业结构，先后对 14 名四级职务人员进行了岗位调整，提拔 2 名优秀后备干部为四级副、3 名四级副人员为四级正。按照“公平、公正、公开”和竞争、择优原则，开展市局邮储网点负责人公开选聘和邮储营业员双向选择，市局部分管理、营销、技术、操作岗位双选工作。加强劳务用工薪酬管理，本着向关键岗位及工作时间长、表现优秀的劳务工倾斜的原则，修订计酬办法，加大考核力度，充分调动劳务工积极性。强化教育培训工作，制定年度员工教育培训管理考核实施办法，分中层干部、一般管理人员、客户经理、营销策划人员、支局所长、生产人员六个层次开展教育培训，全年送外培训 250 余人次，自办各类学习培训 6500 余人次。抓好职业技能鉴定工作，市县局共有 78 名员工参加鉴定，合格率为 69.2%。

【提升安全监管效能】与各单位(部门)签订安全生产、综合治理目标管理责任书，出台邮储网点负责人履行监控检查职责管理办法。加强安全教育培训，组织 2 次押运人员安全教育培训，开展邮储网点员工安全知识考试。将 24 个邮储网点监控主机更新为 16 路，15 个农村邮储网点金库全部采用钢筋混凝土六面现浇或六面钢板。强化安全检查，全年对邮储网点开展日常检查 140 次、电话检查 70 次、夜间检查 7 次、集中检查 9 次，填写安全检查表 250 余份，印发检查情况通报 10 份，并在每月经营支撑服务分析会上通报检查情况，督促整改。加强消防安全工作，在集团公司组织的消防安全大检查中，消防工作受到检查组一致好评。做好十八大期间安全、服务和维稳工作，及早召开电视电话会，层层签订责任书，增加检查频次，及时沟通信息，确保十八大期间邮件收寄和运输安全、金融资金安全、消防安全、车辆使用安全及服务质量。

【提升网运管理效能】结合“为民服务创先争优”活动，推进营业、投递服务规范管理达标和城市投递网优化等工作，服务质量明显提升，2012 年用户满意度达 91.64 分，排全省第四。加强邮件时限考核管理，通信质量明显提高，总包邮件信息发送准时率、出口邮件扫描勾核率、总包网上清单及时准确率均达 100%。强化车辆管理，严格执行定人定车、派车审批、定点停放、IC 卡加油等制度，充分利用 GPS 系统，不定期对车辆使用情况进行监控并通报。机要通信坚持事前提醒、事中监督、事后检查工作方法，进一步加强基础管理，实现“无失密丢损、无延误”目标。

【加强工作作风建设】开展“转作风、提效能、作表率”主题实践活动，要求县(市)局和市局职能支撑部门负责人做好基层服务工作承诺，不断增强员工执行力、大局意识。在科级领导、助理，以及市局职能部门其他员工、县(市)局部门领导和市县支局所长中，深入开展查摆整治甘于平庸、畏难情绪、工作散漫三个突出问题活动，促进工作作风转变和管理效能提升。

【加强通信能力建设】成立网点改造工作小组，保质保量完成 6 个邮储网点改造，进一步提升网点形象和产能。贵溪 4 个迁址或新增网点于年底建成并通过验收。配合地方相关部门,推进空白乡镇邮政所建设,多次到16个空白乡镇选址。更新电子化营业网点终端、打印机等设备,服务环境明显改善。扩大车厢有效容积,将原有8节25B型火车邮厢更新为7节25G型,邮运效能进一步提升。

【加强党风廉政建设】 扩大党风廉政宣传教育范围,丰富形式和内容,促使广大党员干部自觉端正心态、筑牢拒腐防线。层层签订党风廉政建设责任书,促使各级领导认真落实“一岗双责”要求。建立健全有关规章制度,明确集中采购操作流程。坚持民主集中制和公开、公正、公平的原则,认真落实集体决策制度。召开领导班子民主生活会,班子成员认真开展批评与自我批评,提出整改意见,促进思想和作风的转变。

【加强和谐家园建设】 落实“办实事、送温暖”工作,切实关心关爱员工,积极兑现办实事承诺。注重人文关怀,开展全市邮政员工及内退、退休人员生日慰问工作及节日纪念、走访、慰问活动;做好员工健康体检、困难员工和党员帮扶工作;建成3个职工书屋、5个标准化“职工小家”,员工生产、生活条件得到改善。广泛开展文体活动,继续健全各类业余文体兴趣小组,积极倡导员工利用业余时间参加文体活动;举办全市邮政2012年迎新春团拜会、元宵联欢晚会、分营以来第一次企业年会,开展全市邮政迎新春拔河比赛、“迎五一”乒乓球比赛,组织内退和退休人员参加全市第六届老年人运动会、健步行活动、“宜邮杯”老年门球赛等,不断丰富员工和内退、退休人员的精神生活,增强企业归属感、凝聚力。推进民主管理,强化局务公开工作,公开、公示企业重要制度及干部提拔、员工竞聘、用工转换等重大事项,保障员工的知情权、审议权和监督权;开展“为民服务创先争优”建言献策活动,进一步激发广大员工关心企业发展、投入企业建设的热情。

(吴富进)

【市邮政局副县级以上干部名录】

党委书记、局长:刘　鸿(~2012.6)、刘建军(2012.6~)

党委副书记、副局长:周剑(2012.12~)

副局长、工会主席:杨欠根(~2012.6)

副局长、纪委书记:纪　幸(~2012.12)

杨欠根(2012.12~)

电信

【概述】 2012年,中国电信鹰潭分公司在市委、市政府和省公司党组的正确领导下,坚决贯彻落实市委提出的“主攻项目、决战‘三区’、凸现特色、实现跨越”和省电信公司“双领先、双跨越”的总体要求,高起点、高标准打造一流销售服务型企业,通过深耕渠道、重点突破、量质并重,较好完成各项生产经营任务,荣获了全省唯一“双领先”金奖。2012年,全业务经营收入完成1.56亿元,同比增长13.67%。

【加快建设新一代信息通信网】 公司致力于打造宽带与移动融合、安全可靠的新一代信息通信网,截至2012年年底,全市,电信电话交换机总容量达25.4万门,固定电话用户总数达13.9万户。互联网端口数达15万个,宽带接入网用户总数达10万户。共建有移动通信基站350余个,移动电话总用户数达12万户,自2008年接手C网以来,用户数翻了四番。全市乡镇3G信号覆盖率达100%,行政村覆盖率达97%。

【推进环鄱智慧工程启动光网城市建设】 中国电信在宽带技术与业务上一直拥有领先优势,2012年在市政府的大力支持与推动下,4月份鹰潭市政府与中国电信股份有限公司江西分公司成功签订了《合作建设“鹰潭·光网城市”协议》,结合环鄱阳湖智慧工程,全面启动了光网城市建设。通过近一年来的共同努力,公司不断拓展覆盖各县(市、区),集IP化、宽带化、整合化为一体的城市光纤宽带网络,实现按用户需求提供“百兆到户、千兆进楼、百万兆出口”的网络能力。截至2012年年底,全市已实现光纤进小区100余个,1万余户家庭已升级

市政府与中国电信股份有限公司江西分公司签订《合作建设“鹰潭·光网城市”协议》

(电信鹰潭分公司供稿)

为FTTH光纤宽带。未来两年至三年内,城市(含县城)、乡镇所有家庭均可提供8—20兆的高速宽带接入。

【加快信息化步伐服务数字鹰潭建设】 中国电信作为信息化建设的领跑者,2012年积极投身于数字信息化建设。

1.智能化的低碳生态产业体系。(1)电子政务:已经成功建设贵溪、余江县电子政务;建设月湖区社区信息化项目,建成了覆盖区—乡镇(街道)—社区(村)的全区三级电子政务网络。(2)数字园区:通过办公自动化系统、翼机通系统、协同通信、视频监控等以及丰富的3G应用,已经成功为多家园区企业建设了信息化项目,为园区企业的生产效益、工作效率提供了先进的信息手段。(3)数字校园:已经成功建设鹰潭职业技术学院综合信息化项目、鹰潭市一中新校区综合信息化项目、全市中小学翼校通平台,内容包括翼机通、办公系统、校园有线无线网、校园监控、家校通等项目。

2.智能化的交通运输体系。(1)物流应用:已经成功建设全国性的物流配货信息网(地网)平台,实现本地为货主找车、为车主配货的一站式服务。(2)交通应用:成功为全市混凝土车辆、邮政物流运输车辆、保安特种押运车辆建设车辆监控定位和天翼对讲系统。

3.智能化的生态环保体系。(1)数字环保:为全市10多家企业建设了重点污染源视频监控系统,并融合物联网技术,采用传感、遥感设备,实现对污染源的各种成分进行分析、超标预警等功能。(2)数字景区:建设数字龙虎山,包括景区监控、电子门票、景区闸机等项目,为龙虎山成功"申遗"和"冲5A"成功提供信息化保障。

4.智能化的社会运行体系。(1)应急联动:成功建设全省第一个地市政府应急联动系统,实现上联省政府、下联各相关单位的应急联动系统。(2)天网工程:完成鹰潭、贵溪、余江天网工程,并整合社会视频监控,为社会的平安提供全天候的监控。(3)司法信息化:成功建设全省第一个司法矫正系统,包括外劳人员信息管理、社区矫正人员信息管理、全市司法系统自动化办公系统。(4)警务信息化:完成月湖公安、鹰潭特警警务信息化等项目,建成包括天翼对讲系统、定位调度系统、翼机通系统、警务E通系统等信息化系统。(5)数字城管:建成贵溪市、余江县城管信息化,实现天翼对讲与定位、呼叫调度、图片上传、事件管控等功能。

【推进行风建设深化"创先争优"】 一年来,公司扎实推进行风建设,深化创先争优活动,认真开展"集中整治影响发展环境的干部作风突出问题"活动。对内自查自纠,案例剖析,打造企业内部流畅、和谐的发展环境;对外开展各种服务领先活动,抓服务承诺、服务质量,营造人人争做服务楷模的良好氛围,不断提高服务效率和客户感知。

【鹰潭市政府联手江西电信共建"光网鹰潭"】 2012年4月19日,鹰潭市人民政府与中国电信江西公司"鹰潭·光网城市"合作建设协议签约仪式在鹰潭隆重举行。鹰潭市人民政府张荣先副市长、中国电信江西公司胡文化副总经理出席仪式并代表双方签署了协议。

按照协议约定,到2014年,鹰潭市、贵溪市、余江县的城区全部实现光纤接入,最高接入带宽达到100兆,城市家庭接入带宽普遍达到20兆以上。1.新建楼宇实现光纤到户,老城区逐步实施光纤化改造。到2012年底,主城区光纤到户的用户覆盖规模达到4.6万户,2013年底达到10万户,2014年年底达到15万户。2.新建办公大楼、商务写字楼、工业园区,实现光纤到楼。光纤入楼比例达到100%。3.在农村区域以有源光节点进行政村为目标建设农村宽带网络。实现铜缆距离控制在1千米以内,2013年用户8兆接入能力达到95%以上。4.大力推广光纤宽带应用。光纤宽带网开通后及时开通相关业务和各种应用,推动"物联网""云计算"等新兴信息技术在政务、商务、生产、生活、教育、文化等各领域的广泛应用,进一步提升鹰潭市信息化总体水平,为鹰潭的经济建设和城市管理注入新的智慧元素。

(乐辰刚)

【电信鹰潭分公司领导人名录】
副总经理(主持工作):汪祖源
副总经理:郭 敏 沈森元
总经理助理:毛新发

移动通信

【概述】 2012年,鹰潭移动公司在市委、市政府和省公司的正确领导下,以科学发展为主题,以转变发展方式为主线,紧紧围绕"移动改变生活"的愿景目标,加大网络投资建设打造精品网络,持续推进移动互联网的发展,深入实施客户满意服务工作,深化精细管理,各项工作稳步推进。

【持续打造精品网络】 全年投入约7000万元建设精品网络,深化四网协同发展。2012年网络KPI全省排名第二,全年未发生一起干线中断故障,G网三项KPI指标均达到全国前十,其中两项达到全国前五。优化GSM架构,深化覆盖、提升网络质量。2012年全年新增G网基站92个。通过双频网容量均衡、话务下沉底层等措施优化网络架构,确保GSM网络质量领先优势。建设3G精品网,促进用户和业务发展。全年新增3G网基站117个,全省率先完成3G网络六期工程建设和优化工作,3G网络六项KPI指标全部达到全国前五。

【加强宽带及专线网络建设】2012年全年新增宽带信息点2.9万个，A/B类集团光缆到位率81%。成立宽带专线及WLAN专项提升小组，认真抓好专线宽带代维、双跨集团专线整改、家庭宽带网络质量提升，宽带客户满意度全年平均得分74.77,全省排名第一。加大宽带和WLAN发展力度，全年新增宽带客户1.12万户，WLAN客户5737户。

【强化集团信息化服务】深拓集团信息化服务，全市新增计费专线244条，环比增幅39%；专线收入完成295万元，环比增幅30%。成功签约贵溪手机报、公安手机报、商务局手机报，开发交通资讯便民平台，集团短彩信业务收入达350万元。2012年校讯通有效计费用户数到达2.1万户，全年收入达到167万元，环比增幅10.56%。加大应用推广，成功签约全市出租车定位系统监控项目、政务网乡乡通、手机公交一卡通、铁路局工务巡线定位系统等项目。

【提升客户服务感知】以“为民服务，创先争优，服务质量大会战”活动为主线，持续推进满意度提升举措落地。强化服务支撑，加强业务稽核管理和业务差错考核，提升客户业务感知。建立以客户为导向服务工作流程，优化退费及宽带投诉处理流程。高度重视网络投诉。成立鹰潭移动MO手机上网质量提升专项工作领导小组，开展MO手机上网专项提升攻关，截至12月底MO手机上网全省排名第一位。在2012年12月省公司网络满意度测评中，鹰潭公司得分81.1分，领先电信10.59分、领先联通13.59分，领先度双双排名全省第一。

【推进精细化管理增强发展动力】精细成本资源投入，建立了资源使用效益常态化跟踪分析预警机制；绩效考核推行电子化，并由季度考核优化为按月考核，提升了员工感知；提升采购集中度，全年累计采购金额2921.41万元，采购集中度提升15%，节约采购金额55.77万元；开展“告警、性能双集中”试点，探索维护体制新模式。双集中监控试点工作获省公司高度评价；成立员工效能专项提升小组，推进队伍建设，实施“8090”融职计划，14名大学生能力快速提升。抓好员工培训，参培人数达1279人次。推广弹性薪酬，激发了一线员工积极性。做好人才储备工作，开展了雏鹰选拔、见习助理竞聘工作；深入推进廉政建设，开展集中整治影响发展环境的干部作风突出问题活动，层层签订党风廉政建设责任状，严格执行“三重一大”等制度；认真落实安全生产和维稳工作责任制，全年未发生安全生产事故和重大群体事件；深入开展“为民服务创先争优”活动，深化企业文化建设，公司“基于精确定位技术的管线工程管理系统”荣获江西移动2012年度科技进步一等奖，“基站空调冷凝清洗节能装置”荣获江西移动2012年度科技进步优秀奖，“鹰潭手机公交一卡通”荣获江西移动2012年度业务创新优秀奖；“提升鹰潭GSM无线接入性”QC成果荣获江西移动第十届优秀质量管理小组活动成果二等奖；市公司荣获全省集团业务综合发展三等奖，龙虎山区营销中心荣获2012年“全市工人先锋号”称号；涂琴被评为全省“创新女标兵”；吴丽华获集团节能减排先进个人。

(杨秀萍)

【移动鹰潭分公司领导人名录】

总 经 理：罗 钢

党委书记：黄木生

副总经理：张干忠 张曰雄

联合通信

【概述】2012年是鹰潭联通继续贯彻落实集团公司“业务大发展，能力大提升，机制大转变，服务大突破”工作方针的关键年。公司在市委、市政府和省分公司的正确领导下，在地方各部门的大力支持下，坚持科学发展观，坚持以人为本，以发展为主线，进一步大力实施向一线倾斜的激励策略，进一步深化企业改革，深挖企业内部潜力，创新经营思路。实现了3G移动电话、2G移动电话、宽带互联网用户和行业综合应用的高速可持续发展。用户规模、特别是优质3G用户不断创新高，公司服务水平不断提升，网络覆盖得到极大改善，“WO”3G第一品牌已经得到鹰潭市民的高度认可，苹果和三星等高端手机、大量丰富的千元智能手机与联通WCDMA网络的完美结合得到了社会各界人士的广泛赞誉，企业经济效益和社会效益显著提高，中国联通3G制式的完美优势在鹰潭这块红土地上得到了充分展现。

【主营收入调结构成效明显】2012年，鹰潭联通公司继续坚持“3G规模发展、2G效益发展、宽带快速发展”的总体战略思路，继续秉承“品行为本、责任为重、务实为要”价值观和业绩观。通过创新经营思路，夯实基础管理，大力实施渠道建设、网络基础能力建设以及人才队伍建设工程，经过全体员工的努力，各项工作取得显著成绩：全年业务收入同比增长33%，名列全省第一；综合绩效考核全省名列第二；公司战略性业务收入占比在全省排第一，达到60%以上。公司3G与宽带战略性业务首次超越传统2G语音业务，战略性业务拉动分公司收入增长明显加速，公司2G、3G、宽带、固话、互联网业务结构比例正不断向好的方向发展。

在业务快速发展的同时,公司客户服务体系建设日趋完善,在确保高端用户“一对一”保姆式服务、大众用户近距离贴心服务的同时,广泛宣传联通真3G内涵。在鹰潭市区创新性开展3G网速“PK”擂台赛,推出以“沃的网速比你快,不快奖你一万块”为主题的沃3G网速PK擂台,满足3G移动互联网时代市民要求手机上网速度快的诉求,真正做改变鹰潭百姓生活方式的引领者、服务者。

【通信能力得到极大提升】2012年新增固定资产投资6000万元,新建2G/3G物理站址120个,新建小区宽带固网接入50处、WLAN热点53个,网络覆盖与业务能力上了新台阶。截至2012年底,鹰潭联通通信能力GSM网络基站达到352站,WCDMA达到280站,光缆杆路达到1400千米,管道资源达到200千米,宽带端口达到30000个,自有与合作营业网点达到140家,增加全社会就业岗位100人,推进合作伙伴新增就业人员100人,公司走上了快速可持续发展道路。

【积极落实中心工作】1.综合治理和党风廉政建设。2012年分公司结合企业实际,深入贯彻落实中共中央《建立健全惩治和预防腐败体系2008-2012年工作规划》,认真贯彻落实《国有企业领导人员廉洁从业若干规定》和国有企业领导人员廉洁自律七项要求等制度规定。围绕职业道德建设,逐步完善《员工职业道德守则》。对党组织参与“三重一大”决策的议事内容、形式、程序、纪律进行规范,细化“三重一大”决策程序,强化决策的制衡约束和对决策过程的监督。进一步强化主要负责人的“一岗双责”意识,制订和完善党委会、总经理办公会会议规则。2012年公司先后荣获2009年至2011年度鹰潭市文明单位、江西省2008年至2012年五年度综治先进集体等光荣称号。2.新农村建设。鹰潭联通积极响应市委、市政府号召,积极跟进,继2009年帮扶余江锦江乐泉村、2010年帮扶锦江七都村委会上下湾村、2011年锦江七都村委会冬元村后,2012年又积极主动帮扶月湖区四青办桥东村委会汪源村小组。3.无偿迁改光缆服务地方经济发展。地方民生和经济建设与通信光缆建设迁改工作密切相关,公司识大体、顾大局,在贵溪电厂道路拓宽建设、鹰潭信江新区道路规划建设、320国道贵溪至流口段改造、贵溪城区道路改造、余江县城道路改造、鹰潭市区小街小巷改造过程中,公司自筹60元万建设资金给予鼎力支持,全力服务地方发展。

【扩大品牌影响力实现可持续发展】2012年鹰潭联通企业品牌提升方面着重抓了“WO”3G与宽带用户感知提升工作,通过线下用户亲临现场、亲身实践、口口相传等具体工作,点点滴滴提升客户感知。具体的做法就是继续按照集团公司“六统一”要求,通过将产品细分与定位,渠道建设、改造和规划,阶段性促销和奖惩,3G行业应用优势与突破,3G随意玩产品跑量扩大用户接触面,宽带FTTH和PON+LAN和ADSL灵活组合营销,有效设计社会渠道和公司员工激励措施等手段来激发企业员工和社会组织各方面力量,达到点滴扩大联通“WO”3G的正能量。通过不断完善市区、县城、乡镇的3G和宽带网络覆盖,通过老用户的口碑相传、社会精英人士的言传身教、社会与战略合作渠道的切身利益改善述求以及持续的平面、微博、微信、客户端等多种方式宣传,实现3G第一品牌联通“WO”的社会影响力,引领企业高速、高质、可持续发展。

(熊辉标)

【联通鹰潭市分公司领导人名录】
总经理、党委书记:黄益斌
副总经理、党委委员:曾志强

无线电管理

【概述】2012年,鹰潭市无线电管理局深入贯彻落实科学发展观,坚决贯彻执行市委、市政府的决策部署,坚持无线电管理为经济建设服务、为国防建设服务、为党政机关服务的宗旨,以开展无线电台站清理核查专项行政执法工作为重点,有效制止违法设台行为;认真开展无线电监听监测,切实做好各项无线电安全保障工作,确保无线电通信安全畅通有序;认真受理无线电干扰申诉,及时排查、协调、处理无线电干扰;深入开展电磁环境测试,及时发现不明信号、查找非法电台,避免有害无线电干扰收集资料。

【无线电台站核查】无线电台站核查是2012年全国无线电管理的一项重要工作,市无线电管理局按照国家和省工信委的要求,认真制定工作实施方案,扎实开展核查工作。一是加强组织领导。成立了由副市长张荣先任组长,市直10个相关部门单位分管领导为成员的无线电核查工作领导小组,为核查工作的顺利开展提供组织保障。二是加强舆论宣传。以市政府办公室的名义印发了《关于开展全市无线电台站核查工作的通知》;在《鹰潭日报》和政府网站上刊发了《关于开展无线电台站核查工作的通告》;组织自愿者在广场及小区散发无线电台站核查宣传资料;与市电信公司合作,利用其宣传天翼对讲的机会对无线电台站核查工作进行宣传。同时,主动登门,将无线电台站核查通告等宣传资料及自查表分送给重点设台单位,促其协同做好此次无线电台站核查工作。三是认真开展自查登记。对各设台单位基本情况进行了梳理,明确了分管领导和具体联系人,理顺了工作关系。各设台单位按要求认真开展了自查工作,按时上报了自查登记表。四是上门走访,人机见面。对广电、公安、铁路、海事、气象、电力、水利、三大运营商等重点设台单位,都主动上门走访,了解基本情况,实地核实技术参数,指导填写台站资料,帮助解决存在的问题。五是进一步完善规范台站数据库。对全市4000多个台站数据进行了认真细致的梳理核实,并全部录入台站数据库,为实现无线电台站精细化、规范化管理打下了坚实基础。

【规范蜂窝通信基站管理】召集市移动、电信和联通3家运营商召开工作会议,对基站设置使用的审批程序和执行要求做了详细说明,重申了对基站建设中先建后报、只建不报、多建少报等行为的处理措施,对基站核查工作进行了全面部署。对依法设置的基站加强服务和技术支持。对先建后报、边建边报和只建不报的基站,依照无线电管理有关法规责令其限期整改。

【无线电安全保障】在党和国家的各项重大会议召开期间及元旦、春节、"五一"、"十一"等节假日期间,启动突发事件应急预案,安排人员24小时值班,有效预防不法分子利用无线电进行破坏活动,保障了无线电通信的安全有序。

对全国高考、研究生入学考试、专业技术人员职称外语等级考试、公务员招录考试、医师资格考试、成人高考、会计资格考试等10余场考试进行了无线电保障,共出动人员60余人次,启用技术设备50台(套)次,发现作弊信号10个,压制阻断作弊信号8个,查处作弊案件2起,抓获作弊人员4名,收缴作弊器材2套,有效维护了考试的公平公正。

做好英国等国自驾车旅游团进入江西境内期间的无线电保障工作。通过移动监测和固定监测相结合的方式,对成都乐我探险国际旅行社有限公司申请使用的频点进行了保护性监测,及时协调排除对上述频点可能产生的干扰隐患,确保了国际自驾旅游团在市旅游线路上无线电通信的安全畅通。

做好第三届环鄱阳湖国际自行车大赛(鹰潭龙虎山赛段)期间的无线电保障工作,对组委会使用的4个频点进行了保护性监测,确保了比赛电视直播、指挥调度通信的安全畅通。

【无线电干扰排查】共受理排查无线电干扰4起,干扰主要涉及公众移动通信、民航、卫星电视、大型企业生产等方面,对这些干扰的排查,有效地维护了广大人民群众的正常通信和生活需求,保障了人民生命和国家财产安全。

【无线电发射设备年检】配合省无线电监测站完成了对移动、联通GSM、TD-SCDMA基站及WCDMA基站和电信CDMA基站的检测任务。针对检测发现的问题,给予技术指导,督促进行整改,使所测基站各项指标全部合格。同时,加强对其他设台单位无线电发射设备的年检工作,全年共检测各类无线电发射设备400余台,确保了各类无线电台站按合格的技术指标工作,从源头上消除了有害干扰的产生。

【开展宣传月活动】在全国无线电管理条例宣传月期间,市无线电管理局通过搭建彩虹门、悬挂宣传横幅、摆放宣传展板、现场咨询、有奖问答等方式,大力宣传无线电管理相关法律、法规及无线电管理知识。与市摄影家协会联合举办"无线电管理杯"摄影大赛,向全市摄影爱好者征集各行各业在应用无线电技术方面的典型事迹、工作风采和精神风貌以及无线电通信给百姓生活带来的便利,特别是反映无线电通信在铁路运输、公安指挥、大型建设工地、抢险救灾以及应对各种突发事件中的应用的摄影作品,图文并茂,达到了生动、直观的宣传效果。利用出租车进行流动宣传。在60多辆出租车后窗粘贴了无线电管理宣传标语,取得了很好的宣传效果。

【服务地方经济发展】牢固树立大局意识,积极服务地方经济建设和各项中心工作。主动深入江西铜业公司、贵溪冶炼厂、贵溪发电厂、贵溪化肥厂等驻市大型企业提供服务,指导其维护保养生产调度、安全保卫、列车编组等无线电通信网,及时为其排查干扰,帮助检测无线电设备,确保其无线电通信顺畅。

【综治维稳工作】充分发挥技术设备优势,积极完成了市委、市政府组织的平安鹰潭建设以及各项维稳和防邪教任务,被省工信委评为社会治安综合治理工作先进单位。

(李 响)

【市无线电管理局副县级以上干部名录】

局 长:胡培新

副局长:吴利民

交通

编辑、校对：朱仕平

地方交通建设与管理

【概述】2012年是国家“十二五”规划的第二年，也是夯实基础、实施攻坚的重要一年。在市委、市政府和省交通运输厅的坚强领导下，全市交通运输系统干部职工认真学习和贯彻中共十八大精神，以邓小平理论和“三个代表”重要思想，科学发展观为指导，紧紧围绕市委、市政府重大决策部署，全力推进交通运输跨越发展、安全发展、高效发展、协调发展、创新发展，为实现鹰潭全面建成小康社会目标提供交通运输服务保障，鹰潭的交通运输事业取得了令人瞩目的成就。

【运输市场稳定有序发展】2012年，全市完成客运量5290万人、客运周转量95580万人千米、货运量5910万吨、货物周转量1569815万吨千米。稳步开展道路运输行业质量信誉考核工作。分别对5家客运企业、1家客运站、5家城客企业、6家危货企业、7家驾校、41家维修企业进行了质量信誉考核，考核率均达100%，优良率达80%。

【城乡客运网络化、数字化工程初具规模】在贯彻市委、市政府公交优先发展战略、积极推进城乡客运一体化建设中，新建了一批乡镇客运站，顺利开通了鹰潭至贵溪、余江、龙虎山三条城际公交线路，新开通的信江1路、信江2路、市区至农校的19路公交车，为配合“一江两岸”提供了保障。

【交通安全监管有新举措】2012年，市交通运输局在加强交通安全监管方面，坚持“安全第一、预防为主”的方针，全面落实各级安全生产责任，加强安全知识培训和宣传教育工作，认真开展了交通客货运输、危货运输、乡镇船舶“三项专项整顿”活动，对全市所有 运输企业和施工企业进行了安全生产评估；对道路危货运输企业资质、车辆技术状况、从业人员资格、企业安全生产制度和应急预案等方面进行了专项检查，对查出的安全生产隐患，下达了限期整改通知书，落实了整改措施。加强了公路重点路段养护和危桥加固维修，加强了建设养护中的安全施工、文明施工，确保了公路、水路安全畅通。

【公路建设实现三大突破】2012年，鹰潭市交通运输局在公路建设项目方面，实现了三大突破。一是农村公路建设再创佳绩。完成农村公路309.4千米，完成投资12064.25万元。新增通水泥路自然村139个，自然村公路硬化达1386个。行政村通达率、通畅率均达到100%，自然村通达率达41%，继续走在全省前例。二是沪昆高速龙虎山服务区正式开工建设。沪昆高速公路龙虎山服务区项目是鹰潭市重点工程项目之一，也是鹰潭市通过多方努力积极争取获批复的省重点工程项目，总投资1.5亿元。经过各方努力，9月19日该项目正式开工建设。三是上清至饶桥旅游公路建设全面推进。该项目鹰潭市境内总长30千米，估算总投资约5亿元。省发改委以赣发改重点字〔2012〕536号文批准该项目为省重点工程，工程可行性报告编制及土地调规已完成，土地预审、环境评估、节能评估、水保、行洪、地灾、压矿等工作方案也已签订委托合同，各受托单位正加紧编制各项报批资料。融资工作进展顺利，正在准备与省国投集团签订合作投资框架协议。

【积极争取农村公路建设规模】市公路所积极谋划2012年度农村公路建设计划，到各县(市、区)交通局及公路站进行沟通协商，并深入各乡镇对部分预备项目进行现场查看，对全市待建计划进行了细致地摸底调查，初步形成了项目库。根据摸底情况，先后多次到省交通运输厅和省公路局进行走访，积极争取2012年度农村公路建设规模。经过积极争取，10月底省厅下达鹰潭危桥改造58.02米/1座，安保工程20.103千米,新建独立桥梁506.4米/7座，少数民族公路10.5千米。同时,会同各县(市、区)交通运输局，在摸底调查的基础上,初步形成了通自然村项目库,共上报通自然村组公路建设计划184千米,待省厅批复后立即着手实施。

【农村公路养护健康发展】鹰潭市交通运输局在公路养护实践中,不断解放思想,勇于创新,积极推动农村公路管理养护工作向纵深发展,把农村公路管理养护与“卫生清洁工程”有机结合起来,全力打造护路、护树、保洁“三位一体”的农村公路养护新模式。主要表现在以下方面:一是农村公路管养的市场化扎实推进。按照“择优录用、绩效挂钩、依法解聘”的原则,与农村保洁工作有机结合,招聘和优先录用家庭生活困难、责任心强、身体健康的农村公路养护保洁员,经过培训后上岗作业,具体实施农村公路的保洁、清障及绿化维护等日常管护工作。二是农村公路管养资金基本有保障。农村公路养护资金的筹集遵循“县乡自筹、省市补助、多元筹资”、按养护分工、分级负担的原则,县(市、区)级按县道1000元/千米、乡道400元/千米、村道250元/千米补助养护保洁经费,在县级财政中统筹安排。各县(市、区)政府在本级财力十分紧张的情况下,积极落实养护补助资金,还专项安排了危桥改造、水毁修复以及大中修补助经费,有效缓解了农村公路养护资金不足的压力。市级实行以奖代补,按照目标任务完成情况给予奖励，以奖代补标准为县道600元/千米、乡道300元/千米、村道150元/千米。三是日常管养监督考核机制日趋完善。市交通运输局作为行业主管部门负责编制全市农村公路的养护生产计划,检查考核和经费拨付,县(市、区)交通局依据与各乡镇签订的养护生产责任状,负责本县范围内的农村公路管理养护工作的检查指导、考核评比和经费拨付。结合鹰潭实际,市交通运输局在《鹰潭市农村公路管理养护保洁工作检查考评办法》中对养护标准进行了明确,提出了“三有、三无、三到位”的农村管理养护工作要求。根据每年的农村公路养护生产计划,交通部门对农村公路养护工作实行“四检”,即月检、季检、半年检、年终检,养护线路质量的好坏、养护水平的高低与养护人员的月工资报酬挂钩。月检和季检由各乡镇、行政村组织实施,半年和年终考核由交通部门组织对各乡镇管养路线进行100%检查。通过考评促进养护质量、兑现劳动报酬、兑现奖惩承诺,从而调动了各乡镇和养路工的积极性,提高了公路好路率。四是管理组织机构得到建立健全。全市各县(市、区)交通部门都成立了养护公司(中心),负责本辖区内的县道管理养护工作。各乡镇政府也成立了养护班,负责地域范围内的乡村道的管理养护工作。各行政村相应也组成了农村公路养护小组。五是养护业务技能培训效果明显。坚持业务培训日常化，经常采取以会代训的方式,对聘用的养护保洁人员分批次进行了业务培训,讲解人员都是经验丰富的老养路工,讲解内容也都是与日常养护工作密切相关的知识以及好的经验和做法,有效提高了养护保洁人员的业务水平。六是水毁工程恢复力度得到加大。积极应对农村公路汛期水毁等自然灾害进行抢通恢复,适时启动防汛抢险应急预案,加大水毁恢复资金投入力度，确保了农村公路在特大雪灾、冻灾和水灾后的畅通。七是农村公路管理养护年活动开展良好。2012年是为期三年的农村公路管理养护年活动的第二年,市交通运输局对照《鹰潭市农村公路管理养护年活动实施方案》确定阶段目标,逐项予以落实。同时广泛宣传农村管理养护年活动，使全社会熟悉、理解农村公路、支持、监督农村公路管理养护工作,形成全民参与农村公路管理养护的浓厚氛围。八是农村公路综合服务站建设得以加快。农村综合服务站建设是2012年省厅布置的重要工作之一。2012年全市有3个农村公路综合服务站被列为全省试点，根据上级要求,积极协调各县(市、区)按照时间要求,抓紧实施建站工作。龙虎山上清镇、余江县潢溪镇2个农村公路综合服务站主体工程已封顶,2012年年底前建成使用;贵溪市文坊镇农村公路综合服务站已完成招投标工作，预计2013年农历春节前建成使用。

【努力做好2012年春运工作】2012年春运期间,市交通运输局根据省运管局和市交通运输局关于认真做好2012年春节运输工作的要求,认真落实《江西省道路春运工作规范(试行)》各项工作,按照“和谐有序、安全为先、科学组织、优质便捷”的指导原则,加强领导,周密部署,通力协调,狠抓安全。春运期间,全市组织投入客运运力945辆（含出租车），安全运送旅客128.7万人次，未发生一起旅客滞留现象和道路运输重大事故,完成春运任务。

【不断优化物流企业环境】2012年,鹰潭全市物流企业共计405家,营运车辆16891辆,282227吨位。作为服务物流企业的职能部门,市交通运输局以最简化、最便捷、最高效为目标，不断提高服务水平,优化发展环境,相继出台了多项针对物流企业的优惠政策。一是简化办事程序。物流企业在办理货运车辆营运手续时,对于新购车辆或市外转籍落户本市的车辆,采取能减免的程序和手续尽量予以减免。二是实行就近检测。货运汽车的二级维护检测实行就地、就近检测的原则,凭合法的汽车综合性能检测机构出具的上线检测报告单办理车辆相关手续。三是降低收费标准。进一步核算营运车辆检测成本,在保证车辆检测机构合理利润的情况下，经物价部门核准，在原收费标准的基础上下降35%的收费，以最低收费标准收取有关费用，有效减轻了物流企业负担。四是开展甩挂工作。积极贯彻落实交通运输部《关于促进甩挂运输发展的通知》(交运发〔2009〕808号)文件要求，在确保符合国家规定的安全运行条件及相关技术的前提下，积极贯彻实施交通运输部甩挂文件要求，对全市8170辆挂车实行免予综合性能检测的优惠政策，得到了市委、市政府和物流企业的一致好评。

【城市公交实现平衡发展】2012年，市公交公司认真贯彻市委、市政府公交优先发展战略，围绕构建"群众满意、政府放心"的城市公共交通目标，持续城际公交一体化，开通了"市区至市应用工程学校(农校)"19路和至市一中新校区的信江1路、信江2路线路(其中至一中新校区线路为自筹资金330万元，购入12台宇通大巴开通)，并对市内5路、15路线路进行了调整。持续推进了公交基础设施建设，加快了公交调度指挥中心项目建设，土地挂牌出让基本结束，同时，完成鹰南公交枢纽站、首末站场选址工作，选址于龙虎山大道与工业一路交叉口东北角块，用地面积2公顷；鹰南公交枢纽站已经开工平整，预计2013年可投入使用。

【市交通运输局副县级以上干部名录】

党委书记、局长：齐群策

副局长：徐文艺

党委委员、副局长：詹志平 阮亦彬

党委委员、纪委书记：李星勇(～2012.5) 邱雪成(2012.5～)

党委委员、运管处处长：邱雪成(～2012.6) 许智先(2012.6～)

党委委员、调研员：李星勇(2012.05～)

党委委员、副调研员：廖乡兴 张爱民

公路管理

【概述】2012年，市公路局在市委、市政府和省交通运输厅、省公路局的正确领导下，认真贯彻落实科学发展观和中共十八大精神，按照"主攻项目、决战三区，凸现特色、实现跨越"的总体要求，积极进取，顽强拼搏，经受住各种困难和风险考验，推进公路建管养各项工作，实现了鹰潭公路事业平稳较快发展。

【鹰潭市交通运输公路工作会召开】3月2日，鹰潭市交通运输公路工作会议召开。市长钟志生对全市交通运输公路工作作出批示，市人大常委会副主任尹宁、市政府副市长李力、市政协副主席杨建保出席会议。2011年，鹰潭市交通运输公路部门新建一级公路10.2千米，改造二级公路20千米，工程质量合格率达100%，完成农村公路建设366.8千米，新增通水泥路的自然村165个，行政村公路通达率、自然村公路通达率均在全省首位。鹰潭市成为全省首个实现城际客运公交化的设区市。

【济广高速公路鹰潭南收费站在建工程发生坍塌事故】4月14日下午5时许，济广高速公路鹰潭南收费站在建工程发生坍塌事故，造成6名现场施工人员死亡，2人受伤。事故发生后，省、市领导高度重视，省长鹿心社、省纪委书记尚勇、副省长洪礼和作出重要指示，要求全力抢救救助被压受伤人员。鹰潭市委书记陈兴超、市长钟志生、副市长李力闻讯后立即赶到事故现场指挥调度，并要求全力抢救伤员、救治伤员，认真做好善后工作。鹰潭市立即成立了抢救组、维稳组、调查组、善后处理组，市直、应急和救援、消防、医疗等部门在第一时间赶到现场全力施救。

【开展拉网式安全生产大检查】从4月15日起，鹰潭市公路局紧锣密鼓全面开展安全生产大检查，重点检查高边坡路段、急弯陡坡路段、病害桥梁、在建工程。在检查过程中，发现206国道余江K1534+430—K1534+530等路段、320国道K656+600等路段、锦黄线、龚资线、贵塘线等由于水毁导致路面和上下边坡存在安全隐患，各有关公路分局立即采取有效措施消除安全隐患。发现320国道贵溪左家大桥、塘山桥、红卫桥，206国道锦江桥、杜家桥等出现病害，该局在发现病害的第一时间，邀请相关检测部门进行检测，对发现病害的桥梁进行限行和加固维修处置。同时，进一步完善了公路标志、标线和安全防护设施，增设了安全警示标志标牌，增加振荡减速标线和减速带。进一步加大了路政巡查，积极开展路域环境专项整治，对全市干线公路的非公路标志标牌、乱搭乱建、占道经营、违章建筑、违章堆放进行清除和整治，进一步净化公路路域环境。在工程施工现场，设置安全锥、防撞筒等，以警示行人和过往车辆，并在两端派安全员引导指挥过往车辆通行，做到安全施工、文明施工、规范施工。

【鹰南大道绿化提升工程完工】4月30日，济广高速公路鹰潭连接线绿化提升工程完工。该工程全长9.3千米，公路两侧绿化范围宽度为8米—10米，公路中间绿化带宽度为6米。该工程由鹰潭市公路局丰瑞公路绿化有限公司负责组织实施，结合鹰潭气候、地域特点，种植香樟、桂花树等常绿树木，注重大乔木与多品种灌木相结合，实现四季见绿、三季有花、层次丰富的绿化理念，达到公路两侧和中间绿化带满目青翠、花团锦簇、绿茵铺地、赏心悦目的景观效果，完成绿化面积5.3万平方米，种植乔木2.3万株、灌木4.4万平方米、花卉、花坛等4万平方米、竹类栽植800丛，完成投资1200万元。

【鹰潭市白露治超站四中队获表彰】5月22日，鹰潭市白露超限超载车辆检查站四中队荣获中国海员建设工会全国委员会颁发的2011年度全国交通建设系统“工人先锋号”。

【贵溪流口大桥铺装重修工程完工】6月20日,320国道贵溪流口大桥铺装重修工程全面竣工通车。该桥位于320国道K630+300处,全长68.8米,宽12.2米,是衔接弋阳至流口镇的必经之路。为确保320国道贵溪流口大桥的安全畅通,从4月初,贵溪公路分局对该桥进行铺装重修,经过近两个多月的紧张艰苦作业,该工程提前近20天完工。

【“清风杯”羽毛球比赛获佳绩】7月14日至16日,全省公路系统第二届“清风杯”羽毛球比赛在宜春市体育馆举行。市公路局派出由9名队员组成的代表队参加了全部三个比赛项目。在参赛队员的奋力拼搏下,市公路局取得男子单打、领导干部组男子单打第一名和混合团体项目第二名的好成绩。

【鹰南收费站匝道拓宽改造工程完工】7月18日,济广高速公路鹰南收费站匝道拓宽改造工程完工。该工程长300米,由原来宽9米拓宽至45米,双向六车道,沥青混凝土路面,完成投资1000万元。

【举办全市公路系统路政执法培训班】7月20日上午,为认真贯彻落实交通行政执法行为规范,进一步抓好《公路安全保护条例》和《中华人民共和国行政强制法》的学习,不断提高路政执法人员的综合素质和业务技能水平,市公路局举办了2012年全市公路系统路政执法培训班,市公路局党委副书记、副局长许俊、路政支队和白露治超站负责人及路政支队和白露治超站共60余名执法人员参加了培训。

【鹰潭市信江中安置房基础建设完工】7月30日,鹰潭市信江中安置房基础建设完工。该工程包括61栋安置房基础建设,共377户。工程于年初开工建设,至7月底全部结束,完成投资2500万元。

【开展路政“大练兵大比武”活动】从8月6日起,市公路局在省交通运输厅召开“全省公路路政系统大练兵大比武”活动动员视频会议之后,全面启动了为期5个月的路政大练兵大比武活动,制定并下发了《鹰潭市公路管理局路政系统大练兵大比武活动实施方案》,在路政支队和白露治超站迅速掀起路政“大练兵大比武”活动热潮。此次“大练兵大比武”活动坚持“领导带头、全员参与、贴近实际、注重实效”的原则,紧紧围绕保护路产、维护路权,保障公路安全畅通这一中心工作,以加强理论知识学习、强化业务技能训练和规范队列、交通手势操训练为主要内容,以全员练兵、技能比武为主要形式。

通过这次大练兵大比武活动,全面提升了路政队伍的整体素质和文明执法水平,为打造一支素质优良、行为规范、纪律严明、作风过硬的路政队伍奠定扎实基础。

【赵蒙江被鹰潭市政府表彰】8月份,龙虎山公路分局局长赵蒙江被鹰潭市政府授予“龙虎山成功创建5A级旅游景区工作先进个人”荣誉称号。

【开展清理工程建设领域资质挂靠借用工作】9月25日至29日,市公路局开展了工程建设中挂靠借用资质投标、违规出借资质问题专项清理工作,对局属6个具有工程建设、养护资质的单位进行了全面清查,对2011年以来,投资在500万元以上的工程项目招投标过程中是否存在违规问题进行了监督检查,对违法违规案件,予以严厉打击,并及时向社会公布。

【征求党外人士对公路事业发展的意见】10月26日下午,市公路局召开党外人士座谈会,就鹰潭公路事业发展情况听取了全市各民主党派、工商联负责人和无党派代表人士的意见。市委常委、统战部长戴春英,市人大常委会副主任刘育虹,市政协副主席、市工商联主席吴泉水出席会议并提出了意见和建议。各民主党派市委会、市工商联、无党派知识分子联谊会秘书长以上人员参加座谈。与会人员在听取该局局长情况通报后,一致认为,近几年来,市公路局紧紧围绕全市发展战略,全力推进公路事业发展,为实现经济平稳较快发展提供了有力支撑,为统筹城乡发展、保持社会和谐稳定做出了突出贡献。同时,大家还就公路建设、公路养护、路政治超管理等提出了宝贵的意见和建议。

【贵溪流口至福达花园拓宽改造工程开工】10月28日,320国道贵溪流口至福达花园拓宽改造工程开工建设。该路段起于贵溪市与弋阳县交界处(K630+164),经流口镇,终于贵溪市福达花园(K635+764),全长5.6千米,按一级公路标准建设,路基宽24.5米,行车道宽4×3.75米,沥青混凝土路面,设计行车速度60千米/小时,概算投资7481万元。该工程项目的建设对完善贵溪市城市交通网和城市布局,促进贵溪地方经济发展具有十分重要的作用。

【天禄至龙虎山段路面改造工程完工】11月15日,206国道天禄至龙虎山段路面改造工程完工,为第三届环鄱阳湖国际自行车大赛龙虎山段比赛提供了优质的公路通行条件。该路段长8.2千米,为一级公路,路基宽23米,双向四车道,对该段局部水稳不足处进行补强,再全部加铺5厘米中粒式沥青混凝土罩面,重新设置路面标志标线,完成投资820万元。

【在路政大练兵大比武活动汇报演

练中创佳绩】12月10日，全省公路路政系统大练兵大比武活动竞赛和汇报演练在南昌举行。省委常委、常务副省长凌成兴出席，副省长洪礼和讲话。在此次汇报演练中，来自全省11个设区市公路局和高速公路路政支队以及23个治超站的公路路政执法人员，分别从列式、事故现场处置、车辆驾操、交通手势操、队列操等方面进行了汇报演练。他们标准规范的交通手势操、整齐划一的队列表演、精湛的驾驶技术、高效的应急处置能力，充分展示了江西公路路政“铁军”的新形象。市公路局路政执法人员在本次汇报演练中荣获队列操二等奖的荣誉，同时，在车辆驾操演练中，以1分47秒的时间快速进行轮胎拆卸排名第二。

【市老206国道及531乡道路面重建工程完工】12月25日，鹰潭市老206国道及531乡道路面重建工程完工。该工程全长4.1千米，其中老206国道上桂段长2.5千米，二级公路，路面宽9米，对该段铺设5厘米厚的沥青面层；531乡道长1.6千米，路面宽6米，对破损面板撒铺细石屑，再加铺18厘米厚水泥混凝土路面加18厘米厚5%水稳基层，完成投资300万元。

【鹰潭公路工程公司晋升为一级资质企业】12月28日，经住建部批准，鹰潭公路工程公司成功由公路工程施工总承包二级资质升为一级资质，成为鹰潭除四冶外的第二家一级公路施工企业。这标志着作为鹰潭路桥建设主力军的鹰潭公路工程公司跃上了一个更高平台。

【市信江路网二期工程竣工通车】12月30日，鹰潭市信江路网二期工程竣工通车。该工程包括纬三路、经五路、纬五路，总长5.8千米，按一级公路标准建设，路基宽26米，双向四车道，沥青混凝土路面。工程于2011年6月底开工建设，2012年8月初实现沥青路面主体工程通车，12月份完成路灯安装、绿化工程和人行道板施工，完成投资1.1亿元。

【市信江路网三期工程主体工程完工】12月底，鹰潭市信江路网三期工程主体工程完工。该工程包括信江路、余信贵快速路，总长4.4千米，按一级公路标准建设，路基宽55米，双向六车道，沥青混凝土路面，概算投资1.6亿元。工程于2011年底开工建设，2012年6月份完成垫层施工，12月份完成沥青路面铺设。

（袁军辉　曾美娟）

【鹰潭市公路管理局副县级以上干部名录】

局　　长：白剑魁（~2012.12）
党委书记：项玉林
党委副书记、副局长：许　俊
党委委员、副局长：吴长开
党委委员、纪委书记：何丽华
党委委员、副调研员：李福德　李高明
党委委员、总工程师：吴继红（~2012.3）
副调研员：彭耀华

航务

【概述】2012年，鹰潭港航管理分局（鹰潭市地方海事局、鹰潭市船舶检验局），本着以人为本，全心全意为水运服务的宗旨，与时俱进、求真务实、开拓创新、扎实做好航道维护和道政管理、水上交通安全监督管理、船舶法定检验、规费征收、综治、精神文明建设等工作。

【航道维护和航标维护】航道水深维护和航标维护保养工作始终是航道部门工作的重点。分局始终坚持把保障辖区航道畅通作为一项主要任务。分局辖区航道维护里程184千米，布设了泛滥标98座、浮标108座、桥涵标24座、桥前引标48座，新建桥梁引标24座。为确保辖区船舶的航行安全，积极加强航道航标的维护，按照“洪水抓标、枯水抓道”的原则，在每次洪水到来之前，安排航标艇出航巡查，转移部分航标设施，把洪水毁损航标减少到最低限度。洪水过后及时派艇巡查，同时清除标志附着物，恢复航行标志，加强航道航标的检查，发现问题及时解决和完善。全年辖区航道最小维护水深达0.7米，标位准确率为98%，通航保证率为100%，达到了Ⅶ级航道的维护要求，确保了信江航道的全年安全畅通。

【道政管理】加强道政管理，维护通航秩序。随着国民经济快速发展，各种跨河、临河拦河建筑物不断增多。为保障通航环境，策应黄金水道建设，分局强化了道政管理。首先，加强在建跨河桥梁的巡查力度，对违反《航道管理条例》的行为及时进行了处理。其次切实加强了已建桥梁维护责任的落实，辖区信江主航道19座已建桥梁，已落实桥梁航标维护责任12座，同时信江支流有2座桥梁落实了桥梁航标维护责任，从而有效确保了通航环境。

【水上安全监管】2012年分局坚持“以人为本、安全第一、预防为主、平安和谐”的方针，加强了对水上交通安全知识和法规的宣传，不断提高船员和游客的安全意识，积极开展水上交通安全监督及安全生产大检查活动，杜绝重、特大恶性事故的发生，明确任务，落实责任，抓住重点，严防死守，深化专项整治，加强现场监管，消除隐患，以“反三违月”和“全国安全生产月”为重点，保持了水上交通安全形势的稳定。强化了现场水上安全监督管理工作，及时杜绝了各类船舶、船员的违法、违章行为，确保了各类船舶尤其是渡船、客船、旅游船的安全，水上安全四项指数均为零,确保了一方平安。

【船舶检验】分局船检人员树立“以人为本”的理念和“质量第一、服务为本”的思想,在检验过程中严把了新建船舶审图质量关,做到了人员到位、思想到位、检验到位,数据准确,确保船舶检验质量。一年内检验营运船舶 107 艘，总吨位 5036,功率 3106.2 千瓦,检验旅游船 43 艘,竹筏 300 组。所有经过检验的船舶没有一艘因检验质量问题引发机海损事故,确保了水上交通安全。

【规费征收】港航规费收入是分局的主要经费来源之一。分局依照“以抓安全促征费,以征费保安全”的工作思路,狠抓辖区费源的征收工作,做到应收不漏,确保完成“规费”征收任务。

【安全生产、综治工作】分局始终高度重视内部安全生产工作,牢固树立“安全第一,预防为主”的思想,加强了对安全生产工作的领导。制定了安全生产手册,发放给每一位职工,要求大家认真学习,严格遵守。以“安全生产月”活动为契机,深入开展安全生产宣传教育活动,加强安全生产检查,特别是对安全管理制度及其落实情况、生产设备的技术状况等进行重点检查,及时发现、整改、消除事故隐患,提高了安全生产的水平,稳定了分局安全生产形势。实施社会治安综合治理目标管理和领导责任制,2012 年年初与各基层单位签订了责任状,使综治工作横向到边、纵向到底、条块结合,推行“谁主管、谁负责”的目标管理和领导责任制,做到了无政治案件、无重大刑事案件、无职工违法犯罪案件、无火灾责任事故发生、无违法违纪的行为发生。2012 年先后被江西省港航管理局、月湖区委、区政府评为社会综合治理目标管理先进单位。

【精神文明建设】分局积极开展文明单位和文明行业创建活动，坚持“两手抓、两手都要硬”的方针,以“执法为民、服务社会”为宗旨,以创建文明行业、文明单位为目标,力促三个文明建设在团结向上、干事创业的大环境中协调发展。内强素质,外树形象,创建一流的队伍、一流的作风、一流的窗口、一流的业绩、一流的行业，精神文明建设取得较好的成绩。截至 2012 年年底,分局先后荣获第九、十、十一、十二、十三届省级文明单位、交通部海事达标单位、全省交通运输系统文明创建先进单位；龙虎山海事处先后荣获部海事局文明达标示范窗口、全省交通运输系统文明执法示范窗口、全国交通运输系统文明执法示范窗口;鹰潭市地方海事处、鹰潭航道段被评为市级文明单位。通过开展形式多样的精神文明创建活动，树立了港航部门良好的执法、服务形象。

(洪安良)

【鹰潭航务分局领导人名录】

党委书记:魏晓智

局　　长:周进同

党委副书记、纪委书记:李云仙(女)

副局长:李国才

铁路

【概述】鹰潭车站位于鹰潭市月湖区四海西路 1 号（邮政编码 335000)暨沪昆线 K661+400 处。地处沪昆、鹰厦、皖赣线的交汇处,是连接江西、福建、浙江、安徽四省的主要铁路枢纽,担负着客、货运输和列车解编、货检任务。车站设 9 个行政科室(办公室、劳动人事科、计划财务科、安全科、营销业务科、技术科、职工教育科、信息统计科、综合事务办),13 个车间(站)。党群系统设党委、纪委、工会、团委和党群工作办公室,辖:党总支 3 个、党支部 24 个,工会支会 14 个,团支部 7 个,1 个俱乐部。年末,全站在册职工 1629 人(其中,干部 136 人,高级技术职称 4 人、中级技术职称 29 人、初级技术职称 68 人),固定资产 2.27 亿元。

该站为区域性特等编组站,由编组场和客场组成,编组场为单向纵列三级三场,由到达场、调车场、到发场组成,负责芜湖东、乔司、武汉北、株洲北、向塘西、樟林和来舟七个方向货物列车的解编任务。驼峰溜放进路和溜放速度均实现自动控制,具有音频测长、雷达测速、测重和计轴等功能。驼峰溜放部分长度为 287 米，其中加速坡 80 米、中间坡 117 米、道岔区坡 90 米。驼峰设有禁溜线、迂回线各两条。驼峰峰高 3.88 米，两台调机双推单溜，峰下为点连式调速系统，驼峰第一、二制动位设 TJK3A 浮轨重力式减速器,第三制动位设 TJK2A 浮轨重力式车辆减速器,三部位出口 87 米后布减速顶 570 米,驼峰作业由驼峰作业楼负责。编组场设有 36 股道,分成六个线束,设有减速顶 6825 个,停车器 76 台,峰尾采用微机连锁,四条牵出线,配有三台调机,采用平面调车作业,峰尾设作业楼,负责二场尾部调车作业。到达场接车线 13 股，到发场到发线 15 股。一场、三场、客场、驼峰和尾部联锁设备均为计算机联锁,驼峰控制系统为 TBZK—2。到达场的通过能力为 103.6 列，驼峰的解体能为 107.8 列，调车场的编组能力为 131.9 列，到发场到发线的通过能力为 141.4 列，编组站改编能力为 9098 辆。

客场有到发线 11 股，其中办理营业客车到发线 7 股,设有 4 个站台,其中 1 号和 4 号站台为高站台,2012 年“12·21”铁路大调图,图定日均到发客车 187 列，货车到 139 列、发 140 列。鹰潭南站为二等货运站,铁道部四星级货场,设有到发线 6 股,货物线 11 股。信号联锁设备为6502 设备。贵溪站为二等客货运站,设有到发线 9 股,调车线7股,装卸线4股。信号联锁设备计算机联锁。贵溪北站为二等货运站,设有到发线7股,调编线6股,交接线4股。信号联锁设备为6502设备。童家站为四等中间站,设有到发线5股,货物线1股。信号联锁设备为计算机联锁。

2012年,该站先后获路局先进单位、军事运输工作先进单位、客票系统运行维护先进单位、国动工作先进单位、集体经济系统先进单位等荣誉。

【不断深化安全管理】2012年,修订完善安全风险管理实施细则,建立"一表一卡一册一书"的风险管理载体,重新研判和梳理各类安全风险关键点、安全应急预案42项,出台安全风险预警试行办法,搭建安全风险管理综合信息系统,构建安全风险管理体系图。强化安全专项整治和案例教育,先后开展安全大检查、"转作风、减会议、上一线、保安全"以及12项安全基础专项整治等一系列阶段性和专业性活动,10月初启动标准化编组站创建活动,组成5个工作小组强力推动编组站内各岗位内强管理、外塑形象。年内根据设备变化及规章变动适时清理路局、车站有关技术文电92个,细化制定管理制度18项。

【努力拓展增收渠道】2012年,运输收入完成71613.1万元,同比增收4443.4万元,增幅达6.6%。采取增开售票窗口、优化临客开行、努力增加票额等方式实现假日客流的稳步增长,全年以32%的时间段完成45%的工作量,增运7.4万人、增收1026万元;通过增开12个代售点、推广互联网和电话订票,利用"鹰潭利安电超市"网络服务平台将火车票代售点延伸到35个乡镇所在地,春运互联网售票量已经占到总额的19.1%;加大进出站口及中转换乘旅客卡堵,在站台补购票及出口处补票7.8万人,进款418.5万元,有力支持年度客运任务的完成,全年客发量达499.2万人,同比增加11.4万人,增长2.3%,客运收入达33741.2万元,同比增长8.1%。紧盯贵溪北站"两厂"大宗货源,创造良好的外部运输环境,全年货发完成380.3万吨,同比下降4.6%,货运收入完成37871.9万元,增收1912.7万元,增幅达5.3%,其中贵溪冶炼厂完成270.7万吨,完成年度互保运量的102.2%,同比增加10.2万吨;六国化工(贵溪化肥厂)全年完成运量53.9万吨,同比增加8.9万吨,增幅高达19.8%,两厂运量占到全站货发总量的85.3%。加强各工种之间的协调配合,强化装卸车过程管理,努力挖掘运输潜力,全年中、停时均控制在年度计划之内,分别完成6.9小时和20.4小时,同比分别压缩0.2小时和0.3小时。

2012年,支持非运输业企业的发展,班列代理总收入达到3901万元,助力京九鹰潭分公司全年完成营业收入1.7亿元,同比增长60.5%;帮助铁国旅鹰潭分社争取政策大力拓展客票代售业务,客票代售率达到18.1%,同比提高5.1个百分点,全力支持鹰潭分社开展旅游团体票预订业务,促使其全年完成营业收入623.6万元,同比增长19.2%。抓好车站自营项目的开发,盘活存量资产,丰富商贸业态。开发客站西侧外游廊、广场西侧景观长廊、高端VIP候车室、站房户外立面广告、贵溪站外游廊商铺等经营项目,全年车站商业开发租赁收入达235万元,同比增长261.5%;提升专用线劳务费用,实现专用线服务收入439.8万元,六国化工劳务费用增幅就达到34.8%。全年自营收入增幅达到66.5%,其他业务总收入及综合效益完成1204万元和1018万元,分别完成年度计划的100.4%和100.8%。

【加大业务技能培训力度】2012年,举办培训班59期,培训4387人次,18742人天;细化制定《鹰潭车站管理干部学习培训考试制度》《鹰潭车站职工培训考试和职教基础工作考评实施办法》等办法,建立完善"日、月、季"定期理论知识培训考试体系,利用现有的CTC模拟教室、电教室和接发列车仿真设备等,每月组织行车主要工种及有关行车管理人员进行非正常应急实作演练,开展"学技练功"大比武活动,细分18个预赛工种,共有1149人次参赛,安排资金近20万元对取得较好成绩的职工给予奖励。并从中选拔出一批技术过硬的选手参加路局职工技能竞赛,获得接发列车团体第三名、车站值班员个人第二名、客运员个人第三名的好成绩。分别对10名退伍兵、28名高职毕业生等入路职工进行三级安全教育。

【努力改善职工生活条件】全站扶贫帮困1386人(次),发放补助金47.16万元(互助互济补助407人/13.39万元,职工大病救助57人次/7.5万元,发放慰问补助金637人次/12.81万元,困难职工补助276人/11.89万元);投入各类资金80余万元改善峰尾调车组、驼峰提勾组、客场运转车间点名室、客运车间职工活动室、贵溪北站伙食团、贵溪站查危安检室等处所,对贵溪单身宿舍及货运车间供水管道、电话线路等进行整治,调整有关伙食团补助标准,更新生产岗位空调34台,督促综合车间及工电部门动态整治编组场作业环境。

(李业贵 徐 峰)

【鹰潭车站领导人名录】

站 长:张 明
党委书记:余忠民
副站长:吴 平 乐锋华 何 志
李明光(~2012.8) 吴森林(2012.8~)
副书记兼纪委书记:陆德海
工会主席:林 志

财政·税务

编辑、校对:夏永军

财政管理

【概述】2012年,市财政局在市委、市政府的坚强领导下,深入贯彻落实科学发展观,紧紧围绕建设富裕、秀美、宜居、和谐鹰潭的总体目标,按照“主攻项目,决战‘三区’,凸现特色,实现跨越”的工作要求,充分发挥财政职能,努力克服政策性减收等不利因素影响,创新工作思路,主动服务大局,着力开源挖潜,深入推进改革,突出保障民生,较好地完成了全年目标任务。全市各级财政部门积极统筹财政与经济协调发展,扶强扶优培植财源,优化支出结构,高度关注民生,着力推进财政改革。有力促进了全市经济和各项社会事业加速发展。2012年,市财政局先后被评为全市行政服务工作先进单位、新农村建设先进单位。此外,还荣获全省财政信息工作先进单位、全省防洪保安资金征收管理工作先进单位等20余项集体荣誉称号。

【财政收支】2012年,全市各级财政部门在市委、市政府的坚强领导下,努力克服2011年同期一次性税收较高及政策性减收等不利因素影响,创新工作思路,主动服务大局,着力开源挖潜,完成了全年预算收入任务。2012年,全市财政总收入完成79.3亿元,完成预算的100.8%,比2011年增长11.6%。其中地方财政收入完成58.8亿元,完成预算的132.1%,比2011年增长51.5%。地方财政收入分项完成情况是:税收收入35.6亿元,完成预算的104.5%。其中:工商税收25.1亿元,完成预算的98.1%;耕地占用税5.7亿元,完成预算的117.9%;契税2亿元,完成预算的146.1%;企业所得税2.8亿元,完成预算的123.6%。非税收入23.3亿元,完成预算的221.4%。其中:行政事业性收费收入7.6亿元万元,完成预算的263.1%;专项收入1.7亿元,完成预算的79.3%。

2012年,全市地方财政一般预算支出完成88.1亿元,完成预算的132.5%,比2011年增长29.3%。

【市本级预算执行情况】2012年,市大本级(含龙虎山风景名胜区、鹰潭高新区、信江新区,下同)财政总收入完成22.8亿元,完成预算的100.2%,比2011年下降7.1%(剔除限售股因素,同比增长56%)。其中:地方财政收入完成17.7亿元,完成预算的141.8%,比2011年增长34.9%。地方财政收入分项完成情况是:税收收入8.5亿元,完成预算的114.1%。其中:工商税收6.2亿元,完成预算的96.5%;耕地占用税1.3%,完成预算的339%;契税0.18亿元,完成预算的228.7%;企业所得税0.91亿元,完成预算的146.5%。非税收入9.2亿元,完成预算的182.9%。2012年,市大本级地方财政一般预算支出完成27.6亿元,完成预算的150.4%,比2011年增长15.8%。

【保增长】面对2011年一次性税收较高和税收政策调整的严峻形势,市财政迎难而上,主动作为,坚持量质并举,促进财政实力不断壮大,重点抓了三个方面工作。一是狠抓收入调度。每月召开财税收入调度会,认真分析收入形势,部署征管措施。各级财政部门成立组织收入办公室,对财政收入任务进行分解,按旬通报进度,月末逐日调度,确保做到“以旬保月,以月保年”。二是强化财源建设。全力促进铜产业发展。在全省率先落实财税〔2011〕115号文件精神,全市经认定符合要求的35户再生铜加工企业,全年缴纳增值税2.3亿元;依托江铜,服务江铜,深入推进地企合作,江铜集团全年入库增值税8亿元,创近年新高。大力扶持物流业发展。通过落实市政府《关于加快货运产业发展的意见》等相关政策,理顺了物流运行机制,全市交通运输业税收实现突破性增长,全年实现税收5.4亿元,同比增长147.6%。三是加强收入征管。切实加大建筑业、房地产业税收征管力度，全年建筑业企业所得税完成9800万元，同比增长38.8%。规范了股权转让税收征管，加大了追缴力度，全年股权转让变更税收入库1500万元。积极应对个体工商户起征点调整，全市各级财税部门通过合理核定定额，规范发票管理，顺利扭转了全市个体工商户税收年初下降趋势。

【促发展】全市各级财政部门立足本职，充分发挥财政职能作用，大力服务全市经济发展。切实加大“三争”力度：通过搭建“三争”服务平台、网上设立申报财政资金项目专栏等一系列措施，财政全年单独或配合相关单位争取各类资金27.2亿元，增长28.7%，为鹰潭经济社会发展提供了有力的资金保障。全力保障重点工程建设。投入重点工程建设资金7亿元，保证了市一中、市规划展示馆、信江廉住房、小街小巷改造等一批市重点工程建设顺利推进。对信江新区路网工程等近400个政府投资项目概决算进行了审查，审查金额18亿元，核减投资3.24亿元，大大提高了财政资金使用效益。积极引导和促进消费。下达财政补助资金2100万元，积极落实家电下乡、摩托车下乡等国家扩大内需政策，大力引导和拓展农村消费市场。通过拉动消费，有效促进了全市经济社会持续健康发展。

【惠民生】各级财政部门坚持新增财力向农村、基层、困难群众、公共社会事业倾斜。全年全市教育、社会保障和就业、农林水事务、医疗卫生、保障性住房等民生支出35.6亿元，占全市一般预算支出的44.2%。一是加大“三农”保障力度。下达新农村建设资金2418万元，支持全市242个新农村建设点实施垃圾清理、改水改厕及村内道路建设。下达现代农业发展资金755万元，支持1.3万亩高标准农田建设。下达资金1800万元，对7个乡镇小农水项目进行新建或改造。二是提高社会保障补助标准。市财政积极筹措资金，支持民生保障项目扩面提标。2012年：全市新农合、城镇居民基本医疗保险财政补助标准由人均200元提高到人均240元；全市企业退休人员基本养老金由1326元提高到1516元；全市城市低保标准由人均每月300元提高到350元，农村低保标准由人均每月130元提高到170元；农村五保户集中供养标准由每人每年2400元提高到2640元。三是促进各项社会事业发展。市本级教育支出2.6亿元，全面完成上级下达的教育投入任务；投入资金1036万元，提高城乡公办义务教育阶段贫困家庭寄宿生生活费补助标准。投入专项资金116万元，完成37个农家书屋建设及124个自然村村村通广播电视工程。增加科技投入1390万元，保证了科技投入达到法定增长要求。

【财政改革】一是全面推进国库集中支付改革。从2012年7月1日起，市级所有预算单位的各类财政性资金全部纳入国库单一账户体系管理，实现了预算单位与预算资金的全覆盖，国库集中支付工作跃居全省先进行列。二是深入推进预算编制改革。将市级所有预算单位全部纳入编制部门预算的单位范围；市直预算单位的所有收入以及所有支出全部纳入部门预算编制范围。按照“两上两下”的预算编制程序，进一步强调预算编制与预算执行相结合，提高财政资金绩效。三是开展财政专户与预算单位账户清理。对市级预算单位银行账户进行了清理，根据预算单位基本存款账户开设情况共核查202个单位，原有账户共988个，保留账户582个，撤销407个，提出整改撤销账户43个。同时进一步强化对财政专户的清理整顿，全市共撤销财政专户94个，保留财政专户171个。四是积极探索财政资金增值管理新机制。在确保财政资金安全与使用方便的前提下，科学合理的安排各类财政专户资金存放方式，大幅提高了资金存放收益。2012年，市财政专户资金利息收入达1925万元，是2011年同期的2.6倍。

【提效能】各级财政部门积极贯彻落实关于转变工作作风、密切联系群众的规定，牢固树立“理财为公、服务为民”的工作理念，着力完善财政各项工作机制，切实提升财政服务效能。一是规范资金收支管理。将非税收入纳入综合预算，实行预算内外收入统管；进一步规范了财政资金拨付审批程序，全面实行专项资金会审制度及重点建设项目资金联审联批制度。二是完善惠民“一卡通”工作机制。建立了每月调度制度、部门协调制度和定期通报制度。全年累计通过“一卡通”发放惠农资金4.29亿元，发放进度由年初的全省落后跃居全省先进行列。三是提高政府采购效率。进一步明确了政府采购工作职责，严格实行“管、采”彻底分离；全面推行政府采购限时办结制，要求政府采购审批事项一个工作日内办结；实行政府采购协议供货制度，简化采购程序、降低采购成本、提高工作效率。2012年，市本级共完成政府采购项目190个，节约财政资金400万元。

【转作风】扎实开展“集中整治影响发展环境的干部作风突出问题”等主题教育活动，着力理顺管理机制，精简办事程序，提高办事效率，机关建设呈现出风清气正、心齐劲足的良好局面。制定了《市财政局机关作风建设“十项举措”》《关于加快公文办理提高办事效率的通知》等规章制度，明确规定财政各类公文办理和资金拨付的办结时限，坚持做到“一报告一回复”。出台了《关于激励干部职工参加专业技术职称考试的暂行规定》，鼓励干部职工积极参加学习教育,切实提升干部履职能力。大力开展干部勤政廉政教育,着力解决干部作风"庸、懒、散"等突出问题,牢固树立财政干部"为民、务实、清廉、高效"的良好形象。

【会计管理】一是组织了会计专业技术职称考试,2012年全市报考会计专业技术职称考试考生共560人(其中报考初级325人、报考中级235人),初级考试中,参考人数208人,考试合格人数79人,全科目的考试通过率为37.98%;中级考试中,全科目通过人数22人,全科目通过率为9.36%。二是组织了2012年全省会计从业资格考试,顺利完成了考试的各项组织工作。为防止高科技作弊,全市考点在每一个考场都安装了屏蔽仪,整个考点纪律良好。全市报考人数共1212人,实考人数1040人,合格人数298人,合格率28.65%。三是组织初级会计电算化考试,到考人数累计1045人,通过人数675人,及格率为64.59%。四是完成了2012年的高级会计师考试报名工作,符合报考条件的考生17人,考试合格8人,合格率47.06%。

(汤激浪)

【市财政局副县级以上干部名录】
局长、党组书记:吴文戈(2012.3~)
党组副书记:李建明
党组成员、副局长:吴岩 何智勇
曾建芳(~2012.8)
党组成员、总会计师:徐志生
党组成员、纪检组长:杨坚平
党组成员、副调研员:罗金文
调研员:蔡卫东 饶 军
副调研员:吴伟国

国家税收

【概述】2012年,在省国税局和市委、市政府的正确领导下,市国税局按照收好税、带好队、执好法、服好务的总体工作要求,牢牢把握稳中求进的工作总基调,团结拼搏、砥砺奋进,努力克服前所未有的困难,强化征管稳收入,落实政策惠民生,优化服务促发展,激发活力树形象,各项工作取得了新的成效,赢得了鹰潭国税事业健康、稳定发展的良好局面。全年组织各项税收收入34.69亿元,圆满完成了既定的组织收入任务,为鹰潭经济发展和社会进步提供了稳固的财力保障。

【服务经济发展】围绕经济社会发展目标,找准税收工作在服务经济社会发展中的定位和方向,充分发挥税收职能作用,促进加快转变经济发展方式、促进经济社会科学发展。为破解制约鹰潭再生铜产业发展的政策难题,全力扶持地方经济发展,按照"保税收、控风险、促发展"的思路,组织开展税收经济调研;通过深入企业开展调研,了解企业生产经营困难、税收服务需求、相关政策期望等,积极寻找税收优惠政策与产业发展实际的结合点,向有关部门提出相关建议,主动协调、配合财政部、国家税务总局等四部委局就再生资源增值税税收政策到鹰潭开展专题调研,积极争取财税〔2011〕115号文件相关政策的完善有利于促进鹰潭经济发展;制定出台《资源综合利用产品及劳务增值税退(免)税管理办法(试行)》,得到了市委、市政府主要领导的充分肯定,也得到了资源综合利用生产企业的广泛认可,为我市再生资源产业复苏和持续发展做出了积极努力;认真落实小型微利企业税收优惠、个体工商户增值税起征点提高、增值税转型等结构性减税政策,全年依法减免税收28.8亿元,办理出口退(免)税1.91亿元,免收发票工本费39.39万元;积极开展星级办税服务厅创建活动,加大税收宣传和纳税辅导力度,有一个办税服务厅被评为全省五星级办税服务厅。

【业务建设】采取有效手段和措施,强化税收数据和征管质量考核,征管质量状况得到进一步改善。积极开展纳税评估和税收风险应对,全年共评估入库税款1.29亿元;构建企业所得税预警管理机制,全年实现企业所得税收入13.64亿元,同比增长32.2%;强化非居民企业税收管理,实现非居民企业所得税收入1.01亿元,占全省非居民企业税收收入总额的1/3;上线运行CTAIS2.0税收票证管理模块,开展普通发票专项检查,查处违规发票4130份,以票管税、信息管税能力稳步提升;加大依法行政考核力度,组织开展税收执法重点督察和疑点数据核查;全年共考核税收执法数据6.87条,错误数据仅1条,执法准确率接近100%;严厉打击各种涉税违法行为,全年共对90户纳税人进行税务稽查,查结90户,移送司法机关8件,入库查补收入1.04亿元,税务稽查威力有效彰显。

【行政管理】健全和完善行政管理工作考核评价体系,加大工作督查督办力度,及时对管理薄弱环节进行预警提示并制定有针对性的管理措施,促进工作质效提升。加强内部行政管理,改进文风会风,推行公文电子运转,促进行政管理效能提升。规范经费资产管理,严控"三公"经费支出,加强基建项目管理,抓好信息系统日常运维,强化机关后勤保障,提升后勤保障能力。深化创先争优活动,扎实开展精神文明创建和机关党建标准化项目建设,加强和改进离退休干部管理,充分发挥党团工青妇组织的作用,凝聚干事创业合力。狠抓干部作风建设,大力开展领导干部作风"假、浮、蛮"突出问题整改活动,在市委组织的干部作风和行风评议中,社会各界反响良好。

【队伍建设】多种形式、多个层面深入开展党的十八大精神学习宣传活动,切实把学习贯彻十八大精神作为首要政治任务抓紧抓实。加大国税文化建设力度,精心组织开展各类文体活动,营造和谐、愉悦的工作氛围。开展队伍思想状况调查摸底活动,关注干部群众理性诉求,重视基层合理化建议,搭建市局领导与基层群众平等交流平台。大力开展业务培训、岗位练兵、技能竞赛等活动,着力培养业务尖兵和"三师"人才,主动为年轻干部提供各种学习、深造的机会,学习型国税机关建设成效显著。在2012年省局机关工作人员遴选工作中,市局组织19名年轻干部参加遴选考试,5人进入考察环节,在全省各设区市中位居前列;在全国税务系统企业所得税业务知识考试中,市局选派10人参加,8人进入全省前50名,团体成绩全省排名第二,充分展现了鹰潭国税系统干部职工良好的精神面貌和综合素质。

【鹰潭廉政建设】层层签订党风廉政建设责任状,制定党风廉政建设和反腐败工作任务分工表,形成"一岗双责"和"谁主管谁负责"的党风廉政工作机制。大力开展勤廉教育月活动,认真组织学习《税收违法违纪行为处分规定》,切实将学习教育成果转化与税收执法风险防范紧密结合起来。全面实施风险岗位廉能"六化"预防管理,狠抓"三重一大"制度、裁量权基准制度、权力公开制度、预警处置制度和内部人、财、物管理制度的落实到位。采取有效形式自觉接受社会各界和广大群众监督,有效防范税收行政管理和税收执法管理风险,全年没有一名国税干部因违反廉洁自律规定受到责任追究。作为全市8个风险岗位廉能管理示范单位之一,市局党风廉政建设工作在市纪委组织的年度工作考核中获得好评。

(胡 波)

【市国税局副县级以上干部名录】

党组书记、局长:吴晨阳

副局长:程南俊 汪康平

纪检组长:刘伟明

总经济师:吴静(女)

总会计师:何肇龙

稽查局局长:肖忠卫

调研员:徐致华

副调研员:桂渡太

地方税收

【概述】2012年,鹰潭市地税局在省地税局和市委、市政府的正确领导下,坚持以科学发展观为指导,认真落实"收好税、服好务、执好法、带好队"工作要求,紧扣组织收入中心,牢牢把握"依法行政"这条主线,突出"税收征管、纳税服务"核心业务,提高"信息管税、队伍建设、作风建设"工作水平,较好地完成了各项工作任务,受到省局和地方党政领导好评。市委书记陈兴超、市长钟志生、常务副市长王家林,省地税局局长王平等领导先后亲临市地税局考察指导,对鹰潭地税工作予以了充分肯定。

【组织收入】2012年,全市地税系统组织各项收入34.8亿元,其中,实现地方税收32.46亿元,同比减收4.15亿元,下降11.3%,剔除限售股一次性税收因素,入库31.53亿元,同比增收11亿元,增长53.7%,入库各项基金(费)收入2.3亿元。尤其是"百日会战"以来,全市地方税收连续4个月实现正增长,扭转了前8个月收入减收的局面,4个月共组织各项地方税收9.93亿元,同比增长了44.9%。

【服务发展】按照市委"主攻项目、决战'三区'、凸现特色、实现跨越"总体要求,围绕做好"铜产业、旅游业、物流业"三篇文章,向市委提交了"推进文化休闲娱乐业""做大江铜地方税收""发展现代物流业"等意见建议。积极有效应对"营改增"扩围,向市委提交应对措施建议。用好用足税收政策,出台了"支持现代物流业发展18条""支持休闲娱乐服务业发展30条"等税收优惠政策和服务举措,全市共依法减免各项税收6409万元。市委书记陈兴超对市局工作给予了充分肯定,指出:地税部门近期主动策应地方经济社会发展,出台了一系列非常举措,对全市经济社会发展的支持力度很大,体现了地税部门敢于担当、善于操作的能力。

【征管基础】稳步推进税源专业化管理,建立了建安、房地产、交通运输、娱乐业等行业专业化管理队伍,加强了对重点行业税收的清理清缴,以及小税种的税收征管。征管数据实行"量化指标、全员通报",及时对征管状况、数据清理进行通报,促进了征管指标的稳步上升。全力推进征管创新,开发了稽查案源管理,完善了发票预警系统,自主建设了"江西地税系统鹰潭数据分发库",获2项科技进步奖,发票预警系统获全市科技三等奖。加快发票管理改革步伐,稳步推进机打发票推广工作,提前3个月超额完成省局任务,全市机打发票推广率达31.45%,完成省局任务的157%。全面完成税收电子地图软件的基础数据标注工作,基础数据综合标注率名列全省第一。

【税收执法】坚持依法行政,强化稽查执法刚性,在全市范围内启动了税收专项检查和税收专项整治,开展了对资本性交易项目、建筑安装、房地产业的税收专项检查和对房屋租赁业的区域税收专项整治,全市稽查查补入库地方各项收入1510万元,实现了以查促管。加强发票违法举报案件的查处,查处12起举报案件,补交税款1.5万元,罚款1.06万元,有效地提高了纳税人的遵从度。深入开展纳税评估及案例评选工作,6篇入选省局"百优纳税评估案例库",2个入选省局优秀案例模型,超额完成省局年初下达的工作任务。认真规范未达起征点纳税户的发票管理,切实堵塞税收漏洞,保障国家税收收入。

【纳税服务】继续做好网上办税、网银缴税、税库银批扣、税库银汇总、POS 机刷卡缴税、税费一票通的推广力度,通过多元化办税的税费全面增长,全市共有 2814 户纳税人通过多元化申报缴纳税款和各类基金费共 12.25 亿元,同比增长 55.26%。通过税库银汇总税款 9.84 亿元,同比增长 94.47%。在落实服务承诺制、首问责任制、一次性告知制等服务制度的基础上,试行流动服务、分时段报税、特事特办、税收筹划、七免等个性化服务,力求为纳税人提供高质量的纳税服务。顺利建设并开通"12366"纳税服务热线建设,开通以来共受理热线电话 112 个,受理涉税举报、服务投诉 12 个,所有举报、投诉得到各级税务机关的及时解决,得到纳税人的高度满意。不断深化服务内涵,拓展服务外延,深入开展纳税服务需求调查,努力提升服务质效。广泛开展创建无烟型办税服务厅、"服务——让纳税变得更愉快"和"加强诚信建设、提升窗口形象"主题实践活动,全系统各办税服务厅(点)均实现无烟办税环境,办税环境进一步优化。进一步打造了独具特色的服务品牌,市局办税服务厅被评为全省"优质服务窗口"、全市"优秀专业服务大厅",连续七年被市政府评为"全市最佳服务窗口"。

【税收宣传】围绕创业服务、鄱阳湖生态经济区建设、服务民生,大力开展税收宣传活动。新闻、信息宣传,分获全省地税系统好新闻评比一、二等奖。税收宣传月期间,向纳税人发放了《机打发票热点问题解答》《小型微利企业税收热点问题解答》《纳税人权利与义务》和《个人所得税热点问题解答》等纸质宣传资料 300 余份。联合市委宣传部、市国税局举办了"十大创业先锋"表彰大会,由创业先锋讲述创业事迹,号召全社会依法经营、诚信纳税;开展了"走进地税 了解权利"的纳税服务开放日、"学雷锋树新风 促和谐——地税青年志愿者在行动"等系列税收宣传活动。同时,充分利用现代信息技术,不断拓宽宣传渠道,将传统平面媒体与现代网络媒体相结合,在利用各办税窗口电子显示屏、公示栏、触摸屏宣传的同时,充分发挥"12366"地税服务热线、网络等现代媒体功能,设立涉税宣传 QQ 群,组织各单位开通税收宣传月主题微博,让纳税人第一时间获取信息、了解政策、咨询业务。

【队伍建设】深入推进"人才强税"战略,分类开展培训,通过春训、以会代训、案例评比、网络学习等方式,推进"六员"、12366 人员培训,并自行开发了会计模拟实训教材,开展会计模拟实训教学,全系统组织各类培训 66 期,培训 5857 人次。举办了省级业务专家报告会,在全系统进一步营造尊重人才、用好人才的氛围。坚持以考促学,组织开展了所得税业务、办税服务等业务竞赛,选拔的干部在全省所得税、财务会计知识等业务竞赛中均获得了较好名次。全面修订《干部职业生涯积分制管理实施办法》,启动了干部积分奖励兑现,激发了工作热情。推行岗位跟班实践,加强了年轻干部的培养锻炼,有计划地实行年轻干部到征收窗口、稽查岗位跟班学习,提高了年轻干部业务水平。全系统"三师"人员和研究生学历人员占全系统人员比例分别为 17.4%、8.6%,分别高于全省平均 11%、5.4%个百分点,有 5 人入选省局专家库,占全省专家库人才比例 16.1%。文体活动开展有声有色,参加全省地税系统"喜迎十八大"红歌赛,并获奖,演讲比赛获全市第一名。继市局被省纪委、监察厅列为首批"江西省廉政文化建设示范点"之一后,月湖区地税局被列入"全省廉政文化进机关示范点推荐单位"。

【文化建设】健全地税文化建设的组织领导机制,成立了文化建设机构,制定下发了文化建设意见建议和绩效考核方案。重视发挥网络的宣传、教育和引导功能,落实了党内思想政治工作制度,进一步加强人文关怀和心理疏导,切实做好干部思想政治工作。在内网开设党内公开专栏、"幸福地税论坛"专栏,畅通干部正常的诉求渠道,及时解决干部的关切和诉求,增强干部职工的归属感和认同感。文化活动全面推进,组织开展了"雷锋精神伴我行"主题征文、"颂党恩"红歌选拔赛、地税文化核心理念征集、"读书立品·作风促信·文化兴税"读书等活动。文体活动广泛开展,成立了足球、羽毛球、乒乓球、游泳等多项兴趣小组,干部参与热情高,仅参加足球队的兴趣小组人数达 50 余人,干部归属感进一步增强。在全市职工运动会和全市老年人运动会上,市局分别荣获女子乒乓球团体第 3 和第 2 名以及围棋第 1 名的好成绩,并在全市第二届职工艺术节上被授予职工文化艺术普及奖。

【作风建设】深入推进政务公开,全面实施"阳光作业",主动将税收执法权置于广大纳税人和社会各界的监督之下,促进了税收执法的公开、公平和公正。认真开展干部作风集中整治活动,加大了明察暗访和通报力度,对各类损害纳税人权益、有损地税形象的情况进行全面排查,确保纳税人合法利益。强化经费管理,努力开源节流,积极做好节能宣传周、能源紧缺体验活动,干部节能意识、习惯蔚然成风。坚持开门纳谏,主动接受社会监督,继续利用"走出去,请进来"等八条途径,畅通信访渠道,组织召开了"纳税服务体验日"、"百千万"内设机构测评、纳税人评地税机关等活动，专门邀请人大代表、政协委员、企业代表现场、社会知名人士体验办税服务工作，提出意见建议，并对征求到的意见建议及时进行了整改反馈，受到纳税人及社会各界好评，市局在全市优化发展环境监测综合满意度测评中继续保持前列。

【党风廉政】认真落实党风廉政建设责任制，推行"一岗双责"，进一步完善教育、制度、监督并重的惩防体系，努力形成反腐倡廉整体合力，守住"干部不出事、执法不违规"工作底线。深入推进风险岗位廉能管理，全力构建内控机制，全面梳理岗位流程，编制职权目录和预警处置流程图，结合贯彻落实省局预警处置办法，在全系统建立风险预警信息员队伍，建立覆盖市局、县局、分局的三级预警监控网络。集中整治活动期间，全系统共开展自查自纠300余人次，组织视频监控、实地明察暗访16次，清查办公电脑约320台。完善经费监督制约管理，出台了"财务资产管理暂行办法""经费统筹、奖励暂行办法"，严格了支出审批程序，加强了市局经费使用监督审计。

【"创先争优"】精神文明创建、创先争优活动协调推进，干部创新创业活力充分激发。市局连续9年被市直机关工委授予"全市先进基层党组织"，作为"全省地税系统创先争优先进单位""全市'创先争优'先进单位"代表在全省地税系统、全市创先争优表彰会上作典型发言。市局机关被中央文明委继续认定为"全国文明单位"，被省总工会授予了"江西省五一劳动奖状"光荣称号，成为2012年全省地税系统唯一获此殊荣的单位。全系统6个单位被评为"2009-2011年全市文明单位"，实现了文明创建"满堂红"。

（樊　鹏）

【市地税局副县级以上干部名录】

党组书记、局长：胡成龙(2012.8~)
陈礼伯(~2012.8)

党组副书记、调研员:贺春景

党组成员、副局长:周庆华　宋智江(~2012.4)　孙军梓 (2012.12~) 陈军(2012.10~)

党组成员、总经济师：孙军梓(~2012.12)

党组成员、纪检组长:王国庆(2012.2~2012.12)　洪永良(2012.12~)

调研员：汪金明

全市国税工作会议召开

（市国税局供稿）

金融

编辑、校对:杨保平

综述

2012年,全市金融业认真贯彻稳健的货币政策,立足区域特色经济,不断加大金融投向实体经济的力度,总体呈现“两增一高”态势:存、贷款大幅增加;信贷结构变动较小,资金使用效率不断提高。全市金融运行呈现良好发展态势。

各项存款保持较快增长。2012年年末,全市本外币各项存款余额458.52亿元,比年初增加89.75亿元,增长24.34%。存款增幅居全省首位,高出全省平均增幅6.77个百分点。(1)单位存款快速增长。2012年末,全市本外币单位存款余额206.96亿元,比年初增加50.27亿元,增长32.08%。一是企业交易性资金需求上升,资金周转和现金回笼情况较好拉动单位存款大幅增长,其中江铜股份公司出口业务发展迅猛,外币货款资金回笼使外币存款增长较大。至12月末,全市金融机构外币单位存款余额5.12亿美元,比年初增加3.68亿美元,增长2.56倍。二是交通、城市改造建设、廉租房等重点项目资金到位拉动单位存款增加。三是企业发行企业债的资金沉淀。(2)储蓄存款平稳增长。2012年末,全市本外币储蓄存款余额229.82亿元,比年初增加36.75亿元,增长19.03%。2012年股市总体振荡起伏,资本投资存在一定风险,个人储蓄存款仍为广大民众当前居家理财的选择。

信贷投放稳中有进。2012年末,全市本外币各项贷款余额297.71亿元,比年初增加59.63亿元,增长25.05%,贷款增幅位居全省第二,高出全省平均增幅5.92个百分点。(1)贷款期限结构变化较小。至12月末,全市本外币短期贷款余额142.48亿元,中长期贷款余额141.64亿元,票据融资余额13.49亿元,分别占贷款总额的48%、48%、4%,贷款期限分布与上年基本持平。(2)短期贷款增速强劲。至12月末,全市新增本外币短期贷款30.52亿元,比年初增长27.26%。短期贷款的增长主要来自贸易融资的增长。至12月末,全市本外币贸易融资余额53.33亿元,比年初增加27.74亿元,增长1.08倍,占短期贷款新增量的90.89%。江铜股份公司海外代付及信用证业务是贸易融资增长的主要动力,同时辖内金融机构根据当地信贷业务发展趋势及地域经济发展特色,把贸易融资作为破解小企业融资难题的引擎,通过存货质押商品融资、保理融资、信用证等贸易融资业务产品以稳定拓展上下游产业链、供应链企业,贸易融资增长迅猛。(3)中长期贷款增长有所放缓。至12月末,全市本外币中长期贷款余额141.64亿元,比年初增加24.80亿元,增长21.23%。贵溪火力发电厂三期工程、政府投资项目建设以及农村基础设施建设等重点工程的配套信贷投入仍是拉动单位中长期贷款增长的主要因素,个人住房贷款则是个人中长期贷款增长的主因。(4)票据融资强势增长。至12月末,全市票据融资余额13.49亿元,比年初增加4.24亿元,增长45.84%。票据作为资产配置品种,全市金融机构办理票据融资业务主要是调节信贷规模,保持信贷总量,同时2012年票据融资利率相对低于2011年,企业票据融资意愿有所增强。

信贷投放趋向实体经济。(1)农业投放增长强劲。2012年,辖内涉农金融机构积极创新农村信贷产品,支持农民增收和农民消费信贷,不断提升支农服务水平。2012年末,全市涉农贷款余额174.62亿元,比年初增加20.82亿元,增长13.54%。(2)地方中小企业资金投放力度加大。2012年,辖内金融机构积极搭建“银企对接会”“小企业产品推介会”等平台,通过网贷通、“一户一策”、银园保、企贷保等信贷创新品种,延伸中小企业贸易链条,增强对地方中小企业信贷支持,满足地方中小企业全方位、多样化的需求。2012年年末,全市地方中小微企业贷款余额107.75亿元，比年初新增 21.42 亿元，增长 24.81%，贷款主要投向铜业、商贸、眼镜、照明等地方特色产业企业。(3) 个人贷款增长快速。至 12 月末，全市个人贷款余款 86.94 亿元，比年初增加 14.44 亿元，增长 19.92%。一是个人按揭贷款持续增长态势。虽然国家房产调控基调不变，但受鹰潭市城区改造因素影响，2012 年居民住房刚性需求及改善性需求旺盛。至 12 月末，全市个人住房按揭贷款余额 31.95 亿元，比年初增加 8.45 亿元，增长 35.96%。二是个体工商户经营贷款增长。在新农村建设的带动下，农村消费市场较为活跃，个体工商户经营热情较高，拉动个人经营贷款的快速增长。

证券市场交易量萎缩。2012 年证券市场走势振荡下行，年末虽有小幅反弹但总体呈现低迷态势，股价长期处于低位运行，辖内国泰君安、国盛、中航三家证券公司交易额大幅萎缩。2012 年 A 股实现交易额 239.24 亿元，同比下降 33.31%；B 股实现美元交易额 83.43 万美元，同比下降 72.79%；实现港币交易额 164.31 万香港元，同比下降 75.69%。

银行业效益大幅增长。2012 年末，全市银行业金融机构实现利润 10.06 亿元，同比增加 3.67 亿元，增长 57.43%。四大国有商业银行 2012 年新增利润 2.71 亿元，占利润总增量的 73.84%。

金融资产质量持续提升。至 12 月末，全市金融机构不良贷款余额 7.04 亿元，比年初减少 0.80 亿元，下降 10.20%；不良贷款率 2.37%，比年初下降 0.93 个百分点，金融资产质量持续提升。

小额贷款公司发展较快。2012 年，辖内新增小额贷款公司 2 家，至 12 月末，全辖 8 家小额贷款公司实收资本额为 9.9 亿元，比年初增加 3.7 亿元，增长 59.68%；年末贷款余额 13.20 亿元，比年初新增 5.39 亿元，增长 69.01%。

（董 薰）

中国人民银行鹰潭市中心支行

【概述】 2012 年，人民银行鹰潭市中心支行深入贯彻落实科学发展观，按照“抓创新，争进位，保安全，促和谐”的工作目标，认真贯彻稳健货币政策，努力维护辖内金融稳定，不断提升金融服务水平，着力创建和谐平安中支，切实履行了基层央行职责，促进了全市经济金融平稳较快发展。一年内，共获得上级行及地方各类集体荣誉 25 项。

【落实稳健货币政策】 按照“稳中求进”总基调，围绕稳健货币政策要求，通过召开全市金融工作会议、全市行长经理联席会、金融经济形势分析会，编发《金融要情专报》以及新闻媒体宣传等形式，加强稳健货币政策传导。2012 年末，全市金融机构总体呈现稳健发展态势，全市各项存款增幅居全省首位，高于全省平均增幅 6.77 个百分点；各项贷款增幅位居全省第二，高于全省平均增幅 5.92 个百分点。

【支持实体经济发展】 经市政府批转了《关于加大金融支持力度服务鹰潭实体经济的指导意见》，制定了《金融支持鹰潭市旅游业发展的指导意见》，引导金融机构优化信贷结构，加大对实体经济的支持。充分运用再贷款、再贴现加大对“三农”、中小企业的支持力度，全年共向贵溪、余江信用社发放支农再贷款 1.4 亿元；对市工行办理再贴现 9 笔共计 1.7 亿元。组织开展了 2 次现场融资对接活动，现场共有 11 家金融机构与 40 余家中小微企业签约 4.57 亿元。

【促进信贷调控到位】 开展了县域法人金融机构贷款投向现场核查、信贷政策导向效果综合评估、涉农和中小企业信贷政策导向效果评估，促进金融机构认真落实各项信贷政策。受市政府委托，对 2011 年度银行业金融机构信贷支持地方经济发展情况进行了考核，引导银行业按照国家信贷政策和全市发展战略，加大信贷投放、支持经济结构调整的积极性。中支荣获信贷支持地方经济发展目标管理奖。

【便利跨境贸易投资】 通过举办市招商引资业务知识培训班、金融机构业务人员培训班等加大跨境人民币结算业务的宣传、培训和推广，引导企业、银行积极参与跨境人民币结算业务。认真做好跨境人民币业务的监测分析和监督检查，督促金融机构做好贸易真实性审核，切实防范业务风险。2012 年全市跨境人民币业务结算 33 笔金额 23.38 亿元，金额比 2011 年增长 256%，其中：贸易项下 32 笔金额 23.19 亿元，比 2011 年增长 309%；资本项下 1 笔 0.19 亿元。

【推进金融消费者权益保护工作】 组织成立了市金融消费者权益保护工作领导小组，起草并经政府转发了工作实施方案。制定并经市政府印发了《鹰潭市金融消费者权益保护实施办法(试行)》，制定了《鹰潭市金融消费者权益保护工作实施细则》。举行了鹰潭市金融消费者权益保护中心启动仪式，各金融机构负责人签订了“金融消费者权益保护承诺书”。编印了《鹰潭市金融消费者权益保护指南》、金融机构《个人金融产品消费和权益保护指引》。组织银行、保险、证券共 27 家金融机构开展了“金融消费者权益保护宣传周”活动。注重县域推广，金融消费者权益保护工作实现了辖内全覆盖。2012 年共接受消费者电话咨询 20 余次，处理消费者投诉 3 起。

【推进“两管理、两综合”】 对 11 家银行业金融机构执行人民银行 15

鹰潭市金融消费者权益保护中心启动仪式

(人行鹰潭市中心支行供稿)

深入乡村开展大规模宣传推广活动，大力推广为农村群众“量体定做”的“特色银行卡”,至11月末,全市累计设立助农取款服务点285个,布放县域银行卡POS机1380余台、自助设备近100台,发放县域银行卡12.34万张,实现了助农取款在农村乡镇的基本覆盖。建立了《鹰潭市银行业金融机构人民币结算账户专管员管理办法》,举办了专管员考试,提高了结算账户管理工作效率。积极配合做好预算单位银行结算账户清理工作，全年办理人民币银行结算账户的开立、变更、撤销共计3008户，为预算单位新开账户396户、变更4户、撤销353户,100%完成预算单位账户清理工作。

个方面的政策和管理规定情况进行了综合评价，并通报了评价情况。组织20人参加了执法资格法律培训,进一步提升了中支执法人员工作水平。对市中行、邮储银行、上饶银行及其5家县域分支机构开展了综合执法检查，对15家金融机构检查对象开展了人民币收付业务、国库集中支付业务等5项专项执法检查,对金融机构违法违规行为予以罚款。联合工商部门开展了非法经营流通人民币突击检查，现场对2家商户共计15000多元非法经营的装帧流通人民币作了暂扣处理。全年共受理1家银行业金融机构开业申请、2家小额贷款公司开业申请、重大事项报告31项。开展了新设立金融机构反洗钱现场走访和辅导,对未接入金融业信息管理系统的小额贷款公司做好接入申请管理。

【推进信用体系建设】制定机构信用代码推广应用实施方案，举办了11场金融机构业务人员培训班,参加培训457人。制定了重要空白机构信用代码证使用保管制度、鹰潭市机构信用代码证发放工作规程，规范了发证程序，全市全年共发放机构信用代码证9686户,发证率达100%。推进金融生态环境测评指标体系建设，建立了金融对经济发展贡献、金融风险防范等指标体系,模拟开展了金融生态环境测评。制定了《鹰潭市征信业务操作规范》,组织金融机构开展了“我的信用我做主”宣传活动,做好征信信息应用服务,全市全年共发放贷款卡446户，办理贷款卡年审709户，提供个人信用报告查询1036次、企业信用报告查询1386次。

【推进金融风险监测防范】加强农村信用社风险监测评估和专项票据兑付后续监测考核,大力支持和推进信用社成功改制为农村商业银行。建立对影子银行风险监测制度,加强对融资性担保机构、典当行、小额贷款公司等的风险监测管理,对各小额贷款公司和担保公司开展了风险排查。加强辖内经济、金融运行情况监测分析,加大金融风险状况监测评估,开展了邮储银行绩效考核现场评估,密切关注银行业、证券业、保险业出现的新情况、新问题,及时分析并提出风险防范对策。

【加大支付结算管理】大力推广银行卡助农取款服务，组织金融机构

【加大国库服务创新】制定了上收龙虎山风景区代理支库的工作方案，在全省率先成功试点TCBS环境下龙虎山风景旅游区支库业务上收市中心支库办理。出台了《鹰潭市市级财政专户非现场监管暂行办法》，率先建立了财税库联合非现场监管财政专户机制,同时借力财政专户资金监测系统,完善了财政专户开立、变更、撤销电子档案，建立了财政专户资金拨付台账，实现了对财政专户的非现场、常态化监管。创新实施了《国库会计核算事前、事中监督管理实施细则》,国库业务差错率大幅下降。积极配合“乡财县管”财政体制改革,做好代理银行资格认定和协议签订工作,推动了乡镇国库集中收付改革的顺利开展。大力推进国库横向联网应用,辖内电子缴税业务占比已达省分库要求的70%目标。积极开展国债“一季一品”宣传年活动,建立《鹰潭市国债考评办法》,加强国债收款单催兑工作,加大国债业务检查、考核,全年全市共发行国债5465万元。

【加大货币科学管理】出台了《鹰潭市现金投放回笼券别结构比例管理办法》,全市全年:投放10元以下小

面额人民币共 1.28 亿元；回笼 10 元以下小面额残损人民币 1.01 亿元。出台实施了《鹰潭市银行业金融机构人民币流通管理效能评估办法》，开通了残损人民币兑换“绿色通道”，开展了银行网点与专业市场、用零大户“一对一”兑零兑残服务，规范了金融机构现金中心管理。成功推广运行了人民币回笼券物流管理系统。开展了反假货币宣传“四季行”活动、假币“零容忍”专项整治活动，推行了人民币冠字号码管理及金融机构现金中心现金收、付两条线管理试点。举办了 3 期金融机构反假货币上岗资格证培训班。

【加大外汇监测管理】 强化境外期货外汇收支监测，建立了期货项下账户资金汇兑使用及期货交易情况业务综合台账，加强数据核查和监测分析。制定了推进货物贸易外汇管理制度改革实施方案，加大改革政策宣传解读，认真做好改革前核销、催核，及时反馈改革进展情况。加强改革后重点企业重点环节监测，确保贸易外汇收付真实有序。认真做好 2 家保险公司外汇业务市场准入工作，开展了诚信兴商宣传月活动。2012 年全市跨境外汇收入 10.78 亿美元，其中货物贸易：跨境外汇收入 10.03 亿美元，首次突破 10 亿美元大关；跨境外汇支出 30.72 亿美元。

【强化内控监督管理】 制定了《关于深入开展财务精细化管理工作实施方案》，对中支各项评先、奖励、津贴进行了清理。出台了中支《检查项目跟踪问效实施办法（试行）》，完成了国库资金支拨和退库业务风险导向审计、余江支行行长履职及合同制用工管理绩效审计、贵溪支行内部控制后续审计。开展风险岗位廉能管理，编印了《风险岗位廉能管理手册》。积极构建会计重要岗位动态监管新体系，综合运用“教育引导+管理约束+监督检查+绩效考核+风险问责”的“五机制联动”监管手段，有效强化了会计重要岗位监管。

【强化安全生产管理】 层层签订了社会管理综合治理、计算机安全、保密管理、应急管理、新闻宣传管理等责任书，强化了责任落实。加强安全生产检查，开展安全生产检查 16 次，及时消除了安全隐患，确保了辖内安全无事故。建立部门应急管理员队伍，完善了办公网络、新闻宣传等 14 项突发事件应急预案及其简本，开展了金融机构现金调剂等 9 项应急演练，提高协同应急处置能力。

【强化队伍建设管理】 完善了教育培训管理办法，圆满完成了第二阶段全员网络培训任务，组织 40 余人次参加了总行网上系列教学活动。制定了中支《新行员三年职业生涯规划管理办法》，加强新行员试用期满考核管理。按照干部选拔任用有关规定，提任了 1 名副行级调研员、14 名科级干部。抓好总行党员活动室示范点建设，让活动室成为党员的“学习之家”“教育之家”“活动之家”。建立了金融知识宣传、党员、女工、团员青年等金融志愿者服务组织，开展了金融知识宣传等 10 余次志愿活动。

（董　薰）

【人行鹰潭市中心支行领导人名录】
党委书记、行长：孙文金
党委委员、副行长：陈贵书
党委委员、副行长：安月婷（女）
　陈律旺　杜正琦
党委委员、纪委书记：吴国华
助理调研员：林卫兵
助理调研员：徐权生
助理调研员：徐永峰（2012.8~）

中国工商银行股份有限公司鹰潭分行

【概述】 2012 年，中国工商银行股份有限公司鹰潭分行围绕“创新型、竞争型、高效型、稳健型、和谐型”精品分行建设，加快经营转型，推进结构调整，大力开拓创新，强化内部管理，构建和谐文化，实现了快速、稳健、和谐发展。至年末，各项存款增长 16.21%，各项贷款增长 13.68%，累计发放各项贷款 123.26 亿元，其中，累计发放小企业贷款 23.79 亿元。实现利润 2.32 亿元，增长 34.1%。全行保持了全省系统内和鹰潭市“综合治理先进单位”，获得鹰潭市“文明单位”、工行总行“安全保卫先进单位”、“全国先进社会科学团体”等 58 项荣誉。鹰潭分行辖贵溪、余江 2 个县级支行，月湖、江铜 2 个城区支行和 9 个二级支行、5 个分理处，本部内设 14 个部室中心。全行在职员工 495 人，平均年龄 41.1 岁，本科以上学历 202 人。

【支持地方经济发展】 2012 年，工行鹰潭分行继续围绕市委市政府提出的“四个鹰潭”建设和“1+6”战略性新兴产业发展战略，加快业务产品和融资模式创新，推进绿色信贷，依托实体经济，加大对地方经济信贷支持力度。在 2011 年的基础上，组织率先开办了掉存通、即远通、贷融通、委贷类投资银行、外币融资性担保、再贴现回购、票据资金同业存放等多项新业务，探索实行了“联贷联保+库存质押”商品融资业务新模式，同时，加大服务机构设置，在贵溪设立小企业专业支行，新增 3 家城区二级支行办理小企业业务，较好地满足了企业融资需求，提供了良好的融资服务。

【加强内控安全管理】 2012 年，工行鹰潭分行坚持安全为本，不断完善和强化风险管理、内控合规管理机制，组织推动了内控外防体系建设，开展全省内控安全管理试点。在全省金融系统率先安装了 6 个网点 13 台自动柜员机(ATM)安全防护舱，探索延伸了案防安全管理链条，建立了服务外包公司、保安人员管理考评制度。开展了三级应急预案演练82次，发现ATM问题34次，排除各种安全隐患16处，堵截电信诈骗案11起，为客户避免资金损失47.5万元。千人发案率、百万元以上大案要案、重大责任事故和重大安全生产故障率均为零。小企业贷款实现零不良，是全省唯一实现零不良的二级分行，创历史最好水平。

【加快经营转型发展】2012年，工行鹰潭分行加快经营转型发展，组织推动了以客户需求为前提、以银行与客户“双赢”为目标的增长方式和发展渠道转变，进一步优化收入结构，初步形成了以投行、结算、代理和理财四大业务为收入来源的新格局，实现了经营效益稳健持续增长。继2011年首次进入全国工行系统285个二级分行经营考评前100名、综合进步前30强后，2012年获得全省综合考评三等奖，继续保持全国进步前30强。

【优化服务渠道格局】2012年，工行鹰潭分行加快服务渠道建设，优化服务模式，提升服务效能，推动柜面服务向自助服务转变，牵头提出并与四大行同步推行营业网点“朝九晚五”的服务制度。新增设离行式自助银行19家、存取款一体机31台、取款机33台、多媒体自助终端14台，形成了形式多样、布局合理、方便快捷的服务渠道网络格局。同时，开展了“满意在工行”活动和机关为基层服务、承诺事项积极主动服务、报告事项快速响应活动，加强服务示范窗口、标杆网点建设。四海支行被工行总行授予“服务标杆网点”，并连续三届荣获“全国银行业文明优质服务千佳示范窗口单位”。

(刘红东)

【工商银行鹰潭分行领导人名录】
党委书记、行长：余明安
党委委员、副行长：郑永开 涂文华 潘俊琪(女)
党委委员、纪委书记：徐宏海
高级客户经理：彭接峰
高级经理：孔繁敏(~2012.5)

中国农业银行股份有限公司鹰潭分行

【概述】2012年，中国农业银行股份有限公司鹰潭分行认真贯彻落实总行、省分行2012年工作会议精神，以科学发展观为指导，坚持稳中求进，不断夯实管理基础，实施稳健经营，积极支持实体经济发展，加大营销拓展力度，加快经营战略转型，大力发展零售业务，做大做强业务总量，严控业务风险，加强队伍建设，全行业务实现了又好又快发展。截至2012年年末，全行：各项存款余额52.06亿元，较年初净增8.46亿元；各项贷款余额30.37亿元，较年初增长4.16亿元；实现中间业务收入6180万元。

【加强网点建设提升服务形象】2012年，农行鹰潭分行持续加大网点软硬件建设投入，着力打造农行服务品牌。一是加快推进网点在建项目建设进程，不断优化网点硬件环境。全年新装修改造网点5个，贵溪周坊支行新营业用房重建工作已全面竣工，余江锦江支行、刘家站支行，贵溪塘湾支行新办公营业用房正在兴建中。二是加快自主设备投放进度，优化自助设备网络布局。新增6个离行式自助银行(自助服务点)，全年新增布放现金类自助设备24台，自助终端6台，网银体验机25台，转账电话127台，POS机63台，设备总数1309台。三是提升服务品质，持续固化网点双导入效果，加大了对全辖23个营业网点营销技能的导入，新增配5名引导员，聘请北京玖富公司进行了全程全员的软转辅导工作，网点软转工作初显成效，在上级行组织的全省农行11个地市文明优质服务神秘人暗访评比中，农行鹰潭分行连续4个季度获得前3名的好成绩。

【零售业务综合营销取得新进展】农行鹰潭分行继年初开展了“春天行动”零售业务综合营销活动后，二、三季度又持续实施了“激情仲夏 金彩生活”营销活动；组织辖内网点开展“一划三率”临街商户包片营销工作；加大个人存款的营销及捆绑营销的力度，高度重视理财产品销售力度，主推“安心得利”“安心快线”等理财产品；7月下旬起组织了内训师开展对农村网点理财产品营销指导工作，以扩充理财产品的“蓄水池”功能；定期召开由支行分管行长、部门经理参加的零售业务分析例会，查找短板，总结亮点；稳步推进网点再次转型工作，引入标准公司，对网点进行技能再导入，积极推行网点多元化经营。上述多项活动的开展，有力的助推了个人存款的稳步增长。

【创新发展对公业务】2012年，农行鹰潭分行对公业务着力营销新产品、开拓新业务，坚持以客户需求为导向，全年分别办理了“美元进口押汇+人民币存款+远期售汇”“买方付息贴现”“电票贴现”等新产品、新业务，为客户提供了个性化的金融服务。

【营造和谐发展外部环境】2012年，农行鹰潭分行新班子成立以来，不断加强与当地党政部门沟通，及时主动向鹰潭市委、市政府主要领导和分管金融工作的市领导汇报工作，第一时间走访市人民银行、市银监分局、市财政、市公安、市工商、市招商局、市发改委等主要部门负责人。分行还相继承办了“2012年三季度全市金融形势分析会”“全市财政国库监管工作会议”等大型会议，并成功举办江西省农行与鹰潭市政府战略合作协议签约仪式。以上措施和成绩的取得，增进了地方政府、上级监管部门对农行鹰潭分行工作的了解和支持，提升了该行的社会形象，为各项工作顺利开展营造了良好的外部发展环境。

【加强机关作风建设】农行鹰潭分行新班子成立以来，以"整顿机关作风、提高机关效能"主题教育活动为契机，努力把市、县两级行机关建成"学习型、实干型、服务型、团结型、廉洁型"的"五型机关"。在具体的工作安排上，一是要求机关各部门每周有工作安排，使部门员工人人手上有工作任务，有工作要求，增强紧迫感；二是推行了周末、节假日行领导带班制度，值班期间要求下到支行、网点，深入基层，时时刻刻接地气，加强与一线员工的沟通与交流；三是整治办公秩序，美化办公环境，对机关办公室环境进行了全面清查，对办公大楼顶楼钢架进行了拆除清理，聘请安保公司专业保安对办公大楼进行值守，严格按照上市公司标准打造一流的办公环境。

【激发员工队伍活力】农行鹰潭分行采取多种措施激发员工队伍活力。一是建立了"选贤任能，优化结构"的干部任用机制，提拔和调整科级以上干部21人次，干部队伍结构更趋合理，战斗力明显增强。二是省行分配的18名新员工全部充实到支行柜面一线，进一步优化了柜员的年龄、学历结构。组织开展了业务岗派遣工转合同制柜员的考试推荐工作，共有4名业务岗派遣工转为合同制柜员，有效调动了业务岗派遣工的工作积极性，为全行发展增强了内生动力。三是全行共举办各类中层干部、高级专员培训班，三期"e学e训"培训，基层党组织书记培训班共55班次，参训人数1500多人，全行培训管理体系、员工队伍活力得到显著加强。

（桂 忠）

【农行鹰潭分行领导人名录】

行长：胡金华（~2012.12.5）

副行长：刘国云（主持工作，2012.12.5~）

副行长：邓晓欣　王国庆　朱建威

纪委书记：刘力明

中国农业发展银行鹰潭市分行

【概述】2012年是中国农业发展银行鹰潭市分行夯基蓄势、思变求强、富有成效的一年。在市委市政府及省分行党委的正确领导下，市分行新一届党委班子深入落实科学发展观，牢牢把握"稳中求进"的工作总基调，坚持"发展、创新、管理、和谐"工作思路不动摇，坚持"两轮驱动"发展战略不松劲，围绕全年经营目标，以粮食收购及农业农村基础设施建设信贷为主抓手，以推进精细化管理和风险防控为着力点，加强干部作风整治，强力推进企业文化建设，不断深化班子队伍建设，各项业务得到了持续较快发展。在支持粮食收购、水利及新农村建设、化解信贷风险、提升经营效益等方面再创佳绩。年末：各项贷款余额33.7亿元，比2011年增加1.82亿元，累计发放贷款17.57亿元；各项存款余额2.65亿元，比2011年增加4263万元，增长19.15%；实现税后利润7482万元，比2011年同期增盈1177万元；不良贷款余额480万元，比年初下降120万元，不良率0.14%，比2011年下降0.05个百分点，不良贷款实现"双降"。实现"四无"创建和"一控两防"目标，全年未发生经济案件和重大责任事故。

【积极支持粮油收储】农发行鹰潭分行始终将履行政策职能、确保粮食收购作为全行各项业务的重中之重。面对上半年持续低温多雨天气、外来大米冲击等储多影响粮食生产及收购的复杂因素，采取有效措施积极应对，在粮食跨年度收购、夏秋粮收购中重点抓好"五落实"，既确保了支持粮食收购未出大的问题，又防范了风险。一是不折不扣落实"三个到位"。即思想认识到位不偏位、组织领导到位不缺位、责任落实到位不空位。二是深入细致落实"八个提前"。提前完成了30家粮油客户贷款资格认定等八项工作，真正做到了"钱等粮"。还督促和帮助企业加快粮食销售，为早晚稻入库做好了空仓准备。三是多管齐下落实信贷服务措施。对增储轮换等政策性收购、黄金优质客户收购，实行"重点支持、提前介入"的办法，提高审贷效率。首次对6家黄金优质客户实行公开授信，扩大授权授信额度达2.51亿元，为企业粮食收购提供了快捷便利融资通道。进一步延伸粮食产业链信贷业务，积极支持国家级化肥收储3.6万吨，省级化肥收储2万吨，发放化肥储备贷款1.3亿元。全年共发放粮食收购贷款13.9亿元，收购粮食5.54亿千克，同比多投放4664万元，多收购粮食1376千克。支持中储粮企业完成粮食轮换计划4424.4万千克。

【全力推动新农村建设】认真落实中央1号文、全国金融工作会议精神，着力打造支持新农村建设主导银行品牌，积极策应市委市政府"主攻项目，决战'三区'，凸出特色，实现跨越"发展总要求及"四个鹰潭"目标，重点加大对农田水利、农民集中住房、农村土地整治项目的信贷支持。全年共上报鹰潭市信江新区安置小区等4个贷款项目，共计5.67亿元，累计发放贷款2.9亿元。在抓好贷款发放的同时，与市政府及相关部门加强沟通和联系，积极选择重点优质项目加以支持，共储备信江新区土地收储等贷款项目近25亿元，为来年发展打下了坚实的基础。至12月末，中长期贷款余额13.34亿元，比2011年增加1.45亿元，占全部贷款的

39.59 %，比年初提高 2.25 个百分点。农业农村基础设施建设贷款的加大投入，进一步优化了农发行鹰潭分行信贷资产结构，促进了经营效益的较大增长，推动了本市新区开发和基础设施建设。市委副书记、市长钟志生在农发行鹰潭分行信贷支农报告中批示："市农发行主动思谋，发挥政策性银行的独特优势，服务地方经济社会发展作出了应有的努力，市政府是满意的，望继续努力，再上层楼。"

【严格防控信贷风险】一是加强风险管理队伍建设。重新调整市分行风险案件管控中心和风险管理委员会人员，明确工作职责，细化信贷风险防控操作流程。二是做好信贷风险预警监测和处置工作。根据CM2006 系统，对所有贷款风险预警信号逐日逐笔进行非现场监测。坚持每月定期召开风险排查分析例会、风险报告等制度。对出现的信贷风险点及时进行现场核实，并提出处置方案。将贷款风险防范关口前移，对异地抵押物进行实地核实。按月分企业发布到期、逾期贷款监测报告。三是组织开展了包括每季综合风险排查在内的 5 次现场信贷风险排查。四是加强法律事务工作。认真做好普法宣传和培训工作。积极开展贷款担保、贷款发放等环节的法律审查，有效防控法律操作风险。五是加强贷款担保管理工作。建立中介评估机构和担保公司库，实施准入和退出机制。加强对抵质押品管理，按押品名称、价值、评估机构等进行序时登记，严格执行价值重估制度。六是积极推进国有粮食企业改革，督促企业改革经营方式。七是积极防范和化解不良贷款。认真做好信贷资产质量十二级分类管理工作。以现金清收方式收回水患粮不良贷款本息 130 万元。加强对国有收储公司库存实物的检查和管理，防止产生库贷差异。督促企业早晚稻及化肥销售，全面完成"双结零"工作，有效防范了新的不良贷款的产生。

【深化队伍和企业文化建设】一是深入学习贯彻党的十八大精神。以"基层组织建设年"活动为着力点，以"四好"班子、"五好"党支部、"六好"党员为目标，持续开展系统党建创建。二是加强市、县两级行班子建设。围绕"一个中心，两个提高"，修改了支行领导班子综合考评实施细则，完善了支行副行长兼部门主管绩效考核办法，加大对支行领导班子治行理政、科学管理能力的综合考评。三是加强干部作风整治。开展了以"树立扎实的工作作风"为主题的干部作风突出问题整治活动。四是加强机构和员工管理。开展了市分行机关员工"双向选择、竞争上岗"及管理岗位竞聘工作。按照要求进一步强化员工考评档案管理。五是培养知识型员工，打造学习型银行。在坚持党委中心组等学习制度的基础上，重点抓好部门周例会和晨会学习。积极组织员工参加社会各类资格考试，通过集中学习、以会代训、远程网络教育等方式，加强员工岗位技能培训。六是积极开展"条线树标杆、岗位树标兵"活动。涌现出总行系统后勤"三好"活动先进 1 人、省行"优秀柜员"和"岗位能手"各 1 人。七是全面推进企业文化建设。认真按照省行"6557"工程要求，统一了"VI 视觉"形象和员工着装，规范了营业窗口服务礼仪，积极推进食堂、小花园等"五小工程"建设，着力打造特色秀美家园。同时还紧密结合思想建设和精神文明建设，广泛开展文体、送温暖等各类文化创建活动。随着企业文化的不断深入，农发行鹰潭分行内外部环境有了较大提升，员工精神面貌焕然一新，环境美、服务优、文化底蕴厚的农发行新形象正在逐步形成。

(汤样生)

【农发行鹰潭市分行领导人名录】

行长：李红卫(~2012.4)

副行长(主持工作)：周胜(2012.4~)

副行长：罗俊华(女，~2012.3)

陈友华 卢 健

中国银行股份有限公司鹰潭市分行

【概述】2012 年，中国银行鹰潭市分行以党的十八大精神为指引，积极贯彻省分行"一二三四"战略目标思想和全省中行工作会议精神，按照省行"扩客户，调结构，提收益，控风险"工作方针，围绕市分行确定的"跑赢大市，同组中上"战略目标，强化"理念、效能、流程、体验"建设，着力"存款、效能、内控"三个"一把手"工程，各项工作得到有效提升，盈利能力和市场竞争力有了新的提高，绩效水平取得明显进步，内控基础得到进一步强化，员工精神面貌焕然一新，各项事业呈现蓬勃发展景象。

【业务发展】2012 年，在复杂多变的国际、国内经济金融形势下，中国银行鹰潭市分行稳中求进，稳扎稳打，着力在"存款、客户、产品、收益"上做文章，外塑形象，内强动力，经营绩效得以提升，各项工作取得了喜人进步。鹰潭市分行将存款工作列为最重要的"一把手"工程，凸显存款在各项工作的重中之重、优中之优的地位。坚持"努力稳住现有存量，着力挖潜新市场"的公司存款工作方向，一方面稳住原有存款市场，另一方面，以多产品的创新、重大营销项目的突破寻找新的存款增长点。紧盯社保、医保、廉租房、土地拍卖保证金、烟草等"六大工程"，狠抓行政事业单位存款。通过抓项目、抓产品、抓高客、抓竞赛，推动个人存款较快发展。狠抓资产效能，实施"客户倍增"计划，把实现授信客户爆炸式增长作为分行金融业务发展的奋斗目标。一是加快产品创新，发挥优质产品对客户的吸引力。二是走进园区，壮大中小企业客户规模。三是坚持逐一营销与差别化营销，增加高端客户比例。2012 年，个人贷款分行准确地把握了贷款良机，做到早投放、早收益、高收益，打响中行品牌，实现了业务和收益的双丰收。至 12 月末，分行本外币资产总额为 53.35 亿元，较 2011 年年末增加 13.65 亿元，增幅为 34.39%；本外币负债总额为 51.6 亿元，2011 年年末增加 12.01 亿元，增幅为 30.33%。至 12 月末，分行实现账面净利润 1.55 亿元，同比增加 1.65 亿元，同比增幅为 1686.39%；实现账面拨备前利润 1.59 亿元，同比增加 5786.42 万元，同比增幅为 57.1%。至 12 月末，分行人民币各项存款余额为 44.51 亿元，较 2011 年年末新增 6.34 亿元；外币各项存款余额 8707 万美元，较 2011 年年末新增 7331 万美元。至 12 月末，分行人民币各项存款全金融机构余额市场份额为 10.93%，较 2011 年年末下降 0.24 个百分点；四大行余额市场份额为 17.81%，较 2011 年年末提升 0.51 个百分点。外币全金融机构及四大行余额市场份额为 16.54%，较 2011 年年末提升 7.81 个百分点，余额市场份额在四大行位居第 2 位，新增额市场份额 19.88%，位居第二。人民币贷款稳步增长，外币贷款新增全省中行第一。至 12 月末，分行人民币各项贷款余额 39.61 亿元，较 2011 年年末新增 4.89 亿元；外币各项贷款余额 3223 万元，较 2011 年年末新增 2348 万元。至 12 月末，分行人民币各项贷款全金融机构余额市场份额为 14.32%，较 2011 年年末下降 0.61 个百分点；外币各项贷款全金融机构余额市场份额为 7.38%，较上年末上升 0.51 个百分点。

【中间业务】至 12 月末，分行实现中间业务净收入 8327.83 万元，同比增加 1457.24 万元，同比增幅为 21.21%，增幅列全省中行第一。其中公司金融板块实现净收入 6123.53 万元，同比增幅为 14.2%，高于全省平均增幅。个人金融板块实现净收入 2517.24 万元，同比增幅为 61.26%，高于全省平均增幅，分行全辖中间业务四大行毛收入市场份额为 21.11%，同比提升 1.69%，高于全省平均增幅，在四大行中位居第三。

【整治不规范经营】2012 年，根据省分行《关于贯彻落实总行整治“不规范经营”有关工作部署的通知》，分行成立了专门的领导小组和工作小组，组织各机构开展自查自纠和整改工段，全行上下做到思想到位、组织到位、人员到位、措施到位。市分行领导小组召开了多次整治“不规范经营”工作会议，提出具体明确工作要求，全面落实“查源头、查程序、查行为”的要求，对辖内工作动态编发《整治“不规范经营”工作动态》，供各机构学习领会，各机构通过例会、晨会、专题工作会等形式，组织员工开展“七不准”“四公开”内容的培训；建立了服务价格专管员制度；各机构按要求张榜公示了“七不准”公告，并从 4 月 1 日起，严格按新制定的服务价格收费标准收费。在全行的高度重视、精心部署下，分行整治“不规范经营”工作得到监管部门的充分肯定，没有发生相关投诉情况，没有发生影响声誉的事件。

【企业文化】一方面，积极投身当地社会、经济发展大潮中，最大限度满足、支持政府、企业、居民个人的发展、投资需求；另一方面，分行严格遵纪守法，合规经营，切实落实法律规章，并矢志提升自身服务水平。2012 年，分行获得市委市政府颁发的“发展提升年”先进单位称号；以 90.66 分的最好成绩获得市人行授予的“执行人民银行政策和管理规定综合评价 A 类行称号”(四大行唯一一家)；在当地政府定期发布的优化发展环境监测的通报中，分行得分列金融系统前列；市行营业部荣获江西省银行业协会授予的“文明规范服务示范单位”荣誉称号。服务水平、企业形象、经营业绩得到当地党政部门、金融监管部门和社会大众的良好评价，提升了在当地同业的美誉度。

分行继续推进“激情、勤奋、智慧、精细”理念建设，打造员工内在的发展动力和上进渴望，注重团队合作，为分行各项业务快速发展提供动力保证。2012 年，分行员工业务技能水平得到大幅提升，综合能力率 97.39%，列全省第四，比省行确定的 82%目标高出 15.29 个百分点，比分行 2011 年提升 5.39 个百分点；IT 能手率 84.29%，列全省第三，比省行 42%目标高出 42.29 个百分点，比分行 2011 年高 25.29 个百分点。业务技能取得了历年来的最好成绩，为员工体验、客户体验建设打下了坚实基础。

(彭祥宝)

【中国银行鹰潭市分行领导人名录】

党委书记、行长：李翔林

党委委员、副行长：阮国莉(女)
饶绍才 王品武 袁忠敏

中国建设银行股份有限公司鹰潭市分行

【概述】2012 年，在江西省分行党委、鹰潭市委、市政府的正确领导以及人民银行、银监分局的有效督导下，面对国内外经济形势多变、同业竞争激烈等突出矛盾交织的局面，建行鹰潭分行全体员工发扬顽强拼搏的精神，攻坚克难，扎实工作，各项经营业绩取得新突破。鹰潭分行荣获省分行“产品创新”先进行、“抓户工程”“国内保理业务”先进单位、“营运内控管理”“现金出纳组织与管理”优胜单位、“营销优秀团队”案件防控“A 类行”“新闻宣传工作先进集体”、第四届职工运动会B组团体总分第一、鹰潭市“A级纳税信用单位”等多项荣誉称号;贵溪支行荣获总行“创建平安建行”活动先进单位;全行30多名员工分获全国金融“五一”劳动奖章、《建设银行报》“优秀通讯员”、省分行“突出贡献奖”、优秀撰稿人、优秀摄影作者、“产品创新”“国内保理业务营销”先进个人;国内保理、国内信用证获总行中间业务增收挖潜竞赛活动所在小组考评前三名、规范化服务保持全省前三位、宣传信息工作连续四年居全省前列。

【推进客户战略促发展】全行上下毫不动摇践行客户战略,紧盯同业排位,全力增存增户,保持了账户、客户的快速增长势头。对公全量账户新增、基本账户新增四行排名第一,全量账户、基本账户占领先行比重高于全省平均水平10.96和17.04个百分点,客户新增完成省分行计划169.60%,全省第一。个人账户新增完成省分行计划174%,增幅全省第三;个人客户产品覆盖度计划完成率100%,全省排名第三;AUM值300万—500万元客户增幅全省排名第一,500万—1000万元客户增幅全省排名第一;KPI指标计划完成率325%,全省排名第一;国内信用证客户新增计划完成率100%;电子商业汇票客户新增计划完成率400%;小额无贷户新增计划完成率171%;电子银行渠道私人银行客户综合签约率46.24%,综合签约率排名全省第一;跨境人民币业务客户数新增计划完成率112.5%,市场占有率第一。

【抢抓下行机遇拓市场】2012年以来,面对环境复杂多变、宏观经济下行、同业竞争加剧的困难挑战,全行坚持打牢经营基础,认真落实“争先进位,跨越发展”的总体要求,各项业务取得新突破。取得全口径存款余额及新增、一般性存款余额及新增、对公存款余额及新增、各项贷款新增、非贴现对公贷款余额及新增、贴现余额及新增、国际业务结算量、跨境人民币业务量、外汇中间业务收入14项当地四行第一,个人存款余额、各项贷款余额2项四行第二的优异成绩。单位人民币结算业务收入当地四行占比41.33%,市场占比第一,在全省二级分行中占比最高;个人网银覆盖率及当年提升幅度均排全省第二,住房资金归集余额9.5亿元,新增1.43亿元。实现拨备前利润1.76亿元。五级分类口径不良贷款率0.05%,资产质量全省排名第二。

【注重产品创新添动力】全行各经营条线强化创新意识和创新能力,产品创新取得全国建行第一笔黄金到期续租,全省建行第一笔网银结汇、第一笔利率互换、第一笔人民币信用证换币转通知,全市第一笔融税通质押贷款、第一笔人民币出口代付等6项第一;外汇衍生产品交易、贸易融资投放、跨境人民币业务当地或全省居首位;代理人寿保险、代销基金、销售实物黄金、代销信托、国内保理、国内信用证等业务也是亮点纷呈。

【加快渠道建设强基础】全行认真贯彻落实总行“三综合”要求,加快推进物理网点和电子渠道建设,优化结构布局,完善服务功能,提升竞争能力,全年新购置网点4个,面积2000多平方米,装修改造网点4个,迁址更名网点2个,新增及更换自助设备14台,电子交易占比由2011年年末的45.87%上升到60%。

【严格内部管理控风险】全行扎实推进网点转型、转岗转授权和重点岗位人员交流工作,广泛开展“讲党性 重修养 守廉洁 作表率”教育活动,主动服务、市场竞争、风险责任、依法合规意识的不断增强,有章不循、违规操作明显减少。深化营运体制改革,积极稳妥推进前后台分离和后台业务集中,现金备付创历史最好水平,交易核算及柜面业务管理综合水平整体提高,稽核问题及时回复率达100%,辖内退票率为零的情况下,主动发挥互助精神,积极拓展支票影像业务在全省起到表率作用。加强声誉风险管理,深化平安建行创建,做好信访维稳工作,全年未发生案件和重大风险事故。

【强化自身建设促和谐】深化为民服务创先争优,加强基层党建工作,发展预备党员4名、党员转正4名、培养入党积极分子6名。加强领导班子建设,合理调配使用人力资源,大力实施“百人工程”工作,强化员工专业技能培训,举办各类培训班30余期、培训1200余人次。发挥职代会和工会桥梁纽带作用,加强困难员工帮扶,走访慰问困难员工60人次,发放慰问金、救助款10余万元;组织员工文体娱乐活动40余次、参与1000余人次。积极履行社会责任,资助贫困中学生140人、英模母亲4人、捐助资金18.4万元,资助新农村建设3万余元。

(周京伟)

【建行鹰潭市分行领导人名录】
行长:孙海涛
纪委书记:夏广传
副行长:董风群 熊前进
风险主管:李景芳(女,~2012.12)
　陈小君(2012.12~)

鹰潭农村商业银行股份有限公司

【概述】鹰潭农村商业银行股份有限公司(以下简称鹰潭农商银行)是经国务院同意、中国银监会批准成立的地市级股份制农商银行,也是全省第三家地市级农商银行,是鹰潭市唯一一家具有法人资格的股份制地方性银行机构。鹰潭农商银行依据国家有关法律法规、行政规章,自主开展各项业务,实行一级法人、统一核算、分层经营、授权管理的管理体制,以安全性、流动性、效益性为经营原则。鹰潭农商银行总部设在鹰潭市信江南路1号,注册资本5.72亿元,下辖1个营业部、18个支行、58个分理处,是鹰潭市营业网点最多、服务地域最广、服务机制最为灵活的银行机构,是鹰潭人民自己的银行。

【改革历程】鹰潭农商银行在对原"月湖区农村信用合作联社""贵溪市农村信用合作联社"和"余江县农村信用合作联社"进行合并重组和股份制改造的基础上,吸收新的自然人和企业法人作为发起人而新设合并的地方性股份制商业银行。2011年5月,国务院同意"在鹰潭市现有农村信用社基础上组建农村商业银行",2012年5月28日,中国银监会正式批准筹建鹰潭农商银行,2012年10月11日,江西银监局正式批复鹰潭农商银行开业,2012年11月26日,鹰潭农商银行正式对外挂牌开业。自2009年启动产权制度改革以来,经过三年多坚持不懈地努力,由月湖、贵溪、余江3家联社改制而成的鹰潭农商银行,终于破茧而出、华丽转型,实现了向现代股份制商业银行的历史性跨越。鹰潭农商银行的成立,标志着鹰潭市农村信用社产权制度改革取得了重大成果,产权制度、组织形式和公司治理迈上了新的台阶,也标志着具有60多年发展历史的鹰潭农村信用社从此揭开了新的篇章,在鹰潭市乃至江西省金融改革发展史上具有重要里程碑意义。

【业务发展】2012年,面对经济增速下行、经济结构调整、利率市场化、金融脱媒化加快等多重压力和挑战,鹰潭农商银行在省联社的关心、领导下,在当地党政及各有关部门的支持、帮助下,按照"一手抓改革,一手抓发展"的工作思路,围绕组建成立农商银行这一历史重任,以深化产权改革为契机,坚持以改革转观念、强管理、谋发展,在深化改革取得历史性突破的基础上,各项业务继续保持快速健康发展的良好态势,是具有重要特殊意义的一年。截至2012年年底,全行各项存款余额78.39亿元,较年初净增16.35亿元,同比多增5.2亿元,增幅26.36%,同比提高3.22个百分点,高于全省农信社平均水平0.74个百分点,被评选为全省农信社系统组织资金先进单位。各项贷款余额53.35亿元,较年初净增9.39亿元,同比多增4.86亿元,增长21.36%。存、贷款净增额的市场份额分别为17.56%、13.91%,均位居全市第二;存、贷款余额的市场份额分别为17.1%、17.93%,均位居全市第三;实现各项收入5.4亿元,同比增收1.47亿元,增长36.91%;账面利润首次突破亿元大关,达1.31亿元,同比增加0.54亿元,增幅70.66%,并坚持把发挥资金效益最大化作为资金有效营运的有效手段来抓,通过向人行申请支农再贷款、办理承兑汇票、购买转贴现、购买债券等方式,有效运用资金,实现收入的多元化,贷款利息收入占比为81.58%,同比下降3.98个百分点,单纯依靠贷款利息收入的局面逐步被打破;到期贷款本金收回率97.35%,正常贷款利息收回率96.73%,继续保持高位运行;年末不良贷款占比2.91%,资本充足率14.52%,贷款损失准备覆盖率157.81%,拨贷比4.61%。各项监管指标全面超过监管标准,已经初步达到了现代银行机构的要求。

【社会贡献】鹰潭农商银行积极策应市委、市政府的战略部署,坚持"以客户为中心",实施"走出去"营销战略,主动找业务、找市场,全力支持"三农"、中小微企业和民生工程,2012年全行累计发放各项贷款54.35亿元,同比多投放15.48亿元,贷款增量、增幅均创历年新高,新增贷款占全市的近1/5,是全市信贷投放量最多的金融机构,并以占全市19%的存款资金来源,发放了全市95%以上的农业贷款、90%以上的下岗再就业贷款和40%以上的中小企业贷款,在2012年全市银行业金融机构服务地方考核评比中,鹰潭农商银行获得全市金融机构贷款及税收增长考核第一名,支持区域经济和"三农"的金融主力军的地位更加突出、作用不可替代,是服务市域经济的主力银行,是鹰潭人民自己的银行。一是全力助推"三农"发展。紧紧围绕当地农业和农村经济发展战略目标,确保涉农贷款持续增长,全年涉农贷款累计投放49.85亿元,比年初增加8.86亿元,同比多投放19.97亿元,增长22.72%,高于各项贷款增幅1.34个百分点,涉农贷款占比达89.53%,同比提高1.02个百分点,实现了涉农贷款"两个不低于"目标,农村金融主力军作用得到有效发挥。在服务"三农"过程中,大力扶持大棚蔬菜、有机茶、生猪养殖等特色优势产业发展,并选择科技含量高、具有规模效益的优势农业产业化龙头企业给予重点扶持,累计对51家农业产业化龙头企业发放贷款3.1亿元,扶持其做大做强,提升产品附加值。二是有效对接重点项目工程建设。全行强化与政府和相关部门互动、与大客户和大股东互动、与工业园区和大企业互动,并加强跟踪督导,一年内共对接了64个重点项目,累计投放信贷资金4.8亿元支持中童国际眼镜城、博沃国际眼镜城、龙虎山旅游集团公司、月湖新城等一大批省、市重点项目工程建设。三是倾心扶持小微企业发展。组建成立微贷事业部,全面支持小微企业发展。一年内,累计向227户小微企业发放贷款19.44亿元,较年初增加4.61亿元,同比多增4.79亿元,增长54.95%,高于各项贷款增幅33.57个百分点,新增小微企业贷款占新增各项贷款的49.09%。四是积极支持民生工程。以强烈的社会责任感,因地制宜推出了“农村双带致富贷款”、“农村青年创业贷款”“农村妇女巾帼创业贷款”,不断加大对下岗职工、返乡农民工等各类创业主体的信贷支持力度。累计发放下岗再就业小额担保贷款13189万元,支持了近万名下岗失业人员自主创业;主动担负起生源地国家助学贷款责任,累计发放助学贷款703万元,先后帮助1171余名贫困学子圆了大学梦。

【金融服务】鹰潭农商银行始终坚持以客户为中心的经营理念,针对不同市场主体差异化金融需求,因地制宜地设计与鹰潭产业特色匹配的金融产品和服务。一是不断丰富服务手段。信贷后台集中管理项目、资金营运管理系统、批量处理平台惠农一卡通代发系统、ATM监控系统顺利上线,“金保工程”如期发卡,开发并投入使用客户服务短信群发系统,现代化金融服务手段进一步提升。二是有效推广电子银行业务。新增百福卡4.99万张,发行总量达24.81万张;新增自助转账终端186部,累计投放达639部;新布放自助柜员机13台,累计布放49台,全年累计受理农民工银行卡特色服务达到14710笔,居全市第一。同时,认真做好免费代理惠农一卡通资金发放,代理新农合、新农保业务,代理乡、村、村小组“资金、资产、资源”三资账户管理和万村千乡市场工程农家店信息化改造等金融服务工作,让农民真正享受到与城市同等便利的现代金融服务。三是坚持抓好文明规范服务。持之以恒推进文明规范服务工作,逐步统一规范网点形象、员工形象、服务形象、桌面形象,集中打造了一批精品网点,从根本上提升了网点的整体视觉形象和服务品位。同时,全面加强社会宣传,以鹰潭农商银行开业为契机,组织举办了开业庆典、“百福之夜”大型歌舞晚会,为广大鹰潭市民带来艺术的享受,树立提升了鹰潭人民自己的银行的品牌和形象。

(廖鹏涛)

【鹰潭农村商业银行股份有限公司领导人名录】

党委书记、董事长:周建平 (2012.7~)
纪委书记、监事长:邹小平(2012.7~)
党委委员、行长:吴建华(2012.7~)
党委委员、副行长:朱建国 (2012.7~)
陈万才 (2012.7~) 程红(女,2012.7~)
正处级专职稽核员:张云浩(2012.7~)

银行监管

【概述】2012年,鹰潭银监分局在江西银监局的正确领导下,在鹰潭市委市政府的大力支持下,认真贯彻落实银监会及江西银监局各项工作会议精神,围绕监管中心工作,积极应对经济金融形势变化,不断创新工作机制,切实深化风险管理,更新监管理念,加强窗口指导,有效维护了全市银行业的安全、稳健运行,促进了分局各项工作扎实、有效开展。2012年全市银行业机构存款增幅全省第一、贷款增幅全省第二。2012年12月末,全市银行业机构资产总额520.96亿元,比年初增加91.72亿元,增长21.37%;各项存款余额458.52亿元,增加89.75亿元,增长24.34%;各项贷款余额297.71亿元,增加59.63亿元,增长25.05%;不良贷款余额4.06亿元,比年初减少0.14亿元,减少3.33%,不良贷款率2.37%,较年初下降1.28个百分点。全市银行业机构实现利润8.56亿元,同比增长44.11%。

【银行改革】2012年,鹰潭银监分局以“稳定、规范、提升”为目标,强化内生机制建设,大力推动本市银行业金融机构改革。一是推动农村商业银行组建。一方面督促农信社形成专题报告向市政府汇报,争取政府的支持;另一方面向上级汇报和沟通,围绕组建地(市)级农商行积极筹划布置。10月11日,鹰潭农村商业银行经江西银监局批准开业,并于11月底正式挂牌运营。2012年12月末,各项存款余额78.39亿元,较年初增加16.35亿元,增长26.36%;贷款余额53.35亿元,较年初增加9.4亿元,增长21.37%;实现利润1亿元。二是强化新设立银行机构监管。2011年底贵溪九银村镇银行股份有限公司挂牌开业,分局实时跟踪其主要监管数据与指标,按月、按季做好经营与风险情况分析,确保了村镇银行合规、稳健运营。2012年12月末,各项存款余额4.03亿元,较年初增加3.61亿元,各项贷款余额达到2.05亿元,较年初增加2亿元,实现利润727万元。

【市场准入】鹰潭银监分局积极完善“行政审批委员会”建设,按照“科学布局,合理调整”的原则,有计划地对辖内银行业金融机构网点进行了结构调整。2012年办理了个机构网点的设置、升格、搬迁、更名等行政审批事项,其中:新设机构网点80个,升格2个,机构网点歇业5个,撤销1个,迁址更名18个。同时,分局在对银行业高管人员管理中,坚持“三考三审”,即任职前考试、年度考核、金融知识会考,任职资格准入审核、八小时外行为审察、离任审核。全年共核准银行业金融机构高级管理人员任职资格47名,对2名高级管理人员任职资格进行了备案。

【金融服务】在从紧的货币政策背景下,为了缓解经济实体融资压力,促进本市经济的稳健发展,鹰潭银监分局积极引导本市银行业金融机构进行金融创新,以扶优限劣、调整结构和盘活存量为主线,切实加大信贷服务实体经济的力度。一是以“保重点”为核心,支持地方经济持续快速发展。以鄱阳湖生态经济区建设和鹰潭市“1+6”新兴产业经济发展战略部署为契机，督促辖内银行业机构大力支持重点工程、重点企业和特色产业。二是以“补短板”为抓手，改进经济发展薄弱环节金融服务。及时出台《关于鹰潭银行业金融机构进一步推进小型和微型企业金融服务的指导意见》，得到市委市政府充分肯定。组织“筑梦小微，携手共赢”宣传月活动。组织九家金融机构分别与47家小微企业进行了融资对接，达成意向金额为4.57亿元。督促各银行业机构流程创新，产品创新，实现经营专业化、管理科学化，鼓励产品创新，实现服务多样化。2012年小微企业余额80.07亿元，增长19.83%。三是以“惠民生”为宗旨，夯实农村金融服务基础，引导辖内银行业机构机构创新联保贷款、林权抵押、增值税质押、存货抵押、小额担保贷款等信贷产品，推进农户信用等级评价体系建设，推广“信用共同体”贷款模式，推动机构立足区域经济特点和产业特色加大支农力度。2012年末涉农贷款余额174.62亿元，增长14.7%。

【风险管控】鹰潭银监分局根据“严管控、防风险”的要求，切实提高监管工作的有效性，防范和化解金融风险。一是严把信贷资产关口提质量。一方面，分局加强平台风险管控，建立了包括平台风险分类、信贷分类和到期贷款偿还情况“三位一体”的统计体系，建立起融资平台贷款联络员制度，对平台贷款实现实时监测、分类管理和动态调整。截至12月底，辖内平台(包括平台类和一般公司类)的贷款余额为25.37亿元，比2011年年底减少了0.65亿元，减幅2.5%。另一方面，分局按照“准确分类—充足拨备—做实利润—资本充足率达标”的监管要求，督促各行加强贷款分类管理，严格执行贷款分类标准，提高贷款分类的真实性与准确性。二是严把规范经营关口抓整治。进一步规范了辖内银行业金融机构经营行为，树立合规经营理念，有效地维护了金融消费者合法权益。分局采取明察暗访，督促整治“有的放矢”，使各银行机构严格按照“查源头、查程序、查行为”的“三查”，对照存贷款与服务收费两大领域存在的问题进行了整改。要求辖内各营网点采取在网点电子屏显示和在业务宣传栏中张贴形式，公示银监会信贷业务经营“七不准”规定，并在各网点服务台摆放由各家银行统一印制的收费价目表，由专人对收费项目做好解释工作。三是以非现场检查为依托，以各类现场检查为突破口，充分发挥非现场监管信息的监管支撑作用，把非现场分析结果与市场准入、监管评级、现场检查充分衔接挂钩，从而提高了综合监管效果。2012年，通过非现场监管发现问题10条，下发监管意见书10份，进行监管谈话9次；开展现场检查项目15个，检查机构网点220个；投入现场检查工作量1432人日；检查中发现问题73个，提出整改意见62条。

【案件防控】鹰潭银监分局持续保持高压态势，进一步加强对本市银行业金融机构案防工作的组织推动，强化检查指导、督促整改和案防问责，抓好案防工作机制的自我更新、自我纠正和自我完善，建设案防工作长效机制，强化“巩固深化年”与“建设提升年”的“叠加效应”，提高了案件防控能力，巩固了案防成果。按照处置非法集资工作的职能分工，鹰潭银监分局积极协助市政府做好非法集资问题的调查、防范和处置工作，配合公安等部门加大清查及监控力度，防止非法集资引发地域性的金融风险，取得了较好成效，全市年内继续保持了无非法集资案件的良好势头。

【信息调研】鹰潭银监分局以增强监管有效性为目标，积极开展调查研究与监管联动。针对宏观经济下行的严峻形势，围绕当地经济金融运行的热点、难点问题和银行业监管工作的新情况、新问题进行专题调研。2012年鹰潭分局共计开展各类专题调研90多项，共撰写了各类调研信息和编译信息196篇，被各级刊物采用调研信息137篇，采用率69.89%，其中被《人民日报》采用1篇、被银监会采用63篇、被省银监局采用73篇，于2011年基础上再次取得较大突破，在省局信息考核中名列前茅。

【精神文明】鹰潭银监分局按照“稳定、团结、规范、提升”的治局目标，积极开展创建文明行业活动。一是党建宣传科学化，推动争创新热潮。分局迅速组织党员干部认真学习贯彻党的十八大精神，局主要领导亲自作学习辅导报告，解读十八大精神，灌输工作思路和要求；向各基层党组织配备《党的十八大文件学习辅导百问》相关学习书籍，督促支部党员主动学习，将十八大精神贯彻到“创先争优”中，涌现了大批“创先争优”模范典型，发挥了典型激励作用。二是严格落实党风廉政建设责任制。全面梳理了近年来在监管与服务及政治、思想、作风、纪律等方面的实际情况，认真开展了自查自纠活动，填写了《鹰潭银监分局干部作风建设自查自纠表》，自查率达100%。在分局开展的落实行为准则情况评议和行风评议“两评”中，分局干部、被监管机构、政府相关部门、企业和社会各界对分局的满意率都达到100%，从而树立了分局干部队伍良好的社会形象。组织参加鹰潭市“政风行风热线”广播直播活动，向广大听众宣传分局最新监管措施、回答群众关切的热点问题，接受听众对银行业金融机构有关问题的咨询和投诉，获得了广大听众的好评。三是加强青年干部培养，激发队伍新的活力。分局通过计算机技能竞赛、《五四》歌咏活动、篮球比赛、摄影培训等系列活动,发掘青年干部各方面的才能。通过视频培训、分局内部人员授课、中心组学习以及研讨座谈等多种形式,对青年干部开展各类教育培训20余期,实现以培训促提高,以培训带队伍的既定目标。

(丁 俊)

【鹰潭银监分局领导人名录】

党委书记、局 长:刘晨光(~2012.7)
李培旺(2012.7~)
党委委员、副局长:金雨雄
党委委员、纪委书记:李洪(~2012.5)
余东义(2012.5~)

中国人民财产保险股份有限公司鹰潭市分公司

【概述】2012年,中国人民财产保险股份有限公司鹰潭市分公司围绕省公司及市委、市政府的战略部署和工作要求,坚持以"解放思想"为先导,以"二次创业"为抓手,紧扣全年各项工作任务,创新思维,团结奋进,扎实苦干,推动了全年工作任务的顺利完成,呈现出发展增速加快、内控管理加强、思想作风好转、内部和谐稳定良好局面。

【业务发展】全年实现保费收入1.67亿元,同比增长25.88%;累计实现实收保费1.67亿元,同比增长27.03%。毛保费和实收保费双双提前完成全年计划目标。市场份额同比上升1.2个百分点。各经营单位围绕目标任务,紧密结合实际,积极采取有效措施加快发展。到2012年底,5家支公司保费规模全部达到2000万元以上。公司通过参与引进物流车队、强化电网销新兴业务渠道,加强农村服务网点建设,形成了"多渠道发力、多手段促销"的良好格局。

【客户服务】坚持从基础服务抓起,整治营业环境、开展服务礼仪培训、落实统一着装和文明用语,认真开展客户节各项活动,推动理赔服务承诺落实到位;开展车险理赔难综合治理,出台《服务效能考核办法》,推动了服务效能提高;组织督导检查,抓好问题整改,促进服务水平进一步提升。在承保上,全市系统出单总量8.9万多笔,出单速度保持在7分钟以内,在全省系统排名靠前。在理赔上,车险、非车险理赔周期分别同比提速35.42%和59.42%,案件处理率、理赔提速、内部流转、人伤案件指标居全省前列。

【合规经营】公司始终将依法合规工作置于突出位置,强化有效监督,构建合规体系,培育合规文化,明确作为一把手工程来重视、来落实,不断强化风险关键点和着力点的管控,严格防范违规行为发生,合规经营水平有了新提高。认真执行反洗钱各项工作要求,连续四年实现反洗钱"零处罚"工作成效。在财务上,努力减少行政费用支出,增强了费用使用效率;在法律诉讼上,加强理赔诉讼案件管控质量,有效减少诉讼案件损失1619万元,减损率达28%。

【队伍建设】组建了园区支公司党支部,基层党建工作得到加强;举办各类培训21起,员工素质进一步提高;销改工作基本完成,"三农"保险站点落实和人员到位率在全省率先达标;扎实推进员工关爱计划,员工物质生活和精神生活进一步改善;积极部署党风廉政建设、依法合规经营和社会管理综合治理工作,做到了无案件、无违纪问题发生,确保了公司安全稳定。

(艾新华)

【中国人民财产保险股份有限公司鹰潭市分公司领导人名录】

党委书记、总经理:曾应禄(~2012.1) 熊东升(2012.1~)
党委委员、副总经理、纪委书记:潘英明
党委委员、副总经理:王 峰(2012.1~)
党委委员、总经理助理:杨今喜(2012.6~)

中国平安财产保险股份有限公司鹰潭中心支公司

【概述】中国平安财产保险股份有限公司鹰潭中心支公司(以下简称:平安产险鹰潭中心支公司),是中国平安财产保险股份有限公司在江西省鹰潭市设立的三级机构,成立于2003年3月17日。公司位于鹰潭市沿江大道7号信江清波雅苑临江苑01号楼,经营区域包括鹰潭市各辖区。公司具有完善的组织架构、专业化的管理团队以及综合金融服务平台,可为平安客户提供全方位的特色金融服务。公司拥有员工30人,下属四级机构贵溪营销服务部营业地址为贵溪市东门公寓302号。截至2012年11月底,平安产险鹰潭中心支公司共计达成保费2035万元(本部达成保费1307.8万元,贵溪营销服务部达成保费727.2万元)。其中,车险保费达成1949.1万元,财产险保费达成45.6万元,意外险保费达成40.3万元。分个团来看,个人客户保费达成1718.7万元,团体客户保费达成316.3万元。

【企业文化】公司吸取中国平安文化,吸收了中华民族优秀传统文化和西方现代管理思想的精华,逐步形成了独具特色的企业文化,体现为中西合璧、古今贯通、知行合一的特点,定位于造就"以优秀的传统文化为基础,以追求卓越为过程，以价值最大化为导向，做一个高尚有价值的人”。根据集团战略目标，平安文化的发展观进一步描述为追求“领先”的文化，要求每个机构找寻“领先”的平台，要求在制定战略和计划时，要以“领先”为最核心的目标，在选拔人才、配置资源时，要以是否有利于实现领先为基本原则，在问责考核时，要以是否达到或靠拢“领先”为核心评判标准。

【服务举措】强化服务意识，改进服务措施，为客户提供最优的保险服务：针对“综合治理车险理赔难”工作，在省分公司的工作指导下，制作了自己的跟踪体系，并形成了跟踪表，分车物及人伤进行跟踪，定期进行滚动式清理，催促、代收或指导客户进行理赔，并周期性梳理未决及其发展金额，了解家底，未决类指标评级A精品级别。让客户体验公司售后服务。2012年，平安产险鹰潭中心支公司服务执行达标率名列前茅，建立当地服务口碑，实现市场标杆地位。公司推出了以下服务举措：(1)1万元以下一天赔付。(2)免费道路救援。(3)平安客户专享服务。人性化关怀服务方案—赠送静电贴。人性化关怀服务方案—赠送查勘水。(4)平安VIP客户专享服务。(5)简单快赔先赔付再修车。(6)“时效终结者”服务、赔款“现场到账”“实时到账”。(7)人伤“安心理赔”服务，包括贴心在线和省心调解。

【合规经营】一是严格执行监管要求和自律公约。平安产险鹰潭中心支公司一直致力于维护行业健康、稳定的发展，严格执行监管要求。公司一直恪守合规的要求，积极配合监管部门的检查，并积极协助监管部门促进行业健康发展。二是加强从业队伍教育培训和管理。中支公司在职人员均有有良好的文化基础，多次组织前线人员参加分公司各项技能、专业知识以及客户服务方面的培训，培训覆盖面达到了100%，进一步提升了前线人员保险知识水平和客户服务水平；其次中支公司全体员工积极参加分公司组织的两核知识考试，通过不断的学习，提升保险专业知识水平。三是强化内控建设。中支公司多次开展反洗钱培训，利用二次晨会组织学习反洗钱法律法规，包括《反洗钱监控管理制度》《客户身份识别制度》《客户风险等级划分办法》等。中支公司通过反洗钱制度宣导，进一步完善反洗钱各岗位人员业务规则、业务流程和单证管理制度，提高业务系统对于客户身份信息的收集能力，加强对交易活动的监测和分析，确保中支合规经营。

【公益活动】2012年6月7日至8日，平安产险鹰潭中心支公司开展“爱心送考、平安相伴”活动。派出“中国平安爱心送考车”提前守候在公交车站台等考生密集处，护送考生到达考场。考试快结束时，提前在学校门口等候接考生安全护送回家。平安“爱心送考”活动得到考生和家长赞赏。9月13日晚，公司举办客户服务节开幕式暨观影活动，组织客户观看美国大片和抽奖活动，拉近平安与客户的距离，扩大公司对客户的影响力，

【新迁职场】2012年10月，平安产险鹰潭中心支公司营业地址从鹰潭市胜利东路44号搬迁致沿江大道7号信江清波雅苑临江苑01号楼，位于鹰潭市信江河畔高档住宅小区，办公场所宽敞明亮，环境优雅舒适。新职场为前来办理业务的客户提供了一个更好的环境，也见证了中支公司的不断发展与壮大。

（蔡　娟）

【中国平安财产保险股份有限公司鹰潭中心支公司领导名录】

总经理：彭杨志

中国太平洋财产保险股份有限公司鹰潭中心支公司

【概述】中国太平洋财产保险股份有限公司鹰潭中心支公司，成立于1998年7月26日，是一家全国性国有股份制保险公司，现有员工45人，公司内设总经理室、综合管理部、财务部、客户服务部、销售管理部5个部门，下辖贵溪支公司。公司从建司之初保费规模几十万元，扩大到2012年的8353万元，市场份额稳居第二，盈利能力稳步提升。2012年，鹰潭中心支公司在分公司党委、总经理室的正确领导下，以科学发展为主题，以客户需求为导向，克服了经营过程中内外部种种压力和诸多困难，实现了整体业务的平稳较快发展。实现保费收入8353.11万元（其中车险保费收入7143.6万元，非车险保费收入1209.51万元），同比增长16.05%，市场份额23.7%，人均收入平均增幅36.6%。

【坚持科学发展，实现业务平稳较快增长】为把全年经营目标抓好落实，公司提前部署，早做安排，确立业务发展策略：以车险为依托，以非车险业务为重点，以车商交叉银邮业务为补充，全面推动整体业务平稳较快发展。立足本地，立足基础，千方百计巩固老客户，想方设法拓展新保源，加快渠道建设，创新发展模式：一是落实目标责任制，加大考核力度，任务达成率全省系统内排名第一；二是加强承保管理，采取更加灵活积极的承保政策，贴近市场，跟紧市场，综合成本率与上年同期相比下降了3.4个百分点，利润贡献度高；三是加强续保管理，公司结合自身实际情况，制定了《2012年车险业务续保管理考核办法》，采取多种方法提高私家车续保率，车险续保率65%以上，全省系统内排名第一。非车险

主要业务续保率达95%以上。

【抢抓发展机遇,渠道业务初见成效】2012年以来,在做好承保、理赔服务的同时,公司大力发展渠道业务,组建了电销部,车商渠道部,各渠道维护人员基本配备到位;加强与车商的沟通合作,大力拓展车商渠道业务。

【加强基础管理,服务质量显著提高】一是公司临柜人员、外勤查勘人员统一配备服装,提升了窗口服务形象。二是在当地产险市场率先推行上门收集理赔材料、理赔案件处理第一责任人终身制,品牌形象得到了提升。三是对临柜人员和理赔人员进行常态化的培训,不断提升员工的服务水平和专业技能。四是通过各类会议反复宣导,强化服务意识,使每位员工理解优质服务的内涵,把基础服务落到实处。五是修订完善《员工考勤管理规定》《客户服务部考核方案》《窗口服务规范》等各项规章制度,有效规范了员工行为。

【坚持以人为本,加强班子和队伍建设】公司始终把班子、队伍建设作为一项重点工作来抓。一是总经理室一班人以身作则,精诚团结,做到互相支持,互相尊重,通力合作,优势互补,为各部门、基层树立了榜样,形成了一个团结奋斗、高效进取的战斗集体。二是加强员工队伍建设,全力抓好业务拓展,促进经营效益持续改善。公司通过对外招聘、培训,组建了电话销售部,为业务的发展注入新的血液,拓宽了业务获取渠道,培育了新的市场和业务增长点,同时加大培训力度,按公司实际需求积极组织业务知识和专业技能培训。三是开展"我为公司献计献策"活动,员工以主人翁的心态关心公司发展,集思广益,创新发展,推进公司文化建设。开展了"翻开红色记忆,体验革命情怀"庆祝建党九十一周年的纪念活动等,丰富员工文化生活。

(王 兰)

【中国太平洋财产保险股份有限公司鹰潭中心支公司领导人名录】

总经理:罗 敏(女,~2012.3)

张文新(2012.3~)

副总经理:郭丽萍

总经理助理:甘成亮(~2012.3)

徐恩生(2012.3~)

中国人寿保险股份有限公司鹰潭分公司

【概述】中国人寿保险股份有限公司鹰潭分公司(简称中国人寿鹰潭分公司)下辖贵溪市支公司、余江县支公司、月湖支公司、银保支公司、市分公司营销服务一部、营销服务二部共6个经营单位,市分公司本部内设8个部门[办公室、财务部、业务管理部、监察部(法律合规部、销售督察部)、个险销售部、团险销售部、培训部、银行保险部]。全市系统劳动合同及各类用工116人,个人代理人510余人。2012年,中国人寿鹰潭分公司在省公司的正确领导下,认真学习和贯彻全国全省经济工作会议和全国全省保险工作会议精神,紧紧围绕"转型发展、重视基层、稳中求优、防控风险、服务客户"的工作重点,坚持以绩效考核为中心,按照"围绕一个中心、强化三项责任、抓好七项工作"总体要求,牢固树立科学发展观,狠抓执行,规范流程,团结一心,努力拼搏,基本实现了各项预定目标 。

【业务发展】2012年,公司取得了较好的经营业绩。一是业务发展类指标稳步增长。截至12月18日,全市总保费收入2.42亿元,同比增长7.12%。其中,个险渠道完成新单期交保费收入2530万元,完成省公司下达的调整目标。其中,十年以上新单期交保费完成1137万元。个险季均举绩人力593人,完成省公司下达计划148.25%;团险渠道完成短险保费收入1384万元,完成省公司下达团险短险计划任务105.67%,其中意外险966万元,完成省公司年计划800万元的120.75%;同比增长15.62%;短险赔付率41.84%,控制在公司年度预定目标计划之内;银保业务共实现新单保费收入7555万元,完成省公司计划116.24%,保持了鹰潭地区银保渠道业务绝对领先的市场份额。二是经营绩效类指标均在省公司规定范围之内 ,尤其是费用控制水平、续收率、短险赔付率、工资总额、福利总量等指标均达到省公司规定要求,基本实现了省公司的考核目标。

【加强队伍建设】一是把确保员工队伍思想稳定放在首位。在各项工作中高度重视员工的利益,全面把握员工的需求,热心为员工服务,诚心接受员工监督,全力以赴谋划业务发展,真正做到了稳定发展两不误,有效地促进了公司各项业务发展。二是进一步加强基层班子建设。着眼鹰潭干部队伍实际,放手让基层单位经理室选配科(股)级干部,引进和使用年轻干部达4人,发挥了骨干中坚作用,有效激活了人力资源,培育了员工积极进取,努力学习的氛围。三是优化岗位人员配置。理顺了公司业务经营架构,使个险人力发展、内控、单证、监察等岗位人员得到了充实,配齐了专兼职印章管理、反洗钱、销售督查人员,做到职责合理,分工明确,合理使用各类人才。四是加强党建工作,充分发挥党组织在公司改革发展中的战斗堡垒作用和党员的先锋模范作用。2012年有7名预备党员转正,确定发展对象1人,吸收1人为积极分子考察培养,同时做好了工、青、妇工作,确保了公司各项计划的有力执行。五是抓好两个育成体系和公司《保险营销员管理办法》的培训工作。全辖共举办四期新人培训班,举办二期初级主管育成训练营,来自同城的 50 多位初级主管入营参训。通过集中训练及演练通关的方式,两营人员在期交保费、期交件数、期交举绩人数、期交举绩率、短险保费、等方面均有大幅提升。同时,做好持证考试及国寿 e 家培训工作。

【**依法合规经营**】在业务发展过程中,始终按照省分公司和保险监管部门的要求,坚持依法合规经营。一是建立和完善核保核赔机制,做到依规承保,按章理赔,维护保险合同信誉。二是加强内部监督机制,将有效监督置于事前、事中、事后全过程,有效杜绝和减少了违规经营现象的发生。三是加强了对营销人员的市场行为的监督检查,要求广大业务员准确宣传条款,严禁误导和夸大保险责任现象发生。四是加强《员工违规违纪处理》精神学习、内控合规教育、反洗钱业务知识培训。五是开展“诚信我为先”教育活动。六是做好内控关键岗位日常检查。七是认真做好反洗钱工作。

【**加强文化建设**】一是进一步完善了公司各项规章制度,严格行政费用支出,做到节约办事业。制定了较为全面和严格的经营目标考核办法,把制度建立在流程上,使各公司的工作做到办事有规章,经营有目标,考核有措施,严格完善绩效考核,大力倡导劳者有其禄、庸者收入少的理念,有效克服了干好干坏一个样的习惯。二是坚持学习制度。落实公司周例会和柜面周学习例会制度,着重加强了全市系统领导和员工的政治理论知识学习和业务知识的学习,有效地提高了广大员工的综合素质。三是加强作风建设。建立党风廉政责任制,下发各类文件 11 件。在各级领导干部中,大力倡导“常修为政之德、常思贪欲之害、常怀律己之心”理念,对个人严格自律,对员工严管深爱。四是营造公司浓厚的企业文化氛围。倡导“主动服务”和“微笑服务”,突出了公司利益高于一切的职责理念,有效地提高了工作效率,改善了公司形象。在公司费用紧张的情况下组织员工赴外旅游和销售团队团康活动,丰富员工文化生活,有效地构建公司团结和谐的发展氛围,激励员工努力拼搏的斗志,为公司发展创造良好的内部环境。五是做好宣传信息工作。一年来编发快讯 30 多篇,编发上报省公司信息 200 多条,展现公司良好形象。

(王轶昕)

【**中国人寿保险股份有限公司鹰潭分公司领导人名录**】

党委书记、总经理:胡望柏

党委委员、副总经理: 刘卫平

党委委员、总经理助理:齐亚中

中国人民人寿保险股份有限公司鹰潭中心支公司

【**概述**】2012 年,在省公司的正确领导下,中国人民人寿保险股份有限公司鹰潭中心支公司(简称中国人保寿险鹰潭中心支公司)积极深入践行规模效益化指导思想,认真贯彻落实年初省公司工作会议明确的工作要求,紧紧围绕公司的各项业务发展指标,在激烈的市场竞争环境下,明确经营思路,把握经营重点,坚定信心,突出规模,强化管控,加快发展,努力拓展业务,经过全体员工共同努力,全年业务取得较为平稳的发展。2012 年,中国人保寿险鹰潭中心支公司共实现保费 8173 万元,其中,个险完成保费 2204 万元、银保完成保费 3932 万元、团险完成保费 418 万元、互动完成保费 276 万元、客服完成保费 1336 万元,基本跟上了全省业务发展的步伐。公司现下辖贵溪市支公司、余江县支公司 2 个经营单位,内设总经理室、综合部、个险部、银保部、团险部、互动部、客户服务中心 7 个部门。

【**业务发展**】在个险上,坚持有效人力最大化、任务达成最大化和员工收入最大化,将趸交、期交、意外险一起上,提升了个险保费规模,完成了全年个险任务。在银保方面,面对保险市场出现前所未有的低迷,银保市场保费规模全面下滑的严峻形势,公司认真分析市场,制定措施,扼制负增长并努力消灭负增长。一是紧盯市场,有效引导客户经理提高对市场的灵敏度的关注,确保公司已有的市场份额不下降。二是努力做好网点经营,增加网点出单率和保费收入。三是加大培训力度。进一步提高了客户经理的产品销售技能。在团险方面,进一步坚持做大短险,下大力补齐长险,争取为公司创造更多可用费用,分担保费规模的压力。努力争取政府的支持,寻找业务增长点,开发一些大项目及多争取学平险和其他业务的市场份额,为公司保费规模与创费做贡献。在互动方面,积极开展与财险公司的合作,努力在资源共享、队伍共建、产寿险互为客户和创造真正意义上的产寿险互动上下功夫。通过筛选财险提供的重点法人客户名单,共同走访法人客户,为互动业务发展寻找生机。同时利用好财险的农村网点,抓好农网共建工作,共同达成产代寿、寿代产任务目标。

【**理赔服务**】中国人保寿险鹰潭中心支公司追求以客户为中心的专业化经营之路,拥有一支从业经营丰富的管理团队,拥有一大批市场顶尖的业务专家和优秀人才,其中大部分在保险行业服务超过 15 年。公司建立了科学的集中管控体系与强大的销售支持平台,通过个人保险、银邮代理、团体保险、互动业务、电子商务等多种营销渠道,向广大客户提供咨询、出单、承保、核保、查勘、定损、理赔等全面、便捷、高效的服务,全方位满足客户的不同需求。公司通过“4008895518”客户专线、短信平台、门户网站、电子商务、客户服务门店、保单服务人员等多渠道服务网络体系,24小时全天候服务,在实现便利、快速、规范的专业化服务的同时,坚持不懈地致力于满足每个客户的个性化需求。

公司向社会做出公开承诺:(1)诚信销售,明白投保,销售人员100%持证上岗,做到如实告知,不虚假宣传,不误导客户;坚持使用通俗化条款、标准化保单,让客户准确了解公司产品,知悉自身权益,明明白白消费。(2)温馨回访,持续服务对长期险新契约客户在犹豫期内100%电话回访,确保保单销售质量;为长期险客户指定保单服务人员,确保服务不间断。(3)手续便捷,赔付无忧。理赔流程公开、透明,理赔资料一次性告知,理赔报案多渠道受理。一般案件5日内结案,情形复杂的,在30日内作出核定,全国范围内通赔通付,重大紧急案件预付赔款,让客户安心享有保险保障。2012年,公司累计赔付支出181.97万元,共计赔付件数385件,其中,长险赔付件数24件、赔付金额共计63.05万元,短险赔付件数330件、赔付金额65.66万元,批次案件31件、赔付金额53.26万元。公司服务网络已遍布全市及所辖一市一县,做到了及时理赔服务、承担了保险责任、分担了政府负担、保障了经济发展、维护了社会稳定。

【内控管理】一是加强了财务管理力度。一方面坚持严格的财务预算管理,压缩行政费用开支,把好费用开支关;另一方面从财务分析的角度,引导和帮助业务部门提高创费能力,严格控制业务成本开支,做到开源节流,从而有效控制费差损指标。二是通过对人力资源的配置进行了调整,将责任心强,有进取心的干部充实到业务一线,充分了调动了广大员工的工作积极性。三是做到依法合规经营。公司利用周行政会,总经理办公会等形式,加强内控制度的学习,强调管理的重要性。使各部门负责人都能从公司全局的角度考虑问题,解决问题,没有发生重大违规违纪情况。

(占文伟)

【中国人民人寿保险股份有限公司鹰潭中心支公司领导人名录】

总经理:毛向东(~2012.4)

李　曦(2012.4~)

副总经理:吴福生

中国太平洋人寿保险股份有限公司鹰潭中心支公司

【概述】2012年,中国太平洋人寿保险股份有限公司鹰潭中心支公司遵循总、分公司“诚信天下,稳健一生,追求卓越”的核心价值观,充分把握市场机会,坚持稳健经营,积极改革创新,努力巩固开拓各项业务,加快个险、直销业务发展,加强各项内部管控工作,狠抓承保、理赔质量关,在加大业务投入的同时,认真做好开源节流工作,严格控制行政成本的支出,有效防范经营中的各项风险,并积极创造各种条件,做好客户服务工作,营造良好的内部环境,关注广大员工的成长,加大员工的培训力度,全面提升员工的综合素质,取得了较好的成绩,全年共完成保费4227.73万元,其中个险保费收入2516万元、团险保费收入162.46万元、续期保费收入1549.27万元。

【业务拓展】鹰潭中心支公司根据分公司下达的工作目标,结合公司的实际情况,把任务分解落实到各业务部门,并制定配套方案和措施,推动各项主要业务的开拓和发展。本公司开办的险种有100多个,覆盖人寿保险、年金保险、健康保险、意外伤害保险等多个领域。公司坚持“忠诚服务、笃守信誉”的职业道德和“主动、迅速、准确、合理”的给(赔)付原则,为建立健全鹰潭市社会保障体系进行了有益探索,起到了“稳定器”和“安全阀”的作用,为促进全市国民经济持续、健康发展做出了积极贡献。

【深化人事制度改革】2012年,公司进行了组织架构调整,领导层实力得到进一步的巩固和加强,统一思想,明确全年的发展方向,为实现全年工作目标提供了有力的保障。建立健全规章制度,完善内控机制。年初,在原有的规章制度基础上,公司又进一步健全完善了一些配套规章制度,如《员工考核管理办法》《人事制度改革及考勤管理实施方案》《车辆管理暂行规定》《2012年费用管理规定》《2012年通讯费用管理规定》《差旅费报销管理规定及细则》、《接待工作管理办法》《水电管理办法》《文明办公管理办法》等管理规定,这些规章制度的逐步完善,有效地规范了公司经营行为,控制了风险的增长,减少了各方面的费用支出,从而保证了中支公司业务健康快速稳健的发展。加大培训力度提高团队素养。为打造一支学习型,有凝聚力的团队,中支公司总经理室首先利用早会的时间对员工进行充电,灌输各方面知识,达到全体员工共同进步,共同提高的目的。同时,认真参加分公司安排的PDCA训练以及新保险法的学习,并且通过在员工中开展共读一本书《做一个自动自发的员工》的活动使员工观念得到了改变,综合素质有了一定的提高,服务态度,精神面貌有了明显好转,员工队伍战斗力,凝聚力也相对增强。

【推动收付费“零现金”转账】收付费“零现金”管理是指除客户亲自到公司营业柜面外,收取客户新保、续保保费以及支付客户退保金、给付金等业务收支均通过银行或邮政转账方式实现。收付费“零现金”转账制的特点:安全、方便、快捷。公司根据总、分公司及中国保监会要求进行全面布置:调整领导小组,加强组织保障;整理了一整套《业务收付费“零现金”管理操作流程》,同时下发具体工作指导意见;扩大合作银行范围,为新、老客户提供优质服务。

【应客户服务需求实现APP出单】 阅读新闻、收看视频、查询天气、搜索美食等等,对于这些经常需要了解的咨讯,走在时代前列的人们已不再是通过每天守在电视机前,或是每天打开不同的网站等传统的方式来获取,取而代之的是更便捷、更专业化的工具——APP(平板电脑和智能手机应用软件),APP改变了人们的生活方式,成为了人们生活中专家型的好帮手。2012年集团公司向太平洋保险公司鹰潭中支下发多台APP,使鹰潭中支实现APP出单,它延续了太平洋保险“在你身边”的服务精神,最大限度地为客户创造良好的产品咨讯服务体验。

(舒瑜芳)

【中国太平洋人寿保险股份有限公司鹰潭中心支公司领导人名录】

总经理:赵治金(~2012.7)
　冯晞兵(2012.7~2012.12)
　朱明(2012.12~)
总经理助理:汪朝奉 (~2012.5)
　黄　斌(2012.5~2012.10)
　刘昌平(2012.5~2012.11)
　周　兵(2012.12~)

2012年11月26日,鹰潭农村商业银行股份有限公司正式对外挂牌开业

(鹰潭农村商业银行股份有限公司供稿)

气象·环境保护

编辑、校对:柴靖龙

气象

【概述】2012年,按照"以人为本,无微不至,无所不在"的气象服务理念,围绕按照"主攻项目,决战'三区',凸现特色,实现跨越"的总体要求,主动积极地融入到鹰潭经济社会发展的主战场,全力做好天气预警预报、气候预测预估、气象服务和气象执法工作,不断提高气象为"三农"服务的敏感性和针对性,主动及时地做好各项决策气象服务工作,为防灾减灾、科学决策发挥了积极作用,为鹰潭经济社会发展提供了优质气象服务,较好地完成了全年各项工作目标任务。

【天气预警预报】2012年,鹰潭市共出现重大灾害性天气过程62站次,基本预报准确。全市共发布各类预警信号163次,为市委、市政府提供气象呈阅件8期,重要天气情况11期,雨情服务370次;汛期市气象局主要领导向市委、市政府主要领导、分管领导及有关部门主要领导发送气象服务短信46期,共2000余条。气象服务得到了市委、市政府领导的高度关注,决策服务材料领导批示3次。决策服务及时、到位,受到了当地政府和有关部门的一致好评。

6月22日至25日端午节期间,市气象局利用多种手段共发布暴雨警信号5次,其中暴雨蓝色预警3次、黄色预警2次。6月23日11时市气象局和市国土资源局联合发布地质灾害三级(黄色)预报。

6月24日傍晚,贵溪市周坊镇街上集镇旁边出现滑坡,2户民房被埋,信息员邹新良23日收到气象与国土局的地质灾害气象等级预报后,加强监测巡查时及时发现了险情,并立即组织转移,使4人幸免于难。

端午节的气象保障服务工作,得到了市委市政府和社会公众的充分肯定。6月22日下午,鹰潭市副市长李力在副秘书长裴小林陪同下冒雨到市气象局慰问节日期间坚守岗位的干部职工。6月24日上午,市委书记陈兴超在市委常委、统战部部长戴春英和副市长李力等人的陪同下,冒雨专程赶到气象局慰问节日期间坚守岗位的干部职工。

【公共气象服务】2012年,鹰潭市气象局利用电视、"12121"语音自动答询系统、手机短信、新农网、电子显示屏、气象大喇叭等方式向公众传送气象信息,多渠道提升公共气象服务能力。据统计,共利用手机短信平台发布预报预警信息160万余条,在新农网气象服务信息发布1200余条次,在电子显示屏发布气象信息5000余屏次,并在《鹰潭日报》《赣东都市报》等主流媒体发布天气预报信息40次。同时继续做好春节、五一、中高考、端午节、中秋及十一黄金周等气象服务工作,多形式多渠道服务方式,收到明显社会效益。

【气象科普宣传】2012年,全市各级气象部门以纪念"世界气象日"、"防灾减灾日""科技周""全国科普日"活动为契机,围绕防灾减灾主题,结合本地气象事业发展实际,精心组织各项宣传活动。一是和市科协联合开展了纪念"3·23"世界气象日、"科技周"、"全国科普日"等活动。二是积极开展气象知识进学校、科普图书赠送和防雷知识下乡活动,组织工作人员到社区、农村一线宣传科普,现场赠送气象科普图书杂志等。三是在9月25日与江西省应急救援全勤指挥部、鹰潭市、上饶市、抚州市应急救援支队、江铜贵溪冶炼厂企业专职消防队和贵溪市公安局、安监局等单位,在海利贵溪化工农药有限公司联合开展了"危化处置跨区联合演练",进一步促进了全社会防灾减灾意识的增强,有效提高了群众防御灾害、开展自救互救的能力。

【为农气象服务】2012年,全市气象部门紧紧围绕农村防灾减灾、大宗农作物生产、特色农业生产等，制作和发布各种涉农服务产品。1月以来，以水稻、早熟梨、蔬菜为服务重点，针对作物生长发育期间对气象条件的需求，共发布农民专业合作社专题服务产品85期。

【人工影响天气】 2012年，全市气象部门积极开展人工增雨抗旱、水库蓄水、森林防(灭)火等工作，取得了显著的社会经济效益。7—8月份，天气持续晴好，森林、庄稼干燥易燃，市人影办抓住有利的天气形势，适时的开展人工影响天气作业，有效降低了森林火险等级。

【气象依法行政】 2012年市局认真贯彻落实省、市主要领导对做好防雷减灾工作的重要指示精神，履行好防雷减灾社会管理职能，加强与安监、教育、规划、建设、消防、质监等部门合作，积极做好防雷减灾工作。一是每年组织防雷安全检查；二是组织防雷技术人员到农村、学校开展雷电灾害科普宣传工作，免费发放有关雷电科普的VCD、DVD光盘和宣传材料2000份；三是通过电视、广播、报纸、互联网、“12121”、手机短信等媒体广泛宣传防御雷电科普知识。

【党风廉政建设和气象文化建设】 2012年，全市气象部门积极开展了以“保持党的纯洁性，助推跨越式发展”为主题的党风廉政宣传教育月活动，逐步构建起以“一图、一表、一单、一规程、一制度”为主要内容的廉政风险防控体系框架，预防腐败成效明显提高。

市气象防灾减灾中心建成并投入使用，中心的建成将较大地提升市气象防灾减灾水平，促进台站业务服务能力进一步提高、基础设施进一步改善、人员整体素质进一步提高、行政和社会管理职能履行日益规范、气象文化氛围日益浓厚、气象部门的社会形象和地位进一步提高。 （刘 丰）

【市气象局副县级以上干部名录】

党组书记、局 长：戴熙敏

党组成员、副局长：徐建国 宁芳跃(女)

党组成员、纪检组长：俞发民(2012.12~)

副调研员：李九龙 徐民健 夏长发

环境保护

【概述】 2012年，在市委、市政府的正确领导下，在省环保厅的关心指导下，市环保系统全面落实科学发展观，紧紧围绕建设“富裕、秀美、宜居、和谐”鄱阳湖生态经济区璀璨明珠的目标，坚持在发展中保护，在保护中发展，不断加强生态建设和环境保护工作，在工业化、城镇化快速推进的同时，环境质量持续保持优良。2012年市地表水环境质量为优，地表水Ⅱ—Ⅲ类水质达标率为100%，集中式饮用水源水质达标率为100%，空气环境质量保持在国家二级标准。在城市环境综合整治定量考核中，连续三年位居全省各设区市前两名，贵溪市连续五年获得县级市前两名。市环保局被评为全省环保系统2012年度目标管理先进单位，位居全省第三位。

【主要污染物减排】 市环保局牵头组织编制了年度污染减排计划，明确了污染减排的目标任务、重点工程与责任单位。对列入减排计划的工程项目，实行重点管理，定期督查。环保与农业部门配合密切，多次对全市农业源减排项目进行现场检查，邀请国家农业源减排专家来市指导。加大落后产能淘汰力度，2012年全市共淘汰7家铜企业落后产能12.3万吨，位列全省各设区市之首。开展了机动车尾气检测工作，全面核发机动车环保标志，黄标车限行工作正在落实中。2012年，市化学需氧量、氨氮、氮氧化物和二氧化硫四项指标均完成了省政府下达任务。

【环境监管】 切实强化环境监管，开展了保障饮用水安全、重金属污染和餐饮业油烟污染等七项环保专项行动和环境安全百日大检查等专项执法检查，对32起环境违法行为予以立案，关闭了4家违法排污企业。进一步加强饮用水源保护工作，制定了饮用水水源保护区巡查制度，加强对饮用水源保护区的污染排查，关闭了饮用水源保护区内的主要排污口。扎实推进生态保护，各有2个乡镇分获国家生态乡镇和省级生态乡镇命名，2个村获省级生态村命名，贵溪市正在创建省级生态市。

【能力建设】 全市监测执法业务用房建设取得历史性突破，市本级、贵溪市、余江县环保部门监测执法业务用房投用率达到100%。环保基础能力进一步提升，市环境监测站投入约150万元新增了6套大型精密监测仪器，高标准建成了新的监测实验室。贵溪市环境监测站通过了省环保厅的标准化验收工作，成为全省第一家通过标准化验收的三级监测站。新建成龙虎山风景区大气和水质监测自动站。在省环保厅的支持下，投入240万元在全省率先建成了两个水质自动监测站。

【贵冶周边防治】 江铜贵冶周边区域九牛岗土壤修复示范项目是国家2010年重金属污染防治示范项目，总投资4500.5万元。涉及3个乡镇15个自然村，人口约5000人，涉及污染农田面积2075.6亩。实行“一区一策”。对拟修复的污染区进行全面采样、监测。对污染较轻、原来种植水稻的，施用土壤改良剂，仍然由农民种植水稻。对污染较重原来没有种植作物的，完善各项工程措施，复合施用改良剂，分别种植能源草和花卉苗木经济作物。对污染严重的区域作为核心区种植重金属超积累植物吸收土壤中的重金属。坚持把治理污染与村民致富相结合。积极引导当地农民种植能源草、香根草和花卉苗木,能源草卖给凯迪电力鄱阳绿色物源公司用于生物发电。引进江西嘉禾落羽杉公司建设花卉苗木基地,帮助、引导贵冶周边农户新建各类苗木花卉基地,促进形成公司+农户的苗木花卉产业,用新产业富民。把污染治理与"秀美乡村"建设相结合。以新农村建设工作为切入点,重点推进各自然村的道路硬化、绿化、亮化、卫生清洁工程、饮水工程和便民活动中心的建设,取缔贵冶周边违法小选矿,最终建成"环境美、实力强、管理新、风气好"的秀美乡村,改善周边村民生活环境和品质。

2012年7月8日,全省农村重点污染区域专项治理工作推进会在市举行,总结推广治理重金属污染的成功经验。省委、省政府给予了高度评价。

【养殖污染治理】 一是深入调查。为进一步摸清市畜禽养殖业现状,市政府组织农业、环保等部门开展了专题调研,组织各县(市、区)环保部门对辖区内的畜禽养殖业的规模、位置、排污现状进行深入的调查,为加强环保监管工作提供了科学依据。二是加强引导。市政府办公室批转了市发改委、市农业局《关于加强畜禽养殖污染治理促进畜牧业持续健康发展的意见》,余江县政府出台了《余江县生猪养殖污染防治管理办法(试行)》。引导各养殖业主转变饲养方式,有效改善畜禽养殖的环境和条件,改进畜舍结构和生产设施,建立科学的防疫制度;推进干湿分离、雨污分流,从设施和工艺上尽可能减少污水浓度和排放量。三是因地制宜,采用合理的治理模式。对周边有相当规模的农田、鱼塘、果园的养殖场,通过堆肥、发酵、加工等形式,为种植业提供有机肥料(液),实现粪污的"零排放"。对上规模的养殖场,采用达标排放型方式,畜禽养殖污水经厌氧发酵处理后,必须再经过适当的好氧处理、物化处理,使其达到国家规定的相关环保排放标准。据统计,余江县年出栏生猪500头以上的规模化养猪场306户,建有厌氧处理设施的有123户,占规模化养猪场的40%。市财政也专门安排了一定资金对污染治理工作做得比较好的养猪场实施以奖代补,积极引导养殖业主对畜禽养殖污染进行综合整治,为改善农村的生产和生活条件,建设和谐的生态、人居环境,促进资源合理利用和可持续发展奠定了基础。

(张 浩)

【市环保局副县级以上干部名录】

党组书记、局长:喻 霞(女 2012.3~)

党组成员、纪检组长:金雪斌(2012.5~)

党组成员、副局长:樊全华(2012.10~)

党组成员、副调研员:张 永

总工程师:张红志

副调研员:毛建华(2012.7~)张浩京(2012.4~)王福五(~2012.3)

调研员:程四才 李卫国(~2012.3)刘志林(~2012.5)

举行环境保护应急救援拉动演练

(市环保局供稿)

科技

编辑、校对:夏永军

概述

2012年,全市科技工作以科学发展观为统领,紧紧围绕市委提出的“主攻项目、决战‘三区’、凸显特色、实现跨越”的总体要求,以服务“四个鹰潭”建设为重点,以创新型城市建设为目标,不断适应新的形势变化对科技工作的新要求,强力支撑了鹰潭的经济和社会发展,获得了良好的赞誉。鹰潭市实施科技创新“六个一”工程成效显著,被省政府授予“推进战略性新兴产业先进市”称号。市科技局被评为全省科技入园、民营科技企业统计工作先进单位。

重要举措

【科技政策法规实施与建设】 出台了《关于大力实施创新驱动发展战略加块创新型城市建设的决定》。

【科技创新“六个一”工程】 1.铜产业科技创新有新成效。产业特色凸显,优势明显壮大。1至12月全市78家规模以上铜企业实现工业增加值229.23亿元,同比增长14.5%,实现主营业务收入2186.78亿元,同比增长22.18%,利税总额118.09亿元,全市铜产品产量173.86万吨,同比增长17.59%,新投产铜项目10个,新开工项目7个,新增年铜加工年产能30多万吨,已形成从上游铜矿勘探、矿石开采、选矿、废旧金属拆解,到中游铜冶炼、精炼,延伸到下游铜精深加工,终端用铜企业的完善产业链,铜资源自给率逐年提高。铜产业技术水平、产业层次、配套能力明显提升,已实现由铜原料基地向铜材料基地、铜材料基地向铜精深加工基地、铜精深加工基地向涉铜终端产品生产基地的“三个转变”。铜科技创新主体和服务平台建设进一步加强,以江西铜业公司为主体,由江西瑞林科技公司、江西理工大学共同组建的国家铜冶炼及加工技术工程研究中心已通达国家科技部的评审验收,新组建市级铜精深加工技术工程研究中心1家,铜科技创业园与铜产业共性研发服务平台也在抓紧建设当中。铜产业科技经费投入加大,共安排铜产业承担国家科技型中小企业技术创新基金项目6项,获经费支持450万元,承担省市科技支撑项目30余项,获经费支持178万元。

2. 高新技术产业发展新突破,鹰潭高新区于8月获国务院批准为国家级高新区,新认定高新技术企业6家,增长66.7%,获批首批省级创新型企业5家,1至12月份高新技术产业产值达238.77亿元,工业增加值41.15亿元,同比分别增长28.7%和25.0%。

3. 条件平台建设取得新进展,国家级鹰潭市铜及铜产品质量监督检验中心大楼竣工,新批市级工程技术研究中心3家,鹰潭市铜加工工程技术中心在开始筹建。

4. 优势产业科技创新团队建设有新成绩,江西铜业集团公司参与完成的“浮选机大型化关键技术研究及工业化应用”获得2012年度国家科学技术进步奖二等奖,这是江铜首次荣获国家最高科技奖项。

【科技计划及项目管理】2012年共获得省级以上各类科技计划项目81项,争取项目经费1238万元,其中国家级12项,省级69项。下达市级科技计划项目24项,安排项目经费150万元。

【科技经费投入及管理】 2012年市本级财政共安排科技经费935万元,其中科技管理事务103万元、技术研究与开发590万元、科技普及92万元、其他科技支出(含科技奖励30万元)150万元。

【科技成果】 全年共组织科技成果鉴定26项,其中省级科技成果鉴定2项、省级新产品鉴定2项、市级科技成果鉴定17项、市级科技项目验收5项。在鉴定验收的成果中：工业项目6项，农业项目8项，医疗卫生项目12项；技术水平达到国际先进的1项，国内领先的7项，国内先进的6项，省内领先4项。共实施省级科技成果推广2项，安排项目经费9万元。

【科技奖励】评审出2012年度市级科学技术奖获奖项目20项，其中一等奖3项、二等奖7项、三等奖10项。

【知识产权工作】制定了《鹰潭市专利行政执法年工作方案》，部署和开展了专利行政执法年活动。成立了专利行政执法年活动工作领导小组，开通了“12330”举报热线，统一了执法服装和执法标志。全年共出动执法人员52人次，检查有关场所14家，查处假冒专利案件16件，其中结案12件，对其中4件作出了行政处罚决定，发没收入1.1万元整，8件作出整改措施。积极开展企业知识产权规范试点工作，江西美的贵雅照明有限公司、江西耐乐铜业有限公司、江西铜业集团公司、江西天施康中药股份有限公司成为江西省首批企业知识产权管理规范试点企业，并培养了4名企业知识产权管理规范国家标准试点企业管控师。加强了知识产权申报工作。全市申请专利285件，其中企业专利申请占全年专利申请量的62%，授权专利164件。

【科技入园工程】以鹰潭国家高新技术产业开发区为载体，有序推动科技入园工作，创立了鹰潭市高新技术创新创业服务中心，鹰潭高新区内也启动了科技孵化器建设。

【技术市场管理】2012年全市技贸机构20家，其中新增1家。年内按照国家、省里的要求做好进行日常技术合同认定登记工作，积极完成省厅下达的技术市场目标管理任务。全年技术合同认定登记64项，技术合同成交额1.37亿元，其中技术交易额5109.91万元，比2011年增长126%，超额完成计划任务。成功组织参加了第十四届深圳高交会。根据江西省参展筹备领导小组要求，2012年全市共组织新能源、生物医药、精细化工、铜精深加工、机械电子产品及农业新技术等领域的高新技术项目17项参与展示洽谈。

【科技人才】2012年共组建3家市级工程技术研究中心，4个市级科技创新团队，三川水表博士后工作站聘请1位博士后进站工作。积极组织申报省学术学科带头人培养计划和“赣鄱英才555工程”人才培养计划，共申报1名省学术带头人、4名“赣鄱英才555工程”创新领军人才和2个优势科技创新站团队建设项目，2名创新领军人才和1个团队建设通过了评审答辩，被推荐到省委人才工作领导小组待确定。

【科技合作与交流】重点抓好与长三角、泛珠三角等地以及铜产业项目的科技合作。对外开展科技合作项目20多项，其中与院校合作10项。

【科技工作先进县(市、区)创建工作】继续六次蝉联全“全国科技进步先进市”荣誉称号。下辖贵溪市和月湖区继续保持“全国科技进步先进县(市、区)”荣誉称号。

【农村科技特派员工作】农村科技特派员工作有条不紊的进行。解决农业难题276项，引进农业新品种15项，推广新技术18项。

【科普工作与科技宣传】围绕“携手建设创新型鹰潭”这一鲜明主题，以落实科学发展观、构建和谐社会为统领，以“科技活动周”“防震减灾宣传活动周”“4·26世界知识产权日”等活动为契机，重点围绕建设鄱阳湖生态经济区和实施科技创新“六个一”工程两大战略，精心组织开展了一系列科技宣传普及活动，普及科技知识，弘扬科学精神，培养科学素养，突出科技促进文化创新、科技成果惠及人民生活的重要作用，加强节能环保、防灾减灾、食品安全、科学健身等知识的普及，为建设创新型鹰潭服务。

【信息化建设】鹰潭农事通服务站点建设步伐加快。农事通网站农业动态、农业资讯、农技服务等栏目新增信息6000余条，网站发布信息量达4.5万余条，受理咨询600余人次；通过飞信系统向农民发送病虫情报、实用技术等农业信息1万余条。承担的“十一五”期间国家科技支撑计划重点项目“中部山区新农村信息化关键技术研究与应用”子课题“鹰潭市示范点建设”顺利通过了专家组检查验收。开展了基于无线互联网、以手机为信息终端的新型农村信息服务模式研究工作。

【市局机关政务管理】完善干部职工学习制度，着力加强干部职工的理论学习、业务学习和廉政教育，全面提高干部队伍的思想政治素质和业务素质。大力开展集中整治干部作风专项活动，推进机关作风建设的根本转变，整体提升机关效能。坚决执行《党政领导干部选拔任用工作条例》，树立正确的用人导向，严把干部选拔任用素质关、推荐关、考察关、提名关、审批关，努力形成公开、公平、公正的选人用人机制。积极推进基层党建标准化项目建设，认真开展学习型党组织和党员先锋模范岗创建活动，在局门户网站和工作简报开辟了机关党建专栏，建立了党员活动室，搭建好党员读书学习、加强修养的平台。开展评优评先活动，“七一”期间，表彰了2名优秀共产党员，推荐1名党员为全市优秀共产党员，受到市直机关工委的表彰。

【大事记】1. 省政府表彰组织实施

科技创新“六个一”工程先进单位，鹰潭市被授予“推进战略性新兴产业先进市”称号。贵溪市、余江县荣获实施科技创新“六个一”工程先进县（市）。市江西诚志生物工程有限公司等4家企业，以及1个企业技术研发平台、1个高新技术产业化基地、1个科技创新团队同时获表彰。

2. 8月2日，全国新升级国家高新区创新发展与产业转型座谈会在鹰潭召开。科技部高新司巡视员耿战修出席会议并讲话。省科技厅副厅长赵金城、市政府副市长辜清分别致词。全国24个省(市、区)科技厅高新处的负责人参加会议。市科技局、高新区负责人列席了会议。

3. 8月份，国务院批准复同意鹰潭高新区升级为国家高新技术产业开发区。至此,鹰潭高新区成为继南昌、新余、景德镇国家高新区之后,江西省第4个国家级高新区。

（何浩兴）

【市科技局副县级以上干部名录】

党组书记、局长：敖高源
（2012.8.任党组书记）
党组副书记、调研员：吴敬祖
（2012.8 任党副书记、调研员）
党组成员、副局长：官国保　谭小雅
党组成员、纪检组长：郑慧琴(女)
党组成员、生产力促进中心主任：
吴春斌(2012.11~)
党组成员、副调研员：孔　晖
调研员：李志坚
副调研员：斯继武(2012.4~)
市白蚁研究所所长：万谷辉
党组副书记、调研员：杜剑玲
(~2012.5)

全市科技创新大会召开

（市科技局供稿）

教育

编辑、校对:华志萍

概述

【概述】全市教育系统按照“主攻项目,决战‘三区’,凸现特色,实现跨越”的总体要求,在服务大局中科学发展、群众满意中努力作为,为把鹰潭建成富裕秀美宜居和谐的鄱阳湖生态经济区璀璨明珠做了大量扎实有效地工作。中考改革、高考成绩、学科竞赛等位列全省前列,江西文科“状元”花落鹰潭市,多项工作获国家或省级表彰,形成了各级各类教育协调发展、教育投入持续增长、办学条件明显改善、教育质量稳中有进、教育内涵建设成效显著、教育公平得到强力推进、教育发展环境不断优化、特色工作亮点纷呈的良好态势。全市共有各级各类学校641所,学生23.41万人,教师1.31万人。其中幼儿园(不含学前班、无证民办园)118所,在园幼儿2.48万人,教师2112人;小学429所,在校生11.54万人,教师5382人;初中66所,在校生5.08万人,教师3410人;普通高中11所,在校生1.72万人,教师1245人;中等职业学校13所,在校生1.76万人,教师617人;普通高校1所,在校生5148人,教师287人;成人高校1所,注册学生2929人,教师22人;特殊教育学校2所,在校生120人,教职工18人。

重要举措

【幼儿教育】市政府制定下发了《鹰潭市人民政府关于加强学前教育管理的意见》,明确了学前教育责任主体、工作主体,形成了一系列鼓励、扶持民办幼儿园发展的优惠政策;继续推动落实《鹰潭市人民政府关于加快发展学前教育的实施意见》《鹰潭市学前教育三年行动计划》;贯彻落实省各类幼儿园的办园标准和学前教育保教质量评估监测办法。加强对各地实施学前教育3年行动计划的指导,开展专项督查。认真实施好国家“中西部地区利用农村闲置校舍改建幼儿园项目”和“中西部地区农村小学增设附属幼儿园项目”,加强检查监督,发挥资金使用效益;督促指导各地用好农村学前教育专项资金,抓好幼儿园建设;充分利用好农村闲置校舍举办公立学前教育机构,结合各地实际在村小附设幼儿园。加强对幼儿园保教工作的指导,对全市200余名幼儿园园长进行专业培训;举办幼儿健康快乐发展主题活动,培养幼儿良好的养成习惯,促进幼儿健康快乐发展;组织园长开展幼儿园安全管理和培训,幼儿园人力资源管理,幼儿园课程管理与课程开发,儿童发展评价主题培训活动。开展鹰潭市一级幼儿园评估(15所)。鹰潭市第三幼儿园、贵溪市幼儿园通过省级示范园复评。鹰潭市以公办示范幼儿园为龙头,乡镇(街道)公办中心幼儿园为骨干,村(社区)和公办学校等企事业单位办园为主体,个人办园为补充的学前教育发展格局正在逐步形成。

【基础教育】推进义务教育均衡发展。督促各县(市、区)、各学校认真学习和实施《江西省义务教育条例》,依法保障适龄儿童少年接受义务教育的权利。继续开展义务教育均衡发展示范县创建活动。落实各县(市、区)落实推进县域内义务教育均衡发展责任,根据省里义务教育阶段学校标准化建设相关规定,做好了达标实施规划,制定了《鹰潭市义务教育学校标准化建设规划》;制定全市实施农村薄弱学校改造计划总体规划和分年度实施方案。加强项目管理,制定相关制度,开展专项检查,确保项目质量。深化“两为主”为“两个全部纳入”,将常住人口全部纳入区域教育发展规划,推动随迁子女纳入电子学籍管理系统,简化入学手续,保障了进城务工人员随迁子女平等接受义务教育;重视农村留守儿童的思想品德教育、心理健康教育、行为养成教育。努力控制大班额和减轻课业负担过重,深化城区优质教育资源整合工作,加大教育资源整合力度,加强中小学教材选用和教辅材料使用管理;提高优质高中招生名额(50%)均衡分配到区域内各初中的比例;全面落实课程标准,推进评价制度改革,减轻学生过重课业负担,制定下发了鹰潭市减轻学生课业负担、规范办学行为的设施意见。

抓好普通高中工作。开展普通高中开展特色办学活动,督促各高中学校在课程建设、教育教学、人才培养模式、普职融合、多样发展等方面开展特色办学试验,鹰潭一中被评为江西省特色办学示范学校和省级重点示范高中。进一步完善学生综合素质评价制度,继续开展"我的课改故事"五项评比活动,加强对学生的理想信念、心理、学业等多方面指导,全面提高普通高中学生综合素质。进一步强化普通高中内涵建设,开展普通高中评估,鹰潭一中顺利通过省级重点高中复评;完善了普通高中学生学籍信息化管理,购置了学生学籍信息化管理设备。

全面推进其他工作。一是开展德育教育系列活动。通过开展学雷锋、举办全市班主任技能大赛、召开全市中小学德育工作报告会、建立中小学(幼儿园)家长委员会、参观"红色记忆——鹰潭革命史迹展"革命传统教育活动、组织广大未成年人上网祭奠英烈等系列活动,切实把社会主义核心价值体系融入教学全过程,进一步强化各学科的德育功能,促进学生健康成长、全面发展。二是开展中小学校园文化建设提升年活动。树立优良校风、教风、学风,优化美化校园环境,创建和谐校园;开展中小学"健康与成长"主题"素质教育月"活动;组织"中小学弘扬和培育民族精神月"等活动,着力引导中小学生快乐学习、健康成长。三是加快推进特殊教育学校建设。增加特殊教育学校资源;加快市直、余江特殊教育学校建设,鹰潭市直教育特殊学校2012年秋正式招收学生。四是加强中小学生安全教育。通过森林防火教育、防震减灾演练、安全知识竞赛等多种形式,重点在消防、食品卫生、防溺水、交通知识等方面,将学生安全教育纳入教学计划,利用各类教育资源,加强中小学生安全教育,确保全市中小学幼儿园的安全稳定。五是重视民族教育。协助省教育厅做好民族乡寄宿制学校、图书室、实验室、多媒体教室建设;帮助樟坪乡中小学加强硬件建设,开展农民科技培训,促进樟坪乡社会经济又好又快发展。六是抓好学校体育卫生及国防教育工作。以全面推进素质教育为核心,扎实抓好中央7号文件、省委9号文件和教育部《切实保证中小学生每天一小时校园体育活动的规定》的落实及全面实施《国家学生体质健康标准》,加强健康教育工作,规范管理,提高质量,推动鹰潭市学校体育卫生艺术和国防教育工作科学、持续、健康、快速发展。七是举办鹰潭市中小学生第四届艺术节。在全市各中小学广泛开展绘画、书法、摄影、文艺表演等比赛活动,在各地各校推荐选拔的基础上,择优推荐参加全省第五届中小学艺术节成果展;其中市一级报送艺术表演类节目20余个,艺术作品类90余副,进一步推进了素质教育,促进了学生的全面发展。八是全力服务全市创文明城市中心工作。在鹰潭教育系统开展"小手拉大手 共创文明城"文明劝导活动,成立文明劝导小分队,积极创造条件创文明城市教育系统实地考察工作。

【职业教育】面对严峻招生形势,进一步优化了教育资源,着重突出中专教育的主线,加大中职教育与高等成人学历教育的衔接力度,努力做大技能培训,积极开展校企合作,努力提升办学层次,学校逐步展现新的生机和活力。

努力巩固招生市场,确保稳定中等职业教育办学规模。2012年共招收全日制、非全日制学生3033人。

加强基础能力建设,着力提高职业教育办学质量。以示范性学校建设为内涵建设的基础,以专业建设为内涵建设的核心,以教师队伍建设为内涵建设的关键,以加强基础能力建设为内涵建设的重点,以强化就业能力建设为内涵建设的目标,多管齐下,不断提高职业教育办学质量。在校中职生从"双证制"培养提高到"多证制"培养规格。组织举办了第九届中等职业学校技能竞赛,有23个比赛项目211名学生参加,同时,组织学生参加全省比赛获得1个一等奖、5个二等奖、8个三等奖。通过组织教师参加省级、国家级在职、转岗培训,2012年有17名教师获得首批中职学校"双师型"教师资格,争取到25名紧缺专业特聘兼职教师37.5万元补助金。鹰潭九龙中专争取到省财政支持200万元的职业教育实训基地建设项目。

对接园区,服务经济社会事业发展。继续开展"立足产业抓对接,千名学生进园区"活动,重点抓好"六个对接"(专业对接产业、育人对接企业、课程对接岗位、基地对接车间、教师对接技术能手、校长对接厂长),建立了职业院校与工业园区企业岗位对接的有效机制。鹰潭市各职业院校积极为光宝、美运、梦娜袜业、阳光等企业输送合格的中职生,有效缓解了园区企业"招工难"问题。

【民办教育】全市有各级各类许可民办教育机构164所。其中普通中小学12所、中职学校5所、幼儿园121所、各类培训机构26所。在校学生总数约3.17万人(其中:普通中小学4800多人,中职生2900人;幼儿园1.93万人,培训机构4700人),教职工1296人(其中专职教师669人),学校占地总面积87.5公顷,校舍建筑总面积19.7万平方米,年度新投入950多万元,资产总值约3.56亿元。全市民办学校依法办学、科学管理步入了新台阶,内涵建设明显增强。全市民办学校无论数量还是办学规模,已成为鹰潭市教育事业的重要组成部分,为满足人民群众多层次、多样化教育需求和构建学习型社会做出了新贡献。

【党的建设】创先争优、基层组织建设年、干部作风整治活动和创建文明城市工作、挂点帮扶村“秀美乡村”建设、社区帮扶服务工作,确保规定动作不走样、自选动作有特色,挂点帮扶村“秀美乡村”建设和社区标准化帮扶服务资金足额到位,连续5年被评为新农村建设帮扶先进单位。市教育局党委连续被评为市直机关先进党组织,市教育局党委所属的2个基层党组织同时被评为全省教育系统创先争优先进党组织;市教育局督导室主任易端香被国务院授予全国教育“两基”工作先进个人荣誉称号,教育窗口首席代表周俏燕被评为全省教育系统“创先争优”“十大为民服务标兵”;市九小党支部被选作市直机关党建标准化项目建设现场会观摩点,市教育局党委分管领导在市直机关党建标准化项目建设经验交流会上作典型发言;市教育局作为全市6个迎检单位之一,两次代表全市接受了省干部作风整治督查组检查并被给予充分肯定;7月至10月1000多名中小学生参与“小手拉大手,共创文明城”文明劝导活动,教育系统创建文明城市工作受到省考评组一致好评。

【教育现代化】加大中小学教育信息化工作力度,组织中小学申报了“江西省数字校园示范校建设项目”,并在此基础上申报国家“百所数字校园示范校建设项目”。鹰潭市第二中学被中央电教馆确认为全国“百所数字校园示范校建设项目学校”,同时被江西省电教馆确定为“江西省数字校园示范校建设项目学校”。鹰潭市一中被教育部确认为第一批“教育信息化试点学校”;为配合江西省电化教育教材审查委员会委员和学科专家换届工作,我市通过逐级推荐、审查,从小学、初中、高中各学段共向江西省教育厅推荐了34名教师,其中有2名教师受聘第四届江西省电化教育教材审查委员会组成人员,并有27名老师受聘第四届江西省电化教育教材审查委员会学科专家;组织全市各省级现代教育技术示范校及各县(区)电教站技术人员25人参加了全省中小学教育信息化管理及应用学习。按照现代教育技术评估指标体系,对部分省级现代教育技术示范学校建设进行了督导检查评估。鹰潭市第一小学、鹰潭市田家炳中学被省教育厅评为2012年江西省中小学现代教育技术示范学校建设先进单位。推进农村初中“标准化实验室”建设装备、管理和使用,安排鹰潭市农村初中标准化实验室建设专项经费66万元,鹰潭市中小学现有学生计算机5694台,小学人均计算机比34.8:1,初中人均计算机比22.2:1,高中人均计算机比9.4:1,完中人均计算机比11.2:1。启动了2011年度全市农村义务教育薄弱学校改造计划教学装备类项目建设。余江县电教仪器站被评为全省农村义务教育薄弱学校改造计划教学装备类项目先进单位。

【基础设施建设与改造】鹰潭市一中新校区于2012年9月3日落成,新校区占地面积20.3公顷,建筑面积9.97万平方米,总投资约3.7亿元,可容纳学生6000人。

新建鹰潭市特殊教育学校一期工程竣工,并于2012年秋季投入使用。该校占地9333.3平方米,建筑面积2928平方米,投资约388万元,可容纳学生105人。

贵溪市一中体育场馆工程已动工,该工程建筑面积约1.4万平方米,投资约5400多万元。

余江县学前教育推进工程共投入中央资金806万元,在4个乡镇建设4所中心幼儿园。

全市校安工程和校舍维修改造工程共投入资金1407万元,新建校舍1.57万平方米,维修校舍9416平方米。

全市薄弱学校校舍改造共投入资金966万元,新建校舍8860平方米。

全市农村初中工程共投入中央资金770万元,新建校舍5950平方米。

【重点学校介绍】江西省鹰潭市第一中学:50多年来,鹰潭一中在市委、市政府正确领导、教育主管部门正确指导和社会各界的大力支持下,几代人薪火相传,锐意进取,已经发展成为全省一流、国内知名,并且在学科竞赛方面走向世界的江西名牌。特别是2007年,鹰潭一中明确提出“建设国内一流的质量名校和文化名校”办学目标,更加注重科学发展,扎实推进新课程实验,各项工作都取得了显著成绩。

高考成绩突出:近十年来,共有92人被清华、北大录取,3人荣获江西省高考文、理科状元,高考成绩连续13年居全市首位、全省前列。2012年高考全面丰收,陈瑒同学以662分夺得江西省高考文科状元,有10名应届生被清华、北大录取,二本上线率创近年来全市最好成绩。

学科竞赛全省领先:获得2块国际金牌(全省仅有3块国际金牌),国家金牌15块、银牌38块、铜牌42块,省级奖项近500余人次。2012年夺得3块国家金牌。其中:在2012年第11届全国高中女子数学竞赛中,周舟夺得金牌;在2012年第21届全国中学生生物竞赛中,汪洋夺得金牌;在2012年全国高中生化学竞赛中,艾华松同学荣获金牌。迄今为止,鹰潭一中成为江西省唯一一所在全国高中数学、物理、化学、生物决赛中都拿到了国家金牌的中学,实现了国家金牌大满贯。

学生综合素质高:2008年以

来,获得了省校园集体舞比赛特等奖、省中学生男子篮球冠军、省健美操锦标赛一等奖等荣誉。校跆拳道队全国中学生跆拳道锦标赛总决赛中,共夺得2块银牌、7块铜牌。在全国机器人大赛中,学生获得2金1铜。张军等3人还获得2010年全省高中学生综合实践活动竞赛一等奖。

办学条件优越:鹰潭市委、市政府对教育高度重视,将鹰潭一中整体搬迁到信江新区,鹰潭一中新校园征地27.2公顷,实际用地20.3公顷,总建筑面积约9.97万平方米,总投资3.7亿元。鹰潭一中的整体搬迁,这是一件功在当代、利在千秋的壮举。

社会影响面广:鹰潭一中率先创立了"名师聊天室",2009年,中央电视台《新闻30分》栏目对此作了专门报道。2009年,该校正式加入AMC(美国数学竞赛)中国俱乐部,成为AMC在江西唯一的成员。2011年中国数奥协作体接纳该校为新成员,这是中国数奥协作体在江西省接纳的第一所成员学校。2012年、2013年连续获得北京大学"中学校长实名推荐"和清华大学自主选拔"新百年领军计划"推荐两项资格。

五十余载,薪火相传;半个世纪,生生不息。鹰潭一中,这所孕育了无数人才,带给鹰潭无数荣耀的高中,成为全省基础教育一面鲜艳夺目的旗帜,正在为打造"学在鹰潭"教育品牌,为"四个鹰潭"建设而不懈努力!

江西省贵溪市第一中学:坐落在新兴铜都贵溪市城南,这里信江绵延于前,三峰山品峙于后,自然环境十分优雅。其前身是南宋著名四大书院之一的象山书院,迄今已有八百年历史。现制贵溪市第一中学创办于1945年,是鹰潭市办学历史最长的中学。学校1980年被江西省人民政府批准为省重点中学。

学校全面贯彻党的教育方针,坚持育人为本,实施素质教育,以"团结、求实、创新、高效"为校训,以"学会做人、学会求知、学会办事、学会健体、学会生存、学会创新"为育人目标,以"环境一流,设施一流,校风一流,质量一流"为办学目标,形成了厚德博学、为人师表、爱生敬业、严谨善教的教风和乐学、善思、勤奋、进取的学风。

改革开放以来尤其是鹰潭建市30年来,学校各项工作取得长足发展:一批优秀教师先后被评为国家、全省先进工作者,300余人次受到市以上各级党委、政府的表彰;学校也被授予"全国园林绿化单位""全国创建绿色学校活动先进学校""全国消防安全示范学校""文明单位""现代教育技术示范学校""德育示范学校""鹰潭市德育示范学校""鹰潭市中小学管理工作先进学校"等荣誉称号。

建市30年来,学校为全国高校输送了万余名优秀学生,其中有100多人获博士学位。高考成绩一直在鹰潭市名列前茅,并多次夺得鹰潭市文、理科高考状元,2011年高考录取5人录取清华北大,3人录取中国人民解放军空军航空大学,成为空军飞行员(全省共11人),2012年4人被清华北大录取,一本、二本上线人数又遥居鹰潭第一。2000年以来被清华大学、北京大学、香港城市大学、香港理工大学录取共42人。

2004年3月,贵溪一中被江西省人民政府确定为江西省首批"优质高中建设工程"项目学校之一。学校在市委市政府及教育主管部门的正确领导和大力支持下,克服困难,灵活运作,在原址上规划扩建。新的贵溪一中校园规划总面积22公顷,规划建筑面积9万平方米,预计容纳学生6000人。学校一期工程已完成投资近8000万元,完成校舍修建总建筑面积达8万平方米。贵溪一中二期扩建工程已开工建设,随着新校园规划的一步步实现,一座现代化的崭新贵溪一中将矗立在世人面前。

鹰潭师范附属小学:前身是始建于1952年8月的鹰潭镇第二小学,20世纪70年代增设初中部,1987年中小学分设后,成为鹰潭师范学校实习基地,故改称"鹰潭市师范附属小学"。

走进校史陈列室,30年前的校容校貌恍如隔世:几栋简陋的房屋、一扇生锈的铁门、没有完全硬化的操场,几乎就是它的全部。而如今,漫步于平整素洁的操场上,四周红欢绿闹,一尘不染。不只是校舍焕然一新,而且教育信息化水平也是突飞猛进。学校已实现班班都有多媒体,办公室个个都有计算机,硬件建设水平居于全市前列。

30年内,学校的办学规模也在快速扩大。从1987年900多名学生、45位教师,到如今拥有2620多名学生、103位教师,办学规模不止翻了一番。伴随着数量改变的,还有办学质量的同步提升。仅以近10年为例,据不完全统计,学校就获得国家级荣誉和奖项60余项,省级荣誉和奖项100余项,学校先后荣膺教育部全国学科"四结合"教学改革试验研究试验学校、"江西省现代教育技术示范校""江西省人民群众满意学校""江西省语言文字示范校"等称号,涌现出了一批又一批光彩夺目的明星老师、明星学生——老师方面,像全国优秀辅导员秦志红、李慧敏,省骨干教师吴东茂、潘小娥、翁小娥,国家级普通话测试员彭瑞等;学生方面,像全国好少年汪柳君、宋紫琦,保送清华的江西省百名优秀好少年孙越,被北大提前录取的吴艺翀等等——他们无不以优异的才能和阳光的心态令人印象深刻。而这些,正是鹰潭师范附属小学办学成果的一个个缩影,他们每一个人,都是附小的活名片。

学生方面,学校创立了"我能行"系列自主活动,通过一年一度几十个深受学生欢迎的活动项目,每年都会吸引四五百名学生参与其中,在形形色色的才艺比拼中尽享成长的快乐,树立自信自强自爱的心态，培养学生的个性特长,由政教处撰写的相关经验材料还被中宣部、中央文明办作为先进典型进行发表和推广;同时,通过道德童谣创编、红领巾进社区、三护一弯腰、主题班队会、国旗下的讲话等丰富多彩的德育活动,不断培养学生过硬的思想道德素养。

教研方面,学校形成了独特的校本教研“三个一”模式,通过每学期进行三项教学技能大比武、各学期评比项目不同的教研模式,不断提高教师全方位的专业技能,它与学校的常规管理、外出培训学习、一加一师徒结对子活动、教学骨干上示范课、新教师上汇报课、深入扎实的课题研究等丰富多彩的教研活动一道,成为提升学校教学质量的加速器。

行政管理上,坚持制度化刚性管理和人性化弹性管理相结合,事事有据可依；善于发现培养人才,使人尽其才,才尽其用,用人所长,用人不疑,充分调动所有人的积极主动性，不断开创各项事业新局面;从生活上、学习上关心和尊重每一位教师和学生,使他们心中产生强烈的归属感和向心力;特别重视校园安全工作，利用主题班会、国旗下的讲话、班主任工作等抓手,强化师生安全意识,确保学校无一起安全事故。

由此，都能让一切教学活动安全、有序、高效进行,形成了良好的学风、教风和校风。这正是学校教育教学水平不断提升的内在动力。

回望三十年历程,可以看到鹰潭师范附属小学的命运始终与鹰潭地方发展息息相关,从中不只可以看出一代又一代附小人对教育梦想的执着追求,可以看出我市整个教育系统的勃勃生机,可以看出我市各项事业蓬勃发展的清晰足迹,更可以看到光明的未来。

鹰潭市第九小学:鹰潭是火车拉来的城市。1986年6月,在华东最大，全国第五的鹰南货运站旁(平安路),鹰潭市第九小学(原鹰潭铁路第三小学)应运而生,占地面积7333.3公顷，学生近300人,教师20人。2004年移交地方后,由市教育局直接管理,学校为鹰南的义务教育发挥着光与热。

在市委、市政府及市教育局的关心支持下，薄弱的市九小迎来了新的发展机遇。2009年11月,九小新校区破土动工;2010年8月,学校整体搬迁至体育馆东路,占地2.9公顷，学校的办学条件和环境得到了极大改善。一期工程拥有一幢办公楼和两幢4层教学楼,可容纳24个教学班，有电子备课室，心理咨询室、图书阅览室,科学实验室,学生微机室,美术室等多种专业教室;各类电脑、多媒体教学设备、实验仪器、中英文书籍、挂图丰富多样,还有200米的塑胶环形跑道等体育设施。二期工程正在建设当中,有两幢教学楼、图书科技楼、风雨球场等,2013年9月正式使用。

当2010年10月省运会在鹰潭成功举办,九小以崭新的、现代化的形象出现在市人面前;教师数已由原来的20人增至52人,学生数也翻了4番。“让九小成为收获幸福的地方”是九小领导班子的目标;“让每粒种子都享受花开的幸福”是九小老师的目标。在全体九小人的共同努力下,2011年11月,江西省第四届校本教研制度现场会在鹰潭召开,市九小作为观摩点之一(全市仅观摩两所小学),接受了全省近百名专家和校长的参观,获一致好评;2011年6月，江西省“两纲”督导组的领导莅临学校指导工作,对学校的校园文化建设给予高度的评价;2011年教师节,市委陈书记和市政府钟市长一行到校看望九小老师们,夸奖“办学有特色”。新九小搬迁后,社会形象有了根本性的改变,人民群众对九小的满意度逐年提升,学校工作多次受到市教育局的表彰。从2010年至今获得的荣誉有:江西省教育系统创先争优先进党组织、江西省素质教育示范校、江西省师德建设先进集体、江西省家校联系先进单位、鹰潭市师德师风先进单位、鹰潭市教育局党委先进党组织、鹰潭市教育系统基层党组织建设先进单位、2011年政风行风评议获全市直学校第一名。

相信在不久的将来,鹰潭市第九小学会以更大的办学规模和更优的办学质量,成为鹰南一颗璀璨的明珠!

贵溪罗河明德小学：罗河镇,位于城区以南10千米，美丽的罗塘河畔。这里地势开阔,人口密集,交通便利,商贸发达,历来为贵溪城南之咽喉门户。罗河明德小学像一颗璀璨的明珠,镶嵌在这片文明富饶的土地上。

罗河明德小学建成于2006年,当年秋季正式投入使用,是当时全鹰潭市第一所明德小学。学校占地1.52万平方米,校舍面积6000平方米。现在的明德小学拥有在校生700多人,教师25人。学校配有专职的音乐、美术、体育教师。全校教师70%是贵溪市优质课教师或贵溪市骨干教师,大专以上学历达100%。罗河明德小学位于罗河新集镇,地理位置优越,经过近些年不断投入和精心打造,今天的罗河明德小学环境优美,师生和谐,一座充满朝气、富有时代气息的校园,犹如耀眼的星星冉冉升起。

罗河明德小学的前身是罗河中心小学,始建于20世纪80年代。老校舍是清一色的低矮平房,教室阴暗破败,老式的课桌和黑板在今天看来与时代进步是多么的格格不入。教育是时代进步的原动力,是国家发展的优先战略。2005年,由台湾台塑集团投资40万元,鹰潭市政府配套资金20万元，贵溪市政府投资114万元,罗河镇政府投入8万元,罗河明德小学破土动工兴建,2006年6月竣工。

近年内,为了创造优美的育人环境,营造和谐的育人氛围,罗河明德小学在资金紧张的情况下,本着“高起点、高品位”的原则，多方筹资20万元，用于完善学校的配套设施建设和自然环境改造。现在的罗河明德小学教室宽敞，布置美观；功能室设施完善，设备齐全；图书室藏书丰富，小读者们常来光顾；标准化的操场更是学生们锻炼身体、挥洒童真的乐园。

新学校，新面貌。罗河明德小学自创办以来，全校教职员工按照“全人教育”的办学理念，遵循“弘志明德、勤劳朴实”的校训，以“和谐学校，和谐课堂，和谐班级，人文和谐，活动和谐”为办学目标，创新教学方式，形成办学特色。学校“中华文化经典诵读，校园绿化公园化，快乐第二课堂，学生劳动服务”等教学实践已经成为贵溪市农村基础教育的一张名片。学校全体教师正以饱满的热情、激昂的斗志，全身心投入到争创全市农村学校排头兵，创全省一流明德小学的工作中，学校连续取得教书育人的骄人成绩：

2006年荣获鹰潭市少年仪仗队鼓号花样操（乡镇组）比赛二等奖。

2007年先后被评为和谐平安创建活动先进学校，鹰潭市教育系统先进工会，全国教育系统先进集体称号，鹰潭市师德师风建设先进单位，鹰潭市少年仪仗队鼓号花样操比赛乡镇组一等奖。

2008年被评为鹰潭市德育示范学校和鹰潭市十大和谐校园。

2009年被评为贵溪市素质教育示范学校。

2010年被评为鹰潭市中小学实施素质教育示范学校。

大学之道，在明明德，在亲民，在止于至善。成绩只代表过去，罗河明德小学全体教职员工将以坚定的步伐，崭新的姿态，投身于“止于至善“的教书育人的洪流，迎接更加辉煌灿烂的明天。

余江县第一小学：巍巍马鞍岭下，滔滔白塔河畔，闪耀着一颗璀璨耀眼的教育明珠——余江县第一小学。这是一所办学历史悠久、充盈着人文底蕴的百年老校；这也是一所洋溢着时代气息、充满书香和生命活力的现代化学校！

这所学校伴随着鹰潭市建市30周年的前进步伐，由小到大，由弱到强，办学规模不断壮大，办学质量不断提升，成为了一所具有一定规模、富有一定特色、享有较高知名度和美誉度的品牌学校。

余江一小创办于1912年，当时只有1个班、3名教师、30名学生。在以后的几十年间，余江一小的发展十分缓慢。直到70年代末，学校也只有2幢砖木结构的平房，校园面积窄小，办公条件简陋，教学设备落后，办学用房紧张，在校学生不足1000人。伴随着共和国前进的脚步，沐浴着鹰潭市建市的春风，余江一小从此走上了发展的快车道，漂亮地完成了一次又一次的蜕变和飞跃。学校现有东西、2个校区，教职工200余人，70个教学班，4800多名学生。学校先后获得全国学校艺术教育先进单位、全国少先队红旗大队、全国教育科研先进单位和江西省现代教育技术示范学校、江西省实施素质教育示范校等上百项荣誉称号。

走进余江一小的大门，展现在眼前的是碧绿葱翠的花草树木，干净整洁的沥青路面，色彩艳丽的塑胶跑道，错落有致的现代化楼群。教学大楼里，艺术书画、楼道箴言、荣誉墙、风采廊熠熠生辉。图书馆拥有近十万册藏书、2000G数字图书。办公楼、综合楼、电视转播室、微机室、自然仪器室、实验室、多媒体教室等现代化教育教学设施，为培养合格人才提供了有力的保障。

辛勤耕耘换来满园春色。学校坚持实施“名师工程”及“科研兴校”的战略，着力打造高效课堂，逐步形成了“年级组集体备课”和“中心组活动”的双轨教研模式，培育了一批德艺双馨的教师楷模。近年来，先后有183名教师在全国省市各项比赛中脱颖而出，取得骄人成绩；有200多篇教育教学论文在国家、省、市刊物上发表。学校还面向全体学生开展了“每日英语跟我学”的活动，开设了舞蹈、声乐、器乐、书画四大类20多个艺术教学班，成立了“小百灵”合唱团、“新芽”管乐队、“小溪流”民乐队、“红领巾”舞蹈队、“雏鹰”鼓号队等十多个校级艺术团队。近3年来，有500多名学生获国家级、省级文艺竞赛单项奖。

（张调平）

【市教育局副县级以上干部名录】

局　长：范如虎（~2012.4）
党委书记：范如虎
党委副书记、局长：王碧龙(2012.4~)
党委委员、副局长：曾传鸿　毛　克　余　翀
党委委员、纪委书记：程爱玲
党委委员、调研员：黄福康　张进龙
党委委员、副调研员：林江文

文化艺术

编辑、校对:夏永军

文化艺术管理

【概述】2012年，全市有市级群众艺术馆、图书馆、博物馆各1个,县级图书馆、文化馆各2个。一年内,在市委、市政府的正确领导下,全市文化工作者认真落实科学发展观,紧紧围绕"解放思想、开拓创新、扎实高效、争创一流"的工作思路,以文化体制改革为动力,不断创新,完成了全年各项工作目标任务，并在不同领域取得了优异成绩,先后荣获全省农家书屋建设突出贡献奖、全市公共机构节能工作先进单位、《七彩畲乡》参加全国第四届少数民族文艺会演先进集体等荣誉。

【文化体制改革不断推进】按照省委、省政府、市委、市政府文化体制改革的有关要求,市精心组织,周密部署，积极稳妥地推进全市文化体制改革工作，顺利完成了文化体制改革各项工作任务，初步形成了充满活力、更富效率的文化发展体制机制。6月底,全面完成了市"两台合一"，组建了鹰潭市广播电视台;鹰潭广播电视报社和鹰潭市艺术团完成了转企改制；成立了市文化产业发展中心和鹰潭市美术馆。辖区内的贵溪市、余江县分别都完成了"局台分开""两台合一"工作。

【文化惠民工程富有成效】一年来，文化工作者始终把面向基层、服务群众作为文化工作的出发点和落脚点,扎实推进文化惠民工程。全市共完成74个农家书屋工程、435个广播电视村村通建设任务,完成送电影下乡5660场,送戏下乡144场,支持、帮助各乡镇自办文体活动200场。全市博物馆、图书馆、群艺馆(文化馆)全部实现了免费开放，极大地丰富了群众文化活动。为迎接党的十八大,市博物馆成功举办了"红色记忆——鹰潭革命史迹展"，接待参观人员10万多人次,得到省市领导的一致肯定。市博物馆全年参观人数达到28万人,较2011年增加25%。市图书馆开展多种形式的主题阅读活动20余次,共接待读者12万余人次,新办借阅证近7000个。

【文物保护工作扎实有效】公布了29处第二批鹰潭市文物保护单位，包括古遗址3处、古墓葬2处、古建筑12处、近现代重要史迹及代表性建筑12处。完成了鹰潭市第三次全国文物普查不可移动文物名录的编撰工作。组织开展了非物质文化遗产项目宣传展板进社区、乡村等展示活动,全市共办各类宣传活动15场次，发放宣传资料3000余份。

【广播电视管理不断加强】切实加强广播电视安全播出管理，确保了全年未发生播出事故。精心做好舆论引导工作，为中共十八大召开营造良好的氛围。深入开展抵制低俗之风,清查整治医药卫生类节目、情感故事类节目、婚恋交友类节目。进一步强化广告播出管理，打击虚假违法广告,重点清查了医疗、药品、保健食品类广告，全年共清查违法广告15条,督促整改6次。

【文化市场管理成效明显】组织开展了春节、两会、创文明城市、迎接中共十八大等重要节庆日、重大会议期间文化市场、出版物市场专项集中行动,在全市开展了"守法经营、阳光护蕾"行动、"绿书签行动"宣传活动及"4·26"销毁侵权盗版制品活动,确保了全市文化市场的安全、规范、有序,取得良好社会效果。加强了对业主法律法规的培训,邀请了省"扫黄打非"办专家到鹰潭讲座。分别举办了全年文化市场经营业主培训班、全年文化市场执法人员培训班,组织开展了6次文化娱乐场所专项检查活动,出动执法人员1359人次，检查经营场所1359家次,排除安全隐患28处,5家场所被责令整改，查处违规网吧25家，其中接纳未成年人进入的6家、切断网线3家,确保了全市文化娱乐场所的安全稳定。

(张兆遥)

【市文广新局副县级以上干部名录】
党组副书记、局长:黄顺茂
党组书记:徐礼丰
党组成员、副局长:郑卫国　李平春
副局长:吴建德
党组成员、纪检组长:郑兴云
党组成员、副调研员:陈饶文　童理玲
调研员:陈特明　姜朝皋　严荣祥
副调研员:桂建华　黄　涛

文化艺术事业发展

【概述】2012年,围绕市委、市政府"主攻项目、决战'三区'、凸现特色、实现跨越"的总体工作要求,鹰潭文化事业产业取得了卓越的成绩。文艺精品创作走向全国,群众文艺活动开展有声有色。文化创意产业项目建设快速推进,文化产业快速发展。预计全年全市文化产业主营业务收入可达43亿元,文化产业增加值达14亿元,占CDP比重达3.32%。

【文艺精品再创辉煌】由鹰潭组织创排的大型现代畲歌戏《七彩畲乡》,代表江西省参加第四届全国少数民族文艺会演取得圆满成功,荣获第四届全国少数民族文艺会演剧目金奖,并囊括最佳编剧、最佳导演、最佳音乐、最佳舞美、最佳演员、最佳新人等戏剧类所设全部单项最高奖,创造了江西民族文化最大辉煌。《人民日报》、中央电视台以及新华网、人民网等中央媒体对《七彩畲乡》在京成功演出进行了广泛报道,央视戏曲频道十三次全剧播出,有力地提升了鹰潭的知名度和美誉度。同时,由国家一级编剧、市作者陈特明作词的歌曲《盛世中华》,经精心打磨,与《七彩畲乡》同时荣获江西省精神文明建设"五个一工程"奖。鹰潭市作者丁忠兵作品获第四届中国书法兰亭奖"佳作奖"。

【群众文化丰富多彩】精心组织开展喜迎中共十八大系列文艺活动,成功举办了"喜迎十八大"合唱比赛等大型文艺晚会,全市开展群众文艺活动130余场次;"欢乐舞台"共深入社区、军营、学校和企业开展演出6场,观众达8000余人次,为迎接党的十八大召开营造了欢乐祥和的文化氛围。12月7日,市文广新局开展了"学习贯彻十八大精神,送文化进企业"活动,主动为高新区光宝科技公司送图书、送演出,深受欢迎。

【文化产业发展取得新突破】一是文化产业示范基地建设成绩突出。市江西东源公司获全国文化产业示范基地荣誉,实现了历史性突破。二是产业项目快速推进。2012年以来,市文广新局精心策划包装了18个文化休闲娱乐项目,其中已签约的项目3个,签约资金11.7亿元;正在洽谈的项目6个,总投资约54亿元。市文化创意产业园建设进展顺利,该项目占地面积82亩,已完成了规划设计和土地使用红线图制作,原化工厂(产业园所在地)的资产已完成移交、评估工作,工厂厂房进行了检测,完成了鉴定报告。三是完成了文化休闲娱乐等服务业发展规划。由北京达沃斯规划设计院制作的《鹰潭市文化休闲娱乐等服务业发展规划》,经过广泛征求意见,于10月23日顺利通过了专家组的评审,完成了特色街道改造规划设计,林荫东路(正大路至湖西路)文化休闲旅游特色一条街、龙源小区文化旅游购物一条街、欣新路服装一条街、建设路餐饮一条街、四海路延伸段特色小吃一条街、沿江路高档餐饮娱乐一条街、上清宫路特色一条街、碧海蓝天高档娱乐中心等八条文化休闲娱乐特色街规划正在制定实施之中。四是赏石文化产业异军突起。成功举办了市首届中国(鹰潭)中华赏石展暨黄腊石文化博览会,积极培育黄蜡石市场,不断扩大鹰潭黄蜡石的知名度。鹰潭已跻身中国两大黄蜡石籽粒集散中心之一,全市有以经营石文化产品为主的店铺、石馆100多家、玉雕企业(工作室)32家,黄蜡石产业年交易额已突破3000万元,雕刻产值已过1亿元,直接从业人员6000余人。

(张兆遥)

道文化研究

【概述】2012年,市道研中心在市委、市政府的正确领导下,经过共同努力,较好地完成了各项工作任务。

【做好《龙虎论道》学术期刊的出版工作】按时完成《龙虎论道》学术期刊两期的出版工作。中心紧紧围绕"建立学术平台"这个关键开展工作,面临人手少,经费缺等种种困难,通过"走出去、请进来"等多种方法,主动联系国内一线的学术专家,以争取广泛的支持;同时,紧密团结我市的一些学者、编辑以及技术专家,动员和组织他们为中心的学术平台的建立出谋划策,提供支援。第八、第九期杂志按计划全部出版发行,与广大读者见面。精美的制作,丰富的内容受到社会的广泛好评。多位国内著名学者、博士生导师担任期刊的学术顾问,并先后提供了稿件,使期刊的学术水准上了一个新的台阶。

【及时更新"龙虎论道"网页内容】为了给全市干部群众提供一个了解道文化的知识平台,中心在原有"龙虎论道"网页的基础上进行了重点整改,投资扩容,增加了多个栏目,并力图使内容通俗易懂、图文并茂,受到了社会各界好评。到十一月底,该网页的点击率提高到2万余人次。"龙虎论道"网也被国务院新闻办主办的"中国网·文化中国"列为重点推介的网页,扩大了鹰潭的知名度和影响力。

【创办“龙虎论道大讲堂”活动】中心创办了二期“龙虎论道大讲堂”活动,邀请了省内外以及台湾地区的知名学者前来参与,听众达千余人次,有力地促进了市区文化氛围的营建,受到各界好评。

【认真做好其他工作】在2012年,中心完成市委、市政府指派的接待任务数十次,受到来宾的好评。同时,中心还根据自身的优势,配合贵溪、余江以及市直招商部门接待境内外客商二十余批,为全市的招商工作做出了应有的贡献。在鹰潭举办的第六届“海峡两岸道教文化论坛”的筹备和举办工作中,道研中心能积极主动地配合参与,较好地完成了组织上交办的工作任务。

【加强廉洁自律】加强学习,不断提高思想认识,增强了自觉执行党风廉政规定的自觉性。按照上级纪检部门的有关要求,经常性的学习党纪法规和廉政建设的有关规定,学习中纪委提出的关于领导干部廉洁自律的“六项规定”“四大纪律八项要求”,以此端正工作作风、生活作风。

(夏维纪)

【市道文化研究中心副县级以上干部名录】
主 任:夏维纪

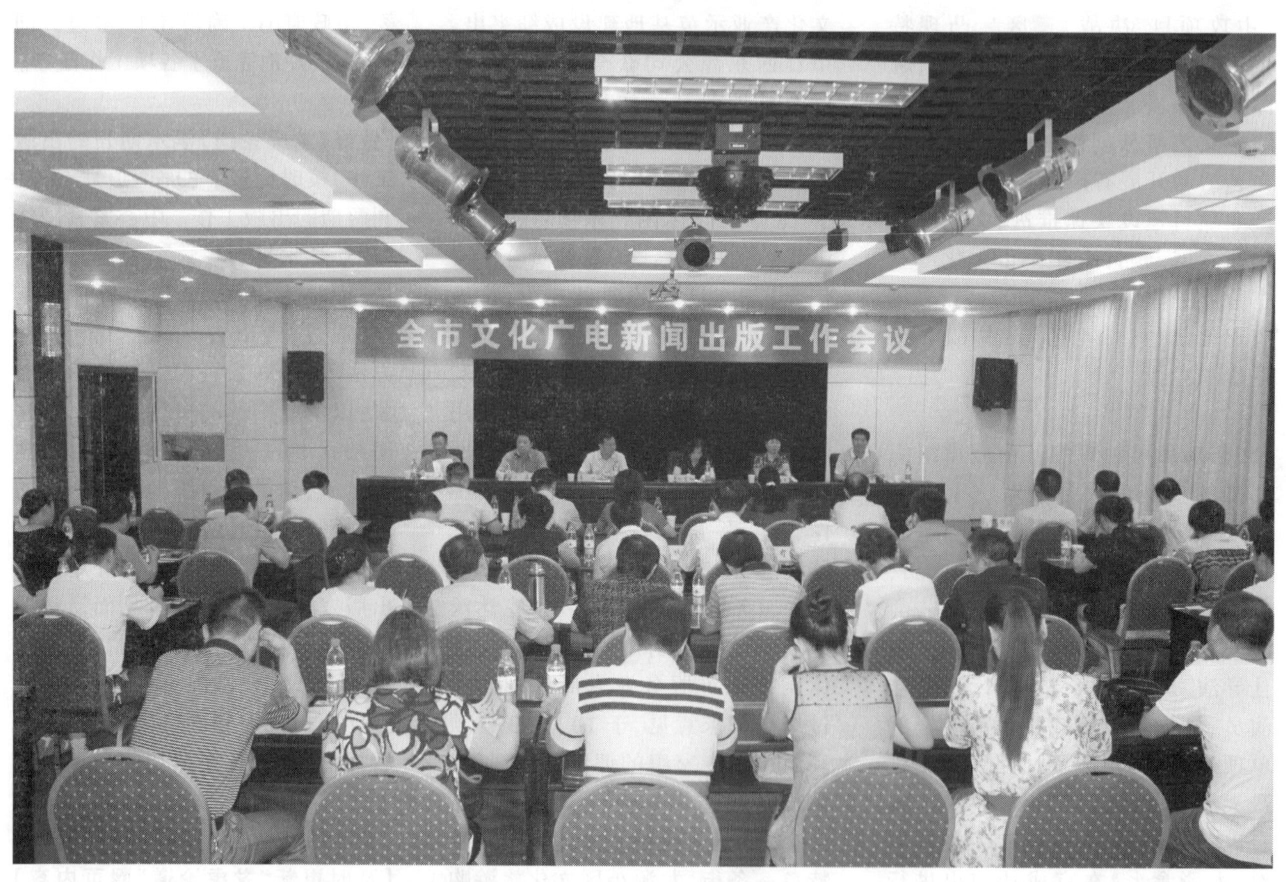

畲歌戏《七彩畲乡》参加第四届全国少数民族文艺会演总结表彰大会

(市文广新局供稿)

新闻出版

编辑、校对:夏永军

《鹰潭日报》

【**概述**】2012年,在市委、市政府的正确领导下,在市委宣传部的具体指导下,鹰潭日报社按照团结稳定鼓劲、正面宣传为主原则,坚持讲政治不讲条件,以没有任何借口的理念、姿态推动工作,实现办报水平有新提高、报业经营有新提升、干部队伍有新加强,为建设"四个鹰潭"营造了浓厚的舆论氛围。报社先后荣获江西省报业先进单位、全省第七届全国城市运动会先进集体等殊荣。

【**注重紧贴中心、服务大局做宣传**】2012年,鹰潭日报社紧紧围绕重大政治性宣传和市委、市政府的中心工作,把握正确导向,注重策划落实,圆满完成了系列重大宣传任务。一是圆满完成了重大政治性宣传战役。坚持政治家办报理念,认真落实上级有关重大宣传要求,先后组织了"党的十八大精神学习宣传""全国、省、市两会"等政治性宣传战役,集中精干采编力量,精选精编重要版面、重要稿件,经常加班加点到凌晨,做到政治性宣传报道准确、及时、不漏报、不错报,确保了与上级保持高度一致。高质量完成了全国政协副主席杜青林、郑万通,省委书记苏荣、省长鹿心社等中央和省领导来鹰调研的宣传报道。二是圆满完成了全市中心工作宣传战役。围绕全市中心工作,先后策划了"三个怎么看""基层党建标准化建设""《七彩畲乡》晋京展演""1+6产业巡礼""三城同创"等20多个新闻专题,完成稿件300多篇。推出了"寻找北极阁""越老越美丽的传奇——关注鹰潭古镇开发与保护""舌尖上的鹰潭"等独具特色、富于文化内涵的策划选题,为鹰潭经济社会科学发展、跨越发展提供了强有力的舆论支持和精神动力。同时,派出记者深入安徽铜陵开展铜文化采访,开创了本报跨区域采访先河。三是圆满完成了先进典型宣传战役。集中宣传报道了创先争优先进典型,挖掘报道了一批身边的"最美鹰潭人物",开辟了《感动鹰潭新人新事》《弘扬雷锋精神 凝聚榜样力量》等专栏,特别是率先报道了"最感人的敬礼"——童样华先进事迹、王坚事迹,在社会上引起巨大反响。通过宣传身边典型营造了积极向上的精神风貌,在全市掀起了学先进、争先进新高潮。

【**注重提升办报质量,扩大对外宣传**】日报社始终注重提高办报质量,努力强化媒体影响力。一是注重选准题材。紧跟中央重大政治宣传、紧扣市委市政府中心工作、紧贴群众关注热点难点问题,采取重点策划、全员参与、月定方案等方式选择题材,全年共选择了38个重点题材,开辟了《大力推进基层党建标准化项目建设》《喜迎十八大 魅力乡镇行》《贯彻两会精神 建设"四个鹰潭"》《我市"1+6"产业发展系列报道》《新春走基层》《深化文化体制改革 促进文化大发展大繁荣》《"三个怎么看"》《整治干部作风 优化发展环境》《聚集北极阁》等专栏,使宣传内容和市委市政府的中心工作实现了同频共振。二是注重提高版面和稿件质量。坚持每周例会对稿件、版面、标题、图片进行公开点评,每月开展"六个一"评选,坚持优稿优酬,有效促进了报纸质量提高,连续多年在全省新闻作品评选中名列前茅。2012年3月,在第十四届江西报刊新闻奖评选中,本报喜获全面丰收,创历史最好成绩。一等奖作品数量和总的获奖数量位居全省设区市党报第一,也是唯一囊括消息言论类、通讯系列报道类、版面类、标题类所有奖项的设区市党报。三是注重改进文风。继续深化"走基层、转作风、改文风"活动,在记者编辑分组划片建立长效机制的基础上,先后组织了"新春走基层""走转改——重访鹰潭最美人物""魅力乡镇行"等活动,有计划派记者编辑深入农村、街道、工厂、学校、工地,把笔头、镜头对准普通百姓,采写了《用心忙碌,为了军民迎新晚会》《“船上夫妻”的水上新年》《13000个就业岗位送到村民家门口》等一批鲜活动人的百姓故事、先进典型,发稿量达100余篇。同时注重对外宣传。出台了《记者向省级以上报刊投稿奖励办法》,鼓励记者积极向市外媒体投稿,先后在《人民日报》《光明日报》《江西日报》等报纸刊发稿件和图片数30余篇。无论是数量还是质量,都创造了对外宣传历史。注重拓展新媒体,开通了《微报微刊》,在智能手机上可看到《鹰潭日报》和《赣东都市》,拓展了看报渠道,为市民看报提供了便利。

【注重强化舆论监督】一是坚持联动机制。建立了民生热线与“12345”市长热线联动的工作机制,对市民来电反映的问题,及时派出记者实地调查,及时报道,为老百姓解决了上百件民生问题。二是坚持以监督促问题解决。舆论监督不以曝光为目的,而是促成问题解决。先后报道了《几百名学生吃着发黄有味道的米饭》《百佳城步行街成了“粪便街”》《急救车为何如此“不救急”》《大型游船停在自来水取水口附近将营业,供水公司、市民担忧其污染饮用水源》《信江大桥南岸无上桥楼梯引关注》《出租车起步价10元,谁说了算?》《公厕暂停使用,从兔年一停停到龙年》《废弃电线杆倒在校门边无人管 12345市长专线与本报联合行动解决民忧》等一批稿件,促进了相关问题的解决,得到了市民的好评。三是坚持为民解困。与市工商联、共青团鹰潭市委联合行动,推出“共献爱心·助学圆梦”活动,资助学子30余人,发放助学金20余万元。发扬爱心帮困的传统,陆续报道了《14岁女孩黄福琴:渴望一双温暖的手,救救病重的盲人养父》《献出一份爱,让生命延续,男子患尿毒症,网友爱心捐助》《贵溪90后女大学生休学照顾重症父亲》等困难人群,引起了社会各界人士的关注和资助。不定期地推出“爱心帮办”版面,开设主妇支招、名医问诊、热线援助、帮你问、帮你办、法律咨询等专栏,为市民提供帮助。

【注重抓班子、带队伍、建机制】一是抓班子建设。坚持落实社委会中心组学习制度,系统学习中共十八大等会议精神,科学理论素养进一步提升。落实了领导责任制,妥善处理了历史遗留人事问题。认真落实民主集中制,做到涉及大额资金使用、职称评聘等重大事项,都由社委会集体讨论决定。坚持开展批评与自我批评,领导班子团结和谐、风清气正。二是抓队伍建设。开展“杜绝虚假报道,增强社会责任,加强职业道德建设”专题教育活动。组织人员到先进报社参观学习和参加学术交流。开展了岗位练兵活动,采取重大任务压担子锻炼,提高了采编人员整体素质。2012年,有2人被聘任正高职称,创报社历史。记者陈新华被评为“感动鹰潭十佳人物”。三是抓党员队伍建设。作为党建标准化第二批示范点建设单位,严格按上级指示精神,投入6万多元完善硬件设施,高标准完成党建标准化项目建设工作,为党员队伍建设提供了良好的软硬条件。组织党员赴井冈山接受革命传统教育,组织开展创先争优活动和深入开展“改进作风,提升形象”学习教育活动,大力表彰先进党员,认真落实组织生活制度,党员队伍较好起到先锋模范作用。四是抓制度建设。制定了《网络信息发布管理暂行办法》,修改完善了《记者考核办法》,认真落实“三审四校”“印前第一读者”“印后第一阅读”,每天评报和责任追究等安全出报制度,严防差错发生。坚持请假考勤制度,规范了办公秩序。此外,还积极做好纪检、综治、计生、编制和国有资产管理等工作,促进报社全面建设。

【注重强化经营、提升效益、改善环境】一是报业经营稳中趋好。加强对广告代理商监管,努力创造良好的广告经营环境,保持了广告业务稳定增长。采取班子成员包县(市、区),市区分组分片包任务等办法,报纸发行量有新突破,发行结构进一步优化,确保了报业经营收入稳定增长。二是办报成本逐步下降。落实了《责任差错引发的印刷耗材费用赔偿制度》,从出样报、制胶片、印刷等环节控制成本,提高了印刷效益。三是办报环境逐步改善。对办公楼内外墙进行了粉刷,更换了会议桌椅和窗帘,为编辑更换了电脑,为全体记者配备了专业数码相机和录音笔,为办报创造了良好的硬件环境。积极创造条件启动报业大楼建设,为彻底改变办报环境创造条件。

(吴少杰)

【鹰潭日报社副县级以上干部名录】
社长:王有金
社委会委员、总编辑:袁 因
社委会委员、副总编辑:陈玉泉 吴年荣
社委会委员、纪检组长:吴 郡
社委会委员、副社长:郑睦华

广播电视

【概述】2012年5月,鹰潭市广播电视台成立。新成立的鹰潭市广播电视台为鹰潭市委、市政府直属正县级事业单位,由鹰潭人民广播电台、鹰潭电视台合并组建,下辖鹰潭市广播电视报社、鹰潭市电视发射台、鹰潭市产业开发中心、广电咨询信息中心、影视传媒中心(网络传输中心)等媒体宣传单位和经营性单位。合并组建后的鹰潭市广播电视台集广播、电视、报纸、网络等各类传媒形态于一体,初步形成以广播电视为主、兼营相关产业的综合性文化产业格局。鹰潭市广播电视台共有广播节目2套,电视节目2套。广播节目分别是信江之声频率和交通音乐之声频率,每天播出时间均为18小时,每天自制广播节目16小时。信江之声播出频率为FM103.2,发射功率为3000瓦,有效覆盖人口1000多万人,设置的主要栏目:“鹰广新闻”“行风(政风)热线”“新闻故事”“音乐风情”等;交通音乐之声频率播出频率为FM95.6兆赫,通过1000瓦立体声调频发射,设置主要栏目有:《交通在线》《下班那点事》《美食美客》《轻风夜话》等。电视节目是鹰潭广播电视台新闻综合频道和鹰潭广播电视台公共频道,每天播出时间均为17小时,新闻综合频道使用6频道播出,公共频道在全市有线网播出,节目覆盖率98%。电视自办节目主要有:《鹰潭新闻》《晚间播报》《说不尽的鹰潭》《鹰潭教育视窗》《鹰潭警务报道》《鹰潭党建》《财富零距离》《鹰潭房地产》《陪你逛街》等,每天自制电视节目1小时18分钟。全台从业人员162人。

2012年,鹰潭市广播电视台紧紧围绕市委、市政府中心工作,牢牢把握正确舆论导向,唱响主旋律,打好主动仗,加大宣传力度,加强党的建设,强化安全播出,推动科学发展,确保文化体制改革的顺利平稳推进,较好地完成了各项工作任务。

【大力开展“三城同创”宣传】“三城同创”工作是鹰潭市2012年的中心工作,为广泛宣传动员、形成“人人都是参与者、个个都是创建人”的浓厚氛围,鹰潭广播电视台精心策划、及早安排,先后开设三城同创、建设四个鹰潭、曝光台等栏目,并制作了多部宣传专题片,积极支持配合有关部门的工作,为提高城市品位和市民素质营造了良好的宣传环境。

【大力宣传经济建设成果】经济建设成就报道是新闻宣传的重点,鹰潭广播电视台记者围绕“1+6产业”发展成就,深入一线,对铜、水工、节能照明电器、机械装备制造、新能源新材料、大健康、创意制造等产业进行深度采访,推出了一批有分量的报道。围绕《看怎样主攻项目》《看怎样决战三区》《看怎样凸现特色》专栏,全年持续关注、及时报道市委市政府重点工作、亮点工作推进进展情况。

【突出宣传重点开展特色栏目】围绕市委、市政府阶段性工作重点,鹰潭广播电视台把握宣传主题,精心设计栏目,先后推出了《新春记者走基层》《加强道德建设 共建和谐鹰潭》《整治干部作风 优化发展环境》《深入开展 “创先争优”》《扎实推进“四个鹰潭”建设》《感动鹰潭新人新事》《学雷锋 树新风》《强化督查落实 推进项目建设》《十大创业先锋》《基层党建标准化项目建设》《聚焦市区小街小巷综合改造工程》《创新社会管理 促进社会和谐》等一系列电视专题专栏,有力地配合了重点工作,赢得了社会各界广泛好评。

全力保证《七彩畲乡》晋京演出宣传报道工作《七彩畲乡》晋京演出是鹰潭市文化生活中的一件大事,为及时报道《七彩畲乡》晋京演出各项工作,鹰潭广播电视台抽调专人进行了全程跟踪报道。晋京演出期间,做到了当天新闻当天发,及时将演出相关活动的新闻在中央和省、市各级媒体播出,特别是5月31日《七彩畲乡》在央视戏曲频道黄金档播出,引起强烈反响。

【对外宣传亮点凸现】2012年,鹰潭广播电视台各项对外宣传工作进展顺利。全年广播新闻在江西人民广播电台用稿524条。其中:头条23条,名列全省四小设区市第二;在中央人民广播电台《新闻和报纸摘要》用稿8条,其中综合头条1条,创下了历年内上稿数量和质量的最高和最好纪录。电视新闻在中央台《新闻联播》用稿数为9条(综合);在江西卫视用稿423条,其中头条42条,综合排名列全省四小设区市第二。除了在上级台用稿数量大幅提升,在头条稿。重头稿方面也取得了可喜的成绩:一是11月12日央视《新闻联播》头条《十八大代表分组讨论:推进生态文明 建设美丽中国》综合了鹰潭市委书记陈兴超发言;二是《“十一”黄金周龙虎山举办帐篷节》分别在央视《新闻联播》《朝闻天下》播出;三是《喜迎十八大、秀美江西行(鹰潭篇)》在《江西新闻联播》头条播出;四是《七彩畲乡》晋京演出消息在中央台《朝闻天下》栏目重头播出,中央台戏剧频道还对该剧进行了全程播出;五是歌曲《盛世中华》在江西电视台连续播出。这些稿件的播出,有力地提高了鹰潭的知名度和影响力。

【电视专题宣传引人瞩目】2012年,鹰潭广播电视台专题创作秉承突出重点、打造精品的理念,全力打造了《活力鹰潭》城市宣传片。该片在鹰潭电视台各频道及中心广场大广告屏播出后,引起市民强烈反响,受到领导和相关专业人员的一致好评,现已成为宣传鹰潭的一张亮丽名片,有力地提升了鹰潭的城市品位和感染力。2012年,鹰潭广播电视台还推出了轻松、娱乐的电视闯关节目《鹰潭向前冲》,该节目的播出受到了鹰潭广大人民群众的喜爱。

【节目创优成果丰硕】2012年,鹰潭广播电视台继续实施精品工程,精品创作成绩喜人。2011年度江西电视新闻奖——市县电视新闻奖评出的五个一等奖中,鹰潭台选送的《山村教师李雨才:病魔缠身执教无悔》获电视长消息类一等奖,《疯狂的石头》获电视系列报道类一等奖,《鹰潭首次发现小天鹅》获电视长消息类二等奖,取得了建台以来最好成绩。此外,鹰潭台还获得江西省广播新闻奖二等奖两项、三等奖一项。

【关注民生工程承担社会责任】2012年,鹰潭广播电视台《市民热线》栏目重点在追踪反馈上下功夫,对每个热线问题做到深入调查采访,专门成立了由主持人、记者联合参加的跟踪报道栏目组,尽量做到事事有回音、件件有反馈,从而使《市民热线》听众的参与度和信任度的稳步提高,受听众欢迎度上升。在做好新闻宣传报道的同时,还努力承担新闻工作者社会责任。2012年,鹰潭电视台助学圆梦行动继续实施,争取到爱心人士和企业12万余元爱心捐款,资助了31多名贫困学子圆了求学梦;2012年,鹰潭电台继续组织高考爱心车队,143辆各种车辆为高考学生提供免费优质服务,深受市民称赞。

【确保广播电视安全播出】2012年,鹰潭广播电视台把节目的安全优质播出,设备的安全稳定运行作为一切工作的基础和生命线,认真做好安全播出工作。在中共十八大期间,鹰潭广播电视台按照安全播出工作预案,成立了以台长为组长的安全播出领导小组,对全台所有设备及用电设施进行了全面的排查,排除了安全隐患;平时,鹰潭广播电视台进一步强化安全生产责任制,实行领导带班,部门负责,责任到人,严格把好采、编、制、播每一个环节,切实加强检查、督促、落实,做到一有情况发生,能够及时上通下达。在全国、省、市两会及中共十八大、重大节庆活动期间,鹰潭广播电视台均实行领导24小时带班制度,确保了安全播出工作万无一失。

【加大硬件设施投入】为确保广播电视传输质量,2012年,鹰潭广播电视台加大了资金投入,对采、编、播设备进行了更新。一是做好了鹰潭市电视发射台搬迁工作,完成了1200平米的办公楼建设,主发射塔及已机房设备安装完毕并正常运行;二是筹资30多万元更新了新闻部非线性编辑系统;三是投入40万元对时政新闻的采录设备进行了更新;四是投入近20万元对交通频率发射机及附属天线设备进行了更换。

(罗来平)

【市广播电视台副县级以上干部名录】

党组书记、台长:汪白杨(2012.5~)

党组成员、纪检组长:叶洪顺(2012.5~)

党组成员、副台长:陈文革(2012.5~)

副台长:吴拓宇(2012.5~)

党组成员、副台长:吴建生(2012.5~) 万木辉(2012.5~) 周勇(2012.5~) 徐炳德(2012.5~)

出版管理

【概述】2012年,在市委、市政府的正确领导和省新闻出版局的具体指导下,全市新闻出版系统认真贯彻落实全省新闻出版工作会议精神,狠抓"扫黄打非",全面实施农家书屋工程,积极开展政府机关软件正版化工作,不断加强机关效能建设,有力地促进了全市新闻出版事业健康发展。

【报刊出版管理】加强了新闻出版日常监管,不断强化窗口服务功能,提高行政办事效率,完成了市内3家报纸期刊,10家连续性内部资料出版物的核验及驻鹰新闻单位记者站的审核工作。在年审过程中不断规范办刊办报行为,使全市所有报刊,内部资料出版物均通过省局检验。在报刊管理工作中,突出报刊审读工作,进一步促进审读工作规范化、制度化,并督促报刊抓好整改。

【印刷业管理】一是切实加强对全市印刷复制业的管理。举办了全市印刷复制业经营业主培训班,不断提高业主依法经营意识,同时坚持定期检查企业证明是否齐全,制度是否上墙、图书、期刊印刷委托书与实物是否相符,内部资料准印证手续是否齐全,企业是否做到承印登记等制度。二是强化安全生产意识。与印刷企业签订监督管理责任状,确保全市未出现违法违规经营。三是加强对印刷业的引导、支持。鼓励印刷企业加大设备投入,提高数字化印刷水平,推动全市印刷业快速发展。

【扫黄打非工作】按照打防并举、标本兼治、综合治理的方针,市文化市场综合执法支队除对市场进行日常监管外,还认真开展了多项集中行动和其他有关工作。在遏制政治性非法出版物、维护政治安定和社会稳定等方面,取得了显著成绩和重要进展。一是组织开展了查堵政治性非法出版物和有害信息专项行动,杜绝了政治性非法出版物在鹰潭市市场出现和流通。二是组织开展了全面扫除淫秽色情出版物和不良信息专项行动,收缴非法出版物5000多册(盒)及非法销售的卫星接收器和电视棒等物品。删除手机销售店、维修店淫秽色情图片及不良信息500多种(条),删除网上有害信息3万余条,为青少年健康成长营造了良好的社会环境。三是组织开展了查处侵权盗版出版物和网上侵权盗版行为专项行动。对互联网及从事音乐、电影、软件、图书、游戏等为传播内容的网吧、音像制作店、歌舞厅等行业进行了清查,切断了侵权网站通过提供铃声下载、广告收入和卖点击率违法行为,有效地保护了知识产权。四是组织开展了整治非法报刊、非法网络报刊和执法报刊网站专项行动。五是组织开展了春节、两会期间文化市场、出版物市场专项集中行动,确保春节、两会期间全市文化市场、出版物市场的稳定。六是开展了“绿书签行动”宣传活动及“4·26”销毁侵权盗版制品活动，并对上述活动举行了启动仪式，取得良好社会效果，省、市媒体也对此进行了宣传报道。七是组织开展了打击盗版工具书专项行动，对市区图书批发、零售、出租单位进行严格检查，杜绝了盗版工具书传播等不良违法行为。八是开展了校园周边地区整治专项行动。收缴盗版音像制品、书刊2000余册（张）、其中收缴非法卡通读物和口袋本图书1000余册。

【实施农家书屋工程】2012年，鹰潭市全面完成了74家农家书屋的建设任务，主要开展了以下工作。一是精心选配书刊。按照农村经济状况和农民需求，特别是对有关涉及农业生产经营的实用科技书籍、养殖、种植符合当地生产条件、当地资源具有比较优势又可能成为地方特色产业的作为重中之重提出选购建议。在这个基础上，根据各发行单位的书目精心选购。二是全面落实“五个”到位。基础设施到位；出版物配送全部到位；管理员配备和培训到位；农家书屋信息采集到位；配套资金全部到位。三是大力营造“农家书屋”的读书氛围，引导农民兄弟走进“农家书屋”读书。

【全面开展政府机关软件正版化工作】主要开展了以下工作：一是在对政府机关使用软件进行自查、核查的基础上，软件正版化领导小组办公室迅速打了《关于要求安排政府机关使用正版软件专项经费的请示》报文，要求落实软件正版化资金。二是对软件正版化工作领导小组进行调整。由于机构和人员变动，市及时对软件正版化工作领导小组及时进行了调整，由分管副市长任组长，局长任副组长，领导小组办公室、设在文广新局，由市局分管副局长任办公室主任。三是制定《关于推进我市市直有关部门使用正版软件工作的通知》，部署了除政府机关以外的其他国家机关软件正版化的自查工作。四是根据省软件正版化工作领导小组的《督办通知》精神，认真开展整改工作。

（张兆遥）

中国·鹰潭首届中华赏石展暨黄蜡石文化博览会启动仪式

（市文广新局供稿）

医疗卫生

编辑、校对:朱仕平

概述

【概述】2012 年,在市委、市政府的正确领导和省卫生厅的精心指导下,按照"主攻项目、决战三区、凸现特色、实现跨越"的总体要求,继续深化医药卫生体制改革,完善基本公共卫生服务,推进区域卫生信息化建设,加强重大疾病防控和卫生应急,强化医疗管理和卫生监督执法,医改和卫生民生工程任务圆满完成,基本公共卫生服务和重大公共卫生服务项目扎实推进,卫生服务能力建设显著提高,卫生应急处置规范高效,区域生信息化网络初具规模。鹰潭市荣获"全国无偿献血先进城市",余江县被评为"全国基层中医药工作先进单位",贵溪市被评为"第一批国家卫生应急综合示范县(市、区)",鹰潭市中医院顺利通过国家中医药管理局"三甲中医院"评审 。

重要举措

【医政管理】1. 认真实施重大疾病免费救治。一是继续实施"光明·微笑"工程。按照长效机制管理的要求,继续深入抓好"光明·微笑"工程免费治疗手术,完成 322 例白内障复明手术,并及时、规范、准确通过 "白内障复明手术信息上报系统"上报有关手术信息。二是继续实施儿童"两病"免费救治。为 75 例 0 至 14 岁儿童患先天性心脏病和 15 例白血病实施免费救治。三是新增实施尿毒症免费血透。通过城乡居民医疗保障(城镇职工、居民医保和新农合)、医疗救助和医疗机构减免等相关制度的紧密结合, 在保持医疗保障制度和医疗救助制度健康发展的基础上, 在全市范围内为尿毒症患者实施免费血透救治, 全市共 270 名患者接受免费血透。

2.启动了"阳光医药"网上监察系统建设。召开了全市"阳光医药"网上监察系统建设工作动员部署会议。会议传达贯彻了全省有关会议精神,对全市"阳光医药"网上监察系统建设工作进行了动员部署。各卫生行政部门和医疗机构高度重视,积极响应会议号召,及时组织学习,传达会议精神,并按照会议的部署要求,抓好具体落实。

3.大力推进临床路径管理。进一步加大临床路径管理的执行力度,实施常见病种的临床路径数三级综合医院 23 个、二级综合医院不少于 13 个。加强对实施临床路径管理病种的质量管理与控制,对于符合进入临床路径标准的患者,全部纳入临床路径管理。同时,积极开展基本诊疗路径试点工作,全市共 14 个社区卫生服务中心和乡镇中心卫生院开展了试点,试点病种数 20 个。

4.加快以电子病历为核心的医院信息化建设。鹰潭市作为全省电子病历试点区域,市人民医院被列入全国试点医院,贵溪市人民医院和余江县人民医院列入全省试点医院,积极推进电子病历为核心的医院信息化建设。

5. 积极开展 "三好一满意"活动。以开展"服务好、质量好、医德好、群众满意"活动为切入点,努力提高医疗服务质量。制定下发了《2012 年全市卫生系统开展 "三好一满意"活动实施方案》,并召开了动员会议,全面部署全市卫生系统开展"三好一满意"活动,成立了局长为组长的"三好一满意"活动领导小组。按照省卫生厅《关于印发全省医疗卫生系统 "三好一满意"活动督导检查工作方案的通知》要求,组织辖区内二级以上医院开展了"三好一满意"活动自查自纠。各医疗单位各展其能努力做到 "服务好"、精抓实干努力做到"质量好"、激励约束努力做到"医德好"、求成效"群众满意"。

6.扎实开展抗菌药物临床应用专项整治。按照《2012 年鹰潭市抗菌药物临床应用专项整治活动方案》,坚持"标本兼治、重在治本"的原则,按照"突出重点、集中治理、健全机制、持续改进"的工作思路,围绕抗菌药物临床应用中的突出问题和关键环节进行集中治理,保障了患者合法权益和用药安全。一是将抗菌药物临床合理应用纳入考核指标。卫生局与医疗机构负责人、医疗机构负责人与临床科室负责人分别签订了抗菌药物合理应用责任状。二是开展了医务人员抗菌药物临床应用知识培训。三是落实了抗菌药物临床应用分级管理制度。全市二级以上医院认真贯彻实施《江西省抗菌药物临床应用分级管理目录》,对抗菌药物临床应用情况开展了调查,严格控制了抗菌药物品规数量,对抗菌药物进行遴选,制定了本院目录并报卫生行政部门备案。

7.深化优质护理服务。下发了《2012年鹰潭市推广优质护理服务工作方案》。各级医疗机构树立"以病人为中心"的服务理念,紧紧围绕"改模式、重临床、建机制"的工作宗旨,充分调动临床一线广大护士工作的积极性,为人民群众提供全程、全面、优质的护理服务。全市三级医院共23个病区开展了优质护理,占病区总数的71%,二级县级医院15个病区开展了优质护理,占病区总数的42%。

8.积极探索医患纠纷第三方调处机制。为有效预防和及时处理医患纠纷,保护医患双方的合法权益,保障医疗安全,维护正常的医疗秩序,起草了《鹰潭市医患纠纷预防与处理办法》,市政府常务会议已讨论通过。

9.加强医疗机构管理。一是加强医疗机构设置规划管理。为加强对全市医疗资源的管理,合理利用、科学调整和优化配置医疗资源,进一步提升医疗事业的核心竞争力,满足区域内全体居民健康需求,组织制定了《鹰潭市医疗机构设置规划(2011—2015年)》,已呈报省卫生厅批转实施。二是继续开展民营医疗机构"规范化服务"活动,配合省厅对全市民营医院2011年度民营医院"规范规范服务"开展情况进行了考核。三是为贯彻学习国家发展改革委、卫生部等部委《关于进一步鼓励和引导社会资本举办医疗机构的意见》,进一步促进全市民营医院健康发展,召开了全市加快民营医院发展座谈会,副市长辜清出席座谈会并讲话。四是开展了医疗机构核验工作,委托市卫生监督所,对市管9家医疗机构进行了2012年度校验。

10. 切实做好突发事件医疗应急救治。为履行好卫生部门医疗急救职能,科学规范、高效有序地开展突发事件医疗应急救治工作,保障人民群众的身体健康和生命安全,组织制定了《鹰潭市卫生局突发事件应急救治工作方案》。全力做好"8·12"沪昆高速589KM+900M处路段重大交通事故伤员救治工作,全市共接收伤员38人,其中危重伤员4人。在"4·14"鹰南收费站平台发生塌方事件中,调度了救护车12辆,有关医院负责人及60名医务人员,共收治伤员9人。

11.认真抓好手足口病救治。4月、5月先后两次召开手足口病防治工作会议,建立了手足口病帮扶机制,明确了会诊转诊制度,突出重症患者救治,救治重症病例25例,未出现死亡病例。

12. 全国医师资格考试顺利完成。顺利完成医师资格考试报名工作,共受理现场审核779人,经考点和考区审核,共751人符合报名条件。对667名考生进行了实践技能操作考试,对571名考生进行了医学综合笔试。

【农村与妇幼卫生】1. 巩固和完善新农合制度。2012年,新农合筹资标准达到290元,全市参合农民79.37万人,参合率达到96.33%。新农合政策范围内住院报销比75.48%,统筹资金使用率96%,住院患者一次报账率92%。二是加快新农合支付方式改革。2011年3月份在贵溪市启动了按床日付费改革试点,建立了新农合对医疗费用增长的制约机制。试点开展以来,乡镇卫生院住院患者次均费用同比下降7.8%,政策范围内补偿同比上升10个百分点,进一步减轻了参合农民看病就医负担。三是强力推进村卫生室实施基本药物制度。全市实施基本药物的村卫生室336家,覆盖了100%的行政村,村卫生室实施基本药物制度、一般诊疗费和门诊统筹补偿以来,农民实际看病费用同比下降了52.76%。

2. 扎实推进基本公共卫生服务。继续免费为城乡居民提供基本公共卫生服务,并在余江县开展乡村医生签约服务试点,基本公共卫生服务质量和效益有了新提高。全市建立城乡居民健康档案72.42万份,建档率达65.3%。免费为老年人、婴幼儿、孕产妇、慢性病人等重点人群提供健康体检33.7万人次。为1.1万名农村孕产妇发放分娩补助330万元,为7180名农村生育妇女补服叶酸。继续在贵溪市开展免费婚检试点,共为4510对新婚夫妇进行了免费婚检,婚检率86.4%,疾病检出率24.4%,为2.56万名农村妇女实施"两癌"免费检查。

3. 加强妇幼保健服务能力建设。实施县级妇幼保健机构能力建设项目,县级妇幼保健机构基本医疗保健设备配备率不断提高。巩固和完善妇幼保健机构评审工作,贵溪市妇幼保健院和余江县妇幼保健院顺利通过妇幼保健机构二级甲等评审,获得省卫生厅颁发的等级证书。继续实施"降消"项目,开展技术培训、临床进修、健康教育、项目宣传,选派市人民医院、市妇幼保健院妇产科专家到贵溪市和余江县分别开展降消项目专家驻县蹲点工作。

4.落实妇幼卫生保障措施。全市开展助产技术的乡镇卫生院均达到了"母婴安全乡卫生院"标准,每县均设有一个"县级产科急救中心"。贵溪市妇幼保健院和余江县妇幼保健院的"县级儿童保健规范化门诊"顺利通过省级评估,正式获得省卫生厅授牌。

5.落实妇幼保健政策措施。以贯彻落实2011—2020年鹰潭市妇女、儿童发展规划为契机，推进深化医药卫生体制改革，印发《鹰潭市卫生局贯彻2011—2020年鹰潭市妇女儿童发展规划实施方案》，持续实施妇幼安康工程，不断提高妇女儿童健康水平。

6. 加强项目督导及技术指导。市卫生局在全市范围内开展了妇幼重大公共卫生项目和降消项目综合市级督导，对发现的问题提出改进意见和建议，提供技术指导。

【疾病防控】1.积极推进艾滋病、结核病等重大疾病防控。一是艾滋病防治工作积极落实“四免一关怀”政策，继续围绕防治知识知晓率、感染者发现率、管理率、病人治疗率和干预措施覆盖率“五率”，全面落实艾滋病防治措施。2012年，全市共发放艾滋病防治知识宣传材料29292份，全市艾滋病自愿咨询点累计完成HIV咨询检测1436人次，全市筛查各类人群艾滋病抗体检测55803人份，新发现报告艾滋病感染者和病人60例，高危人群干预全市发放安全套76620只，失足妇女干预覆盖率107.6%，男男同性恋干预覆盖率达195%；尚未接受抗病毒治疗的艾滋病感染者CD4检测比例91.03%；正在接受抗病毒治疗的艾滋病病人CD4检测比例98.31%，抗病毒治疗病人病毒载量检测比例98.31%；全市新增抗病毒治疗43人。全市3个国家和6个省级艾滋病及丙肝疫情监测哨点工作有力推进，哨点监测完成率100%；贵溪市国家艾滋病综合防治示范区建设成效明显，以此为龙头，全面推动了全市艾滋病防治工作深入发展。二是结核病防治工作继续全面落实现代结核病控制策略，提高现代结核病控制的实施质量，紧紧抓住肺结核病人发现率和治愈率关键环节，强化结核病防治措施，全市共发现新涂阳肺结核病人430例，全市登记新涂阳患者治愈率达95%。与此同时，积极组织实施百千万志愿者结核病防治知识传播行动，全市招募、培训志愿者210名，并向省推荐了10名优秀志愿者；志愿者涉及社区居委会工作者、社区居民、教师、大学生、医务人员等，组织志愿者走上街头、深入社区、学校，并通过腾讯、新浪微博转发信息、举办讲座、现场宣传发放资料等形式，开展了一系列宣传活动，大力宣传国家结核病防治政策和结核病防治知识，提高了广大公众结核病防病意识。

2. 全力抓好手足口病防控工作。一是落实领导责任，市卫生局领导实行了分片干责任制，加强手足口病防控工作督导。二是周密部署，市卫生局先后召开三次全市手足口病防治工作会议，全面部署手足口病防治工作，提出要求，明确责任。三是加强托幼机构和小学重点场所防控工作，市卫生局与市教育局联合下发了《关于进一步加强托幼机构及小学手足口病防控工作的通知》，强化了托幼机构及小学晨检、缺课登记、健康教育、消毒和疫情报告等制度，同时，各级疾控机构对辖区托幼机构实行了分片包干、定时督导，责任落实到人。四是认真落实“村级随访、乡镇留观、县级救治、市级重症”的手足口病医疗救治策略，抓好基层医务人员培训，提高了早期识别能力，抓好定点医院能力建设，尤其重症病例医疗救治能力，提高了救治水平，并认真落实诊疗转诊规范，保证了手足口病得到及时有效救治。五是加强疫情动态监控和疫情分析研判，市疾控中心做到每周对全市手足口病疫情进行分析，并以书面形式向市卫生局及各级领导通报，以及时掌握全市手足口病疫情动态，为领导决策提供依据。六是加强手足口病病原学检测工作，全市共检测手足口病样品216份，阳性样品177份，其中EV71阳性83份，COXA16阳性25份，仅其他肠道病毒69份。全市手足口病防治工作由于强化了早部署、早预防、早控制、早治疗的防治策略，确保了手足口病预防有力、控制有序、救治有效，实现了“有效遏制疫情发展态势、严防疫情大规模暴发，切实提高重症患儿救治成功率，降低死亡率”的防控目标。2012年，全市共报告手足口病1930例，其中重症41例，无死亡病例，及时有效处理手足口病聚集性疫情20起。

3. 认真实施扩大国家免疫工作。一是切实加强一类疫苗采购工作，完成了全市170.72万元一类疫苗招标采购任务，并根据一类疫苗使用计划，做好疫苗分发、验收、登记、入库和保管工作，确保了全市扩大国家免疫规划工作正常顺利开展。二是加强常规免疫管理和安全接种。全市国家规划免疫疫苗报告接种率达到95%以上。三是积极组织开展免疫规划疫苗查漏补种月活动。根据省厅统一部署，2012年分别于3月、9月在全市范围内对漏种麻疹、脊灰疫苗的7岁以下儿童给予补种，麻疹疫苗补种8075人，补种率达98.95%，脊灰疫苗补种9963人，补种率达99.26%。四是认真组织实施脊灰疫苗强化免疫活动。全市第一轮强化活动4岁以下儿童接种脊灰疫苗71545人，接种率达97.1%。五是重点抓好麻疹防控及疫苗相关疾病监测工作。2012年，全市临床报告疑似麻疹病例24例，其中确诊病例1例，麻疹疑似病例及时调查率和血清实验室检测率均达100%，麻疹排除病例报告率为1.96/10万，全市麻疹发病率为0.0889/10万，达到国家提出消灭麻疹0.1/10万的目标。2012全市报告AFP病例12例，按照监测方案要求做好了调查和采样等工作。全市无流脑、乙脑、新生儿破伤风、白喉、百日咳等病例报告。六是进一步加强儿童预防接种信息系统建设，全市44个单位均实现使用统一客户端录入和上传儿童预防接种数据，共上传儿童接种个案

163839条，上传率达到97.73%。七是认真做好入学、入托查验儿童预防接种证工作，学校及幼托机构查验率达99.13%，儿童补种率达到98.68%以上。八是加强疑似预防接种异常反应监测工作。2012年全市报告疑似预防接种异常反应病例27例，及时调查率、个案完整率和及时报告率均达100%。

4.进一步强化霍乱等急性急性重点传染病防控。一是加强霍乱防制工作。积极开展霍乱外环境监测、腹泻病人检索、医疗机构肠道门诊督导。2012年，全市共检测外环境水样492份，海水产品394份，涂抹检测724份，腹泻病人检索634人次，检索率为12.5%，全年未检测到阳性标本。二是加强流感监测工作。鹰潭市人民医院、贵溪市人民医院2所国家哨点监测医院和市疾控中心流感监测网络实验室按照《江西省流感监测方案(2012年版)》要求，进一步做好流感监测工作，提高监测质量。2012年，哨点医院共对109152例门急诊病例进行了流感样病例监测，监测报告流感样病例4195例，采样检测流感样病例标本877份，检出核酸阳性率为6.8%，病毒分离出毒株21株。三是加强传染病疫情报告与管理。2012年全市共报法定传染病7597例，网络报告率99.86%，及时报告率100%，及时审核率99.99%，重卡率0，传染病疫情报告信息质量评价综合指数（率）达99.2%。全市传染病报告发病率为675.19/10万。

5.慢病防制工作不断推进。一是积极开展全民健康生活方式行动和宣传教育，创建示范社区、单位、食堂等共18个。二是加强县及县以上医疗机构死亡病例网络直报和余江县省级全死因监测点工作，2012年共报告死亡病例729例。三是积极开展儿童口腔疾病综合干预项目，余江县列入全省2012年新增加项目县，自9月份启动以来，认真组织实施，深入开展宣传发动和健康促进，强化人员培训，对2000余名适龄儿童进行了口腔健康检查，为690名儿童2605颗牙实施了窝沟封闭术，完成任务的52.1%。

6.加强疾控机构能力建设。一是进一步强化了市、县疾控中心实验室规范管理达标，市疾控中心和贵溪市疾控中心实验室通过省厅组织达标考核复评，达到了实验室规范管理达标标准。二是积极实施医改重大专项疾病预防控制业务培训项目，全面完成了传染病防治法律法规和疫情网络报告管理、重点传染病防治技术、结核病防治、突发急性传染病防控、慢病防治技术等培训任务，提高了疾控队伍业务能力和水平。三是积极推进疾病预防控制绩效考核工作，市、县（市）卫生行政部门和疾控机构完成了2011年度网络数据采集与填报，市卫生局认真组织对县(市)疾病预防控制绩效进行了现场考核。

7. 创建卫生应急综合示范县(市、区)。8月份贵溪市被评为省级卫生应急综合示范县(市、区)，10月20、21日卫生部复核评估工作专家组对贵溪市申报创建国家卫生应急综合示范县开展现场复核，专家组以查阅工作台账、现场查看、发放问卷等形式进行复核。10月21日下午，在贵溪市政府召开了通报会，宣布贵溪市通过了复核，同时也提出了宝贵意见。

8.大力开展“防灾减灾”宣传及咨询活动。5月7日至13日为防灾减灾宣传周，全市开展了形式多样，内容丰富的宣传活动。5月8日，市卫生局、市红十字会在老码头开展了“第65个世界红十字日”“第四个国家防灾减灾日”宣传活动，共发放各类宣传资料2000余份，提供义诊、咨询服务600余人次。贵溪市卫生局局应急办和红十字会联合在沿河东路开展宣传活动。宣传防灾减灾相关知识，发放防病救灾知识宣传单1200余份。

【卫生监督】1. 食品安全工作成效明显。一是完善了食品安全监管体制建设。市卫生局与市食品药品监管部门于2012年2月顺利完成了餐饮服务监管和食品安全综合协调职能的交接，职能移交后，通过努力争取，市卫生局成立了独立编制的食安办，定编3人。同时，各县（市）卫生局及时调整完善了食品安全综合协调机构。市、县(市)卫生行政部门有效发挥食品安全综合协调机制的作用，加强了与相关部门的沟通，充分组织调动各方力量，开展食品安全专项整治，保证了全市食品安全形势平稳向好发展的趋势。2012年，全市未发生重大食物中毒事件。二是积极做好食品安全风险监测。余江县认真组织实施疑似食源性异常病例/异常健康事件监测工作，制定了工作方案，建立了工作制度，该县监测点疾控中心和哨点人民医院将食源性疾病监测纳入了日常工作运行，目前监测未发现到异常病例和异常事件。为进一步规范餐饮具集中消毒单位的生产经营行为，保证消毒餐饮具卫生安全质量，市卫生局积极组织开展了全市餐饮具集中消毒单位专项整治行动，集中时间集中力量组织对全市8家餐饮具集中消毒单位进行了突出监督检查，并对餐饮具进行抽检，抽检合格率为67%，对二家餐饮具检测不合的餐饮具集中消毒单位实施了行政处罚，同时将现场检查和抽检情况及时在市政府和市卫生局信息公开网站进行了公示，并通报当地工商和食品药品监管部门。

2.依法行政能力不断提高。全市各级卫生行政部门积极推进依法行政，进一步优化行政审批服务，建立了便民高效卫生行政审批流程和机制，强化了卫生行政执法案件的规范化建设，卫生行政执法案卷及行政许可案卷质量不断提高，在2012年省政府法制办组织的行政执法案卷质量评比中，市卫生监督所选送的《菁颜肌肤护理馆公共场所卫生许可案卷》荣获二等奖,这也是鹰潭市政府法制办选送案卷唯一获得行政许可二等奖的案卷。

3. 卫生监督体系建设不断推进。一是全市三所卫生监督机构业务用房建设项目贵溪市已完成并投入使用,余江县卫生监督所和鹰潭市卫生监督所月湖分所建设项目正在有力推进。二是加强卫生监督人员培训,开展了多渠道、多层次、多方位的培训工作,全市共举办各类培训班6期,培训卫生监督人员200余人次。三是加强卫生监督基层网络建设,充分发挥乡镇公共卫生防保站作用,在乡镇开展了卫生监督协管服务工作,全市建立协管机构32个。

4. 公共场所卫生监管进一步强化。认真贯彻卫生部新颁布的《公共场所卫生管理条例实施细则》和省卫生厅印发《江西省公共场所卫生许可规程(试行)》,加大了公共场所监管力度,从量化分级管理着手,进一步规范了对宾馆酒店、娱乐场所美容美发、洗浴等公共场所卫生许可工作,提高了公共场所卫生管理水平,全市发放公共场所卫生许可证535户,发放率达90%以上。

5.饮用水卫生安全卫生监督工作得到加强。一是为掌握全市饮用水供水单位基本情况,建立和完善供水单位及供水设施基本信息档案,根据省卫生厅要求和市卫生局部署,全市各级卫生监督机构积极组织开展饮用水基本情况调查工作,全市共调查城市集中式供水单位5家、农村集中式供水单位51家、学校供水单位276家、二次供水单位11家。二是认真组织实施生活饮用水监测项目,鹰潭市市本级和贵溪市根据省卫生厅安排被列为2012年国家生活饮用水监测项目监测点。全市设置监测点51个,其中城市市政集中式供水出厂水2个、市政集中式供水末梢水30个、自建集中式供水出厂水2个、自建集中式供水末梢水2个、城市二次供水10个、农村学校自建供水5个。两级卫生监督所和疾控中心密切协作,精心组织,狠抓工作落实,定期对监测点进行水样采集与指标检测和现场快速检测,共检测水样204份,同时,卫生监督机构加强了对各类供水单位的卫生监督管理,及时发现和排除供水安全隐患,确保广大群众饮用水卫生安全,完成了2012年省厅下达的生活饮用水监督监测项目任务。三是为推进创建文明城市,在市二次供水设施清洗消毒站配合下,开展了全市二次供水单位水塔(池)清洗消毒工作。市卫生监督所进一步加强了二次供水单位水塔(池或箱)的卫生管理技术指导和监督监测工作,建立和完善监督档案,促进了二次供水单位规范化建设。

6. 打击非法行医取得了新进展。一是各级卫生行政部门和卫生监督机构加大医疗市场监管力度,有效遏制了非法行医行为。2012年全市共查处非法行医51户次,取缔无证行医14户次,实施行政处罚28户次,罚款6.2万元。认真组织开展非法行医涉嫌犯罪案件移送清查工作,全市共清查历年来打击非法行医案卷122件,对已实施2次以上行政处罚及取缔的无证行医者,以明察暗访和突击检查等方式进行复查25件,复查后发现仍有违法行医行为的,向同级公安机关移送案件并同时抄送同级人民检察院3件。

7. 职业病防治工作有了新进展。一是完成了职业卫生监管职能调整,按照职责分工做好与安监局相关职能划转交接工作。各级卫生部门认真履行调整后的职业卫生监管职责,加强了与安监部门配合,相互支持,形成了职业病防治工作齐抓共管合力。二是继续加强职业病防治机构建设,2012年新审批增设余江县人民医院职业健康检查机构。至此,全市实现了每个县(市、区)有职业健康检查机构的工作目标。

8.卫生监督技能竞赛活动积极努力。精心选拔人才组成代表队参加由省卫生厅、省总工会组织开展的全省首届卫生监督技能竞赛活动,参赛队员刻苦学习,钻研业务,勤练技能,在比赛中团结奋斗,勇于拼搏,荣获了团体优胜奖和食品安全风险检测个人单项奖。

【中医科教】1. 加大中医药人才培养力度。一是组织全市6名中医类别全科医师转岗培训、2名县级中医临床技术骨干培训,完成卫生服务能力建设计划任务。二是积极开展第三批全国优秀中医临床人才研修项目培养对象的选拔考试工作。鹰潭市中医院针灸科主任程书桃被确定为培养对象。三是积极开展第五批全国老中医药专家学术经验继承遴选工作。

2.加强传统医学师承和确有专长工作。一是完成2012年全市传统医学师承或确有专长人员的审核报名工作。二是对全市12名跟师满三年的师承出师人员进行出师资格审核,合格者在鹰潭卫生网上进行为期3个月的公示,并组织参加全省的出师资格考试。

3. 加强中医医院等级评审工作。根据三甲中医院和二甲中医院的标准要求,积极组织全市中医医院中层以上干部及有关评审专家参加全国中医院评审专家培训工作,并按照标准要求全市中医院进行认真的准备。2012年9月鹰潭市中医院通过国家局组织的三甲评审工作。

4.开展基层中医药服务能力现状调查。按照省厅要求,为了掌握全市基层中医药服务能力基本现状,进一步完善相关政策措施,合理配置中医药资源,切实提升全市基层中医药服务能力,11月在全市开展基层中医药服务能力现状调查。

5. 加大了医学学科建设力度。为进一步促进医学学科建设,提高全市卫生科技整体水平,落实好

《关于印发鹰潭市医学领先学科建设计划实施方案(试行)》和《鹰潭市医学领先学科建设计划项目验收标准的通知》精神,在全市开展医学领先学科建设工作。经推荐、初审、专家组评审、局领导研究,确定了全市首批市级医学领先学科项目共16项。并组织鹰潭市人民医院申报2013医学学科省市共建计划两项。

6. 加强了住院医师规范化培训。市人民医院作为省级住院医师规范化培训基地,积极组织并制定2012年招生计划,内科、外科各招生5人,现已完成招生任务。

7.加强了卫生人员的在岗培训工作。一是制定并下发了2012年度鹰潭市卫生人员教育培训计划。二是组织县(市、区)卫生局培训基地师资人员参加省卫生厅举办的2012年乡村医生在岗培训师资培训班。三是制定了全市2012年度乡医培训工作计划。

8.加强了继续医学教育和远程医学教育工作。一是确定并公布了2012年省、市级继续医学教育活动项目共26项。二是完成2011年度全市继续医学教育审核验证工作,全市共审核验证2373人。三是组织开展全市医疗卫生技术人员继续医学教育阶段性培训。对全市2012年度、2013年度具有职称待聘人员,于2012年10月25日至26日在市新长城宾馆举办了全市医疗卫生技术人员继续医学教育阶段性培训班,培训结束后对参加培训的人员进行了考试。

9. 加强了实验室生物安全管理。一是按照全省实验室生物安全管理工作部署,积极组织并完成了全市医疗卫生单位病原微生物实验室生物安全管理监督检查工作,对存在的问题及时提出整改意见。二是组织全市医疗卫生单位15名病原微生物实验室工作人员参加2012年度全省实验室生物安全岗位培训班。三是加强了病原微生物运输的监管,严格按照法定程序和要求进行市级运输的审批,上半年共审批7批次。

【爱国卫生运动】1.借助新农村建设平台推动农村改水改厕工作,推进城乡环境卫生整洁行动工作。截至2012年年底,全市农村自来水普及率达到70.12%,农村卫生厕所普及率达到82%,农村无害化厕所普及率达到68%,城市生活垃圾处理率达到100%;城市生活污水集中处理率达到80%;农村生活垃圾处理率达到98%、农村污水处理率提高10%,村、镇环境综合整治全面覆盖。

2.以项目为依托,全面实施中央农村改厕项目工作。2012年省爱卫办下达鹰潭市中央补助地方农村改厕项目任务3500座,资金共175万元。截至2012年11月底,已全面完成建设任务。

3.加大农村安全卫生饮水监管力度。2012年余江县认真按照省爱卫会的要求,科学设立农村饮水水质监测点,组织开展农村饮水水质卫生监测工作,全年完成了48处192份自来水水质监测任务,并进一步加大了工作力度。

4.加强病媒生物防制,科学开展除害灭病活动。2012开展了春、秋两季灭鼠和夏季灭蚊、灭蝇、灭蟑螂活动,清除卫生死角,鹰潭的“四害”密度均控制在国家标准之内。

5. 加强本地感染疟疾病例监测。建立和健全覆盖全市“三热”病人血检网络,大力推动“三热”病人血检工作,提高血检率,及时发现疟疾病例,采取治疗措施,加强流动人口监测管理措施,防治输入性病例引发的本地感染病例。全市居民疟疾防治知识知晓率80%。

6.积极开展无烟医疗卫生机构创建。为贯彻落实全省医疗卫生系统全面禁烟的履约职责,巩固无烟医疗卫生系统创建工作,市卫生局成立了控烟领导小组,建立健全了控烟组织网络,将控烟工作纳入目标考核,制定了考评奖惩制度,从组织和制度上保证了控烟工作的实施;在重点区域张贴有明显的禁烟标志;领导率先垂范,带头不吸烟,鼓励和帮助吸烟职工戒烟;对全市创建无烟医疗卫生系统工作进行了督导检查,工作取得了较好的成效。

7.认真做好健康教育的指导和服务。为普及健康素养基本知识与技能,倡导健康文明的生活方式。10月12日,市卫生局召开健康素养促进行动项目启动会,认真组织健康巡讲项目、公益广告项目、健康素养和烟草流行监测项目工作,协调、指导月湖区卫生局开展医院、学校、社区、农村、政府机关健康素养和烟草流行监测工作,推动健康教育进学校、进社区、进农村、进单位、进家庭。11月2日,举办“健康中国直通车”鹰潭行大型公益活动,开展以心脏健康知识为核心内容的科普巡展,并对医务人员进行心血管疾病防治专题培训。根据卫生防病形势和百姓健康需求,制作科学、规范的健康教育传播材料。以卫生日、重大公共活动为契机,利用电视、广播、网络、报刊等媒体,咨询、讲座、散发宣传资料、制作宣传栏等方式,广泛传播健康教育知识,不断提高健康素养知识与技能的普及率。

(艾雪凌)

【市卫生局副县级以上干部名录】

党委书记、局长:江金街

党委副书记、调研员:孙 钢

党委委员、副局长:聂美娟(女) 初国伟

党委委员、纪委书记:贺国贤

党委委员、调研员、市人民医院院长:李恩福

党委委员、副调研员:徐道福 吴多清

党委委员、市疾控中心主任:汪仕文

党委委员、市卫生监督所所长:徐瑞华

市红十字会专职副会长:刘跃姝(女)

调研员:方爱民(女)

体育

编辑、校对:夏永军

概述

【概述】2012年,鹰潭市体育局紧紧围绕市委、市政府总体工作部署,坚持以科学发展观为指导,以解放思想、改革创新为动力,树立“五创新、五推进”的工作目标,在“五抓”(抓群众体育亮点、抓竞技体育重点、抓体育产业难点、抓队伍建设焦点、抓中心工作热点)上下足工夫,扎实工作、创新理念,积极发挥党建引领作用,练好“求”字功,有力地推动了群众体育、竞技体育、体育产业全面协调可持续发展,圆满完成了全年各项工作任务。

【群众体育】深入贯彻落实《全民健身计划》,全力叫响鹰潭全民健身活动这块金字招牌,在特色中打造亮点,力求全民健身服务体系更广覆盖,群众体育活力显著增强,取得了新的成效。

做好省四健会鹰潭赛区工作。一是加强组织领导。及时成立组织机构,制订工作方案,由市全民健身领导小组牵头负责,市体育局、市体育总会积极承办。二是统筹安排活动。坚持层层组织,环环相扣,与市第三届职工运动会、市第六届老年人运动会相结合,共组织了百余次丰富多彩的体育比赛,形成了全市上下浓郁的全民健身氛围。三是积极组队参赛。全市组建了9支运动队,共有113名运动员参加江西省第四届全民健身运动会9个项目的角逐,鹰潭市政府获得最佳组织奖、鹰潭市体育局获得江西省第四届全民健身运动会创新奖、贵溪市政府获得优秀组织奖。四是加大宣传报道。在市体育局政务网站上刊登各种赛事信息,同时配合鹰潭电视台、鹰潭日报社,对所有赛事及启动仪式进行了跟踪报道,第一时间发布运动会进程。贵溪市、余江县、月湖区积极筹备,顺利举办了分赛区的启动仪式。

大力开展群众体育活动。积极倡导“我运动、我健康、我快乐”的健身理念,营造良好的全民健身氛围,推动群众体育蓬勃开展。充分发挥各单项(行业)协会的作用,积极开展形式多样、群众喜闻乐见、便于参加的健身活动。一年来,共举办迎新春健身秧歌展示、全市围棋赛、象棋赛、全市广播体操培训班两期、全市广播体操比赛、全市门球比赛、全民健身志愿者进福利院和农村等85项次全民健身活动,顺利完成了环鄱阳湖自行车赛鹰潭站各项协办任务和国民体质监测任务。2012年,贵溪市举办了第一届全民健身运动会,积极彰显地方特色;余江县共组织各类比赛活动100余项次,直接参与人数6万多人;月湖区开展了具有地域特色的社区运动会和农民运动会;鹰潭高新区将企业职工纳入国民体质监测范围,不仅测试了企业职工的身体素质,还带动了企业的健身氛围。

着力加强群众身边的体育设施建设。申报乡镇农民健身工程6个、农民健身工程25个,自筹资金为新农村、社区、单位安装全民健身路径45套,向上级部门争取到80余万元资金全部用于农民健身工程。配合全市开展创建文明城市、建设宜居城市活动,全面完成了主城区场地设施情况调查工作。

全力夯实基层体育组织建设。积极探索社区体育和农村体育新的工作机制,完善全民健身组织网络。着力加强社会体育指导员队伍建设,建立健全社会体育指导员组织管理及工作体系,组建起一支兼职为主、覆盖城乡的社会体育指导员队伍,在全省率先成立了社会体育指导员协会,社会体育指导员培训基地进行了挂牌并举办全省一级社会体育指导员培训班。全市社会体育指导员792人,占人口比例位居江西省各设区市第一名。加强体育协会的管理工作,规范自身建设,多个协会成立了党支部。

【竞技体育】紧紧围绕江西省“小、巧、水、新”的竞技体育发展方针,结合鹰潭实际,坚持突出重点,强化优势项目，鼓励扶持发展项目，讲求实效的竞技体育发展原则，埋头苦干，追求更高目标，大力实施竞技体育争先战略，确保在全省竞技体育上有位置、在各类竞技比赛上有名次。

加大体教结合力度。狠抓竞技训练基础，增强总体实力和发展后劲，突出后备人才培养的战略地位，扎实筹备市第七届运动会，瞄准2014年省运会，积极选拔培养后备人才，集中力量打好后备人才培养的总体战。形成了体育传统项目学校和少儿训练网点以及县、市两级少年儿童体育学校的少儿业余训练网络，2012年度命名9所鹰潭市第三批体育后备人才培养基地学校，为形成重点突出，优势强化，横向沟通的竞技体育后备人才基地夯实了基础。月湖区认真落实体教结合政策，构筑体育后备人才培养平台，创新体育后备人才培养措施，获得了上级部门的好评。

加快推进训练竞赛体制改革步伐。进一步强化市、县两级发展竞技体育的责任，引入竞争机制，鼓励社会力量开展多种形式的少儿业余训练，尤其是大力支持教育、企业、个人和社会力量创办体育训练项目，正确引导与督促，使之成为全市少儿业余训练的又一生力军。立足鹰潭扩大人才交流培养渠道，有序引进外地优秀教练员和体育人才，加大对外的技术合作，积极争取向上级部门输送更多的体育人才。

加大竞赛促进竞技体育的杠杆作用。一是成功承办了2012年“体彩杯”全国青少年武术散打锦标赛暨第四届世界青少年武术锦标赛选拔赛、江西省青少年田径锦标赛、江西省青少年武术套路锦标赛、江西省青少年武术散打锦标赛4个项次省级以上赛事。认真组织，积极协调，全力配合，为各参赛代表队2000余名参赛运动员激烈角逐，创造了良好的比赛环境，圆满完成各项赛事任务，得到了国家体育总局、省体育局的充分肯定。二是积极举办各类市级比赛。2012年，充分利用节假日的时间，成功举办了全市中小学田径、乒乓球、羽毛球年度系列比赛，共有640名运动员参加了比赛，创参赛人数之最。通过开展年度系列比赛，既丰富了中小学生的业余生活，强健了体魄，又为鹰潭参加省以上比赛选拔了一批优秀苗子，营造了优秀人才脱颖而出的环境，激发了基层参与青少年体育训练的积极性。三是取得较好竞技比赛成绩。全年共选派227名运动员组队参加了2012年度江西省青少年田径、游泳等11个项目比赛。达优52人达良47人，与2011年同期相比分别提高73%、23%，直接带入江西省第十四届运动会4枚金牌。

努力提高竞技体育的管理水平。一是不断完善运动项目设置与布局。全市分解落实三线布局任务125人、四线布局任务255人。以市体校、县(市、区)业余体校、各级体育传统项目学校、基地学校为基础，层层落实训练布局任务。在全市范围内设置体育后备人才培养基地学校、业余训练网点26所。二是积极支持社会力量办训练。依靠社会力量先后开设了乒乓球、羽毛球、跆拳道、武术套路、武术散打等项目，并逐渐涌现出一批优秀体育苗子。由于措施得力，鹰潭市新周期体育后备人才培养工作无论从人才数量和质量上都有新的起色。在训青少年运动员650多名，注册运动员343名。

【体育产业】 紧紧抓住体育场馆经营和体育彩票销售两项重点工作，不断创新思路，拓宽经营理念，谋求更大发展，体育产业经营空间得到拓展。

体育场馆经营蒸蒸日上。一是坚持日常开放，开发自身资源。坚持每周7个工作日，每天12小时对外提供一流健身场所，一流服务质量的日常开放政策，随时满足市民的健身需要。组织开展游泳、网球、篮球、羽毛球等项目的培训班，既为市民健身提供了科学指导，同时也培养了潜在的客户群。推出了特殊节假日购卡折扣活动刺激消费。二是积极承办活动，提高效益。坚持积极筹划、主动引进、密切配合的原则，共承办全国性赛事1场，省级赛事3场，市级赛事活动8场，省市级行业运动会15场，商业性活动11场。全年参与各类赛事活动健身人数达12万人次以上，经营收入稳步提升，取得了经济效益和社会效益双丰收。三是积极开发自身资源，主动盘活国有资产。充分利用闲置房屋、场地有针对性地对外招租、招商，已有15家单位入驻体育中心。四是强化场馆日常管理工作。通过不断完善制度，加强对各场馆场馆及其人员的管理，真正从降低运行成本入手，定期对员工进行培训和考核，积极促进制度完善以及人员整体素质、服务水平的提高。通过走出去请进来的方式，组织场馆管理人员赴宜春、长沙、武汉等地学习先进的场馆管理、运营经验，同时逐步推进市场化管理进程，引进了专业的绿化、物业团队对相关业务进行管理。

体育彩票销量稳步提升。坚持把体育彩票作为体育部门的“一把手工程”常抓不懈，制定了一系列支持体育彩票行之有效的措施。一是通过“三个提升”(提升网点形象、提升服务水平、提升销售总量)，在全省率先做好了全市体彩销售网点形象提升工作，着力拓宽销售渠道，全年新增网点销售机12台，全市销售机已达85台。二是加大体育彩票宣传力度，充分利用全国和全省各类体育赛事冠名“体彩杯”比赛，在体育场馆和市区大力宣传体育彩票。三是主动配合支持彩票分中心工作，为彩票分中心和工作人员提供必要的办公条件、培训场所和经费支持，切实帮助他们解决工作中的实际问题。四是积极举办各类促销活动，着力增加彩票销量。全年共举办竞彩促销活动2

次，多乐彩、大乐透促销活动各1次。2012年,全市体育彩票预计销量首次突破3000万元。贵溪市始终把体彩销售作为“一把手工程”,想办法、出实招,体彩销量年年实现跨越式增长。

【体育文化】加强体育文化建设,自觉把文化建设的目标任务融入体育工作实践中,努力树立“大体育文化观”,充分弘扬和发展蕴含在体育工作各个领域中的丰富文化价值和文化作用。

着力提高体育文化意识,努力构建体育服务体系。密切加强与各级媒体的沟通和合作,2012年以来,在国内和省级主流媒体发表宣传文章数十篇,是历年来数量最多、规格最高的一年。同时,进一步发挥机关荣誉室、宣传栏、显示屏、体育局网站、体育局党建网、体育文化墙等媒介的作用,广泛进行体育宣传。逐步增加对体育文化建设的投入,并纳入体育局的目标考核体系,使全局上下形成了认识体育文化、支持体育文化、参与体育文化、服务体育文化,为体育文化建设营造了良好的工作氛围。

大力促进体育与文化结合,积极拓展体育文化空间。积极拓展体育发展新领域,加强与龙虎山景区的合作,充分利用龙虎山自然地理条件,组织了各类有影响力的比赛和活动,将体育与旅游有机结合。进一步加强科学发展体育旅游产业的规划,重视体育休闲旅游业发展,积极挖掘和传承民族民间传统体育项目,不断扩大影响力、扩展活动项目、内容和形式,为体育文化建设创新特色。信江新区主动谋划,将体育与城市功能定位相融合,积极打造城市客厅和体育文化休闲区。

(彭功胜)

【市体育局副县级以上干部名录】

党组书记、局长:欧阳澜(2012.5~)

副局长:聂玲娜

党组成员、纪检组长:何晓春(2012.6~12)

党组成员、副局长:张进龙(~2012.5) 张敦波

党组成员、副调研员:徐晓东 吴旭春

调研员:熊春金

鹰潭市全民健身志愿服务体育健身展示暨秧歌协会成立

(市体育局供稿)

居民生活

编辑、校对:华志萍

居民收入与消费

【**概述**】2012年,鹰潭市委、市政府坚持以科学发展观为指导,更加注重保障民生,提高人民群众幸福指数,努力提高人民生活水平和质量。据市统计局2012年对180户农村家庭的调查数据表明:农村居民人均纯收入8802.71元,增长15.47%;人均生活消费支出5497.30元,增长11.46%。据国家统计局鹰潭调查队抽样调查资料显示,2012年全年鹰潭市城镇居民人均可支配收入达到1.99万元,同比增长13.5%;人均消费支出1.26万元,同比增长13.03%。

【**农村居民人均纯收入与人均消费支出**】在农村居民人均纯收入中:工资性收入4298.04元,增长15.53%,占纯收入的比重为48.83%;家庭经营纯收入4067.20元,增长15.71%,占纯收入的比重46.20%。财产性收入99.52元,下降4.11%,占纯收入的比重1.13%。转移性收入337.94元,增长18.95%。占纯收入的比重3.84%。在农村居民人均生活消费支出中:食品支出2530.62元,增长10.90%,占生活消费支出的比重46.03%。衣着支出639.14元,增长13.40%,占生活消费支出的比重11.63%;居住支出639.01元,增长25.39%;占生活消费支出的比重11.62%;家庭设备用品及服务支出363.10元,增长4.69%,占生活消费支出的比重6.61%;医疗保健支出257.46元,下降12.42%,占生活消费支出比重4.68%;通信和交通支出608.11元,增长9.49%,占生活消费支出的比重11.06%。文化教育娱乐消费支出281.60元,下降1.9%,占生活消费支出的比重5.12%;其他商品和服务支出178.27元,增长90.28%,占生活消费支出的比重3.25%。

(吴　强)

【**城镇居民收入全面增长**】2012年全年,鹰潭市城镇居民人均家庭总收入2.16万元,其中:人均可支配收入达到1.99万元,同比增加2364.83元,增幅达13.5%。当前城镇居民人均家庭总收入从构成来看,可以分为四大部分,即工资性收入、经营净收入、财产性收入和转移性收入。

1.工资性收入仍是城镇居民收入的主体收入。工资性收入仍是鹰潭市城镇居民可支配收入主要构成部分。2012年鹰潭市城镇居民人均工资性收入1.38万元,比2011年同期增长13.91%,占居民家庭总收入的63.9%,工资性收入增长额对总收入增长贡献率达到59.5%,是影响城镇居民家庭收入的最主要因素。这充分说明城镇居民工资性收入仍是拉动城镇居民可支配收入的主要动力。

2.经营净收入稳步增长。随着人们就业观念的转变,越来越多的城镇居民加入到自主创业的行列,经营效益日益提高,经营性收入稳步增长。2012年鹰潭市城镇居民人均经营性收入达2109.98元,同比增长了22.14%,在城镇居民收入四大部分中增速最快。

3.财产性收入小幅增长。2012年鹰潭市城镇居民人均财产性收入为390.04元,同比增长18.32%。其中,鹰潭城市居民家庭出租房屋收入225.93元,占财产性收入的57.92%,是拉动财产性收入的主体,是影响财产性收入增长的主要因素。

4.转移性收入稳步增长。调整离退休人员的津补贴标准进一步提高了离退休人员养老金也使得鹰潭市离退休人员的收入不断增加,同时政府进一步加大社会保障力度,提高了低保标准等,使城镇居民人均转移性收入稳步增长。2012年,城镇居民人均转移性收入为5304.72元,同比增长了15.38%。

【**城镇居民消费水平快速增长,消费结构有待改善**】随着居民生活水平及质量显著提高,鹰潭城镇居民的消费亮点不断涌现,消费市场活跃。2012年,鹰潭市城镇居民人均消费支出1.26万元,同比增长13.03%,八大类支出呈现“六升二降”态势。

1.食品支出增幅平稳。食品消费是刚性消费,是满足人们正常生活的基本要素,因此,其支出份额一直占据了消费性支出的主要部分。2012年,城镇居民人均食品支出5576.34元,同比增长11.18%。其中,粮油类人均支出712.21元,同比增长11.48%;肉禽蛋水产品类人均支出1694.41元,同比增长3.48%;蔬菜类人均支出849.76元,同比增长1.98%。

2.衣着类支出快速增长。受衣着价格增长的影响,城镇居民的衣着类支出快速增长。2012年人均衣着类支出1459.79元,同比增长33.07%,其中服装类支出1141.72元,同比增长32.63%,而数量反而下降20.34%。

3. 健康意识转变为预防为先。城镇居民日益重视身体健康状况,健康意识逐年增强,用于保健上的支出大幅增加。2012年,鹰潭城镇居民人均医疗保健支出为786.8元,同比减少了7.28%,其中滋补保健品类支出90.39元,同比增长32.99%,而医疗费支出346.89元,同比减少了15.28%。

4. 交通通信类支出增长较快。随着城镇居民生活条件的改善,用于交通通信上的支出大幅增加。2012年,鹰潭城镇居民人均交通通信类支出为1013.8元,同比增长35.76%,其中交通类支出514.98元,同比增长55.48%,购买助力车支出140.29元,同比增长316.29%;通信类支出498.81元,同比增长20.04%。

5.旅游带动教育文化娱乐类支出增长。城镇居民用于旅游上的支出正逐年增加。2012年,鹰潭城镇居民人均教育文化娱乐类支出1405.29元,同比增长15.05%。其中:文化娱乐服务类支出592.72元,同比增长29.2%,团体旅游支出290.78元,同比增长173.29%;教育类支出480.06元,同比增长36.97%。

6.其他商品和服务类支出增速迅猛。其他商品和服务类支出491.08元,同比增长48.3%,增长迅猛。其中:其他商品类支出267.57元,同比增长13.87%,其他服务类支出223.51元,同比增长132.43%。

(吴　静　刘荣佳)

消费者权益保护

【概　述】2012年,市消费者协会紧紧围绕“消费与安全”年主题,以推进社会管理创新,构建和谐消费环境为目标,全面推行行政约谈制度,通过“调处一起消费纠纷,发现一个矛盾潜点,启动一次行政约谈,警示一批经营业主,指引一个消费导向”,形成了消费教育、消费引导、消费监督三位一体的综合维权方式,大大提升了消费维权效能,得到当地党委、政府肯定,受到社会各界好评。

【积极开展“消费与民生”年主题活动】紧紧围绕2012年的“消费与安全”活动主题,2月份成立了鹰潭市“3·15”国际消费者权益日纪念活动组委会,制定了2012年鹰潭市“‘3·15’国际消费者权益日”活动方案,同时召开各成员单位座谈会,做到早筹划、早安排、早落实,并正式联合行文(鹰消协字[2012]1号)。纪念活动内容丰富、形式多样、别具一格,积极引导广大消费者科学合理、安全健康消费,从而提高广大消费者的自我保护意识,并督促经营者提高文明守法经营,诚实守信经商的自觉性。2012年3月15日上午,由鹰潭市委宣传部、市工商局、市消协主办,市邮政函件局承办,在鹰潭市永盛百货广场隆重举行“‘3·15’国际消费者权益日”大型宣传咨询活动。副市长宋迪维亲临现场并作了重要讲话,活动现场由市委宣传部副部长李云主持,市工商局党组书记、局长彭鹏致开幕词,市保险协会代表宣读承诺书。

活动现场,市工商、质检、价监、药监、房管、盐务、烟草、旅游及消协等10余家单位精心制作了宣传展板,并就广大消费者普遍关心

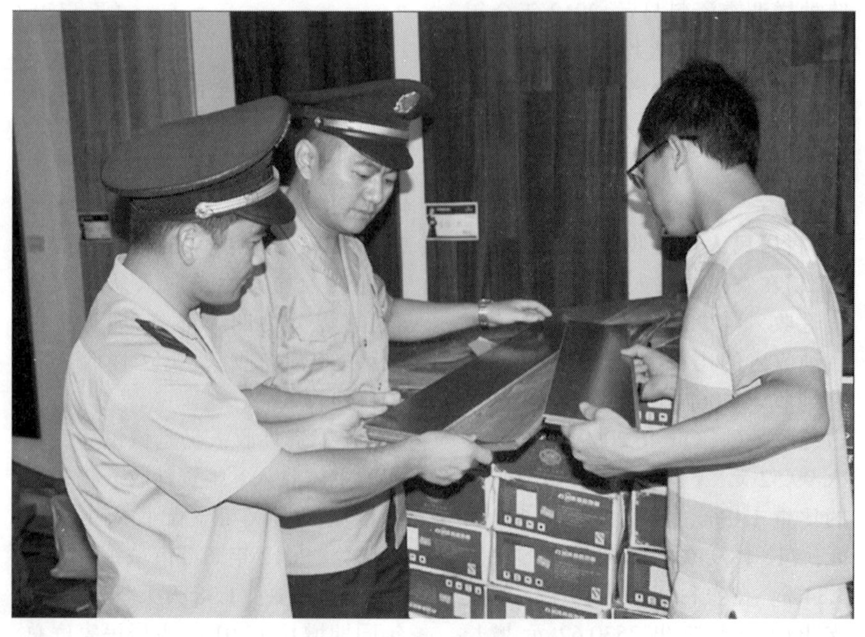

开展建材市场专项整治行动

(市工商局供稿)

的商品质量、价格、服务领域维权等有关知识进行了现场讲解。部分企业还携带了大量的实物样品，就产品质量、性能、价格等进行展示，以提高广大消费者对相关商品的鉴别能力。活动全程共向群众发放宣传材料1万余份，现场接受咨询500余人次，受理消费者投诉30件。宣传咨询服务活动受到了广大群众的热烈欢迎，取得了良好的社会效果，让“消费与安全”的春风飞进鹰潭市的每个角落。当天的活动情况在省、市电视台、广播电台及报刊都进行了充分报道。

【流通领域商品质量监管】2012年，市工商局消保部门进一步加强了流通领域商品质量监管，建立并规范运作全市消保系统工作QQ群，将执法实用数据库查询网址、3C产品认证目录及清单、工业产品生产许可证目录、工商机关协作检验机构名录等商品质量监管信息资料上传到群空间，通过信息共享、在线交流，提升技能，强化合作。

2012年初即制定了《鹰潭市工商局流通领域(非食品类)商品质量监管计划》，分批分次组织对家具、水管、电线、板材、瓷砖、服装等6类55批次的商品进行了监测，规范了市场经营秩序。先后开展了“家电下乡”市场、电热器市场、手机市场、电动车市场、儿童用品市场、重点商品市场等专项行动，开展了“百城万店无假货”示范店(示范街)检查复核工作，取得了预期效果。及时疏理、排查专项整治和商品检测中发现的线索，对严重侵害消费者权益的行为，严厉打击，办结相关案件18起，罚款8万余元，打击了违法经营行为，有效净化了市场环境。

【认真处理消费纠纷】2012年，“12315”消费者申诉举报指挥中心受理消费者咨询、申诉和举报共1140件，其中咨询820件、申诉316件(包括市长热线转办5件)、举报4件。咨询、申诉和举报涉及较多的是通讯产品、服装鞋帽以及家电类。“‘12315’消费者申诉举报指挥中心”把强化受理接诉水平、加快反诉反应能力、提高维权效能摆在首位。在规范管理上下功夫，优化“12315”工作流程：遇到常规投诉，中心通过申诉举报系统，网上交办相关县(市、区)处理；碰到重大、紧急的非常情况，中心直接与分局负责同志联系，快速反应，共同调处，化解问题于当前，避免不必要的矛盾升级与恶化，申诉办结率达到100%，调解成功率95.3%，为消费者挽回直接经济损失达55余万元。

(何 琳)

人口与计划生育

【概述】2012年，鹰潭市人口计划生育工作贯彻《中共中央国务院关于全面加强人口和计划生育工作统筹解决人口问题的决定》及有关法律、法规，加强宣传，强化管理服务，严格控制政策外生育，开展免费孕前优生健康检查，稳定低生育水平，完成各项目标任务。全市出生1.60万人，全市人口出生率为13.07‰；出生政策符合率79.03%；出生人口性别比115:100。

【人口计生责任制】坚持党政一把手亲自抓、负总责，市委坚持把人口和计划生育工作情况作为干部考核的一项重要内容，在干部提拔和使用时，事先到计生部门了解计生工作情况，严格实行一票否决；市政府向各县(市、区)和市直有关部门下达了目标任务书，在机构编制紧缩的情况下，同意市计生协会办公室增加2个参公编制，增加1个副科级职数，将市计划生育药具管理站列为参公管理；市委、市政府严格计划生育责任追究，对综合工作严重落后的4个单位实行了“限期整改”。

【稳定低生育水平】全市通过开展一日强化培训、一周摸底清查、一旬对话互动、一月四术落实、一季打击“两非”强化人口计生工作，稳定低生育水平。共举办国策讲座44场，培训乡村两级干部400多人；服务返乡流动人口4.49万人次；开展环、孕检10.13万人次，环孕检率94.97%，破获“两非”案件55起。

【工作运行机制试点】开展创建“政策外生育率严格控制在10%以内”人口计生工作运行机制试点，市、县、乡、村四级联动，严格控制政策外生育。全市选择了50个村作为试点，通过选点、摸底、复查、实施、评估五个步骤，完善村民自治章程或村规民约，对摸底出来的政策外怀孕对象逐个做工作，为控制政策外生育做出了积极贡献。贵溪市天禄镇球源村等4个试点村受到通报表扬。

【计划生育示范村居创建】在总结、巩固和发展前两年创建的基础上，发文确定第三轮创建工作。全市共有44个乡(镇、街办)的132个村(居)开展了第三轮人口和计划生育“示范村(居)”创建工作，通过创新工作方法，夯实基层基础，美化了基层工作环境，提升了鹰潭市人口和计划生育工作的整体水平。

【计划生育专项整治】开展社会抚养费征收、党员干部、国家公职人员和名人富人违法生育、出生人口性别比专项整治。按照部署，组织人员对县(市、区)社会抚养费征管用情况进行了抽查，指出了存在的问题，提出了解决办法，规范了征收程序。迎接了省政府组织对鹰潭市社会抚养费的审查。全市全年：社会抚养费人均征收额达到1.14万元；查处党员干部、国家公职人员违法生育21人，开除公职18人，党纪处分3人；查处名人富人违法生育25人，人均征收社会抚养费20万元；查处“两非”案件55例，超额完成省下达的任务。

【计划生育利益导向】全市共发放各类计划生育奖励扶助金223.4万元,落实农村部分计划生育家庭奖励扶助对象1373人,计划生育家庭特殊扶助对象337人;办理新农合8785人,阳光助学105人,有33户二女绝育户家庭领取了3000元的一次性奖励;为1.95万名0~6岁儿童办理了平安保险;通过开展绿色养老工程,为237户独女、二女户家庭解决了绿色养老问题。同时,各相关部门在安排有关项目资金、扶持计划时也对计划生育家庭给予了大力倾斜。

【计划生育依法行政】按照人口计划生育有关法律法规规定,执行国家人口计生委规定的"八不准",坚持依法行政,文明执法,从群众最需要的地方做起,从群众最不满意的地方改起,切实寓管理于服务之中,维护群众的合法权益。十八大和全国、省、市两会期间,开展"信访突出问题及不稳定因素排查化解攻坚战"活动,每天实行"零"排查、"零"报告;建立"急、难、险"信访案件领导包案制度,及时疏访、化解矛盾。把信访维稳工作纳入年终目标考核范围,实行"一票否决"。

【计划生育优质服务】2012年,贵溪市、月湖区列入了国家免费孕前优生健康检查试点单位,余江县列入省级免费孕前优生健康检查试点单位。建立政府主导、部门合作、专家支持、群众参与的工作机制。制定了试点项目实施方案,明确服务对象、服务目的和服务内容,细化目标任务,与民政局、公安局协作,向服务对象发放免费孕前优生健康检查服务单10余万份,告之免费服务的对象、服务内容和服务地点,使国家的这一惠民政策做到家喻户晓,提高目标人群的知晓率、参检率;将免费孕前优生健康检查项目试点工作纳入人口和计划生育综合目标考核内容,每周汇总、每半月调度,每月排名,并通报给县(市、区)五大责任人;强化技术规范和质量管理工作,全市共完成1.10万例,完成任务的101%。

【流动人口服务管理】通过开展流动人口大清理,掌握全市流出人口总数为20.14万人,流入人口总数为2.09万人。根据鹰潭流入、流出人口较多的实际,主动加强联系,签订双方合作协议,互通信息,巩固和提高省内流动人口管理"一盘棋",推动区域"一盘棋",切实加强流动人口的服务管理。积极做好全员流动人口计划生育统计工作,全年协查反馈率为99.5%、通报接收率为97%,均超过了全省平均水平,查无此人率为7.3%,控制在10%以下,多次得到省人口计生委的好评,4月份,全国流动人口一孩生育证管理服务研讨会在鹰潭举行。

【鹰潭市人口计生"奖惩办法"】2012年9月25日,市政府办公室下发了《鹰潭市人口和计划生育工作奖惩办法》,实行人口计生工作目标考核奖励和处罚制度。奖励制度规定:在市本级获得全省人口计生工作目标管理考核综合奖的前提下,分别给予以下奖励,经费由财政列入年初预算。(1)市财政按照省奖励标准1:1的比例配套奖励市人口计生委,同时奖励市人口计生委干部职工一个月的基本工资。(2)县(市、区)、龙虎山风景名胜区、鹰潭高新技术产业园区、信江新区获得全市人口计生工作综合先进,由市政府予以奖励;获得市级以上(含市级)人口计生工作综合先进,由当地县级政府(管委会)按照上级奖励标准1:1的比例配套奖励同级人口计生部门,同时奖励当地县级五大责任人一个月的基本工资。(3)市计生领导小组成员单位及相关责任单位获得全市人口计生工作综合治理先进,由市政府予以奖励,同时奖励该单位每个干部职工1个月的基本工资,经费由单位自筹。处罚制度规定:县(市、区)、龙虎山风景名胜区、鹰潭高新技术产业园区、信江新区计划生育五大责任人、市计生领导小组成员单位及相关责任单位主要负责人、市人口计生委全体机关干部,每人每年按照1个月的基本工资缴纳人口计生风险金,风险金统一划转到市人口计生风险金专户。市本级在省计生工作年度综合考核评估中排位后三名,则"一票否决"市人口计生委,并扣除全体机关干部风险金;县(市、区)在省计生工作年度综合考核评估中排位后十名的,龙虎山风景名胜区、鹰潭高新技术产业园区、信江新区在省计生工作年度综合考核评估中排位后三名的,县(市、区)、龙虎山风景名胜区、鹰潭高新技术产业园区、信江新区、市计生领导小组成员单位及相关责任单位在市计生工作年度考核评估中被"重点管理""一票否决"的,按照《鹰潭市人口和计划生育"一票否决"、"重点管理"实施办法》执行,同时扣除相关责任人员的人口计生风险金。扣除的人口计生风险金,作为市人口计生工作专项基金。

(江永红)

【市人口和计划生育委员会副县级以上干部名录】
书记、主任:吴小莲(女)
党组成员、纪检组长:黄春和
党组成员、副主任:李丽高
黄小红(女)
调研员:黄晓兰(女)
陈和生(2012.5~)
副调研员:汪绪华

妇女儿童权益保护

【概述】2012年,在市委、市政府的正确领导下,在省妇联的精心指导下,鹰潭市妇联牢牢把握妇女儿童民生需求,强化协调服务,优化发展环境,维护合法权益,推动妇女儿童共享经济社会发展成果。

1.完善妇女儿童维权网络。健全了妇联组织与政法、综治、民政等部门横向联动协作机制，与市人民检察院建立了维护妇女儿童合法权益工作联系制度，与市公安局联合下发了《关于进一步预防、制止和依法查处家庭暴力的工作意见》，妇女维权合议庭、反家庭暴力妇女庇护所、“12338”妇女维权热线等妇女维权阵地得到巩固和拓展。

2.关爱农村留守妇女儿童。深入10多个乡镇学校对农村留守儿童基本情况调研，发放调查问卷3000多份，并撰写了专题调研报告，提出了有针对性的意见建议。积极争取省妇联项目资金10万元,在贵溪市塘湾镇建立留守妇女“巾帼创业园”，大力发展来料加工，使2000多名留守妇女在家门口实现就业,帮留守儿童找回了母亲，帮空巢老人找回了女儿和媳妇，促进了家庭和睦、社会和谐。“六一”节前夕,联合教育局举办了“城乡儿童手拉手，互爱互助共成长”关爱留守儿童活动,搭起了城乡孩子共建友谊、共同进步的桥梁,使农村留守儿童在度过快乐节日的同时感受到党和政府的温暖。

3. 关心帮扶贫困妇女儿童。建立健全了贫困妇女信息库,收录了全市625名贫困妇女的基本资料，为7名“两癌”贫困妇女争取到中国妇女发展基金会专项救助金7万元,为5名“三孤”人员争取到救助金1万元。联合解放军184医院举办了大型公益援助活动，为27名贫困妇女免费实施了摘除盆腔肿块、子宫肌瘤、卵巢囊肿等妇科手术。组织巾帼志愿服务队到余江县画桥镇开展送健康下乡活动,为贫困妇女送医送药,宣传卫生健康知识,切实把关爱和服务送到妇女群众身边。

4. 组织开展“春蕾计划”助学行动。向社会各界发出了关爱贫困女童“春蕾计划10元捐”的倡议,用筹集的善款资助了近百名女大学生和春蕾女童，帮助其中特别贫困的女大学生与企业建立了结对帮扶,解决了她们在大学期间的基本生活费用。积极争取玫琳凯化妆品公司和省妇联的支持，在贵溪市一中设立了“玫琳凯春蕾班奖学金”,连续三年每年资助50名贫困高中女生春蕾奖学金每人1200元。

5. 加大法制宣传力度。联合有关部门开展了以“家家踊跃学法律,户户平安促和谐”为主题的“三八”维权周活动,发放法律法规、妇女维权宣传单和妇女儿童发展纲要宣传手册5000多份。

6. 热心做好信访接待。全市妇联组织共接待妇女群众来信来访486件，帮助161名妇女、110名未成年人申请了法律援助,帮助多名下岗失业、生活困难的妇女协调解决就业问题，帮助来访的孤寡老人、单亲母亲用法律维护权益,妇联的信访维权窗口已成为妇女广大法律咨询、化解矛盾、倾听诉说、解决难题的场所。

全市人口计生工作预警预报单位警示约谈会

（市计生委供稿）

民政

编辑、校对:陈志敏

概述

2012年,在市委、市政府的正确领导下,在省民政厅的精心指导下,全市各级民政部门坚持以"三个代表"重要思想为指导,认真贯彻落实科学发展观和全国、全省民政会议精神,紧紧围绕市委、市政府中心工作,紧密结合民政工作实际,求真务实,开拓进取,各项工作都取得了新突破,全市民政工作获各类奖项20余项,并成功筹办全省社会事务工作会议。其中,鹰潭市被授予全省民政工作创新奖(社区标准化建设和服务管理网格化工作),中共鹰潭市社会组织工作委员会被授予"全国社会组织创先争优优秀指导单位"称号,市军供站被授予"全国民政系统先进集体"称号,市社会福利院被命名为"全国民政系统窗口单位为民服务创先争优活动优秀服务品牌",余江县平定乡敬老院被命名为"全国民政系统行风建设示范单位",贵溪市革命烈士纪念馆被授予"全省民政系统行风建设示范单位"称号,月湖区婚姻登记处、月湖区梅园社区民政服务窗口被授予"全省民政系统窗口单位为民服务创先争优活动优秀服务品牌",贵溪市鸿塘镇敬老院被授予"全省民政系统先进集体"称号。

重要举措

【社会救助工作】群众基本生活水平大幅提高,2012年,鹰潭市城乡低保标准分别提高到350元和170元,保障了6万名城乡低保对象基本生活。农村五保集中、分散供养标准分别比2011年提高240元和600元,达到每人每年2640元和每人每年2160元。城乡医疗救助累计直接救助5535人次,救助资金达2281.79万元。精减退职老弱残职工的生活补助每人每月提高20元,城乡分别达到265元和225元。启动社会救助和保障标准与物价上涨挂钩联动机制,为城区困难群众发放物价补贴68.5万元。

【救灾救济工作】减灾救灾体系更加完备、制度更加健全,有效应对了多次自然灾害,下拨各类救灾救济资金950万元,救助受灾困难群众5.1万人次,全市39户倒房重建工作全部提前完成。进一步理顺减灾管理体制,召开年度减灾工作会议,落实各成员单位工作职责,以全国"防灾减灾日"宣传教育活动开展和全国、全省"减灾示范社区"建设为契机,加强各项工作落实的指导与督查,形成了防灾减灾齐抓共管、社会力量广泛参与的良好局面。

【优抚安置军供工作】严格按照文件规定核定各类抚恤标准和义务兵家庭优待金标准,使各类优抚对象的定补,抚恤资金及时、准确、足额的通过"一卡通"发放到每一位优抚对象手中。全年发放各类抚恤定补提标提补资金4831万元,发放义务兵家庭优待金996.2万元。大力推进退伍安置改革,实行多渠道安置,对转业士官、伤残士官、荣立二等功以上的退役士兵实行重点安置,对退役义务兵和复员士官实行档案考核和文化考试相结合的原则择优安置。2012年全市共接收军队退休干部6人,退役士兵538人。鼓励退役士兵自谋职业,启动退役士兵职业教育和技能培训工作。全面优质完成军供保障任务,部队赞誉鹰潭军供站:"热情服务的楷模,保障有力的典范"。

【基层政权和社区工作】圆满完成第八届村(居)委会换届选举工作。村级班子结构得到优化,妇女当选比例大幅度提高。扩大了村(居)委会自荐直选、直选试点,为创新选举工作模式进行了有益探索,积累了经验。扎实开展社区标准化项目建设和服务管理网格化工作。创新社会管理,在全市44个街道、社区居委会开展了社区标准化项目建设和服务管理网格化工作试点。2个精品农村社区被授予国家、省级精品农村社区。

【民间组织和区划地名工作】在全市社会组织中启动基层组织建设年活动。突出抓了两方面工作并取得成效:一是健全并理顺了社会组织党建组织机构和管理体制。本市市、县两级均依托民政部门成立了社会组织党工委,在全省率先实现社会组织党工委在市、县两级全覆盖。二是扎实推进、精心部署建设年活动。由市委组织部、市社会组织党工委联合印发的《关于在全市社会组织中开展“建组织、扩覆盖”活动的通知》被省委组织部和省社会组织党工委作为经验典型转发各地执行。全市社会组织新组建党组织65个,党组织覆盖率由3.5%提高到26.0%。区划地名工作有序开展,撤乡设镇(2个)工作顺利,对全市道路、桥梁、街道的命名进行了科学调研,起草了《鹰潭市地名管理细则》,对2座桥梁、8条道路进行了命名或更名。

【社会福利工作】扎实做好城市“三无”特困群众提标工作,将城镇“三无”特困群众月人均供养标准提高50元。继续做好孤儿基本生活费发放,确保每个符合条件的孤儿都享受到国家的政策保障。以积极推进“三项”改革和确保清明节祭扫安全有序为重点,着力加强殡葬公共服务体系建设。积极指导公墓经营单位建设的力度,推广节地墓穴,同时引导人民群众提高环保意识,自觉自愿选择壁葬、花葬、草皮葬、树葬等生态葬法,2012年本市有30多名遗体采用了生态葬法。认真抓好城乡公益性骨灰安放设施建设和环境改造,月湖区“永宁园”、贵溪市“回归园”、余江县“金梦陵园”进行了公墓园内道路平整、美化、绿化工作,进一步改善了丧葬环境和服务条件。继续完善特困群众遗体免费火化制度,扩大了免费火化人员范围,由原来的特困群众免费火化扩大为特困群众、优抚对象、低保申请户等免费火化,共为全市特困群众遗体免费火化210具,财政支付补助金16万多元。认真开展婚姻登记优质服务活动,免费婚姻登记全面落实,婚姻和收养登记窗口服务全年无有效投诉。救助管理工作有序推进,全年救助1万多人次,为他们提供了住宿、医疗、购票返乡等不同形式的救助。福利彩票销售取得较好业绩,全市销售福利彩票6250多万元,增幅列全省第2名。开设慈善阳光班,开展“慈善一日捐”、“慈善情暖万家”、青苗关爱工程等一系列活动,促进了慈善事业蓬勃发展。

【老龄工作】结合鹰潭市实际,制定《鹰潭市老龄事业发展“十二五”规划》和《关于加快发展养老服务事业的实施意见》等文件,进一步推动了全市养老服务事业的快速发展。积极争取扶持资金,推进居家养老服务建设工作,全年本市共建成城乡社区居家养老(日间照料)服务中心43个。组织参加各种养老服务职业技能培训,不断提升本市养老服务水平。圆满完成第六批农村老年人协会示范点物资配送工作,极大改善了本市各地农村老年人协会的活动环境。重阳节期间,在全市范围内开展了多种形式的以“敬老爱老、共建共享”为主题的“敬老月”系列活动。

【扶贫开发和移民工作】印发《鹰潭市“十二五”扶贫开发工作实施意见》(鹰发〔2012〕7号),确立了18个市级扶持贫困村和36个市直帮扶单位。扶持引导贫困村调整产业结构、开发当地资源,全年共实施整村推进扶贫规划项目18个。基本完成全市731人的地质灾害避灾搬迁建房任务,确保在春节前全部入住新居。着力实施劳动力转移培训“雨露计划”,较好地完成了167人的培训任务。加强了大中型水库移民后期扶持人数的动态管理。编制实施了年度大中型水库移民后期扶持资金和结余资金备案项目计划。维护库区和移民安置区社会稳定,妥善化解矛盾,公平公正安排好实施好移民扶持项目。

(朱 波)

【市民政局副县级以上干部名录】

党组书记、局长:艾 农

党组副书记、副局长:黄正清

党组成员、副局长:查列妮(女) 周金爱

党组成员、纪检组长:王松泉

党组成员、市军供站站长:朱福兴

党组成员、副调研员:徐振火(2012.9~) 杨寿瑶 吴锃荣(~2012.9)

市扶贫办主任:邵 云

劳动就业与社会保障

编辑、校对：夏永军

概述

2012年，市人力资源和保障局认真按照省厅和市委、市政府工作部署，围绕稳增长、惠民生、保稳定工作大局，锐意进取，狠抓落实，完成了全年各项工作目标任务。市人力资源和保障局被国务院授予全国新型农村和城镇居民社会养老保险工作先进单位，市社会保险事业管理局被人力资源和社会保障部授予全国人社系统先进集体，清理人力资源市场秩序专项行动受到人社部、公安部、国家工商总局联合表彰，再就业小额贷款信用担保工作受到省政府表彰。

重要举措

【劳动就业】强化用工需求对接，组织开展了就业援助月、民企招聘周、大学生就业服务月、送岗位下乡等公共就业服务活动，统筹推动各类群体就业。实现城乡劳动者不出社区(村)就能了解用工信息，选择合适的就业岗位。全市新增城镇就业27235人，城镇就业率96.5%，新增转移农村劳动力21384人，发放小额贷款3.2亿元，扶持3141人创业，带动就业1.37万人。服务工业园区企业招工2万余人次，既满足了企业用工需求，又畅通了劳动者就业渠道。建立菜单式培训机制，推行“招工、培训、就业”三位一体培训模式，为劳动者提供均等的培训机会。全市工业园区定向培训1.5万人，创业培训1901人。

【创业带动就业】充分发挥小贷扶持创业带动就业的倍增效应，坚持“贷、管、收”一体化管理，全程式服务，扶持创业者实现创业梦想。积极引导、指导并扶持贵溪市塘湾镇建设了返乡农民工创业园，吸引外出务工人员回乡创业，带动1000多名当地农村劳动力尤其是妇女就业，被誉为“塘湾”模式。带动贵溪市泗沥镇、滨江乡及雷溪镇规划建设返乡(失地)农民创业示范街，吸纳就业效应日趋显著。市就业局与市妇联联合打造了融培训基地与家政服务企业为一体的市家政服务中心，成为引领鹰潭市家政服务企业发展的样板。联合市企业家协会具体承办了民营中小企业经营管理者创业培训，特聘浙江大学多名教授授课，203名企业主参加了培训，反响良好。

【公共就业服务】按照形式上规范统一，服务上各具特色的思路，界定乡镇(街道)劳动保障平台在就业服务管理中的基本职能定位，推行了基层平台绩效管理。完成了市人力资源市场信息化改造和市就业信息网的升级，并以整合“两个市场”为抓手，更好地发挥了市场的功能和作用，实现了天天开市，定期办会，2012年共举办各类招聘会28场，参会企业1000多家次，进场求职人员逾3万人次。以推进公共就业服务“一网五点”建设为抓手，实现了农村劳动力资源、农村劳动力转移、工业园区企业用工、离校未就业应届大学毕业生及就业培训等实名制动态管理；全市建立农村劳动力转移就业重点监测点6个，工业园区企业用工监测点15个，失业动态监测点30个。对毕业两年未就业高校毕业生实行实名制管理，完成了当年离校未就业应届高校毕业生498人的跟踪调查。

【养老保险】全市养老保险参保人数13.47万人，完成年目标任务的101.15%，较2011年净增参保职工8507人，增长6.74%。其中：被征地农民参保人数完成1.52万人，完成年目标任务的169.13%；新增缴费人数1.18万人，增长11.30%。全市城镇企业离退休人员人均养老金1125.03元/月，人均增资178.76元/月。全市新型农村社会养老保险参保人数45.4万人，参保率83.3%，9.12万名60岁以上的老人领取了养老金，发放率100%；城镇居民社会养老保险参保人数1.75万人,参保率84.1%。4223名60岁以上的老人领取了养老金,发放率100%。根据省委、省政府11号、17号、100号等文件精神,对企业军转干部、1953年以前参军后在企业退休的退役士兵、参加过对越反击战等“十四类”参战人员代发生活补助。全市已有476人(次)军队退役人员纳入生活补贴范围,平均每人每月补助239.39元,累计发放生活补贴137.74万元。市社会保险事业管理局继2006年已连续第7年被评为全省社会保险系统先进单位,2012年荣获“全国人力资源和社会保障系统先进集体”。

【基本医疗保险】全市城镇医疗保险参保缴费人数达到31.29万人,完成年目标任务的111%。其中,职工医保参保缴费人数13.74万人;居民医保参保缴费人数17.55万人。全年医保基金征缴总额2.52亿元,完成年目标任务的156%。全面实施城镇职工医疗保险市级统筹,统一提高了全市城镇职工基本医疗保险待遇,职工医保报销比例由原来的80%提高到90%以上,每年最高报销金额由原来的3万元提高到6万元,结合大病补充医保,参保人员每年最高可报销22万元。推进医保付费改革,实行单病种全额免费治疗,在全市医保定点医院对急性阑尾炎、乳腺纤维瘤、急性扁桃体炎等10个病种全面推行定额结算和全额免费治疗,参保人员个人不再负担政策范围内的任何医疗费用。落实医保定岗医师管理制度,开展定岗医师医疗服务专项检查,全市共培训医保定岗医师1300多人。落实定点零售药店服务管理规定,推进全市定点零售药店规范化管理工作。进一步加强和规范医保定点管理,杜绝不合理费用开支,确保基金平稳安全运行。

【劳动关系】建立健全协调劳动关系工作体系,深入开展创建和谐劳动关系企业、工业园区活动,根据三方会议决定,授予江西三川水表股份有限公司等12家企业“鹰潭市模范劳动关系和谐企业”称号,授予余江(国际)眼镜工业园“鹰潭市模范劳动关系和谐工业园区”称号。经推荐江西六国化工有限责任公司等3家企业被评为“江西省模范劳动关系和谐企业”。严格规范劳务派遣行为,继续开展“春暖行动”,全市各类小企业劳动合同签订率达到95%以上,其中:国有及国有控股小企业达到98%以上,非国有小企业达到93%以上,农民工劳动合同签订率达到85%。全市劳动人事争议仲裁机构依法受处劳动人事争议案件114起,当期结案率96.5%,调解结案率77.3%,涉案金额149.24万元。全市基层劳动人事争议调解组织受理劳动人事争议154起,涉及劳动者254人,调解成功率93%,涉案金额209.41万元。接待来人来电咨询千余人次,案前调解60余起。全市所有乡镇(街道、社区)劳动保障事务所、教育卫生系统和300人以上企业全部建立了调解中心。认真开展劳动保障监察举报投诉案件专查、劳动保障年度书面审查、清理整顿人力资源市场秩序、农民工工资支付情况等专项执法行动。受理举报投诉案件336起,结案率98%,其中拖欠农民工工资案件263起,追回拖欠工资3235.18万元,其中农民工工资3118.95万元,基本做到了农民工工资无拖欠,有效地维护了劳动者的合法权益。鹰潭劳动监察局在清理整顿人力资源市场秩序专项行动中首次获得国家人社部、公安部、工商总局等三部委的通报表扬。

【社会保险基金管理】大力开展《中华人民共和国社会保险法》宣传工作,加强基金征缴,确保应收尽收,进一步扩大社保参保覆盖面。全市基本养老、城镇医疗、工伤、生育和失业保险参保人数,分别达到18.22万人、31.30万人、11.93万人、5.02万人和7.74万人。全年社会保险费征缴总额达8.41亿元,同比增长2.13亿元,各项保险征缴金基数均创历史新高。完善基金监管制度和内控制度,规范业务流程和财务管理,强化基金运行系统建设和数据存储安全,确保了基金的安全稳定。

(陈克勤)

【市人力资源和社会保障局副县级以上干部名单】

局党组书记、局长:吴南平

副局长:黄丹军 桂学东 曹建彬

纪检组长:方 璐

副局长、社保局长:韩学农

就业局局长:毛晓荣

技校校长:熊征才

县(市、区)

编辑、校对:朱仕平

余江县

【简况】位于江西省东北部,信江中下游,辖5个乡6个镇,总面积932.8平方千米,其中城区面积8平方千米。耕地面积2.37万公顷,林地面积3.95万公顷,森林覆盖率46.35%。总人口38.52万人,其中非农业人口8.41万人,人口自然增长率7.63‰。2012年实现生产总值67亿元,同比增长12.3%。其中,第一产业22.5亿元,同比增长9.3%;第二产业33.2亿元,同比增长17.8%;第三产业11.3亿元,同比增长3.5%。财政总收入12.5亿元,同比增长17.2%,税收占财政总收入的比重为71.7%;地方财政收入9.9亿元,同比增长76.1%;地方财政支出19.3亿元,同比增长20.8%;工业总产值174亿元,同比增长27.9%;规模以上工业增加值28.03亿元,同比增长42%;外贸出口1.22美元,同比增长21.7%。固定资产投资56亿元,同比增长22.8%,主要工业产品电光源2.38亿只,铜材21.5万吨,眼镜成镜3789万副,铝合金6.7万吨、盐酸1.3万吨,钢材5861吨。农业总产值35.1亿元,同比增长3.5%,粮食总产量27.7万吨。主要农产品稻谷26.8万吨,花生8585吨,油菜籽4862吨,芝麻252吨、黄红麻14吨,甘蔗1.8万吨,果用瓜1.8万吨。万元GDP能耗1.059吨标煤,城市污水处理率80%。在岗职工年平均工资22111元,同比增长15%;农民人均纯收入8483元,同比增长18.9%。全县共有42575名职工参加了城镇基本养老保险。全县参加失业保险人数13428人,基本医疗保险人数85883人,城镇居民最低生活保障人数7935人,农村居民最低生活保障人数12679人,参加农村新型合作医疗人数272709人。

大力实施工业化核心战略,工业经济稳步增长。(1)全力壮大特色产业。一是围绕中国再生资源交易示范市场建设,以建鑫铜业、保太集团、江西同和等骨干企业为依托,完善循环经济产业链条,建成名副其实的区域再生资源交易中心。二是围绕国家级雕刻文化产业基地建设,强力推进雕刻市场及基地的基础设施建设,把雕刻创业示范街打造成江南雕刻文化第一街。三是围绕国家级外贸出口转型升级示范基地建设,全面集聚中童眼镜生产和余江万名眼镜人销售渠道等优势资源,提升眼镜产业技术水平、营销水平,增强“余江眼镜”全国知名度。四是围绕争创国家级微型元件生产基地,按照“百家企业、四千设备、五千工人、六亿产值”的要求,推动返乡创业,强化科技引领,促进产业上规模,上档次,上水平。在抓好四大特色产业的同时,按照构建“4+3”产业体系的要求,大力扶持节能照明、新能源新材料、医药化工等新兴产业的发展,不断提升产业经济的竞争力和吸附力。(2)强力推进重点项目。一是优质项目促升级,重点加快阳光LED、耐乐超低氧无缝铜管、天施康中药提取技改等优质项目的建设进程。二是建成项目促达产,重点支持盛发铜业、金泰新能源、亨得利金属等企业项目尽快达产达效,释放产能。三是在建项目促竣工,重点督促国际眼镜城、佳佳福淀粉、鑫勇科技、江西港城等项目加快建设进度,力争每月都有项目竣工投产。四是洽谈项目促落地,切实做好引资项目的配套服务工作,提升项目签约成功率,力促浙江中兴人防、杭州泰康药业及深圳百度电子等项目早日落户余江。(3)大力拓宽发展平台。坚持六轮驱动,缓解瓶颈制约。一是大力开拓虎山片区,做好虎山调区扩区的前期工作。二是大力完善雕刻平台,按照“一城一街一基地”的建设规划,加快玉雕城建设。三是大力拓展循环基地,加大土地收储力度。四是大力做强眼镜产业基地,以国际眼镜城为开端,高标准推进中童专业市场集群、国际汽车城、家居建材城和医药物流园建设。五是大力提升微型元件产业园。六是大力推动园区再造，通过腾笼换鸟、转切租购等多种方式处置闲置土地、厂房，提高土地利用率。(4)着力强化服务保障。进一步树立服务至上的观念，改善服务环境，完善服务功能，提升服务水平。在改善环境方面，真正做到“围墙内的事企业自己办好，围墙外的事我们坚决办好”。在完善功能方面，着重加快节能照明、铜精深加工等创业服务平台、设计平台及研发中心的建设。在提升水平方面，从政策咨询、项目争取、用电保障、用工服务、融资申贷等方面，拿出新举措，实现新突破。

大力实施新型城镇化战略，城乡建设步伐加快。精心做好了《县城总体规划(2011—2030)》修编工作，基本完成乡镇总体规划编制工作。顺利实施了电影院综合改造、磨仂洲综合开发、污水管网建设等11项重大城建项目。城市框架不断拉开，行政服务中心动工兴建，核心区路网全面开工。深入开展了打击“三非三违”集中行动。城镇建设进展迅速，锦江镇城区面积由1.5平方千米拓展到2.5平方千米；潢溪镇、马荃镇实现行政中心整体搬迁。(1)高标准抓好城乡规划。牢固树立规划就是龙头，就是财富，就是资源的理念，注重发挥规划的最大效益，不断完善城乡规划体系。加强规划管理，强化规划约束力，从县城到集镇，做到没有规划，决不允许开工建设，开工建设必须严格按照规划。(2)高质量抓好城市建设。在新城区开发上，以行政服务中心和城东生态新城核心区路网建设为重点，确保迎宾大道、丽景路、府东路建设及鹰南大道(西段)改造竣工。在小城镇建设上，坚持突出区域特色，统筹资源配置，努力形成依托城镇发展产业、产业发展繁荣城镇的态势。(3)高效能抓好城市经营。强化市场运作，采取以国有资产担保、以土地和项目捆绑等多种形式，构建多渠道融资体系。深化与金融部门合作，鼓励民间资本参与城市运营，通过项目招商带动新区建设。(4)高要求抓好城市管理。坚持“三分建设、七分管理”，全力推进城市管理运行机制、管理方法创新。突出综合城管，深入推进联建共创，不断改善市容市貌，提升城市品味。强化科学城管，大力推进城市管理数字化、市场化，逐步将环卫、户外广告等部分业务推向市场，面向社会。加强规划监管，始终对“三非三违”行为保持高压打击态势，全面规范县城规划区内建设、交易秩序。

大力实施农业现代化战略，“三农”工作扎实推进。特色农业发展势头强劲，农业产业化加速发展，农田水利建设深入推进，农村面貌进一步改观。(1)加快发展现代农业。壮大特色农业，依托天施康、阳光葛业等企业，促进药材、葛、花生等产业扩大规模，提升阳光葛业、刘垦花生品牌效应。推广高效农业，以省级现代农业示范区为中心，大力发展商品蔬菜、水果、苗木花卉等高效农业。(2)切实夯实农业基础，扎实推进水利工程。完成马荃圩堤和18座小(二)型以上病险水库除险加固工程。全面推进高标准农田建设，继续打造以平定、潢溪为核心的现代农业综合示范区。建设了68个新农村建设点，实施了“三区三线”民居改造提升工程，全县完成造林绿化1.69万亩，森林覆盖率达到46.35%。(3)着力促进农民增收。坚持政策惠民，严格执行强农惠农政策，及时足额发放粮食直补、农资综合补贴、良种补贴等各类惠农资金。注重就业利民，继续实施“阳光工程”“雨露计划”等培训工程，提高农民技能，引导农民有序外出就业，鼓励农民就近转移就业。突出创业富民，积极加快农业产业化进程，加速农民专业合作社创建步伐。

大力实施开放攻坚战略，改革开放不断深化。(1)在深化改革上求突破。医疗卫生体制、财政体制、金融信用体系、国有资产管理体制、国有林场等改革深入推进，基层农技推广体系改革基本结束，完成了对刘垦职工医院的全面接管。改革拆迁模式，在县城规划区内拆迁一律实行套房安置；改革殡葬模式，在县城规划区内实行公墓集中安葬。(2)在开放招商上求突破。坚持“让大利、招大商、大发展”，用好园区、产业、活动、企业四大平台，努力实现由招企业向招产业转变，由招企业家向招企业家协会转变，由单一招商向整合资源招商转变。树立引进企业是招商，争取项目也是招商的理念，全县实际利用外资3907万美元，增长11.6%；引进内资40.91亿元，增长21.2%。(3)在繁荣三产上求突破。始终把繁荣第三产业作为跨越发展的新支点，“三争”工作成效显著，全年争取省级以上投资项目98个，资金2.29亿元，确保了所有重点项目开工建设。大力发展总部经济、物流经济，着力发展物流业，高标准建好物流园，打造现代物流集散地。金融业健康发展，新增银行、小额贷款公司各一家。

大力实施民生优先战略，民生保障力度加大。全面和超额完成省市下达的民生指标。组织实施洪湖、杨溪2处农村安全饮水工程，解决了2.5万农村人口饮水安全问题。完成农村公路升级改造50公里。完成农网升级改造1500万元建设任务。(1)强化就业保障。积极推进就业再就业工作，促进创业带动就业，落实小额担保贷款、税费减免等就业再就业优惠政策。(2)强化社会保障。着力提高城乡低保和社会优抚对象的待遇标准，做好城乡低保提标扩面、五保供养、孤儿保障和残疾儿童救助等工作。严格落实扶贫移民相关政策。发放城乡低保资金3932万元。办理法律援助案件218件。(3)强化医疗保障。完善医疗保障“三张网”，做到应保尽保，扩大参合农民受益面，开展省级直补、跨区域直补，方便群众就医。提高15种重大疾病的报销比例，减轻重大疾病患者就医负担。免费为老年人、婴幼儿等重点人群提供健康体检8.23万人次。(4)强化住房保障。加强保障性住房管理,完善保障性住房审核、分配、管理、退出等机制,严格落实公示制度,广泛接受社会监督,确保分配公开、公平、公正。多渠道解决城乡低收入家庭的住房困难。保障性安居工程取得实效,462套公租房主体封顶,1246套廉租房、200套经济适用房全面竣工,完成农村危房改造806户。

大力实施和谐发展战略,社会事业协调发展。科技工作不断加强,实施市级以上各类科技项目17项,获专利授权45项,列全省前十位。(1)优先发展教育卫生事业。坚持教育优先发展战略,积极推进义务教育标准化建设,促进义务教育均衡发展;改造中小学危房1.19万平方米,新建校舍2.16万平方米;加快发展学前教育,严格落实学前教育三年行动计划,启动了春涛、黄庄等4所乡镇公办中心幼儿园建设。加大对民办幼儿园扶持力度,不断改善民办幼儿园办学条件;积极调整县城教育网点布局,启动县城教育园区规划,卫生服务水平显著提高,县第二人民医院综合大楼主体工程竣工,公共卫生服务均等化项目深入实施,顺利通过了全国农村中医工作先进单位评审。(2)协调推进科技文化等社会事业。文化事业蓬勃发展,建农家书屋9个,县文化馆、图书馆和乡镇文化站对外实行免费开放,送戏、送电影下乡2360场。深入推进精神文明建设,大力弘扬"韬奋精神""血防精神"。切实加强广场文化、社区文化、校园文化、家庭文化和廉政文化建设,着力扶持雕刻等富有余江特色的文化艺术产业群。坚持实施文化惠民工程,深入推进农村文化"三项活动"。深入开展全民健身活动,不断提高健康水平。加强民兵预备役和国防动员建设,深入开展"双拥"共建活动,巩固发展军政军民团结。(3)加强创新社会管理。按照"党委领导、政府负责、社会协同、公众参与、法治保障"的总体要求,努力构建政府、企业、社区、公民联动的社会管理机制,不断推进安全管理、校园管理、交通管理、消防管理和社区管理创新。加强安全生产监管,深化对非煤矿山、危险化学品等重点行业、重点领域的安全治理。加大对违法犯罪行为的打击力度,坚决打击各种影响、干扰、破坏经济发展的行为,维护社会公平正义。加强社会公共安全管理,完善社会公共安全体系,推进视频监控系统联网建设及运用。健全社会稳定风险评估机制和应急管理机制,提高突发公共事件防范处置能力,增强公众安全感。严厉打击围标串标行为,净化招投标环境;严厉打击强揽工程行为,净化施工环境;严厉打击侵商扰商行为,净化投资环境。着力完善"大调解"工作机制,健全县、乡、村、组四级排查网络,切实抓好社会矛盾排查和重复访化解工作。严厉打击缠访闹访行为,净化社会风气,严厉打击非法医闹行为,净化医疗环境,实现了进京上访"零"登记目标,完成了中共十八大期间维稳信访安保任务。

大力加强政府自身建设,切实改进机关作风。(1)打造开明政府。把解放思想、更新观念作为第一资源、第一动力、第一抓手,坚持在解放思想中谋求创新,在改革创新中加快发展,做到对照先进找差距,参照发展排问题,盯紧目标布措施,以更高的起点、更新的定位,寻求发展新路径,拓宽增长新空间,不断开创余江经济社会发展的新局面。(2)打造务实政府。坚持把务实发展作为一种追求、一种品格,突出抓重点、攻难点、创亮点。大力推行一线工作法和精细化管理,坚持示范带头,靠前指挥,提升执行力,强化落实力。着力精简会议,压缩文件,减少应酬,集中精力办大事、抓落实、促发展。(3)打造高效政府。牢固树立"效率重于熟虑"意识,抢抓速度,抢抓先机,赢得机遇。围绕任务量化、责任细化、时间明化,做到第一时间布置、第一时间督查,第一时间通报。切实发扬学生"赶考"的精神,苦练内功;发扬农民"双抢"的精神,抢抓进度;发扬战士"亮剑"的精神,勇破难题。(4)打造责任政府。坚持立党为公、执政为民。对老百姓关心的事,定一条是一条,条条算数;对老百姓有利的事,做一件成一件,件件落实;对老百姓承诺的事,说一项是一项,项项兑现。树立没有任何借口的理念,做到接受任务不讲条件,执行任务精益求精,完成任务不打折扣。(5)打造廉洁政府。严格遵守《中国共产党党员领导干部廉洁从政若干准则》各项制度,身体力行廉洁自律各项规定,要求别人做到的,自己首先做到,要求别人不做的,自己首先不做。自觉抵制不正之风,筑牢拒腐防变的坚强防线,切实增强忧患意识、宗旨意识,谦虚谨慎,艰苦奋斗,努力做到干部清正、政府清廉、政治清明。

【"秀美乡村"创建活动成效明显】 按照省委、省政府和市委、市政府的安排部署,余江县广泛开展了以"环境美、实力强、管理新、风气好"为目标的"秀美乡村"创建活动。全县共投入资金2800万元,启动了68个新农村建设村点、11个集镇和149个省批农村清洁工程村点的创建工作。共清理淤泥、垃圾1.3万吨,拆除并清理空心房、闲置房、猪牛栏等影响村容户貌建筑物4.76万平方米,浆砌排污排水管网3.4万米,硬化道路276千米,改水、改厕6400余户,建沼气池161座。对垃圾处理设施进行维修改造,聘用了保洁员,落实了长效管理措施。形成了村镇联动、村落连片、城乡连接的新格局,呈现出生产发展、生态良好、村容整洁、社会和谐的喜人局面。

【“三区三线”民居改造促进党群、干群关系和谐】“三区三线”民居改造提升工程,在余江县境内主要内容是对沪昆高速、景鹰高速、鹰南大道、鹰西大道及龙虎山高速挂线两侧500米以内可视民居房屋进行美化亮化。包括对民居房屋进行屋顶改造、外墙粉刷、沿线环境整治、村庄绿化美化等。该工程自2012年10月启动,涉及9个乡(镇、场、局),40个村委会,103个自然村,共3000余户,跨越的路线长达90千米以上。余江县委、县政府高度重视该项工程,从县到乡形成了党政“一把手”负总责,分管领导亲自抓、各相关部门分工负责、层层抓落实的领导体制,先后出台了《余江县“三区三线”民居改造提升工作方案》《余江县“三区三线”民居改造提升工作实施方案》等一系列文件,并通过广播、电视、宣传板报、宣传车、参观学习等形式广泛宣传动员。每周县政府把“三区三线”民居改造提升工程工作作为重要调度内容之一。全县抽调25个县直单位与各地结成帮扶、督查对子,解决民居改造提升过程中的实际困难,截至2013年3月底,共投入资金6000余万元,改造房屋2463栋。通过实施民居改造提升工程,一排排样式统一、红顶白墙的民居在蓝天绿树的掩映下格外靓丽,展现出“户户有新貌、村村皆是景”的美丽画卷。不但改善了“三区三线”沿线居民的生活环境和生活质量,而且给社会带来了更加深层次的变化,养成了农民不等不靠的良好风气,使党群、干群关系更加和谐。

【余江县第十五届人民代表大会第二次会议】2012年1月10日至12日,余江县第十五届人民代表大会第二次会议在县城召开。会议听取和审议了余江县人民政府工作报告;听取和审议了余江县人大常委会、人民法院、人民检察院工作报告;通过了上述各项报告的决议。

【余江县第十五届人民代表大会第三次会议】2012年11月22日至23日,余江县第十五届人民代表大会第三次会议在县城召开。大会补选了张子建为余江县人民政府县长。

【政协余江县第十三届委员会第二次会议】2012年1月10日至12日,政协余江县第十三届委员会第二次会议在县城召开。会议听取和审议了政协余江县第十三届县常务委员会工作报告;听取和审议了政协余江县第十三届委员会常务委员会提案工作报告;通过了政协余江县第十三届委员会第二次会议决议。

【余江县领导人名录】
中共余江县委员会
书　记:刘　诚
副书记:孙　鑫(~2012.3) 张子建(2012.8~) 闻有虎(~2012.8) 周谷昌(2012.5~) 金建华(2012.8~)
常　委:刘　诚 孙　鑫(~2012.3) 张子建 (2012.8~) 闻有虎 (~2012.8) 金建华 周谷昌(2012.5~) 李美珍(女) 潘有万 陈亮泉 路文革 桂　峰 吴仁才 贺秀涛 褚小涛(~2012.8) 黄贵开(2012.8~) 冯　玮(2012.12~)
余江县人大常委会
主　任:杨小明
副主任:祝乡发 姜翠萍(女) 张仁生 官义和 俞浩腾 杨敏慧(女) 桂和平 孙林华
余江县人民政府
县　长:孙　鑫(~2012.10) 张子建(2012.11~)
常务副县长:金建华(~2012.8) 路文革(2012.8~)
副县长:陈亮泉 贺秀涛 吴晓娟(女) 唐金辉 蔡立新 谢万进 (~2012.4) 陈党红(女,2012.4~)
副县级干部:简华锋(2012 .4~)
政协余江县委员会
主　席:谭建新
副主席:张彩菊(女) 万景文 廖琳 金火良 汪翠微(女) 张庆军
副调研员:邓样高
中共余江县纪委
书　记:李美珍(女)
余江县人民法院
院　长:陈　文(女)
余江县人民检察院
检察长:王　湖

贵溪市

【简况】位于江西省东北部、信江中游。辖18个乡(镇)、3个街道办事处、7个林垦园艺场。总面积2480平方千米,其中市区面积27.34平方千米。耕地面积3.8万公顷,有林面积14.63万公顷,森林覆盖率达61.94%,城区绿化率30.73%。全市总人口62.25万人,其中市区人口10.19万人,人口自然增长率7.72‰。2012年全市实现生产总值278.52亿元,同比增长12.4%,比全国平均增速快4.6个百分点。其中:第一产业增加值16.39亿元,增长1.6%;第二产业增加值204.34亿元,增长13.0%;第三产业增加值57.79亿元,增长14.1%。财政总收入完成35.59亿元,增长18.2%,财政总收入占地区生产总值的比重达12.78%。地方财政收入24.46亿元,增长53.4%;地方财政支出35.16亿元,增长41.3%。全市规模以上工业总产值1135.45亿元(现行价),增长2.1%。全市规模以上工业增加值196.93亿元(现价计算),增长2.3%,按可比价计算增长12.3%。全市规模以上工业主营业务收入完成1960亿元,增长27.6%,其中铜产业1860亿元,增长26.4%。主要工业产品有:精炼铜103.31万吨、铜60.82万吨、农药0.95万吨、化肥18.37万吨、节能灯1.22万只、水泥113.32万吨等。全市500万元以上固定资产投资总额完成229.34亿元,增长37.2%。其中:工业投资额166.27亿元,增长38.5%;房地产开发投资额6.98亿元,增长5.8%。全年引进省外资金62.1亿元,同比增长36.8%。进出口总额35.9亿美元,位居全省县(市、区)第一。农业总产值25.4亿元(可比价),增长5.3%。粮食总产量36万吨。主要农产品有:稻谷34.65万吨、蔬菜11.38万吨、水果2.53万吨、油料0.65万吨、豆类0.40万吨等。全市社会消费品零售总额完成40.71亿元,增长13.0%。农村居民人均纯收入8659.95元,增长12.3%,增速比全国平均水平快1.6个百分点。城乡居民年末储蓄存款余额84.42亿元,增长19.6%。贵溪工业园区入园企业128家,投产82家,续建和新开工项目26个,实现主营业务收入350亿元,增长25%,被评为"省级重点工业园区"。铜产业循环经济基地建设加快,建设铜拆解加工区、现代物流园和再生资源交易市场,开通宁波至贵溪海铁联运通道。基地企业达48家,投产20家,新签约企业13家,进口货物标准集装箱量1816个。铜产业循环经济基地是全省唯一荣获"全国循环经济工作先进单位"称号的基地。节能照明产业基地完成征地153.3公顷。二期主干道路硬化全面完成。投产企业8家,开工企业3家,签约企业4家,实现主营业务收入13.6亿元。硫磷化工产业基地完成征地119.1公顷。一期道路、供水、供电、通信、污水管网等基础设施基本完成。浙江百炼集团年产8.8万吨含氟新材料项目即将试生产,杭州德莱涂料项目已开工建设。实施造地增粮项目3个,新增耕地面积3500亩。全年新增茶叶、油茶面积各1万亩,蔬菜种植面积达15万亩。规模以上龙头企业64家,实现销售收入24.5亿元,增长13%,带动7.3万户农户增收。被评为"省级现代农业综合示范区"。新增物流企业35家,新增货运吨位4万吨,实现营业收入35亿元,实现税收1.3亿元。商品房销售面积19.6万平方米,实现税收1.2亿元。全市休闲旅游企业和农家乐共67家,全年接待旅客4.8万人次,旅游总收入4800万元,增长34.1%。销售家电下乡产品3.6万台,销售额9800万元。完成府北路、东门路、320国道地下人防通道、信江大桥北端取直改造等畅通工程;完成老城区27条小街小巷改造、火车站广场道路改造、公交站台升级等民心工程;完成3个城市主题雕塑、鹰雄大道入口改造、浮石公园、沿河亲水平台等精品工程;完成沿河路、雄石路电缆入地等靓化工程。铜都大桥、沿河东路二期、后河湿地公园即将竣工。贵溪一中二期扩建、中医院整体搬迁、320国道拓宽、左家大桥、青石桥公园等新建项目扎实推进。城市环境实行"全局数字化、片区网格化、定点精细化"管理,市容市貌明显改观。推进城区绿化美化提升工程,人均公共绿地面积达11.7平方米。加强和创新社区管理,清理房地产开发项目的社区业务用房4856平方米,10个社区开展标准化建设,新建、改建和扩建社区办公用房3600平方米,社区基层组织全面参与城市管理,形成"政府、社区、公众"三位一体的管理机制。加强小区物业管理,成立小区业委会16个,大胆试点业委会自管模式。理顺城市管理体制,将环卫、户外广告归口城管集中管理。依法拆除各类违章建筑1.2万平方米。整合各级资金2.2亿元,完成17座小(二)型以上水库应急除险加固,重点实施小农水重点县建设、雷溪联圩农田防洪续建等工程。全面完成文坊至西排战备公路水毁工程修复,新建和改建农村公路160公里,顺利引进江西长运股份有限公司进驻贵溪市客运市场。完成文坊、白田、彭湾等集镇规划和贵冶周边新农村村庄规划。投资6340万元,完成155个"秀美乡村"村点建设。"三区三线"民居改造853户。"一大四小"工程新增造林面积3.2万亩,荣获"全省'一大四小'综合先进县"和"全省林业建设先进县"称号。双圳省级森林公园获省政府批准。建立笔架峰县级自然保护区。完成城北污水处理厂二期建设。全面完成贵冶周边3个镇21个自然村环境治理。实施技改减排项目4个,万元生产总值综合能耗同比下降3.4%,集中式饮用水源地水质和城市功能区水质达标率均达100%,大气和地面水环境质量稳定在国家二级、二类标准,化学需氧量、二氧化硫、氮氧化物等主要污染物减排任务全面完成,县级市城市环境综合整治定量考核排名全省第二。公共机构节能工作扎实推进,荣获"全省公共机构节能先进单位"称号。完成国库集中支付制度改革、文艺院团改制、"局台分离""两台合并"、实行国有粮食购销企业改革,分类推行事业单位改革,启动县级公立医院综合改革试点。专利申请111件,授权量93件。组织实施科技项目25个,荣获省级新产品项目7个,3个国家技术创新基金项目通过验收。省级科技富民强县专项行动计划通过省级验收。乡镇农事通示范站点"全覆盖"。入选全省依靠科技转变经济发展方式示范市。市本级财政投入教育、社保、医疗、住房保障等民生领域资金累计达9亿元。城镇新增就业8027人,零就业家庭就业安置率100%,新增转移农村劳动力1.2万人。城镇基本养老保险6.9万人,城乡居民社会养老保险24.1万人,失地农民养老保险1119人。全年共救助城乡低保对象2.7万人,城乡低保保障标准分别提高到350元和170元。完成1010套廉租房、513套公租房、960户农村危房、740户林场危房改造建设任务。深入开展打击"两抢一盗"、"黄赌毒"和"破案会战"等一系列专项行动,对治安重点地区和治安突出问题重点整治,社会治安形势总体平稳,荣获"全省综治工作先进县(市)"称号。深入开展领导干部大接访活动。社区矫正全面推开。严格落实安全生产责任制。完成十八大维稳信访安保任务。应急管理进一步加强,顺利承办鹰潭市危险化学品应急演练,荣获"全国卫生应急综合先进示范市"称号。完成实验小学、三中等教学楼建设。全年共资助各类家庭经济困难学生1.6万人次,资助金额1484万元。中、高考成绩再居鹰潭市第一。城乡医疗补助16.55万人次，报销金额达1.9亿元。成功申报錾铜雕刻技艺、畲族刀山傩舞两项省级非物质文化遗产。成功纳入《赣闽粤原中央苏区振兴规划》。再次荣获“全国双拥模范城”称号。

【整治贵冶周边环境】贵溪是一座新兴工业城市，境内集中贵溪冶炼厂等多家国有大中型企业。企业为中国铜产业经济发展做出巨大贡献，也是江西省的利税大户。但企业长期生产排放的“三废”对环境造成污染，部分居民的生产生活受到影响，特别是贵冶周边，群众反映强烈，媒体多次关注。为此，贵溪市按照省委书记苏荣关于“尊重历史、面对现实，不回避矛盾，敢于触及矛盾，下决心予以解决”的要求和“围墙内的事企业做好，围墙外的事政府管好”原则，在做好滨江镇受影响最为严重的苏门、庞源、其桥三个村庄搬迁工作的基础上，启动贵冶周边环境治理工作。该工程涉及滨江、河潭、泗沥3个乡镇，5个村委会，27个自然村，41个村小组，2110户，8105人，6529亩农田，15288亩林地。市委市政府把贵冶周边环境综合整治工作作为全市最大的民生工程、环保工程、发展工程，专门召开会议，研究部署优化贵冶周边环境工作，决定以新农村建设为突破口，成立以市委书记杨解生为组长、市长程芦山为常务副组长的优化驻市重点企业发展环境领导小组及以市长为总指挥的贵冶周边新农村建设指挥部，指挥部下设水电剥离组、健康检查组、民情家访组、整治维稳组、新农村建设组、经济发展组和综合协调办公室“六组一室”，各工作组组长均由市分管领导担任，从20多个部门抽调40多人实行集中办公。制定贵冶周边村庄新农村建设工作目标，对贵冶周边范围进行全面普查，完成10个自然村新农村建设。继2011年投资3.4亿元对距离贵冶最近、环境影响最大的庞源、其桥、苏门3个村庄整体搬迁后，2012年，又将11个村组列入新农村建设村点，组建6家劳动服务公司，积极牵线搭桥，帮助贵冶周边近千名群众在园区企业就近就业。制定税收、贷款、市场信息等一系列优惠政策，有针对性为贵冶周边群众提供免费技术培训服务，大力扶持他们自主创业。为将贵冶周边新农村点打造成全省乃至全国的样板，贵溪市对高速挂线、江铜快速通道、冶金大道、化工大道、水泉—柏里、贵神线海利化工至印石等贵冶周边沿线路段进行环境整治，对贵冶周边沿线路段可视范围内建筑物进行标准化改造，对沿线环境进行清洁化、秩序化、优美化，对小选矿、小冶炼、收购点进行整治，手续不全的一律取缔、拆除，恢复原貌。截至2012年6月15日，贵溪冶炼厂周边环境治理第一阶段工作基本结束。全面完成贵冶周边3个镇21个自然村环境治理，实现“三清六改四普及”、城市自来水安装、入户路硬化率“三个100%”。以贵冶、六国化工、铜拆解加工区为中心，以绿色通道为走廊，实施重金属污染土壤修复工程1700亩，建成1万亩花卉苗木基地。贵冶周边环境整治得到省委、省政府充分肯定。6月26日，省委书记苏荣在贵冶周边环境整治现场调研时，用“三个没想到”对该项工作给予充分肯定：“没想到工作速度如此之快，没想到群众满意度如此之高，没想到鹰潭贵溪两级付出如此之大”。9月，贵冶周边第二批“秀美乡村”创建工作启动。

【建设硫磷化工产业基地】贵溪硫磷化工产业基地位于泗沥镇境内。为大力推进硫磷化工基地建设，成立以市长程芦山为组长，市委副书记王富生为副组长，相关市直单位主要领导为成员的硫磷化工基地建设工作领导小组，专门负责硫磷化工基地建设情况。完成征地1787.38亩，完成220KV铜峰线迁、10KV泗沥支线、10KV河潭双路线三条线路迁移及道路、污水处理厂的设计工作，基地一期主干道路路基工程、便道工程、供水工程、施工用电工程全面完成，并启动污水处理厂、纬七路招标建设等工程建设。3月，与浙江百炼化工有限公司正式签订投资协议，投资20亿元兴建环保型氟化新材料生产项目，项目建成后年平均销售收入51.60亿元。12月，杭州德莱涂料有限公司落户硫磷化工基地，投资1.9亿元兴建新型涂料生产项目，项目建成后年产值超过10亿元。

【贵溪市政协五届二次会议】2月9~10日，中国人民政治协商会议贵溪市第五届委员会第二次会议在骏安国际大酒店召开，会议应到代表235人，实到220人。会议听取并审议政协贵溪市第五届委员会常务委员会工作报告，听取并审议政协贵溪市第五届委员会常务委员会关于五届一次会议以来提案情况的报告。会议通过了政协贵溪市第五届委员会第二次会议有关决议。

【贵溪市五届人大二次会议】2月10日至11日，贵溪市第五届人民代表大会第二次会议在骏安国际大酒店召开，大会应到代表213人，实到176人。市长程芦山代表市人民政府向大会作政府工作报告。大会审议了贵溪市2011年国民经济和社会发展计划执行情况与2012年国民经济计划和社会发展计划草案的报告(书面)；审议贵溪市2011年市级预算执行情况和2012年市级总预算草案的报告(书面)。大会表决通过了关于市人民政府工作报告、2011年国民经济和社会发展计划执行情况与2012年国民经济和社会发展计划、2011年市级预算执行情况和2012年市级预算、市人民代表大会常务委员会工作报告、市人民法院工作报告及市人民检察院工作报告的决议。

【国家四部局联合调研贵溪市铜产业】5月，国家财政部税政司副司长李杰云、国家商务部流通业发展司副司长王旭斌率财政部、国家税务总局、工信部、商务部四部局组成的调研组到贵溪，联合调研贵溪铜产业发展状况。在铜产业循环经济基地，调研组一行先后考察贵溪港、贵溪中澳铜业有限公司和贵溪富坚金属有限公司,听取铜产业循环经济基地概况介绍,全面了解铜产业建设发展状况和经济运行态势。调研组对贵溪铜产业发展给予肯定,希望把铜产业循环经济基地建设成为功能完备、运转高效、管理一流、在中部地区具有示范效应的铜资源循环利用、规模利用和高值利用样板基地。

【改革文化体制】从4月中旬开始,贵溪市着手进行文化体制改革。这次改革主要涉及市艺术团改制和文广新局、广播电视台分离两项改革任务,涉及人员多、部门多、程序多,存在触动职工切身利益和单位之间利益调整等复杂情况和困难。至7月初,改革全面顺利完成。原市艺术团转企1人，买断工龄1人,分流7人,解聘7人,撤销市艺术团,组建贵溪市新星文化传媒公司，按现代企业制度完成转企改制,进行企业工商注册登记,注销事业单位法人,市艺术团由事业单位改为企业,职工身份置换。将市广播电台和市有线电视台合并成市广播电视台,升格为市直正科级事业单位,局台分离,原借用局机关的市广播电台和市有线电视台人员,全部回市广播电视台上班。

【亚非国家刑侦技术考察团到贵溪考察】5月24日，以中刑事警察学院副院长、教授张书杰为团长的亚非国家刑侦技术考察团到贵溪考察警务工作。此次考察活动由公安部国际合作局组织,中国刑事警察学院举办,考察团由亚洲和非洲23个国家的41名“亚非国家刑侦技术培训班”学员组成。

【各省驻沪办主任考察团到贵溪考察】5月27日,各省(市、自治区)驻沪办事处主任考察团到贵溪,就贵溪工业经济发展情况进行考察。

【日本友好代表团到贵溪访问】5月28日,以日本和歌山县有田川町町长中山正隆为团长的友好代表团到贵溪访问,并带有500棵樱花树。双方就经济、文化、林业、教育等方面进行交流与座谈。两地签订了互派学生交流协议。代表团还深入贵溪工业园区海通铜业有限公司、美的贵雅绿色照明电器有限公司，了解节能照明产业和铜情况。

【暴雨突袭贵溪】7月14日至15日,贵溪市暴雨持续不断,南部雷溪、金屯、塘湾等13个乡(镇、林场)遭受洪水袭击,大量农田、村庄被淹。贵溪防汛指挥部统计,截至7月15日，此次暴雨造成全市受灾农作物面积3100千公顷，受灾人口3.03万人,直接经济损失0.56亿元。金屯镇焦坑村港西组、春岭组、港下组等大面积受灾,其中,公路人行道冲毁500米，山体滑坡、水毁田畔40余处,水毁农田160亩,被淹农田达300亩，多座小型水坝、小型桥梁被冲毁。

【贵溪首个地下人防通道竣工】为给贵溪一中广大师生及市民穿越320国道提供安全、便捷的交通环境,市委市政府于2011年11月开工建设320国道地下人防通道,并把它列入贵溪市重点民生工程。该工程于2012年8月正式完工,并顺利投入使用。建成后的人行地下通道走向为南北方向,长90米,宽14米,配套建设消防、照明、通风、排水等设施。工程总投资约1000万元，总建筑面积达到1200平方米。该项工程是贵溪市首个人防地下过街通道工程,也是贵溪人防部门首次动用人防易地建设费建设平战结合工程的一次有益尝试。

【基层党建“五覆盖”惠泽民生】贵溪把完善基层党组织体系建设作为促进发展、服务群众的重要着力点，不断创新基层党组织设置模式,通过实行基层党建在非公有制经济组织、农民专业合作社、社区楼栋、自然村、外出务工人员集中地“五覆盖”,将党组织建设在群众需求的最顶端,让党员服务与基层群众心贴心,给更多群众送去更多实惠。截至9月初,全市成立各类基层党组织2288个(其中:非公企业党支部61个、社会组织党支部13个、农民专业合作社党支部36个、外出务工流动党员党支部18个),2173个村小组全部成立党小组,15734名党员全部找到了“家”,党员参与党组织率达100%。

【全国人大“中华环保世纪行”采访组到贵溪访问】9月24日,全国人大环资委副主任委员张文台等率领由《人民日报》、新华社、《光明日报》、《经济日报》、中央电视台、中央国际广播电台等19家媒体记者组成的“中华环保世纪行”活动新闻采访组到贵溪考察采访,当日上午，采访组一行来到贵溪冶炼厂,参观展览馆和冶炼车间。随后,听取市政府关于矿产资源勘查开发利用与保护情况的汇报。

【城市管理步入“数字化”】9月,贵溪城市管理实现数字化,是江西省首个采用数字城管指挥系统的县级市。为充分利用这一系统,贵溪市城管局利用数字定位监测系统,确保每个片区都有专人监管,明确管理责任和管理对象;做到及时发现问题、解决问题,实现城市管理由粗放向精细、由被动向主动、由静态向动态、由单一向综合、由传统向现代的转变。同时,数字监督指挥中心还开通“3512319”服务热线,受理涉及城市规划区内违法违章建筑、市容市貌、环境卫生、市政设施等方面的咨询、建议和投诉。

【江铜再生资源有限公司试产】10月9日，江铜年拆解30万吨第七类物资的江铜再生资源有限公司一期工程试生产仪式在鹰潭(贵溪)铜产业循环经济基地举行。该项目由江西铜业集团有限公司投资兴建，占地面积20.3公顷，总投资2.03亿元,建成后年拆解第七类物资30万吨。

【启动永久基本农田划定工作】10月,贵溪举办永久基本农田划定动员暨技术培训班,正式启动永久基本农田划定工作。通过开展永久基本农田划定工作,全面掌握全市基本农田位置、范围、面积、地类、质量等现状,从而调整优化基本农田空间布局和环境,确保基本农田数量,提升基本农田质量,建立健全"保护责任社会化、基础工作规范化、日常管理制度化、执法监察网络化、动态监测信息化"的基本农田保护机制,适应"一张图"建设的国土资源管理新形势。

【重拳打击非法传销】10月,贵溪公安部门组织60余名警力,对"盘踞"在城区的传销违法犯罪活动展开严打行动,共捣毁窝点3处,抓获参与传销人员45人,刑事拘留14人,行政拘留6人,解救被骗入传销组织人员5名。

【校车事故】12月24日,江西贵溪滨江乡洪塘村合盘村小组发生一起面包车侧翻坠入水塘事故。车上载有17人(15名幼儿园学生,1名老师和1名司机)。事故当场死亡3人,另有8名儿童因抢救无效死亡。事故发生后,江西省委省政府、鹰潭市委市政府和贵溪市委市政府高度重视,要求全力抢救受伤儿童,妥善做好善后工作,对责任人依法处理。滨江镇人民政府与罹难儿童家属签订交通事故协议,一次性赔偿死者家属人民币48万元。涉事春蕾幼儿园被依法关停,肇事司机周春娥被公安机关刑拘。12名事故相关责任人被停职检查。

【贵溪市领导人名录】
中共贵溪市委员会
书　记:杨解生
副书记:程芦山　刘泓光(~2012.8)　王富生(2012.8~)　徐　楷(~2012.12)
常　委:杨解生　程芦山　刘泓光(~2012.8)　王富生　(2012.8~)　徐　楷(~2012.12)　李中华　余伟　梅峰(~2012.8)　褚小涛(2012.8~)　龙红青　邬筱露(女)　罗卫国　黄如象(~2012.8)　李荣德(2012.8~)
贵溪市人大常委会
主　任:杨解生
副主任:姚建中　黄冬有　黄贵龙　张任水　徐劼毅
调研员:陈毛义
副调研员:周美龙
贵溪市人民政府
市　长:程芦山
常务副市长:罗卫国
副市长:余红艳(女)　汪唤生　苏建军(2012.5~)　肖　军　周光仁　甘　霖(2012.8~)
市政府党组成员、副县级干部:徐样平(2012.4~)　徐金辉(2012.4~)
政协贵溪市委员会
主　席:祝晓勤
副主席:江　军　李　澂(女)　薛美琴(女)　苏五德　詹东旺
副调研员:杨样华、陈成有
中共贵溪市纪委
书　记:余　伟
贵溪市人民法院
院　长:邹　静(女)
贵溪市人民检察院
检察长:杨高生

月湖区

【简况】月湖区位于江西省的东北部,信江中游,辖1镇5个街道,总面积107.4平方千米,耕地面积1267公顷,有林面积2200公顷,森林覆盖率21.6%,总人口17.9万人,其中非农业人口14.3万人,人口自然增长率7.24‰。2012年,在市委、市政府和区委的正确领导下,按照"主攻项目、决战新城、改善民生、实现跨越"的总体要求,凝心聚力、真抓实干,较好地完成了区八届人大二次会议提出的各项目标任务,经济社会发展取得新成就。

经济稳步提升。实现:地区生产总值74亿元、增长15%,财政总收入7.5亿元、增长30%;地方财政收入5.84亿元,增长42%;三次产业结构调整为2.43:18.24:79.33;规模以上工业增加值4.3亿元,增长7%;区属固定资产投资6.6亿元,增长59%;社会消费品零售总额58.3亿元,增长24%;城市居民年人均支配收入19880元,增长13.5%,农民年人均纯收入9700元,增长15.4%,全区签订招商引资合同项目21个,其中15亿元以上项目2个;实际引进省外资金14亿元,增长21%;引进金融机构2家,总部及楼宇企业64家,新增物流企业26家,新增货运吨位1.2万吨,实现货运收入约33亿元,完成税收政策1.18亿元,增长66.8%,新办外资项目3个,实际利用外资1100万美元,外贸出口1417万美元。

城乡面貌持续改善。惠及3万人的山背、立新、百佳城片区小街小巷综合改造顺利实施,6个镇(街道),23个村(社区)标准化及25个便民服务中心建设全面完成。"秀美乡村"创建活动深入开展,12个村点新农村建设高标准完成。"三区三线"149栋居民改造提升任务基本完工,投资1248万元的13个水利项目有序实施,月湖岩公园提升改造项目顺利启动。区城乡规划委员会正式设立,村民建房审批逐步规范,控违力度不断加大,审批村民建房204户,查处违法违规建房261起,强制拆除97栋。荣获全省农村三资管理示范区,全省森林防火平安区等称号,童家镇被评为全省百强乡镇。

重点工程保障有力。领导挂点督办,各部门齐抓共管的重点工程保障机制更趋顺畅,有力保障了63项市、区重点工程的顺利实施。51号、47号路延伸、林荫东路立面改造、鹰西及梅园菜市场建设等31项重点工程全面完成,梅园詹家等三个城中村改造、物流园建设、梅园迎宾馆建设、林荫西路贯通、320国道高压线迁移等32项重点工程进展顺利。

社会事业快速发展。投入1.4亿元,全面完成了省市下达的70项民生指标,新增城镇就业6655人,提供公益性岗位366个,城镇就业率达96.5%,实现各类保险征缴13万人次,基金总额1.2亿元,被评为全省新型农村和城镇居民社会养老保险工作先进单位。被征地农民养老保险成效突出，参保4463人,基金结余5500余万元。新农合参保3.03万人，参合率达99.1%,保障城乡低保对象4251户7914人，累计发放低保金2753万元。为重点人员免费体检2.4万人次，免费实施孕前优生健康检查1500余例。投资2480万元建成公租房422套，改造农村危房30栋，1700余房群众喜获保障房、教育、卫生事业快速发展、新建设建校舍1万余平方米，接收外来务工子女入学3000人。中区院成功创建国家“三级甲等”中医院。国家基本药物实施率达100%,查处“两非”等重点案件19列，人口出生率稳定在12‰以内。

【中共月湖区委八届五次全委(扩大)会议】11月21日 中共月湖区委八届五次全委(扩大)会议在区政府6楼会议室召开。会上,区长刘军生通报中共十八大盛况、江西代表团活动情况、传达中共十八大重要精神。区委书记乐文红传达省委、市委全委(扩大)会议精神并作重要讲话。

【月湖区八届人大二次会议】1月15日至16日,月湖区八届人大二次会议召开。出席会议代表144人。大会听取和审议了区长刘军生作的月湖区人民政府工作报告、区人大常委会主任卢力新作的月湖区人民代表大会常务委员会工作报告、区人民法院院长毛晓文作的月湖区人民法院工作报告和区人民检察院检察长廖小平作的月湖区人民检察院工作报告；审议区发展和改革委员会的关于月湖区2011年国民经济和社会发展计划执行情况及2012年计划(草案)的报告(书面)、区财政局的关于月湖区2011年区级总预算执行情况和2012年区级总预算(草案)的报告(书面),并分别形成了相应的决议和审议意见。

【政协月湖区七届委员会二次全体会议】1月14日至15日 政协月湖区七届委员会二次全体会议召开。出席会议委员130名。会议听取和审议了政协月湖区第七届委员会常务委员会工作报告;听取和审议了政协月湖区第七届委员会常务委员会关于七届一次会议以来提案工作情况的报告;听取了政协月湖区第七届委员会提案委员会关于七届二次会议提案审查情况的报告;审议了政协月湖区第七届委员会第二次会议决议。与会委员列席了月湖区第八届人民代表大会第二次会议,听取并讨论了大会的各项报告。

【中共月湖区纪委八届二次全体会议】2月21日 中共月湖区纪委八届二次全体会议召开。会议学习传达十七届中央纪委第七次全会、省纪委十三届二次全会和市纪委七届二次全会精神，回顾总结2011年全区党风廉政建设和反腐败工作,安排部署2012年工作任务，区纪委书记朱淑英作了题为《认真履行职责狠抓工作落实,努力开创反腐倡廉工作新局面》的工作报告,区委书记乐文红作重要讲话。

【月湖新城建设蓬勃发展】月湖新城是鹰潭市委、市政府立足建设大框架城市,不断拓展城市空间作出的战略性决策,月湖新城规划区处在鹰东片区，建设用地总面积为12.34平方千米，其中鹰东组团建设用地总面积8.08平方千米,童家示范镇建设面积约为3.03平方千米,童家创业基地仓储市场建设用地面积约为1.23平方千米。月湖新城建成后可居城市人口10万人，是一个生态良好,功能齐全,宜居宜业的鹰潭城市副中心。到2012年底已完成建设用地征收413.9公顷;完成房屋征收6.5万平方米,工程项目建设全面铺开,开工建设的项目有21项,总投资规模达90亿元。其中,围绕月湖新城行政中心的经济大厦、法检两院、市民广场、6条主干道等19项公共基础项目正在加紧建设,上海绿地集团和香港铜锣湾集团的房地产开发及商业综合体建设项目已全面启动,新城核心区基本初具规模,一个崭新的现代化新城正蓬勃发展。

【月湖区基层党建标准化项目建设有序推进】月湖区自2011年11月份以来,围绕打造亮点,提升品位,改造提高的目标要求,对全区6个(镇、街道),51个村(社区)分三批推进党建标准化项目建设。截至2012年年底,17个社区居委会完成了党建标准化项目建设,共解决社区办公用房面积2000多平方米，其中300平方米以上有12个，办公用房面积达500平方米以上有5个,彻底改善了社区的办公条件和服务环境。2012年,月湖区严格按照“六个统一”要求(统一在场所附近的交通路口设置指示牌,统一悬挂标识、统一墙体色调、统一办公区域主题墙上口号、统一办公室标识和办公桌椅、统一设置上墙资料和版式)，实施了办公和服务场所建设标准化;根据街道和社区的工作特点及居民需求,政府部门单位审批权及服务项目纳入便民服务中心统一办理,进行“一站式”服务。实现了社会服务建设标准化;设立社区网格受理小组150个，网格管理员146名，推行社区干部AB岗工作制,社区工作人员同时承担业务工作和网格职责，实行一岗多责。实行社区错时工作制,合理、灵活错时安排工作时间，将工作时间与居民作息时间进行有机衔接，极大方便了居民。实行运行机构标准化；制定社区干部生活补贴增长规划,纳入财政预算,改善干部队伍结构,实行“一社区一名以上”大学生社区干部,对干部实行轮训,提高他们的业务水平和管理服务能力。推行了考核评价体系标准化。2012年月湖区通过实施基层党建标准化项目建设，基层资源配置得到进一步优化,基层政权形象进一步提升,基层运行机制进一步理顺，群众办事更加便捷顺畅。

【获全国阳光计生行动示范单位】月湖区委、区政府高度重视人口和计划生育工作,为了尊重和保障人民群众对人口和计划生育的知情权、参与权、表达权、监督权,切实做好新时期的人口和计划生育工作, 月湖区大力推行阳光计生行动, 制定了让政策在阳光下实行,让服务在阳光下升华,让维权在阳光下落实的工作目标。并采取了多项有力举措,一是加强宣传。拔了13万余元专款在全区6个乡 (镇、街办)58个行政村(居)委会,设立了人口与计划生育固定的“政务公开宣传栏”,进行了政策宣传。投入了9万元做了大型宣传牌。二是加强服务。增加了计生服务设备,规范了服务项目, 改善了服务场所,强化了技术服务质量。三是加强监督。聘请了100余名人大代表、政协委员、育龄夫妇为人口计生政风行风社会义务监督员,自觉接受社会监督,开辟了“阳光计生”专页,开通了 “12356” 阳光计生服务热线,设立了“计生意见箱”,财政拿出5万元作为实名举报奖励经费,公开接受群众监督和群众举报。四是实行了“一评”定优劣。对全区人口计生干部的服务态度定期向社会进行评议,好与劣都作为公务员等级评比的重要依据。2012年,开展“阳光计生行动”以来,群众走进人口计生服务站和办事机构可以享受到优质服务,处处可以看到公开办事事项和温馨提示,计划生育家庭得到了实惠越来越多,享受到的优质服务越来越好,群众办事越来越方便,对人口计生工作越来越满意,“阳光计生行动”已经成全区各级人口计生干部转变作风,提高服务能力的“助推器”。2012年被国家人口和计划生育委员会评为“全国阳光计生行动示范单位”。

【获全国科普日活动优秀组织单位】 月湖区根据中国科协办公厅《关于举办2012年全国科普日活动的通知》精神,结合自身实际投入30万元,开展了科普“进社区、进农村、进校学、进机关”四进活动。2012年,开展大型科普咨询10次,举办大型科普文艺演出2场, 专题讲座20余场,发放科普资料1300份,宣传挂图100余套,科普移动展板展示20次,建固定科普长廊5个,组织专家送科技下乡10次,举办水场养殖产业化培训班1期,集中授课4次,培训人数400余人次, 举办短期培训班6次,培训农民300余人次。在科普日期间,组织7名专家,带上1000余册12种农函大科普图书送到农民家中,科普进校园、进机关6次。通过系列活动的开展, 使全社会共同形成人人关注科学, 人人参与科普的浓郁氛围。2012年被中国科协办公厅评为全国科普日活动优秀组织单位。

【月湖区领导人名录】

中共月湖区委员会

书　记:乐文红(女)

副书记:刘军生　黄如象(2012.8~)

常　委:乐文红(女)　刘军生　黄如象 (2012.8~)　吴要兵　裴克瑞 (2012.8~)　朱淑英 (女)　曾文锋　刘长根　张业辉(2012.8~)　余芳霖 (2012.8~)

月湖区人大常委会

主　任:卢力新

副主任:贺潭质(女)　王国宁　余藕花(女)　万挺春　熊　敏(女)

副调研员:李水根

月湖区人民政府

区　长:刘军生

副区长:裴克瑞(2012.8~)　刘长根　余芳霖(2012.8~)　张银兴　周华爱 (女)　周　峰　邵菁靓

副县级干部:夏　兵(2012.4~)　鄢建华(2012.4~)

政协月湖区委员会

主　席:欧阳宝

副主席: 丁　奎　周小林　张业辉(~2012.8)　曾细根　董衔胜　陈　嫣 (女)

调研员:桂细荣(女)　黄东生

中共月湖区纪委

书　记:朱淑英(女)

月湖区人民法院

院　长:毛晓文

月湖区人民检察院

检 察 长:廖小平

余江县新貌

(余江县史志办供稿)

驻鹰潭单位

编辑、校对:王新勤

中国第四冶金建设有限责任公司

【概述】2012 年是国家实施“十二五”规划承上启下的重要一年,也是公司推行精细化管理,提高管理水平和效益之年。尽管面临着经济下行压力,建筑市场增速趋缓,但在鹰潭市委、市政府及市国资委的正确领导下,在公司董事会的引领下,按照公司一届二次职代会确定的工作目标和重点工作,公司努力开拓,扎实工作,营业规模仍保持了逆势上扬的良好态势,各项工作稳步推进。

【开拓市场】公司坚持“总部化、区域化、规模化、专业化”的经营思路,奋力开拓市场,充分发挥资质品牌优势及在全国 26 个省市设立的分公司的“窗口”作用,使公司经营业绩大幅提升。2012 年承揽施工任务 173.36 亿元,稳中有升;完成产值 114.83 亿元,比 2011 年增长 69.3%;实现利润比 2011 年增长 12%。承揽任务和完成产值均突破百亿元大关,跃居全省前列。

【转变经营理念】随着建筑市场的不断规范,公司加大了参与投标的力度,提高了招投标的能力,公司经营开发公司创新管理机制,由原来的经营管理为主向经营开发为主转变,分设了经营管理和经营开发两个职能部门,明确了职责分工。为了明确目标责任奖罚,公司下发了经营奖励办法,在经营管理规范的基础上着力加大了经营开发工作。公司进一步加强了对分公司经营工作的监督和管理,针对合同履约能力评估不足、项目业主基本情况论证不足、资金支付情况不好、项目利润低及垫资项目过多等情况,在资格预审前或标前严格把关。由于跨地区经营管理难度加大、风险提高,对跨地区经营项目严格控制、严格管理。同时实行了担保和押金制度,签订工程施工合同前先签订担保函,交一定数额的押金,以减轻公司总部的风险;加强了办理地区备案、准入等各类手续的管理。公司已取得对外援助成套项目 A 级实施企业资格(A 级援外施工企业可以承担国家所有援外成套项目的施工任务)、电力工程施工总承包三级资质、水利工程施工总承包三级资质和对建筑材料装饰装修、室内环境氨、甲醛、苯、TVOC、氡及建筑装饰材料放射性检测资质及对建筑节能门窗物理三性、传热系数、中空露点的检测资质,并已申报路面专业一级资质。同时,公司积极走出国门,海外板块初见成效。积极参与江西省商务厅及鹰潭市商务局组织的外事活动,宣传企业的海外经营情况,为提升企业的整体形象和展现企业的综合实力起到了促进作用。公司荣获江西省和鹰潭市 2011 年度“走出去”先进单位称号。

【精细化管理】新公司成立以来,通过规范管理、夯实基础,各项管理水平有了明显提升。为提高公司整体效益,提高综合实力,公司提倡精细化管理理念,努力推进企业的精细化管理,以提升企业竞争实力,确保质量和安全,打造精品工程,达到降本增效的目的。推行精细化管理,关键是要找准切入点。公司成立了精细化管理领导小组,制发了实施方案,各部门、各单位也都结合本单位的实际情况进行了认真细致的分析,提出了具体可行的实施意见。机关部门主要从财务资金集中管理统一调度、机关费用管理和控制、项目的企业文化建设、技术创新上的工法专利的立项编制与申报、招投标的项目背景调查与合同履约风险评估、人才队伍数量结构与质量的提高、现有资产的盘活增值及融资增效等方面提出了实施意见;基层各单位重点是项目管理如何实行精细化管理,以降低成本。通过推进精细化管理,促进了企业由粗放管理向精细管理的转变,提升了企业管理水平,提高了企业增效空间。

人力资源管理工作。为了满足

公司发展的需要，公司积极采取措施,加强人力资源管理与开发。一是高度重视员工培训取证工作，公司及各基层单位从企业整体发展需要出发，制定了专业技术人才培训计划和措施，尤其是对近几年新招收的大学毕业生，企业努力为他们创造各种条件,提供他们再学习、再提高的平台，使他们尽快成为企业管理能手、业务骨干，使企业后继有人。同时,公司对341名员工进行培训，通过培训学习取得二级临时建造师证书的97人、“五大员”证书的244人。二是积极引进人才和新员工招聘工作，根据公司发展需求，2012年招收了62名大学生,在进行完入职培训后，充实到了机关各部门和各分公司、项目部,为企业的发展储备了后备力量。同时,对公司短缺的一级建造师和专业技术人员，进一步加大了引进力度，已引进4名一级建造师。

财务管理工作。为加强财务规范管理，逐步实行资金统一管理，公司下发了银行账户管理规定,严格控制了银行账户的设立,避免和减少了久悬账户的出现;积极与农行接触沟通,初步建立了现金管理平台系统，增强了资金控制力度，增大了公司资金结算总量,扩展了现金流，树立企业良好的财务形象,为公司评级授信工作打下坚实的基础;根据国家税法管理相关要求,下发了《关于办理外出经营活动税收管理证明的通知》，使办理外经证明逐步规范化。根据公司第一届监事会第05号会议纪要内容的要求,组织了企业领导人、会计人员学习财务制度及专业知识,提高了自觉遵守财经纪律的意识,做到按规矩办事。同时,财务部门继续加强与金融机构的沟通联系,进一步拓宽了融资渠道,已通过了包商银行评级，提高了公司授信额度,为公司的正常生产经营提供了资金保障。

项目管理工作。公司始终把“安全第一”放在首位,重视安全管理工作。2012年公司下发了《安全措施资金计划》《“安全生产月”活动通知》以及春节等各种重大节前安全生产大检查工作的通知,有针对性对重点工程进行安全专项检查,并与各基层公司、直属项目部签订了“安全(生产)管理目标责任状”，充分明确了责任、目标和奖罚。公司工会在部分项目上组织开展了岗位技能及安全生产知识竞赛,通过知识竞赛提高现场操作人员的安全意识。同时,公司每月召开工程例会,有针对性地进行了项目安全检查,绝大部分项目安全意识得到明显提高,全年未发生重大安全事故。为了适应公司发展的需要，截至10月份公司组织了176人的“三类”人员安全培训考试,通过培训考试,绝大部分人员考试合格并取得了安全考试合格证,使公司的项目安全管理人员得到了充实。各分公司也按照公司要求,加大了安全管理工作力度,青海分公司获得2011年度“青海省安康杯竞赛优胜企业”称号。公司被鹰潭市人民政府授予“2011年度全市安全生产工作先进单位”称号。9月份,顺利通过了中质协质量保证中心对公司环境管理体系、职业健康安全管理体系、质量管理体系等三个体系的审查。

资产管理工作。积极推进现有土地使用性质的改变,并做好土地开发利用的前期工作。公司主管部门加强与政府有关部门的沟通,抓紧时间办理有关手续,公司竞得15块土地现已全部取得了土地使用权证。为做好土地开发工作,公司对兴业房地产开发公司进行了改造，建立完善了法人治理结构,为下一步的开发工作打下了坚实的基础。

法律事务工作。公司把法律事务管理,作为企业经营管理活动中的一项重要内容,高度重视,认真对待。对生产经营中出现的法律纠纷,及时应对,对重大案件公司领导集体进行研究，提出解决办法;主管部门对接到的案件及时登记,落实出庭案件的应诉事宜,诉讼案件出庭率确保100%，尽力为公司挽回损失。对社会上冒用四冶名义成立的假公司、利用四冶名义承揽的假工程，公司依法进行了维权，做到了“逢假必打”,有效地净化了公司的经营环境,维护了公司合法权益。公司被贵溪市授予“2011年度全市社会治安综合治理工作先进单位”。

【引进战略合作者,回归央企】四冶属地管理实施改制以后,企业跨越发展,但企业底子薄,融资能力弱,银行授信额度低,影响了企业的高层次发展。近年内,公司致力于与央企合作,在地方党委、政府的支持下,2012年经过半年多的努力,通过完成尽职调查以及内部决策等一系列程序,回归央企——中国节能环保集团公司。划归央企,为四冶今后的发展提供了良好的机遇,增添了发展的信心。

【创新创优】为满足公司科技创新方面工作的需要，进一步加强工法、QC小组的管理，公司分别成立了企业级工法评审委员会和QC小组评审委员会。公司主管部门通过认真分析在手项目情况,制订了技术创新、质量创优的工作计划,并加大了对项目部的指导，使技术创新、质量创优工作落实到项目、到人;各子(分)公司、项目部积极配合,精心组织,认真落实,项目部积极成立QC小组,实行技术创新。其中由青海分公司报送的《60米直径外收分熟料库滑模施工质量控制》QC小组成果获得了全国冶金建设行业质量管理小组颁发的二等奖;九江分公司荣获“江西省职工经济技术创新活动先进集体”光荣称号。在组织工法、专利的编写申报工作方面，公司2012年已有所突破,经公司企业级工法评审委员会评审,有五项工法被评为企业级工法,并且有两项专利已被国家知识产权局授予。

2012年公司技术创新、质量创优工作呈现出良好的发展势头,进入良性发展之路。同时,积极组织申报了2011年度中国施工企业管理协会优秀高级职业经理人、优秀项目经理及全国建筑业优秀项目经理的工作,公司2人获"2011年度中国工程建设优秀高级职业经理人"称号,2人获"2011年度全国工程建设优秀项目经理"称号,2人获"2011年度全国建筑业优秀项目经理"称号。

【提高员工待遇】新公司成立以来,公司进行了机关薪酬改革,高管层实行了年薪制、中层干部实行了岗位绩效工资制、一般员工实行岗薪制,员工薪酬大幅提升。2012年机关员工年均薪酬较改制前的年均薪酬涨幅173.86%,将近翻两番。同时,公司实行了带薪休假、年终双薪制度、每年的健康体检制度以及参加医保、住房公积金、每年社保基数调增等等,彰显了企业对员工的关爱。

【处理遗留问题】企业本着妥善处理历史遗留问题的原则,积极采取措施,争取政策支持,维护原职工家属的合法权益,促进企业和谐稳定。一是积极主动争取政府政策和资金支持。对企业养老保险费欠费问题和社区移交问题进行了调研并与政府相关部门进行了沟通和协商,同时向省国资委提交了关于养老保险费欠费问题和社区移交问题的调研报告,得到了政府有关部门的高度重视。并且争取到了西北学校退休教师提高待遇资金43万元。二是对各类人员生活费和补贴进行调标和发放。根据省有关文件,对公司管理的12类4345名人员的生活费补贴进行了调标和发放,截至10月份共计发放资金924.68万元。三是公司继续积极配合地方政府及社保部门做好家属工参加城镇企业职工基本养老保险的工作。预计于2013年3月份进行江西地区第二批实施城镇小集体企业家属工参加基本养老保险工作,为24名家属工办理了参保手续;西北地区也开始参保扩面工作。通过认真细致的工作,确保了企业和社会的和谐稳定。

公司还本着"为客户创造价值,为股东创造财富,为员工创造福祉,为社会创造繁荣"的企业宗旨,承担起社会责任,积极参与社会公益事业,支持灾后重建工作,支持新农村建设,踊跃捐款捐物,在社会上树立了良好的企业信誉和形象。

(吴文娟)

【中国第四冶金建设有限责任公司领导人名录】

党委书记、董事长:王华伟

副董事长、总经理:林铁生

党委副书记、纪委书记:张中喜

副总经理:徐诗祥　安云龙　张金火　方忠红

总工程师:蒋　锋

总经济师:仲沭海

中国十五冶第二工程有限公司

【概述】2012年是"十二五"期间发展的攻坚之年,也是十五冶二公司新办公楼落乔迁的喜庆之年,全司员工以中国十五冶建司60周年为动力,以科学发展观为指导,外拓市场,内抓管理,深入开展创先争优活动,着力加强企业软实力建设,团结和带领全体员工围绕年度发展目标,克服工程施工过程中的诸多不利因素,攻坚克难,奋力开拓,取得了较好的成绩。全年新签合同值10亿元,完成营业额11亿元,创优工作收获了累累硕果,公司参建的国道主干线(GZ35)子洲至靖边高速公路建设项目荣获国家优质工程奖。

【市场开发战略稳步推进】2012年,十五冶二公司把市场开发作为公司发展的龙头,围绕"大市场、大客户、大项目"扎实开拓市场,不断拓宽优化市场结构。一年来,公司品牌战略不断深化。逐步形成了自主品牌,综合实力明显提升,公司的品牌正逐步转化为核心竞争力。公司积极围绕"大市场、大客户、大项目"实行"以现场保市场"战略,取得了累累硕果,先后与江铜、奥博特、紫金等老客户实现了项目的滚动发展。2012年还首次与云南华联锌铟矿业、浙江华友钴业联姻,业务拓展战略卓有成效。同时,国外市场开发取得重大突破,先后承接了蒙古国前巴音钼矿选矿厂项目和缅甸蒙育瓦碎石生产项目,为公司走出国门,实现国内国外两个市场统筹发展奠定了基础。

【施工管理水平稳步提升】质量就是生命,产品代表人品。2012年十五冶二公司本着为客户打造精品工程的理念,不断促进施工管理水平的提升。一是加强了新开工工程的前期策划工作,力求在项目形象、临建标准上有提升,能更好地提升公司形象,在策划内容上力求更贴近实际和可操作性,同时对策划演示文件的版面进行了修改,做到图文并茂,简洁明了。2012年新开工的衢州华友、江铜国际广场、奥博特铜管五期等的前期策划水平有了较大提升,项目在现场文明施工管理和生活环境方面较好提升了公司的社会形象。二是对在手工程进行认真分析,精心组织,逐步扭转不利局面。广东清远、增城项目先后顺利投产;江铜铜拆解一期工程于8月16日第一根钢柱吊装,历时两个多月于10月9日正式试生产;贵溪市信江大桥北岸引道改建工程是十五冶二公司服务地方基础设施建设的重点项目,于7月初开工,并与12月4日提前一月全线通车,得到了贵溪市市委和有关部门的一致好评。

【基础管理工作不断加强】2012年，为适应加快发展的需要，十五冶二公司狠抓基础管理，使公司管理能力有了较大提升，对项目组织管理的服务、督导作用逐步显现出来。财务管理持续完善，2012年，公司明确了“严禁无分包合同付款、严禁无资金计划付款、严禁资金没回公司就付款”三条红线管理，有力地推动了项目分包合同的签订工作，进一步规避了经营风险。投标决策机制不断完善。2012年公司狠抓项目投标决策管理，标书编制质量不断提高，技术标图文并茂、商务标成本分析深入透彻，同时，形成了公司领导班子成员、相关报价和技术人员等参与的多层次投标决策机制。人力资源管理不断加强，制定奖励措施激励员工参加国家职业技术资格认证考试，加强对“职业双通道”的宣传，进一步加大对人才的培养选拔力度，实施公司领导导师带徒制度，选出15位优秀新员工与公司领导签订师徒协议书进行重点培养，为优秀员工的成长成才开辟了新的途径。机关部门服务基层能力显著提升。2012年公司机关各部门主动参与到项目管理过程中，对现场安全文明施工、重要技术方案编制、材料招标等给予检查和指导，有效推动了重点项目的进展。

【党群组织作用得到进一步发挥】2012来，公司党委以深入开展创先争优活动，加强软实力建设为主线，狠抓建设集团“三会精神”和两级公司职代会及大干180天动员大会精神的宣传贯彻和落实，加强“四好”领导班子建设，加强党风廉政建设，深入开展党内“创先争优”活动，通过开展党性教育、亮牌示范、岗位创优、结对服务、组织创新五项特色活动，将活动的开展不断引向深入，使党组织的战斗堡垒作用和党员的先锋模范作用得到有效发挥。狠抓党建和思想政治工作，着力提高基层党组织的战斗力、凝聚力和号召力；全面推行亲情文化管理，积极开展“五必谈”“三必访”活动，关注员工思想动态，有针对性地开展思想政治工作。同时，各级党组织坚持以活动促生产，通过开展“家书联心”“生日送祝福”“五四纪念”“七一重温入党誓词”活动，围绕生产经营的重点、难点开展劳动竞赛、技能竞赛、青年立功竞赛等活动，有效促进了各项生产经营工作的开展，为公司全年各项生产经营活动的顺利开展和各项经济指标的顺利实现提供政治保证和组织保证。

（李建军）

【中国十五冶第二工程有限公司领导人名录】
公司总经理：陈国华
党委书记：黄清平
副总经理：王铁山　赵洪来　刘　颖　王宏林

江西六国化工有限责任公司

【概　述】2012年，是江西六国化工有限责任公司完成资产重组、融入铜化集团运营的第一年。在董事会的正确领导下，公司上下克服国内宏观经济持续下行，行业竞争日趋激烈，产品价格不断下滑等不利因素，紧紧围绕全年目标任务，通过治理、整顿、巩固、提高，大力挖掘装置潜能，进一步加强管理、深化改革、谋划发展，全年生产化肥6.51亿千克，同比增长39.15%；销售化肥6.68亿千克，同比增长34.98%；取得了产量、销量均创历史的最好成绩。

【产供销运企稳向好】生产系统进一步加强了工艺和设备管理，全年共投入维修资金4000多万元，一定程度改善了设备陈旧、装置老化的状况，大幅提升了各装置产量。全年生产：磷酸二铵2.25亿千克，同比增长27.75%；氯基氮磷钾2.75亿千克，同比增长49.48%；硫基氮磷钾1.24亿千克，同比增长46.41%；磷酸一铵0.28亿千克，同比增长17.17%。磷酸装置产量达到1.25亿千克，同比增长28.02%，实现了建厂后装置能力首次达产达标。磷酸、磷铵、专用肥装置分别创造了新的班产、日产、月产记录。

供应系统以满足生产需求为主线，对供应渠道进行了有效整合，全年原材料采购数量、质量、成本总体得到较好保障。精心研判市场，在市场低迷时期把握机会，低价购进大量原料，为后期复合肥生产降本增效创造了良好条件。

营销系统认真分析市场，灵活制定政策，全年销售化肥6.68亿千克。建立大营销体系，完善了组织结构，强化了销区责权。加强渠道建设，全年新增和调整客户152家，新增客户销量0.8亿千克。继续发挥品牌和渠道优势，全年销售贴牌化肥0.7亿千克，进一步扩大了“施大壮”品牌的影响。

物流系统全年物资进出总量13.79亿千克，同比增加28.87%。先后投入近百万元资金购置叉车和托盘，进一步提升了机械化作业程度；在产能大幅增加的情况下，克服了仓储、装卸能力不足等困难，较好保证了物资的进出畅通。

【技改技措成效显著】全年实施技改技措18项，总投资793万元。成功实施磷铵装置尾洗系统改造，氨回收率达到98%以上，提高了10个百分点。完成磷铵管反使用液氨及二次氨化技改，每小时节约6000千克左右蒸汽用量。完成磷酸一铵装置管反技改，氨耗、蒸汽消耗明显下降。完成3200多米渣管改造，较好解决了渣管渗漏问题。对硫基肥装置氢钾系统逐步完善，初步解决了转化槽冒正压、影响周边环境的问题。

【内部改革不断深化】优化人员配

置，完成定岗定编定员工作，富余人员得到妥善安置。优化工资结构，完成薪酬制度改革。进行机构改革，对职能机构进行了精简，明确了职责，提高了效率。搞活经营机制，对营销总公司、采购总公司实行收入费用总承包，对磷矿粉肥车间实行产销一体化承包经营。对职工医疗保障进行改革，参加城镇职工基本医疗保险，提高了职工医疗保险待遇水平。

【企业管理不断加强】加强财务管理，与本部统一了会计政策，实现了从《工业企业会计制度》到《企业会计准则》的对接；加强了银企合作，通过降低贷款利率，加大承兑支付，降低了财务费用。加强人力资源管理，依法解除24名员工劳动合同，处罚违纪职工39名；全年内培人员196人次，外培人员18人次。重点加强了产品外观质量考核，通过实行产品质量与车间领导挂钩考核办法，促进了产品质量提高。加强安全环保管理，建立了安全生产二级单位主要负责人与安全环保风险挂钩考核机制，加大了对危化品、危险源、锅容管特、三废排放的监管力度，进一步强化了班组安全教育。加强现场管理，全年先后投入近150万元，修缮、改造、美化工作环境，生产区面貌得到一定改善；成立了现场管理专项检查小组，重点考核现场清理、跑冒滴漏、工完料尽和废旧物资回收，有效促进了现场管理工作进步。积极配合地方政府，完成贵冶周边环境整治工作，同时进一步加强了村企沟通，改善了企业与周边关系。完成企业管理体系认证工作，顺利通过了质量/环境体系审核。

【后勤服务保障有力】完成4栋经济适用房的综合验收和24套经适房分配工作，全年共为350多名职工办理住房公积金支取累计702万余元。治安保卫得到加强，生产区失窃现象明显减少。职工和家属健康得到进一步重视，加强了社区计划免疫和传染病预防工作，为社区每户家庭建立了电子健康管理档案，全年为职工免费体检1310人次，对特殊工种进行糖尿病筛查170余人次，并为近400名职工家属办理了城镇居民基本医疗保险。

【党群工作有声有色】召开了公司首次党代会和职代会，顺利完成新一届党委、工会换届工作。开展了“扬正气、树新风、促发展”主题教育活动。加强了各级领导班子建设和职工思想政治工作，密切了干群关系，维护了企业稳定。各党支部充分发挥战斗堡垒作用，围绕生产经营扎实开展劳动竞赛和“大干四个月”活动，积极组织党员干部完成原料卸车等应急任务。认真开展效能监察，加强了廉能风险防控管理，查找部门和个人风险点1106个，落实预防措施877条。加强了“三讲五心”企业文化宣贯，增强了员工对企业的认同感和归属感。坚持月月有赛事，积极组织开展各类文体活动，丰富了员工的业余文化生活。大力开展帮贫扶困、阳光互助、送温暖、金秋奖学等活动，全年累计发放各类慰问金14.26万元；为85名高考升入本科子弟发放金秋奖学(助学)金累计8.48万元。

【公司大事记】1月6日，贵溪市工商行政管理局核发《公司变更通知书》和《企业法人营业执照》，江西贵溪化肥有限责任公司更名为江西六国化工有限责任公司，法人代表为何鹏程。

4月，磷铵车间造粒尾气洗涤技改取得重大成效，氨回收率提高了10个百分点，稳定在98%，年可节约生产成本1000万元以上，有力促进了周边环境改善。

5月10日，磷铵车间二次氨化技改获得成功，年产生经济效益1000万元以上。

5月17日，省农资协会召开三届四次会员大会，公司变更为省农资协会会长单位，公司董事长、党委书记何鹏程接任省农资协会会长。

8月28日，中国共产党江西六国化工有限责任公司第一次代表大会召开，选举出新一届中国共产党江西六国化工有限责任公司委员会和中国共产党江西六国化工有限责任公司纪律检查委员会。

8月31日，江西六国化工有限责任公司召开第一次职工暨工会会员代表大会，选举出新一届江西六国化工有限责任公司工会委员会和江西六国化工有限责任公司工会经费审查委员会。

12月6日，公司连续7年通过国家质量/环境管理体系审核

2012年，公司年产12万吨磷酸装置产量达125361吨，首次实现达产达标。

12月21日，鹰潭市安全生产协会成立，公司被推选为会长单位，公司总经理洪细安当选为协会会长。

(李　敏)

【江西六国化工有限责任公司领导人名录】

董事长、党委书记：何鹏程
总经理、党委副书记：洪细安
常务副总经理：李老柏
党委副书记、纪委书记、工会主席：胡上东
副总经理：吴培义
总工程师：黄式鹏
总会计师：曹方明

贵溪发电有限责任公司

【概述】贵溪发电有限责任公司位于江西省鹰潭市贵溪市雄石东路41号，前身为江西省贵溪火力发电厂，2003年电力体制改革后隶属中国电力投资集团江西电力有限公司。公司现有装机容量188万千瓦，其中包括两台30万千瓦亚临

贵溪发电有限责任公司第二台64万千瓦超临界机组正在建设

（贵溪发电有限责任公司供稿）

界机组和两台64万千瓦超临界机组，是目前江西省最大火力发电企业之一。

2012年以来，贵电公司按照“低碳发展、效益优先、管理创新、文明和谐”的总体思路，全体干部职工团结奋进、求实创新、内挖潜力、外拓市场，生产经营各项指标不断优化、安全生产记录节节攀高，三期“上大压小”扩建工程圆满竣工，成功实现了“再造一个贵电”宏伟目标，实现发电量57.63亿千瓦小时，创历史最高纪录，为地方经济建设做出了积极贡献。

【公司发展】 在各级地方政府的大力支持下，通过各参建单位和全体干部职工的共同努力，三期“上大压小”扩建工程的第二台机组于12月11日顺利通过“168”小时试运，正式投入商务运行，实现了江西省委省政府提出了2012年“迎峰度冬”期间投产目标，并取得了试运零油耗、环保“三同时”和主要技术指标达优良标准的优异成绩。在全力推进三期工程建设进度的同时，为寻找企业新的经济增长点，走多元化发展的新路子，力求在新的竞争中抢占先机，赢得主动，公司紧紧抓住国家金太阳工程政策这一有利契机，确定了公司挂榜山和雷公岭灰场光伏发电项目，目前该项目前期各项工作正稳步推进。

【管理提升活动】 2012年，公司认真贯彻落实国务院国资委和中电投集团公司关于开展管理提升活动的要求，重点针对财务、燃料、物资、市场营销等领域，通过对比标杆、查找差距、细化措施，严格考核，堵塞管理漏洞，补齐管理短板，突破管理瓶颈，培育精细化管理理念，牢固树立“求真务实、高严细实”的工作态度，不断增强全体干部职工市场意识、竞争意识和效益意识，切实提高企业管理水平和风险防控能力。

【队伍建设】 始终坚持人才强企战略，切实强化全员培训，努力优化人才结构，大兴学习之风，倾力打造学习型企业，全面提升队伍素质，努力打造一支“想干事、能干事、干成事”的职工队伍。近年来，在中电投集团公司举办的全能值班员、热控检修、燃料采制化等多项技能竞赛中，公司职工均取得了较为优异的成绩。

【节能环保】 公司高度重视节能环保工作，一方面通过加强燃料管理，进一步优化入厂煤炭结构，在保障燃料供应的同时，争取采购到安全、环保的煤种；另一方面通过加强脱硫、脱销、电除尘等设备的技术改造与维护，不断提高环保设备性能。2012年，公司全年未发生环境污染事故，二氧化硫、氮氧化物、烟尘排放总量和排放浓度均低于国家环保部门下达的控制指标。

【电站服务】 公司为提高企业经济效益，积极开拓电站服务市场。2012年，通过与哈尔滨汇通电力有限工程公司的合作，争取到巴基斯坦和印度等国家商务运营业务，既锻炼职工队伍，同时又为企业创造经济效益，树立良好的企业形象。

（胡明华）

【贵溪发电有限责任公司领导人名录】

总经理：李学军

党委书记：夏继胜

党委副书记、纪委书记、工会主席：李河水

副总经理：李玉成　周大寿　黄刚清　凌小平

总工程师：汪　霞

财务总监：曾　俊

江西省地质矿产勘查开发局九一二大队

【概述】 2012年，江西省地质矿产勘查开发局九一二大队（简称江西省地矿局九一二大队）紧密围绕省局中心工作和服务鹰潭经济社会发展大局，奋力推进“地质立队、矿业富队、产业强队”发展战略，提质增效，稳中求进，实现了产值同比增长2.30%，收入同比增长9.18%，节约与收益同比增长21.97%，生产增加值同比增长11.50%，职工人均收入同比增长11.30%，地质找矿有突破，经济发展超预期，重点工作有进展,和谐建设显成效,党建及精神文明再上新台阶。

【地质找矿取得新突破】2012 年,九一二队共承担实施各类地质勘查项目 27 项。其中中国地调局续作项目 2 项,中央财政项目 3 项,国外风险勘查项目 2 项, 省地勘基金项目 5 项;局(队)资金项目 10 项,对外矿产勘查项目 5 项。“江西省浮梁县朱溪外围铜多金属矿调查评价” 项目新发现单层厚度达 449 米、WO3 平均品位 0.63%的富钨铜矿体, 朱溪的突破性找矿成果成为江西省实施找矿突破战略行动第一阶段代表性成果。“马达加斯加贝马武铬铁矿、磁铁矿预查” 新发现了 3 个铬铁矿群,达到富矿标准,估算铬铁矿 334 类矿石资源量 60 多亿千克,可望达大型规模。“冷水坑矿田及外围(麻地—碧山)银多金属矿普查”发现厚度达 76.8 米的铅锌矿体, 是近年来见矿较好的一年。

【地质科研取得新成果】 江西省地矿局第一批、鹰潭市第二家院士工作站——江西省地矿局九一二大队院士工作站获批成立并全面启动地质科研及人才培养工作。开展了国家科技支撑计划项目“东部铁铜铅锌重要矿集区深部资源勘查与技术示范” 研究等一批国家级、省部级重要科研项目。中科院陈毓川院士到九一二队实施的朱溪矿区等指导找矿突破工作。“江西省浮梁县朱溪外围铜多金属矿调查评价”等 6 个科研项目分别荣获部、省局矿产资源规划优秀成果、科学技术、优秀地勘项目一、二等奖。

【服务社会有新平台有新作为】在省局的统一部署和鹰潭市政府的支持下,“鹰潭市地质灾害应急调查中心、鹰潭市地热研究所、鹰潭市鄱阳湖生态经济区地质环境研究所和鹰潭市地质矿产调查研究所”4 块牌子成功在九一二队挂牌。2012 年,九一二队紧密地结合区域经济社会发展实际,充分发挥专业技术优势,积极服务鹰潭经济社会发展,先后参与鹰潭、抚州等地的地质灾害、矿产资源、地热资源调查及土地测量司法鉴定论证,向鹰潭、抚州及时提供了地灾避灾应急方案,为地方各级政府决策提供了依据,有效地保护了当地群众的生命和财产安全,获得了地方政府和社会各界的肯定与表扬。

【矿业富队战略持续推进】困扰九一二队多年的下鲍矿区探矿权价款转增国家资本金得到圆满解决, 恢复冷水坑矿田空白区矿权取得新进展, 天亿与江铜的合作开发正朝积极方向迈进。九一二队合资企业江西省银海矿业公司投资 3200 万元的废水处理工程如期竣工,累计达 9 万立方米井下充填工程全面完成,实现了经济效益与社会效益了双丰收。自主开发的贵溪罗塘石膏矿顺利通过省专家组安全生标准化二级评审。金溪饶家山银铅锌矿 2012 年 10 月份已经取得采矿权。南城徐坊金矿开发利用方案、矿山地质环境保护与治理恢复方案等报告的编制与评审备案工作已经完成, 采矿权证申请办理正在加紧推进中。

【地勘延伸产业进一步拓展延伸】九一二队天久地矿建设工程院、工勘院、天久测绘院、路桥公司四个地勘延伸产业单元依托系列高资质优势, 在服务领域得到拓展时,各项指标实现了稳中有升。天久地矿建设工程院承担了全省首批 1:50000 地灾详查项目黎川幅, 实现了服务领域的新跨越;承接的四川华蓥资源枯竭型城市合同价款超两千万元的矿山地质环境治理工程,填补了建院以来大型地灾治理项目空白。工勘院在稳固铁路、尾矿库勘察及找水成井业务的同时,在安徽、福建、云南等多个省份承接到一大批固体矿产岩芯钻探项目, 产业结构调整取得明显成效。天久测绘院承担了龙虎山、定南、贵溪农村确权发证及矿山测绘等业务,产业发展势头良好。路桥公司在做好广州保利西海岸房屋桩基等 3 个续作项目的同时企业品质和知名度进一步提升。天久矿泉水厂通过实施品牌再造战略,产品社会知名度、市场占有份额不断提升,优质的天然矿泉水已拓展到厦门、泉州、广东等省外市场。

【和谐平安地矿建设成效明显】继续坚持了综治、安全争创工作及为职工群众办实事、办好事,为地矿经济健康发展创造了和谐稳定的环境。平安地矿扎实创建。组织开展了地勘单位安全生产标准化创建工作,取得了非煤矿山安全生产标准化国家二级证书。综治工作强化了社会管理创新工作,矛盾纠纷得到及时排查化解。民生工作成效明显。88 套公租房建设项目已进入主体施工阶段;全面完成了鹰潭基地院内燃气管道安装工程并启用;组织了全队职工身体健康检查,并为在职职工购买了团体险、住院津贴互助保障险、女职工幸福险;安排 38 名离退休职工到庐山、宜春疗休养; 投资 20 余万元对鹰潭基地大院进行了绿化、亮化及美化工作,鹰潭基地文明大院建设品位进一步提升。

【党建和精神文明建设再上新台阶】坚持围绕全队经济中心, 突出抓好队伍建设、作风建设,文化建设,为全队的经济发展提供了坚强的政治保障。加强了党的建设,深入组织学习了党的十八大精神, 开展了干部公选工作。宣传工作进一步强化, 2012 年 7 月, 该队被鹰潭市委宣传部列入全市重点推介宣传单位,在市两报两台一在线密集报道。组织了全队党支部书记深入温圳监狱进行警示教育, 干部拒腐防变意识进一步增强。工团工作进一步加强,13 项职工广为关注的重大事项按要求公开,广泛开展了岗位练兵、技能竞赛活动。精神文明建设硕果累累。大队获得“全国模范地勘单位”“江西省五一劳动奖状”“江西省直机关第九届文明单位”“江西省职工职业道德建设十佳单位”等一系列省部级荣誉称号。

(涂义宏 李 忠)

【省地质矿产勘查开发局九一二大队领导人名录】

大队长:徐贻赣

党委书记:曾水龙(2012.3 ~)

副大队长:钟方红 吴美仁(2012.3~)

王艳萍(女,2012.3~)

总工程师:刘建光

总会计师:钟柳志

纪委书记、工会主席:方洪华(2012.03~)

江西有色地质勘查一队

【概述】2012 年,江西有色地质勘查一队党委在局党政的正确领导下,以党建项目化活动为契机,秉承以人为本的理念,围绕科学持续发展的主题,以服务民生为宗旨,以发展地矿产业为抓手,以苗局长提出的“十八字”方针为引领,深化学习型组织建设和创先争优活动,加强党的思想、组织、作风和人才队伍建设,汇聚合力,把和谐富裕一队建设推向新的高度。全年经营收入比 2011 年增长 78%; 实现利润比 2011 年增长 110%; 上岗员工收入比2011 年增长 10%以上。

【坚持学习】一是理论学习,坚定信念。坚持每季度一次的党委理论中心组学习,领导班子成员认真学习《理论热点面对面 2012——辩证看,务实办》及《人民日报》评论员文章,对共建共享促和谐战略与举措有所理解。中共十八大召开后,第一时间学习宣传党的十八大报告及新党章,出了三期题为《学习贯彻落实十八大精神》《开创工作新局面》《凝聚力量促发展》宣传栏,使广大职工干部用中共十八大精神统一思想、武装思想、解放思想、深化认识、指导实践、推动工作。二是专业学习,增强本领。队党委支持并鼓励在岗职工参加国家注册类考试,鼓励专业技术人员参加会计实务、地质勘查、钻探技术、特种作业、安全管理等几乎覆盖全队各个层面的专业知识培训,组织第二届钻探安全培训班、地质勘查技术春季培训班,聘请局地矿处副处长谢春华、矿勘院高工崔明达专家为地质工作人员授课,传授专业知识,丰富从业人员专业知识,增强服务生产经营的本领。

【中心工作】2012 年成功申报三个省地勘基金项目,续作一个省地勘基金项目,合同额 1040 万元,创有色一队申报政府类资金地勘项目以来数量最多、费用最高的一年。塑造有色一队形象的综合培训大楼筹建工作顺利推进,11 月 19 日正式破土动工,各项工作进展顺利。岩芯钻探在平稳中取得重大突破,全年开动 13 台钻机,自主完成岩芯钻探进尺突破 5 万米,完成局计划的 125%,是 2011 年的 1.67 倍,是建司历史之最。其中,首次跨出国门在博茨瓦纳某金矿区历时 7 个月,一个机台完成 7 个一级孔,进尺 2053 米,实现了国外施工的首战告捷。2012 年着手发展的地质灾害治理产业,通过投标形式获得了浙江舟山等地质灾害治理项目,产值有望达到 800 万元—1000 万元。升资质取得新进展,继 2011 年固体矿产勘查资质成功升级后,及时总结经验,2012 年地质灾害治理工程、液体矿产勘查和坑道施工等资质成功升为乙级,提交了地质灾害治理评估、施工及测绘等 3 个乙级资质申请。队伍建设成效明显,返聘有专业特长的老专家回队发挥余热,传帮带技术人员;安排 9 名有一定经验和专长的原队下岗职工重新上岗,聘用了 10 名以上机班长为钻探事业长期稳定发展做贡献,招聘 27 名武汉地大等高校的本科毕业生,为有色一队发展增添新的活力。

【人本管理】132 套经适房分配到户;职工收入增长 8%以上;花费 20 余万元做好余家基地白蚁防治工作;继续加强职工医保工作,指定专人为全队 260 名长住外地职工代办异地就医报销等相关手续,极大地方便了外地职工就医;积极配合民政局为低保户办理调标、年检等手续;继续做好小集体家属工的养老保险的后续相关工作;积极为职工家属办理廉租房申报等相关手续;为 456 人办理居民医疗保险续保及年检,为 280 名女职工办理互助安宁险;积极开展“温暖人心”活动,全年发放困难补助金 12 万多元;积极开展多式多样的文体活动,如与江铜地勘公司联谊、参加市国土局地勘系统球类比赛、建设职工俱乐部等,丰富了职工群众物质与精神生活。

2012 年对新建的 132 套经济适用房进行了公开分配,无房户住有所居;继续对余家基地进行白蚁防治,杜绝后患;继续加强人防、技防、物防的投入与管理,使三个生活基地平安稳定;加强与地方政府的联防联治,中共十八大前后开展为期 3 个月的义务重点巡防工作,确保重要时期的稳定与安全,连续 7 年被评为鹰潭市综治先进单位;加强安全管理,逐步推行安全标准化,规范管理,全年实施的所有项目安全文明生产,实现零事故率,完成安全生产年目标。文明单位创建活动有序推进,在“文明家庭”创建活动中,李明惟、黄本飞等 5 个家庭被评为年度“文明家庭”;全队干部职工群众的精神面貌明显提升,队容队貌大有改观,被评为 2009~2011 年度鹰潭市文明单位、江西省第十三届文明单位。

【“创先争优”】2012年，队党委在省有色地质局的领导与部署下，认真开展“先锋创绩”活动，将“创先争优”活动推向深入，结合岗位特点、工作态度、工作业绩、敬业精神及工作贡献，在全队开展“创先争优”活动，付宝华等8名优秀党员受局表彰；对党组织的总体工作进行综合考评，适时分析不足，找准引领经济发展、服务民生工作方面的努力方向，队党委、金源公司党支部等4个党组织获局先进基层党组织；以受表彰的优秀党员、优秀党组织为楷模，以宣传栏、简报《金源之声》为载体，在全队范围内进行学习宣传，便于更好地发挥先进示范作用，凝聚人心，更好地推动科学发展。该队地质勘查院被省直机关工委、局党委评为“青年文明号”。

(赵　萍)

【省有色地质勘查一队领导人名录】
队长、党委书记：何发林
副队长、纪委书记：付宝华
副队长、党委副书记：王国龙(20125~)
副队长：何志平

江西省煤田地质局二二三地质队

【概述】2012年，全队上下在省局党政的领导和关怀下，紧密围绕年初制定的各项工作目标，深入贯彻落实科学发展观，加强管理、稳健经营，通过广大干部职工的共同努力，全年完成经营总收入1.04亿，实现考核利润1631.68万元，在岗职工年均收入稳步增长，安全生产、党建和社会管理综合治理等工作全面达标，先后荣获了省煤田地质局系统的先进单位、安全生产先进单位、社会管理综合治理先进单位荣誉称号，还被评为2012年度鹰潭市工会工作优秀单位；精神文明创建成效显著，2012年二三三队荣获江西省第十三届文明单位和江西省省直机关第九届文明单位称号；团委下属地勘院、实验学校两个支部，双双被省直团工委授予“青年文明号”光荣称号。

【巩固煤勘主业，突破延伸产业】2012年队地勘院完成经营总收入1293.42万元（含基金项目574万元），较好完成了利润目标：

一是积极申报实施地勘基金项目。二二三队先后实施了《铅山县局里煤矿区调查评价》和《上饶县新田煤田及外围调查评价》两个省基金项目，共安排钻孔3个，钻探工程量2550米。

二是地质储量报告完成情况。去年先后承接并完成了上饶地区、景德镇地区煤矿山地质储量报告，年度动态检测报告，矿山地质环境保护与恢复治理方案项目报告共计82件。

三是积极为矿山提供钻探地质勘查服务。施工的横峰县童德林煤矿和铅山县神仙坞煤矿两个勘探项目共钻孔12个，完成钻探工程量6632.4米，估算各类资源储量约40亿千克。

四是非煤资源地质工作。积极做好了赣东北风景旅游区(婺源县段莘、乐平市塔前等地)温泉项目申报工作。婺源县段莘地热已经做了物探工作，正等待探矿权的招、拍、挂。

五是其他社会地质项目。为余江县国土部门编制申报了一个滑坡隐患点治理方案项目；完成了九江市武宁县农村集体土地确权发证项目及70余个煤矿山的年度矿界测量核查工作。

六是申报页岩气科研项目。在省局领导的关心下，二二三队以中国矿大为技术支撑，积极与省科技厅、南京地调中心等单位对接，努力做好并申报了江西省重大科技专项“江西省页岩气富集规律及地质选区关键技术研究”。二二三项目于2012年年底通过了省科技厅专家组论证，二二三队获得600万元的科研课题经费，现正在积极组织实施。

七是资质的申报和升级工作。一年来，二二三队申报并获得气体勘查、坑探等乙级资质，液体勘查资质升为乙级，这些都为以后不断开拓市场，提升项目平台，奠定了良好的基础。

【做大施工产业，增强经营实力】2012年中煤二公司选择了以市政工程施工为主方向，不断加强项目管理，内外借力，努力做好做实各类项目的基础工作，全年共完成经营收入8452.78万元，利润530.66万元，取得了较好的业绩。

一是响应省局“立足国内、面向海外”的发展战略。积极与中煤国际公司合作施工的肯尼亚migori供水项目，在项目部全体人员的共同努力下，克服了重重困难，截至2012年年底已完成了近50%的工作量。

二是重点做好南昌湾里紫湖BT项目、省政府党政机关搬迁置换等项目。所有项目的施工人员克服各种不利因素，积极主动与监理、业主进行沟通，取得了较好的效益。

三是抓好已完工项目的结算，加大应收账款的催收力度。截至2012年年底除西宁污水处理厂因甲方未与西宁市政府结算而受影响外，其他已完工项目结算全部完成。项目应收账款的催收工作，也取得了较好的成绩，2012年收回以往年度工程款共3619.86万元。

【经营东方宾馆】东方宾馆积极开展“创先争优”和“三提升”活动(员工提升自身素质、企业提升管理水平、窗口提升服务量)，“保三星”工作取得成功。全年经营总收入206.16万元，客房平均出租率达到56%。

一年内，东方宾馆不断加大营销工作力度，努力维护队伍稳定，安置效应明显。宾馆现有50多名职工，职工收入稳步增长，为全队的和谐稳定做出了贡献。

【后勤单位管理】实验学校在新教学楼建成后,已经容纳39个班级,2600多名学生。该校以创建"和谐安全"特色校园为目的,不断提高教学水平,2012年中考再创佳绩,优秀率和重点高中录取率再列全市第一。

物业公司勤政务实,不断提高服务质量,强化物业管理,美化大院环境,加强大院综合治安管理力度。已注册成立"江西智诚物业管理有限公司",现正在申办物业管理相关资质。

队医务所关注职工健康与社区服务:重新整理了职工家属健康档案,对老年人及育龄妇女进行免费健康体检,将队社区慢性病患者进行规范化管理,与队事业管理部联合举行健康教育宣传活动。2012年医务所第三次被省卫生厅授予"三星级社区卫生服务机构"荣誉称号。

【加大安全投入,增强安全观念】着重从完善制度、规范管理、强化培训、安全文化和安全监督检查等方面强化安全生产,落实安全生产责任,提高安全生产管理水平。钻机、工地制定了各种安全措施和制作了安全警示牌,使安全生产的理念牢牢树立在每个人心中,全年安全态势平稳,未出现一起安全责任事故。安全生产标准化等级评定现已进入验收阶段。

在安全投入方面,全年用于安全检查、宣传、各种人员的培训、各种保险、安全标准化创建、劳保用品发放、安全设施的更新和整改、生产技术措施的改进等方面的资金约45万元。

【实施民心工程,发展成果惠及群众】坚持发展为了职工,发展依靠职工的宗旨,不断提高职工生活水平,努力为职工谋福利:一是努力增加职工收入,做好下岗职工再就业安置工作,在岗职工年收入继续保持在高位;二是积极谋求棚户区改造工程,大力改善职工居住条件,棚改项目现已征得市政府同意;三是深入开展"送温暖、献爱心、金秋助学"等活动,先后共投入和争取资金21.59万元,积极帮扶困难职工,解决实际生活困难。

【党建思想政治工作】2012年,制定了全队党建思想政治工作要点,成立了《党风廉政建设领导小组》,出台了《队党委会议事规则》及《队领导干部民主生活会实施细则》,确保全队党建思想政治工作有计划、按步骤进行;坚持党委中心组理论学习制度,认真学习贯彻党的十八大精神;经过认真选拔考察,提拔了四名有责任心、年富力强的干部到重要岗位上来;注重加强领导干部党风廉政建设,以学习落实党中央改进工作作风,密切联系群众的"八项规定""六项禁令"为重点,确保干部队伍廉政高效;不断发挥党建带团建作用,选举产生了新一届团委委员。

精神文明创建和企业文化建设活动成绩显著。队团委积极组织团干和部分团员前往鹰潭市儿童福利院开展"送温暖"活动;党委牵头组织全队干部、职工,参加鹰潭市"慈善一日捐"献爱心活动;工会先后组织参加鹰潭市第三届职工运动会,省局第七届乒乓球赛,市国土地勘系统羽毛球和乒乓球比赛,均获得非常优秀的成绩;事业管理部组织59名离退休党员,参观了革命烈士纪念馆,并前往上饶县皂头原一工区驻地进行了故地重游;不断强化企业文化核心理念宣传,大力推广标识视觉系统,在提升企业软实力上有所作为,使企业文化核心价值理念人人知晓。

一年内,宣传工作不断改进创新,简报换成了全新的彩色版面,大幅地提高了宣传力度和宣传质量,网站建设也更上一个新台阶。通过不断提升思想认识,把全队干部职工思想高度统一起来,从而更好地为全队经济发展保驾护航。

(宋 娟)

【省煤田地质局二二三地质队领导人名录】
常务副队长:俞宽坤(2012.2~)
党委书记:胡忠民(2012.2~)
副队长、总工程师:李长志
副队长:杨悦敏 李平泉 汤 兴
总会计师:何洪明

江西省核工业地质局二六一大队

【概述】2012年,二六一大队以科学发展为主题,以加快转变发展方式为主线,以实施地矿立队为主战略,以创建幸福单位为目标,地质经济实现了经济规模持续扩大,全年完成市场经营收入比2011年增长23.5%,完成增加值同比增长22.8%;经济效益持续提升,实现利润比2011年增长62%;经济结构持续优化,地质矿产业节约与收益的比重值占到大队总利润的81.4%;经济实力持续增强,矿业、铜材、工勘、桩基、测绘、地环等经济实体依托市场求生存谋发展的能力进一步提升。文明创建成果丰硕。荣获"全国科普教育基地""全国模范地勘单位"两个国家级荣誉称号。在福建厦门召开的2012全国探矿者年会上,大队长朱永刚与全国地质找矿方面有突出表现的10个地质队长和合作企业的领导,代表全国矿业工作者上台向共和国宣誓。

【地质工作量及成果创历史新高】全年实施铀矿地质项目5个,完成钻探工作量43.4千米,完成地质测量、音频电磁大地测深(V8)等地质任务;施工钻孔61个,见矿率60.7%;完成了相当于一个大型铀矿床规模的铀资源量。居隆庵北部项目和相山西部项目野外验收评为优秀等级。通过近几年工作,二六一队已探明2个大型铀矿床、1个中型铀矿床。整装勘查项目实现零的突破。编制的《江西省乐安县—崇仁县相山地区铀矿普查整装勘查实施方案》顺利通过国土资源部评审，使相山地区成为江西省核工业地质局首个整装勘查项目。

【非铀矿权经营开发实现新突破】二六一队积极实施地质项目“走出去”战略，取得了江西省广昌县、崇仁县境内3个非铀金属探矿权。与东华理工大学签订“相山矿田矿床勘查地质资料集成与开发合作研究协议书”，与核工业北京地质研究院签订“铀钍混合矿床伽玛能谱测井实验科研项目外协合同”。为核工业航测遥感中心实施河北省抚宁县航磁异常查证项目，实现了非铀找矿新的突破。海外找矿工作获取海外合作矿权两个：一个是对印度尼西亚的红土镍矿技术入股项目，编制了国外矿产资源风险勘查项目专项资金申请书；另一个是与非洲加纳4处矿权签订一个找矿项目合作协议。

【地质科研与创新取得新成果】该队地调院运用V8(地球物理数据采集系统）物探仪和三维勘探MICROMINE软件，推动了对相山地区成矿理论、找矿规律的认识。《江西相山铀矿整装勘查远景区块划分与评价》《相山南部地质特征及找矿前景》两篇论文，分获2012年江西省科协二届学术会江西核学会优秀论文一、二等奖。《铀尾矿库工程地质勘察规程》获省核工业地质局科技立项。工勘研究总院技术研发中心提交的《降低黏性土常规土工试验数据的偏差率》报告获核工业优秀勘察设计QC小组成果一等奖，实验QC小组获国家工程建设(勘察设计)优秀QC小组奖。

【地质延伸、探采合作开创新领域】地质延伸业保持了产业发展优势，市场服务的领域和范围进一步拓宽。核工业江西工程勘察研究总院全年承接12项大型桩基工程，完成工作量5.7万立方米；施工31项岩土勘察项目，完成工作量8.2万延米；岩土实验室完成样品检验7579个，并开展了岩土分析测试、地震波检测等项目。江西省中核测绘院累计完成测绘项目45项，开拓新的测绘市场两个，项目涉及土地利用、地质勘探、地籍测量，矿山核查、公路建设、水利建设等多项领域。地质环境院于2012年2月正式成立，先后承接9项地质灾害、地质勘察项目；地质灾害危险性评估资质升至乙级。探采一体化建设与中核抚州金安铀业公司首度合作，“中核乐安铀业有限责任公司”股东大会和董事会通过《中核乐安铀业有限责任公司章程》，并完成企业法人营业执照等工商注册手续，居隆庵铀矿开采取得实质性进展。

【铜业公司巩固销售市场有新起色】江西中核铜业有限公司积极应对不利的内外部客观环境，有效规避铜价波动大的经营风险，在粗加工市场严重萎缩的情况下，积极实施“调结构、强管理、拓市场”的经营战略，强化“5S”管理，坚持以质取胜，着力整合销售市场。全年完成的各项经济指标位居鹰潭市工业园区6家赢利企业的中游。深加工、精加工产品的产销量比2011年同期增长50%。

【基础管理与服务有新措施】认真做好职称认定和工人技术等级考核以及相关技术人员的业务学习培训，有2人考上注册测绘师、2人通过注册岩土工程师基础考试、92名技术工人参加工勤人员岗位等级考试。机制创新工作组多次外出学习调研，为大队转变经济增长方式，试行机制创新、分配制度改革积累了经验。安全生产“打非治违”专项行动，与基层单位、经济实体签订安全生产责任状，开展“安全生产月”等活动，并结合“百名干部下基层，排忧解难促和谐”活动，把安全排查、节能宣传融合到下基层、进家庭走访之中，实现全年安全生产无事故。结合“规范管理年”和“信访积案化解攻坚年”活动，有计划地组织管理人员参加各项业务培训；职工医保衔接工作完成了职工信息资料的采集入库，为560多名女职工进行健康体检；新增2套30个视频监控探头，基本实现社区视频全监控，综治工作得到省综治考评组的好评；落实信访积案领导包案责任制，部署信访接访、下访、回访活动，有效地控制了信访增量，减少了信访存量。

【和谐队伍、幸福单位建设有新理念】二六一队持续开展阳光帮扶等民生工程，共有680名职工、家属及实体单位向阳光帮扶工程捐款，金额达2.55万元。送温暖活动对690名困难职工及家属走访慰问，落实扶贫帮困资金40余万元。年初职代会确定的10件民生工程实事全部完成。组织300余名70岁以上离退休职工参观鄱阳湖国家湿地公园，为104对金婚夫妇举行庆典活动。社区居委会认真做好低保、医保、社保、社会救助、计划生育等服务工作，为社区288户低保户、655人申报低保金，为4名大病患者申报救助金，为“空巢老人”发放便民服务联系卡。职工医院实施药品“零差价”，成功将社区医院纳入到鹰潭市医保定点医院范围。围绕“坚持地矿立局、创建幸福单位”这一目标，开展“不辱使命，加快发展，努力提高职工幸福指数”的大学习大剖析大讨论活动，切实转变机关干部作风，大队工作组走访看望离休干部、老党员、困难职工及遗属，帮助解决实际困难60余件。成功举办第24届职工运动会和离退休职工运动会、居民趣味运动会，凝聚内部正能量，弘扬文化理念。

（刘文斌）

【省核工业地质局二六一大队领导人名录】

大队长、党委副书记：朱永刚（~2012.9） 刘小平(2012.9~)

党委书记：陈乐安（~2012.4）刘小平(2012.4~9) 吕 勇(2012.9~)

纪委书记工会主席：吕 勇

常务副大队长、总工程师：陈荣清(2012.8~)

副大队长：陈乐安（~2012.5） 徐宝金熊钟（~2012.3） 张建华 黄江忠 黄江忠 张晓军(2012.8~)

大队技术负责：曾文乐（~2012.8）

工会主席：曾定祥（~2012.2）吕勇(2012.2~)

正处级待遇：曾定祥(2012.2~) 饶伟生

江西省核工业二六五大队

【概述】2012年，在局党组的正确领导下，在全队职工家属的大力支持下，全体干部职工履职尽责、扎实工作，紧紧围绕"地矿立队"主战略，加快转变经济发展方式，进一步优化产业结构，开拓创新、攻坚克难，完成了各项经济指标和预期目标任务。

【地矿主业大力提升】2012年，大队坚持"地矿立队"主战略不动摇，切实做好相关工作，实现地矿主业的三大突破。一是地质勘查基金立项工作有突破。2012年，二六五队积极做好中央地质勘查基金、省地质勘查基金工作，获得的项目数量和经费均创历史最佳水平。获得中央勘查基金项目一个，省勘查基金项目一个。在实施的中央基金项目中，发现工业矿段一处；在省基金项目所施工的八个钻孔中三个见工业矿，三个见矿化和异常。二是矿权运作和矿业开发有突破。在矿权获取上，2012年共落实矿权4个，为历年来最多，超额完成全年矿权任务。矿业开发方面，大队与中核地矿事业部合作的盛源60号铀矿床项目建议书正在编制中，有望在2012年进入实质性的矿山施工阶段。三是地质延伸业狠抓管理有突破。(1)经营管理实现突破。为加快产业结构调整，优化产业布局，激发地质延伸业发展活力，逐步把地质延伸业培育成大队支柱型产业，年初大队将地质环境调查院、测绘院从地质勘察院分离出来，成为队独立经济实体，一次性完成了挂牌、人员配备和财务独立核算工作。(2)资质申报工作实现突破。大队十分重视资质管理工作，始终把资质升级、增项作为一项重要工作来抓。2012年大队测绘资质新增了变形(沉降)观测、形变测量、精密工程测量三项内容；地环院获得了地质灾害治理工程勘查、设计资质。(3)业务拓展实现突破。勘察院转变思路，积极向省外拓展，大力开展工民建、水利勘察；地环院利用技术、资质优势，开展地灾项目经营；测绘院承接农村土地确权、房屋沉降观测等未接触过的项目，锻炼了队伍，提升了业务能力。

【产品业稳定发展】2012年国亿公司实现"三个创新"，大力提升产品业发展后劲。一是自主创新，不断改进技术工艺。公司进一步加大了科研投入，加强实验室基础设施建设，建成一个微生物检测室；同时加强了与国内高校、科研院所合作，优势互补、资源共享，不断增强自主创新能力。公司天然色素及其制品研发项目被列入《江西省政府自主创新能力建设"十二五"专项规划》，成为十一个创新型企业重点创新能力建设项目之一；紫甘薯、胭脂萝卜食用天然色素系列产品被列入南昌市"现代农业领域重大科技专项计划"。二是开展营销创新，加大市场开拓力度。面对日益严峻的欧美经济形势，公司加大了对国内应用市场的调研，明确了开发方向。同时改变贸易方式，由代理出口转变为自主出口，加快了资金回笼力度，每年可节约贸易代理费20万元以上。三是加强管理创新，提升企业赢利能力。2012年是国亿生物的管理创新年，各部门、各分公司收集、整理出创新提案11项，并根据提案制定了工作计划和目标。公司还以财务管理为中心，在种植成本、人工费用普遍上涨的情况下，严格控制单位消耗，使产品毛利率较往年提高了2%。

【内部管理更加完善】2012年大队通过强化"三项工作"，大力提升内部管理水平。一是强化效能管理。(1)全面部署全年工作。年初传达学习了局工作会议精神，召开了职工代表大会。根据局工作会议和队职代会精神，分解部署了各部门重点工作。(2)完善大队规章制度。全年大队共修订、完善了两项规章制度，进一步规范了内部管理，提高了工作效率。二是强化财务管理。(1)积极融入局财务管理平台，进一步提高了财务人员的业务水平。(2)加强应收账款的管理，对历史借款、欠款进行了清理、催缴。(3)深化银企合作，拓宽资金渠道，确保大队各产业流动资金的周转及经济适用房建设资金。三是强化安全管理。2012年大队下发了队安防发〔2012〕45号文，明确安全生产目标、安全工作重点和安全工作措施。安防部精心组织开展了安全培训、安全检查、安全生产月等活动，队领导亲自带队下基层，深入实地开展安全生产隐患排查活动，实现了安全生产目标。

【加强队伍建设】一是加强干部队伍建设。进一步深化干部人事制度改革，完善大队中层干部选拔机制。加大竞争性选拔的力度，大力培养、大胆使用年轻干部和后备干部，培育一支更加团结、更有朝气、更有干劲的干部队伍，为大队产业发展提供强有力的组织保障。二是加强人才队伍建设。加大地质类专业人才引进力度，全年考试考核新录用33人，其中本科生23人。重视各类专业人才职称评审工作，1人通过正高专业职称资格，5人通过副高专业职称资格，6人通过工程师职称资格，2人获得技师职称。三是加强党风廉政建设。全面落实党风廉政建设责任制，加强廉政制度建设，编制完成了《惩治和预防腐败体系建设制度汇编》。切实开展纪检监察工作，纪检监察部门主动介入全队经济活动各个环节，为队伍健康发展保驾护航。四是加强幸福单位建设。⑴高度重视民生工作，加快民生工程建设，提高职工的满意度和幸福感。⑵积极筹措资金落实职代会上确定的七项惠民实事。⑶坚持落实走访、慰问制度，开展形式多样的帮扶活动。⑷切实做好公共机构节能、综治、信访、计生工作。

（熊丹华）

【省核工业二六五大队领导人名录】
大队长：曹寿孙
党委书记：杨学义
党委副书记、副大队长：赖 军
副大队长：王建新 张军兵 胡 军 俞献民
工会主席、纪委书记：欧阳祖熙
副大队长、总工程师：涂 烈
总会计师：柳和华

中铁十一局集团桥梁有限公司

【概述】中铁十一局集团桥梁有限公司钢结构工程专业承包三级，桥梁工程专业承包二级，混凝土预制构件专业二级资质企业。中铁十一局集团桥梁有限公司是以高速铁路箱梁、高速铁路大板、博格板、城市轻轨PC梁制造、U型梁制造、铁路轨下产品生产，集工业、贸易、物流、房地产开发、战备器材租赁于一体的国有独资企业，是上市企业中国铁建股份有限公司的子公司。驻江西省鹰潭市南站路24号。前身为铁道兵鹰潭仓库，组建于1954年6月。1984年1月1日集体转业并入铁道部，改称为铁道部工程指挥部鹰潭材料总厂，1989年更名为鹰潭战备材料总厂。2001年11月28日划转中铁十一局集团有限公司所属。2003年7月1日改制，名称为中国铁道建筑总公司鹰潭战备材料总厂有限公司。经国家工商总局核准，于2007年8月10日更名为中铁十一局集团桥梁有限公司。执行董事、总经理廖宏斌，党委书记胡士华。2012年7月注册成立物资贸易有限公司，主营工业与民用建筑、商业设施及公共基础设施建设的物资综合配套供应和国际进出口贸易业务。下辖铁路制品公司、物业管理公司、器材租赁公司、重庆城市轻轨PC制梁场、重庆U型梁场、武汉城际铁路项目经理部、吉图珲安图梁场、成渝项目部、杭长项目诸暨梁场、京福闽赣项目、向莆铁路抚州制枕基地、津保项目经理部、长昆项目经理部、合福铁路Ⅰ标项目部绩溪制梁场、德兴轨枕场、中南通道洪洞制枕场。职工总数392人，其中干部253人，工人139人。专业技术干部220人，占干部总数的86%；技术工人114人，占工人总数82%。拥有资产总额8.25亿元。各种机械运输设备361台，铁路专用线5条计3.75千米，料场、库房10万余平方米，年最大吞吐能力4亿千克。是铁道部重要的战备物资储备单位，华东地区最大的物流储备基地之一。

2012年自揽任务6.53亿元，完成企业总产值16.8亿元。资产负债率76.18%，产值收益率6.95%，其中固定资产原值3.16亿元，净值1.94亿，流动资产6.02亿，全年利润为1780.51万元。全年生产轨枕6.4万根，销售轨枕25万根。年底实现安全生产1.06万天。

【续建项目】京福闽赣铁路客运专线Ⅰ标项目部，承建新建北京至福州铁路客运专线合福闽赣段一标箱梁、轨枕预制工程，梁场均位于江西省婺源县。建设单位：京福闽赣铁路客运专线有限公司，监理单位：北京中铁诚业工程建设监理有限公司、莫特麦克唐纳咨询有限公司联合体。主要工程项目：紫阳梁场在线路里程DK394+200处，起迄中心里程分别为DK360+309.85—DK384+559.250，共承揽436榀箱梁，已于2012年12月完成施工任务，产值2.87亿元；秋口梁场在DK370+850处；和DK385+693.61—DK406+821.74，于2010年12月5日完成第一榀箱梁预制，共承揽352榀箱梁，已于2012年12月完成制梁任务产值2.36亿元。轨枕场位于江西省德兴市银鹿工业园区，主要工程项目：约57万根双块式轨枕，起止里程为DK343+180—DK528+450，线路全长185.27千米。于2012年5月1日开始生产。

成渝项目部峰高制梁场位于重庆市永川区荣昌县峰高镇唐家冲（DK205+025—DK240+154.26），建设单位：成渝铁路客运专线有限责任公司，监理单位：四川铁科建设监理有限公司。主要工程项目：熊家坡双线特大桥，解放坳双线特大桥，峰高铺双线特大桥，下水湾双线特大桥，云莲坡特大桥，龙屋茎2#双线中桥，小安溪1#双线大桥，太平村双线大桥，新庙子1#双线中桥，杨家坝双线中桥，龙八湾双线中桥，红旗双线特大桥，西沟坳双线特大桥，沙子坪双线大桥，骑龙穴双线中桥，响滩子双线特大桥，燕子岩双线特大桥，冷家坳双线特大桥，金盆屋双线特大桥，茶园湾中桥，赵家院子双线特大桥，永川渝昆高速1#双线特大桥，永川渝昆高速2#双线特大桥共504品箱梁。箱梁梁长分31.5米及23.5米两种，2012年度梁场箱梁预制285榀，产值36765万元。其中西沟坳双线特大桥25榀，沙子坪双线大桥9榀，骑龙穴双线中桥3榀，响滩子双线中桥7榀，燕子岩双线中桥19榀，赖溪河双线特大桥5榀，楼八湾双线大桥4榀，沙子坪双线中桥2榀，小安溪特大桥7榀，小安溪1#双线大桥6榀，小安溪2#双线大桥3榀，小安溪3#双线大桥4榀，熊家坡双线特大桥15榀，解放坳双线特大桥3榀，峰高铺双线特大桥76榀，下水湾双线特大桥14榀，云莲坡特大桥42榀，龙屋茎特大桥5榀，龙屋茎1#双线中桥2榀，龙屋茎2#双线中桥2榀，太平村双线大桥9榀，新庙子1#双线中桥2榀，新庙子2#双线中桥2榀，杨家坝双线中桥3榀，红旗双线特大桥16榀。

吉图珲项目部蛟河制梁场，中铁十一局集团桥梁有限公司蛟河制梁场位于吉林省蛟河市南小蛟河村(DK70+430右侧)，建设单位：长吉城际铁路有限责任公司，监理单位：沈阳铁路建设监理有限公司。主要工程项目包括北沟大桥、北沟特大桥、南沟屯特大桥、蛟河特大桥、东德河沟特大桥、西德河沟特大桥、太平大桥、小蛟河特大桥、而导购大桥、新村大桥共269榀箱梁。箱梁梁长分32.6米及24.6米两种。2012年度梁场累计完成梁场大临设施，箱梁预制35榀，产值为5400万元。其中北沟大桥5榀，北沟特大桥25榀，蛟河特大桥2榀，小蛟河特大桥3榀。

湖南涟源制梁场位于湖南省涟源市杨市镇利新村（中心里程DK144+550)，建设单位：沪昆铁路客运专线湖南有限责任公司，监理单位：长沙中大/贝利联合体监理有限公司。主要工程项目包括大临工程及688榀箱梁预制任务。预计于2013年3月完成所有大临建设工程。

津保铁路V标项目部，承建新建天津至保定铁路V标箱梁预制工程，下设两梁场分别位于河北容城县和徐水县。建设单位：津保铁路有限责任公司，监理单位：铁科院咨询公司。主要工程实物量：容城梁场在线路里程DK102+100处，起迄里程DK96+813.4—DK122+229.6，承担384榀箱梁预制任务，截至2012年年底完成74榀箱梁预制；徐水梁场在DK124+600处；起迄里程DK385+693.61~DK406+821.74，截至2012年年底完成137榀箱梁预制。津保项目截至2012年年底总产值1.7亿元。

绩溪制梁场位于安徽省绩溪县华阳镇(中心里程DK267+900)，建设单位：京福铁路安徽有限责任公司，监理单位：中铁诚业联合体HFJL–5标项目部。主要工程项目包括大临以及393孔（合同数量）单箱单室箱梁的预制任务，计1.23万延米，合同价为2.7亿元。箱梁梁长分32.6米及24.6米两种；2012年度梁场累计完成大临设施一处，箱梁预制12榀，计383.2延米，产值为3616.4万元。其中包括中麻鸭大桥10榀，孔灵特大桥2榀。截至2012年12月31日累计完成箱梁预制72榀，计2283.2延米，产值为7169.6万元。其中朗坑1号大桥10榀，中麻鸭大桥11榀，孔灵特大桥14榀，孔灵大桥5榀，大塘1号大桥5榀，大塘2号中桥2榀，大塘2号大桥8榀，大塘3号大桥3榀，曹冲岭特大桥13榀，练塘1号大桥1榀。截至2012年12月31日累计完成箱梁预制200孔，计6256延米，产值为1.49亿元。其中朗坑1号大桥10榀，中麻鸭大桥11榀，绩黄高速特大桥34榀，孔灵特大桥18榀，孔灵大桥5榀，大塘1号大桥7榀，大塘2号中桥2榀，大塘2号大桥14榀，曹冲岭特大桥25榀，上龙忤1号大桥6榀，上龙忤2号大桥5榀，石岔里1号大桥6榀，石岔里2号大桥8榀，大塘3号大桥4榀，小河坑大桥4榀，小河坑中桥2榀，潘东宅特大桥26榀，潘东宅1号中桥1榀，潘东宅2号中桥2榀，练塘1号大桥3榀，练塘2号大桥7榀。

【经营管理】全年承揽任务总额为6.53亿元，占年度经营承揽指标5亿元的130.6%，较2011年同期3.13亿元增长3.4亿元；全年完成施工总产值16.8亿元，完成集团下达指标14.5亿元的115.9%，较2011年同期11.06亿元增长5.74亿元；实现净利润1780.51万元，完成集团下达指标1000万元的178.05%；2012年实际上交切割提留款2441万元，完成集团下达指标2000万元的122.05%。一年内，公司强力推进责任成本管理，通过优化施工方案，制定各类管理模块，开展经济活动分析，梳理审批流程，严控非生产性开支，加强过程审计，实施效能监察等多种方式，有效促进了项目效益的提高；物资贸易公司成立以后，加大了物资设备集中采购、资金集中管理的力度，为桥梁公司有效节约采购成本385.19万元，节约率为2.29%。

桥梁公司全年基本完工项目9个，全面生产项目5个，停工项目4个。2012年，公司坚持战略引领，强化内部控制和风险管理，大力推进精益化管理模式，强化过程控制和监督检查，保持了企业的持续健康发展。一是“法人管项目”模式有效推进。二是成本管控、二次经营创效工作扎实开展。三是财务管理规范严格。四是现场资源配置进一步优化。五是人力资源管理紧跟形势。六是科技创新工作有所突破。

【党群工作】2012年，在集团公司党委的正确领导下，公司党委以“三个代表”重要思想、科学发展观为指导，切实加强和改进党的建设，紧紧围绕公司生产经营工作，扎实开展“创先争优”和“喜迎十八大，争创新业绩”主题活动，充分发挥党组织战斗堡垒作用和党员先锋模范作用，不断增强党建工作的活力和实效，为公司科学健康、和谐稳定、可持续发展提供了强有力的组织保证、智力支持和精神动力。一年内，公司各项工作开展得有序有效，安全生产持续稳定,经营管理水平和员工队伍素质不断提升，三个文明建设协调发展,员工队伍和谐稳定。

一是抓组织,强基础,党的建设不断加强。公司党委于2012年3月20日成功组织召开了公司干部大会。获中国铁建评选的“工程公司20强”中第十强,先后成立了15个项目部,并配备了专职党支部书记及工作人员,保证了各个项目党支部工作的有效开展。每季度定期开展党委中心组学习,年底,召开了2012年度领导班子民主生活会。全年共发展新党员4人,转正4人。在党支部书记培训和考核中,共撤并项目党组织2个，提职3名,调整工作岗位2名,免职1名。

二是抓承诺,强执行,“创先争优”活动扎实有效。充分运用内部刊物、网站、OA系统、宣传展板等媒体,大力宣传“创先争优”活动的主要内容、活动进展、典型经验和实践成效。在“创先争优”活动,共选出优秀典型6人,表彰先进集体3个、优秀个人20名。

三是抓制度,强监督,党风廉政建设情况良好。公司深入推进以完善惩治和预防腐败体系为重点的反腐倡廉建设,充分利用各级党组织实施经常性教育,建立和推行领导干部廉政谈话、诫勉谈话和廉洁从业承诺等教育制度。各基层项目每月组织广大干部同志观看一次警示教育片,每月按时向公司中层以上领导干部发送廉洁短信,组织公司全体广大干部员工积极主动在办公电脑上设置廉洁屏保和桌面,数量达358台。组织党员干部观看《算好人生七笔账》等反腐专题教育片、开展“廉洁从业 反贪拒腐”培训课程,开展中层干部任前廉洁谈话4人次,与重点岗位人员13人进行了廉政谈话。组织协调公司审计部、经管部、物资设备部、财务部等部门于5月、8月、10月、11月份分别对6个重点项目实施了全面综合效能监察。共发现问题35个，发出监察建议24条,并要求项目及时进行整改。按时组织召开成本监察专项分析会,编印并下发了《桥梁公司风险防控手册》。

四是抓宣传,强教育,员工队伍和谐稳定。全年共选送6人参加股份公司举办的支部书记培训班。组织公司主管领导阅读《读精品、品经典》、观看了纪实教育影片《雨中的树》,给青年党员干部赠送《没有任何借口》的励志书等,使广大干部员工接受深刻地爱国主义教育。选派1人参加了股份公司举办了新闻报道骨干培训班，6人参加了集团公司举办的新闻报道员培训班。被评为全国“安康杯”劳动竞赛优胜单位、股份公司企业文化建设先进单位、股份公司财务工作先进单位,获鹰潭市“职工文化艺术普及奖”荣誉称号。

五是抓创建,强落实,群团工作有声有色。公司工会组织坚持融入中心,服务大局,履行职责,发挥作用。围绕企业管理、安全生产、经营管理等重点领域,开展了“金点子”合理化建议活动。承办了集团公司职工职业技能比武大赛,并荣获钢筋工、维修电工、测量工、建材试验工四个小组的第一名。精心组织编排的情景舞《激情燃烧80后》参加年初集团公司三会文艺演出,取得第一名的好成绩。组织女工进行了体检,为全公司员工办理了意外伤害险。开展创建“三八红旗手”申报工作，组织女员工学习广播操、排舞、拓展等健身活动。

六是各级共青团组织坚持融入中心办实事,服务青年出实效。3月份在涟源制梁场开展了青年突击队授旗活动。公司团委被股份公司授予“中国铁建五四团委”光荣称号;涟源制梁场被股份公司授予“中国铁建青年文明号创建示范点”。成功完成了第二次团员代表大会工作。坚持党建带团建,正积极开展“创先争优树典型、激发活力促发展”主题演讲活动。“五四”期间,开展团员青年座谈会,组织8名单身员工参加鹰潭市电视台举办的相亲活动，组织50余名员工参加了野外拓展训练;参加江西省第三届职工工人运动会第九套广播操比赛获第一名。各项目结合实际,因地制宜地开展了青年联谊活动、拔河比赛、羽毛球比赛、乒乓球比赛、篮球比赛等青年们喜闻乐见的活动,极大的丰富了团员青年的业余文化生活。

（杨汉恩）

【职工队伍】职工总数392人,其中干部253人,工人139人。专业技术干部220人，占干部总数的87%;技术工人114人，占工人总数82%。2012年新进大学生28人,其中本科28人。

（彭冰清）

【中铁十一局集团桥梁有限公司领导人名录】

党委书记:胡士华

党委副书记、执行董事、总经理:廖宏斌(2012.2~)

党委副书记、纪委书记、工会主席:宋文尚

监事、副总经理:文智勇

副总经理:顾　俭　刘辉胜　项辉成(2012.2~)　俞　军(2012.7~)

总工程师:曾　鸣

总会计师:祝光德

总经理助理:张少华　沈　亮(2012.7~)

纪委副书记:罗海燕

副总经济师:何新芳

江西省邓家埠水稻原种场

【概述】2012年，江西省邓家埠水稻原种场坚持以邓小平理论、“三个代表”重要思想和科学发展观为指导,认真贯彻落实党的各项方针政策,按照省农业厅确定的“围绕一个目标、突出六个重点、强化三个保障、加快两个转变”的总体工作要求，坚持抓产业促经济发展，抓稳定促社会和谐，抓党建促班子建设，在保持增长中促进调整，在谋求发展中改善民生。全年财务总收入4819.02万元，收支相抵盈余12.66万元。2012年，获得省直机关文明单位和全厅公共机构节能先进单位。

【农业生产持续发展】农业生产重点以抓好粮食生产为主，全场水稻种植面积1.3万余亩，优质稻面积达98%以上。在生产过程中，积极推广农业生产先进新技术，应用秸秆腐蚀剂进行稻草还田，提高了土壤有机质，降低了生产成本，提高了水稻产量。早稻均产460千克/亩，晚稻均产达到485千克，实现了水稻双季丰产丰收的总体目标。

【种子产业化】承担了全省水稻原良种生产繁育和水稻育种、引种、试验、示范、技术推广与品种研发以及国家南方水稻区试和省水稻品种区试共23个组别，301个品种。保质保量完成了国家、省级备荒救灾种子储备任务12万余千克。

【产业结构调整】2012年，成立了蔬菜生产专业合作社。利用:“菜篮子”生产项目，总场扶持资金168.2万元；农机补贴资金92.9万元；合作社自筹资金151.5万元，实施道路硬化、电力设施、沟渠整治、蔬菜大棚建设等，发展大棚蔬菜300余亩。通过生产示范、资金扶持等形式，农业种植结构由原来单一的水稻生产向效益经济作物转变，蔬菜生产规模不断扩大，已初步形成蔬菜产业化生产格局。大棚蔬菜每亩年净收益在1.5万元以上，经济效益明显提高，大幅度地促进了职工增收，起到了良好的经济效益和示范带动作用。

【基础设施建设】加大了项目引进力度，以项目带建设，以建设促发展，引进了水稻高产创建、节水农业增效和标准良田改造等重点建设项目，实施了农田改造、水利兴修等基础设施建设，有效改善了发展环境，促进了产业发展，提高了农业生产效益。

【改善民生工作】一是全场3459名职工，从2012年1月起正式纳入城镇企业职工基本养老保险体系，辞职、退职职工、职工家属子女等其他人群正在逐步办理相关社会养老保险，进一步扩大社会保障面。二是在职职工、离退休人员办理了城镇职工基本医疗保险和农村新型合作医疗，补偿医疗报销费用55.8万元，大病救助8.6万元。对全场重症病患者及困难职工等发放救助23.93万元。三是关心弱势群体生活，解决了全场133人的最低生活保障，获得低保救助金34.06万元，有效保障了弱势群体的生产生活。四是落实危旧房改造438户，按政策争取改造资金和基础设施配套资金分别为657万元和53万元。五是安全饮水集中供水工程。管网已铺设完成，饮用水质量将彻底改善，职工群众身体健康将得到更加可靠保障。六是结合农场整体规划，批建住房128栋，拆除危旧房3448.7平方米。安置的120套职工合作建房正在兴建，改善了职工群众住房条件和基本上解决了住房困难等问题。七是在全场开展“卫生清洁”工程，实行环境卫生综合整治，投资20多万元，进行全场绿化美化亮化、环境整治以及垃圾处理，脏乱差现象得到明显改善。八是利用新农村建设项目资金和自筹资金125.11万元，硬化村主干道3.02千米，修建排水沟2.53千米，完成改水287户，改厕261户，拆除旧房4600平方米。

【提升计划生育工作水平】2012年，全场育龄妇女1525人，出生人口为88人，出生率为12.5‰，自然增长率为6.5‰，计划生育率为80.2%。落实四项手术94例，征收历年社会抚养费33.86万元。为全场0—6岁独生子女和二女户家庭109人办理了健康平安保险，为7—14岁领取了独生子女证的夫妇按时发放独生子女保健费，为从事计划生育工作的19人办理了计生专干意外险。对接受绝育手术的育龄妇女每人发给1000元的营养费，全额报销四项手术落实人员的手术费。

【加强廉政文化建设】利用各种形式开展廉政文化教育，在总场办公楼等场所悬挂“防微杜渐、清正廉明”“牢记宗旨、永葆本色”和“一言一行不忘干部形象、一举一动常思百姓冷暖”等倡导廉政、励志进取的名言警句，开设了廉政文化宣传栏，张贴了道德模范宣传画报和节能管理工作宣传画，按时订阅了廉政相关书刊，不断加强党风廉政建设和反腐斗争教育，增强了党员干部廉洁自律意识，营造了廉政勤政的良好氛围。

【开展干部作风集中整治活动】在全场认真开展了以“讲党性、树正气、谋发展、促和谐”为主题深化干部作风集中整治活动，进一步加强干部作风建设，干部主动为职工群众服务的意识明显增强，党性观念、宗旨意识显著提高，活动取得了明显成效，职工群众实实在在感受到了干部作风整治带来的新变化。

【维护安全生产和社会和谐稳定】一是牢固树立稳定压倒一切的思想不动摇，在抓好经济建设的同时，认真落实安全维稳目标管理责任制和领导责任追究制，坚持了领导包案调处责任制，实行了班子成员、机关科室与基层单位挂点包干联系制度。二是强化信访工作力度，不断健全信访矛盾排查化解、领导定期接访和信访督查机制，坚持领导接访制度，每周三为信访接待日，班子成员轮流接访，认真调解处理职工群众反映的问题。三是严格落实安全生产责任制,强化安全投入、培训教育和宣传引导,增强全民安全意识。2012年,为全场各单位配置了100多台消防灭火器材,并组织了消防安全灭火演练培训,各单位居民区道路口重新安置了车辆减速带,建筑工地、危旧房设置了安全防火警示牌,拆除了部分危旧房,消除了生产中存在的安全问题和隐患,防止了重大安全事故的发生。

【推进工青妇群团组织工作】发挥了工青妇组织在维护职工利益、参与民主管理、加强思想政治工作等方面的作用。紧紧围绕党委中心工作,按照服务中心、服务大局的要求,积极开展丰富多彩的文化娱乐、精神文明创建、关爱女孩阳光助学和关爱女性健康等活动,以健康向上的文化活动陶冶职工的道德情操,以团结稳定的职工队伍增强农场的发展动力,营造了良好的社会风尚,促进了家庭和睦、社会和谐,推进了全场思想道德建设和精神文明建设。

(张根平)

【省邓家埠水稻原种场领导人名录】

党委书记、场长:万自成

党委副书记、工会主席:柴晓明

党委委员、副场长:夏太平 吴小平 胡启开 钱国明

党委委员、纪委书记:姚美平

江西省港航管理局界牌航电枢纽管理处

【概述】2012年是落实"十二五"规划承上启下的关键之年。界牌航电枢纽管理处在省港航管理局党委的正确领导和地方政府的大力支持下,以科学发展观为统领,认真贯彻党的十八大精神,紧紧围绕省委省政府"建设鄱阳湖生态经济区"的战略部署,推进"数字枢纽、文明枢纽、和谐枢纽"建设,着力抓好"两外一内"工作,优化蓄水发电、上网售电环境,加强内部运行管理,经过全体干部职工的共同努力,2012年界牌航电枢纽安全生产保持稳定局面,发电总量再创新高,船闸通航做到安全引航、文明服务,运行管理机制更加完善,创先争优、干部作风整治活动取得明显成效,综治、精神文明、行业文明建设和反腐倡廉等各项工作扎实推进,较圆满地完成了各项工作任务。

【创新发展环境】2012年,枢纽处创新内部生产安全管理和社会管理综合治理工作,整合资源,做到同布置、同检查、同落实。

安全生产工作坚持以人为本,安全发展的理念,严格贯彻落实"安全第一、预防为主、综合治理"的工作方针,创新安全管理方法,提升枢纽安全生产管理水平。一是健全完善安全生产体系,修订完善安全责任制,建立安全生产问责制,强化责任追究,加大奖惩力度;二是构建安全风险管理体系,逐步推动安全管理方式由事故管理向风险和系统管理转变,从事后向事前转变,从局部向全局转变;三是营造浓厚的安全氛围,充分利用安全简报、墙报专刊、标语、横幅以及短信平台等宣传工具,以安全生产月活动为契机,广泛开展安全法规、安全知识、安全文化的宣传教育,营造浓厚的安全生产氛围,真正做到在潜移默化之中,提高了干部职工安全意识和自我保护能力。

社会管理综合治理工作坚持加强组织领导,落实领导责任制和岗位责任制;强化隐患排查和纠纷调处工作,对矛盾纠纷、异动人员主动出击,将问题解决在萌芽状态;加大"人防、物防、技防"投入,实现枢纽无重大刑事、治安案件,无火灾,无治安灾害事故,有效维护单位内部稳定;2012年,中共十八大期间和重点节庆假日无上访事件发生,全年枢纽呈现健康、和谐、有序、稳步发展态势。

【枢纽养护管理工作】2012年5月,交通部开展2011年度全国航道养护技术考核检查,按照省厅、省局"迎国检"工作要求,管理处积极组织广大干部职工全面打好迎"国检"攻坚战,做好了内业资料规范管理和外业整理工作。对枢纽船闸、电厂、泄水闸等外观环境进行换装整修;进一步健全规章制度,使枢纽运行管理工作有章可循;抓好机电设备养护和水工建筑物观测监测及养护工作。枢纽处以"迎国检"为契机,进一步提高了养护质量和服务水平,保持枢纽处于良好的技术状态。

【让船民满意的优质服务】界牌船闸所以"迎国检"为契机,组织职工对船闸所闸室栏杆及各机房设备重新刷漆,美化了闸区环境;同时不断完善服务船民的内容、形式和手段,如实行免费提供应急药品和预约服务等便民措施,积极拓宽服务渠道、提升管理水平,用心、用情打造船民的"满意之家",实现船闸管理服务工作的协调发展。

【服务地方经济和社会发展】界牌航电枢纽充分发挥了通航、发电、灌溉、防洪、美化城市环境等水资源综合效益,为当地的经济发展和社会发展做出积极贡献,并得到省委常委、常务副省长凌成兴的充分肯定和赞赏,2012年7月,凌成兴在审阅江西省港航管理局提交的界牌枢纽运行管理工作情况书信汇报后作了重要批示:"很好。界牌枢纽工程的协调运作,已经成为增强城市灵气,实现共赢发展的典范。"

(董 彤)

【省港航管理局界牌航电枢纽管理处领导人名录】

党委书记:邹小保

副处长:黄明红 王玉林

解放军第一八四医院

【概述】解放军第一八四医院地处鹰潭市东湖之畔，始建于1967年，占地面积19.5万平方米，有病床位550张，医院设有医务处、政治处、院务处、财经管理中心，下设20个科室和1个勤务汽车分队。是一所集医疗、预防、教学、科研为一体，设备先进、技术力量雄厚的综合性三级乙等军队后方医院，担负着赣东北驻军官兵和离退休干部的医疗保障任务。现为福州军区总医院附属医院，鹰潭市及周边地区"医疗保险""工伤保险"和"新农村合作医疗"定点医院。近年来，医院党委坚持"质量建院、科技兴院、制度管院、效益强院"的建院方针，上下协力，奋发图强，医院整体实力和竞争实力不断增强。拥有进口64排螺旋CT、核磁共振、直线加速器、高压氧舱、四围彩超、血管数字减影造影系统(DSA)、电子胃肠镜、十二指肠镜、支气管镜、碎石机、血液透析机、全自动生化仪、血气分析仪、关节镜、椎间盘镜、前列腺电切镜、输尿管镜、胶囊内镜、超声内镜等先进设备，设备总价值达1.08亿万元。医院的创伤外科、消化内镜诊治、心血管介入诊疗、腹腔镜技术、断肢(指)再植技术和血液净化技术等在本地区处于领先水平。医院成立了"道路交通事故伤员急救中心""体检保健中心"和"放疗中心"，为鹰潭地区人民带来了福音。医院先后被总联勤部、南京军区和江西省评为"绿化先进单位""园林式营院""中西医结合先进医院""拥政爱民先进单位""为兵服务达标先进医院""医德医风建设达标单位""军事训练先进单位""资源节约先进单位""十大和谐医院""抗冰救灾保障先进集体"，被鹰潭市委、市政府表彰为"精神文明先进单位""拥政爱民先进单位""精神文明建设标兵单位""抗雪救灾先进单位"。2012年，在上级党委首长的正确领导下，医院全体工作人员始终坚持以科学发展观为指导，认真贯彻落实主题主线重大战略思想，牢牢把握"稳中求进"总基调，抓武装铸军魂、抓龙头强使命、抓基层打基础、抓安全保底线、抓能力强核心，单位全面建设呈现稳步推进、健康发展、进位赶超的良好态势。

【思想政治建设】一是顺利召开了医院第三次党代表大会。全面总结回顾"十一五"期间历程，描绘"十二五"期间蓝图，选举产生了新一届党委和纪委，为医院下一个五年建设发展凝聚了力量，奠定了基础。二是扎实开展了"两项重大教育"。区分3个阶段、4个专题，扎实开展"赞颂科学发展成就、忠实履行历史使命"主题教育，引导官兵自觉唱响"六好"时代主旋律。按照动员部署、集中学习、党课辅导、讨论交流和对照检查等"五个步骤"严密组织实施了"讲政治、顾大局、守纪律"教育活动，进一步增强官兵的政治意识、大局意识、纪律意识、责任意识。三是狠抓了经常性教育落实。充分挖掘驻地红色教育资源，常态开展了"扎根红土地、奉献有作为"系列实践活动；坚持每月组织机关干部参加"联勤网校""分部讲堂"，每季请1名地方专家教授来院授课辅导，不定期组织体会交流；深入开展"双四一"大谈心活动，全面把握官兵思想脉搏，特别是"黄岩岛""钓鱼岛"事件发生以后，坚持落实每周安全稳定形势分析研判会制度，加强与地方国安、公安等有关部门联系，密切关注社会动态，牢牢把握工作主动权。四是丰富了文化活动内容。通过上报上墙，制作横幅标语、宣传栏、在综合信息网开设专题等形式，不断浓厚文化建设氛围。开展了"迎接十八大、永远跟党走"主题团日活动，举办了"学雷锋送健康""巾帼志愿者行动""5·12护士节"表彰活动、"红星杯"篮球比赛、赴江西铜业集团参观见学主题实践活动。五是加大了政治工作研究和宣传力度。注重宣传造势，在《鹰潭日报》开设专栏，每周出一期专刊，每季出版一期《院报》，积极宣扬科室新技术新业务和好人好事，内容实、质量高、效果好。注重典型宣扬，坚持开展"名医上灯箱"，"金星""银星"护士评选以及"学习身边的典型"活动。讲究质量效益，2篇反映医院科研创新的稿件分别被中央人民广播电台《新闻和报纸摘要》和《人民前线报》头版头条使用，1篇基层建设的做法被军区《政工简报》刊发，其他各类稿件上稿86余篇。医院被军区联勤部表彰为新闻宣传工作先进单位，被分部表彰为政工研究和信息工作先进单位。

【卫勤保障能力】一是按纲施训抓得严。党委领导亲自抓、带头练，练保障、练技术、练战术、练思想作风，全年完成共同科目训练，参训率达到95%以上。持续开展"学习何祥美、岗位练精兵"活动，将岗位练兵向全系统、全专业、全岗位拓展。黄来、叶爱琴、高伟被分部表彰为军事训练先进个人。分部炊事专业比武竞赛，夏志亮获得刀工技法单项第二名，方勋连获得特色菜肴第二名，黄来、许少红等获得饮食装备教学法第三名的好成绩。二是人装结合应用训练抓得牢。共编写"人装一体"训练教案18种，投入20余万元新购了帐篷、折叠床以及指挥桌椅等，抽组官兵集中1个月时间，系统开展了野战医疗队在营模块训练，组织手术车单装精准操作训练，实现了"人在装中、装随人动、人装合一"的目标要求。人装结合应用训练电教录像片荣获分部优秀电教材二等奖、联勤部三等奖。三是战斗精神培育抓得好。注重加强战斗精神培育，宣教在平时，实践在训练场，把战斗精神培育渗透到卫勤保障能力建设的方方面面,把文职人员、聘用制人员统一纳入准军事化管理,进一步坚定官兵敢打必胜的信心。四是战备常态化保持抓得实。认真贯彻落实《战备工作条例》和“四个常态化保持机制”,及时修订完善保障计划和方案预案,并定期拉动演练。专门拿出10余万元采购了3个基数的急救药品,增添了铁锹、洋镐50余把,救生器材60套,加大了战备物资器材储备,确保一声令下,随时“拉得出、顶得上、救得下”。9月份高标准完成了某炮兵旅打靶保障任务。

【医疗质量效益】全年门诊量14.16万人次,同比增长27%;住院1.42万人次,同比增长18%;对外医疗毛收入1.59亿元,同比增长34.98%,超额完成目标任务13.54%。其中骨科创收5342.6万元,占全院收入的33.6%,内二科、外二科分别创收1421万元、1187万元,超额完成目标任务,麻醉科手术达5600多台,连续37年安全无事故。一是等级评审准备充分。严格按照计划及实施方案,采取日常考评与定期考评相结合,部门自查与医院考评相结合的方式,以职能科室和静态资料为检查重点,自查自评专家组每月讲评1次,边查边改,持续推进“三甲”医院等级评审工作。二是医疗管理更加精细。严格按照《年度综合目标管理方案》,修订和完善各类医疗工作制度和职责,狠抓首诊负责、三级检诊、病例讨论等经常性制度落实,突出服务流程、质量控制、合理医疗,认真开展医疗法规学习和医疗护理质量大检查,大力推行临床路径及单病种控费管理,深化全成本核算管理,全面开展APN弹性排班制度,向精细化管理要效益。护理主任桂筱玲被联勤部表彰为全区医院护理工作先进个人。三是药械管理更加规范。大力开展抗菌药物专项整治活动,签订“合理使用抗菌药物责任书”,实施抗生素分级管理,每月开展抗菌药物处方及医嘱专项点评,定期对用药数据进行公示。严格按照规定组织设备招投标采购,紧急药械和设备采购做到及时高效,为临床使用提供了有力保障。全年药品和耗材主渠道采购分别占全院药品及耗材采购的70.77%和40%。药械科主任谢彦兵被联勤部表彰为全区药材供应工作先进个人。四是品牌学科更具优势。整合内外科资源成立消化病科,迈出了申创军区专科中心的实质性步伐,并成功创建了消化、心血管内科、妇产、泌尿外科、骨科5个市级领先学科,2012年这5个科室医疗收入1.1亿元,占全院收入的75%。扩大住院医师临床“三基”理论教学与技能培训,成功申创内科、外科、全科医学、急救医学等4个省级住院医师规范化培训基地,接收实习进修人员128名。五是人才队伍不断壮大。先后与福州军区总医院、上海交大附属医院、南昌大学一附院、二附院知名专家签订特聘合同,引进5名兼职学科带头人。姚斌、杨尚凌、宋小平、吴志华、徐忠华、文新建6名职工因工作表现突出被内聘为副主任。全年共招聘医护人员150名,其中硕士8名、本科105名,派出进修见学45名。六是教学科研硕果累累。成立了教学培训组织机构,设立了6个教研室,建立了理论授课与技能培训相结合的常态化运行机制,新购置教学训练模型和三基考试题库,每周开展一次学术活动,每月开展一次理论与技能操作考核。投入10余万元建设24小时医学频道、电子期刊数据库,设立院管课题基金20万元。全年发表学术论文100余篇,较2011年翻一番,车河龙论文在SCI发表,实现“零”突破,共有4项课题获军地立项(军区3项、江西省1项),刘仙科研成果荣获鹰市科技进步一等奖,自主研制的4种手术器械均获国家专利,夏维木课题已通过省三等奖评审;骨科二病区赵敏研制的组织合式锁定钢板和分段球囊撑开器分别获得国家专利,其个人也被联勤部表彰为学习成才先进个人。七是硬件设备不断完善。投入400余万元改建了消化内镜中心,投入200余万元建设住院医师规范化培训基地,投入20余万元改造了部分科室急救室。病房大楼主体工程已于12月27日顺利封顶,弱电、消防等附属工程正加紧上马,预计2014年5月交付使用。营房助理员管强无论刮风下雨,机关工地两头跑,荣立三等功一次。投入55万元用于军字二号工程营房改造及设备投入,自行研制开发了触摸屏自主服务系统、抗生素查询管理系统。信息科主任张承斌被江西省计算机协会评为《2012年度信息技术应用先进个人》。八是医疗市场不断拓展。在医院医疗服务半径内,开拓服务空间,与11个县(市、区)签订了医保、新型农村合作医疗定点协议,实施网络直报、开设院内报销窗口,简化就医流程,加强人性化服务,医保、新农合患者收容量和医疗收入分别同比增长42%、44%和88%、64%。九是医德医风明显改善。深入开展医德医风专项整治活动,成立医疗投诉办公室,定期对患者回访,每月编发《医德医风简报》,患者及家属满意率逐月提高,年度医疗纠纷减免赔偿金额大幅下降。门诊、收费处全体工作人员以热忱的服务赢得了广大患者的一致好评,内二、内三科无任何医疗投诉,医院医德医风整体得到改善。

【基层全面建设基础扎实】一是基层建设质量高。持续抓建样板树标准,全面推广内一科样板科室建设经验,巩固物资集中采购专业样板成果,不断规范物资集中采购程序办法,全年通用物资集中采购率达93%,节约经费近200万元。狠抓基层八项经常性主要工作落实,严格落实“四个基本”,突出“三个一线”,注重“两个经常”。严格部队管控,着力规范“四类人员”的教育管理，切实管住思想、管住行为、管住交往。坚持常委带机关干部下科室制度，到点到位了解掌握情况，帮助科室解决饮水、用电、住房等问题。投入200余万元，新建了1栋干部宿舍楼，投入60余万元对部分科室进行了翻新装修，投入90余万元对生活区电力进行扩容。为全院工作人员发放困难补助金2万元，办理子女入托就学18人，完成了3名老干部移交。二是创先争优效果实。深入开展“争创先进基层党组织、争当优秀共产党员”活动，充分发挥党员先锋模范作用，认真组织了“5·12”护士节表彰和年终总结表彰活动。勤务汽车分队何磊明荣获全军士官优秀人才奖三等奖。陈晓霁被联勤部表彰为优秀一线带兵人。巢少辉荣立个人三等功一次。政治处项华被分部表彰为“十佳”机关干部，院务处被分部表彰为抓基层先进处，外二科被分部表彰为先进基层单位，门诊被分部表彰为先进护理单元，叶爱琴、欧阳美平、廖湿芳被分部表彰为护理先进个人，吴志华、宋建文等10医疗和虞锦涛、韩禄禄等10护理人员被医院表彰为年度“优秀医务工作者”。三是安全稳定形势好。准确把握政治年的特殊要求，按照“全力以赴抓安全、一切工作服从安全”的工作指导，严格防范、精细管控。始终牢牢摁住“人车枪弹密、毒火电气油”以及饮食、网络等安全重点，关注政治敏锐时期，狠抓“两个以外”(部队的规定操课时间以外和营区以外)人员管控；关注季节性事故预防，牢牢掌握工作主动权；关注车辆动态，坚持“一支笔”派车；关注毒麻药品，严格使用请领和记账消账手续；关注“四反”(反渗透、反策反、反泄密和反心战)保密，加大政治考核力度；确保了部队安全稳定。院务处长刘巨华被分部表彰为安全管理先进个人，勤务汽车分队被分部表彰为红旗车分队，勤务汽车分队梁进宝、袁伟栋被分部表彰为红旗车驾驶员，苏晓良、杨惠苹等4名士兵被表彰为优秀士兵。

【党委核心作用发挥明显】以“能力建设年”为抓手，叫响“争当开拓型领导干部”口号，坚持把学习作为第一需要和终生课题，自觉把加强理论学习作为提高个人理论素养的重要途径。严格落实中心组学习制度，每季度围绕1个专题，集中利用6天组织学习。全年每名常委自觉完成指定书目阅读，各撰写心得体会20多篇，共发表理论研讨文章9篇。二是岗位练兵深入。对照分部下达的“一学四练”课目，扎实开展练兵活动，坚持利用业余时间练体能，利用人装结合训练练技能，利用岗位实践破解难题练智能，利用医疗队抽组训练练指挥，不断提高能力素质。特别是在信息化知识学用、卫勤作战指挥谋略方面，自我加压，学电脑操作，学电子标图，学拟制作战方案。年终指挥所演习受到分部战备训练考核工作组的充分肯定。三是工作作风扎实。严格贯彻落实廉政规定，认真抓好“十个方面专项治理”和防止“三个插手”、抓好“四个行业规范”活动，干工作以认真来较真，用过硬去碰硬。纪委和机关各部门充分发挥职能作用，加大风气建设现实重难点问题研究，加强对药品、设备、通用物资采购以及工程招投标的监督，行业规范治理和单位风气建设取得明显成效。

（项　华）

【解放军第一八四医院领导人名录】

院长：张　立

政委：朱　劲

副院长：马春曦　余光华　谢志勇

医务处主任：陈荣剑

院务处处长：刘巨华

江西天施康中药股份有限公司

【概述】江西天施康中药股份有限公司是一家继承中国传统文化与创新的企业；旗下有12个国家中药保护品种，建有省级认定企业技术中心，被评为江西省首批重点企业技术创新团队；用现代标准和技术将“神仙难辨”的中药说清楚弄明白，致力于现代中药发展；将优质中药送到国人的身边，弘扬祖国中医药精髓；投资上亿元进行技术改革，每年拿出销售收入的5%用于产品研发，让中药的价值发扬光大；是国家火炬计划重点高新技术企业、全国企事业知识产权示范创建单位；它还是江西省首届创新型试点企业及江西“十百千亿工程”企业……从2012年开始，天施康便踏上了全新的现代中药闯关之旅，将科技创新作为企业发展的原动力，提高了中药的创新能力，用现代中药理念开始了一场革命。

【挑战现代中药】现代科技给人类生活带来了巨大的便利，有着悠久历史的传统中药也悄然发生着改变，一些昔日的大药丸变成了小滴丸，一些昔日的黑药汤变成了小药片……药丸小了，药品精了，但药效却更加明显，药理更加清晰。

2012年，江西省医药集团公司对余江、贵溪、弋阳三家药厂及珍视明药业进行改制，引进康恩贝战略投资，组建成立江西天施康中药股份有限公司。公司成立之初就将自主创新、打造现代中药一流品牌作为自己的战略定位，将争当行业技术领先者作为自己的战略目标。

夏天无系列是天施康推出的优势产品系列，为将其打造成中药精品，自20世纪70年代生产以来，天施康累计科技投入高达3.8亿元，产品不仅在国内深受广大患者的青睐，更走出国门，远销泰国、越南等东南亚地区，产品美誉度和市场占有率日益上升，累计销量超过50亿元，国内消费者达到1000万人次。

牛黄上清胶囊，国家中药保护品种，国家基药目录独家剂型产品。清热泻火，散风止痛，用于口舌生疮、牙龈肿痛、咽喉肿痛、目赤耳鸣、头痛眩晕等症。最早见于时代李挺编著的《医学入门》,现收载于2010年版《中国药典》,由人工牛黄、大黄、黄芩、当归等十九味中药组成,经超微粉碎、双效动态提取、挥发油环糊精包含、连续低温浓缩干燥等先进工艺制备而成,起效快,疗效好,广受患者欢迎。

肠炎宁系列产品,国家中药保护品种,国家高新技术产品,江西省优秀新产品,江西省自主创新产品。包括糖浆、片剂、颗粒剂和胶囊剂,是天施康具有自主知识产权的原研产品。其中肠炎宁糖浆、肠炎宁片为全国独家品种。该产品由地锦草、金毛耳草、香薷等江西道地药材组方而成,经双效动态提取、低温连续浓缩干燥技术制备而成,清热利湿,行气,用于大便泄泻、腹痛腹胀;治疗急慢性胃肠炎、腹泻、小儿消化不良等症,为预防、治疗胃肠道疾病的首选良药。

夏天无系列产品,系国家中保品种,全国独家产品。用于中风偏瘫,跌打损伤;风湿性关节炎,坐骨神经痛。以国家地理标志保护道地药材"余江夏天无"为药用基础,经天施康多年开发研制而成。该系列产品包括夏天无片和夏天无注射液、夏天无胶囊和夏天无滴眼液产品,经渗漉提取、树脂吸附洗脱、超滤膜等高新技术制备而成,在治疗中风偏瘫、风湿痹痛等方面疗效卓著。

对传统中药的创新让天施康在商业上取得了成功,也更加坚定了创新的决心。为了进一步提高药品的质量,他们以提高药品纯度和稳定性为突破口,不断优化核心工艺,形成了一整套具有自主知识产权的核心技术。十多年内,他们申请专利170多项,建立起了由一个核心专利、外围专利、防护专利组成的有效的专利保护体系。与此同时,公司的科研中心——江西天施康药物研究所、江西天施康知识产权研究所、道源养生食品研究所等3个研究所,已经和中国药科大学、江西中医学院、江西中医药研究所、江西省药物研究所、江苏省药物研究所、苏州药物研究所等多家高校和科研单位建立长期合作关系,借力促进科研开发。此外,企业每年拿出销售收入的5%用于滚动开发新药和产品的二次开发,延伸产品链,为不断培植新的经济增长点服务。

【建设先进制造平台】传统中药的制造曾长期以手工和半手工加工为主,现在要走向大工业生产,实现严格的质量控制,就必须与先进制造技术对接,走新型工业化发展之路。

为与新型工业化的发展要求相适应,天施康先后自筹资金1亿多元,全力建设现代中药先进技术制造平台。相继建成了全省较大规模的小容量注射剂车间、滴眼(耳、鼻)车间以及口服液体制剂和固体制剂车间。其中小针剂、滴眼剂、片剂、口服液体制剂、硬胶囊剂、滴丸剂等10多个剂型的高标准生产线顺利通过国家GMP认证验收,实现了全程计算机在线控制、药品生产过程的智能化组合、关键工艺参数在线检测、连续采集程序化等国际先进水平的信息化制造技术,使过去模糊不清的中药能够达到适应新型工业化要求、具备先进制造技术的数字化现代中药。形成余江分公司的小容量注射剂和固体制剂、贵溪分公司的口服液体制剂、弋阳子公司的固体制剂及珍视明子公司的滴眼(耳、鼻)剂等生产基地。在此基础上,天施康还成立了省级固体制剂工程技术中心及省级注射剂工程技术中心。近五年内,天施康共制定国家药品标准11项,地方标准2项,先后承担了国家发改委高技术产业化项目1项;江西省首届高新技术产业化重大专项1项、国家火炬计划项目3项、夏天无药材规范化种植国家"十五"重大科技攻关项目1项。2010年,公司被评为江西省优秀高新技术企业;2011年公司高新技术产品销售收入占总销售的约70%,天施康逐步形成了以综合知识产权为重点的核心竞争力。

【坚持标准化管理】相对于现代医药产业,传统中药业缺乏统一的标准规范,突出表现在:质量控制不稳定,农药残留及重金属含量超标,特别是在药材及中药提取环节的"瓶颈",成为制约中药现代化的严重障碍。为此,天施康根据中药特有的产业联系紧密的特点,从产业链的源头实施标准化管理,贯穿整个产业链条,形成了一条完整的现代中药产业链。天施康的标准化建设,集中体现了对中药现代化的系统思考。

在中药提取标准上,天施康不仅严格执行国内标准,而且还主动采用国际标准,在系统化建设、国际化建设上下工夫。积极采用现代中药生产质量管理规范(GMP),主要解决中药材有效成分萃取、浓缩、干燥及毒性成分、重金属、农药残留的纯化处理问题。这条贯穿"科研—种植—提取—制剂生产—医药营销"的产业链,以其全程化、系统化、广覆盖的特点,为天施康从一味中药迈向产业规模经济,构筑起了坚固的现代中药产业的支撑平台。

天施康以标准体系和产业链为基础打造的产业平台,得到社会各界的大力支持,先后自主和联合高等院校共同研制开发了15个国家级新药和26个中药保护品种,形成了一整套具有天施康特色的技术创新体系。现代化产业平台支撑了企业从一味中药向大健康产业的发展,现在股份公司总资产超过4亿元,年销售近10亿元,实现利税超过1亿元,综合实力位居业内前列,成为全省中药现代化的排头兵。

【中药大健康】随着国际植物药研究的迅速崛起,中国中药现代化也进入了复杂而艰巨的攻坚阶段。但是社会上仍不时出现否定中医药现代化甚至排斥中医药、取消中医药的声音。针对这种现象，天施康明确提出：加快中药的创新，让更多的人享受到中药现代化的成果，为中药创新营造一个良好的社会环境和舆论氛围。

在天施康人的理念里，"大健康"是要根据时代发展、社会需求与疾病谱的改变，提出的一种全面的健康理念。"大健康" 应以人为本，确立人的生命健康和生存质量在社会发展中的重要地位。为此，天施康汲取博大精深的道教文化精华，积极倡导健康生活理念，热心参与社会公益活动，形成了忠诚、关爱、和谐、向上的企业文化。其协助市委市政府制定市大健康产业规划并已落地实施。同时，加大了健康产业产研平台建设力度，中药生态种植示范基地及电子商务平台建设日趋完善，并增加了一系列养生、保健等特色产品。

"道药同源、道医同根"，在"大健康"理念的引领之下，公司连续3年跻身我国中药企业100强。

现代中药的发展任重而道远，在耀眼的光环下，天施康人深知自己是站在民族巨人的肩膀上攀登，中药的未来一定属于世界。无论未来的道路多么坎坷，天施康都将朝着"铸一流品牌、树百年企业"的美好愿景而前行。因为，天施康人的心中始终怀揣着那个梦想: 聚天地精华，施民众健康。

【鹰潭市大健康产业规划暨项目任务书专家论证会】鹰潭市大健康产业规划暨项目任务书专家论证会于8月29日在南昌玉泉岛大酒店召开，会议邀请了多名医药、保健、食品行业的资深专家。江西天施康中药股份有限公司承办了此次专家论证会。

经过分析、讨论，与会专家们一致认同大健康产业在中国当前经济结构中的广阔前景，充分肯定了鹰潭发展发展大健康产业的区域优势、文化优势及产业基础，确认了该产业规划书的科学性、可行性。

通过此次专家论证会，鹰潭市政府必将更加坚决的推进大健康产业发展，出台相应的产业优惠政策。股份公司作为全市大健康产业的龙头企业，应发挥带头作用，全力配合市政府的产业规划，在为鹰潭市经济发展做贡献的同时将企业做强做大，实现自身的战略目标。

(邱燕玲)

【江西天施康中药股份有限公司领导人名录】

总经理：吴朝阳

党委书记、副总经理：邓声亮

中国科学院院士翟裕生和鹰潭市委书记陈兴超共同为江西省地矿局九一二大队院士工作站揭牌

(省地勘局九一二大队供稿)

人物

编辑、校对:柴靖龙

2012年新任副地级以上领导干部简介

裴　勇 1969年1月出生,吉林长春人,2000年8月入党,汉族,1995年7月参加工作,北京大学哲学系中国哲学专业宗教学方向毕业,哲学硕士。现任鹰潭市人民政府党组成员、副市长。

1988年7月至1992年7月在吉林大学法学院国际法专业读本科,法学学士;1992年9月至1995年7月在北京大学哲学系读研究生,哲学硕士;1995年7月至1996年6月任国家宗教事务局科员;1996年7月至1998年7月任二司天主教处副主任科员;1998年8月至2001年2月任二司天主教处主任科员(其间:1999年10月至2001年2月借调中央统战部从事专项工作);2001年3月至2003年2月任二司天主教处副调研员(其间:2001年5月至12月借调到中央统战部从事专项工作);2003年3月至2004年3月任办公室信息处副处长;2004年4月至2006年7月任政策法规司政研处处长【其间:2005年,担任美国克莱蒙研究生大学(CGU)过程研究中心(CPS)高级访问学者】;2006年8月至2008年4月任国家宗教事务局业务四司副司长;2008年5月至2010年5月任国家宗教事务局政策法规司副司长;2010年6月至2012年7月任国家宗教事务局外事司副司长、港澳台办副主任、中华宗教文化交流协会副秘书长;2012年8月任鹰潭市人民政府党组成员、副市长。

2012年获省(省委、省政府)部级以上荣誉称号人员

张　铮 1968年11月出生,安徽省巢湖市人,1988年12月参加工作,1994年11月加入中国共产党,2010年11月获得南昌大学法律硕士学位,现任鹰潭市人民检察院反渎职侵权局局长、检察委员会委员、检察员。

从事办案工作近二十年,注重法学理论、侦查学的学习,并用于指导办案实践,形成了刚柔相济、巧取制胜的侦查风格,屡破大案、要案。近五年内,个人主办了几十起贪污贿赂、渎职侵权大案要案的侦查工作,案件侦查终结率、移送起诉率、公诉率、有罪判决率达到100%,为国家挽回直接经济损失近1000余万元。

2012年6月,张铮被高检院授予全国检察机关优秀侦查能手称号。

余　翔 1977年5月出生,江西南城人,1994年12月参加工作,中共党员,大学本科文化。2005年12月年从部队转业分配到市信访局,2007年10月任信访科副科长,2010年7月任信访科主任科员。

余翔自2005年从事接访工作以来,时刻牢记宗旨,以一个共产党员的高度责任感、时代使命感和强烈的奉献精神,在平凡的岗位上默默耕耘,追求着平凡中的卓越,为和谐社会建设贡献光和热。在每年的全国两会、新中国成立60周年国庆、北京奥运会等重大活动期间,作为市信访局驻鹰潭火车站劝返工作组组长,他总是带领县(市、区)信访干部不分昼夜在火车站甄

别劝返,先后累计劝返赴京上访人员达100多人次,为该市连续多年赴京上访"零登记"做出了重要贡献。2005年以来累计接待来访群众2万多人次,协助相关领导处置集体上访1000多批次。2007年被市委、市政府评为全市信访先进工作者,2009年被省委办公厅、省政府办公厅评为庆祝新中国成立60周年驻京劝返工作先进个人。

2012年7月,余翔被国家信访局评为全国信访系统优秀接谈员。

孙海涛 1972年6月出生,籍贯山东,中共党员,2006年1月毕业于江西财经大学,工商管理硕士(MBA),1992年7月参加工作,现任中国建设银行股份有限公司鹰潭市分行党委书记、行长。

自2008年7月到建行鹰潭分行工作以来,先后任副行长(主持工作)、行长、党委书记,他带领全行创下连续4年存贷款、中间业务、不良贷款率、经营利润等多项业务指标当地同业前列的佳绩。存款和利润分别由2007年年末的33.98亿元和0.82亿元攀升到2011年年末的76.43亿元和1.67亿元。4年累计发放各类贷款171亿元,不良贷款率始终控制在0点附近,上缴税收1.78亿元。4年中建行鹰潭分行11次分获江西建行"经营管理最佳分行""最具竞争力分行""资产质量最佳分行""中间业务创收最佳分行"等荣誉称号。他本人也先后获全国建行"优秀党务工作者"、江西建行"突出贡献奖"、鹰潭市"十大杰出青年"和"青年五四奖章"。

2012年4月,孙海涛被中国金融工会全国委员会授予全国金融"五一"劳动奖章。

邓 华 女,1974年6月出生,山东沂水人,中共党员,大学学历,1997年8月参加工作,现任鹰潭市残疾人联合会办公室副主任。

邓华自1998年进入市残联工作以来,立足本职,勤奋工作。十多年来,她始终保持着对残疾人工作的热情和积极性,有计划、有系统地向书本学习,虚心向同行请教,在平凡的岗位上,坚持不懈、默默无闻地工作,凭着强烈的事业心和责任感,不断刻苦钻研,练就了过硬的业务能力和勤恳扎实的工作作风,圆满完成了各项工作任务。

2012年8月,邓华被中国残联授予"2008-2011年度全国残疾人事业统计工作先进个人"荣誉称号。

周艳霞 女,1965年8月出生,湖北应城人,中共党员,本科学历,1986年月8月参加工作,鹰潭市财政局社保科科长,高级会计师。

周艳霞任市财政局社保科科长以来,主动服务于全市就业工作大局,立足本职,尽心尽力支持就业、创业工作,千方百计多渠道筹措资金,并严格资金审批、拨付程序,提高了资金运行速度,保证了就业资金的安全完整和专款专用。2011年,筹集使用就业专项资金3500万元,其中市本级财政配套360万元。对4279人给予职业培训补贴421万元,对1021人给予创业培训补贴163万元,对2287人给予职业技能鉴定补贴46万元,对162人给予社会保险补贴51万元,对698人给予公益性岗位补贴136.3万元,落实小额贷款担保资金200万元,对824人发放小额担保贷款5120万元,帮助299名失业人员实现了再就业,培训转移农村劳动力5639名,极大地推动了市就业工作的发展。

2010年被中共鹰潭市委、市人民政府评为"江西省第十三届运动会"先进个人,2012年,周艳霞被江西省人民政府授予"全省就业先进工作者"荣誉称号。

胡培新 1960年5月出生,江西乐平人,中共党员,研究生学历,1976年7月参加工作,现任鹰潭市无线电管理局局长。

胡培新立足本职工作,科学高效地指配无线电频率,规范有效地管理无线电台站,维护了无线电通信秩序,保障了无线电通信安全。在国家重要会议召开、重大活动举办以及各节假日期间,认真组织开展无线电监听监测,有效预防了不法分子利用无线电进行干扰破坏和发动宣传,维护了社会和谐稳定,多次被市综治委评为综治工作先进个人。在高考、公务员招考等各类国家和省级考试期间,加强无线电信号监控,有效防范和打击了利用无线电进行考试作弊的行为,维护了考试的公平公正。2010年第十三届省运会期间,带领全局同仁认真履责,确保了省运会开幕式、闭幕式的无线电安全畅通,被市委、市政府评为"鹰潭市成功承办省运会工作先进集体"。2011年第七届全国城市运动会期间,认真做好各项无线电安全保障工作,确保了鹰潭赛区各项赛事的无线电安全畅通,他本人被市总工会授予鹰潭市"五一"劳动奖章,

2012年5月,胡培新被省委、政府评为"第七届全国城市运动会先进个人"。

陈小平 江西万安人,1957年5月出生,大学本科学历,中共党员,1972年参加工作,1989年至今一直在烟草行业工作,现任鹰潭市烟草专卖局(公司)调研员。

陈小平于2005年调任鹰潭市烟草专卖局(烟草公司)党组书记、局长(经理)。作为鹰潭烟草系统的领跑人,他开拓进取、与时俱进、勇于创新,团结党组一班人,带领广大干部职工,为国家积累财政收入尽职,为消费者和零售经营户服务。在他的带领下,鹰潭烟草事业蒸蒸日上,经济跨越发展,职工安居乐业,塑造了良好的责任烟草形象。2006-2009年连续四年被鹰潭市政府授予“企业贡献奖”。先后荣获“2009-2010年度江西省职工思想政治工作先进单位”、首届及第二届江西省文明行业、江西省第九届、第十一届、第十二届文明单位、“全国卷烟打假工作先进集体”“全省民主评议政风行风工作人民群众满意的行政执法单位”“成功承办江西省第十三届运动会先进集体”“打造文化精品工程剧目《七彩畲乡》贡献集体”“鹰潭市文明单位”等荣誉称号。他本人也先后荣获江西省“五一”劳动奖章、鹰潭市劳动模范、鹰潭市“五一”劳动奖章、鹰潭市“十佳创业明星”等荣誉称号。

2012年5月,陈小平被江西省人民政府授予“2011年度江西省优秀企业家”荣誉称号(享受省劳模待遇)。

祝学红 女,1968年8月出生,江西广丰县人,中共党员,1991年7月毕业于江西师大鹰潭专科班,1991年8月毕业分配至市社会保险局工作,现任市人力资源社会保障局城乡居民养老保险局局长。

自2009年从事城乡居民养老保险工作以来,她吃苦耐劳,开拓进取,取得了突出的工作业绩。首批试点工作开始后,很多村民对党和政府这项惠民政策不理解持怀疑态度,有抵触情绪,工作举步维艰。为尽快打开工作局面,她忘我地投入工作,走村串户,心贴心地向群众宣传政策,解疑释惑,并通过多种渠道大力宣传,举办培训班5000多人次,工作局面迅速被打开,取得喜人成绩。她善于创造性地开展工作,结合当地实际,积极争取党委、政府支持,在江西省较早将城乡低保户、五保户、纯女户等困难群体,纳入到政府买单的最低标准保障范围之内,让更多特殊群体人员受益。为鼓励老百姓多缴费长缴费,她主动与上级主管部门沟通,争取支持,在全省率先实行参保缴费每提高一个档次,地方财政配套奖励5元。这些创新性政策的出台,激励了更多城乡居民积极参保,2009-2012年,全市城乡居民社会养老保险工作累计参保47.64万人,收缴保费4266.32万元,参保率达84%。累计发放养老金7730.68万元,全市符合待遇领取条件的60周岁以上老人均按时足额领取了养老金,发放率达100%。

2012年10月,祝学红被江西省人民政府授予“江西省新型农村和城镇居民社会养老保险工作先进个人”荣誉称号。

李州祥 1983年5月出生,籍贯江西鹰潭,中共党员,2001年毕业于鹰潭师范学校,本科学历,2004年到鹰潭高新区管委会工作,现任鹰潭高新技术产业开发区社会保险事业局局长。

2006年起从事劳动就业和社会保障工作,面对繁重的工作任务,他以高度的责任感和使命感,任劳任怨,尽职尽责,出色地完成了各项工作任务。李州祥与所在团队通过组织参与招聘会、送岗下乡等多种形式,共帮助企业招工2.6万人次;通过创新落实各项政策,促进校企合作对接企业、学校十余家,对接学员2000余人;结合高新区实际情况,提出并实践了“学时制”企业自主培训考核办法,盘活了培训机制;制定了有高新区特色的劳动纠纷“三调一裁”制度,将大部分矛盾纠纷化解在企业一级、调解在乡镇一级、调处在县区一级,维护了社会稳定。先后被评为高新区“先进工作者”“优秀共产党员”、鹰潭市“劳动保障工作先进个人”“十大服务创业标兵”“人民调解能手”。

2012年10月,李州祥被江西省人民政府授予“全省就业创业先进工作者”荣誉称号。

夏翠英 女,1965年12月出生,广丰县人,无党派人士,广西师范大学音乐教育专业在职研究生,高职教授。1984年8月参加工作,现任鹰潭应用工程学校副调研员。

在师范(职院)工作期间,一直担任音乐教学工作,曾被评为鹰潭市优秀教师。参与过多种形式的文艺节目指导和编排活动,编排的节目曾获得省级评比二等奖。担任班主任工作7年,年年被学校评为优秀班主任。1999年3月开始先后担任政教处副主任、学生处处副处长、处长职务,负责学生管理和思想政治工作,组建了“宿舍管理中心”“助学贷款中心”“勤工助学中心”和“大学生心理健康教育与咨询中心”,2007年被评为江西省高校思想政治教育工作先进个人。

2009年9月调鹰潭应用工程学校任副调研员，分管教学、学生、招生、就业工作。争取到国家中等职业教育改革发展示范学校建设和计算机实训基地建设2个项目，共获得中央财政支持建设资金1260万元。申请增设了商务日语、航空服务、汽车运用与维修、计算机平面设计、计算机动漫与游戏制作、家政服务与管理6个新专业。创建了数控技术应用、模具制造技术、计算机应用3个省级精品专业，共获得省财政支持建设资金130万元。

2012年4月，夏翠英被江西省总工会授予江西省"五一"劳动奖章。

黄 凯 1978年8月出生，鹰潭电大毕业，大专学历，邮政通信信息投递岗高级职称，鹰潭市邮政投递局投递员。

作为一名基层员工，他热爱岗位，凭着对邮政事业的热爱和敬业精神，在投递员岗位上一干就是10多年，累计投递邮件超过25万件，投递里程超过10万千米。作为一名年轻技工，他刻苦钻研业务技能，勇做行业排头兵，能胜任投递环节上的各项工作，在投递部赢得了"黄全能"的绰号；参加全省邮政技能大比武获得过团体、个人三等奖的好成绩。作为一名邮政投递员，他为人热心坦诚，用户不管男女老少，他始终保持着热情和蔼、真心坦诚的态度，尽心尽职，并且像爱护自己心爱的东西一样对待用户的邮件，和许多用户结下了深厚的友谊。曾获市"青年五四奖章"。

2012年5月，经严格评审并向社会公示，共青团江西省委、江西省青年联合会授予黄 凯2012年度"江西青年五四奖章"。

2012年评定的正高级专业技术职称人员

夏翠英 女，1965年12月出生，广丰县人，无党派人士，广西师范大学音乐教育专业在职研究生，高职教授。1984年8月参加工作，现任鹰潭应用工程学校副调研员。

在省级以上刊物发表科研论文多篇。其中，《音乐教育促进高职学生心理健康的途径与方法》，2010年9月发表于《中国成人教育》。2008年主持完成江西省高校人文社会科学研究项目《音乐教育对促进高职学生心理健康作用的研究》，2009年11月参与完成江西省高校人文社会科学研究项目《龙虎山天师道鹰醮与阳醮音乐研究》，2010年获国家实用新型专利2项。

其他业绩见第334页，夏翠英情况简介。

2012年11月，夏翠英被评审为高职教授。

王 正 1972年8月11日出生，中国民主促进会会员，1995年7月毕业于江西医学院临床医学系，学士学位，毕业后分配至江西省鹰潭市人民医院参加工作。

从事耳鼻喉科临床工作近二十年。2001年晋升主治医师，2003年1月脱产至复旦大学附属中山医院耳鼻喉头颈外科进修一年。进修后，完成鹰潭市人民医院首例电视监视下鼻内窥镜鼻窦手术，完成首例电视监视下显微喉镜下声带手术，完成首例显微耳科手术，填补该院多项空白。2006年12月晋升耳鼻喉科副主任医师，2009年在该院三甲医院评审期间任命为鹰潭市人民医院耳鼻喉副主任耳鼻喉科学科带头人。多年来独立承担省市多项课题研究。2005年主持并开展"鼻内窥下上颌窦内置管治疗霉菌性上颌窦炎"课题研究并通过市科技局组织专家鉴定。2007年与呼吸科合作完成"胸腔闭式引流治疗肺癌胸腔积液的疗效研究"课题研究通过市科技局专家鉴定并获市科技进步三等奖。2010年主持并开展"鼻内窥镜引导气囊扩张加冲洗治疗霉菌性上颌窦炎"通过市科技局专家鉴定。2011年承担江西省科技厅科课题"潴留冲洗法治疗真菌性上颌窦炎的疗效研究"。发表论文十余篇，代表作有"鼻中隔偏曲矫正联合鼻内窥镜手术治疗真菌性上颌窦疗效观察"发表于《中国耳鼻喉颅底外科》杂志，"儿童突发性耳聋40例临床分析"发表在《中国药物与临床》杂志，"上颌窦潴留冲洗治疗真菌性上颌窦炎的疗效观察"发表于《中国当代医药》杂志。

2012年12月，王正被评审为主任医师。

许继涛 1971年12月出生，1995年毕业于江西医学院临床医学系，学士学位，中国共产党员，传染病专业主任医师，江西省医学会肝病学会委员，江西省中西结合学会肝病专业委员会委员。

长期从事传染病及肝病的临床工作。2003年3月至2004年2月在上海市传染病医院进修1年（获第24期全国传染病医师进修班优秀学员），曾获鹰潭市人民医院十佳医生、优秀共产党员等荣誉称号。在肝病及传染病临床研究中有较高的学术水平,发表国家级学术论文多篇,课题“含‘力克肺疾、利福喷丁、左氧氟沙星’方案治疗老年肺结核的临床研究”获鹰潭市科技进步三等奖(第一完成人)、“分子生物学方法在结核病实验室诊断应用的研究”获鹰潭市科技进步三等奖(第二完成人)。该院“甲流”“H7N9禽流感”专家组成员,始终站在疫情的第一线,默默奉献于市传染病防控工作。从医以来,成功救治大量重型肝炎、顽固性肝硬化、重症肺结核、重症出血热等病患;通过合理的抗病毒成功阻断了众多慢乙肝、慢丙肝及乙肝肝硬化的进展。医风严谨、医德高尚、医术求精,是众多患者心中的好医生。

2012年12月,许继涛被评审为主任医师。

李俊生 1963年4月出生,毕业于武汉科技大学医学院,鹰潭市人民医院肾内科主任,中华肾脏病学会江西分会委员。

1990年在江西省医学院一附院肾内科进修一年,1992年3月至1993年3月参加中山医科大学举办的肾脏病诊治高级医生研修班,1993年在鹰潭市创办赣东北地区第一家血液净化中心,为肾内科学科带头人。2000年至2002年参加国家卫生部组织派遣,由上海新华医院组团的的专家组,在摩洛哥工作2年。掌握现代医学专业理论,系统地自学中医基础理论。对难治性肾病综合征、急、慢性肾小球肾炎、尿毒症、红斑狼疮、痛风、糖尿病肾病、肾结石等中西医结合诊治,有独到之处。1998年独立完成“保尔肾系列方治疗慢性肾炎及肾功能不全的临床研究”课题,获市科技成果二等奖,2008年主持完成“血液灌流联合血液透析治疗重症毒蛇咬伤致肾功能衰竭的临床研究”获市科技成果二等奖。对血液净化在市应用领域有多项创新。对慢性前列腺炎、男性功能障碍及男性不育症等方面治疗有较丰富的经验。首先在江西省开展血液灌流联合血液透析治疗重症毒蛇咬伤及毒蕈中毒,其研究方法及结果分别发表在《中国危重病急救医学》杂志2009年4月第4期和《中国中西结合急救医学》杂志2009年11月第6期,受到业内专家好评。

2012年12月,李俊生被评审为主任医师。

吴 劲 1960年1月出生,中共党员,大学本科学历,主任医师,2003年公开竞聘任鹰潭市疾控中心第一副主任。

任职期间一直分管流行病学、地方病、慢病、结防、艾防、卫生应急等业务科室,熟悉本专业基础理论和专业技能,能独立制定食品安全事故、突发公共卫生事件、重大传染病疫情的调查处理方案。多次现场指挥对重大疫情和救灾防病的调查处置,具有丰富的实践工作经验。参加了2008年汶川抗震救灾工作并担任鹰潭市首批赴汶川应急救援队队长,在灾区奋战40天,是江西省唯一一支连续2期不换防的救援队,受到省卫生厅和市政府的高度赞誉。参加了2010年鹰潭市抗洪抢险和灾后防病工作,并制定出鹰潭市灾后《霍乱、伤寒等重点传染病防治预案》。参加了2011年新疆脊灰野病毒输入性疫情应急处置工作,作为卫生部第六批专家组成员支援新疆克州地区疫情处置工作20天,并担任江西工作组组长。完成了对江西省第十三届省运会疾病控制应急处置预案、鹰潭市消除麻疹目标工作规划、鹰潭市手足口病防控工作方案等10多个技术规范性文件的起草制定,并组织实施。主持完成专业科研课题的申报、实施,并通过各级鉴定,其中参与策划组织实施的“儿童麻疹初免时间的探索研究”、“10μg和5μg乙肝疫苗(酵母)阻断母婴传播效果研究”分获2007年、2010年度鹰潭市科技进步二等奖。在核心期刊上发表论文8篇。2007年至2010年先后荣获市卫生系统优秀共产党员、抗震救灾先进个人、全国丝虫病防治先进个人、感动鹰潭十佳新人、全省疾控系统“德技双馨”先进人物、全省医药卫生系统先进个人、全国医药卫生系统先进个人、鹰潭市劳动模范等荣誉称号。

2012年,吴劲被评审为主任医师。

周 勇 1962年出生,大专学历,江西中医学院毕业,中共党员,鹰潭市中医院副院长,主任中医师。

从事中医皮肤性病工作30多年,20世纪80年代初师承全国著名蛇伤专家舒普荣老师,并参与《蛇伤治疗》一书的编写及“青龙蛇药片治疗毒蛇咬伤”课题的研究和验证工作。20世纪90年代初到上海中医药大学附属龙华医院进修学习,师承全国知名专家、博士生导师马绍尧教授,参与编写《中医皮肤性病学》《现代中医皮肤性病学》。多年来积极探索,潜心研究,取得了不少的成绩和荣誉,1999年“消痤散治疗痤疮临床研究”被立项为鹰潭市市级重点课题,2011年“中药抗菌洗剂抗菌效果的实验研究”被立项为江西省卫生厅科研课题,先后在《上海中医药杂志》《中医杂志》《江西中医药》《中医临床研究》《实用中西医结合临床》等核心、国家级及省级学术期刊上发表论文多篇。2012年被国家中医药管理局指定为第五批国家级名老中医学术继承人指导老师，南京中医药大学“中医师承”博士生导师。是江西省中医药学会理事，江西省中医药学会皮肤性病学专业委员会副主任委员，江西省中医药学会外科分会学术委员会副主任委员，江西省中西医结合学会第四届皮肤性病专业委员会委员，鹰潭市科委评审专家，鹰潭市疾病预防控制中心第一届鹰潭市预防接种异常反应调查诊断专家组专家，并先后受聘为九江学院医学院兼职副教授，江西中医学院兼职教授。在第七届城市运动会中被江西省委、省政府评为“先进个人”，先后荣获“月湖区科普工作先进工作者”、鹰潭市科学技术学会“先进个人”等荣誉称号。

2012年，周勇被评审为主任中医师。

南昌大学同心博士团到鹰潭市参观考察

（民盟鹰潭市委会供稿）

2012年受省(省委、省政府)部级以上表彰的先进集体

表1

受奖单位	先进年度或受奖时间	荣誉称号	授予单位
鹰潭市	2012年12月	全国无偿献血先进城市	卫生部、中国红十字会
鹰潭市发展和改革委员会	2012年	“十一五”时期全国节能先进集体	国家人力资源和社会保障部、国家发改委、环保部、财政部
市体育局	2012年	全民健身优秀组织奖	国家体育总局
鹰潭高新技术产业开发区	2012年	国家循环化改造示范试点园区	国家发改委、财政部
市人力资源和社会保障局	2012年9月	全国新型农村和城镇居民养老保险工作先进单位	国务院
鹰潭市公安局	2012年	全国公安机关涉案财物管理问题专项治理工作成绩突出集体	公安部
中国工商银行鹰潭分行	2012年度	综合排名进步30强	中国工商银行总行
贵溪市	2012年1月	全国双拥模范城	全国双拥工作领导小组 解放军总政 治部 民政部
贵溪市	2012年10月	第一批国家卫生应急综合示范县(市、区)	卫生部
余江县	2012年11月	全国基层中医药工作先进单位	卫生部
龙虎山景区管委会	2012年4月	国家5A级旅游区	国家旅游局
民进月湖综合支部	2012年	学习践行社会主义核心价值体系先进集体	中国民主促进会 中央委员会
中国人民银行贵溪市支行	2012年1月	“标杆职工之家”	中国人民银行工会工作委员会
十五冶二公司	2012年7月	全国工程建设优秀质量管理小组二等奖	全国工程建设质量管理小组
鹰潭市住房公积金管理中心	2012年度	全国住房城乡建设系统先进集体	住建部
市劳动监察局	2012年7月	全国清理整顿人力资源市场秩序专项行动取得突出成绩单位	人社部、公安部、国家工商总局
市社会保险事业管理局	2012年2月	全国人力资源社会保障系统先进集体	人社部
中国工商银行鹰潭四海支行	2012年度	中国银行业文明服务千佳示范单位	中国银行业协会
鹰潭市公安局、余江锦江派出所、贵溪消防大队	2012年	党的十八大消防安全保卫战公安机关成绩突出集体	公安部

续表 1-1

受奖单位	先进年度或受奖时间	荣誉称号	授予单位
鹰潭市公安局、经侦支队	2012 年	全国公安机关严厉打击经济犯罪“破案会战”成绩突出集体	公安部
鹰潭市经济技术开发区国税局团支部	2013 年 5 月	全国五四红旗团委(团支部)	共青团中央
鹰潭市中医院	2013 年 1 月	三甲中医院	国家中医药管理局
余江县爱卫办	2013 年 1 月	爱国卫生运动 60 周年先进集体	全国爱卫办
贵溪市教育督导室	2012 年 2 月	全国教育督导先进集体	教育部教育督导室
文坊镇	2012 年 2 月	第一批全国人口和计划生育依法行政示范镇	国家人口计生委
彭湾乡星明村	2012 年 3 月	第二批全国妇联基层组织建设示范村(社区)	全国妇女联合会
周坊中心学校	2012 年 3 月	全国示范留守(流动)儿童之家	全国妇女联合会
贵溪市天禄镇	2012 年 3 月	全国计生示范村	国家人口计生委、中国计生协会
贵溪塘湾镇	2012 年 7 月	全国就业先进工作单位	国务院
双圳林场	2012 年 8 月	全国生态建设突出贡献奖先进集体	国家林业局
龙虎山博物馆	2012 年 10 月	“2012—2010 年” 全国科普教育基地称号	中国科学技术协会
鹰潭市	2012 年 3 月	推进战略性新兴产业先进市	省委、省政府
鹰潭市	2012 年度	全省耕地保护工作先进设区市	省政府
市检察院	2009 年—2011 年	省级文明单位	省委、省政府
鹰潭市烟草专卖局(公司)	2012 年	江西省第十三届文明单位	省委、省政府
江西省港航管理局鹰潭分局	2013 年 6 月	第十三届省级文明单位	省委、省政府

续表 1–2

受奖单位	先进年度或受奖时间	荣誉称号	授予单位
鹰潭高新技术产业开发区	2012 年	2011 年度全省先进工业园区	省政府
鹰潭高新技术产业开发区	2012 年	省级“森林园区”	省政府
鹰潭国家新材料高新技术产业化基地	2012 年 3 月	优秀高新技术产业特色基地	省委、省政府
江西三川水表股份有限公司	2012 年 5 月	省重大高新技术成果产业项目优秀实施单位	省政府
江西天施康中药股份有限公司	2012 年 5 月	优秀创新型企业	省政府
国家铜冶炼及加工工程技术中心	2012 年 5 月	优秀科技创新研发平台	省政府
贵溪市	2012 年 3 月	实施科技创新“六个一”工程先进县(市、区)	省委、省政府
余江县	2012 年 3 月	实施科技创新“六个一”工程先进县(市、区)	省委、省政府
余江县	2012 年度	全省耕地保护工作先进县	省政府
贵溪市	2012 年 1 月	2011 年度全省粮食生产先进县	省政府
贵溪市	2012 年 1 月	2011 年度全省引进省外资金先进县(市、区)	省政府
贵溪市	2012 年 2 月	全省农村“改渡建桥工作”先进单位	省政府
贵溪市	2012 年 5 月	全省造林绿化建设先进县(市)	省政府
贵溪市	2012 年 5 月	2011 年度市县考核评价工业发展先进县(市、区)	省委、省政府
龙虎山景区	2012 年 5 月	全省造林绿化“一大四小”工程建设先进风景名胜区	省政府
龙虎山景区	2012 年 9 月	2010—2012 年度森林防火先进县	省政府
鹰潭市住房公积金管理中心	2012 年度	江西省文明单位	省委、省政府
市再就业小额贷款信用担保中心	2012年10月	全省就业先进工作单位	省政府
龙虎山景区上清镇	2012 年 10 月	全省新型农村和城镇居民社会养老保险工作先进单位	省政府

2012年高考文、理科状元及被北大、清华录取的新生

一、鹰潭市2012年高考文、理科状元

科别	姓名	性别	高考前毕业学校	考分	录取院校
文科	陈　瑒	男	鹰潭市一中	662分	北京大学
理科	汤寓程	男	鹰潭市一中	673分	清华大学

二、鹰潭市2012年被北京大学、清华大学录取的新生

科别	姓名	性别	录取院校	高考前毕业学校
文科	陈　瑒	男	北京大学	鹰潭市一中
文科	姚　洁	女	北京大学	鹰潭市一中
文科	吴艺翀	男	北京大学	鹰潭市一中
理科	李璋媛	女	北京大学	鹰潭市一中
理科	吴季霖	男	北京大学	鹰潭市一中
理科	王宏达	男	北京大学	鹰潭市一中
理科	汪子冲	男	北京大学	贵溪市一中
理科	元　棪	男	北京大学	贵溪市一中
理科	姜　雄	男	北京大学	贵溪市一中
理科	严朝鹏	男	清华大学	鹰潭市一中
理科	罗济凡	男	清华大学	鹰潭市一中
理科	张皓琨	男	清华大学	贵溪市一中
理科	汤寓程	男	清华大学	鹰潭市一中
理科	孙　越	女	清华大学	鹰潭市一中

主要统计资料

编辑、校对:华志萍

2012年鹰潭市国民经济和社会发展统计公报

2012年,在市委、市政府的坚强领导下,全市上下坚持以科学发展观为统领,努力克服欧债危机及国内经济持续下行的不利影响,紧紧围绕“主攻项目、决战‘三区’、凸现特色、实现跨越”的战略部署,着力做好“物流、旅游和铜产业”三篇文章,大力推进“四个鹰潭”建设,筚路蓝缕,砥砺奋进,国民经济运行实现了“稳中有进,进中向好”,各项社会事业持续进步,人民生活显著改善,为实现全面建成小康社会奠定了坚实基础

一、综 合

综合实力显著增强。初步测算,全市实现地区生产总值(GDP)482.17亿元,按可比价格计算,比上年增长12.4%。增幅连续12年实现“两位数”增长。其中:第一产业增加值41.46亿元,增长4.5%;第二产业增加值305.92亿元,增长13.9%;第三产业增加值134.79亿元,增长11.7%。三次产业结构由上年的8.9:64.6:26.5调整为8.6:63.4:28.0。其中,工业增加值占国内生产总值比重为59.1%,比上年降低1.9个百分点。三次产业对经济增长的贡献率分别为3.2%、70.5%和26.3%。非公有制经济完成增加值237.42亿元,增长14.4%,占全市国内生产总值比重49.2%,同比提高2.0个百分点。人均生产总值4.24万元,增长11.8%,按年均汇率折算为6753美元。

图1

2006-2012年全市生产总值及增速情况

财政收入增势平稳。全市实现财政总收入79.34亿元,增长11.6%,占地区生产总值比重达16.5%,同比降低0.2个百分点。其中,地方财政收入达58.83亿元,增长51.5%。县域经济实力增强,实现财政总收入73.05亿元,增长20.0%,其中贵溪市财政总收入达35.59亿元,同比增长18.2%;余江财政总收入12.51亿元,增长17.2%,月湖区财政总收入8.41亿元,增长45.9 %;鹰潭高新区达12.18亿元,增长1.1 %。全市过亿元的乡镇达到7个。

图2

2006-2012年全市财政收入情况

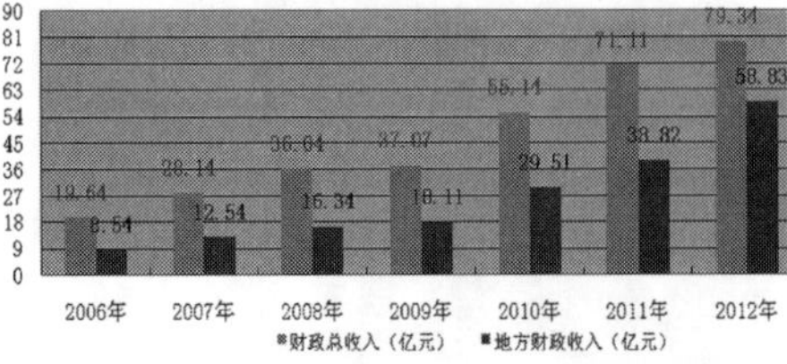

■财政总收入(亿元) ■地方财政收入(亿元)

民生支出力度加大。全市一般预算支出88.20亿元,增长29.5%。财政用于社会保障和就业、教育、医疗卫生、城乡社区事务、住房保障、农林水事务等民生性支出达47.52亿元,增长29.3%,占财政支出的53.9%。其中:教育支出12.68亿元,增长25.3%;社会保障和就业支出8.81亿元,增长16.0%;医疗卫生支出7.42亿元,增长45.4%;城乡社区事务支出9.15亿元,增长142.5%;农林水事务支出6.77亿元,增长17.8%。

就业形势总体稳定。进一步强化用工需求对接,积极开展就业援助月、民企招聘周、大学生就业服务月、送岗位下乡等公共就业服务活动,统筹推动各类群体就业,取得了显著成效。全年全市新增就业人数达到27235人,城镇就业率达到96.5%。新增转移农村劳动力2.14万人。发放小额贷款3.2亿元,共扶持创业3141人,带动就业1.37万人。

物价涨幅稳中趋降。随着加强价格监管,建立了物价管理、执法和救助机制,取消了20余项涉企收费,加以中央宏观调控措施的落实到位,鹰潭市居民消费价格过快上涨的势头得到了初步遏制。2012年,全年居民消费价格(CPI)上涨2.5%,较上年回落2.6个百分点。月度涨幅持续回落,从年初的5.4%逐步回落到一季度、上半年和三季度的4.1%、3.5%和2.8%。八项分类指数呈“七升一降”特征。其中:食品

价格上涨 4.9%；医疗保健和个人用品次之，上涨 2.3%，居住类上涨 2.1%；烟酒及用品类价格上涨 1.8%，娱乐教育文化用品及服务类价格上涨 1.0 %；家庭设备及维修服务类价格上涨 1.5%；衣着上涨 1.0%；而交通和通信类价格下降 0.4%。

图 3

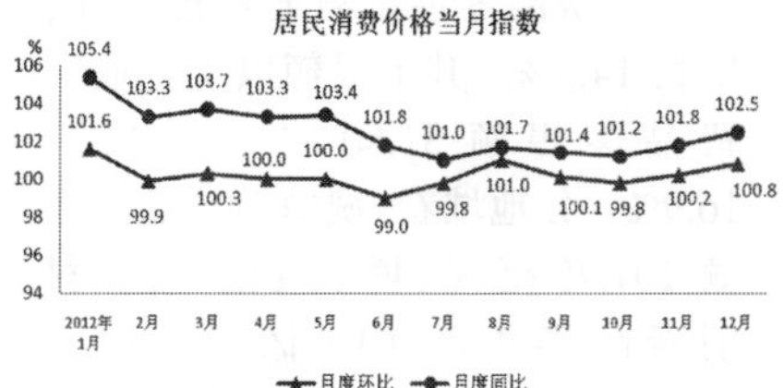

表 2　2012 年居民消费价格指数

指标	以 2011 年为 100
居民消费价格指数	102.5
# 食品	104.9
# 粮食	101.9
油脂	106.7
肉禽及制品	100.5
蛋	98.7
水产品	110.9
鲜菜	120.9
烟酒及用品	101.8
衣着	101.0
家庭设备用品及服务	101.5
医疗保健及个人用品	102.3
交通和通信	99.6
娱乐教育文化用品	101.0
居住	102.1

二、农业

农业生产稳产增收。2012 年，全市实现农林牧渔业总产值 65.31 亿元，按可比价计算，增长 4.5%。其中，种植业产值 24.62 亿元，增长 3.1%；林业产值 3.65 亿元，增长 5.8%；牧业产值 28.35 亿元，增长 4.8%；渔业产值 7.77 亿元，增长 7.0%。农作物总播种面积 15.30 万公顷，增长 0.4%。粮食产量喜获丰收，实现“九连增”，突破 68 万吨，达 68.36 万吨，增长 4.4%。主要农牧产品质优量增。全年肉类总产量 12.36 万吨，增长 1.2%，其中猪牛羊肉 10.70 万吨，增长 1.0%，禽蛋产量 2.08 万吨，增长 4.9%。生猪出栏 128.6 万头，增长 0.9%。年末生猪存栏 67.86 万头，增长 4.9%。水产养殖规模不断扩大，全年水产养殖面积 8274 公顷，增长 2.7%，水产品总产量 4.79 万吨，增长 4.7%，其中养殖业产量 4.37 万吨，增长 5.8%。

表 3　2012 年主要农产品产量情况

产品名称	产量（万吨）	比 2011 年增长（%）
粮食	68.36	4.4
其中：稻谷	66.08	4.1
油料	2.18	–2.4
其中：油菜籽	0.70	4.6
甘蔗	2.16	–1.6
茶叶	0.0097	2.1
水果	4.20	–1.1
蔬菜	19.80	2.3
肉类	12.36	1.2
水产品	4.79	4.7

农村生产生活条件进一步改善。农业机械化装备及服务能力提高。全年农业机械总动力达到 94.61 万千瓦，比 2011 年增加 7.06 万千瓦，增长 8.1%。全年完成机耕作业面积 178 万亩，其中水稻机耕作业面积 145.5 万亩，占水稻总面积的 88.1%；农村用电量 1.11 亿千瓦小时，增长 16.2%。农用塑料薄膜使用量 2223 吨，增长 4.6%。农田水利建设得到加强。实施水利建设项目 127 个，完成中潢圩堤等五河治理应急除险和小型病险水库除险加固 40 座；农田有效灌溉面积达 77.63 万亩，增长 0.6%。农村生活设施不断改善。全市 353 个村委会实现了村村通电、通公路和通电话；自来水受益村达到 99 个，新增 7 个。

农业产业化水平进一步提高。全市省、市级农业产业化龙头企业 125 家，实现销售收入 52 亿元，增长 20.0%，其中省级龙头企业 32 家，实现销售入 38.86 亿元，增长 22%。农民专业合作社 594 家，新增 149 家，带动农户 4.5 万户。

三、工业和建筑业

工业生产稳中有进。全市规模以上工业实现增加值 282.46 亿元，增长 15.5%。其中分类型看：国有企业 144.84 亿元，增长 9.1%；集体企业 0.06 亿元，下降 4.0%，股份制企业 86.45 亿元，增长 30.4%，外商及港澳台投资企业 4.67 亿元、下降 12.1%。分轻重看：轻工业 26.09 亿元，增长 63.6%；重工业 256.37 亿元，增长 13.5 %。分产业看：铜产业 229.23 亿元，增长 14.5 %；非铜产业 53.23 亿元，增长 27.8%。分行业看，在统计的 24 个行业大类中，有 19 个行业的增加值实现了增长，其中：化工原料及化学制品制造业 8.23 亿元，增长 0.6%；医药制造业 2.12 亿元，增长 28.9%；非金属矿物制品业 3.38 亿元，增长 85.8%；有色金属冶炼及压延加工业 222.07 亿元，增长 13.2%；电气机械及器材制造业 12.46 亿元，增长 31.3%；仪器仪表及文化、办公用机械制造业 3.79 亿元，增长 37.8%；电力热力的生产和供应业 4.97 亿元，增长 46.4%。

图 4

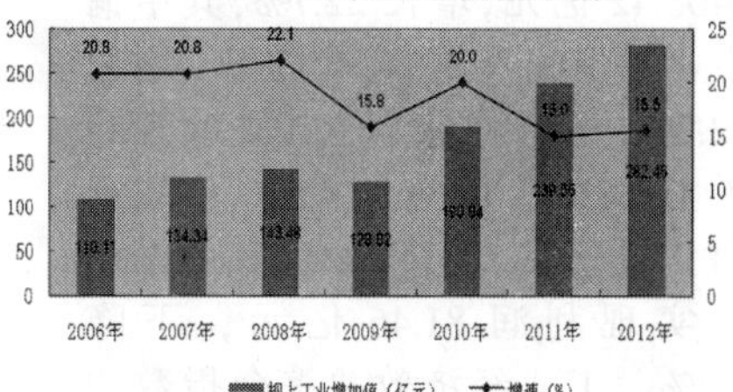

主要产品产量平稳增长。主要工业产品产量有升有降。其中：电解铜 103.31 万吨，增长 9.9%；铜材加工 133.27 万吨，增长 23.2%；中成药 1981.68 吨，增长 34.3%；化学农药 9531.72 吨，增长 12.6%；水泥 113.32 万吨，增长 140.0%；节能灯管 3.60 亿只，增长 56.6%；皮革鞋靴 379.4 万双，下降 0.1%；针织袜 15031 万双，增长 2.8%；发电量 58.51 亿千瓦小时，增长 83.0%。

表 4　规模以上工业主要产品产量情况

产品	单位	产量	比 2011 年增长（%）
电解铜	万吨	103.31	9.9

续表 4

产品	单位	产量	比2011年增长(%)
电解铜	万吨	103.31	9.9
硫酸	万吨	196.64	10.5
铜材加工	万吨	133.27	23.2
中成药	吨	1981.68	34.3
化学农药	吨	9531.72	12.6
磷肥	万吨	17.81	20.1
水泥	万吨	113.32	140.0
水表	万只	442.62	0.0
发电量（火力发电）	亿千瓦小时	58.51	83.0
皮革鞋靴	万双	379.40	-0.1
针织袜	万双	15031	2.8

工业效益止降回升。全市规模以上工业完成主营业务收入2408.42亿元，增长22.7%，其中铜产业实现收入2184.36亿元，增长22.2%。全市规模以上工业实现利税140.81亿元，增长4.5%，实现利润97.9亿元，增长2.6%，其中铜产业实现利润81.46亿元，下降8.7%。工业经济效益综合指数达445.44%，下降71.2个百分点。产销衔接状况良好。全市规模以上工业实现销售产值1665.3亿元，增长7.8%，产销率达99.92%，同比提高1.3个百分点。

产业转型升级步伐加快。全市战略性新兴产业实现主营业务收入2256.87亿元，增长21.6%；实现增加值241.11亿元，增长10.5%；实现利税114.47亿元，下降7.8%。

园区产业聚集效应明显。全市入园投产工业企业达252家，新增13家。安置从业人数4.64万人，增长12.4%。全年园区完成工业增加值118.75亿元，增长20.0%；完成主营业务收入879.89亿元，增长19.1 %，实现利税49.57亿元，增长105.4%，实现利润31.26亿元，增长105.1%。三大园区主营业务收入实现新突破。其中鹰潭高新技术产业园区、贵溪工业园区突破300亿，分别达到358.33亿元和353.40亿元，分别增长16.7%和13.7%，余江工业园区突破150亿，主营业务收入达168.16亿元，增长30.0%。

建筑业平稳较快发展。全年建筑业实现增加值20.78亿元，增长20%。全市具有建筑资质等级的总承包和专业承包建筑业企业42家，完成总产值140.35亿元，比2011年增长93.7%；竣工产值54.83亿元，增长63.04%；实现利税总额4.8亿元，增长416.1%。建筑业：企业房屋建筑施工面积752.5万平方米，增长301.7%；房屋建筑竣工面积304.3万平方米，增长80.6%，其中住宅竣工面积141.3万平方米，增长37.6%。

四、固定资产投资

固定资产投资快速增长。全年完成全社会固定资产投资410亿元，增长22%。其中完成500万元以上固定资产投资327.99亿元，增长18.5%。在固定资产投资中，国有投资101.57亿元，增长19.9%，非国有投资226.43亿元，增长17.8%，其中民间投资215.8亿元，增长17.5%。

从产业看：第一产业完成投资10.73亿元，增长174%；第二产业212.63亿元、增长11%，其中工业投资208.29亿元、增长9.2%；第三产业104.64亿元，增长28.5%。从行业看，其中制造业增长4.5%。三产中交通运输、仓储和邮政业下降11.4%，租赁和商务服务业增长9.1%，卫生、社会保障和社会福利业增长79.3%。

图 5

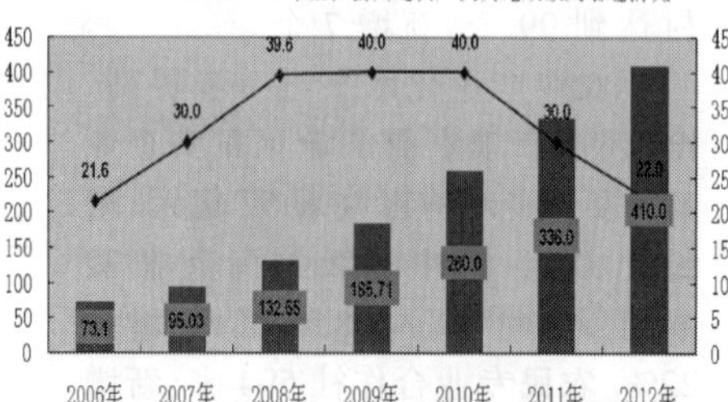

开发投资25.15亿元，增长 16.9%。商品房施工面积288.08万平方米，增长40.6%。商品房屋销售面积54.52万平方米，下降16.7%。商品房销售额21.19亿元，下降8.4%。

五、国内贸易

消费市场平稳运行。全年实现社会消费品零售总额118.05亿元，增长14.3%。其中限额以上企业消费品零售额31.50亿元，增长16.9%。分地域看：城镇消费品零售额107.75亿元，增长14.7%；乡村消费品零售额10.3亿元，增长10.7%。分消费形态看，限额以上住宿和餐饮业零售额1.77亿元，增长12.8%；限额以上批发和零售业商品零售额29.73亿元，增长17.2%。从主要商品类别看，基本生活类商品销售稳定增长，热点商品销售活跃。在限额以上批发零售业零售额中，日用品类增长8.5%，粮油食品饮料烟酒类零售额增长15.5%，服装、鞋帽、针织品类增长37.9%，化妆品类增长36.5%，金银珠宝类增长41.5%，文化办公用品类增长22.3%，石油及制品类增长25.3%。

六、对外经济

进出口规模不断扩大。全市完成进出口总额43.24亿美元，增长0.4%，总量位居全省第三。其中：进口总额35.15亿美元，下降4.9%，总量位居全省第一；出口总额再创新高达8.09亿美元，增长32.7%。在出口中，一般贸易出口4.29亿美元，下降17.3%，加工贸易2.74亿美元，增长325.9%，其他贸易1.06亿美元，增长298.3%。民营出口继续占据主体地位，完成出口额5.12亿美元，增长16.0%，占全市出口总额的63.3%。出口产品结构不断优化，出口商品中机械产品出口0.67亿美元，增长39.3%，光电产品出口0.5亿美元，增长42.8%。贸易市场遍及五大洲160多个国家和地区。外贸进出口主体由过去的十几家发展到目前的97家。被海关总署评为全国外贸百强城市，被商务部授予国家外贸转型升级专业型示范基地。

表 5 2012 年进出口总额情况

指标	绝对数（万美元）	比上年增长(%)
进出口总额	432370	0.40
出口额	80909	32.7
其中：一般贸易	42909.24	-17.27
加工贸易	27424.06	325.87
其中：机械产品	6747	39.29
其中：光电产品	5049	42.82
进口额	351460.48	-4.9
其中：一般贸易	216786.54	-38.09
加工贸易	133681.51	675.77
其中：机械产品	3672	-17.69
其中：光电产品	459	356.11

招商引资步伐加快。全市实际利用外资 1.69 亿美元，增长 16.0%；引进省外 5000 万元以上项目 66 个，比 2011 年增加 2 个，实际进资 172.74 亿元，增长 20.3%。其中：引进 1 亿元以上项目 36 个，比 2011 年增加 4 个；1 亿元以上项目进资 104.32 亿元，增长 26.3%。

七、交通、邮电和旅游、物流

交通邮电业加快发展。全年交通运输、仓储和邮政业实现增加值 36.92 亿元，增长 16.6%。

交通运输业发展良好。境内公路通车里程 4014 千米，增长 5.3%，其中高速公路通车里程 89 千米。全年铁路、公路、水路共完成客运量 5747.2 万人，增长 8.7%。其中：铁路客运量 499.2 万人，增长 2.3%；公路客运量 5204 万人，增长 9.4%；水路客运量 44 万人，增长 2.1%。全年铁路、公路、水路完成货运量 6576.3 万吨，增长 22.1%。其中铁路货运量 380.3 万吨，下降 4.6%；公路货运量 5808 万吨，增长 25.4%；水路货运量 388 万吨，增长 8.8%。

民用车辆保持较快增长。2012 年，全市机动车保有量突破 15 万辆，达到 15.38 万辆，同比增长 19.8%。分车型看：汽车 5.84 万辆，增长 31.04%；摩托车 8.55 万辆，增长 11.23%；挂车 9955 辆，增长 41.53%；其他汽车 3 辆。其中：载客汽车 3.85 万辆，增长 32.7%；载货汽车 1.86 万辆，增长 29.5%。分营运性质看：营运车 2.39 万辆，增长 31.5%；非营运车 12.99 万辆，增长 17.8%。在总计中，私人汽车拥有量增长较快，达到 12.49 万辆，增加 1.89 万辆，增长 17.8%。

邮电通信业健康发展。全年完成邮电业务收入 6.46 亿元，增长 12%。其中：电信业务收入 5.75 亿元，增长 12%；邮政业务收入 7198 万元，增长 18%。年末固定电话用户达到 16.18 万户。全年新增移动电话用户 12.19 万户，年末达到 81.5 万户。年末互联网宽带用户数 12.71 万户，增加 1.48 万户。集邮业务量 306.3 万枚，增长 9.1%，集邮品册数 7.2 万册，增长 31.4%。

旅游业发展有新突破。全年接待国内旅游者突破 1000 万人次，达 1081 万人次，增长 25%，入境旅游者 18.56 万人次，增长 22%；旅游总收入达 75.1 亿元，增长 25%，其中旅游创汇 3325.52 万美元，增长 22%。旅游品牌创建成效显著。龙虎山景区成功创建国家 AAAAA 级旅游景区。余江县血防纪念馆、周坊革命烈士纪念馆成功创建国家 AA 级旅游景区。新增省 AAA 级乡村旅游点 2 处，拥有三星级农家乐 5 处；全年新增中、高星级饭店 2 家，星级酒店达到 18 个；旅行社达 45 家，其中新增三星级旅行社 2 家。

物流产业不断壮大。2012 年，全市物流企业 333 户，新增 93 户；全市物流企业实现主营业务收入 135.2 亿元，上缴税款 5.03 亿元，分别增长 90.2%和 62.4%。物流项目蓬勃发展。全年落户的重大商贸物流项目共 8 个，总投资 40 亿元。其中国际建材家居城、广甸汽车 4S 店项目已开工建设，赣东北盐业物流储备配送中心、粮食市场项目已摘牌，手拉手国际汽车城项目正在挂牌，机电五金商贸城、贵溪农贸城和月湖区铜锣湾国际数字 MALL 项目已正式签约。

八、金融和保险业

金融市场稳健运行。全市金融机构本外币存款余额 458.52 亿元，同比增长 24.3%，比年初新增 89.75 亿元，同比多增 24.31 亿元。其中，储蓄存款余额 229.82 亿元，同比增长 19.1%，比年初增加 36.75 亿元，同比多增 15.49 亿元。全市金融机构各项本外币贷款余额 297.71 亿元，同比增长 25.1%，比年初新增 59.63 亿元，同比多增 15.61 亿元。其中，短期贷款余额 142.48 亿元，同比增长 37.20%，比年初新增 30.52 亿元，同比多增 17.37 亿元；中长期贷款余额 141.64 亿元，同比增长 21.2%，比年初新增 24.80 亿元，同比少增 5.17 亿元。

保险业发展态势良好。全市有各类保险公司 15 家。其中，财产保险公司 8 家，人寿保险公司 7 家。全年实现保费收入 8.14 亿元，比 2011 年增长 6.0%。其中财产险保费收入 3.53 亿元，增长 22.7%；人寿险保费收入 4.61 亿元，下降 3.9%。各类保险赔款支出 2.27 亿元，增长 18.8%。其中财产险赔款支出 1.92 亿元，增长 28.1%，人寿险赔款支出 3496.11 万元，下降 14.9%。

九、教育和科学技术

教育事业稳步发展。全市共有各级各类学校 547 所，其中普通高校 1 所、成人高校 1 所、中等职业学校 14 所、普通中学 74 所、小学 344 所，特殊教育学校 2 所、幼儿园 111 所。全市各级各类在校学生 23.64 万人，其中普通高中、初中、小学在校生，分别达 1.71 万人、5.10 万人和 11.54 万人，特殊教育在校生 463 人，在园幼儿 2.95 万人。拥有教职工 1.42 万人、专任教师 1.21 万人。全市适龄儿童小学入学率为 100%，初中阶段毛入学率 100%。

表6 2012年各类教育基本情况

指标	学校数		招生数		在校学生数	
	数量	比2011年增减	人数	比2011年增长	人数	比2011年增长
	(所)	(所)	(人)	(%)	(人)	(%)
普通高等学校	1	0	1954	-4.5	5148	-4.6
中等职业学校	14	0	4909	10.9	17641	-17.6
普通中学	74	4	25200	10.9	68218	0.2
小学	344	-4	21104	2.5	115392	4.4
特殊教育学校	2	0	30	76.5	463	4.3
幼儿园	111	20	17678	-7.9	29536	9.0

科技事业成果丰硕。全市共获国家、省各类科技计划项目81项，其中国家级科技计划项目12项，省科技支撑计划39项;省级重点新产品计划30项,7项新产品被评为省优秀科技新产品。科技成果鉴定登记22项,获省市科技进步奖23项，共中省奖3项、专利申请393件、专利授权287件，专利申请与授权较2011年分别增长17%和5%。

高新技术产业稳步发展。全年实现高新技术产值238.77亿元,增长28.7%(现价)，高新技术增加值41.15亿元,增长25.04%(现价),占GDP比重为8.5%，比2011年提高0.8个百分点。鹰潭高新区成功升级为国家高新技术开发区。

十、文化、卫生和体育

文化产业方兴未艾。全市现有市级广播电台1座、电视台1座、电视发射台1座、广播电视报1家、广电网站1个。市级广播节目2套,电视节目2套。县级广播电视台2座,有线电视节目2套;企业有线电视台3座，企业电视节目3套。全市广播人口综合覆盖率96.6%，电视人口综合覆盖率97.7%。全市有线广播电视传输网络干线7245公里，有线电视用户8.13万户,实现了435个广播电视“村村通”。

文化产业再获殊荣。《七彩畲乡》获第四届全国少数民族文艺会演剧目金奖。文化娱乐业发展势头良好。全市共有文化娱乐场所295家，其中网吧经营场所161家,歌舞娱乐场所56家，电子游戏室经营场所78家。

出版印刷业焕发活力。全市有:出版的报纸2家,连续性内部资料出版单位10家，各类出版刊物发行单位70家，农家书屋289家,印刷企业57余家,音像经营场所33家。全市共有艺术表演团体2个、文化馆4个、博物馆和纪念馆3个、公共图书馆4个。

医疗卫生服务设施不断完善。年末全市拥有卫生机构372个,比上年增加1个,其中医院24个、卫生院36个;卫生防疫、防治机构3个;妇幼保健机构4个。卫生技术人员4828人,增加209人,其中医生2287人,增加132人,执业医师2008人，增加120人；注册护士1579人，增加99人。卫生机构床位3832张,增加568张。每千人拥有卫生技术人员4.24人，每千人拥有卫生机构床位3.37张（按常住人口计算),比2011年分别增长4.2%和17%。

体育事业全面进步。群众体育、竞技体育、体育产业全面协调发展。群众体育工作连续第18年获得国家体育总局颁发的“全民健身活动优秀组织奖”和江西省第四届全民健身运动会创新奖。竞技体育实现历史性的突破，荣获全省唯一的全国优秀赛区，获得全省青少年锦标赛优秀赛区（武术套路、散打、田径)、全省第六届县市区田径运动会优秀组织奖和2012年江西省青少年羽毛球锦标赛团体总分第四名。2012年,全年共举办全民健身活动160余项次。申报乡镇农民健身工程6个、农民健身工程25个,为新农村、街道社区和单位安装全民健身路径45套。在全市范围内设置体育后备人才培养基地学校、业余训练网点26所。现有社会体育指导员792人，在训青少年运动员650多名,注册运动员343名。全市体育彩票销量首次突破3000万元。

十一、人口、人民生活和社会保障

人口保持低速平稳增长。据人口抽样调查推算,2012年年末常住总人口为113.8万人。全年人口出生率为13.37‰，死亡率为6.15‰，人口自然增长率为7.22‰。城镇化率达到51.25%。

城乡居民生活水平稳步提高。城镇单位在岗职工年平均工资3.49万元(包括江铜不驻鹰厂矿单位),比上年增长13.7%。城镇居民人均可支配收入1.99万元，增长13.5%；城镇居民人均消费性支出1.26万元,增长13.0%。农村居民人均纯收入8802元，增长15.5%;农村居民人均生活消费支出4888元,增长10.3%。城镇恩格尔系数为44.3%;农村恩格尔系数为46%。分别比2011年下降0.7个和0.3个百分点。城镇居民人均住房建筑面积34.06平方米，农村居民人均拥有住房面积54.64平方米。

图6

社会保障体系不断完善。社会保险保障力度加大。社会保险覆盖范围不断扩大。实现了城镇职工、居民基本医疗保险和新型农村合作医疗制度全覆盖，被国务院授予全国新型农村和城镇居民社会养老保险工作先进市。年末全市:参加城镇基本养老、医疗保险人数分别为18.22万人和31.29万人，分别比2011年增加1.49万人和1万人；参加新型农村合作医疗人数79.37万人,参合率达96.3%；参加农村养老保险人数45.41万人，参保率为83.3%,其中有9.12万人60岁以上的老人领取了养老金,发放率达到100%。大力推进医保付费改革，实行单病种

全额免费治疗。对急性阑尾炎、乳腺纤维瘤、急性扁桃体炎等10个病种全面推行定额结算，对纳入定额结算的10个单病种实行全额免费治疗，参保人员个人不再负担政策范围内的任何医疗费用。

城乡低保补助水平继续提高。累计发放城乡低保资金1.2亿元，城乡低保人均月补差标准分别达350元和170元，分别比2011年增长16.7%和30.8%。

保障房建设步伐加快。开工建设各类保障房6418套，民欣家园1640套廉租房交付使用。中心城区保障性住房覆盖率达25%，提前完成“十二五”期间目标任务。

社会救助事业稳步推进。全市拥有收养类社会服务机构50所，收养各类人员3289人，其中优抚对象254人、“三无”对象2828人。开展城乡医疗救助6561人次。抚恤、补助优抚对象人数1.61万人。

十二、环境、节能与安全生产

全市拥有自然保护区4个，其中国家级1个。自然保护区面积15113.3公顷。野生动植物保护管理站6个，野生植物就地保护点9个，面积3280公顷；野生动物种源繁育基地10个。湿地示范区面积1320公顷。荒山荒地造林面积3320公顷。城市绿化改造进一步加强。全市绿化覆盖面积1245公顷，增长7.9%；全年实现绿地面积1034公顷，增长8%。全市拥有公园12个，公园面积216公顷。中心城区人均公园绿地面积达13平方米，绿地率达40.3%，绿化覆盖率达44.58%。市城区空气质量全年保持在二级标准以上。城镇污水集中处理率达86%，比上年提高0.8个百分点，农村生活垃圾无害处理率达83%，主要河流断面优质水率达100%。

节能减排取得成效。初步核算，2012年全市能源消费总量为242.11万吨标准煤，增长8.6%。万元GDP能耗(2010年可比价)为0.5561吨标准煤/万元，下降3.42%，超额完成全年下降3.4%的目标任务。其中工业节能取得积极进展，全市规模工业企业综合能源消耗量150.32万吨标准煤（按照剔除江铜集团不在本地企业的用电量核算），比2011年增长12.19%，单位工业增加值能耗下降2.87%。主要污染物排放总量得到有效控制。2012年全市主要污染物总量减排四项指标化学需氧量为2.12万吨、氨氮2777吨、二氧化硫1.95万吨、氮氧化物排放量2.17万吨，分别比上年下降0.9%、0.8%、3%、0.5%。

安全生产形势相对平稳。全年共发生各类事故262起。其中，道路交通事故75起,工矿商贸事故3起，火灾事故184起。全年生产安全事故死亡41人，比上年上升28.1%。其中，道路交通事故死亡32人，工矿商贸事故死亡9人。未发生农机安全事故、水上交通事故和校园安全事故。

说明：

1. 本公报数据为初步统计数或初步核算数。

2. 地区生产总值、各产业增加值绝对数按现价计算，增长速度按可比价计算。

3. 人均地区生产总值按年均常住人口计算。

4. 恩格尔系数是指食品支出占消费支出总额的比重。

5. 2011年起国家统计制度改革，规模以上工业统计范围为年主营业务收入2000万元及以上的企业，固定资产投资统计范围为计划总投资500万元以上项目及房地产。

6. 公报数与年鉴数不一致时，以年鉴数为准。

鹰潭市开展世界环境日宣传咨询活动

（市环保局供稿）

鹰潭市2011、2012年国民经济和社会发展主要对比指标

表7

指标	单位	2012年	2011年	增长(%)
一、年末总人口	万人	113.79	113.4	0.3
二、年末社会从业人员	万人	72.03	71.44	0.8
#职工人数	万人	9.67	9.68	-0.1
三、地区生产总值(现价)	亿元	482.17	427.60	12.4
第一产业	亿元	41.46	38.14	4.5
第二产业	亿元	305.92	276.17	13.9
第三产业	亿元	134.79	113.29	11.7
人均生产总值(现价)	元	42449	37834	11.8
四、固定资产投资				
固定资产投资额	亿元	327.99	276.86	18.5
房地产开发投资	亿元	25.15	21.5	16.9
五、财政				
财政收入	亿元	79.34	71.11	11.6
#地方财政收入	亿元	58.83	38.82	51.5
财政支出	亿元	88.2	68.12	29.5
人均地方财政收入	元	5179	3435	50.8
六、物价指数(以2011年为100)				
居民消费价格总指数	%	102.5	105.1	2.5
商品零售价总指数	%	101.8	104.7	1.8
七、人民生活				
在岗职工年平均工资	元	34897	30696	13.7
城市住户人均年可支配收入	元	19883	17518	13.5
农村住户人均年纯收入	元	8803	7623	15.5
城乡居民储蓄存款年末余额	亿元	228.95	192.16	19.1
人均储蓄存款余额	元	20156	17002	18.6

续表 7-1

指标	单位	2012 年	2011 年	增长(%)
八、农业				
1.农业总产值(现价)	亿元	65.31	60.76	4.5
2.主要农产品产量				
粮食	万吨	68.4	65.47	4.4
油料	万吨	21.79	22.32	–2.4
甘蔗	万吨	2.16	2.19	–1.6
水果	万吨	4.2	4.25	–1.1
水产品	万吨	4.79	4.58	4.7
肉类总产量	万吨	12.36	12.22	1.2
生猪年末存栏	万头	67.8	64.67	4.9
当年出栏肉猪头数	万头	128.6	127.5	0.9
九、工业				
1.全市规上工业总产值(现价)	亿元	1666.63	1558.59	6.4
轻工业	亿元	88.01	35.55	44.5
重工业	亿元	1578.62	1523.04	4.9
2.主要工业产品产量				
发电量	万千瓦小时	585099	319655.3	83.0
电解铜	万吨	103.31	94.04	9.9
铜材	万吨	127.58	93.5	24.2
硫酸	万吨	196.64	178.01	10.5
磷肥(折纯)	万吨	17.81	9.8	20
水泥	万吨	113.32	39.47	140
自来水生产量	万立方米	4133	3619.9	14.2
水表	万只	442.62	442.86	
灯泡(节能灯)	万只	36004	23297.5	56.6
3.规模以上工业主要财务指标				
工业增加值(现价)	亿元	282.46	239.55	15.5

续表 7-2

指标	单位	2012 年	2011 年	增长(%)
主营业务收入	亿元	2408.42	1991.2	21.0
利税总额	亿元	140.81	134.75	4.5
十、运输、邮电				
1.货物周转量(不含铁路)	万吨千米	1521834	1165929.7	30.5
公路	万吨千米	1518357	1162731	30.6
水路	万吨千米	3477	3198.7	8.7
2.旅客周转量(不含铁路)	万人千米	94479	85748	9.8
公路	万人千米	94169	86064.4	9.8
水路	万人千米	310	316.4	-2.0
3.邮政业务总量(现价)	万元	7198	6386.7	12.7
十一、内外贸易				
社会消费品零售总额	亿元	118	103.27	14.3
出口创汇	万美元	80909	60970	32.7
十二、教育、卫生				
高等学校在校学生数	人	5148	5396	-4.6
中等学校在校学生数	人	2929	3364	-12.9
普通中学在校学生数	万人	6.82	6.81	0.2
小学在校学生数	万人	11.54	11.06	4.4
卫生机构数	个	372	371	0.3
卫生技术人员数	个	4828	4619	0.5
# 医生	个	2287	2155	0.6
病床数	张	3832	3264	17.4

说明:①此表中生产总值和规上工业增加值增幅均为可比价增幅。

②2010 年国家统计局调整了社会消费品零售总额计算口径,增速按可比口径计算。

附录

编辑、校对：杨保平

2012年中共鹰潭市委主要文件目录

表8

文件标题	文号
关于做好2012年农业和农村工作的意见	鹰发〔2012〕1号
中共鹰潭市委常委会2011年度工作报告	鹰发〔2012〕2号
关于进一步加强维稳信访工作的意见	鹰发〔2012〕3号
关于印发《鹰潭市社会管理创新综合试点工作实施方案》的通知	鹰发〔2012〕4号
关于2012年全市开放型经济工作的意见	鹰发〔2012〕5号
关于开展创建“秀美乡村”活动的实施意见	鹰发〔2012〕6号
鹰潭市“十二五”扶贫开发工作实施意见	鹰发〔2012〕7号
关于进一步建立和完善信访工作运行机制的实施意见	鹰发〔2012〕8号
关于调整江西龙虎山旅游文化发展集团有限公司管理体制的意见	鹰发〔2012〕9号
中共鹰潭市委常委会2012年工作要点	鹰发〔2012〕10号
关于进一步加强关心下一代工作的意见	鹰发〔2012〕11号
关于加快现代物流业发展的若干意见	鹰发〔2012〕12号
关于进一步加快县域经济发展的若干意见	鹰发〔2012〕13号
关于加快文化休闲娱乐等服务业发展的意见	鹰发〔2012〕14号
印发《关于推进文化体制改革加快文化发展工作总体方案》的通知	鹰发〔2012〕15号
关于印发《富裕、秀美、宜居、和谐鹰潭建设实施意见》的通知	鹰发〔2012〕16号
关于深化文化体制改革推动社会主义文化大发展大繁荣的实施意见	鹰发〔2012〕17号
关于进一步加强和改进非公有制企业党的建设工作的实施意见	鹰发〔2012〕18号
关于表彰大型现代畲歌戏《七彩畲乡》先进集体和先进个人的决定	鹰发〔2012〕19号
关于全力推进龙虎山旅游产业发展的意见	鹰发〔2012〕20号
关于进一步加强全市老年教育工作的意见	鹰发〔2012〕21号
关于加强新时期科协工作的实施意见	鹰发〔2012〕22号
关于进一步加强政府投资重点建设项目监督管理的意见	鹰发〔2012〕23号

续表 8-1

文件标题	文号
关于进一步加强和改进新形势下工商联工作的实施意见	鹰发〔2012〕24 号
关于进一步加强社区矫正工作的意见	鹰发〔2012〕25 号
关于认真学习宣传贯彻党的十八大精神的通知	鹰发〔2012〕26 号
关于认真学习贯彻习近平总书记参观《复兴之路》展览时重要讲话的通知	鹰发〔2012〕27 号
关于推荐戴春英同志为第十届江西省政协委员人选的报告	鹰字〔2012〕2 号
关于提名政协鹰潭市第八届委员会常委候选人的通知	鹰字〔2012〕3 号
关于印发《议军会议纪要》的通知	鹰字〔2012〕4 号
关于做好 2011 年度市直单位县级领导班子和领导干部考核暨领导班子述职考评有关工作的通知	鹰字〔2012〕5 号
关于江铜集团贵溪冶炼厂周边环境污染的情况报告	鹰字〔2012〕6 号
关于提名叶明和等同志免职的通知	鹰字〔2012〕7 号
关于叶明和等同志免职的通知	鹰字〔2012〕8 号
关于表彰 2011 年度全市农业和农村工作先进单位和个人的决定	鹰字〔2012〕9 号
表彰 2011 年度全市信访工作先进单位和先进个人的决定	鹰字〔2012〕10 号
关于刘明宇同志免职的请示	鹰字〔2012〕11 号
关于成立中国共产党江西六国化工有限责任公司委员会的通知	鹰字〔2012〕12 号
关于罗光炎等同志免职退休的通知	鹰字〔2012〕13 号
关于表彰鹰潭市 2009-2011 年度文明单位、文明村镇、文明社区的决定	鹰字〔2012〕14 号
关于胡高堂同志职务任免的通知	鹰字〔2012〕15 号
关于成立中共鹰潭市国有资产监督管理委员会委员会及王家林、陈鑫英同志职务任免的通知	鹰字〔2012〕16 号
关于成立中共鹰潭市国有资产经营运营集团公司委员会及白剑魁同志任职的通知	鹰字〔2012〕17 号
关于中共龙虎山旅游集团公司委员会更名为中共江西龙虎山旅游文化发展集团有限公司委员会及李卫国、毛建华同志任职的通知	鹰字〔2012〕18 号
关于提名吴炳生等同志职务任免的通知	鹰字〔2012〕19 号
关于孙鑫同志免职事前备案的报告	鹰字〔2012〕20 号
关于周冬凤等同志免职退休的通知	鹰字〔2012〕21 号
关于市委秘书长胡高堂同志分工的通知	鹰字〔2012〕22 号
关于市直单位县级领导班子和县级干部 2011 年度考核等次评定结果的通报	鹰字〔2012〕23 号
关于汪永华等同志职务任免的通知	鹰字〔2012〕24 号
关于成立中共鹰潭市现代物流业委员会党组及徐云等同志职务任免的通知	鹰字〔2012〕25 号
关于徐样平等同志任职的通知	鹰字〔2012〕26 号
关于提名王碧龙等同志职务任免的通知	鹰字〔2012〕27 号
关于提名谭国平等同志职务任免的通知	鹰字〔2012〕28 号

续表 8–2

文件标题	文号
关于提名陈党红等同志职务任免的通知	鹰字〔2012〕29 号
转发《中共江西省委关于对我省出席党的十八大代表候选人初步人选进行党内公示的通知》的通知	鹰字〔2012〕30 号
关于提名苗天林同志免职的通知	鹰字〔2012〕31 号
关于变更信江新区、鹰潭高新区新划入区域刑事案件管辖权的通知	鹰字〔2012〕32 号
关于周谷昌、孙鑫同志职务任免的通知	鹰字〔2012〕33 号
关于提名孙鑫同志免职的通知	鹰字〔2012〕34 号
关于追授王坚同志为优秀共产党员的决定	鹰字〔2012〕35 号
关于周佐明等同志职务任免的通知	鹰字〔2012〕36 号
关于成立广播电视台党组及汪白杨等同志任职的通知	鹰字〔2012〕37 号
关于成立归国华侨联合会党组及朱黎明同志职务任免的通知	鹰字〔2012〕38 号
关于提名项志成等同志职务任免的通知	鹰字〔2012〕39 号
关于提名吴寿轩等同志职务任免的通知	鹰字〔2012〕40 号
关于提名艾程等同志职务任免的通知	鹰字〔2012〕41 号
关于提名徐双文等同志职务任免的通知	鹰字〔2012〕42 号
关于提名朱黎明同志任职的通知	鹰字〔2012〕43 号
关于提名苏建军同志任职的通知	鹰字〔2012〕44 号
关于陈金茂同志免职退休的通知	鹰字〔2012〕45 号
关于市侨联换届有关问题的批复	鹰字〔2012〕46 号
关于做好争创江西省创建文明城市工作先进城市有关工作的通知	鹰字〔2012〕47 号
关于张赣北等同志职务任免的通知	鹰字〔2012〕48 号
关于提名张赣北同志任职的通知	鹰字〔2012〕49 号
关于提名李云同志职务任免的通知	鹰字〔2012〕50 号
关于调整市国防动员委员会和市委人民武装委员会组成人员的通知	鹰字〔2012〕51 号
关于贯彻落实省委苏书记考察贵冶周边环境综合治理重要讲话精神的报告	鹰字〔2012〕52 号
关于推荐姜朝皋等 8 位同志参加第三届“江西省突出贡献人才”评选的报告	鹰字〔2012〕53 号
关于同意龙虎山旅游文化发展(集团)公司党组织上划市委管理有关事宜的批复	鹰字〔2012〕54 号
关于同意召开中国共产党江西六国化工有限责任公司第一次代表大会的批复	鹰字〔2012〕55 号
关于张子建同志任职事前备案的报告	鹰字〔2012〕56 号
关于胡有财等同志免职退休的通知	鹰字〔2012〕57 号
关于提名裴勇同志任职的通知	鹰字〔2012〕58 号
关于裴勇等同志职务任免的通知	鹰字〔2012〕59 号
关于提名陈移发等同志职务任免的通知	鹰字〔2012〕60 号
关于提名甘霖等同志职务任免的通知	鹰字〔2012〕61 号

续表 8-3

文 件 标 题	文 号
关于提名路文革等同志职务任免的通知	鹰字〔2012〕62 号
关于提名裴克瑞等同志职务任免的通知	鹰字〔2012〕63 号
关于市工商业联合会(总商会)第六届执行委员会主席(会长)、副主席、副会长、秘书长候选人的批复	鹰字〔2012〕64 号
关于市归国华侨联合会第二届委员会主席、副主席、秘书长候选人的批复	鹰字〔2012〕65 号
关于吴初升同志任职的请示	鹰字〔2012〕66 号
印发《关于建立健全落实〈江西省社会管理综合治理体系建设规划纲要(2012-2015年)〉推进和谐鹰潭建设工作机制的实施意见》的通知	鹰字〔2012〕67 号
关于郭清同志率团赴澳大利亚、新西兰友好访问的请示	鹰字〔2012〕68 号
关于建立健全维护和保障群众利益决策机制的自查报告	鹰字〔2012〕69 号
关于表彰全市创先争优先进基层党组织和优秀共产党员的决定	鹰字〔2012〕70 号
关于杨森同志任职的请示	鹰字〔2012〕73 号
关于杨柏样同志免职退休的通知	鹰字〔2012〕74 号
关于同意召开鹰潭市残疾人联合会第五次代表大会的批复	鹰字〔2012〕75 号
关于同意召开中国共产党龙虎山旅游文化发展(集团)有限公司第一次党员大会的批复	鹰字〔2012〕76 号
关于派员赴美国、加拿大等国考察访问的请示	鹰字〔2012〕77 号
关于吴初升等同志职务任免的通知	鹰字〔2012〕78 号
关于提名王国军等同志职务任免的通知	鹰字〔2012〕79 号
关于姚军章同志免职的通知	鹰字〔2012〕80 号
关于提名张子建同志任职的通知	鹰字〔2012〕81 号
关于汪当时同志免职退休的通知	鹰字〔2012〕82 号
关于杨森等同志职务任免的通知	鹰字〔2012〕83 号
关于提名张荣先等同志职务任免的通知	鹰字〔2012〕84 号
关于鹰潭市部分民主党派换届大会的批复	鹰字〔2012〕85 号
关于綦青、林梅兴同志免职退休的通知	鹰字〔2012〕86 号
关于十二届全国人大代表推荐人选的报告	鹰字〔2012〕87 号
关于同意召开鹰潭市第八届人民代表大会第三次会议的批复	鹰字〔2012〕88 号
关于同意召开鹰潭市政协八届三次会议的批复	鹰字〔2012〕89 号
关于鹰潭市全国、省政协委员推荐人选情况的综合报告	鹰字〔2012〕90 号
关于余江县县长选举结果的报告	鹰字〔2012〕91 号
关于做好 2012 年度市直单位县级领导班子和领导干部考核暨领导班子述职考评工作的通知	鹰字〔2012〕92 号

续表 8-4

文件标题	文号
关于杨晓群同志率团赴法国、德国、意大利合作交流的请示	鹰字〔2012〕93号
关于卢越明等同志职务任免的通知	鹰字〔2012〕94号
关于提名舒庆如等同志职务任免的通知	鹰字〔2012〕95号
关于共青团鹰潭市委换届候选人的通知	鹰字〔2012〕96号
关于鹰潭市残疾人联合会换届候选人提名的通知	鹰字〔2012〕97号
关于提名艾花英同志任职的通知	鹰字〔2012〕98号
关于提名梁东华同志职务任免的通知	鹰字〔2012〕99号
关于提名杨勇同志任职的通知	鹰字〔2012〕100号
关于提名张海燕同志任职的通知	鹰字〔2012〕101号
关于江西省第十二届人大代表候选人的备案报告	鹰字〔2012〕102号
关于同意召开中国共产主义青年团鹰潭市第八次代表大会的批复	鹰字〔2012〕103号
关于提名李卫国同志为鹰潭市第八届人民代表大会候选人的通知	鹰字〔2012〕104号
关于中共江西鹰潭高新技术产业园区工作委员会等两个机构更名的通知	鹰字〔2012〕105号
关于表彰2012年度基层党建标准化项目建设先进单位的决定	鹰字〔2012〕106号
关于印发《鹰潭市集中整治影响发展环境的干部作风突出问题活动实施方案》的通知	鹰办发〔2012〕3号
关于2012年市直单位招商引资工作的实施意见	鹰办发〔2012〕4号
关于进一步加强和改进城市社区居民委员会建设工作的意见	鹰办发〔2012〕5号
关于印发《2012年全市政法综治维稳工作要点》的通知	鹰办发〔2012〕6号
印发《关于建立健全重大决策社会稳定风险评估机制的实施意见》的通知	鹰办发〔2012〕7号
关于调整江西龙虎山旅游文化发展集团有限公司管理体制工作的实施方案	鹰办发〔2012〕8号
转发《市委统战部关于协助各民主党派市委会做好换届工作的意见》的通知	鹰办发〔2012〕9号
关于深入开展学雷锋活动的实施意见	鹰办发〔2012〕10号
印发《关于开展集中整治影响发展环境的干部突出问题活动的实施方案》的通知	鹰办发〔2012〕11号
关于印发《鹰潭市贯彻落实〈"十二五"时期江西省保密事业发展规划〉实施意见》的通知	鹰办发〔2012〕12号
转发《市委统战部关于全市工商联(总商会)换届工作的实施意见》的通知	鹰办发〔2012〕13号
关于建立领导干部联系点制度的工作方案	鹰办发〔2012〕14号
关于进一步加强内部管理提高机关整体工作效能的若干规定	鹰办发〔2012〕15号
关于进一步加强老年人体育工作的意见	鹰办发〔2012〕16号
印发《关于集中开展"信访突出问题及不稳定因素排查化解攻坚战"活动的实施方案》的通知	鹰办发〔2012〕17号
印发《关于全力推进龙虎山旅游综合开发建设实施方案》的通知	鹰办发〔2012〕18号
关于进一步加强地方政法基础设施建设规范投资保障机制的实施意见	鹰办发〔2012〕19号

续表 8-5

文件标题	文号
关于印发《鹰潭市“三区三线”民居改造提升工作方案》的通知	鹰办发〔2012〕20 号
关于进一步加强人民政协提案办理工作的实施意见	鹰办发〔2012〕21 号
关于实行机构编制实名制管理的意见	鹰办发〔2012〕22 号
关于印发第六届海峡两岸(鹰潭)道教文化论坛工作方案的通知	鹰办发〔2012〕23 号
关于进一步做好全市重点建设项目档案工作的通知	鹰办字〔2012〕1 号
关于召开全市政法工作暨加强和创新社会管理工作会议的通知	鹰办字〔2012〕2 号
关于成立市集中整治影响发展环境的干部作风突出问题领导小组的通知	鹰办字〔2012〕3 号
关于召开全市开放型经济工作会议的通知	鹰办字〔2012〕4 号
关于表彰 2011 年全市发展提升年活动先进单位的通报	鹰办字〔2012〕5 号
关于印发《鹰潭市突发公共事件媒体宣传应急预案》的通知	鹰办字〔2012〕6 号
关于组织开展春节植树团拜活动的通知	鹰办字〔2012〕7 号
关于调整市开放型经济工作领导小组成立的通知	鹰办字〔2012〕8 号
关于表彰先进基层武装部的决定	鹰办字〔2012〕9 号
2012 年鹰潭市就业再就业春季招聘大会实施方案	鹰办字〔2012〕10 号
关于转发《苏荣同志 2012 年元旦视察省委总值班室谈话摘要》的通知	鹰办字〔2012〕11 号
关于认真做好 2011 年度文件清退工作的通知	鹰办字〔2012〕12 号
关于召开全市科技奖励暨科技工作会议的通知	鹰办字〔2012〕13 号
关于召开全市组织工作、全市人才工作座谈会的通知	鹰办字〔2012〕14 号
关于参加市八届人大二次会议闭幕大会的通知	鹰办字〔2012〕15 号
关于开展市直单位县级领导班子及主要领导干部述职考评工作的通知	鹰办字〔2012〕16 号
关于召开全市工作暨创建秀美乡村活动动员大会的通知	鹰办字〔2012〕17 号
关于表彰 2011 年度优秀公务员、先进工作者、知识竞赛先进的通知	鹰办字〔2012〕18 号
关于开展 2012 年度公民义务植树活动的通知	鹰办字〔2012〕19 号
关于成立鹰潭市加快“1+6”产业经济发展工作领导小组的通知	鹰办字〔2012〕20 号
关于召开全市城乡建设工作会议的通知	鹰办字〔2012〕21 号
关于召开全市信访工作会议的通知	鹰办字〔2012〕22 号
关于调整市关心下一代工作委员会组成人员的通知	鹰办字〔2012〕23 号
关于召开 2011 年度“感动鹰潭、十佳新人新事”表彰大会的通知	鹰办字〔2012〕24 号
关于做好全国“两会”期间安全稳定工作的通知	鹰办字〔2012〕25 号
关于召开全市统战工作会议的通知	鹰办字〔2012〕26 号
关于调整市宗教工作领导小组组成人员的通知	鹰办字〔2012〕27 号
关于组织实施《2012 年度政治协商有关工作安排》的函	鹰办字〔2012〕28 号
关于申请使用 2 个科级职数的请示	鹰办字〔2012〕29 号

续表 8-6

文件标题	文号
关于成立市文化体制改革和发展工作领导小组的通知	鹰办字〔2012〕30号
关于实行市级领导和市直部门挂点帮扶创建“秀美乡村”活动的通知	鹰办字〔2012〕31号
关于召开全市基层党建标准化项目建设推进会的通知	鹰办字〔2012〕32号
关于收听收看领导干部电视电话会议的通知	鹰办字〔2012〕33号
关于印发大型现代畲歌戏《七彩畲乡》参演筹备工作方案的通知	鹰办字〔2012〕34号
关于召开全市民族宗教工作会议的通知	鹰办字〔2012〕35号
关于召开全市老干部工作会议的通知	鹰办字〔2012〕36号
关于召开全市宣传思想文化工作会议的通知	鹰办字〔2012〕37号
关于开展社区标准化和便民服务中心建设点帮扶工作的通知	鹰办字〔2012〕38号
关于调整有关领导小组(委员会)组成人员的通知	鹰办字〔2012〕39号
关于调整有关领导小组(委员会)组成人员的通知	鹰办字〔2012〕40号
关于印发《关于切实维护市委市政府大院正常秩序的管理办法》的通知	鹰办字〔2012〕41号
关于调整市社区建设工作领导小组的通知	鹰办字〔2012〕42号
关于开展第二轮“党旗引领致富路,携手共建新农村”定点乡村工作的通知	鹰办字〔2012〕43号
关于姜烨等同志任职的通知	鹰办字〔2012〕44号
转发《省委办公厅关于深入学习人民日报评论员文章的通知》的通知	鹰办字〔2012〕45号
关于对贯彻落实全市信访工作会议精神进行督查的通知	鹰办字〔2012〕46号
关于召开全市领导干部会议的通知	鹰办字〔2012〕47号
关于印发《鹰潭党政机关公务用车配备使用管理办法》的通知	鹰办字〔2012〕48号
关于召开纪念鹰潭市关工委成立20周年暨全市关心下一代工作表彰大会的通知	鹰办字〔2012〕49号
关于切实做好安全生产工作的紧急通知	鹰办字〔2012〕50号
关于召开全市深入开展基层组织建设年暨基层党建标准化项目建设现场会的通知	鹰办字〔2012〕51号
关于印发《2012年市直机关党风廉政建设和反腐败工作任务分工意见》的通知	鹰办字〔2012〕52号
关于在公务员队伍中组建民兵应急连事的意见	鹰办字〔2012〕53号
关于印发《中共鹰潭市委宣传部2012年宣传思想文化工作要点》的通知	鹰办字〔2012〕54号
关于做好《鹰潭年鉴》(2012年卷)编纂工作的通知	鹰办字〔2012〕55号
关于市委中心组集体学习的通知	鹰办字〔2012〕56号
关于召开纪念建团90周年暨青年先模表彰大会的通知	鹰办字〔2012〕57号
关于召开市委七届三次全体会议的通知	鹰办字〔2012〕58号
加快信江新区建设调度会议纪要	鹰办字〔2012〕59号
关于成立鹰潭教育园区筹建工作领导小组的通知	鹰办字〔2012〕60号
关于召开全市人口和计划生育工作会议的预备通知	鹰办字〔2012〕61号
关于推荐上官新亨、候剑峰同志为副县级干部人选的请示	鹰办字〔2012〕62号

续表 8-7

文件标题	文号
关于印发《2012年市领导联系重点项目建设安排表》的通知	鹰办字〔2012〕63号
关于召开市级财政国库集中支付改革暨国有资产统一监管经营动员大会的通知	鹰办字〔2012〕64号
关于调整市经济责任审计工作领导小组成员的通知	鹰办字〔2012〕65号
关于调整厂务公开领导小组成员的通知	鹰办字〔2012〕66号
关于举办全市《鹰潭年鉴》撰稿人员培训的通知	鹰办字〔2012〕67号
关于成立鹰潭市中小城市发展改革试点工作领导小组的通知	鹰办字〔2012〕68号
关于调整市社会主义新农村建设领导小组组成人员名单的通知	鹰办字〔2012〕69号
关于调整市农村卫生清洁工程领导小组组成人员的通知	鹰办字〔2012〕70号
关于调整市委农村工作委员会成员的通知	鹰办字〔2012〕71号
关于调整市反恐工作协调小组成员的通知	鹰办字〔2012〕72号
关于三月份来市初访办结情况的通报	鹰办字〔2012〕73号
关于成立鹰潭市现代物流业工作领导小组的通知	鹰办字〔2012〕74号
关于呈送《中共鹰潭市委办公室关于竞争性选拔任用正科级干部工作方案》的请示	鹰办字〔2012〕75号
关于调整市城乡规划委员会组成人员的通知	鹰办字〔2012〕76号
关于调整鹰潭市旅游产业发展委员会组成人员的通知	鹰办字〔2012〕77号
关于市委副秘书长、办公室副主任、调研员、副调研员工作分工的通知	鹰办字〔2012〕78号
关于调整市精神文明建设指导委员会组成人员的通知	鹰办字〔2012〕79号
关于召开端午节期间安全稳定工作会议的通知	鹰办字〔2012〕80号
关于做好当前社会稳定形势分析研判工作的通知	鹰办字〔2012〕81号
关于市委中心组集中学习的通知	鹰办字〔2012〕82号
关于申请使用2个科级职数的请示	鹰办字〔2012〕83号
关于召开创建省文明城市、国家园林城市和省级生态园林城市动员大会的通知	鹰办字〔2012〕84号
关于调整市处理信访突出问题及群体性事件联席会议成员及各项工作协调小组的通知	鹰办字〔2012〕85号
关于调整市信访工作领导小组成员的通知	鹰办字〔2012〕86号
关于举办鹰潭市“1+6”产业重大项目集中开工仪式暨工业流动现场会的通知	鹰办字〔2012〕87号
关于调整有关领导小组(委员会)组成人员的通知	鹰办字〔2012〕88号
关于召开市委七届四次全体会议的通知	鹰办字〔2012〕89号
关于四月份来市初访办结情况的通报	鹰办字〔2012〕90号
关于调整市委保密委员会组成人员的通知	鹰办字〔2012〕91号
关于调整市委密码工作领导小组组成人员的通知	鹰办字〔2012〕92号
关于吴国柱、胡永生同志任职的通知	鹰办字〔2012〕93号
关于开展建立健全维护和保障群众利益决策机制情况专项督查的通知	鹰办字〔2012〕94号
关于调整市国家安全工作领导小组组成人员的通知	鹰办字〔2012〕95号

续表 8-8

文件标题	文号
关于成立市富裕、秀美、宜居、和谐鹰潭建设领导小组的通知	鹰办字〔2012〕96号
关于上报2011年度获上级部门表彰的通知	鹰办字〔2012〕97号
关于调整市社会主义新农村建设领导小组办公室人员的补充通知	鹰办字〔2012〕98号
关于印发《鹰潭市构建土地管理新格局工作方案》的通知	鹰办字〔2012〕99号
关于调整市老龄工作委员会成员的通知	鹰办字〔2012〕100号
关于熊茂平同志赴日考察学习的请示	鹰办字〔2012〕101号
关于建立非公有制企业党建工作联合会的通知	鹰办字〔2012〕102号
关于选派全市非公有制企业党建工作指导员和党组织负责人的通知	鹰办字〔2012〕103号
关于召开全市领导干部会议的通知	鹰办字〔2012〕104号
关于召开鹰潭市2012年庆祝中国人民解放军建军85周年联谊会的通知	鹰办字〔2012〕105号
关于认真组织学习胡锦涛总书记在省部级主要领导干部专题研讨班开班式上重要讲话精神的通知	鹰办字〔2012〕106号
关于召开鹰潭军分区党委全体(扩大)会议的通知	鹰办字〔2012〕107号
关于认真做好“八一”期间拥军优属维护社会和谐稳定工作的通知	鹰办字〔2012〕108号
关于调整鹰潭市行政审批制度改革工作领导小组成员的通知	鹰办字〔2012〕109号
关于开展《中共鹰潭地方史》第二卷(1949–1978)和《中共鹰潭历史大事记》(1949.10–1978.12)征编工作的通知	鹰办字〔2012〕110号
关于5月份来市初访办结情况的通报	鹰办字〔2012〕111号
关于做好2012年大外宣工作的通知	鹰办字〔2012〕112号
关于印发《鹰潭高新技术产业园区党工委和管委会主要职责内设机构和人员编制规定》的通知	鹰办字〔2012〕113号
关于印发《鹰潭市信江新区党工委和管委会主要职责内设机构和人员编制规定》的通知	鹰办字〔2012〕114号
关于印发《鹰潭市龙虎山风景名胜区党委管委会主要职责、内设机构和人员编制规定》的通知	鹰办字〔2012〕115号
关于召开《中共鹰潭地方史》(第二卷)征编启动动员会议的通知	鹰办字〔2012〕116号
关于成立鹰潭市构建土地管理新格局工作领导小组的通知	鹰办字〔2012〕117号
关于召开畲歌戏《七彩畲乡》表彰大会的通知	鹰办字〔2012〕118号
关于印发鹰潭火车站周边环境集中整治工作协调会议纪要的通知	鹰办字〔2012〕119号
关于召开“决战景区”旅游发展动员大会的通知	鹰办字〔2012〕120号
关于市社会治安综合治理委员会更名为市社会管理综合治理委员会的通知	鹰办字〔2012〕121号
关于进一步做好《当代中国城市发展丛书·鹰潭》一书编纂工作的通知	鹰办字〔2012〕122号
关于组织观看“喜迎十八大,永远跟党走”全市老干部专场文艺晚会的通知	鹰办字〔2012〕123号

续表 8–9

文 件 标 题	文 号
关于印发鹰潭火车站周边环境集中整治工作方案的通知	鹰办字〔2012〕124 号
关于进一步加强安全生产工作的通知	鹰办字〔2012〕125 号
关于进一步加强全市征兵工作的通知	鹰办字〔2012〕126 号
关于调整市机构编制委员会组成人员的通知	鹰办字〔2012〕127 号
关于竞争性选拔任用科级干部工作方案的请示	鹰办字〔2012〕128 号
关于对全市维稳信访工作开展专项督查的通知	鹰办字〔2012〕129 号
关于调整市社区矫正工作领导小组成员的通知	鹰办字〔2012〕130 号
关于余江县、龙虎山景区迟报漏报重大涉稳信息的通报	鹰办字〔2012〕131 号
关于召开全市领导干部会议的通知	鹰办字〔2012〕132 号
关于组织观看“永远跟党走·祝福鹰潭”全市歌咏比赛暨颁奖晚会的通知	鹰办字〔2012〕133 号
关于下达 2012 年军队转业干部和随调家属安置计划的通知	鹰办字〔2012〕134 号
关于召开全市集镇标准化建设现场推进会的预备通知	鹰办字〔2012〕135 号
关于召开全市创先争优活动总结表彰大会的通知	鹰办字〔2012〕136 号
关于成立鹰潭市“北极阁”建设项目领导小组的通知	鹰办字〔2012〕137 号
关于上报龙虎山风景名胜区、鹰潭高新技术产业园区、信江新区机构编制管理权限有关问题的通知	鹰办字〔2012〕138 号
关于成立鹰潭市警卫工作领导小组和鹰潭市警卫工作协作小组的通知	鹰办字〔2012〕139 号
关于召开全市领导干部会议的通知	鹰办字〔2012〕140 号
关于切实做好 2012 年中秋国庆节期间有关工作的通知(关于申请使用 4 个科级职数的请示)	鹰办字〔2012〕141 号
关于召开全市第二次民族团结进步表彰大会的通知	鹰办字〔2012〕142 号
关于成立提升城市文化品位工作领导小组的通知	鹰办字〔2012〕143 号
关于在全市开展 2012 年度“慈心博爱,善行鹰潭”慈善一日捐活动的通知	鹰办字〔2012〕144 号
关于发生赴京上访情况的通报	鹰办字〔2012〕145 号
关于组织观看《红色记忆—鹰潭革命史迹展》的通知	鹰办字〔2012〕146 号
关于虞新超等同志职务任免的通知	鹰办字〔2012〕147 号
关于召开全市基层党建标准化项目建设推进会的通知	鹰办字〔2012〕148 号
关于成立鹰潭市文化创意产业园开发建设工作领导小组的通知	鹰办字〔2012〕149 号
关于做好 2013 年度党报党刊发行工作的通知	鹰办字〔2012〕150 号
关于认真做好党的十八大召开期间安全稳定等工作的通知	鹰办字〔2012〕151 号
关于认真组织收听收看党的十八大盛况的通知	鹰办字〔2012〕152 号
关于成立鹰潭市医患纠纷预防与调处工作领导小组和医患纠纷调解中心的通知	鹰办字〔2012〕153 号

续表 8-10

文件标题	文号
关于召开市委七届五次全体(扩大)会议的通知	鹰办字〔2012〕154 号
关于成立鹰潭市白鹤湖现代农业综合示范区建设领导小组的通知	鹰办字〔2012〕155 号
转发《市委党史办、市委老干部局关于征集离退休老同志个人留存党史资料工作方案》的通知	鹰办字〔2012〕156 号
关于召开全市机构编制实名制管理工作会议的通知	鹰办字〔2012〕157 号
关于市委中心组集体学习党的十八大精神的通知	鹰办字〔2012〕158 号
关于报送 2012 年工作总结及明年工作打算的通知	鹰办字〔2012〕159 号
关于集中开展县(市、区)及市直单位党工委(党组)书记抓基层党建工作专项述职活动的通知	鹰办字〔2012〕160 号
关于收听收看中央宣讲团宣讲党的十八大精神电视电话会议的通知	鹰办字〔2012〕161 号
关于成立鹰潭市构建和谐劳动关系工作领导小组的通知	鹰办字〔2012〕162 号
关于聘用吴超勇同志为高级工的通知	鹰办字〔2012〕163 号
关于表彰市政协八届一次会议以来提案工作先进单位和提案工作先进个人的通报	鹰办字〔2012〕164 号
关于召开第三次全市民政会议的通知	鹰办字〔2012〕165 号
关于举办党的十八大精神宣讲报告会的通知	鹰办字〔2012〕166 号
关于切实做好“森林城乡、绿色鹰潭”建设的通知	鹰办字〔2012〕167 号
关于整合乡镇(街、道)和谐平安联创中心、便民服务中心及矛盾纠纷排查调处中心的通知	鹰办字〔2012〕168 号
关于召开全市重大产业发展调度会的通知	鹰办字〔2012〕169 号
关于组织开展党的十八大精神宣讲活动的通知	鹰办字〔2012〕170 号
关于推荐我市 2012 年全省农业和农村工作先进单位和先进个人的报告	鹰办字〔2012〕171 号
关于召开全市“森林城乡、绿色鹰潭”建设动员大会的通知	鹰办字〔2012〕172 号
关于印发《市区春节(元宵)期间营造节日氛围工作方案》的通知	鹰办字〔2012〕173 号
关于进一步做好安全生产工作的紧急通知	鹰办字〔2012〕174 号
关于做好 2013 年市党政领导干部定期接待群众来访的通知	鹰办字〔2012〕175 号
关于调整市公共资源交易中心管理委员会的通知	鹰办字〔2012〕176 号
关于做好 2013 年元旦春节期间有关工作的通知	鹰办字〔2012〕177 号

2012年鹰潭市人大常委会主要文件目录

表9

文 件 标 题	文 号
关于对市政府落实市人大常委会维护物价稳定工作审议意见情况的审议意见	鹰常发〔2012〕9号
关于我市固定资产投资情况的审议意见	鹰常发〔2012〕14号
关于我市保障性住房建设情况的审议意见	鹰常发〔2012〕15号
关于全市教育经费投入和使用管理情况的审议意见	鹰常发〔2012〕16号
关于批准市人民政府提请审议按期偿还城市资产营运有限公司向江信国际信托融资还款缺口资金议案的决议	鹰常发〔2012〕17号
关于我市台资企业发展情况的审议意见	鹰常发〔2012〕18号
关于批准市人民政府提请审议江西省铁路投资集团公司委托贷款本息资金列入财政预算议案的决议	鹰常发〔2012〕22号
关于我市2012年上半年国民经济和社会发展计划执行情况的审议意见	鹰常发〔2012〕23号
关于我市2012年上半年预算执行情况的审议意见	鹰常发〔2012〕24号
关于全市审判机关社会管理创新工作情况报告的审议意见	鹰常发〔2012〕25号
关于全市检察机关社会管理创新工作情况报告的审议意见	鹰常发〔2012〕26号
关于批准2011年市级财政决算的决议	鹰常发〔2012〕27号
关于批准市人民政府提请审议将江西省铁路投资集团公司委托贷款还款资金列入财政预算议案的决议	鹰常发〔2012〕28号
关于全市新型农村合作医疗基金运行情况的审议意见	鹰常发〔2012〕29号
关于批准2012年市级总预算和市级预算调整方案的决议	鹰常发〔2012〕31号
关于市本级政府性融资资金管理使用情况的审议意见	鹰常发〔2012〕32号
关于转请研究处理《市人大常委会执法检查组关于检查〈中华人民共和国农业法〉实施情况的报告》及审议意见的通知	鹰常发〔2012〕33号
关于全市就业培训工作开展情况的审议意见	鹰常发〔2012〕35号

2012年鹰潭市人民政府主要文件目录

表10

文 件 标 题	文 号
关于2011年度鹰潭市科学技术奖励的决定	鹰府发〔2012〕1号
关于废止《关于加强建设工程招标投标管理的若干意见》等8件规范性文件的决定	鹰府发〔2012〕2号
关于加快发展学前教育的实施意见	鹰府发〔2012〕3号
关于批转鹰潭市残疾人事业“十二五”发展纲要的通知	鹰府发〔2012〕4号
批转市审计局关于2012年全市审计项目计划的通知	鹰府发〔2012〕5号

续表 10-1

文 件 标 题	文 号
关于印发鹰潭市城区 2012 年度国有建设用地供应计划的通知	鹰府发〔2012〕6 号
关于加快发展金融业的实施意见	鹰府发〔2012〕7 号
关于授予黄伟军黄玲香同志“鹰潭市功勋市民”荣誉称号的决定	鹰府发〔2012〕8 号
关于印发鹰潭市 2012 年重点建设项目计划的通知	鹰府发〔2012〕10 号
关于提高我市城乡居民最低生活保障标准的通知	鹰府发〔2012〕11 号
关于印发鹰潭市妇女发展规划和鹰潭市儿童发展规划的通知	鹰府发〔2012〕12 号
关于超常规加快信江新区开发建设的工作意见	鹰府发〔2012〕16 号
关于印发《鹰潭市政府非税收入管理暂行办法》的通知	鹰府发〔2012〕17 号
关于印发鹰潭市市级财政国库集中支付改革实施方案的通知	鹰府发〔2012〕18 号
关于印发《鹰潭市市长质量奖管理办法》的通知	鹰府发〔2012〕19 号
关于印发《鹰潭市招商招工奖励办法》的通知	鹰府发〔2012〕20 号
关于公布第二批鹰潭市文物保护单位的通知	鹰府发〔2012〕22 号
关于印发《鹰潭市市直行政事业单位国有资产监督管理暂行办法》的通知	鹰府发〔2012〕23 号
关于印发《鹰潭市市直企业国有资产监督管理暂行办法》的通知	鹰府发〔2012〕24 号
关于大力推进林下经济发展的实施意见	鹰府发〔2012〕25 号
关于印发鹰潭市二〇一二年国民经济和社会发展计划的通知	鹰府发〔2012〕27 号
关于印发加快我市货运产业发展若干政策措施的通知	鹰府发〔2012〕31 号
关于印发鹰潭市政府投融资建设项目代建方案(试行)的通知	鹰府发〔2012〕35 号
关于授予童薇薇皮克程烈清梁萍茹同志“鹰潭市荣誉市民”称号的通知	鹰府发〔2012〕37 号
关于表彰龙虎山成功创建国家 5A 级旅游景区工作先进单位和先进个人的决定	鹰府发〔2012〕38 号
关于精简市级非行政许可审批项目的决定	鹰府发〔2012〕39 号
关于印发进一步支持小微企业健康发展大力推进千家小微企业培育工程实施方案的通知	鹰府发〔2012〕40 号
关于贯彻落实《江西省质量发展纲要(2011–2020)》的实施意见	鹰府发〔2012〕41 号
关于公布城市绿地绿线的通知	鹰府发〔2012〕42 号
关于公布鹰潭市第四批非物质文化遗产目录的通知	鹰府发〔2012〕44 号
关于加快供销合作社改革发展的实施意见	鹰府发〔2012〕45 号
关于开展“森林城乡、绿色鹰潭”建设的实施意见	鹰府发〔2012〕46 号
关于表彰全市民族团结进步先进模范集体和模范个人的决定	鹰府发〔2012〕47 号
关于表彰第二轮对口支援民族乡村工作先进单位的通报	鹰府发〔2012〕48 号
关于进一步加强地质灾害防治工作的实施意见	鹰府发〔2012〕49 号
关于印发鹰潭市建筑业施工企业诚信管理暂行办法的通知	鹰府发〔2012〕50 号
关于进一步加强防震减灾工作的意见	鹰府发〔2012〕51 号

续表 10-2

文 件 标 题	文 号
关于金融支持城市发展改革工作的意见	鹰府发〔2012〕52 号
关于加快推进全市服务业发展的实施意见	鹰府发〔2012〕53 号
关于城区部分道路桥梁命名更名的通知	鹰府发〔2012〕54 号
关于印发《鹰潭市医患纠纷预防与处理办法》的通知	鹰府发〔2012〕55 号
关于印发《鹰潭市小广告管理办法》的通知	鹰府发〔2012〕57 号
关于印发《鹰潭市市区建筑垃圾管理办法》的通知	鹰府发〔2012〕58 号
关于印发《鹰潭市城市绿化管理办法》的通知	鹰府发〔2012〕59 号
关于印发《鹰潭市公园管理规定》的通知	鹰府发〔2012〕60 号
关于印发《鹰潭市城市古树名木保护管理规定》的通知	鹰府发〔2012〕61 号
关于印发《鹰潭市城市绿线管理办法》的通知	鹰府发〔2012〕62 号
关于加强推进建筑产业持续发展的实施意见	鹰府发〔2012〕63 号
关于加快发展养老服务事业的实施意见	鹰府发〔2012〕64 号
关于印发鹰潭市老龄事业发展“十二五”规划的通知	鹰府发〔2012〕65 号
关于进一步加强学前教育管理的意见	鹰府发〔2012〕66 号
关于印发《鹰潭市城市蓝线管理规定》的通知	鹰府发〔2012〕67 号
关于加快发展大健康产业的若干意见	鹰府发〔2012〕68 号
关于扶持农业产业化龙头企业发展的意见	鹰府发〔2012〕69 号
关于表彰 2011 年度全市开放型经济工作先进单位及先进个人的决定	鹰府字〔2012〕1 号
关于 2011 年度招商引资项目奖励的决定	鹰府字〔2012〕2 号
关于表彰 2011 年全市消防工作先进集体和先进个人的通报	鹰府字〔2012〕7 号
关于表彰 2011 年度行政服务工作先进集体的决定	鹰府字〔2012〕8 号
关于表彰 2011 年度全市工业发展暨项目建设先进单位的决定	鹰府字〔2012〕9 号
关于万承等同志免职的通知	鹰府字〔2012〕11 号
关于表彰 2011 年度全市人口和计划生育工作先进单位和个人的决定	鹰府字〔2012〕13 号
关于陈鑫英等同志职务任免的通知	鹰府字〔2012〕15 号
关于表彰奖励 2011 年度银行业金融机构信贷支持地方经济发展先进单位的决定	鹰府字〔2012〕20 号
关于给予市公安消防支队记集体二等功的决定	鹰府字〔2012〕22 号
关于公布市政府授权市国有资产监督管理委员会第一批监管企业名单的通知	鹰府字〔2012〕27 号
关于汪磊等同志职务任免的通知	鹰府字〔2012〕29 号
关于将鹰潭市公共工程建设集团有限公司变更为鹰潭市国有资产经营(集团)有限公司的通知	鹰府字〔2012〕30 号
关于项志成等同志职务任免的通知	鹰府字〔2012〕35 号
关于李云等同志职务任免的通知	鹰府字〔2012〕39 号

续表 10–3

文 件 标 题	文 号
关于陈移发等同志职务任免的通知	鹰府字〔2012〕43 号
关于调整市政府有关领导分工的通知	鹰府字〔2012〕44 号
关于王国军等同志任职的通知	鹰府字〔2012〕51 号
关于表彰 2011 年度全市公共机构节能先进单位的通报	鹰府字〔2012〕58 号
关于张荣先等同志任职的通知	鹰府字〔2012〕64 号
关于舒庆如等同志职务任免的通知	鹰府字〔2012〕75 号
关于李荣生等同志任职的通知	鹰府字〔2012〕76 号
关于印发鹰潭市学前教育三年行动计划的通知	鹰府办发〔2012〕1号
关于印发《鹰潭市被征地农民养老保险办法》补充意见的通知	鹰府办发〔2012〕2号
关于印发《鹰潭市城市规划区违法违规建筑防控查处工作实施细则》的通知	鹰府办发〔2012〕3 号
关于做好 2012 年全市政府系统信息调研工作的意见	鹰府办发〔2012〕4 号
关于印发《鹰潭市住宅专项维修资金管理办法》的通知	鹰府办发〔2012〕6 号
关于印发 2012 年全市政府系统重点调研课题的通知	鹰府办发〔2012〕8 号
关于开展教育体制改革试点的通知	鹰府办发〔2012〕9 号
关于印发《鹰潭市超标电动助力车临时通行管理办法》的通知	鹰府办发〔2012〕10 号
关于印发鹰潭市 2012 年地质灾害防治方案的通知	鹰府办发〔2012〕11 号
关于进一步做好全市道路交通事故预防工作的实施意见	鹰府办发〔2012〕13 号
关于印发鹰潭市政府网站管理办法的通知	鹰府办发〔2012〕14 号
转发鹰潭银监分局关于鹰潭市银行业金融机构进一步提升小型和微型企业金融服务的指导意见的通知	鹰府办发〔2012〕17 号
转发市发改委市邮政局关于 2012 年鹰潭乡镇邮政局所补建工作实施方案的通知	鹰府办发〔2012〕24 号
关于进一步加强鹰潭市政府建设工程房地产开发项目税收征管工作的补充意见	鹰府办发〔2012〕25 号
关于印发《全市政府系统优秀调研成果评比奖励办法》的通知	鹰府办发〔2012〕26 号
转发市国土资源局关于鹰潭市实施园区再造工程促进土地节约集约利用工作方案的通知	鹰府办发〔2012〕27 号
转发市财政局关于鹰潭市清理化解乡村垫交农业两税债务工作实施方案的通知	鹰府办发〔2012〕29 号
转发市环保局关于 2012 年鹰潭市主要污染物减排计划的通知	鹰府办发〔2012〕30 号
关于印发《鹰潭市金融消费者权益保护实施办法(试行)》的通知	鹰府办发〔2012〕31 号
关于进一步加强乡村医院医生队伍建设的实施意见	鹰府办发〔2012〕32 号
关于加强中心城区主次干道及小街小巷管理工作的若干意见	鹰府办发〔2012〕33 号
转发市国土资源局关于鹰潭市 2012 年度开展国土资源节约集约模范县(市)创建活动实施方案的通知	鹰府办发〔2012〕34 号
关于印发《鹰潭市失业保险市级统筹实施意见(试行)》的通知	鹰府办发〔2012〕37 号
关于印发鹰潭市“十二五”能源发展专项规划的通知	鹰府办发〔2012〕38 号
关于进一步推进茶产业发展的实施意见	鹰府办发〔2012〕40 号

续表 10–4

文件标题	文号
关于加快休闲农业发展的实施意见	鹰府办发〔2012〕41号
关于印发《鹰潭市道路交通事故快速处理及保险快速理赔暂行规定》的通知	鹰府办发〔2012〕42号
关于印发《鹰潭安全生产监督管理职责暂行规定》的通知	鹰府办发〔2012〕43号
关于推进政银企融资对接服务常态化的实施意见	鹰府办发〔2012〕44号
关于印发鹰潭市化工行业安全发展规划的通知	鹰府办发〔2012〕45号
关于2012年冬季农业生产的实施意见	鹰府办发〔2012〕46号
关于印发鹰潭市商品房预售资金监督管理办法的通知	鹰府办发〔2012〕48号
关于在“三区三线”开展万亩景观油菜生产的实施意见	鹰府办发〔2012〕49号
关于2012年度农田水利基本建设的实施意见	鹰府办发〔2012〕50号
关于印发鹰潭市消防事业“十二五”规划的通知	鹰府办发〔2012〕51号
关于进一步加强服务业统计工作的若干意见	鹰府办发〔2012〕53号
关于印发鹰潭市服务业发展目标任务考核暂行办法的通知	鹰府办发〔2012〕54号
转发市公共机构节能领导小组关于进一步加强公共机构节能管理工作的意见的通知	鹰府办发〔2012〕55号
关于加强气象灾害监测预警及信息发布工作的实施意见	鹰府办发〔2012〕56号
转发市水利局关于严格在建水利工程建设管理规定的通知	鹰府办发〔2012〕57号
转发江西省人民政府办公厅关于推进行政调解工作实施意见的通知	鹰府办发〔2012〕58号
转发市国土局关于鹰潭市2012年度园区再造工程考核方案的通知	鹰府办发〔2012〕64号
关于印发鹰潭市大健康产业发展规划的通知	鹰府办发〔2012〕66号
转发市地税局关于鹰潭市存量房交易申报计税价格评估办法的通知	鹰府办发〔2012〕67号
关于进一步加强农产品质量安全监管工作的实施意见	鹰府办发〔2012〕68号
关于认真做好2011年度全省新型城镇化考核迎检工作的通知	鹰府办字〔2012〕2号
关于成立市整合资金建设高标准农田暨打造现代农业综合示范区领导小组的通知	鹰府办字〔2012〕3号
关于印发2011年度县级政府耕地保护责任目标考核工作方案的通知	鹰府办字〔2012〕5号
关于调整鹰潭市一村一品引智工作协调小组的通知	鹰府办字〔2012〕6号
关于对鹰潭市优秀科技特派员进行表彰的通知	鹰府办字〔2012〕7号
关于表彰2011年度县(市、区)体育工作目标任务考核优秀单位的通知	鹰府办字〔2012〕8号
关于对鹰潭市科技创新优秀企业进行表彰的通知	鹰府办字〔2012〕9号
关于鹰潭市打击侵犯知识产权和制售假冒伪劣商品专项行动领导小组更名为鹰潭市打击侵犯知识产权和制售假冒伪劣商品工作领导小组的通知	鹰府办字〔2012〕10号
关于2011年度县级政府耕地保护责任目标暨“耕地保护模范乡镇”、“节约集约用地先进园区”创建活动考评结果的通报	鹰府办字〔2012〕11号
关于做好2011年政府信息公开年度报告编制和公开工作的通知	鹰府办字〔2012〕13号
关于全力做好社会保障资金审计工作的通知	鹰府办字〔2012〕15号

续表 10-5

文件标题	文号
关于表彰 2011 年度全市安全生产工作先进单位和先进个人的通知	鹰府办字〔2012〕16 号
关于表彰 2011 年度全市政府系统信息调研工作先进单位和先进个人的通报	鹰府办字〔2012〕18 号
关于成立鹰潭市社会保障资金审计工作协调领导小组的通知	鹰府办字〔2012〕19 号
关于表彰 2011 年度全市食品药品安全工作先进单位的通报	鹰府办字〔2012〕20 号
关于印发信江新区集体土地上房屋拆迁宅基地置换套房实施方案的通知	鹰府办字〔2012〕21 号
关于印发鹰潭市 2012 年应急管理工作要点的通知	鹰府办字〔2012〕22 号
关于印发 2012 年全市政府系统政务信息报送要点的通知	鹰府办字〔2012〕26 号
关于印发鹰潭市清理整顿各类交易场所切实防范金融风险工作方案的通知	鹰府办字〔2012〕27 号
关于下达 2012 年市中心城区新建保障性住房目标任务的通知	鹰府办字〔2012〕28 号
关于做好 2012 年政府网站在线访谈工作的通知	鹰府办字〔2012〕29 号
关于调整鹰潭市防汛抗旱指挥部组成人员的通知	鹰府办字〔2012〕32 号
关于调整市河道采砂管理领导小组的通知	鹰府办字〔2012〕33 号
关于表彰 2011 年度全市环保工作先进单位和先进个人的通报	鹰府办字〔2012〕36 号
关于印发市政府办公室接待上访及建立快速反应机制实施办法的通知	鹰府办字〔2012〕41 号
关于印发第四轮市直有关部门对口支援少数民族乡、村、组经济社会发展工作方案的通知	鹰府办字〔2012〕42 号
关于政府系统领导干部外出报备有关事项的通知	鹰府办字〔2012〕43 号
关于调整鹰潭市少数民族地区建设工作领导小组组成人员的通知	鹰府办字〔2012〕44 号
关于印发全国两会期间赴京汇报重大项目(事项)对接落实责任分工的通知	鹰府办字〔2012〕45 号
关于成立鹰潭市金融消费者权益保护工作领导小组的通知	鹰府办字〔2012〕46 号
关于印发鹰潭市 2012 年全民健身活动工作方案的通知	鹰府办字〔2012〕50 号
关于调整鹰潭市地质灾害防治工作领导小组组成人员的通知	鹰府办字〔2012〕51 号
关于成立鹰潭市五河治理防洪工程建设项目领导小组的通知	鹰府办字〔2012〕52 号
关于成立鹰潭市森林重点火险区综合治理二期项目建设领导小组的通知	鹰府办字〔2012〕53 号
关于做好 2012 年全市小额贷款公司试点工作的通知	鹰府办字〔2012〕61 号
关于开展 2012 年度整治违法排污企业保障群众健康环保专项行动的通知	鹰府办字〔2012〕62 号
关于转发市政府金融办市保险行业协会市人保财险公司鹰潭市 2012 年政策性三农保险工作实施方案的通知	鹰府办字〔2012〕63 号
关于调整鹰潭市节能减排工作领导小组的通知	鹰府办字〔2012〕66 号
关于印发鹰潭市集中开展安全生产领域“打非治违”专项行动实施方案的通知	鹰府办字〔2012〕70 号
关于下达 2012 年度耕地保护目标和土地开发复垦整理补充耕地任务的通知	鹰府办字〔2012〕72 号
关于成立鹰潭市农产品质量安全检验检测中心项目建设领导小组的通知	鹰府办字〔2012〕76 号
关于印发鹰潭市农村自来水工程规划编制工作方案的通知	鹰府办字〔2012〕80 号
关于成立鹰潭市市级财政国库集中支付改革领导小组的通知	鹰府办字〔2012〕81 号
关于印发加快发展金融业实施意见目标任务落实责任分工的通知	鹰府办字〔2012〕82 号

续表 10–6

文件标题	文号
关于成立鹰潭市国家外贸转型升级专业型示范基地(眼镜产业)建设工作领导小组的通知	鹰府办字〔2012〕84 号
关于印发鹰潭市创建国家园林城市及省级生态园林城市实施方案的通知	鹰府办字〔2012〕87 号
关于进一步加强消防安全工作的通知	鹰府办字〔2012〕88 号
关于成立鹰潭市创建国家园林城市及省级生态园林城市领导小组的通知	鹰府办字〔2012〕89 号
关于印发 2012 年全民消防安全宣传教育纲要宣传周活动方案的通知	鹰府办字〔2012〕91 号
关于进一步做好政府信息公开有关工作的通知	鹰府办字〔2012〕92 号
关于转发市地税局开展应用房地产估价技术评估存量房交易申报计税价格工作实施方案的通知	鹰府办字〔2012〕93 号
关于调整市消防安全委员会组成人员的通知	鹰府办字〔2012〕94 号
关于印发 2012 年度宜居鹰潭建设实施方案的通知	鹰府办字〔2012〕98 号
关于明确重点产业项目牵头单位和责任单位的通知	鹰府办字〔2012〕100 号
关于成立鹰潭市清理化解乡村垫交农业两税债务工作领导小组的通知	鹰府办字〔2012〕101 号
关于印发鹰潭市 2012 年地质灾害避灾移民搬迁工作方案的通知	鹰府办字〔2012〕102 号
关于印发 2012 年全市深化医药卫生体制改革目标任务的通知	鹰府办字〔2012〕106 号
转发市纠风办等部门关于在全市开展教育收费中突出问题专项治理工作实施方案的通知	鹰府办字〔2012〕108 号
关于成立鹰潭市市直行政事业单位国有资产统一划转工作领导小组的通知	鹰府办字〔2012〕110 号
转发市政府纠风办关于 2012 年全市纠风工作实施意见的通知	鹰府办字〔2012〕111 号
关于印发鹰潭市防汛抢险救援突击队组建工作方案的通知	鹰府办字〔2012〕117 号
关于成立鹰潭市加快发展文化休闲娱乐等服务业领导小组的通知	鹰府办字〔2012〕119 号
关于印发鹰潭市创建全省食品药品安全示范区工作实施方案的通知	鹰府办字〔2012〕120 号
关于开展全市公共游泳场所安全生产监督检查的通知	鹰府办字〔2012〕121 号
关于调整鹰潭市人民政府信访事项复查复核委员会成员的通知	鹰府办字〔2012〕125 号
关于印发党的十八大消防安全保卫战工作方案的通知	鹰府办字〔2012〕126 号
关于支持市投融资公司独立发展的通知	鹰府办字〔2012〕127 号
关于印发市区违法违规小广告集中整治行动实施方案的通知	鹰府办字〔2012〕128 号
关于转发市卫生局妇幼安康工程实施方案(2012–2015 年)的通知	鹰府办字〔2012〕129 号
关于成立鹰潭市创建省级食品药品安全示范区工作领导小组的通知	鹰府办字〔2012〕130 号
关于调整鹰潭市推进依法行政工作领导小组成员的通知	鹰府办字〔2012〕132 号
关于成立鹰潭市中石化江西成品油管道二期工程征地拆迁协调领导小组的通知	鹰府办字〔2012〕133 号
关于调整市政府信息公开工作领导小组成员的通知	鹰府办字〔2012〕134 号
关于成立鹰潭市永久基本农田划定工作领导小组的通知	鹰府办字〔2012〕150 号
关于成立鹰潭市生活垃圾焚烧发电项目领导小组的通知	鹰府办字〔2012〕151 号

续表 10–7

文件标题	文号
关于建立信息约稿制度的通知	鹰府办字〔2012〕153 号
关于成立市信江新区土地收储项目融资工作领导小组的通知	鹰府办字〔2012〕157 号
关于印发鹰潭市 2012 年食品安全重点工作方案的通知	鹰府办字〔2012〕160 号
关于做好党的"十八大"期间国家干线光缆通信安全保障工作的通知	鹰府办字〔2012〕161 号
关于印发鹰潭市参加江西省第四届全民健身运动会的通知	鹰府办字〔2012〕162 号
关于印发鹰潭市贯彻实施江西省质量发展纲要 2012 年行动计划工作方案的通知	鹰府办字〔2012〕166 号
关于成立鹰潭市服务业发展领导小组的通知	鹰府办字〔2012〕167 号
关于开展城市消防装备建设评估工作的通知	鹰府办字〔2012〕168 号
关于认真做好 2012 年省政府对市县政府考核指标体系报送工作的通知	鹰府办字〔2012〕169 号
关于认真做好《鹰潭统计年鉴—2012》编辑工作的通知	鹰府办字〔2012〕172 号
关于印发鹰潭市 2012 年农村危房改造实施方案的通知	鹰府办字〔2012〕184 号
关于全市人口和计生工作预警预报单位警示约谈会会风会纪情况的通报	鹰府办字〔2012〕185 号
关于建立全市工业和外贸促生产保增长协调机制的通知	鹰府办字〔2012〕191 号
关于 2012 年下半年全市经济社会发展主要工作进展情况的通报	鹰府办字〔2012〕195 号
关于举办鹰潭市第七届运动会的通知	鹰府办字〔2012〕196 号
关于在鹰潭市城市规划建设项目管理中实行绿线管制和绿线图章制度的通知	鹰府办字〔2012〕197 号
关于印发鹰潭市推进节约型城市园林绿化工作实施意见的通知	鹰府办字〔2012〕198 号
关于调整鹰潭市公共机构节能领导小组成员名单的通知	鹰府办字〔2012〕199 号
关于调整鹰潭市国民经济核算领导小组成员的通知	鹰府办字〔2012〕201 号
关于成立鹰潭市信江新区污水处理厂建设工作领导小组的通知	鹰府办字〔2012〕210 号
关于认真做好 2011 年度市县政府新型城镇化考核评价工作的通知	鹰府办字〔2012〕213 号
关于印发集中整治鹰潭市区建筑垃圾和散装建筑材料运输市场实施方案的通知	鹰府办字〔2012〕216 号
关于印发鹰潭市行政调解工作联席会议制度的通知	鹰府办字〔2012〕220 号
关于调整市住房公积金管理委员会成员的通知	鹰府办字〔2012〕221 号
关于印发开展全市三轮摩托车交通安全专项整治工作方案的通知	鹰府办字〔2012〕222 号
关于成立鹰潭市行政综合服务楼项目协调小组的通知	鹰府办字〔2012〕223 号
关于调整公益性岗位补贴标准的通知	鹰府办字〔2012〕224 号
关于成立集中整治鹰潭市市区建筑垃圾和散装建筑材料运输市场工作领导小组的通知	鹰府办字〔2012〕233 号
关于下达单位国内生产总值建设用地下降目标的通知	鹰府办字〔2012〕235 号
关于进一步规范政府采购管理提高采购工作效率的通知	鹰府办字〔2012〕237 号
关于印发鹰潭市市本级 2013 年度政府采购目录及标准的通知	鹰府办字〔2012〕238 号
关于印发鹰潭市 2012 年度县级政府耕地保护责任目标暨"耕地保护模范乡镇"创建活动考核工作方案的通知	鹰府办字〔2012〕242 号

2012年政协鹰潭市委员会主要文件目录

表11

文件标题	文号
关于促进我市中心城区房地产业平稳健康发展的协商报告	鹰协字〔2012〕2号
关于依托优势文化资源,做大做强特色文化产业的协商报告	鹰协字〔2012〕3号
关于进一步加强与市各民主党派、工商联、无党派联系的实施意见	鹰协发〔2012〕5号
关于进一步发挥界别作用的意见	鹰协发〔2012〕6号
市政协提案工作规则	鹰协发〔2012〕10号
关于加强委员管理,发挥委员主体作用的办法	鹰协发〔2012〕11号
关于加强我市饮用水资源保护,确保饮用水安全的协商报告	鹰协发〔2012〕13号
关于评选表彰优秀提案、提案工作先进单位、提案工作先进个人的办法	鹰协发〔2012〕14号

2012年中共鹰潭市纪委主要文件目录

表12

文件标题	文号
关于在全市纪检监察系统开展职业道德规范大讨论活动的实施意见	鹰纪发〔2012〕1号
关于进一步做好加快转变经济发展方式监督检查工作的通知	鹰纪发〔2012〕2号
关于全面推进农村党风廉政建设项目标准化建设的实施意见	鹰纪发〔2012〕3号
关于印发《鹰潭市廉政教育基地办案场所管理办法(试行)》的通知	鹰纪办发〔2012〕2号
印发《关于纪检监察宣传和信息工作奖励办法》的通知	鹰纪办字〔2012〕3号
关于印发风险岗位廉能管理工作方案的通知	鹰纪办字〔2012〕4号
关于建立风险岗位廉能管理工作开展情况报送制度的通知	鹰纪办字〔2012〕5号
关于认真做好廉政文化建设示范点申报验收工作的通知	鹰纪办字〔2012〕8号
关于开展全市案件质量检查工作的通知	鹰纪办字〔2012〕9号
全市纪检监察宣传教育工作考核评价办法(试行)	鹰纪办字〔2012〕12号
关于严肃防汛抗洪工作纪律的紧急通知	鹰纪办字〔2012〕23号
关于转发省纪委《关于进一步加强依纪依法安全文明办案工作的通知》的通知	鹰纪办字〔2012〕25号
关于上报风险岗位廉能管理有关制度的通知	鹰纪办字〔2012〕26号
关于认真学习贯彻《农村基层干部廉洁履行职责若干规定(试行)》、《江西省农村基层党员和干部廉洁自律若干规定(试行)》的通知	鹰纪办字〔2012〕27号
关于印发开展“喜迎十八大,忠诚献给党”主题演讲比赛实施方案的通知	鹰纪办字〔2012〕30号
关于风险岗位廉能管理工作督查情况通报	鹰纪办字〔2012〕32号
关于报送2012年党风廉政建设和反腐败工作总结及2013年工作思路的通知	鹰纪办字〔2012〕34号

图书在版编目（CIP）数据

鹰潭年鉴. 2013/《鹰潭年鉴》编辑委员会编. —北京：方志出版社，2014.2
ISBN 978-7-5144-1204-8

Ⅰ. ①鹰… Ⅱ. ①鹰… Ⅲ. ①鹰潭市—2013—年鉴
Ⅳ. ①Z525.63

中国版本图书馆CIP数据核字（2014）第039900号

鹰潭年鉴（2013）

编　　者：《鹰潭年鉴》编辑委员会
责任编辑：丛　珺

出 版 人：冀祥德
出 版 者：方志出版社
地址　北京市朝阳区潘家园东里9号（国家方志馆四层）
邮编　100021
网址　http://www.fzph.org
发　　行：方志出版社发行中心
（010）67110500
经　　销：各地新华书店
法律顾问：北京高文律师事务所
印　　刷：江西金邦教育印务有限公司

开　　本：889×1194　　1/16
印　　张：25
字　　数：902千字
版　　次：2014 年 2 月第 1 版　　2014 年 2 月第 1 次印刷
印　　数：001～500册

ISBN 978-7-5144-1204-8/K·979　　定价：200.00元